بِسْمِ اللهِ الرَّحْمَنِ الرَّحِيمِ

رياض الصالحين

تأليف: الإمام النووي

# RİYÂZU'S-SÂLİHÎN

## İmam Nevevî

Riyâzu's-Sâlihîn

Yazar: İmam Nevevî

Tercüme: Mehmet Türk

KİTAP DÜNYASI YAYINLARI
Yayın No: 135
5. Baskı

T. C. Kültür ve Turizm Bakanlığı
Yayıncı Sertifika No: 16628

ISBN: 978-605-351-186-1

Teknik Hazırlık ve Kapak Tasarımı:
📖DİZGİMİZANPAJ.COM

Aralık - 2019
İstanbul

Kitap Dünyası Yayınları
Alayköşkü Cad. Küçük Sk. Civan Han No: 6 / D: 4
Cağaloğlu - İSTANBUL
Tel: 0212 514 93 05

اَعُوذُ بِاللهِ مِنَ الشَّيْطَانِ الرَّجِيمِ

بِسْـــــمِ اللهِ الرَّحْمٰنِ الرَّحِيمِ

كَمَٓا اَرْسَلْنَا فِيكُمْ رَسُولًا مِنْكُمْ يَتْلُوا عَلَيْكُمْ اٰيَاتِنَا وَيُزَكّٖيكُمْ وَيُعَلِّمُكُمُ
الْكِتَابَ وَالْحِكْمَةَ وَيُعَلِّمُكُمْ مَالَمْ تَكُونُوا تَعْلَمُونَ

Nitekim Biz, içinizden size âyetleri-mizi okuyan, sizi (bâtıl inanç-lardan) temiz-leyen, size kitap ve hikmeti bildiren ve daha önce bilme-diğiniz şeyleri de size öğreten bir Peygamber gönderdik. (Bakara 151)

هُوَ الَّذٖى بَعَثَ فِى الْاُمِّيّٖنَ رَسُولًا مِنْهُمْ يَتْلُوا عَلَيْهِمْ اٰيَاتِهٖ وَيُزَكّٖيهِمْ
وَيُعَلِّمُهُمُ الْكِتَابَ وَالْحِكْمَةَ وَاِنْ كَانُوا مِنْ قَبْلُ لَفٖى ضَلَالٍ مُبٖينٍ

Ümmi bir topluma, kendilerinden olan ve onlara (Allah'ın) âyetleri-ni okuyan, onları (bâtıl inançlardan) temizleyen, onlara kitap ve hikmeti (Kur'an'ı ve sünneti) öğreten bir Peygamber gönderen, O (Allah)'tır. Şüphe-siz onlar, daha önce apaçık bir sapkınlık içerisinde idiler. (Cuma 2)

Bu çalışmamı, sevgili annem, babam, kayın pederim ve kayın valideme ithaf ediyor ve kendilerine Allah'tan rahmet diliyorum

Mehmet Türk

1954 yılında Konya'da dünyaya geldi. İlk tahsilini Sedirler ilkokulunda, Orta tahsilini 1973 yılında Konya İmam-Hatip Okulunda tamamladı.1977 yılında Konya Yüksek İslâm Enstitüsünü bitirdi. Sırasıyla Antalya-Korkuteli Lisesi Din ve Ahlâk Dersi öğretmenliği, Isparta-Yalvaç, Şarkîkaraağaç İmam-Hatip Lisesi ve Kırşehir-Mucur İmam-Hatip lisesi Müdürlüğü yaptı. Konya Lisesi Din Kültürü ve Ahlâk Bilgisi öğretmenliğinden emekli oldu.

Hâlen Konya'da "Eğitim Dayanışma ve Araştırma (EDAV) Vakfında" Arapça, Fıkıh ve Tefsir dersleri Hocalığı yapmaktadır.

Yazarın "**Arapça Sarf ve Nahiv**" ve "**Allah'ın Kelamı (Meal-Tefsir)**" adlı basılmış eserleri vardır.

# TAKDİM

Hamd, en güzel isimlerin sahibi, kâinatın mutlak hâkimi, her şeyi her an yaratıp durmakta ve her şeyden her an haberdâr olmakta olan Allah'a, salât ve selâm O'nun âlemlere rahmet olarak gön-derdiği Rasûlü Hz. Muhammed (s.a.v.)'e, tertemiz ailesine ve tüm arkadaşlarına olsun. Allah'ın lütuf ve inayetiyle kaleme almaya çalıştığım bu eserin alanında faydalı olacağını umuyorum. Zira Riyaz'us-Salihin'in piyasada birçok tercümesi bulun-maktadır. Ancak bu tercümelerin birçoğu iyi niyetle de olsa şerh ve ilave görüşlerle okuyanları belirli oranda mütercimin şahsi görüşlerine yönlendirmektedir. Bu yönlen-dirmelerin ne derece isabetli olduğu ise tartışılmaktadır. Bu sebepten dolayı elinizdeki tercümede yorum ve yönlendirme yapıl-mayarak hadislerin tercümesi mümkün mertebe aslına uygun yapılmaya çalışılmıştır. Tercümede ilk râviler esas alınmıştır.

Bu eserin hazırlanmasında her türlü sıkıntıya sabırla tahammül eden eşim ve çocuk-larım çok önemli bir paya sahiptirler ve inşallah ecirlerini Allah verecektir.

Ve hamd sadece Âlemlerin Rabbi olan Allah'a mahsustur...

*Mehmet Türk*
*Konya / 02 Şubat 2015*

# İÇİNDEKİLER

# 1- ARİFLERİN HEDEFLERİ KİTABI

## 1- GİZLİ VE AÇIK HER İŞE BAŞLARKEN NİYETİ DAİMA HATIRDA TUTMA BÖLÜMÜ

◈ "Hâlbuki onlar sadece, dini yalnız Allah'a has kılarak, Allah'a tam inanarak, namazı dosdoğru ve devamlı kılmakla ve zekât vermekle emrolunmuşlardı. İşte dosdoğru din de buydu." (98 Beyyine 5)

◈ "Onların etleri de kanları da kesinlikle Allah'a ulaşmaz. Ancak Ona sizin (Allah için yaptığınız) ibâdetleriniz ulaşır. İşte (Allah) size hak yolu göstermesine karşılık (kendisini) yüceltmeniz için, onları sizin emrinize vermiştir. Güzel kulluk yapanları müjdele." (22 Hacc 37)

◈ "(Ey Muhammed! Onlara): "Gönüllerinizde olanı gizleseniz de açığa vursanız da Allah, onu kesinlikle bilir. Ve O, göklerde olanı da yerde olanı da çok iyi bilir. Çünkü Allah'ın gücü her şeye yeter." de." (3 Âlu İmrân 29)

◈ **1)** Mü'minlerin emiri Ömer b. Hattab (r.a.)'dan:

Rasûlullah (s.a.v.)'i: *"Ameller ancak niyetlere göredir. Herkese sadece niyet ettiği şey vardır. Kimin hicreti Allah ve Rasûlü için ise, onun hicreti Allah ve Rasûlü içindir. Kimin de hicreti elde edeceği dünyalık veya evleneceği bir kadına ulaşmak için ise, onun hicreti de hicret etiği şey içindir."* diye buyururlarken işittim, dedi. (Buhârî, Bed'ül Vahy 1; Müslim, İmârât 155)

◈ **2)** Mü'minlerin annesi Ümmü Abdullah diye künyelenen Aişe (r.a.)'dan:

Rasûlullah (s.a.v.): *"Bir ordu Kâbe'ye saldırmak üzere yola çıkacak, onlar bu topraklardan Beyda denilen yere gelince baştan sona hepsi birden yerin dibine batırılacaklar."* buyurdu. Aişe (r.a.) ben de; *"Ey Allah'ın Rasûlü onların arasında kendilerinden olmayanlar ve ticaret yapmak için gelenler varken onların hepsi birden nasıl yerin dibine batırılır?"* dedim. Rasûlullah (s.a.v.): *"Evet, hepsi birden yerin dibine geçirilecek sonra da ahirette herkes niyetine göre diriltilecek."* buyurdular, dedi. (Buhârî, Büyu' 49; Müslim, Fiten 4-8)

◈ **3)** Aişe (r.a.)'dan:

Peygamber (s.a.v.): *"(Mekke'nin) fethinden sonra hicret etmek yoktur. Ancak cihad ve (cihada) niyet vardır. Eğer (cihada) çağrılırsanız (ona) hemen katılın."* buyurdular. (Buhârî, Menâkibü'l Ensâr 45; Müslim, Hacc 445)

◈ **4)** Ebû Abdullah Cabir İbn Abdullah el Ensarî (r.a.)'den:

Biz Peygamber (s.a.v.)'le birlikte bir savaşta beraberdik. Peygamber (s.a.v.): *"Hastalıkları sebebiyle Medine'de kalan öyle kimseler var ki; sizin yürüdüğünüz her yolda ve geçtiğiniz her vadide onlar (niyetleri sebebiyle) sizinle beraberdirler."* buyurdular.

Başka bir rivayet: *"Onlar sevapta size ortak oldular."* buyurdular. (Müslim, İmâra 159)

Enes (r.a.)'den: Peygamber (s.a.v.) ile Tebük savaşından döndüğümüzde: *"Özürleri sebebiyle Medine'de bizim arkamızda kalan öyle bir cemaat var ki; sizin girdiğimiz her dağ yolunda ve geçtiğimiz her vadide onlar (niyetleri sebebiyle) bizimle beraberdirler."* buyurdular. (Buhârî, Meğâzî 81)

◈ **5)** Ebû Yezîd Ma'n b. Yezîd b. Ahnes –ki bu zatın babası ve dedesi sahabîdirler– (r.a.)'den:

Babam Yezîd, sadaka vermek için birkaç dînar çıkarmış ve mescitteki bir adamın yanına koymuştu. Ben de gelip onları alarak babama getirdim. Babam: *"Allah'a yemin olsun ki o paraları sen alasın diye bırakmadım"* deyince, (bu meseleyi çözmesi için) Rasûlullah (s.a.v.)'e arz ettim. Bunun üzerine O da: *"Ey Yezîd! Niyetlendiğin şey(in sevabı) senin, Ey Ma'n! Aldığın da senindir."* buyurdular. (Buhârî, Zekât 15)

◈ **6)** Cennetle müjdelenen on sahabeden biri olan Ebû İshâk Sa'd b. Ebi Vakkâs (r.a.)'dan:

Veda haccı yılında çektiğim şiddetli bir hastalık sebebiyle Rasûlullah (s.a.v.) benim ziyaretime geldi. Ben: *"Ey Allah'ın Rasûlü! Hastalığımın ne kadar ilerlediğini görüyorsun. Ben zengin bir kimseyim, bir kızımdan başka mirasçım da yok. Malımın üçte ikisini tasadduk edeyim mi?"* dedim. Rasûlullah (s.a.v.): *"Hayır, öyle yapma"* buyurdu. *"Yarısını tasadduk edeyim mi? Ey Allah'ın Rasûlü!"* dedim. Yine: *"Hayır, öyle yapma"* dedi. *"Ya üçte birine ne dersin? Ey Allah'ın Rasûlü!"* deyince: *"Üçte biri olur, hatta o bile fazla. Mirasçılarını zengin bırakman, onları insanlara el-avuç açacak bir halde fakir bırakmandan daha hayırlıdır. Eşinin ağzına koyduğun lokmaya varıncaya kadar, Allah'ın rızasını düşünerek yaptığın tüm harcamalardan sevap kazanırsın"* buyurdular. Bunun üzerine ben: *"Ey Allah'ın Rasûlü! Ben arkadaşlarımdan geride mi kalacağım?"* dedim. O da: *"Hayır geride kalmayacaksın. Allah rızası için güzel işler yaparak dereceni yükselteceksin. Allah'tan umarım ki daha çok yaşayacaksın, (mü'min)ler senden fayda, diğerleri de zarar görecek. Ey Allah'ım! Ashabımın hicretini tamamla ve onları gerisin geriye çevirme. Asıl acınacak olan Sa'd b. Havle'dir"* buyurdular. Rasûlullah (s.a.v.) ona Mekke'de öldüğü için üzülüyordu.

(Buhârî, Cenâiz 36; Müslim Vesâyâ )

◈ **7) Ebû Hureyre Abdurrahman b. Sahr (r.a.)'den:**

Rasûlullah (s.a.v.): *"Allah sizin bedenlerinize ve dış görünüşünüze değil, kalplerinize ve yaptıklarınıza bakar."* buyurdular. (Müslim, Birr 33; İbn-i Mâce, Zühd 9)

◈ **8) Ebû Mûsâ Abdullah b. Kays el Eş'arî (r.a.) den:**

Rasûlullah (s.a.v.)'e; cesaretini göstermek, izzet-i nefsini korumak ve gösteriş yapmak için savaşan kimselerden hangisinin Allah yolunda olduğu soruldu. Rasûlullah (s.a.v.): *"Kim Allah'ın sözünün daha yüce olması için savaşıyorsa, o Allah yolundadır."* buyurdular. (Buhârî, İlim 45; Müslim, İmâra 150)

◈ **9) Ebû Bekre Nüfey' b. Hâris es-Sakafî (r.a.)'den:**

Peygamber (s.a.v.): *-"İki Müslüman birbirine kılıç çektiğinde, öldüren de ölen de cehennemdedir."* buyurdu. Bunun üzerine ben: *"Ey Allah'ın Rasûl'ü öldürenin durumu tamam ama öldürülene ne oluyor?"* dedim. Rasûlullah (s.a.v.): *"Çünkü o da arkadaşını öldürmek istiyordu."* buyurdular. (Buhârî, İman 22; Müslim, Kasâme 33)

◈ **10) Ebû Hureyre (r.a.)'den:**

Rasûlullah (s.a.v.): *-"Kişinin, cemaatle kıldığı namazı, çarşıda ve evinde kıldığı namazının (sevabını) yirmi küsur derece daha artırır. Bir kimse güzelce abdest alır, sadece namaz kılmak için mescide gelirse, mescide girinceye kadar attığı her adımla onun derecesi yükseltilir ve bir günahı bağışlanır. Camiye girince de namaz için kaldığı müddetçe namazdaymış gibi olur. Namaz kıldığı yerde kaldıkça kimseye eziyet etmediği, abdestini bozmadığı sürece de melekler ona: 'Allah'ım sen ona rahmet et, Allah'ım sen onu affet, Allah'ım sen onun tövbesini kabul et.' diye dua ederler."* buyurdular. (Buhârî, Salât 87; Müslim, Taharât, 12)

◈ **11) Ebu'l Abbâs Abdullah b. Abbas b. Abdülmuttalib (r.a.)'den:**

Rasûlullah (s.a.v.) Yüce Rabbinden rivayet ettiği bir hadiste: *"Allah iyilik ve kötülükleri yazdıktan sonra bunların durumunu şöyle açıkladı; bir kimse iyilik yapmaya niyetlenir de onu yapmazsa, Yüce Allah buna, kendi katında tam bir iyilik sevabı yazar, eğer o hem niyetlenir hem de o iyiliği yaparsa Allah ona on sevap yazar ve bunu yedi yüze ve daha fazlasına kadar çıkarır.*

*Kim de bir kötülük yapmaya niyetlenir de onu yapmazsa Yüce Allah buna, kendi katında tam bir iyilik sevabı yazar, eğer kötülük yapmaya niyetlenir ve onu yaparsa Allah o kimse için bir günah yazar."* buyurdular. (Buhârî, Rikâk 31; Müslim, İman 257)

◈ **12)** Ebû Abdurrahmân Abdullah b. Ömer b. El-Hattâb (r.a.)'den: Rasûlullah'ı (s.a.v.): *"Sizden önceki yaşayan (ümmetlerden) üç kişi yolculuğa çıktılar. Geceyi geçirmek için bir mağaraya ulaştılar ve oraya girince dağdan kopan bir kaya yuvarlandı ve mağaranın ağzını kapattı. Bunun üzerine birbirlerine: 'Sizi, bu kaya parçasından ancak iyi amellerinizle Allah'a dua etmek kurtarır.' dediler. Onlardan birisi: 'Ey Allah'ım! Benim çok yaşlı bir annem ve babam vardı; onlardan önce çocuklarıma da mallarıma da akşam sütünü içirmezdim. Bir gün odun toplamak için uzak bir yere gitmiştim, (eve) döndüğümde onlar uyumuştu. Akşam sütlerini sağıp yanlarına gelince onları uyur halde buldum. Onları uyandırmak ve onlardan önce çocuklarıma da mallarıma da akşam sütünü içirmek istemedim. Süt kabı elimde olduğu halde onların uyanmalarını bekledim. Nihayet şafak söktü, çocuklar ayaklarımın dibinde açlıktan ağlıyorlardı. Derken (annem ve babam) uyandılar ve akşam sütlerini içtiler. Ey Allah'ım! Eğer bu işi senin rızanı kazanmak için yapmışsam şu kaya yüzünden çektiğimiz sıkıntıyı bizden uzaklaştır.' diye yalvardı. Kaya biraz açıldı, fakat onlar o (aralıktan) çıkamıyorlardı. Onlardan ikincisi: Ey Allah'ım! Benim amcamın bir kızı vardı, o bana insanların en sevimlisi idi. (Başka bir rivayete göre: bir erkek bir kadını ne kadar çok severse ben de onu o kadar seviyordum.) Ona sahip olmak istedim, o kabul etmedi. Sonunda kıtlık yılı onu sıkıntıya sokunca amcamın kızı bana geldi. Ben de kendisini bana teslim etmesi şartıyla ona yüz yirmi altın* *verdim, o da kabul etti. Tam ona sahip olacağım zaman (diğer bir rivayete göre; iki dizinin arasına oturunca): "Allah'tan kork, haksız olarak (bakirelik) mührümü bozma" dedi. Ben de Allah'tan korkarak bana insanların en sevimlisi olan o kadından uzaklaştım ve verdiğim altınları da ona bıraktım. Ey Allah'ım! Eğer bu işi senin rızanı kazanmak için yapmışsam şu kaya yüzünden çektiğimiz sıkıntıyı bizden uzaklaştır." diye yalvardı. Kaya biraz açıldı, fakat onlar o (aralıktan) çıkamıyorlardı. Onlardan üçüncüleri de: Allah'ım (vaktiyle) birçok işçi çalıştırdım, ücretini almadan giden biri dışında hepsinin ücretlerini de verdim. Onun ücretini çalıştırdım ve bu ücretten pek çok mal birikti. Bir süre sonra bu adam geldi ve bana: 'Ey Allah'ın kulu benim ücretimi ver' dedi. Ben de ona: 'Şu gördüğün develer, sığırlar, koyunlar ve köleler senin ücretindir' dedim. O adam: 'Ey Allah'ın kulu benimle alay etme' deyince, ben: 'Seninle alay etmiyorum' dedim. Bunun üzerine o, malların hepsini alıp götürdü ve o mallardan hiç bir şey bırakmadı. Ey Allah'ım! Eğer bu işi senin rızanı kazanmak için yapmışsam şu kaya yüzünden çektiğimiz sıkıntıyı bizden uzaklaştır.' diye yalvardı. Kaya (tamamen) açıldı, onlar da oradan yürüyerek çıkıp gittiler."* diye buyururken işittim demiştir. (Buhârî, Büyu' 98; Müslim, Zikir 100)

## 2- TÖVBE BÖLÜMÜ

◈ "(Gerçek) kurtuluşunuzu umabilmek için hep birlikte (bu emirleri yaşayarak) Allah'a, tövbe edin." (24 Nûr 31)

◈ "Rabbinizden af dileyin; sonra da Ona tövbe edin." (11 Hûd 3)

◈ "Ey îman edenler! Allah'a gönülden tövbe edin." (66 Tahrim 8)

◈ **13)** Ebû Hureyre (r.a.)'den:

Rasûlullah (s.a.v.)'i: *"Allah'a yemin ederim ki; ben günde yetmiş defadan fazla Allah'tan beni bağışlamasını diler ve tövbe ederim."* buyururlarken işittim. (Buhârî, Deavât 3)

◈ **14)** Eğarr b. Yesâr el-Müzenî (r.a.)'den:

Rasûlullah (s.a.v.): *"Ey insanlar Allah'a tövbe edin O'ndan bağışlamanızı dileyin, zira ben Ona günde yüz defa tövbe ederim."* buyurmuşlardır. (Müslim, Zikir 42)

◈ **15)** Rasûlullah (s.a.v.)'in hizmetçisi Ebû Hamza Enes b. Mâlik el-Ensârî (r.a.)'den:

Rasûlullah (s.a.v.): *"Kulunun tövbe etmesinden dolayı Allah'ın duyduğu sevinç, sizden birinizin geniş bir çölde kaybettiği devesini bulduğundaki sevincinden çok daha fazladır."* buyurmuşlardır. (Buhârî, Deavât 4; Müslim tevbe 1)

Başka bir rivayet: *"Kulunun tövbe etmesinden dolayı Allah'ın duyduğu mutluluk; geniş bir çölde giderken, devesini üzerinde yiyecek ve içeceği ile birlikte elinden kaçırmış ve devesinden tüm ümitlerini yitirmiş halde bir ağacın gölgesine yatan, bu ümitsizlik durumundayken devesinin yanına dikiliverdiğini gören ve hemen onun yularına yapışarak aşırı sevincinden dolayı yanlışlıkla: 'Ey Allah'ım! Sen benim kulumsun, ben de senin Rabbinim' diyen kimsenin mutluluğundan çok daha fazladır."* buyurdular. (Müslim, tevbe 7)

◈ **16)** Ebû Mûsâ Abdullah b. Kays el-Eşarî (r.a.)'den:

Peygamber (s.a.v.): *"Yüce Allah gündüz günah işleyenlerin tövbesini kabul etmek için geceleyin rahmet elini, gece günah işleyenlerin tövbesini kabul etmek için gündüz rahmet elini açar. Bu hal, güneş battığı yerden doğuncaya kadar (kıyamete kadar) böylece devam eder."* buyurmuşlardır. (Müslim, tevbe 31)

◈ **17)** Ebû Hureyre (r.a.)'den:

Rasûlullah (s.a.v.): *"Kim, güneş battığı yerden doğmadan (kıyamete kopmadan) önce tövbe ederse Allah onun tövbesini kabul buyurur."* buyurdular. (Müslim, Zikir 43)

◈ **18)** Ebû Abdurrahman Abdullah b. Ömer b. El-Hattâb (r.a.)'den:
Rasûlullah (s.a.v.): *"Bir kul, can çekişmeye başlamadıkça*
*Yüce Allah onun tövbesini kabul buyurur."* buyurdular. (Tirmizî,
Deavât 98)

◈ **19)** Zirr b. Hubeyş (r.a.)'den:
Mestler üzerine mesh etme hususunu sormak üzere Safvân
b. Assâl (r.a.)'in yanına gittim. O bana: *'Ey Zirr seni bana getiren*
*sebep nedir?'* diye sordu. Ben de: *'İlim öğrenmek'* deyince o: *'Me-*
*lekler, ilim öğrenenlerin bu isteklerinden hoşlandıkları için onlara*
*kanatlarını gererler.'* dedi. Ben: *'büyük ve küçük abdest bozduk-*
*tan sonra mestler üzerine mesh meselesi kalbimi kurcaladı. Sen*
*Peygamber (s.a.v.)'in ashabından olduğun için onun bu konuda*
*birşey söylediğini işittin mi diye sormaya geldim.'* dedim. (Savfân):
*'Evet, Peygamber (s.a.v.) yolculukta yahut misafir olduğumuzda,*
*cünüp olmamız dışında büyük ve küçük abdest bozduktan ve uy-*
*kudan sonra bile mestlerimizi üç gün üç gece çıkarmamamızı em-*
*rederdi.'* dedi. *'O'nun sevgiye dair bir şeyler söylediğini işittin mi?'*
dedim. (Savfân): *'Evet işittim. Rasûlullah (s.a.v.) ile bir yolculukta*
*idik. Onun yanında bulunduğumuz sırada bedevînin biri yüksek*
*bir sesle Ey Muhammed! diye bağırdı.'*

Rasûlullah (s.a.v.), onun sesine yakın bir sesle: *"Gel buraya!"*
diye cevap verdi. Ben o (bedevîye): *'Yazık olacak sana! Sesini al-*
*çalt, sen Peygamber (s.a.v.)'in yanındasın. Zira senin (Ona) yüksek*
*sesle bağırman yasak'* dedim. Sonra Bedevî *'vallahi sesimi alçalt-*
*mam'* dedi ve Rasûlullah (s.a.v.)'e: *'Bir toplumu seven fakat (hayır-*
*lı amelleri) onlara ulaşamayan kimsenin durumu nedir?'* deyince;
Peygamber (s.a.v.): *"Kişi, kıyamet günü sevdiği ile beraberdir."*
buyurdular.

Safvân: *'Peygamber (s.a.v.) bu konuda konuşmaya devam etti*
*ve batı taraflarında bulunan bir kapıdan bahsetti. Bu kapı, yaya*
*veya binitli yürüyüşü ile kırk veya yetmiş yıl genişliğindedir buyurdu.'*
-Hadisin ravilerinden Süfyân b. Uyeyne: *'(Bu kapı) Şam tarafların-*
dadır.' dedi.- *'Allah gökleri ve yeri yarattığı gün bu kapıyı (da) tövbe*

*edenler için açık olarak yaratmıştır. Güneş battığı yerden doğuncaya kadar da o kapı kapanmayacaktır.'* dedi. (Timîzî, Deavât 98)

◈ **20)** Ebû Saîd Sa'd b. Mâlik b. Sinân el-Hudrî (r.a.)'den: Rasûlullah (s.a.v.): *"Sizden önceki kavimlerden doksan dokuz kişiyi öldüren bir adam vardı. Bu adam: yeryüzünün en büyük bilgininin kim olduğunu sordu, ona rahip birini gösterdiler. Adam ona giderek: 'Doksan dokuz adam öldüren birisi, tövbe edebilir mi?' diye sordu. Rahib: 'Hayır' dedi. Adam, onu da öldürerek sayıyı yüze tamamladı. Sonra yine yeryüzünün en büyük bilgininin kim olduğunu sordu, ona âlim bir kişiyi gösterdiler. Adam ona giderek: 'Doksan dokuz adam öldüren birisi, tövbe edebilir mi?' diye sordu. O adam: 'Evet, insanla tövbesi arasına kim girebilir ki. Sen falanca yere git orada Allah'a ibadet eden insanlar var, sen de onlarla beraber Allah'a ibadet et, sakın memleketine geri dönme, çünkü orası kötü bir yerdir' dedi. Adam oraya gitmek üzere yola çıktı, yolun yarısındayken öldü. Rahmet melekleriyle azap melekleri bu adam hakkında münakaşa ettiler. Rahmet melekleri: 'Adam tövbe edip kalben Allah'a yönelerek geliyordu' dediler. Azap melekleri ise: 'O adam hayatında hiçbir iyilik yapmadı ki' dediler. Derken insan şeklinde bir melek geldi, melekler onu aralarında hakem tayin ettiler. O melek: 'İki yerin arasındaki mesafeyi ölçün, adam hangisine daha yakınsa o oraya aittir.' dedi. Melekler mesafeyi ölçtüler. O adamın gitmek istediği yere daha yakın olduğunu gördüler ve rahmet melekleri onu alıp götürdüler."* buyurmuşlardır. (Buhârî, Enbiyâ 54; Müslim, tevbe 46,47)

Başka bir rivayet: *'O adam, gideceği hayırlı köye, bir karış daha yakındı. (Bunun üzerine tövbe eden kişi) oradan sayıldı.'*

Başka bir rivayette: *'Allahu Teâlâ önceki köye "uzaklaş", diğerine de "yaklaş" diye vahyetti ve sonra: Geldiği köy ile gideceği köyün arasını ölçün dedi. Melekler ölçtüler gitmek istediği yerin geldiği köyden bir karış daha yakın olduğunu gördüler ve böylece affedildi.'*

Başka bir rivayette: **"Adam yönünü hayırlı köye doğru çevirdi."** ilavesi vardır.

◆ 21) Abdullah (Ka'b gözlerini kaybettiği zaman onu elinden tutup götüren oğlu) b. Ka'b b. Mâlik (r.a.)'den: Ka'b b. Mâlik'i (r.a.) Rasûlullah (s.a.v.)'le beraber tebük gazvesine katılamadığının hikâyesini anlatırken dinledim. Ka'b olayı şöyle anlattı: Rasûlullah (s.a.v.)'in yaptığı savaşlardan Tebük Savaşı dışında hiç bir savaştan geri kalmamıştım. Ben katılamayanların azarlanmadığı Bedir savaşına da katılamamıştım. Rasûlullah (s.a.v.) ve Müslümanlar sadece Kureyş'in ticaret kervanını takip için yola çıkmışlardı. Sonunda Allah, Müslümanlarla düşmanlarını aralarında verilmiş bir karar olmaksızın karşı karşıya getirdi. Ayrıca ben İslâm için söz verdiğimiz Akabe biatının yapıldığı geceye, Rasûlullah (s.a.v.) ile beraber şahit oldum. Her ne kadar Bedir savaşı Akabe gecesinden daha meşhur ise de, ben Bedir savaşında bulunmayı Akabe'de bulunmaktan üstün görmem.

Tebük gazvesine Rasûlullah (s.a.v.) ile birlikte katılamayışımın hikâyesi şöyledir: Ben daha önceleri, katılamadığım bu savaş sırasındaki kadar zengin ve varlıklı değildim. Vallahi bu savaşa kadar iki deveyi bir arada hiç bulamamıştım. Bu savaş günlerinde iki binitim vardı. Rasûlullah (s.a.v.) bu savaşa kadar gideceği yeri asla söylemez, başka bir yere gider gibi görünürdü.

Rasûlullah (s.a.v.) bu savaşı sıcak bir mevsimde yapmak istedi ve çok uzak bir yere ve kalabalık (bir düşmana) karşı yöneldi. Bunun için de savaşın özelliğine göre hazırlanabilmeleri ve savaş hazırlıklarını tam yapmaları için nereye gideceklerini açıkladı. Rasûlullah (s.a.v.) ile birlikte olan Müslümanların sayısı çok fazla idi ve isimleri de bir deftere kaydedilmemişti.

Ka'b sözüne şöyle devamla etti: Bu konuda Allah'tan bir vahiy gelmedikçe savaşa gitmemek için gözden kaybolduğunda, bu işin gizli kalacağını zanneden çok az kimse vardı. Rasûlullah (s.a.v.) bu savaşı meyvelerin olgunlaştığı, gölgelerin istendiği bir zamanda yapmıştı. Ben de bunlara meyilliydim. Rasûlullah (s.a.v.) ve onunla birlikte olan Müslümanlar savaş hazırlığına başladılar. Ben de onunla birlikte (savaş) hazırlığı yapmak için çıkıyor fakat hiçbir şey yapmadan geri dönüyordum. Kendi kendime de: *"Ben bu hazırlığı ne zaman istesem o zaman yapabilirim."* diyordum. Günler böyle geçti, herkes işini ciddi tuttu ve bir sabah Rasûlullah (s.a.v.)'le birlikte Müslümanlar erkenden yola çıktılar. Ben ise hazırlığımı hala tamamlayamamıştım. Ertesi gün (hazırlık için) yine çıktım fakat hiç bir şey yapmadan geri döndüm. Bendeki bu hal, böyle sürüp gitti. (Ordu savaş için) yola koyuldu, bu savaş da benim elimden kaçtı. Nihayet yola çıkıp onlara yetişmeye niyetlendim, -keşke öyle yapsaydım- ama bana bu da nasip olmadı. Rasûlullah (s.a.v.) savaşa gittikten sonra insanların arasına her çıktığımda, bana sadece münafık damgası yiyen veya Allah'ın özürlerini kabul ettiği zayıf kimselerden başkasının arkadaşlık etmemesi; beni çok üzüyordu.

Rasûlullah (s.a.v.) Tebük'e varıncaya kadar benim adımı hiç anmamış, Tebük'te insanların arasındayken: *"Ka'b b. Mâlik ne yaptı?"* diye sormuş. Selime Oğullarından birisi: *"Ey Allah'ın Rasulü! Onu, çizgili iki elbisesi ve endamına bakıp gururlanması alıkoydu"* demiş. Bunun üzerine Muaz b. Cebel (r.a.) ona: *"Söylediğin söz ne kötü oldu. Ey Allah'ın Rasulü! Allah'a yemin olsun ki, biz onun hakkında hayırdan başka bir şey bilmeyiz."* demiş. Rasûlullah (s.a.v.) de sükût etmiş. O sırada serabın dalgalandırdığı, beyazlar giymiş bir adam görmüş ve: *"Ebû Hayseme olaydın"* demiş. Bir de ne görsünler, gelen adam Ensar'dan Ebû Hayseme değil mi? -O, münafıklar kendisiyle alay ettikleri zaman bir ölçek hurma tasadduk eden kişidir.-

Ka'b sözüne şöyle devam etti: Rasûlullah (s.a.v.)'in Tebük'ten (Medine'ye) hareket ettiğini öğrenince beni bir üzüntü kapladı. Ne yalan söyleyeceğimi düşünmeye başladım. Kendi kendime: -*"Yarın o'nun öfkesinden nasıl kurtulacağım?"* dedim. Yakınlarımın aklı erenlerinden bu hususta yardım istedim.-*"Rasûlullah (s.a.v.) gelmek üzere"* denilince uydurduğum bütün yalanlar (kafamdan) gitti. Sonunda ondan (yalan olan) hiçbir şeyle kurtulamayacağım anladım ve her şeyin doğrusunu söylemeye karar verdim. Peygamber (s.a.v.) sabahleyin Medine'ye geldi. -Kendisi (s.a.v.) seferden dönünce; önce mescide uğrar, iki rekât namaz kılıp sonra insanların işlerini görmek için otururdu.- Yine bu işleri yaptıktan sonra, savaşa katılmayanlar onun huzuruna özürlerini söyleyerek ve yemin ederek geldiler. Bunlar seksen küsur kişi idiler.

Peygamber (s.a.v.) onların mazeretleri kabul etti, kendileriyle biatlaştı, Allah'tan bağışlanmalarını istedi ve gizledikleri şeyleri de Allah'a havale etti. Sonunda ben geldim kendisine selam verdiğimde darıltılmış kimse gibi gülümsedi, sonra: -*"Gel"* dedi. Ben de yürüyerek yanına geldim ve önüne oturdum. Bana: -*"Seni savaştan geri koyan şey nedir? Binek hayvanı satın almamış mıydın?"* dedi. Ben de: *"Ey Allah'ın Rasûlü! Allah'a yemin ederim ki, senden başka birisinin yanına otursaydım özür beyan ederek onun öfkesinden kurtulabileceğimi zannederdim. Çünkü bana münakaşa kabiliyeti verilmiştir. Fakat Allah'a yemin olsun ki, bu gün sana yalan söyleyerek seni razı etsem bile, Allah (işin doğrusunu sana bildirerek) seni bana gücendirir. Şayet doğrusunu söylesem bana kızacaksın ama ben doğruyu söyleyerek Allah'tan hayırlı sonuç bekliyorum. Vallahi savaşa gitmemek için hiçbir özürüm yoktu, hiçbir zaman da savaştan geri kaldığım sıradaki kadar kuvvetli ve zengin olmamıştım."* dedim.

Bunun üzerine Peygamber (s.a.v.): *"İşte durum bu. Ama doğru söyledi." Kalk, hakkında Allah hüküm verene kadar bekle"* buyurdu. Selime Oğullarından birçok kimse gelip, peşime takılarak bana: *"Allah'a yemin ederiz ki, senin bundan önce hiç suç işlemediğini biliyoruz. Savaşa katılmayanların ileri sürdükleri gibi bir mazeret bile söylemekten aciz kaldın, hâlbuki suçunun bağışlanması için Peygamber (s.a.v.)'in sana dua etmesi yeterdi."* dediler. Beni o kadar azarladılar ki, tekrar Rasûlullah (s.a.v.)'in yanına dönüp kendimi yalanlamayı düşündüm. Sonra onlara: *"Benimle beraber bu durumla karşılaşan kimse var mıdır?"* diye sordum. Onlar: *"Evet seninle beraber iki kişi daha bu durumla karşılaştı, onlar da senin gibi konuştular ve onlara da sana söylenenler söylendi."* dediler.

*"O iki kişi kimlerdir?"* dedim. *-"Biri Mürâre b. Rabi' el Amrî, di-ğeri de Hilâl b. Ümeyye el Vâkifî"* diyerek Bedir Savaşı'na katılarak örnek olmuş iki salih kişinin adını verdiler. Bunları söylediklerinde yoluma devam ettim. Rasûlullah (s.a.v.) savaşa katılmayanlardan sadece üçümüzle insanların konuşmalarını yasakladı. Bunun üzerine insanlar bizden uzaklaştılar veya bize karşı tavırlarını değiştirdiler. Hatta bana; içinde yaşadığım toprak yabancı gelmeye başladı, sanki burası benim bildiğim yer değildi. Elli gün bu hal üzere kaldık. Diğer iki arkadaşım boyunlarını büküp ağlayarak evlerinde oturdular.

Ben onlardan daha genç ve daha dinç olduğum için dışarı çıkar, Müslümanlarla birlikte namazda bulunurdum, çarşılarda dolaşırdım, fakat kimse benimle konuşmazdı. Rasûlullah (s.a.v.) namaz bittikten sonra yerinde otururken yanına gelir ve kendisine selam verirdim. Sonra kendi kendime: *"Acaba selamımı alırken dudaklarını kıpırdattı mı kıpırdatmadı mı?"* diye sorardım. Sonra O'na yakın bir yerde namaz kılar ve fark ettirmeden kendisine bakardım. Ben namaza dalınca, bana bakar, kendisine baktığım zaman ise benden yüzünü çevirirdi. Müslümanların benimle ilgi kesmeleri uzayınca, amcamın oğlu ve insanların bana en sevimlisi olan Ebû Katâde'nin bahçesine gidip duvardan içeri atladım ve kendisine selam verdim. Allah'a yemin olsun ki, selamımı almadı. Bunun üzerine: *"Ey Ebû Katâde! Sana Allah için soruyorum, Allah'ı ve Rasulünü ne kadar sevdiğimi biliyor musun?"* dedim. Sustu. Tekrar Allah'ın adını anarak sordum, yine sustu. Yine Allah'ın adını anarak tekrar sordum: *"Allah ve Rasûlü daha iyi bilir."* dedi. Bunun üzerine gözlerimden yaşlar boşaldı, geri dönüp duvardan atladım.

Bir gün Medine çarşısında dolaşıyordum, yiyecek satmak üzere gelen Şam tarafından Nabat'lı bir çiftçi: *"Ka'b ibn Mâlik'i bana kim gösterir?"* diyordu. İnsanlar ona beni göstermeye başladılar, adam yanıma gelerek Gassân Melîk'inden getirdiği bir mektubu verdi. Ben okuma-yazma bilenlerdendim. Mektubu açıp okudum. Mektup şöyle idi: *"Arkadaşının senden ilişkiyi kestiği haberini aldım. Allah seni hukukun çiğnendiği ve kıymetin bi-*

*linmediği bir yerde bırakmasın. Hemen bize gel sana ikramda bulunuruz."* Mektubu okuyunca: *"Bu da imtihanlardan biri"* dedim, hemen onu fırına atıp yaktım.

Nihayet elli günden kırkı geçmiş fakat vahiy hala gelmemişti. Bir gün Rasûlullah (s.a.v.)'in elçisi çıkageldi ve: -*"Rasûlullah (s.a.v.) sana hanımından uzaklaşmanı emrediyor"* dedi. Ben de: *"O'nu boşayacak mıyım, yoksa ne yapacağım?"* diye sordum. O: *"Hayır ondan ayrı oturacak ona yaklaşmayacaksın"* dedi. - Peygamber (s.a.v.) diğer iki arkadaşıma da aynı emri göndermişti.- Bunun üzerine eşime: -*"Allah bu meselede bir hüküm verene kadar, ailenin yanına git, orada otur"* dedim. Hilâl b. Ümeyye'nin karısı da Rasûlullah (s.a.v.)'e giderek: *"Ey Allah'ın Rasûlü! Hilâl b. Ümeyye yaşlı ve güçsüz bir adamdır, bir hizmetçisi de yoktur. Ona hizmet etmemde bir sakınca görür müsün?"* diye sormuş. Peygamber (s.a.v.) de: *"Hayır! Ama sana asla yaklaşmasın"* deyince kadın da: *"Allah'a yemin olsun ki onun kımıldayacak hali yoktur, başına bu iş geldiğinden bu güne kadar da durmadan ağlıyor."* demiş.

Yakınlarımdan birisi bana: *"Rasûlullah (s.a.v.)'den hanımının sana hizmet etmesi için izin istesen olmaz mı? (Bak) Hilâl b. Ümeyye karısına ona bakması için izin verdi"* dedi. Ona: *"Ben genç bir adamken bu konuda Rasûlullah (s.a.v.)'den izin isteyemem, izin istesem bile Peygamber (s.a.v.)'in bana ne diyeceğini bilemem."* dedim. Bu durumda on gün daha kaldım. Bizimle konuşulması yasaklandığından bu yana elli gün tamam oldu. Ellinci günün sabahında evlerimizden birinin damında sabah namazını kıldım. Allah'ın Kur'ân'da bizim hakkımızda bahsettiği gibi canım iyice sıkılmış, geniş olan yeryüzü bana dar gelmiş bir vaziyette otururken; Sel' Dağı'nın tepesinde birinin yüksek bir sesle: *"Ey Ka'b b. Mâlik müjde"* diye bağırdığını duydum. Derhal secdeye kapandım. Kurtuluşun geldiğini anladım. Rasûlullah (s.a.v.) sabah namazını kıldırınca, Allah'ın tövbelerimizi kabul buyurduğunu ilan etmiş. Bunun üzerine insanlar bize müjde vermeye koşuşmuşlar. İki arkadaşıma da müjdeciler gitmiş. Adamın biri bana doğru at koşturmuş, Eslem kabilesinden bir diğeri de koşup (Sel') Dağı'na tırmanmış. Onun sesi attan daha önce bana ulaşmıştı. Sesini duyduğum müjdeci yanıma gelince, sırtımdaki iki elbiseyi de çıkardım, müjdesine karşılık ona giydirdim. Allah'a yemin ederim ki o gün için bunlardan başka (elbisem) yoktu. Emanet iki elbise bulup hemen giydim, Peygamber (s.a.v.)'i görmek üzere yola düştüm. İnsanlar beni gurup gurup karşılıyor, tövbemin kabulünü tebrik ediyor ve: *"Allah'ın seni bağışlaması mübarek olsun."* diyorlardı.

Nihayet mescide girdim. Rasûlullah (s.a.v.) oturuyordu ve etrafında insanlar vardı. Talha b. Ubeydullah (r.a.) hemen ayağa kalktı, koşarak geldi, elimi sıktı ve beni tebrik etti. Vallahi muhacirlerden ondan başka kimse ayağa kalkmadı. -Ka'b, Talha'nın bu davranışını hiç unutmazdı.- Ka'b, Peygamber (s.a.v.)'e selam verdiğimde yüzü sevinçten parlayarak: *"Annenin seni doğurduğundan beri üzerinden geçen günlerin en hayırlısıyla sevin."* buyurdu. Ben de: *"Ey Allah'ın Rasûlü! Bu (müjde) senin tarafından mıdır yoksa Allah tarafından mıdır?"* dedim. O: *"Hayır! Yüce Allah tarafındandır"* diye buyurdu. Sevindiği zaman Peygamber (s.a.v.)'in yüzü parlar, ay parçasına benzerdi, biz de sevincini böylece anlardık. Rasûlullah (s.a.v.)'in önüne oturduğumda: *"Ey Allah'ın Rasûlü! Tövbemin kabulünden dolayı bütün malımı Allah ve Rasûlü uğrunda tasadduk etmek istiyorum"* dedim. Rasûlullah (s.a.v.) de: *"Malının bir kısmını dağıtma! Bu, senin için daha hayırlıdır."* buyurdu. Ben de: *"Hayber fethindeki hissemi kendime bırakıyorum"* dedim. Sonra: *"Ey Allah'ın Rasûlü! Allah beni sadece doğru söylediğimden dolayı kurtardı, tövbemin kabul edilmesi sebebiyle artık yaşadığım sürece daima doğru söz söyleyeceğim."* dedim.

Vallahi bunu Peygamber (s.a.v.)'e söylediğim günden beri doğru sözlü olmaktan dolayı Allah'ın hiç kimseyi benden daha güzel imtihan ettiğini bilmiyorum. Yemin ederim ki, Peygamber (s.a.v.)'e o sözleri söylediğim günden bu güne kadar asla yalana yeltenmedim. Kalan ömrümde de Allah'ın beni yalan söylemekten koruyacağını umuyorum. Ka'b: Allah şu ayetleri indirdi: *"Yemin olsun ki Allah, Peygambere ve o en zor günde ona uyan Muhâcirlere ve Ensar'a tövbe nasip etti. O zaman onların içlerinden bir kısmının, kalpleri kaymağa yüz tutmuş iken tövbelerini kabul etti. Çünkü Allah, çok acıyan, merhamet edendir. Allah, hükümleri ertelenen o üç kişinin de (tövbelerini kabul etti.) Çünkü onlar, (o derece bunalmışlardı ki) yeryüzü bütün genişliğine rağmen başlarına dar gelmiş, sıkıntıdan patlayacak gibi olmuşlardı. Sonunda Allah'a sığınmaktan başka bir çare olmadığını, anlamışlardı. Bunun üzerine Allah, tövbe etsinler diye onlara, tövbe nasip etti. Gerçekten Allah, tövbeleri çok kabul edendir, çok merhametli olandır. Ey îman edenler! Allah'a karşı hata etmekten sakının ve doğrularla beraber olun."* dedi.

Ka'b: -*"Allah'a yemin ederim ki Allah beni İslâm'la şereflendirdikten sonra Allah'ın bana verdiği en büyük nimet, Peygamber (s.a.v.)'in huzurunda doğruyu söylemek ve yalan söyleyip helak olanlar gibi olmamaktır."* dedi. Çünkü Allah yalan söyleyenler hakkında vahiy gönderdiği zaman hiç kimseye söylemediği ağır sözleri onlara söyleyerek şöyle buyurdu: -*"Savaştan dönüp onların yanlarına geldiğinizde, kabahatlerini görmeyesiniz diye sizi kandırmak için Allah adına yeminler, edecekler. Siz de o pisliklerden yüz çevirin. Zâten onların varacakları yer, kendi (elleriyle) kazandıkları şeyler sebebiyle, cehennemdir. Kendilerinden râzı olasınız diye, size yeminler edecekler. Eğer siz, onlardan râzı olsanız bile (şunu bilin ki) Allah, o fasıklar topluluğundan, asla râzı olmayacaktır."*

Ka'b sözünü şöyle bitirdi: Biz üç kişi, Peygamber (s.a.v.)'in yeminlerini kabul edip kendilerinden biat aldığı ve Allah'tan affedilmelerini dilediği kimselerin işinden geri bırakılmıştık. Peygamber (s.a.v.), Allah'ın bu konuda bizim hakkımızdaki hükmünü verinceye kadar erteledi. Bu sebepten dolayı Allah: -*"hükümleri ertelenen o üç kişinin de (tövbelerini kabul etti.")"* buyurdu. Allah'ın bahsettiği bu geri kalma hadisesi bizim savaştan geri kalmamız değil, bizim işimizin o yemin edip de özürleri kabul edilenlerden geriye bırakılmamızdır. Diğer bir rivayette; -*"Rasûlullah (s.a.v.) tebük savaşına perşembe günü çıkmıştı, sefere perşembe günü çıkmayı severdi."* Başka bir rivayette; -*"Peygamber (s.a.v.), seferden evine ancak gündüzün kuşluk vaktinde dö-*

*nerdi, gelince de ilk önce mescide girer iki rekât namaz kılar sonra otururdu"* denilmektedir. (Müslim, Müsafirîn 74)

◈ **22)** Ebû Nüceyd İmrân b. Husayn el-Huzâî (r.a.)'den:

Cüheyne kabilesinden zina ederek gebe kalan bir kadın Peygamber (s.a.v.)'in huzuruna geldi ve: *"Ey Allah'ın Rasulü! Cezayı gerektiren bir iş işledim, Benim cezamı ver"* dedi. Bunun üzerine Peygamber (s.a.v.) kadının velisini çağırttı ve ona: *"Bu kadına iyi davran doğum yapınca da bana getir"* buyurdu. Adam denileni yaptı. (Kadın, getirilince) Peygamber (s.a.v.) kadının elbisesinin bağlanmasını, sonra da recm edilmesini (taşlanarak öldürülmesini) emretti ve kadın recm edildi. Sonra Peygamber (s.a.v.) cenaze namazını kıldı.

Ömer (r.a.): *"Ey Allah'ın Rasulü! Zina ettiği halde kadının namazını kıldın."* deyince, Peygamber (s.a.v.): *"O kadın öyle bir tövbe etti ki, onun tövbesi Medinelilerden yetmiş kişiye taksim edilseydi hepsine yeterdi. Sen hiç, Allah için canını vermekten daha iyi bir tövbe biliyor musun?"* buyurdular. (Müslim, Hudûd 24)

◈ **23)** İbnu Abbâs ve Enes b. Mâlik (r.a.)'den:

Rasûlullah (s.a.v.): *"Âdemoğlunun bir vadi dolusu altını olsa iki vadi olmasını ister, onun ağzını ancak toprak doldurur. Allah tövbe edenin tövbesini kabul eder."* buyurdular. (Buhârî, Rikâk 10; Müslim Zekât 116 119)

◈ **24)** Ebû Hureyre (r.a.)'den:

Rasûlullah (s.a.v.): *"Şanı yüce Allah, biri diğerini öldüren ve ikisi birden cennete giren iki kişiye güler. Bunlardan biri Allah yolunda savaşırken öldürülür. Katil olan sonradan tövbe eder, Müslüman olur ve o da Allah yolunda şehid edilir."* buyurdular.

(Buhârî, Cihad 28; Müslim, İmâra 128 129)

## 3- SABRIN FAZİLETİ BÖLÜMÜ

❖ *"Ey îman edenler!* Gerçekten kurtuluşunuzu umabilmek *için; sabredin, sabır yarışında düşmanlarınızı geride bırakın, onlara karşı tetikte durun ve Allah'a karşı hata etmekten sakının".* (3 Âl i İmrân, 200)

❖ *"Biz, sizi (dünya hayatı boyunca) korku, açlık ve mal, can ve ürün eksiltmeleri ile mutlaka imtihan edeceğiz. Bunu sabredenlere müjdele."* (2 Bakara, 155)

❖ *"Ancak, hakkıyla sabredenlere mükâfatları hesapsızca ödenir."* dediğimi de söyle. (39 Zümer, 10)

❖ *"Kim de sabreder ve bağışlarsa, şüphesiz bu kararlılık gerektiren bir iştir.* (42 Şûrâ, 43)

❖ *"(Ey îman edenler!) Sabır ve namazla (Allah'tan) yardım dileyin. Şüphesiz Allah, sabredenlerle beraberdir."* (2 Bakara, 153)

❖ *"Biz, içinizden (Bizim yolumuzda) cihad edenlerle, sabredenleri ortaya çıkarıncaya kadar, sizi deneyeceğiz ve bu konudaki haberlerinizi (herkese) bildireceğiz."* (47 Muhammed 31)

❖ **25)** Ebû Mâlik Hâris b. Âsım el-Eş'arî (r.a.)'den:

Rasûlullah (s.a.v.): **"Temizlik, imanın yarısıdır. Elhamdülillah (sevap) terazisini doldurur, Sübhanallah ve Elhamdülillah sözleri ise yer ve gökler arasını doldurur, namaz nurdur, sadaka kesin delildir, sabır ise aydınlıktır. Kur'ân senin lehine ya da aleyhine kesin delildir. Herkes sabahleyin çıkar, kendisini satar; ya kazanır ya da kaybeder."** buyurdular. (Müslim, tahâra 1)

❖ **26)** Ebû Saîd Sa'd b. Sinân el-Hudrî (r.a.)'den:

Ensardan bir kısmı Rasûlullah (s.a.v.)' den bir şeyler istediler o da verdi, tekrar istediler yanındaki mal bitene kadar verdi. Elinde bulunan her şeyi verdikten sonra onlara: **"Yanımda mal olsaydı sizden asla esirgemezdim. Kim (istemekten çekinir) iffetli davranırsa Allah onun iffetli kılar, kim tokgözlü olmak isterse Allah onu zenginleştirir, kim sabretmek isterse, Allah ona sabır verir.**

*Hiç kimseye sabırdan daha geniş ve hayırlı bir şey verilmemiştir."*
buyurdular. (Buhârî, Zekât 50; Müslim, Zekât 126)

◈ **27)** Ebû Yahyâ Suheyb b. Sinân (r.a.)'den:

Rasûlullah (s.a.v.): *"Mü'minin durumuna gerçekten hayret edilir. Zira onun her işi hayırdır. Bu da sadece mü'minler içindir. Eğer ona bir iyilik isabet eder ve ona şükrederse bu onun için hayırdır ve eğer ona bir kötülük isabet eder buna da sabrederse bu da onun için hayırdır."* buyurdular. (Müslim, Zühd 64)

◈ **28)** Enes (r.a.)'den:

Peygamber (s.a.v.)'in (hastalığı) ağırlaşıp kendisini sıkıntılar daraltınca Fâtıma (r.a.): *"Vah babacığımın çektiği sıkıntılara"* dedi. Bunun üzerine Rasûlullah (s.a.v.): *"Bu günden sonra baban için artık sıkıntı yoktur."* buyurdu. Rasûlullah (s.a.v.) vefat edince, Fâtıma (r.a.): *"Vah babacığım! Allah'ın davetine icabet etti... Gideceği yer Firdevs Cenneti olan babacığım... Vah ölüm haberini Cebrâil'e vereceğimiz babacığım ..."* dedi. Peygamber (s.a.v.) defnedilince Fâtıma (r.a.): *"Rasûlullah (s.a.v.)'in üzerine toprak atmaya gönlünüz nasıl razı oldu?"* dedi. (Buharî, Meğazî 83)

◈ **29)** Rasûlullah (s.a.v.)'in azatlısı, dostu ve dostunun oğlu olan Ebû Zeyd Üsâme b. Zeyd b. Hârise (r.a.)'den:

Peygamber (s.a.v.)'in Kızı Zeynep *"oğlum ölmek üzere, bize kadar gel."* diye haber gönderdi. Rasûlullah (s.a.v.)'de selam gönderdi ve: -*"Alan da veren de Allah'tır. O'nun katında her şeyin belirlenmiş bir eceli vardır. Sabretsin, ecrini Allah'tan beklesin."* buyurdular. Bunun üzerine kızı Peygamber (s.a.v.)'e yemin ederek mutlaka gelmesi için tekrar haber gönderdi. Bu sefer Rasûlullah (s.a.v.) yanında Sa'd b. Ubâde, Muâz b. Cebel, Übeyy b. Ka'b, Zeyd b. Sâbit ve bazı kimselerle beraber kalkıp gitti. Çocuk Peygamber (s.a.v.)'e verildi. Onu kucağına oturttu. Çocuk çırpınıp duruyordu. Rasûlullah (s.a.v.)'in gözlerinden yaşlar boşandı. Durumu gören Sa'd b. Ubâde: *"Bu ne haldir? Ey Allah'ın Rasulü!"*

dedi. Rasûlullah (s.a.v.): **"Bu Allah'ın kullarının kalbinde yarattığı merhamettir."** buyurdular.

Diğer bir rivayette: **"Bu Allah'ın kullarından dilediğinin kalbine yerleştirdiği bir rahmettir. Allah kullarından sadece merhametli olanlara rahmet eder."** buyurdular. (Buhârî, Cenâiz 33; Müslim, Cenâiz 9)

◈ **30)** Suheyb (r.a.)'den:

Rasûlullah (s.a.v.) şöyle anlattı: **Sizden evvelkiler içinde bir kral, bir de onun sihirbazı vardı. Sihirbaz ihtiyarlayınca krala: "Ben ihtiyarladım bana bir genç gönder de ona sihirbazlığı öğreteyim" dedi. Kral da ona (sihri) öğretmesi için genç birini gönderdi. Bu gencin gidip-geleceği yol üzerinde bir rahip vardı. Genç onun yanına oturdu, konuşmalarını dinledi ve çok beğendi. Artık sihirbazın yanına her gittiğinde, rahibe uğrar ve onun yanında (bir süre) kalırdı. Genç sihirbazın yanına geldiğinde sihirbaz onu (geç kaldın diye) döverdi. Genç bu durumu rahibe şikâyet etti. O da: "Sihirbazdan korktuğunda ailem geciktirdi, ailenden korktuğunda da sihirbaz alıkoydu dersin." dedi.**

**Durum böyle iken günün birinde genç insanların yolunu kesen büyük bir hayvana rastladı ve: "Sihirbazın mı, yoksa rahibin mi daha üstün olduğunu işte şimdi öğreneceğim" dedi. Eline bir taş aldı ve: "Ey Allah'ım! Rahibin işleri sihirbazın işlerinden Sana daha sevimli ise şu hayvanı öldür de insanlar yollarına devam etsinler" dedi ve taşı atıp hayvanı öldürdü, halk da geçip gitti. Genç, rahibe gelip olayı anlattı. Rahip: "Yavrucuğum! Sen, bugün artık benden daha üstünsün, zira sen bu gördüğüm dereceye ulaşmışsın. Sen, yakında imtihan edileceksin. Eğer böyle bir imtihana tabi tutulursan, benim yerimi kimseye söyleme" dedi. Genç doğuştan körleri, alacalıları kurtarır ve diğer hastalıkları da tedavi ederdi. Kralın kör olan bir yakını bunu duydu, birçok hediye ile onun yanına gitti ve: "Eğer beni hastalığımdan iyi edersen bu hediyelerin hepsi senindir." dedi. Genç, o adama: "Ben kimseye şifa veremem, şifayı ancak Yüce Allah**

verir, Eğer sen Allah'a iman edersen; ben O'na dua ederim, O da sana şifa verir." dedi. Adam iman etti, Allah da ona şifa verdi. Adam, eskiden olduğu gibi kralın yanına gelip oturdu. Kral: "Gözünü sana kim iade etti?" diye sordu. O da: "Rabbim" dedi. Kral: "Senin benden başka Rabbin mi var?" dedi. O adam: "Benim de senin de Rabbin Allah'tır." dedi.

Bunun üzerine kral o adamı tutukladı ve gencin yerini gösterinceye kadar ona işkence etti. Genç getirilince kral ona: "Yavrucuğum! Demek ki senin sihrin körleri ve alacalıları iyileştirecek dereceye geldi. Şu şu işleri de yapıyormuşsun?" diye sordu. Genç: "Hayır ben kimseye şifa veremem şifa veren sadece Allah'tır" dedi. Bunun üzerine kral o genci tutukladı ve rahibin yerini gösterinceye kadar ona işkence etti. Rahip getirildi ve ona: "Dininden dön" denildi. O da kabul etmedi. Kral bir testere istedi. Testere onun başının ortasına konuldu. Kral onu ikiye ayırdı ve her parçası bir yana düştü. Sonra kralın yakını olan adam getirildi ve ona: "Dininden dön" denildi. O da kabul etmedi. Testere onun da başını ortasına konuldu. Kral onu da ikiye ayırdı ve her parçası bir yana düştü. Sonra genç getirildi ve ona: "Dininden dön" denildi. O da kabul etmedi. Kral genci adamlarından bir guruba teslim edip onlara: "Bunu falanca dağa götürün, dağın zirvesine varınca dininden dönerse ne ala, dönmezse onu aşağıya atın." dedi. Genci götürdüler ve dağın tepesine çıkardılar. Genç: "Allah'ım dilediğin şekilde beni bunlardan koru." dedi. Dağ sarsıldı, onlar (dağdan aşağı) yuvarlandılar, genç ise yürüyerek kralın yanına geldi. Kral ona: "Arkadaşların ne yaptı?" dedi. Genç: "Yüce Allah beni onlardan kurtardı" dedi.

Kral tekrar genci adamlarından bir guruba teslim edip onlara: "Bunu alın ve büyük bir gemiye bindirip denizin ortasına götürün, dininden dönerse ne ala değilse denize atın" dedi. Genci götürdüler ve genç: "Allah'ım dilediğin şekilde beni bunlardan koru." dedi. Gemi alabora oldu, onlar boğuldular, genç ise yürüyerek kralın yanına geldi. Kral ona: "Arkadaşların ne yaptı?" dedi. Genç: "Yüce Allah beni onlardan kurtardı" dedi.

*Genç, krala: "Benim dediğimi yapmadıkça sen beni öldüremezsin." dedi. Kral: "Nedir o?" deyince genç: "Halkı geniş bir meydana topla, beni de bir hurma kütüğüne bağla sonra ok torbamdan bir ok al, yayın tam ortasına yerleştir, sonra: 'Gencin Rabbi olan Allah adıyla' diyerek oku at. Eğer sen ancak böyle yaparsan beni öldürebilirsin" dedi. Bunun üzerine kral halkı geniş bir meydana topladı, genci bir hurma kütüğüne bağladı sonra ok torbasından bir ok aldı, yayın tam ortasına yerleştirdi, sonra: 'Gencin Rabbi olan Allah adıyla' diyerek oku attı ve ok delikanlının şakağına saplandı. Genç elini şakağına koydu ve ruhunu teslim etti. Bunun üzerine tüm insanlar: "Biz gencin Rabbine iman ettik" dediler.*

*Kralın yanına varılarak: "Korktuğun şeyi gördün mü? İşte şimdi korktuğun şey başına geldi ve halk iman etti." dediler. (Bunun üzerine kral) sokak başlarına büyük hendekler kazılmasını emretti ve hendekler ateşlerle dolduruldu. Kral: "Dininden dönmeyenleri hendeğe atın -ya da ateşe atla deyin-" dedi. Adamları bunu yaptılar. Hatta yanında çocuğuyla bir kadın geldi. Kadın, oraya girmekten çekinince, çocuk annesine: "Ey Anneciğim! Sabret, şüphesiz sen hak din üzeresin" dedi.* (Müslim, Zühd 73)

◈ 31) Enes b. Mâlik (r.a.)'den:

Peygamber (s.a.v.) bir mezarın başında ağlamakta olan bir kadına rastladı ve ona: -*"Allah'tan kork ve sabret"* buyurdu. Kadın Peygamber (s.a.v.)'i tanıyamadığı için: *"Benden uzak ol! Benim başıma gelen senin başına gelmemiştir."* dedi. Kendisine O'nun Peygamber (s.a.v.) olduğu söylenir söylenmez, o kadın, Peygamber (s.a.v.)'in kapısına geldi, kapıda kapıcıların bulunmadığını gördü ve: *"Ben seni tanıyamadım"* dedi. Peygamber (s.a.v.) de: -*"Asıl sabır ilk anda yapılan sabırdır."* buyurdular.

Müslimin rivayetinde: *"Ölen çocuğun üzerine ağlıyordu."* ilavesi vardır. (Buhârî, Cenâiz 32; Müslim, Cenâiz 14)

◈ **32)** Ebû Hureyre (r.a.)'den:

Rasûlullah (s.a.v.): *"Allah: 'dünyada en sevdiği dostunu aldığım zaman, sabredip mükâfatını benden bekleyen mü'min kulumun mükâfatı, sadece cennettir.' buyurdu."* dedi. (Buhârî, Rikak 6)

◈ **33)** Aişe (r.a.)'den:

Aişe (r.a.) Rasûlullah (s.a.v.)'e vebâ hastalığından sormuş, o da: *"Vebâ, Allah'ın dilediği kimselere gönderdiği bir azaptır. Allah onu mü'minlere rahmet kıldı. Bu sebeple vebâya yakalanan bir kul, sabredip mükâfatını Allah'tan bekleyerek bulunduğu yerde başına ancak Allah'ın yazdığı şeyin geleceğini bilerek oturup, dışarı çıkmazsa kendisine şehid sevabı verilir."* buyurmuşlar. (Buhârî, tıbb 31)

◈ **34)** Enes b. Mâlik (r.a.)'den:

Rasûlullah (s.a.v.)'in: *"Allah-u Teâlâ buyuruyor ki: Kulumu iki sevdiği şeyle imtihan ettiğim zaman sabrederse, o ikisinin karşılığı olarak ona cenneti veririm."* buyurduğunu işittim demiştir. *(O, iki sevdiği şeyle, iki gözünü kastediyordu.)* (Buhârî, Merda 7)

◈ **35)** Atâ b. Ebî Rebâh (r.a.)'den:

Abdullah b. Abbas (r.a.) bana: *"Sana cennetlik bir kadın göstereyim mi?"* dedi. Ben de: *"Evet göster!"* dedim. O da: İşte şu siyah kadındır. Bu kadın Peygamber (s.a.v.)'e geldi ve: *"Beni sara nöbeti tutuyor ve (bu esnada elbisem) açılıyor, benim için Allah'a dua et."* dedi. Peygamber (s.a.v.) de: *"İstersen sabret, sana cennet vardır. İstersen sana şifa vermesi için Allah'a dua edeyim."* buyurdu. Bunun üzerine kadın: *"(Hastalığıma) sabrederim. Ama elbisem açılıyor, elbisemin açılmaması için Allah'a dua et"* dedi. Peygamber (s.a.v.) ona dua etti. (Buhârî, Merda 6; Müslim, Birr 54)

◈ **36)** Ebû Abdurrahman Abdullah b. Mes'ûd (r.a.)'den:

Şimdi ben Rasûlullah (s.a.v.)'i, Peygamberlerden bir Peygamberi anlatırken görür gibiyim. O Peygamber kavmi tarafından dövülüp yüzü kanlar içerisinde bırakılmıştı, o da hem yüzündeki kanı silmeye çalışıyor, hem de: *"Ey Rabbim! Kavmimi bağışla çünkü onlar (ne yaptıklarını) bilmiyorlar"* diyordu. (Buhârî, Enbiyâ 54)

◈ **37)** Ebû Saîd ve Ebû Hureyre (r.a.)'den:

Rasûlullah (s.a.v.): *"Herhangi bir Müslümanın başına gelen her yorgunluk, hastalık, üzüntü, keder, acı ve gamdan ayağına batan dikene kadar her şeyi Allah o Müslümanın hatalarına keffaret kılar."* buyurdular. (Buhârî, Merda 1; Müslim, Birr 49)

◈ **38)** Abdullah b. Mes'ûd (r.a.)'den:

Rasûlullah (s.a.v.)'in şiddetli sıtmaya yakalandığı bir zamanında huzuruna girdim. Ona: "Ey Allah'ın Rasûlü sen çok şiddetli sıtma olmuşsun" dedim. O da: *"Evet, ben sizden iki kişinin olabileceği kadar sıtma oldum"* buyurdu. Ben de: *"Bundan dolayı size iki kat ecir var mıdır?"* dedim. Allah'ın Rasûlü: *"Evet öyledir. Bir Müslümanın başına gelen, vücuduna batan bir dikenden en ağırına kadar bütün sıkıntılar sebebiyle Allah, onun kusurlarını örter. Ağacın yapraklarının döküldüğü gibi onun günahları da öylece dökülür."* buyurdular. (Buhârî, Merda 13 Müslim, Birr 45)

◈ **39)** Ebû Hureyre (r.a.)'den:

Rasûlullah (s.a.v.): *"Allah hayrını dilediği bir kimseyi (günahlarını bağışlamak için) sıkıntıya sokar"* buyurdular. (Buhârî, Merda 1)

◈ **40)** Enes (r.a.)'den:

Rasûlullah (s.a.v.): *"Sizden hiçbiriniz başına gelen bir sıkıntıdan dolayı ölmeyi istemesin. Mutlaka böyle bir şey yapmak zorunda kalırsa; Allah'ım benim için yaşamak hayırlıysa beni yaşat, ölmek hayırlıysa beni öldür desin."* buyurdular. (Buhârî, Merda 19; Müslim, Zikir 10)

**41)** Ebû Abdullah Habbâb b. Eret (r.a.)'den:

Rasûlullah (s.a.v.)'e Kâbe'nin gölgesinde hırkasına daya-mış istirahat ederken, durumumuzdan şikâyette bulunduk ve: *"Bizler için Allah'tan yardım dilemeyecek ve dua etmeyecek misi-niz?"* dedik.

Rasûlullah (s.a.v.) de: *"Önceki toplumlarda bir kimse ya-kalanır, yerde bir çukur kazılır ve o çukura gömülür, sonra bir testere getirilir ve başından aşağı testereyle ikiye ayrılır, demir taraklarla etleri ve kemikleri taranırdı. Fakat bütün bunlar onu dininden döndüremezdi. Yemin ederim ki Allah, bu işi (dini) mutlaka tamamlayacaktır. Hatta bir atlı, tek başına San'a'dan Hadramevt'e kadar Allah'tan ve koyunlarına kurt saldırısından başka hiç bir şeyden korkmadan gidecek. Lakin siz acele edi-yorsunuz."* buyurdular.

Başka bir rivayette: *"Peygamber (s.a.v.) hırkasına bürünmüş-tü, bizler de müşriklerden çok işkence görüyorduk."* ilavesi vardır.

(Buhârî, Menâkıb 25)

**42)** İbnu Mes'ûd (r.a.)'den:

Huneyn savaşı günü Rasûlullah (s.a.v.) (ganimetleri taksim ederken) bazı kimselere fazla hisse vermişti. Akra' b. Hâbis'e yüz deve, Uyeyne b. Hısn'a da onun kadar, Arapların bazı ileri gelenlerine de fazla ganimet verdi. Bunun üzerine bir adam: *"Vallahi bu adaletsiz ve Allah'ın rızası gözetilmeyen bir paylaştır-madır."* dedi. Ben de: *"Vallahi bunu Peygamber (s.a.v.)'e söyleye-ceğim"* dedim. Peygamber (s.a.v.)'in yanına gidip adamın söy-lediklerini haber verdim. Bunun üzerine Rasûlullah (s.a.v.)'in yüzünün rengi değişerek kıpkırmızı oldu. Sonra da: *"Allah ve Rasûlü adaletli olmazsa kim olabilir."* buyurdu. Daha sonra: *"Allah Musa (a.s.)'a rahmet etsin. O, bundan daha fazlasıyla eziyete uğradığı halde sabretti"* buyurdu. Ben de kendi kendi-me: *"Vallahi bundan sonra O'na hiçbir kimsenin sözünü iletme-yeceğim."* dedim. (Buhârî, Edeb 53)

◈ **43)** Enes (r.a.)'den:

Rasûlullah (s.a.v.): *"Allah, bir kuluna iyilik dilerse onun mükâfatını dünyada vermek için acele eder. Eğer Allah bir kuluna da şer dilerse onu, günahını kıyamet gününe yüklenip gelsin diye dünyada cezalandırmaz."* buyurdular. Peygamber (s.a.v.): *"Büyük mükâfat, büyük imtihan ile birliktedir. Allah bir topluluğu severse onları imtihan eder. Kim başına gelen musibetlere razı olursa Allah da ondan razı olur. Kim de musibetlere öfkelenirse ona da öfke vardır."* buyurdular. (Tirmizî, Zühd 57)

◈ **44)** Enes (r.a.)'den:

Ebû Talha'nın hasta bir oğlu vardı. Ebû Talha dışarıya çıkınca çocuk vefat etti. Eve döndüğünde: *"Oğlum nasıl oldu?"* diye sordu. Çocuğun annesi Ümmü Süleym: *"O şimdi olduğundan daha sakin."* dedi. Ümmü Süleym kocasına akşam yemeğini hazırlayıp getirdi. Ebû Talha yemeğini yedi, sonra da hanımıyla birlikte oldu. İşini bitirdikten sonra hanımı: *"Çocuğu defnedin."* dedi. Ebû Talha sabah olunca Peygamber (s.a.v.)'in yanına gitti ve olup biteni haber verdi. Peygamber (s.a.v.): *"Bu gece ilişkide bulundunuz mu?"* diye sordu. Ebû Talha: *"Evet"* dedi. Peygamber (s.a.v.) de: *"Allah'ım doğacak bu çocuğu ikisine de mübarek kıl."* dedi. Vakti gelince Ümmü Süleym bir erkek çocuk doğurdu. Ebû Talha bana: "Çocuğu al Peygamber (s.a.v.)'e götür." dedi ve onunla birlikte biraz hurma gönderdi. Peygamber (s.a.v.): *"(Çocuğun) yanında bir şey var mı?"* dedi. O da: "Evet biraz hurma var" dedi. Peygamber (s.a.v.) onları ağzına alıp çiğnedi, sonra çıkarıp çocuğun ağzına koydu ve damağını ovdu ve ona Abdullah ismini verdi. (Buhârî, Cenâiz 42; Müslim, Edeb 23)

Buhârînin rivayetine göre, İbnu Uyeyne: *"Ensar'dan bir adam bu Abdullah'ın dokuz çocuğunu gördüm. Hepsi Kur'ân okuyorlardı."* dedi.

Müslimin rivayetine göre; Ebû Talha'nın Ümmü Süleym'den olma bir oğlu vefat etti. Ümmü Süleym ev halkına: *"Ebû Talha'ya ben söyleyinceye kadar oğlunun hakkında hiçbir şey söylemeyin."* dedi. Sonra Ebû Talha geldi. Ümmü Süleym akşam yemeğini hazırladı. Ebû Talha yemeğini yedi ve içeceğini içti. Sonra Ümmü Süleym daha öncekinden daha güzel şekilde süslendi. Ebû Talha da onunla birlikte oldu. Ümmü Süleym, kocasının karnının doyduğunu ve tatmin olduğunu görünce ona: *"Ey Ebû Talha! Bir aileye bir toplum bir emanet verse, sonra da o emanetleri istese, o ailenin onu vermeme hakkı olur mu?"* dedi. O da: *"Hayır"* dedi. Ümmü Süleym: *"Oğlunu da böyle say"* dedi. Ebû Talha kızarak: *"Kirleninceye kadar beni oyaladın. Sonra da oğlumun ölüm haberini bildirdin."* dedi. Hemen Rasûlullah (s.a.v.)'in huzuruna geldi ve oan olup bitenleri anlattı. Rasûlullah (s.a.v.): **"Allah gecenizi mübarek kılsın"** dedi.

Enes (r.a.) şöyle der: Ümmü Süleym hamile kaldı. Rasûlullah (s.a.v.) bir seferde iken Ümmü Süleym de onunla beraberdi. Rasûlullah (s.a.v.) seferden döndüğünde Medine'ye geceleyin girmezdi. Medine'ye yaklaştıklarında Ümmü Süleym'i doğum sancısı tuttu. Ebû Talha hanımıyla meşgul olmak zorunda kaldı. Rasûlullah (s.a.v.) de yoluna devam etti. Ebû Talha: *"Ey Rabbim! Biliyorsun ki; Rasûlullah (s.a.v.) ile beraber çıkıp yine Onunla beraber girmekten hoşlanırım. Fakat bu sefer şu sebepten dolayı geri kaldım"* dedi. Bu esnada Ümmü Süleym: *"Ey Ebû Talha! Eskisi kadar sancım yok, yürü."* dedi. Biz de yürüdük. Medine'ye vardıklarında Ümmü Süleym'i yeniden sancı tuttu ve bir oğlan çocuğu doğurdu. Annem bana: *"Ey Enes! Çocuğu sabahleyin Rasûlullah (s.a.v.)'e götürünceye kadar onu hiç kimse emzirmesin"* dedi. Enes: *"Sabah olunca çocuğu alıp Rasûlullah (s.a.v.)'e götürdüm..."* dedi ve hadisin tamamını anlattı. (Müslim, Fedâilü's Sahâbe 107)

◈ **45) Ebû Hureyre (r.a.)'den:**

Peygamber (s.a.v.): **"Gerçek güçlü, güreşte yenen değil, öfkelendiği zaman kendine hâkim olandır."** buyurdular. (Buhârî, Edeb 102; Müslim, Birr 106)

◈ **46)** Süleyman b. Surad (r.a.)'den:

Peygamber (s.a.v.)'in yanında oturuyordum. İki kişi birbirine sövüp duruyordu. Bunlardan birinin yüzü kıpkırmızı olmuş ve şah damarları şişmişti.

Peygamber (s.a.v.): *"Ben bir söz biliyorum, eğer bu kişi onu söylerse üzerindeki bu hal geçer. Eğer -kovulmuş şeytandan Allah'a sığınırım- derse üzerindeki bu hal geçer."* buyurdular. Oradakiler bu adama, Peygamber (s.a.v.): *"Kovulmuş şeytandan Allah'a sığınsın"* buyurdu, dediler. (Buhârî, Bed'ül Halk 11; Müslim, Birr 109)

◈ **47)** Muâz b. Enes (r.a.)'den:

Peygamber (s.a.v.): *"Gücü yettiği halde öfkesini yenen kimseyi Allah, kıyamet günü herkesin gözü önünde çağırır, dilediği huriyi seçmekte onu serbest bırakır."* buyurmuşlardır. (Ebû Davûd, Edeb 3; Tirmizî, Birr 74)

◈ **48)** Ebû Hureyre (r.a.)'den:

Adamın biri Peygamber (s.a.v.)'e: *"Bana öğüt ver"* dedi. Peygamber (s.a.v.) de: *"Kızma"* buyurdu. Adam bu soruyu defalarca tekrarladı. Peygamber (s.a.v.) de: *"Kızma"* buyurdular. (Buhârî, Edeb 76)

◈ **49)** Ebû Hureyre (r.a.)'den:

Rasûlullah (s.a.v.): *"Erkek olsun kadın olsun her mü'min kimsenin kendisine, çocuğuna ve malına devamlı olarak bela iner. Böylece o kişi günahsız olarak Yüce Allah'a kavuşur."* buyurdular. (Tirmizî, Zühd 57)

◈ **50)** Abdullah b. Abbâs (r.a.)'den:

Uyeyne b. Hısn Medine'ye geldi, yeğeni Hurr b. Kays'a misafir oldu. Hurr, Ömer (r.a.)'in yakın dostlarındandı. Genç olsun yaşlı olsun Kur'ân'a her yönüyle vâkıf olan âlimler (Kurra) Ömer (r.a.)'in meclis ve danışma arkadaşları idi. Bu sebeple Uyeyne yeğeni Hurr b. Kays'a: *"Yeğenim senin devlet başkanı yanında itiba-*

*rın vardır, beni kendisiyle görüştür."* dedi. Hurr, Ömer (r.a.)'den izin istedi, o da izin verdi. Uyeyne Ömer (r.a.)'in yanına girince: *"Hey, Hattab'ın oğlu! Allah'a yemin ederim ki bize fazla birşey vermiyor ve aramızda adaletle hükmetmiyorsun."* dedi. Ömer (r.a.) kızdı ve Uyeyne'ye ceza vermek istedi. Bunun üzerine Hurr: 'Ey mü'minlerin emiri Allah Peygamberine: *"Sen, yine de affa sarıl, iyiliği emret ve cahillerden uzak dur."* (7 A'râf 199) buyurdu. Benim amcam da cahillerdendir.' dedi. Allah'a yemin ederim ki Hurr bu ayeti okuyunca Ömer ayetin hükmünden ileriye geçmedi. Ömer Yüce Allah'ın Kitabı karşısında ileri gitmez, dururdu. (Buhârî, İ'tisâm 2)

◈ **51)** Abdullah b. Mes'ûd (r.a.)'den:

Rasûlullah (s.a.v.): *"Şüphesiz benden sonra adam kayırmalar ve hoşlanmadığınız şeyler meydana gelecektir"* buyurdu. *"Ey Allah'ın Rasûlü! O zaman ne yapmamızı tavsiye edersin."* dediler. Peygamber (s.a.v.) de: *"Üzerinize düşen görevi yerine getirir, lehinize olanı da Allah'tan istersiniz."* buyurdular. (Buhârî, Fiten 2; Müslim, İmâra 45)

◈ **52)** Ebû Yahyâ Useyd ibn Hudayr (r.a.)'den:

Ensardan bir adam: *"Ey Allah'ın Rasûlü falancaya görev verdiğin gibi beni de görevlendirmez misiniz?"* dedi. Rasûlullah (s.a.v.) de: *"Şüphesiz siz benden sonra adam kayırma olaylarıyla karşılaşacaksınız. Bunlara sabredin ki Kevser Havuzunun başında benimle buluşasınız."* buyurdular. (Buhârî, Fiten 2; Müslim, İmâra 48)

◈ **53)** Ebû İbrahim Abdullah b. Ebû Evfâ (r.a.)'den:

Rasûlullah (s.a.v.) düşmanla karşılaştığı savaş günlerinden birinde güneş tepe noktasından batıya meyledinceye kadar bekledi sonra kalktı ve: *"Ey insanlar düşmanla karşılaşmayı temenni etmeyin. Allah'tan afiyet dileyin. Düşmanla karşılaşınca da sabredin ve bilin ki; cennet kılıçların gölgesi altındadır."* buyurdular ve: "Ey kitabı indiren, bulutları gezdiren, düşman ordularını dağıtan Allah'ım! Düşmanları dağıt ve onlara karşı bize yardım et." diye devam ettiler. (Buhârî, Cihad 112; Müslim, Cihad 20)

# 4- DOĞRU SÖZLÜLÜK BÖLÜMÜ

◈ "Ey îman edenler! Allah'a karşı hata etmekten sakının ve doğrularla beraber olun." (9 tevbe 119)

◈ "Şüphesiz Allah, Müslüman erkekler ve Müslüman kadınlara, mü'min erkekler ve mü'min kadınlara, itaat eden erkekler ve itaat eden kadınlara, doğru erkekler ve doğru kadınlara, sabırlı erkekler ve sabırlı kadınlara, mütevazı erkekler ve mütevazı kadınlara, sadaka veren erkekler ve sadaka veren kadınlara, oruç tutan erkekler ve oruç tutan kadınlara, ırzlarını koruyan erkekler ve (ırzlarını) koruyan kadınlara, Allah'ı çokça zikreden erkekler ve (Allah'ı çokça) zikreden kadınlara, büyük bir bağış ve büyük bir mükâfat hazırlamıştır." (33 Ahzâb 35)

◈ "Aslında onlara yakışan; (Allah'ın emrine) itaat etmek ve uygun olanı söylemekti. İş ciddiye bindiği zaman, Allah'a verdikleri sözde dursalardı, elbette kendileri için bu daha hayırlı olurdu." (47 Muhammed 21)

◈ 54) İbnu Mes'ûd (r.a.)'den:

Peygamber (s.a.v.): *"Şüphesiz doğruluk iyiliğe götürür, iyilik te cennete götürür. Kişi doğru olursa Allah katında çok doğru kişi (sıddîk) diye yazılır. Şüphesiz yalan insanı kötülüğe, kötülük de cehenneme götürür. Kişi yalan söyleye söyleye Allah katında çok yalancı diye yazılır."* buyurdular. (Buhârî, Edeb 69; Müslim, Birr 103)

◈ 55) Ebû Muhammed el-Hasen b. Ali b. Ebî Tâlib (r.a.)'den:

Ben Rasûlullah (s.a.v.)'in: *"Sana şüphe veren şeyleri bırak, şüphe vermeyene al. Çünkü doğruluk huzura, yalan kuşkuya yöneltir."* buyurduğunu ezberledim dedi. (Tirmizî, Kıyame 60)

◈ **56)** Ebû Süfyân Sahr b. Harb (r.a.) Bizans Kralı Herakliyus ile aralarında geçen uzun konuşmayı naklederken şöyle demiştir: *"Herakliyus: O Peygamber size neler emrediyor? diye sordu."* Ebû Süfyân, ben de: *"Sadece tek olan Allah'a kulluk edin, O'na hiç bir şeyi ortak koşmayın, atalarınızın söylediklerini terk edin, diyor ve bize namaz kılmayı, doğru olmayı, iffetli yaşamayı ve akrabayla ilgilenmeyi emrediyor."* dedim. (Buhârî, Salât 1; Müslim, Cihad 74)

◈ **57)** Ebû Sabit, Ebû Saîd ve Ebû Velîd de denilen Bedir gazilerinden Sehl b. Huneyf (r.a.)'den:

Peygamber (s.a.v.) şöyle buyurdu: *"Samimiyetle şehid olmayı isteyen kişi; yatağında ölse bile Allah onu şehitler derecesine ulaştırır."* buyurdular. (Müslim, İmâra 157)

◈ **58)** Ebû Hureyre (r.a.)'den:

Rasûlullah (s.a.v.): *"Önceki geçen Peygamberlerden (s.a.v.) biri savaşa çıktı ve ümmetine: 'İçinizde yeni evlenmiş ve gerdeğe girme niyetinde olup da henüz gerdeğe girmemiş kimse, ev yapıp da henüz çatısını çatmamış kimse, gebe koyun ve deve alıp doğurmasını bekleyen kimse benimle gelmesin.' dedi ve yola çıktı. İkindi veya ikindi vaktine yakın bir zamanda düşman memleketine yaklaştı ve güneşe: 'Sen de emir kulusun, ben de' dedi ve: 'Ey Allah'ım güneşi üzerimizde tut' diye dua etti. Allah da ona fethi nasip edene kadar güneş batırılmadı. Nihayet o Peygamber, ganimetleri bir araya getirdi. Onları yakmak için ateş indi fakat yakmadı. Bunun üzerine o Peygamber: 'İçinizde ganimetten mal çalan var. Her kabileden bir adam bana biat etsin' dedi. Biat edilirken bir adamın eli Peygamberin eline yapıştı. Peygamber: 'hıyanet sizdedir, kabilen bana tek tek biat etsin' dedi. Biat esnasında iki ya da üç kişinin eli Peygamberin eline yapışınca Peygamber: 'ganimetten mal çalan sizin içinizde' dedi. Adamlar inek kafasına benzer altından yapılmış bir baş getirdiler. Peygamber bunu ganimetlerin arasına koyunca ateş geldi ve hepsini yedi bitirdi. Çünkü ganimet bizden önceki hiçbir ümmete helal değildi. Allah onu bize helal kıldı. Allah za-*

*yıf ve acizliğimizi görünce ganimeti bize helal kıldı."* buyurdular. (Buhârî, Humus 8; Müslim, Cihad 32)

◈ 59) Ebû Halid Hakîm b. Hizâm (r.a.)'den:

Rasûlullah (s.a.v.): *"Alıcı ve satıcı birbirlerinden ayrılmadıkça alışverişi bozup bozmamakta serbesttirler (muhayyer). Eğer ikisi de doğru olurlar ve malın durumunu açıklarlarsa alışverişleri onlar hakkında bereketli olur. Eğer malın ayıbını gizler ve yalan söylerlerse alış- verişlerinin bereketi kalmaz."* buyurdular. (Buhârî, Büyu' 19; Müslim, Büyu' 47)

## 5- ALLAH'IN KULLARINI KONTROL VE DENETİMİ BÖLÜMÜ

◈ "(Zira) O (Allah), nerede olursan ol seni görür. Ve senin secde eden (mü'min)ler arasında dolaşmanı da (görür)." (26 Şuarâ 218-219)

◈ "Siz nerede olursanız olun, O (Allah) sizinle beraberdir." (57 Hadîd 4)

◈ "Yerde de gökte de hiç bir şey, kesinlikle Allah'tan gizli kalmaz." (3 Âlu İmrân 5)

◈ "Elbette Rabbin, (kullarını her an) gözetlemektedir." (89 Fecr 14)

◈ "(Allah,) gözlerin art niyetli bakışlarını da gönüllerin gizlediği düşünceleri de bilir." (40 Mü'min 19)

◈ 60) Ömer b. Hattâb (r.a.)'den:

Bir gün Rasûlullah (s.a.v.)'in yanında iken elbisesi bembeyaz, saçları simsiyah, üzerinde yolculuk belirtisi olmayan ve hiçbirimizin tanımadığı bir adam çıkageldi. Rasûlullah (s.a.v.)'in karşısına oturdu, dizlerini dizlerine dayadı, ellerini de uyluklarına koydu ve: *"Ey Muhammed! Bana İslâm'ı anlat."* dedi. Rasûlullah (s.a.v.): *"İslâm; Allah'ın tek ilah olduğuna ve Muhammed'in Allah'ın Rasûlü olduğuna şehadet etmen, namazı dosdoğru kılman, zekâtı vermen, ramazan orucunu tutman, yoluna gü-cün yeterse haccetmendir."* dedi. Adam: *"Doğru söyledin"* dedi. Onun hem sorup hem de tasdik etmesine şaşırdık. Adam: *"Bana İslâm'ı anlat"* dedi. Rasûlullah (s.a.v.) de: *"Allah'a, meleklerine, kitaplarına, Peygamberlerine, ahiret gününe, kadere ve ka-derin hayır ve şerrine iman etmendir"* buyurdu. Adam: *"Doğru söyledin"* dedi. Adam: *"Bana İhsan'ı anlat"* dedi, deyince. Rasû-lullah (s.a.v.): *"İhsan; Allah'a O'nu görüyormuşsun gibi ibadet etmendir. Her ne kadar sen, O'nu görmüyorsan da O seni gö-rüyor"* buyurdu. Adam: *"Bana kıyametten haber ver"* dedi. Rasû-lullah (s.a.v.): *"Soru sorulan bu konuda sorandan daha bilgili değildir"* cevabını verdi. Adam: *"O halde bana onun alametle-rini anlat"* dedi. Rasûlullah (s.a.v.): *"Cariyenin kendi sahibesini doğurmasını, yalın ayak yoksul koyun çobanlarının binaları yükseltmede birbirleriyle yarışmalarını görmendir."* buyurdu. Adam çekip gitti. Ben de bir müddet durakaldım. Daha sonra Peygamber (s.a.v.): *"Ey Ömer soru soranın kim olduğunu biliyor musun?"* buyurdu. Ben: *"Allah ve Rasûlü daha iyi bilir"* dedim. Rasûlullah (s.a.v.) de: *"O Cebrâil idi, size dininizi öğretmeye gel-di"* buyurdular. (Müslim, İman 1)

◈ **61)** Ebû Zerr Cündüp b. Cünâde ve Ebû Abdurrahmân Muâz b. Cebel (r.a.)'den:

Rasülullah (s.a.v.): *"Nerede ve nasıl olursan ol Allahtan kork! Kötülüğün arkasından hemen bir iyilik yap ki, o kötülüğü silip götürsün. İnsanlara güzel huyla muamele et."* buyurmuşlardır. (Tirmizî, Birr 55)

◈ **62)** Abdullah b. Abbas (r.a.)'den:

Bir gün Peygamber (s.a.v.)'in terkisinde idim. Bana: *"Ey de-likanlı sana bazı kelimeler öğreteceğim. Allah'ın emir ve ya-saklarına riayet et ki, Allah da seni gözetsin. Allah'ın emir ve yasaklarına riayet et ki, O'nu yanında bulasın. Bir şey isteye-ceksen Allah'tan iste, yardım dileyeceksen Allah'tan dile. Bütün insanlar, sana fayda vermek için toplansalar, ancak Allah'ın se-*

*nin için takdir ettiği faydayı verebileceklerini bil. Yine bütün insanlar, sana zarar vermek için toplansalar, ancak Allah'ın senin için takdir ettiği zararı verebileceklerini de bil.* Artık kalemler kaldırılmış ve sayfalar kurumuştur." buyurdular. (Tirmizî, Kıyâme 59) Tirmizî'nin dışındaki bir rivayette ise: *"Allah'ın emir ve yasaklarına riayet et ki, O'nu karşında bulasın. Bolluk zamanında Allah'ı tanı ki; O da darlık zamanında seni tanısın. Hakkında yazılmamış olan birşey senin başına gelmez. Zaferin sabırla beraber, ferahlığın sıkıntı ile beraber, güçlüğün kolaylıkla beraber olduğunu bil."* buyurulmuştur. (Müsned, I, 307)

◈ **63)** Enes (r.a.)'den:

*"Siz gözünüzde kıldan daha önemsiz görünen bazı işler yapıyorsunuz hâlbuki biz, bu tür işleri Rasûlüllah (s.a.v.) zamanında büyük günahlardan sayardık."* dedi. (Buharî, Rikâk 32)

◈ **64)** Ebû Hureyre (r.a.)'den:

Peygamber (s.a.v.): *"Allah kulları hakkında hayır ve saâdet diler. Bu, Allah'ın haram kıldığı şeyleri insanların işlemelerine karşı olmasındandır."* buyurdular. (Buhârî, Nikâh 107; Müslim, tevbe 36)

◈ **65)** Ebû Hureyre (r.a.)'den:

Peygamber (s.a.v.)'in şöyle dediğini işittim:

"İsrail Oğulları arasında alacalı, kel ve kör üç kişi vardı. Allah onları imtihan etmek istedi ve kendilerine bir melek gönderdi. Melek alacalıya geldi: *"En çok istediğin şey nedir?"* dedi. Alacalı: *"Güzel bir renk, güzel bir ten ve insanları benden tiksindiren şu halin benden gitmesidir."* dedi. Melek onu sıvazladı, ondaki tiksindirici hal gitti ve kendisine güzel bir renk verildi. Melek ona: *"Hangi mal sana daha çok sevimlidir?"* dedi. Alacalı adam: *"Deve (yahut sığır)"* dedi. Allah ona on aylık gebe bir deve verdi. Melek: *"Allah sana bu (deveyi) bereketli kılsın"* dedi.

Melek kel adama geldi: *"En çok istediğin şey nedir?"* dedi. Kel adam: *"Güzel bir saç ve insanları benden tiksindiren şu halin ben-*

*den gitmesidir."* dedi. Melek onu sıvazladı, ondaki tiksindirici hal gitti ve kendisine güzel bir saç verildi. Melek ona: *"Hangi mal sana daha çok sevimlidir?"* dedi. Kel adam da: *"Sığır"* dedi. Allah ona gebe bir sığır verdi. Melek: *"Allah sana bu (sığırı) bereketli kılsın"* dedi.

Melek kör adama geldi: *"En çok istediğin şey nedir?"* dedi. Kör adam: *"Allah'ın gözlerimi geri vermesini ve insanları görmeyi istiyorum."* dedi. Melek onu sıvazladı ve ona gözleri geri verildi. Melek ona: *"Hangi mal sana daha çok sevimlidir?"* dedi. Kör adam da: *"Koyun"* dedi. Allah ona doğurgan bir koyun verdi. Bir müddet sonra deve ve sığır yavruladı, koyun kuzuladı. Sonunda birinin vadi dolusu develeri, diğerinin vadi dolusu sığırları, ötekinin de vadi dolusu koyunları oldu.

Daha sonra melek alacalıya onun (eski) görüntü ve kıyafetinde geldi ve: *"Fakirim yoluma devam edecek imkânım kalmadı, bugün gitmek istediğim yere önce Allah, sonra senin yapacağın yardım sayesinde gidebilirim. Rengini ve cildini güzelleştiren, sana mal veren Allah adına senden yolculuğumu tamamlayabileceğim bir deve istiyorum"* dedi. Adam: *"Hak sahipleri (yani yardım isteyen fakirler) çoktur"* dedi. Melek de: *"Sanki ben seni tanıyor gibiyim. Sen insanların kendisinden iğrendikleri, fakirken Allah'ın zengin ettiği, alacalı değil misin?"* dedi. Adam da: *"Hayır, bu mal bana ta dedelerimden kalmadır"* dedi. Melek: *"Eğer yalan söylüyorsan Allah seni eski haline çevirsin"* dedi.

Daha sonra melek kel adama onun (eski) görüntü ve kıyafetinde geldi ve ona da ötekine söylediği gibi söyledi. O da öteki gibi cevap verdi. Melek de: *"Eğer yalan söylüyorsan Allah seni eski haline çevirsin"* dedi. Daha sonra melek kör adama onun (eski) görüntü ve kıyafetinde geldi ve: *"Fakirim yoluma devam edecek imkânım kalmadı, bugün gitmek istediğim yere önce Allah, sonra senin yapacağın yardım sayesinde gidebilirim. Sana gözlerini geri veren ve sana mal veren Allah adına senden yolculuğumu tamamlayabileceğim bir koyun istiyorum"* dedi. Bunun üzerine o adam: *"Ben gerçekten kördüm, Allah gözlerimi bana geri verdi. Şu gördüğün mallardan istediğini al is-*

*tediğini bırak. Allah'a yemin ederim ki, Allah rızası için bugün alacağın hiç bir şeyde sana zorluk çıkarmayacağım"* dedi. Melek: *"Malın sende kalsın, bu sizin için bir imtihandı. Allah senden razı oldu, arkadaşlarına gazaplandı."* dedi. (Buhârî, Enbiyâ 51; Müslim, Zühd 10)

◈ **66)** Ebû Ya'lâ Şeddâd b. Evs (r.a.)'den:

Peygamber (s.a.v.): *"Akıllı kişi nefsini hesaba çeken, nefsine hâkim olup ölüm sonrası için çalışandır. Âciz kişi ise nefsini arzularının peşine takan ve Allah'tan olmayacak temennilerde bulunan kimsedir."* buyurdular. (Tirmizî, Kıyâme 25)

◈ **67)** Ebû Hureyre (r.a.)'den:

Rasûlullah (s.a.v.): *"Bir kişinin kendisini ilgilendirmeyen şeyleri terk etmesi onun iyi Müslüman olmasından dolayıdır."* buyurmuşlardır. (Tirmizî, Zühd 11)

◈ **68)** Ömer (r.a.)'den:

Peygamber (s.a.v.): *"Bir kişi hanımını neden dövdüğünden dolayı sorguya çekilmez."* buyurdular. (Ebû Dâvûd, Nikâh 42)

## 6- ALLAHTAN SAKINMA BÖLÜMÜ

◈ "Ey îman edenler! Allah'a karşı hata etmekten son derece sakının, mutlaka ve mutlaka Müslümanlar olarak ölün." (3 Âlu İmrân 102)

◈ "Öyleyse gücünüzün yettiği kadar Allah'a karşı hata etmekten sakının, O'nu dinleyin, itaat edin ve kendi iyiliğiniz için mallarınızı (Allah yolunda) harcayın. Her kim de nefsinin cimriliğinden korunursa, işte asıl kurtuluşa erenler, onlardır." (64 Teğâbün 16)

◈ "Kim Allah'a karşı hata etmekten sakınırsa, Allah ona mutlaka bir çıkış yolu ihsan eder ve ona, beklemediği yerden bir nasip verir." (65 Talâk 2-3)

◈ "Ey îman edenler! Allah'a karşı hata etmekten sakının ve sözü daima doğru ve yerinde söyleyin." (33 Ahzâb 70)

◈ "Ey îman edenler! Allah'a karşı gelmekten hakkıyla sakınırsanız, O, size bir (hakkı bâtıldan) ayırma feraseti verir, (dünyada) küçük günâhlarınızı örter ve (âhirette de) sizi bağışlar. Çünkü Allah, çok büyük lütuf sahibidir." (8 Enfâl 29)

◈ **69)** Ebû Hureyre (r.a.)'den:

Bazı insanlar Rasûlullah (s.a.v.)'e: *"Ey Allah'ın Rasûlü! İnsanların şereflisi kimdir?"* dediler. Peygamber (s.a.v.): *"Allah'a karşı hata etmekten sakınandır. (takva sahibi)"* buyurdu. *"Ey Allah'ın Rasûlü! Biz senden bunu sormuyoruz"* dediler. Peygamber (s.a.v.): *"Allah'ın dostu İbrahim'in oğlu, Allah'ın nebisi İshâk'ın oğlu, Allah'ın nebisi Yâkub'un oğlu, Allah'ın nebisi Yûsuf'tur."* buyurdu. *"Ey Allah'ın Rasûlü! Biz senden bunu da sormuyoruz"* dediler. Bunun üzerine Rasûlullah (s.a.v.): *"O halde siz benden Arapların soyundan mı soruyorsunuz? Cahiliyye döneminde şerefli olanlar, dinin hükümlerini iyi bilirlerse İslâm döneminde de şereflidirler"* buyurdular. (Buhârî, Enbiyâ 8; Müslim, Fedâil 168).

◈ **70)** Ebû Saîd el-Hudrî (r.a.)'den:

Rasûlullah (s.a.v.): *"Dünya tatlı ve çekicidir. Allah, nasıl davranacağınıza bakmak için sizi ona halife kıldı. Öyleyse Dünyadan ve kadınlardan sakının. Çünkü İsrail Oğullarının ilk imtihanı kadınlar hakkında olmuştur."* buyurdular. (Müslim, Zikir 99)

◈ **71)** İbnu Mes'ûd (r.a.)'den:

Peygamber (s.a.v.): *"Allah'ım senden hidayet, takvâ, iffet ve zenginlik isterim."* diye dua ederdi. (Müslim, Zikir 72)

◈ **72)** Ebû Tarîf Adiyy b. Hâtim et-Tâî (r.a.) den:

Rasûlullah (s.a.v.)'i: *"Bir kimse bir şeyi yapmak üzere yemin eder, sonra da Allah'ın rızasına daha uygun olanı görürse, takvâya uygun olanı yapsın."* derken işittim. (Müslim, Eymân 15).

◈ **73)** Ebû Ümâme Sudayy b. Aclân el-Bâhilî (r.a.)'den:

Rasûlullah (s.a.v.)'i veda hutbesinde: *"Allah'tan korkun, beş vakit namazı kılın, ramazan orucunu tutun, mallarınızın zekâtını verin, (sizden olan) yöneticilerinize itaat edin.* İşte o zaman Rabbinizin cennetine girersiniz." diye buyururken işittim dedi. (Tirmizî, Cum'a 80)

## 7- SAĞLAM İMAN VE TEVEKKÜL BÖLÜMÜ

◈ "Müslümanlar, düşman birliklerinin (akıbetini) görünce: 'İşte bu, Allah'ın ve Elçisinin bize vâdettiği sonuçtur. Demek ki Allah ve Elçisi, doğru söylemiş.' dediler. Ve (bu sonuç,) onların sadece îmanlarını ve (Allah'a) teslimiyetlerini arttırdı." (33 Ahzâb 22)

◈ "Çünkü onlar, insanlar kendilerine: '(Bakın) herkes size (saldırmak için) bir araya geldi. Öyleyse, onlardan korkun.' dedikçe, îmanları daha da güçlenen ve: 'Allah bize yeter, O ne güzel bir vekildir.' diyen kimselerdir." (3 Âlu İmrân 173)

◈ "(Ey Muhammed!) yalnız o ölmez diri (olan Allah'a) güvenip dayan." (25 Furkân 58)

◈ "Öyleyse Mü'minler, sadece Allah'a tevekkül etsinler." (14 İbrahim 11)

◈ "Eğer bir işe karar verirsen, o zaman da Allah'a tevekkül et." (3 Âlu İmrân 159)

◈ "Kim de Allah'a güvenirse O, ona yeter." (65 talâk 3)

◈ "Gerçek mü'minler, ancak Allah anıldığı zaman kalpleri ürperen, kendilerine Allah'ın âyetleri okununca, onların îmanlarını artıran kimselerdir ve onlar; sadece Rablerine hakkıyla tevekkül ederler." (8 Enfâl 2)

◈ **74)** Abdullah b. Abbâs (r.a.)'den:

Rasûlullah (s.a.v.): *"Geçmiş ümmetler bana gösterildi. Bir Peygamber gördüm yanında beş on kişiyi geçmeyen insanlar vardı. Bir Peygamber gördüm yanında bir iki kişi bulunuyordu.*

*Başka ve Peygamber gördüm yanında hiç kimse yoktu. Bu esnada bana büyük bir karaltı gösterildi, onları ümmetim sandım. Bana: "Bunlar Mûsa ve ümmetidir, sen bir de diğer ufka bak" dediler. Bu defa çok daha büyük bir karaltı görünce: "İşte bunlar senin ümmetindir. İçlerinde hesapsız ve azapsız cennete girecek yetmiş bin kişi vardır" dediler".*

Peygamber (s.a.v.) kalkıp evine girdi. Oradakiler de hesapsız ve azapsız cennete girecekler hakkında konuşmaya başladılar. Kimileri: *"bunlar; Peygamber (s.a.v.)'in sohbetinde bulunanlar"*, kimileri de: *"bunlar; İslâm geldikten sonra doğup Allah'a hiç şirk koşmayan kimselerdir"* dediler ve daha pek çok şey söylediler.

Bu arada Rasûlullah (s.a.v.) yanlarına geldi ve: *"Hakkında konuştuğunuz şey nedir?"* dedi. Onlar da durumu bildirdiler. Peygamber (s.a.v.): *"Onlar efsun yapmazlar, yaptırmazlar, uğursuzluğa inanmazlar ve Rablerine tevekkül ederler."* buyurdu. Bu arada Ukkâşe b. Mihsan ayağa kalkarak: *"Beni onlardan eylemesi için Allah'a dua et"* dedi. Peygamber (s.a.v.) de: *"Sen onlardansın"* buyurdu. Sonra bir başkası daha kalktı: *"Beni de onlardan eylemesi için dua buyur"* dedi. Rasûlullah (s.a.v.) de: *"Ukkâşe seni geçti"* buyurdu. (Buhârî, tıb 1; Müslim, İman 174)

◈ **75)** İbnu Abbâs (r.a.)'den:

Rasûlullah (s.a.v.): *"Ey Allah'ım! Sana teslim oldum, Sana iman ettim, Sana tevekkül ettim, Sana yöneldim, Senin için savaştım. Ey Allah'ım! Beni saptırmandan Senin -ki tek ilah Sensin- büyüklüğüne sığınırım. Sen ölmeyen dirisin. Cinler ve insanlar ölürler."* diye dua ederdi. (Buhârî, teheccüd 1; Müslim, Zikir 67).

◈ **76)** İbnu Abbâs (r.a.)'den:

*"Allah bize yeter, O ne güzel vekildir"* sözünü İbrahim (a.s.) ateşe atılırken söyledi. Bu sözü Muhammed (s.a.v.) de (müşrikler): -*"Bakın size karşı bir ordu toplandı, o ordudan korkun"* dediklerinde söyledi. Nitekim bu söz Müslümanların imanını artırdı ve: -*"Allah bize yeter, O ne güzel vekildir"* dediler.

İbnu Abbâs (r.a.)'ın bir rivayetine göre, İbrahim (a.s.) ateşe atıldığında son sözü **"Allah bana yeter, O ne güzel vekildir"** demek olmuştur. (Buhârî, tefsir 13)

◈ **77)** Ebû Hureyre (r.a.)'den:

Peygamber (s.a.v.): **"Bir takım insanlar Cennete girecekler ki; onların kalpleri kuşların kalpleri gibidir."** buyurmuşlardır. (Müslim, Cennet 27)

◈ **78)** Câbir (r.a.)'den:

Kendisi, Peygamber (s.a.v.)'le birlikte Necid taraflarında bir gazada bulundu. Dönüşte o da Rasûlullah (s.a.v.) ile birlikte döndü. Onları dikenli ağaçların bulunduğu bir vadide öğle uykusu yakaladı. Rasülullah (s.a.v.) orada istirahat verdi. İnsanlar ağaç gölgesi aramak için dağıldılar. Rasûlullah (s.a.v.) de semura denilen bir ağacın altına indi, kılıcını da ağaca astı.

Birazcık uyumuştuk ki; Rasûlullah (s.a.v.) yanında bir bedevî olduğu halde bizi yanına çağırdı. Rasûlullah (s.a.v.): **"Bu bedevî, ben uyurken kılıcımı kınından sıyırmış. Uyandığımda yalın kılıç vaziyette bana: 'Seni benim elimden kim kurtarır?' dedi. Ben de üç defa: 'Allah' cevabını verdim"** dedi. Rasûlullah (s.a.v.) adamı cezalandırmadı, adam yerine oturdu. (Buhârî, Cihad 84; Müslim, Fedâil 13)

Başka bir rivayetinde Cabir (r.a.)'den: Allah'ın Resulü (s.a.v)'le birlikte Zatü'r-rika' savaşındaydık. Gölgeli bir ağaca gelince, gölgeyi Allah'ın Resulüne (s.a.v.) tahsis ettik. Müşriklerden biri kılıcı ağaçta asılı olduğu halde Peygamber yanına geldi ve kılıcı alıp kınından çıkardı ve Peygamber: **"Benden korkuyor muşun?"** dedi. Peygamber (s.a.v.): **"Hayır"** dedi. Müşrik: **"Seni benim elimden kim kurtarır?"** diye sordu. Peygamber (s.a.v.) de: **"Allah"** dedi.

Ebu Bekr El-İsmaili'nin "Sahih Kitabında" ki rivayeti: Müşrik, Allah'ın Rasulüne (s.a.v.): **"Seni benim elimden kim kurtarır?"** diye sordu. Peygamber (s.a.v.): **"Allah"** diye karşılık verdi. Kılıç müşrik adamın elinden düştü. Peygamber (s.a.v.) hemen kılıçı aldı ve müşrik adama: **"Seni benim elimden kim kurtarır?"** diye sordu.

Müşrik: *"Sen iyilerden ol"* dedi. Peygamber (s.a.v.): *"Tek ilahın Allah olduğuna, benim de Allah'ın Elçisi olduğuma şehadet eder misin?"* dedi. Müşrik: *"Hayır! Fakat seninle savaşmayacağıma ve size karşı savaşan kavimle beraber de savaşmayacağıma sana söz veriyorum"* dedi. Peygamber (s.a.v.) onu bıraktı. Müşrik arkadaşlarına geldiğinde: *"Ben insanların en hayırlısının yanından geliyorum"* dedi.

◈ **79)** Ömer b. Hattâb (r.a.)'den:

Rasûlullah (s.a.v.)'i: *"Eğer siz Allah'a hakkıyla tevekkül etseydiniz, O size de sabahleyin kursakları boş olarak çıkıp akşamleyin dolu dönen kuşlara verdiği gibi rızık verirdi."* buyururlarken işittim. (Tirmizî, Zühd 33)

◈ **80)** Ebû Umâra el-Berâ b. Âzib (r.a.)'den:

Rasûlullah (s.a.v.): *"Ey filan kişi yatağına girdiğinde: 'Ey Allah'ım! Kendimi sana teslim ettim, yüzümü sana çevirdim, işimi sana ısmarladım, (rızanı) isteyerek, (azabından) korkarak sırtımı sana dayadım. Zira sana karşı, senden başka sığınak da kurtuluş yolu da yoktur. İndirdiğin kitaba ve gönderdiğin Peygambere inandım.' diye dua et. Eğer bu gecende ölürsen iman üzere ölürsün, sabaha çıkarsan hayra kavuşursun."* buyurdular. (Buhârî, Vüdu' 75; Müslim, Zikir 56)

Buhari ve Müslim'deki bir rivayette, Berâ b. Âzib (r.a.), Rasûlullah (s.a.v.) bana: *"Yatağına yatacağın zaman namaz abdesti al, sonra sağ yanın üzere yat,* -yukarıdaki duayı aynen zikrederek- *böyle dua et. Bu duayı en son söyleyeceğin söz yap."* dedi, demiştir. (Buhârî, Deavât 5; Müslim, Zikir 58)

◈ **81)** Ebû Bekir es-Sıddîk (r.a.)'den:

Biz Rasûlullah (s.a.v.) ile mağarada iken tepemizde dolaşıp duran müşriklerin ayaklarını gördüm ve: "Ey Allah'ın elçisi! Eğer şu (müşriklerden) biri ayağının dibine bakacak olsa bizi kesinlikle görür" dedim. Rasûlullah (s.a.v.): *"Ey Ebu Bekir! Üçüncüleri*

***Allah olan iki kişiyi sen ne zannediyorsun?"*** buyurdular. (Buhârî, Fedâil 2; Müslim, Fedâil 1)

◆ **82)** Mü'minlerin annesi Ümmü Seleme (r.a.)'dan:

Peygamber (s.a.v.) evden çıkacağı zaman: ***"Allah'ın adıyla başlarım. Allah'a güvenirim. Ey Allah'ım! Sapmaktan ve saptırılmaktan, (doğru yoldan) kaymak ve kaydırılmaktan, haksızlık etmekten ve haksızlığa uğramaktan, cahillik etmekten ve bana cahillik edilmesinden sana sığınırım."*** böyle dua ederdi. (Ebû Dâvûd, Edeb 103)

◆ **83)** Enes (r.a.)'den:

Rasûlullah (s.a.v.): ***"Kim evinden çıkacağı zaman; 'Allah'ın adıyla başlarım. Güç ve kuvvet sadece kendisine ait olan Allah'a güvenirim.' derse kendisine; 'doğruya ulaştırıldın, ihtiyaçların giderildi ve kötü şeylerden korundun' denilir. Şeytan da kendisinden uzaklaşır."*** buyurdular. (Ebû Dâvûd, Edeb 103; Tirmizî, Deavât 34)

Ebû Dâvûd'un rivayetinde şu fazlalık vardır: ***"Şeytan, diğer şeytana: doğruya ulaştırılmış, ihtiyaçların giderilmiş ve kötü şeylerden korunmuş kişiye karşı sen ne yapabilirsin ki der."*** (Ebû Dâvûd, Edeb 104)

◆ **84)** Enes (r.a.)'den:

Peygamber (s.a.v.) zamanında iki kardeş vardı. Bunlardan biri Peygamber (s.a.v.)'in yanına gelir, diğeri de (geçimlerini temin için) çalışırdı. Bir gün çalışan kardeş ötekini Rasûlullah (s.a.v.)'e şikâyet etti. O da (s.a.v.): ***"Belki de sen onun sayesinde rızıklandırılıyorsun"*** buyurdular. (Tirmizî, Zühd 33)

## 8- ALLAH'IN ÇİZDİĞİ DOĞRU YOLDA OLMA BÖLÜMÜ

◈ "(Ey Muhammed!) Sen, seninle birlikte tövbe (edip îman) edenlerle beraber, Allah'ın koyduğu sınırları aşmadan, emrolunduğun gibi dosdoğru ol. Çünkü O, yaptıklarınızı hakkıyla görendir." (11 Hûd 112)

◈ "Şüphesiz, "bizim Rabbimiz Allah'tır" deyip, sonra da dosdoğru yolda sapmadan yürüyenlerin üzerine melekler, zaman zaman iner ve "korkmayın, hüzünlenmeyin ve size vâdedilen cennetle sevinin." derler. (Ve devamla:) "Sizin, dünya hayatında da âhirette de gerçek dostlarınız biziz. Orada çok bağışlayan ve çok merhametli olan (Allah)tan bir ikram olarak, sizin için canlarınızın arzu ettiği her şey ve istediklerinizin tamamı vardır." (derler.) (41 Fussılet 30-32)

◈ "Şüphesiz, "bizim Rabbimiz Allah'tır" deyip, sonra da dosdoğru yolda sapmadan yürüyenler için bir korku yoktur ve onlar mahzun da olmayacaklardır. İşte onlar, cennetliklerdir ve yaptıklarına karşılık orada ebedî olarak kalacaklardır." (46 Ahkâf 13-14)

◈ **85)** Ebû Amr veya Ebû Amre Süfyân b. Abdullah (r.a.)'dan:

*"Ey Allah'ın Rasûlü! Bana İslâm'a dair öyle biz söz söyle ki; o konuda senden başka kimseye sorma ihtiyacı hissetmeyeyim"* dedim. Rasûlullah (s.a.v.): **"Allah'a inandım de ve sonra da dosdoğru ol"** buyurdular. (Müslim, İman 62)

◈ **86)** Ebû Hureyre (r.a.)'den:

Rasûlullah (s.a.v.): **"Bütün işlerinizde orta yolu tutun ve dosdoğru olun. Şunu iyi bilin ki; hiçbiriniz yaptığı ameller sayesinde kurtuluşa eremez."** dedi. *"Ey Allah'ın Rasûlü! Sen de mi?"* dediler. Bunun üzerine Peygamber (s.a.v.): **"Evet ben de. Ancak; Allah rahmet ve lütfuyla beni korursa o başka."** buyurdular. (Müslim, Münafikûn 76)

# 9- TEFEKKÜR VE NEFİSLERİMİZİ DOĞRU YOL ÖZERİNDE TERBİYE ETMEYE ÇALIŞMA BÖLÜMÜ

◆ "(Ey Muhammed! Kâfirlere): 'Size sadece Allah'ın huzurunda durup, birlikte ve teker teker, arkadaşınızın deli olmadığını ve sizi şiddetli bir azabın öncesinde uyardığını düşünmenizi tavsiye ediyorum.' de." (34 Sebe' 46)

◆ "Göklerin ve yeryüzünün yaratılışında ve gece ile gündüzün birbirini izlemesinde, akıl sahipleri için kesinlikle mûcizeler, vardır. O (akıl sahipleri) ayaktayken, otururken ve uzanmışken (her hallerinde) Allah'ı dillerinden düşürmezler, göklerin ve yerin yaratılışı üzerinde inceden inceye düşünürler. Ve: 'Ey Rabbimiz! Sen, bütün bunları boşuna yaratmadın. Biz, Seni bütün eksikliklerden uzak tutarız, bizi Cehennem azabından koru.' (derler.)" (3 Âlu İmrân 190-191)

◆ "(Şu insanlar) devenin nasıl yaratıldığına, hiç bakmıyorlar mı? (Yine şu insanlar,) göğün nasıl yükseltildiğine, dağların nasıl dikildiğine, yeryüzünün nasıl düzenlendiğine? (hiç bakmıyorlar mı?) (Ey Muhammed!) Sen öğüt ver, zîrâ senin görevin, sadece öğüt vermektir." (88 Ğâşiye 17-21)

◆ O (kâfirler,) yeryüzünde gezip dolaşıp da kendilerinden öncekilerin sonlarının ne olduğunu ve Allah'ın, onları helâk ettiğini hiç görmüyorlar mı? Şüphesiz kâfirlere de böylesi yaraşır. (47 Muhammed 10)

# 10- HAYIRLI İŞLERE KOŞMA VE İYİLİK YAPMA BÖLÜMÜ

◆ "Her toplumun yöneldiği bir kıblesi vardır. (Ey îman edenler!) Siz, birbirinizle iyiliklerde yarışın. Zîrâ nerede olursanız olun sonunda Allah, hepinizi bir araya getirir. Şüphesiz Allah'ın gücü, her şeye yeter." (2 Bakara 148)

◆ "(Ey insanlar!) Rabbinizin affını ve Allah'a karşı hata etmekten sakınanlar için hazırlanan, genişliği gökler ile yerin genişliği kadar olan Cenneti kazanmak için koşuşun." (3 Âlu İmrân 133)

◈ **87)** Ebû Hureyre (r.a.)'den:

Rasûlullah (s.a.v.): *"Hayırlı amellerde acele edin. Zira yakında karanlık geceler gibi fitneler ortalığı kaplayacak. O zaman kişi, mü'min olarak sabahlar, kâfir olarak geceler. Mü'min olarak geceler kâfir olarak sabaha çıkar, dinini dünya malı mukabilinde satar."* buyurmuşlardır. (Müslim, İman 186; Tirmizî, Fiten 30)

◈ **88)** Ukbe b. Hâris (r.a.)'den:

Medine'de Peygamber (s.a.v.)'in arkasında ikindi namazını kıldım. Rasûlullah (s.a.v.) selam verdi ve hızlıca kalktı, safları yararak hanımlarından birisinin odasına gitti. İnsanlar onun bu acelesinden dolayı endişe ettiler. Peygamber (s.a.v.) kısa zamanda döndü. Kendisinin bu acelesinden dolayı insanların meraklandığını gördü ve: *"Evimizde bir miktar altın ve gümüş parçacıkları olduğunu hatırladım. Beni ibadetlerimden alıkoymasını istemediğim için hemen gidip dağıtılmasını emrettim."* buyurdu. (Buhârî, Ezan 158)

Başka bir rivayette: *"Evde sadaka malından bir miktar altın ve gümüş parçacıkları bırakmıştım, bu gece onların evde kalmasını hoş görmedim."* buyurdu. (Buhârî, Zekât 20)

◈ **89)** Câbir (r.a.)'den:

Uhud savaşında bir adam Rasûlullah (s.a.v.)'e: *"Ne dersin? Eğer ben öldürülürsem nerede olurum?"* diye sordu. Peygamber (s.a.v.) de: *"Cennette"* cevabını verdi. Bunun üzerine elindeki hurmaları attı ve şehid oluncaya kadar *savaştı.* (Buhârî, Meğâzî 17; Müslim, İmâra 143)

◈ **90)** Ebû Hureyre (r.a.):

Adamın biri Rasûlullah (s.a.v.)'e gelerek: *"Ey Allah'ın Elçisi hangi sadakanın sevabı daha büyüktür?"* dedi. Rasûlullah (s.a.v.) de: *"Sağlıklı, cimri, fakirlikten endişe edip zengin olmayı hayal ederken verdiğin sadakanın sevabı daha büyüktür. Sadaka vermeyi, can boğaza dayandıktan sonra falana şu kadar, fila-*

*na bu kadar diyeceğin güne kadar geciktirme. Zira o gün o mal zaten onların olmuştur."* buyurdular. (Buhârî, Zekât 11; Müslim, Zekât 92)

◈ **91)** Enes (r.a.)'den: Rasûlullah (s.a.v.) Uhud savaşında eline bir kılıç alıp: *"Bunu benden kim alır?"* dedi. Oradakiler hep birden *"ben, ben"* diyerek ellerini uzattılar. Peygamber (s.a.v.): *"Hakkını yerine getirmek şartıyla onu kim alır?"* diye sorunca bu sefer herkes durakladı. Fakat Ebû Dücâne (r.a.): *"Hakkını yerine getirmek şartıyla ben alıyorum"* dedi. Aldı ve onunla müşriklerin kafalarını parçaladı. (Müslim)

◈ **92)** Zübeyr b. Adiyy (r.a.)'den: Enes b. Mâlik (r.a.)'e gittik ve Haccac'dan çektiklerimizi ona şikâyet ettik. Enes (r.a.): *"Rabbinize kavuşana kadar sabredin, her gelen gün geçmiş günden daha kötü olacaktır."* 'Ben bunu Peygamber (s.a.v.)'den duydum.' dedi. (Buhârî, Fiten 6)

◈ **93)** Ebû Hureyre (r.a.)'den: Rasûlullah (s.a.v.): *"Yedi şey gelmezden önce iyi amellerde yarışın. Her şeyi unutturan fakirlikten, azdıran zenginlikten, bedenin dengesini bozan hastalıktan, bunaklaştıran ihtiyarlıktan, ansızın gelen ölümden, gelmesi beklenen şeylerin en şerlisi Deccal'ın çıkmasından, en dehşetli olan kıyametin gelmesinden başka bir şey mi bekliyorsunuz?"* buyurdular. (Tirmizî, Zühd 3)

◈ **94)** Ebû Hureyre (r.a.)'den: Rasûlullah (s.a.v.) Hayber savaşında: *"Bu sancağı Allah'ı ve Rasûl'ünü seven ve Allah'ın fethi onun elleriyle gerçekleştireceği bir kişiye vereceğim."* buyurdu. Ömer (r.a.): Emir olmayı en fazla o gün istedim. Bana verir düşüncesiyle sancağa doğru uzandım. Fakat Rasûlullah (s.a.v.) Ali b. Ebî Tâlib (r.a.)'i çağırdı ve sancağı O'na verdi ve: *"Allah sana fethi ihsan edinceye kadar, başka bir şey düşünmeden yürü!"* buyurdu. Ali bir miktar yürüdü, geriye dönmeksizin durdu ve: -*"Ey Allah'ın elçisi! Onlarla* *hangi hususta savaşayım"* diye seslendi. Peygamber (s.a.v.): -*"Onlarla tek ilahın Allah olduğuna ve Muhammed'in Allah'ın Rasûlü olduğuna şehadet edinceye kadar savaş. Eğer bunu yaparlarsa dinin koyduğu cezalar hariç, senden mallarını ve canlarını korumuş olurlar. Diğer konulardaki hesapları ise Allah'a aittir."* buyurdular. (Müslim, Fedâilü's Sahâbe 33)

## 11- ALLAH'IN RIZASI İÇİN GAYRET ETMEK BÖLÜMÜ

◈ "Bizim yolumuzda (ihlâsla) çalışanlara Biz, kesinlikle yollarımızı göstereceğiz. Çünkü Allah, mutlaka Kendisine, O'nu görüyormuşçasına kulluk edenlerle beraberdir." (29 Ankebût 69)

◈ "Ve sana ölüm gelinceye kadar Rabbine kulluğa (devam) et." (15 Hıcr 99)

◈ "(Ey Muhammed!) Rabbinin adını sürekli an ve bütün varlığınla, doğunun da batının da Rabbi ve tek ilâh kendisi olan, O (Allah'a) yönel ve (yalnız) O'nun himâyesine sığın." (73 Müzzemmil 8)

◈ "(Ve o gün) zerre kadar hayır yapan onun (karşılığını kesinlikle) görecek." (99 Zilzâl 7)

◈ "Kendiniz için (dünyadayken) iyilik olarak ne yaparsanız Allah katında onun daha hayırlısını ve mükâfatça, daha büyük olanını bulursunuz. Öyleyse, Allah'tan af dileyin, çünkü Allah, çok bağışlayandır, pek esirgeyendir." (73 Müzzemmil 20)

◈ "Allah, kendi yolunda yaptığınız her harcamayı, mutlaka bilir." (2 Bakara 273)

◈ **95)** Ebû Hureyre (r.a.)'den:

Rasûlullah (s.a.v.): *"Allahu Teâlâ: 'Kim Benim dostuma (veli kuluma) düşmanlık ederse, Ben de ona karşı harp ilan ederim. Kulum ona farz kıldığım şeylerden daha sevimli bir şeyle Bana yaklaşamaz. Kulum nafile ibadetleriyle de Bana yaklaşmaya devam eder, Ben de onu severim. Onu sevince de, onun işiten kulağı, gören gözü, tutan eli ve yürüyen ayağı olurum. Benden bir şey isterse onu kendisine veririm. Bana sığınırsa da onu mutlaka korurum." buyurmuştur"* dedi. (Buhârî, Rikâk 38)

◈ **96)** Enes (r.a.)'den:

Rasûlullah (s.a.v.): *"Allahu Teâlâ: 'Kulum Bana bir karış yaklaşırsa, Ben ona bir arşın yaklaşırım. O bana bir arşın yaklaşırsa, Ben ona bir kulaç yaklaşırım, o Bana yürüyerek gelirse, Ben ona koşarak varırım.' buyurmuştur"* dedi. (Buhârî, tevhîd 50)

◈ **97)** İbnu Abbâs (r.a.)'den:

Rasûlullah (s.a.v.): *"İki nimet vardır ki; insanların pek çoğu bu nimetler hususunda aldanmışlardır. Bunlar: sıhhat ve boş vakittir."* buyurdular. (Buhârî, Rikâk 1)

◈ **98)** Aişe (r.a.)'dan:

Rasûlullah (s.a.v.) geceleri ayakları şişinceye kadar namaz kılardı. O'na: *"Ey Allah'ın Rasulü! Niçin böyle yapıyorsun? Hâlbuki Allah senin geçmiş ve gelecek günahlarını bağışlamıştır"* dedim. Rasûlullah (s.a.v.): *"Şükreden bir kul olmak istemeyeyim mi?"* buyurdular. (Müslim, Münâfikûn 81)

◈ **99)** Aişe (r.a.)'dan:

(Ramazan ayının) son on günü gelince Rasûlullah (s.a.v.) geceleri ibadetle ihya eder, aile fertlerini uyandırır, kendisini ibadete verir ve kadınlarından uzak dururdu. (Müslim, İ'tikaf 7)

◈ **100)** Ebû Hureyre (r.a.)'den:

Rasûlullah (s.a.v.): *"Her birinde de hayır olmasına rağmen, kuvvetli mü'min Allah katında zayıf mü'minden daha hayırlı ve sevimlidir. Sen, sana faydalı olan şeyi elde etmeye çalış, Allah'tan yardım dile, acizlik gösterme. Başına bir sıkıntı gelirse, 'şöyle yapsaydım şöyle şöyle olurdu' deme. 'Allah takdir etti, O ne dilerse onu yapar.' de. Çünkü 'keşke' demek şeytanın işine yol açar."* buyurdular. (İbn-i Mâce, Mukaddime 10)

◈ **101)** Ebû Hureyre (r.a.)'den:

Rasûlullah (s.a.v.): *"Cehennem nefse hoş gelen şeylerle, Cennet ise nefsin sevmediği şeylerle sarılmıştır."* buyurdular. (Buhârî, Rikâk 8; Müslim, Cennet 1)

◈ **102)** Ebû Abdullah Huzeyfe b. El-Yemân (r.a.)'den:

Bir gece Peygamber (s.a.v.)'le namaz kıldım. Bakara sûresini okumaya başladı. Ben kendi kendime: *"herhalde yüz ayet okuyunca rükû eder"* dedim. Ama o, devam etti. Kendi kendime: *"bu sûre ile rekâtı bitirecek"* dedim, o yine devam etti. *"Bu sûreyi bitirip rükû' eder"* dedim. Nisâ sûresine başladı onu da okudu, sonra Âlu İmrân sûresine başladı onu da okudu. Ağır ağır okuyor, tesbih ayetleri gelince tesbih ediyor, dilek ayetleri gelince dilekte bulunuyor, sığınma ayetleri gelince de Allah'a sığınıyordu. Sonra rükû'ya gitti. (سُبْحَانَ رَبِّيَ الْعَظِيمِ) *"Yüce Rabbimi tenzih ederim"* dedi. Rükû'da duruşu ayakta durduğu kadar uzun oldu. Sonra (سَمِعَ اللهُ لِمَنْ حَمِدَهُ، رَبَّنَا لَكَ الْحَمْدُ) *"Allah kendisine hamd edeni işitir. Hamd yalnızca sanadır ey Rabbimiz"* dedi ve kalktı. Rükû'daki durduğu kadar ayakta durdu. Sonra secdeye vardı. (سُبْحَانَ رَبِّيَ الْأَعْلَى) *"Yüce Rabbimi tenzih ederim"* dedi. Secdesi de aşağı yukarı ayakta durması kadar idi. (Müslim, Müsâfirîn 203)

◈ **103)** İbnu Mes'ûd (r.a.)'den:

*"Bir gece Rasûlullah (s.a.v.)'le namaz kıldım. Ayakta o kadar uzun durdu ki, az kalsın kötü bir şey yapacaktım."* dedi. *"Ne yapmayı düşündün?"* dediler. *"Peygamber (s.a.v.)'i ayakta bırakıp oturmayı düşündüm"* dedi.* (Buhârî, teheccüd 9)

◈ **104)** Enes (r.a.)'den:

Rasûlullah (s.a.v.): *"Ölüyü kabre kadar üç şey takip eder; çoluk çocuğu, malı ve ameli. Bunlardan ikisi geri döner, biri kalır.*

*Çoluk çocuğu ve malı geri döner, ameli kalır."* buyurdular. (Buhârî, Rikak 42)

◈ **105)** İbnu Mes'ûd (r.a.)'den:

Rasûlullah (s.a.v.): *"Cennet sizden her birinize ayakkabınızın bağından daha yakındır. Cehennem de öyledir."* buyurdular. (Buhârî, Rikâk 29)

◈ **106)** Rasûlüllah (s.a.v.)'in hizmetçisi ehl-i suffeden olan Ebû Firâs Rabîa b. Ka'b el-Eslemî (r.a.)'den:

Peygamber (s.a.v.)'in yanında geceler, abdest suyunu ve diğer ihtiyacı olan şeyleri getirirdim. Rasûlüllah (s.a.v.) bana: *"Dile benden ne dilersen"* buyurdu. Ben de: *"Cennette seninle beraber olmak isterim"* dedim. Peygamber (s.a.v.) de: *"Bundan başka bir şey istemez misin?"* buyurdu. Ben de: "İsteğim sadece budur" dedim. Peygamber (s.a.v.): *"Öyleyse çok (namaz kılıp) secde ederek kendin için bana yardım et."* buyurdular. (Müslim, Salât 226)

◈ **107)** Ebû Abdurrahman da denilen Peygamber (s.a.v.)'in azaldı kölesi Ebû Abdullah'dan (r.a.)'den:

Rasülullah (s.a.v.): *"Çok (namaz kılıp) secde et. Zira senin Allah için yaptığın her secde karşılığında Allah seni bir derece yükseltir ve bir hatanı siler."* buyurdular. (Müslim, Salât 225)

◈ **108)** Ebû Safvân Abdullah b. Büsr el-Eslemî (r.a.)'den:

Rasûlullah (s.a.v.): *"İnsanların en hayırlısı ömrü uzun olup ameli güzel olandır."* buyurdular. (Tirmizî, Zühd 21)

◈ **109)** Enes (r.a.)'den:

Amcam Enes b. Nadr (r.a.) Bedir savaşına katılmamıştı. Bundan dolayı: *"Ey Allah'ın Rasûl'ü müşriklerle yaptığın ilk savaşta bulunamadım. Eğer Allah beni müşriklerle yapılacak bir savaşta bulundurursa neler yapacağımı Allah elbette görecektir."* dedi. Sonra Uhud savaşında Müslüman safları bozulunca arkadaşlarını kastederek: *"Ey Allah'ım! Bunların yaptıklarından dolayı özür dilerim"* dedi. Müşrikleri kastederek: *"Bunların yaptıklarından da uzak olduğumu sana arz ederim"* deyip ilerledi. Sa'd b. Muâz ile karşılaştı ve ona: *"Ey Sa'd! İstediğim cennettir. Kâbe'nin Rabbine yemin ederim ki, Uhud'un ötesinde cennetin kokusunu buluyorum"* dedi. Sa'd: *"Ben O'nun yaptığını yapamadım ey Allah'ın Rasûl'ü"* dedi. Enes (r.a.): *"Biz onun vücudunda seksenden fazla kılıç, süngü ve ok yarası gördük. Müşrikler tarafından burnu, kulakları kesilmek suretiyle (müsle yapılmış) vaziyette bulduk. Onu sadece kız kardeşi parmak uçlarından tanıyabildi."* dedi. Enes, biz: -*"İnananlardan öyle kimseler var ki, Allah'a verdikleri sözde sadakat gösterip; kimi (şehit olarak) adaklarını gerçekleştirdi kimi de (şehit olmayı) beklemektedir. Ve onlar, sözlerinden asla caymadılar."* (33 Ahzab, 23) ayetinin amcam ve onun gibi olan kimseler hakkında inmiş olduğu kanaatindeyiz, dedi. (Buhârî, Cihad 12; Müslim, İmâra 148)

◈  **110)** Ebû Mes'ûd Ukbe b. Amr el-Ensârî el-Bedrî (r.a.)'den:

*"Onların mallarından, kendilerini temizleyeceğin ve yücelteceğin bir sadaka al ve onlara duâ et. Çünkü senin duan, onlara huzur verir. Şüphesiz Allah, (söylediklerinizi) hakkıyla işitendir, (her şeyi) tam bilendir."* (Tevbe 103) Sadaka ayeti inince biz (sadaka vermek için) sırtımızda yük taşırdık.

Bir kimse gelip çokça sadaka verdi. *"Gösteriş yapıyor"* dediler. Bir başka kişi gelip bir ölçek sadaka verdi. *"Allah'ın bu adamın bir ölçek hurmasına ihtiyacı yoktur"* dediler. Bunun üzerine: *"Sadakalarını cömertçe veren gönüllülere ve ancak güçlerinin yettiğini verebilen (fakir Müslümanlara) dil uzatarak alay edenlere gelince, Allah da onlarla alay edecektir. Ve onlara (ayrıca) acıklı bir azap vardır."* ayeti nazil oldu. (Tevbe, 79) (Buhârî, Zekât 10; Müslim, Zekât 72)

◈  **111)** Saîd b. Abdü'l-Azîz'den, o Rebîa b. Yezîd'den, o Ebû İdrîs el-Havlânî'den, o da Ebû Zerr Cündüb b. Cünâde (r.a.)'den:

Peygamber (s.a.v.) Allah'tan rivayet ederek şöyle demiştir: *"Ey kullarım! Ben zulmü kendime haram kıldığım gibi onu sizin aranızda da haram kıldım, öyleyse birbirinize zulmetmeyin. Ey kullarım! Benim hidayet ettiklerim dışında hepiniz yolunuzu şaşırmışsınızdır, o halde Benden hidayet isteyin ki, sizi doğru yola ileteyim. Ey kullarım! Benim doyurduklarımdan başka hepiniz açsınız, Benden yiyecek isteyin ki, sizi doyurayım. Ey kullarım! Benim giydirdiklerim dışında hepiniz çıplaksınız, Benden giyecek isteyin ki, sizi giydireyim. Ey kullarım! Siz gece gündüz günah işlersiniz, Ben ise günahları bağışlayanım, Benden af dileyin ki sizi bağışlayayım. Ey kullarım! Bana zarar vermek elinizden gelmez ki zarar verebilesiniz, Bana fayda vermeye gücünüz yetmez ki Bana fayda verebilesiniz. Ey kullarım! Sizden öncekiler ve sonrakiler bütün insanlar ve cinler içinizden muttaki bir adamın kalbine sahip olsalar, bu Benim mülküme hiç bir şey kazandırmaz. Ey kullarım! Sizden öncekiler ve sonrakiler bütün insanlar ve cinler içinizden en kötü bir adamın kalbine sahip olsalar, bu Benim mülkümden hiç bir şey eksiltmez. Ey kullarım! Sizden öncekiler ve sonrakiler bütün insanlar ve cinler bir alanda toplansalar, sonra Benden isteseler, ben de istediklerini versem, bu benim mülkümden ancak iğnenin denize batırılıp çıkarıldığındaki eksilttiği kadar bir şey eksiltir. Ey kullarım! Ben sizin amellerinizi sizin için saklar sonra da karşılığını öderim. Artık kim hayırla karşılaşırsa, Allah'a hamd etsin. Kim de bundan başkasını bulursa sadece kendi nefsini ayıplasın."* buyurdular. (Müslim, Birr 55)

## 12- ÖMRÜN SONUNA DOĞRU İYİLİKLERİ ARTIRMAYA TEŞVİK BÖLÜMÜ

◆ (Onlara): "Size orada, düşünüp anlayacak kimsenin düşüneceği kadar bir ömür vermedik mi? Ve size uyarıcı da gelmişti."
(35 Fâtır, 37)

◆ **112)** Ebû Hureyre (r.a.)'den:

Peygamber (s.a.v.): *"Allah altmış yıl ömür verdiği kişi için mazeret beyan etmeğe meydan bırakmamıştır."* buyurdular.

(Buhârî, Rikâk 5)

◈ **113)** İbnu Abbâs (r.a.)'den:

Ömer (r.a.) Bedir harbine katılan büyük sahabilerle beraber beni de meclisine alırdı. Herhalde bunlardan birisi, kendi kendine içerlemiş ve Ömer (r.a.)'e: *"Bu çocuk neden bizimle beraber bulunuyor? Oysa bizim onun yaşında oğullarımız var"* demiş. Ömer (r.a.): *"Sizin de bildiğiniz bir sebepten dolayı"* demiş. Günlerden bir gün Ömer (r.a.) beni çağırdı ve onlarla beraber meclisine aldı. O gün beni onlara göstermek için çağırdığı kanaatindeyim. Ömer (r.a.): *"(Ey Muhammed!)* **Sana Allah'ın yardımı ve fetih geldiğinde...** (Nasr, 1) ayeti hakkında ne diyorsunuz?"* diye sordu. Bir kısmı: *"Bize yardım ve fetih verince Allah'a hamd ve istiğfâr etmekle emrolunduk"* dedi. Kimileri de susup hiçbir şey demedi. Ömer (r.a.) bana: *"Ey İbnu Abbâs! Sen de mi böyle söylüyorsun?"* dedi. Ben: *"Hayır"* dedim. O: *"Peki sen ne diyorsun?"* diye sordu. Ben de: *"Bu, Peygamber (s.a.v.)'in ecelidir. Allah onu, ona "(Ey Muhammed!)* **Sana Allah'ın yardımı ve fetih geldiğinde...** Ayeti ile bildirdi. Bu ayet; senin ecelinin alametidir. Öyleyse; "Rabbini hamd ile tesbih et ve bağışlanma dile. Çünkü O tövbeleri kabul edendir."** buyuruluyor dedim."* Bunun üzerine Ömer (r.a.): *"Ben de bu sûreden senin anladığın gibi anlıyorum"* dedi. (Buhârî, Menâkıb 25)

◈ **114)** Aişe (r.a.)'dan:

*"(Ey Muhammed!)* **Sana Allah'ın yardımı ve fetih geldiğinde...** (Nasr, 1) ayeti indikten sonra Rasûlullah (s.a.v.) kıldığı her namazında: (سُبْحَانَكَ رَبَّنَاوَبِحَمْدِكَ، اللَّهُمَّ اغْفِرْ لِي) *"Ey Rabbimiz! Seni tüm noksanlıklardan tenzih eder, sana hamd ederim. Ey Allah'ım! Beni bağışla"* derdi. (Buhârî, Ezan 123; Müslim, Salât 219)

Bir rivayette, Aişe (r.a.)'den: Rasûlullah (s.a.v.) rükû' ve secdelerinde: (سُبْحَانَكَ اللَّهُمَّ رَبَّنَا وَبِحَمْدِكَ، اللَّهُمَّ اغْفِرْ لِي) *"Ey Rabbimiz olan Allah'ım! Seni noksanlıklardan tenzih eder, sana hamd ederim. Ey Allah'ım! Beni bağışla"* demeyi çok fazla yapar ve bununla da Kuran'ın emrini uygulardı. (Buhârî, Ezan 139; Müslim, Salât 217)

Bir rivayette şöyle denilmektedir: Rasûlullah (s.a.v.) vefatından önce (سُبْحَانَكَ اللَّهُمَّ وَبِحَمْدِكَ، أَسْتَغْفِرُكَ وَأَتُوبُ إِلَيْكَ) *"Ey

*Allah'ım! Seni noksanlıklardan tenzih eder, Sana hamdeder, Sen'den af diler ve Sana tövbe ederim"* demeyi çok fazla yapardı. Aişe (r.a.): *"Ey Allah'ın Rasûlü! Yeni bir takım kelimelerle Allah'a dua ettiğini görüyorum, bunlar nedir?"* dedim. Peygamber (s.a.v.) de: *"Ümmetim ve benim için bir işaret tayin edilmiştir. Onu (Yani "(Ey Muhammed!) Sana Allah'ın yardımı ve fetih geldiğinde... suresini) gördüğüm zaman bu kelimeleri söyledim."* buyurdu. (Müslim, Salât 218)

Bir rivayetde şöyle denilmektedir: Rasûlullah (s.a.v.) (سُبْحَانَ اللّٰهِ وَبِحَمْدِهِ، أَسْتَغْفِرُ اللّٰهَ وَأَتُوبُ إِلَيْهِ) *"Allah'ı noksanlıklardan tenzih eder, Ona hamdeder, Ondan af diler ve Ona tövbe ederim"* demeyi çok fazla yapardı. Aişe (r.a.): *"Ey Allah'ın Rasûlü!* Görüyorum ki; (سُبْحَانَ اللّٰهِ وَبِحَمْدِهِ،أَسْتَغْفِرُ اللّٰهَ وَأَتُوبُ إِلَيْهِ) *"Allah'ı noksanlıklardan tenzih eder, Ona hamd eder, Ondan af diler ve Ona tövbe ederim"* sözlerini çok sık söylüyorsun" deyince: *"Rabbim ümmetim hakkında göreceğim bir alamet bildirdi. Ben onu; "(Ey Muhammed!) Sana Allah'ın yardımı ve fetih gelecek ve sen insanların Allah'ın dinine dalga dalga girmeye başladıklarını göreceksin. Sen (Sadece) Rabbini hamd ile (sürekli olarak) an ve O'ndan bağışlanma dile. Çünkü O, tövbeleri çok kabul edendir." Ayetinde gördüğümden bu yana:* (سُبْحَانَ اللّٰهِ وَبِحَمْدِهِ، أَسْتَغْفِرُ اللّٰهَ وَأَتُوبُ إِلَيْهِ) *"Allah'ı noksanlıklardan tenzih eder, Ona hamdeder, Ondan af diler ve Ona tövbe ederim, demeyi çok sık yaptım."* buyurdu. (Müslim, Salât 220)

◈ 115) Enes (r.a.)'den:

"Allah vahyi Peygamber (s.a.v.)'in vefatından önce peş peşe indirdi. Öyle ki; Rasûlullah (s.a.v.) vahyin çok geldiği zamanlarda vefat etti." (Buhârî, Fedâil 1; Müslim, tefsir 2)

◈ 116) Câbir (r.a.)'den:

Peygamber (s.a.v.): *"Her kul, vefat ettiği hali üzere diriltilir."* buyurdu. (Müslim, Cennet 83)

## 13- HAYIR YOLLARININ ÇOK OLUŞU BÖLÜMÜ

◈ "Allah, hayır olarak yaptıklarınızın tamamını, mutlaka bilir."
(2 Bakara 215)

◈ "(Unutmayın ki) hayır olarak yaptıklarınızın tamamını, Allah bilir." (2 Bakara 197)

◈ "(Ve o gün) zerre kadar hayır yapan onun (karşılığını kesinlikle) görecek." (99 Zilzâl, 7)

◈ "Kim, (inandığı) iyi işleri yaşarsa, kendisinin iyiliğinedir." (45 Câsiye, 15)

◈ **117)** Ebû Zerr Cündüb b. Cünâde (r.a.)'den:

*"Ey Allah'ın Rasûlü! Hangi amel daha üstündür?"* dedim. *"Allah'a iman ve Onun yolunda cihaddır"* buyurdu. Ben: *"Hangi köleyi hürriyetine kavuşturmak daha faziletlidir?"* dedim. *"Sahibi yanında en kıymetli ve değeri en yüksek olanıdır"* buyurdu. Ben: *"Bunları yapamazsam?"* dedim. *"İş bilene yardım edersin, iş bilmeyenin işini yaparsın"* buyurdu. Ben yine: *"Ey Allah'ın Rasûlü! Bunların hiçbirini yapamazsam?"* dedim. *"İnsanlara zarar vermekten sakınırsın, bu da senin kendi şahsına verdiğin bir sadakadır"* buyurdular. (Buhârî, Itk 2; Müslim, İman 136)

◈ **118)** Ebû Zerr (r.a.)'den:

Rasûlullah (s.a.v.): *"Sizin her birinizin her bir eklemi için bir sadaka gerekir. Öyle ise; her tesbih (sübhanallah demek) bir sadakadır. Her tahmid (elhamdülillah demek) bir sadakadır. Her tehlil (lâ ilâhe illallah demek) sadakadır, her tekbir (Allahüekber demek) sadakadır, iyiliği tavsiye etmek sadakadır, kötülükten sakındırmak sadakadır. Kuşluk vakti kılınan iki rekât namaz da bunların yerini tutar."* buyurdular. (Müslim, Müsâfirîn 84)

◈ **119)** Ebû Zerr (r.a.)'den:

Peygamber (s.a.v.): *"Ümmetimin iyi, kötü tüm amelleri bana gösterildi. İyi işlerinin içinde; eziyet veren şeylerin yol-*

*dan kaldırılmasını gördüm. Kötü işlerinin içerisinde de; mescitteki üzeri kapatılmayan tükürüğü gördüm."* buyurdular. (Müslim, Mesâcid 57)

◈ **120)** Ebû Zerr (r.a.)'den:

Bazı insanlar: *"Ey Allah'ın Rasûlü! Servet sahipleri, bizler gibi namaz kılıyor, oruç tutuyor, ayrıca mallarının fazlasından sadaka da veriyorlar ve böylece sevapları alıp-götürüyorlar,"* dediler. Rasûlüllah (s.a.v.): *"Siz Allah'ın sizlere sadaka verme imkânı vermediğini mi (sanıyorsunuz)?* **"Her tesbih (sübhanallah demek) bir sadakadır, her tekbir (Allahüekber demek) sadakadır, her tahmid (elhamdülillah demek) bir sadakadır, her tehlil (lâ ilâhe illallah demek) sadakadır, iyiliği tavsiye etmek sadakadır, kötülükten sakındırmak sadakadır. Hatta sizden her birinizin hanımlarıyla birlikte olması da sadakadır"** buyurdu. (Bunun üzerine) onlar: *"Ey Allah'ın Rasûlü bizden birisinin eşine şehvetle yaklaşmasında da sevap mı var?"* dediler. Peygamber (s.a.v.): **"Ne dersiniz! O kişi bu isteğini haram yoldan giderseydi, ona günah olmayacak mıydı? Tıpkı onun gibi helal yoldan gidermesinde de elbette sevap vardır"** buyurdular. (Müslim, Zekât 53)

◈ **121)** Ebû Zerr (r.a.)'den:

Peygamber (s.a.v.) bana: **"Kardeşini güler yüzle karşılamak bile olsa hiçbir iyiliği sakın küçük görme!"** buyurdular. (Müslim, Birr 144)

◈ **122)** Ebû Hureyre (r.a.)'den:

Rasûlullah (s.a.v.): **"Güneşin doğduğu her günde insanın her bir eklemi için bir sadaka vermesi gerekir. Senin, iki kişi arasında adâletle hükmetmen bir sadakadır. Bir kimsenin bineğine binmesine yardımcı olman veya yükünün binitine yüklenmesine yardımcı olman da bir sadakadır. Güzel söz söylemek bir sadakadır. Namaza giderken attığın her adım bir sadakadır. Gelip geçenleri rahatsız eden şeyleri yoldan kaldırman bir sadakadır."** buyurdular. (Buhari, Sulh 11, Müslim, Zekât 56)

Aişe (r.a.)'dan: Rasûlullah (s.a.v.), **"Âdemoğlundan her insan üç yüz altmış eklem üzere yaratılmıştır.** *Kim bu üç yüz altmış sayısı kadar; Allahüekber, elhamdülillah, lâ ilâhe illallah, sübhanallah, ve estağfirullah derse, insanların yollarından onlara eziyet veren taş, diken ve kemik gibi şeyleri kaldırırsa, iyiliği emreder, kötülükten sakındırırsa o günü cehennem ateşinden uzaklaşmış olarak geçirir."* buyurdular. (Müslim, Zekât 54)

◈ **123)** Ebû Hureyre (r.a.)'den:

Peygamber (s.a.v.): *"Her kim sabah veya akşam mescide giderse, Allah onun her sabah veya akşam gidişine cennette bir sofra hazırlar."* buyurdular. (Buhârî, Ezan 37; Müslim, Mesâcid 285)

◈ **124)** Ebû Hureyre (r.a.)'den:

Rasûlullah (s.a.v.): *"Ey Müslüman hanımlar! Hiçbir komşu kadın, komşusunun verdiği (ikramı) bir koyun paçası bile olsa sakın küçümsemesin."* buyurdular. (Buhârî, Hîbe 1; Müslim, Zekât 90)

◈ **125)** Ebû Hureyre (r.a.)'den:

Peygamber (s.a.v.): *"İman yetmiş yahut altmış küsur kısımdır. En yükseği tek ilah Allah'tır sözüdür. En aşağısı ise eziyet verecek şeyi yoldan kaldırmaktır. Utanmak (hayâ) da imanın bir parçasıdır."* buyurdular. (Buhârî, İman 3; Müslim, İman 58)

◈ **126)** Ebû Hureyre (r.a.)'den:

Rasûlullah (s.a.v.): *"Vaktiyle bir adam yolda giderken çok susadı, sonunda bir kuyu buldu ve içerisine indi, su içti sonra çıktı. Bir de ne görsün bir köpek dilini çıkarmış soluyor ve susuzluktan toprağın nemini yalıyordu. Adam kendi kendine; 'bana susuzluktan ulaşan şey bu köpeğe de ulaşmış' dedi ve hemen kuyuya indi, mestini su ile doldurdu, mesti ağzına alarak kuyudan çıktı ve köpeği suladı. Bundan dolayı Allah ondan razı oldu ve onu bağışladı."* buyurdular.

(Sahabîler): *"Ey Allah'ın Rasûlü bizim için hayvanlardan dolayı bir sevap var mı?"* dediler. Rasûlullah (s.a.v.) de: " *(Evet!) kendisin-*

*de hayat eseri olan her canlıya (yapılan iyilikten dolayı) sevap vardır"* buyurdular.

Bir başka rivayette: *"Bundan dolayı Allah ondan razı oldu, onu bağışladı ve cennetine koydu"* denilmiştir.

Bir diğer rivayette ise: *"Kuyunun etrafında susuzluktan ölmek üzere olan bir köpek bir dolaşıyordu. İsrail Oğullarının zinakâr kadınlarından bir kadın onu gördü. Hemen çizmesini çıkardı ve onunla köpeği onu suladı. Bu sebeple o kadın bağışlandı."* buyurdular. (Buhârî, Enbiyâ 54; Müslim, Selam 155)

◈ **127)** Ebû Hureyre (r.a.)'den:

Peygamber (s.a.v.): *"Yol üzerinde Müslümanları rahatsız eden bir ağacı kesen kimseyi cennet (nimetleri içinde) dolaşır gördüm."* buyurdular. (Müslim, Birr 129)

Başka bir rivayette: *"Adamın biri yol üzerinde bir ağaç dalı gördü ve Allah'a yemin ederim ki; bunu Müslümanları rahatsız etmemesi için buradan kaldıracağım dedi ve bu yüzden cennete konuldu."* buyurdular (Müslim, Birr 128)

Bir diğer rivayette ise: *"Bir adam yolda yürürken yol üzerinde bir diken dalı buldu ve onu yoldan uzaklaştırdı. Bundan dolayı Allah ondan razı oldu ve onu bağışladı."* buyurdular. (Buhârî, Ezan 32; Müslim, Birr 127)

◈ **128)** Ebû Hureyre (r.a.)'den:

Rasûlullâh (s.a.v.): *"Bir kimse güzelce abdest alır, cumaya gelir, hutbeyi sessizce dinlerse; o cuma ile gelecek cuma arası ve üç gün de fazlasıyla günahları bağışlanır. Her kim de (cuma hutbesi esnasında) çakıl taşı gibi şeylerle meşgul olursa boş işle uğraşmış (ve cumanın sevabını boşa götürmüş) olur."* buyurdular. (Müslim, Cum'a 27)

◈ **129)** Ebû Hureyre (r.a.)'den:

Rasûlullah (s.a.v.): *"Bir Müslüman veya mü'min kul abdest alırken yüzünü yıkadığında gözleriyle işlediği bütün günah-*

*lar su veya suyun son damlasıyla dökülür, ellerini yıkadığında elleriyle işlediği günahlar su veya suyun son damlasıyla dökülür, ayaklarını yıkadığında da ayaklarıyla işlediği günahlar su veya suyun son damlasıyla dökülür, sonunda o Müslüman günahlardan tamamıyla temizlenmiş olur."* buyurdular. (Müslim, tahâra 32)

◈ **130)** Ebû Hureyre (r.a.)'den:

Rasûlullah (s.a.v.): *"Büyük günahlardan kaçınıldığı takdirde, beş vakit namaz, iki cuma ve iki ramazan aralarında işlenen günahlara keffarettir."* buyurdular. (Müslim, tahâra 16)

◈ **131)** Ebu Hureyre (r.a.)'den:

Rasûlullah (s.a.v.): *"Bakınız! Allah'ın kendisiyle günahları yok edeceği ve dereceleri yükselteceği şeyleri size açıklayayım mı?"* diye sordu. (Sahabeler): *"Evet açıkla, Ey Allah'ın Rasulü!"* dediler. Rasûlullah (s.a.v.): *"Zor zamanlarda (bile olsa) abdesti tam almak, mescitlere gidişte adımları çoğaltmak, namazdan sonra ikinci bir namazı beklemek. İşte bunlar bağlanmanız gereken şeylerdir."* buyurdular. (Müslim, taharet 41)

◈ **132)** Ebu Musa el-Eş'ari (r.a.)'den:

Rasûlullah (s.a.v.): *"Kim iki serinlik zamana rastlayan (sabah ve ikindi) namazlarını kılarsa cennete girer."* buyurdular. (Buhari, Mevakit-us Salat 26, Müslim, Mesacid 215)

◈ **133)** Ebu Musa el-Eş'ari (r.a.)'den:

Rasûlullah (s.a.v.): *"Bir kimse hastalanır veya yola çıkarsa evinde sıhhatli olduğu zamanlarında yaptığı ibadetlerinin sevabı gibi sevap yazılır."* buyurdular. (Buhari, Cihad 134)

◈ **134)** Cabir (r.a.)'den:

Rasûlullah (s.a.v.): *"Her güzel iş sadakadır."* buyurdular. (Buhari Edeb 33)

◈ **135)** Cabir (r.a.)'den:

Rasulullah (s.a.v.): *"Bir Müslümanın diktiği ağaçtan yenen her şey onun için kesinlikle sadakadır. O ağaçtan çalınan her şey onun için kesinlikle sadakadır. O ağaçtan eksiltilen her şey onun için kesinlikle sadakadır."* buyurdular. (Müslim Müsakat 7)

Başka bir rivayette: *"Bir Müslüman bir ağaç diker de ondan insan, hayvan veya kuş yerse, bu yenilen şey kıyamete kadar o kimse için sadakadır."* buyurdular. (Müslim Müsakat 10)

Yine başka bir rivayette: *"Bir Müslüman bir ağaç diker veya ekin eker de ondan insan, hayvan ve kuşlar yerse, o yedikleri şeyler o Müslüman için sadaka olur."* buyurdular. (Müslim Müsakat 9)

◈ **136)** Cabir (r.a.)'den:

Selime oğulları Mescidi Nebevi'nin yakınına taşınmak istediler. Durum Rasulullah (s.a.v.)'e ulaşınca onlara: *"Duyduğuma göre Mescide yakın bir yere taşınmak istiyormuşsunuz?"* diye sordu. Onlar da: *"Evet ey Allah'ın Rasulü! Bunu istedik"* dediler. Peygamber (s.a.v.): *"Ey Selime oğulları! Yerinizde kalın ki her adımınıza sevap yazılsın. Yerinizde kalın ki her adımınıza sevap yazılsın."* buyurdular. (Müslim Mesacid 280)

Başka bir rivayette: *"Her adım için bir derece (sevap) vardır."* buyurdular. (Müslim Mesacid 279)

◈ **137)** Ebu'l Munzir Ubey İbnu Ka'b (r.a.):

Bir adam vardı ki, -evi Mescide ondan daha uzak bir kimseyi bilmiyorum.- Bu kimse cemaati hiç bırakmazdı. Kendisine: *"Bir merkep satın alsan da karanlık ve aşırı sıcakta binsen?"* denildi (veya ben söyledim.) O: *"Evimin mescidin yanında olmasını istemem. Çünkü ben mescide gidişimde ve aileme geri gelişlerimde adımlarıma sevabın yazılmasını istiyorum."* dedi.

Bunun üzerine Rasulullah (s.a.v.) (o kimseye): *"Allah, senin için bunların hepsini bir araya getirdi."* buyurdular.

Başka bir rivayette: *"Mükâfatını Allah'tan beklediğin şey (o sevap) sana vardır."* buyurdular. (Müslim Mesacid 278)

◈ **138)** Abdullah b. Amr (r.a.)'dan:

Rasulullah (s.a.v.): *"Kırk çeşit haslet vardır ki bunların en üstünü birisine sağıp, sütünü içmesi için bir keçiyi ödünç vermektir. Kim de sevabını umarak ve vadedilen (sevapların) gerçekleşeceğine inanarak bu hasletlerden birini işlerse Allah, onu kesinlikle cennete koyar."* buyurdular. (Buhari Hibe 35)

◈ **139)** Adiy b. Hatim (r.a.)'den:

Peygamber (s.a.v.)'i: *"Yarım hurma bile olsa (sadaka vererek) cehennemden korunun."* buyururken işittim dedi. (Buhari Edeb 34, Müslim Zekât 66) Başka bir rivayette Rasulullah (s.a.v.): *"Rabbiniz aranızda tercüman olmaksızın sizin her birinizle konuşacaktır. O kişi sağına bakacak ancak dünyada işlediği amellerinden başka bir şey göremeyecek, soluna bakacak yine sadece dünyada işlediği amellerinden başka bir şey göremeyecek, önüne bakacak karşısında cehennemden başka bir şey göremeyecektir. O halde yarım hurma bile olsa (sadaka vererek) cehennemden korunun. Bunu da bulamayan tatlı sözle (kendisini ateşten korusun.)"* buyurdular. (Buhari Zekât 10, Müslim Zekât 97)

◈ **140)** Enes b. Malik (r.a.)'den:

Rasulullah (s.a.v.): *"Allah, kulunun bir şey yedikten sonra kendisine hamd etmesinden veya bir şey içtikten sonra kendisine hamd etmesinden dolayı razı olur."* buyurdular. (Müslim, Zikir 89)

◈ **141)** Ebu Musa el-Eş'ari (r.a.)'den:

Rasulullah (s.a.v.): *"Her Müslümanın sadaka vermesi gerekir."* buyurdular. *"Sadaka verecek bir şey bulamazsa ne buyurursun?"* dediler. O: *"Eliyle çalışır, hem kendisine faydalı olur hem de sadaka verir."* buyurdular. *"Buna gücü yetmezse ne buyurursun?"* dediler. Rasulullah (s.a.v.): *"Darda kalan ihtiyaç sahibine yardım eder,"* buyurdular. *"Buna da gücü yetmezse ne buyurursun?"* dediler. O: *"İyiliği ve hayrı emreder."* buyurdular. *"Bunu da yapamazsa ne buyurursun?"* dediler. Rasulullah (s.a.v.): *"Kötülük yapmaktan uzak durur, bu da onun için sadakadır,"* buyurdular. (Buhari Zekât 30, Müslim Zekât 55)

# 14- İBADETLERDE ÖLÇÜLÜ OLMA BÖLÜMÜ

◈ *"Tâ, Hâ. (Ey Muhammed!) Biz, bu Kur'an'ı sana, güçlük çekesin diye indirmedik."* (20 Tâ Hâ, 1-2)

◈ *"... Allah size kolaylık ister, zorluk istemez."* (2 Bakara 185)

◈ **142)** Aişe (r.a.)'den:

Bir kadınla beraber otururken yanlarına Peygamber (s.a.v.) girdi ve: *"Bu kadın kimdir?"* diye sordu. Aişe (r.a.): *"Bu kıldığı namazları anlatan falanca kadındır."* dedi. Peygamber (s.a.v.) efendimiz: *"Yeter! Gücünüzün yettiği kadarıyla ibadet size yeter. Vallahi siz usanırsınız ama Allah asla usanmaz."* buyurdular.

Aişe (r.a.): *"Rasulullah (s.a.v.)'in yanında en sevimli ibadet az da olsa devamlı yapılanı idi."* dedi. (Buhari İman 32, Müslim Müsafirin 215)

◈ **143)** Enes b. Malik (r.a.)'den:

Peygamber (s.a.v.) hanımlarının evlerine Peygamber (s.a.v.)'in ibadeti hakkında soru sormak üzere üç kişilik bir grup geldi. Durum kendilerine bildirilince onlar bunu azımsadılar ve: *"Geçmiş ve gelecek günahları bağışlanmış olan Peygamber (s.a.v.)'in yanında biz neyiz ki..."* dediler. İçlerinden biri: *"Ben geceleri sürekli namaz kılacağım"* dedi. Bir diğeri: *"Ben de hayatım boyunca oruç tutacağım ve oruçsuz gün geçirmeyeceğim"* dedi. Bir diğeri ise: *"Ben de ebedi olarak kadınlardan uzak kalıp evlenmeyeceğim"* dedi.

Rasulullah (s.a.v.), onların yanına geldi ve: *"Siz şöyle şöyle diyen kimseler misiniz? Dikkat edin Allah'a yemin olsun ki sizin Allah'tan en çok korkanınız ve ondan en çok sakınanız benim. Fakat ben bazen oruç tutar, bazen tutmam, gece namaz da kılarım uyku da uyurum ve kadınlarla da evlenirim. Kim benim sünnetimden yüz çevirirse o, benden değildir."* buyurdular. (Buhari, Nikâh 1, Müslim, Nikah 5)

◈ **144)** İbnu Mes'ud (r.a.)'den:

Peygamber (s.a.v.) üç defa: *"(Her türlü işlerinde) ileri gidip haddi aşanlar helak oldu."* buyurdular. (Müslim, ilim 7)

◈ **145)** Ebu Hureyre (r.a.)'den:

Rasulullah (s.a.v.): *"Bu din kolaylık dinidir. Bu dinle boy ölçüşüp de dinin kendisini yenik düşürmediği hiçbir kimse yoktur. Orta yolu seçin, mutedil davranın ve müjdeleyici olun. Günün evvelinde ve sonunda bir de gecenin sonunda (Allah'tan) yardım isteyin."* buyurdular. (Buhari, İman 29)

Başka bir rivayette Rasulullah (s.a.v.): *"Kuşluk vakti, gündüzün son saatlerinde ve gecenin son vakitlerinde (yürüyerek hedefine ulaşanlar gibi) orta yolu seçin ve mutedil davranın ki maksada erişesiniz."* buyurdular. (Buhari, Rikak 18)

◈ **146)** Enes (r.a.)'den:

Peygamber (s.a.v.) mescide girdi ve iki direk arasına gerilmiş bir ip gördü. *"Bu ip nedir?"* diye sordu. Sahabeler: *"Bu ip Zeyneb'indir. (Namaz kılarken) yorulunca ona tutunuyor"* dediler. Bunun üzerine Peygamber (s.a.v.): *"Onu çözün. Sizden biri namazını zinde olduğu haldeyken kılsın, yorgunluk hissettiğinde ise yatıp uyusun."* buyurdular. (Buhari teheccüd 18, Müslim Müsafirin 219)

◈ **147)** Aişe (r.a.)'dan:

Rasulullah (s.a.v.): *"Sizden biriniz namaz kılarken uyuklarsa uykusu geçinceye kadar yatsın uyusun. Çünkü uykulu iken namaz kılan belki de bilmeyerek Allah'tan af dileyeceğim derken kendisine sövebilir."* buyurdular. (Buhari, Vudu 53, Müslim, Müsafir 222)

◈ **148)** Ebu Abdullah Cabir b. Semurete (r.a.)'den:

*"Peygamber (s.a.v.) ile beraber namaz kılardım. Onun namazı da hutbesi de (ne uzun ne de kısa yani) mutedil olurdu."* dedi. (Müslim Cuma 41)

◈ **149) Ebu Cuheyfe Vehb b. Abdillah (r.a.)'den:**

Peygamber (s.a.v.) Selman ile Eb'ud-Derda'yı kardeş yapmıştı. Bir gün Selman, Eb'ud-Derda'yı ziyaret ettiğinde Derda'nın annesini (hanımını) eski elbiseler içerisinde gördü ve ona: *"bu halin nedir?"* diye sordu. Kadın: *"Kardeşin Eb'ud-Derda'nın dünya ile bir ilgisi yok"* dedi. Sonra Ebu'd-Derda geldi, Selman için yemek hazırladı ve ona: *"Buyur ye! Ben oruçluyum"* dedi. Selman: *"Sen yemedikçe ben de yemem"* deyince Eb'ud-Derda yemekten yedi. Gece olunca Eb'ud-Derda namaz kılmaya kalktı. Selman ona: *"Uyu"* dedi. Eb'ud-Derda da uyudu. Sonra Eb'ud-Derda tekrar namaz kılmaya kalktı. Selman ona: *"Uyu"* dedi. Gecenin sonu olunca Selman, Eb'ud-Derda'ya: *"İşte şimdi kalk"* dedi ve beraberce namaz kıldılar. Selman Eb'ud-Derda'ya: *"Şüphesiz Rabbinin senin üzerinde hakkı vardır, nefsinin senin üzerinde hakkı vardır, ailenin senin üzerinde hakkı vardır, her hak sahibinin hakkını (sahibine) ver."* dedi. Sonra Eb'ud-Derda Peygamber (s.a.v.)'e gelip olup bitenleri anlattı. Peygamber (s.a.v.)'de: **"Selman doğru söylemiş"** buyurdular. (Buhari, Savm 51)

◈ **150) Ebu Muhammed Abdullah b. Amr b. As (r.a.)'den:**

Peygamber (s.a.v.)'e benim: *"Allah'a yemin ederim ki yaşadığım sürece gündüzleri oruç tutup geceleri de namaz kılacağım."* dediğim haber verilmiş. Bunun üzerine Peygamber (s.a.v.): **"Bunları söyleyen sen misin?"** diye sordu. Ben de kendisine: *"Anam babam sana feda olsun Ey Allah'ın Rasulü! Evet, o sözü ben söyledim"* dedim. Peygamber (s.a.v.): **"Senin buna gücün yetmez, bazen oruç tut, bazen de iftar et, (geceleri) hem uyu, hem de ibadet et. Her ay üç gün oruç tut, çünkü her iyiliğe on katı sevap vardır. Bu ise seneyi tamamen oruçla geçirmek gibidir."** buyurdular. Ben de: *"Bunun daha fazlasına da gücüm yeter"* dedim. Peygamber (s.a.v.): **"O halde bir gün oruç tut, iki gün tutma"** buyurdu. Ben: *"Bunun daha fazlasına da gücüm yeter"* dedim. Peygamber (s.a.v.) de: **"O halde bir gün oruç tut, bir gün tutma. Bu Davut (a.s)'ın orucudur ve bu oruç tutmanın en güzel şeklidir"** buyurdular.

Başka bir rivayette Rasulullah (s.a.v.): **"Bu oruçların en fazi-letlisidir."** buyurdular. Ben de: *"Bunun daha fazlasına da gücüm yeter"* dedim. Peygamber (s.a.v.): **"Bundan daha faziletlisi yok-tur"** buyurdular. *"Eğer ben Rasulullah'ın tavsiye ettiği her aydan üç gün oruç tutmayı kabul etseydim bu, bana ehlimden ve malım-dan daha sevgili olacaktı."* Diğer bir rivayette ise Rasulullah (s.a.v.): **"Senin gündüzleri oruç tutup geceleri de namaz kıldığın bana haber verilmedi mi zannediyorsun?"** dedi. Ben de: *"Evet Ey Allah'ın Rasulü"* dedim. Bunun üzerine: **"Bunu yapma, bazen oruç tut, bazen de iftar et, Rabbinin senin üzerinde hakkı vardır, vücudunun senin üze-rinde hakkı vardır, gözlerinin senin üzerinde hakkı vardır, aile-nin senin üzerinde hakkı vardır, ziyaretçilerinin senin üzerinde hakkı vardır. Şüphesiz her aydan üç gün oruç tutman sana kâ-fidir. Çünkü senin için her iyiliğin için on misli karşılığı vardır. Bu da bütün zamanını oruçla geçirmen gibidir."** buyurdular. -Ab-dullah: *"Ben (durmadım) işi zorlaştırdıkça, zorluğa uğradım"* dedi.- Sonra ben: *"Ey Allah'ın Rasulü! Ben kendimde (daha fazlasını yap-maya) güç ve kuvvet buluyorum,"* dedim. Rasulullah (s.a.v.): **"O halde Allah'ın nebisi Davud'un orucu gibi tut, daha fazlasını da yapma."** buyurdular. Ben: *"Davud'un orucu nasıldır?"* diye sor-dum. O da: **"Senenin yarısı"** buyurdular. Abdullah yaşlandıkça: *"Keşke Peygamber (s.a.v.)'in ruhsatını kabul etmiş olsaydım."* derdi.

Bir başka rivayette Rasulullah (s.a.v.): **"Senin gündüzleri oruç tutup geceleri de Kur'an okuduğun bana haber verilmedi mi zannediyorsun?"** dedi. Ben de: *"Evet Ey Allah'ın Rasulü! Fakat ben böyle yapmakla sadece iyilik ve hayır yapmak istedim"* dedim. Peygamber (s.a.v.)'de: **"O halde Allah'ın nebisi Davud'un orucu gibi tut, Çünkü o insanların en çok ibadet edeni idi. Kur'anı da bir ayda baştan sona oku,"** buyurdular. Ben ise: *"Ey Allah'ın Ra-sulü! Bundan daha fazlasını yapmaya gücüm yeter,"* dedim. Pey-gamber (s.a.v.): **"O halde yirmi günde oku"** buyurdular. Ben de: *"Ey Allah'ın Rasulü! Bundan daha fazlasını yapmaya gücüm yeter,"* dedim. O'da: **"Öyleyse on günde oku",** buyurdu. Ben tekrar: *"Ey Allah'ın Rasulü! Bundan daha fazlasını yapmaya gücüm yeter,"* deyince. Peygamber (s.a.v.): *"O halde haftada bir sefer baştan sona oku ve bunun üzerine de artırma"*, buyurdular. Abdullah: *"Ben (durmadım) işi zorlaştırdıkça, zorluğa uğradım"* dedi. Peygamber (s.a.v.) bana: *"Belki de çok yaşayacaksın bunu bilemezsin ki."* buyurdular. Abdullah: *"Peygamber (s.a.v.)in dediği kadar uzun yaşadım. İhtiyarlayınca Peygamber (s.a.v.)'in ruhsatını kabul etmiş olmayı istedim."* derdi.

Bir başka rivayette: *"Çocuğunun senin üzerinde hakkı vardır"* buyurdular.

Bir başka rivayette de üç defa: *"Bütün zamanını oruçla geçirenin orucu yoktur."* buyurdular.

Başka bir rivayette ise: *"Allah'a en sevimli olan oruç, Davud (a.s.)'ın orucudur. Allah'a en sevimli olan namaz da Davud (a.s.)'ın namazıdır. Davud Peygamber gecenin yarısına kadar uyur, sonra üçte birini ibadetle geçirir ve sonra altıda birinde tekrar uyurdu. Bir gün oruç tutar, bir gün tutmazdı. Düşmanla karşılaştığında da kaçmazdı"* buyurdular.

Abdullah'tan başka bir rivayet: Babam beni soylu bir kadınla evlendirdi. Ara sıra gelinine kocasının halinden sorarmış. O da: *"O ne iyi erkektir, geldiğim günden beri yatağıma ayak basmadı ve bana yaklaşmadı."* dedi. Durum bu şekilde uzayınca babam durumu Peygamber (s.a.v.)'e bildirmiş. O'da: *"Onu benimle görüştür"* demiş. Rasulullah (s.a.v.)'le karşılaşınca bana: *"Nasıl oruç tutuyorsun?"* buyurdu. Ben de: *"her gün"* dedim. *"Kur'anı baştan sona nasıl okuyorsun?"* deyince ben: *"her gece"* dedim. Rasulullah yukarıdakilere benzer şekilde beni ikaz etti.

Abdullah (yaşlanınca) gece kendisine kolaylık olsun diye Kur'an'ın yedide birini gündüz ailelerinden birine okurdu. Yorgunluğunu gidermek istediği zaman tuttuğu oruca ara verir ve bu günleri sayardı. Sonra da Peygamber (s.a.v.)'e verdiği sözü yerine getirmemeyi hoş görmediğinden o günler sayısınca oruç tutardı. (Buhari, Savm 55, Müslim Sıyam 181)

◈ **151)** Rasulullah (s.a.v.)'in kâtiplerinden birisi olan Ebu Rib'i Hanzala b. Rebi' el-Üseyyidî (r.a.)'den: Günün birinde Ebubekir (r.a.) bana rastladı ve: *"Ey Hanzala, nasılsın?"* diye sordu. Ben de: *"Hanzala münafık oldu"* dedim. Ebubekir: *"Sübhanallah! Sen ne söylüyorsun?"* dedi. Ben de: *"Bizler Rasulullah (s.a.v.)'in yanındayken o bize cennetten, cehennemden bahsediyor, sanki onları gözlerimizle görüyormuşuz gibi oluyoruz. Peygamber (s.a.v.)'in huzurundan ayrılıp eşlerimizin, çocuklarımızın ve işlerimizin başına dönünce bunların çoğunu unutuyoruz."* dedim. Ebubekir (r.a.): *"Allah'a yemin ederim ki biz de benzeri şeylerle karşı karşıyayız."* dedi.

Sonra Ebubekir ile birlikte yürüdük ve Rasulullah (s.a.v.)'in huzuruna girdik. Ben: *"Ey Allah'ın Rasulü! Hanzala münafık oldu"* dedim. Rasulullah (s.a.v.): **"Bu da ne demek"** buyurdu. Ben: *"Ey Allah'ın Rasulü! Biz sizin yanınızdayken siz bize cennetten, cehennemden bahsediyorsunuz, sanki onları gözlerimizle görüyormuşuz gibi oluyoruz. Sizin huzurunuzdan ayrılıp eşlerimizin, çocuklarımızın ve işlerimizin başına dönünce bunların çoğunu unutuyoruz."* dedim. Bunun üzerine Rasulullah (s.a.v.): **"Nefsim elinde olan Allah'a yemin ederim ki, eğer siz benim yanımda bulunduğunuz hal üzere devam edip bunu sürekli aklınızda tutuyor olsaydınız, melekler sizinle yataklarınızda ve yollarda musafaha ederlerdi. Fakat ey Hanzala! Bir süre ibadet edin bir süre de başka işlere uğraşın"** buyurdular ve bu sözü üç defa tekrarladılar. (Müslim, tevbe 12)

◈ **152)** İbnu Abbas (r.a.)'den:

Peygamber (s.a.v.) hutbe irad ederken ayakta duran bir adam gördü ve onun kim olduğunu sordu. Oradakiler: *"O Ebu İsrail'dir. Güneşte durmayı, oturmamayı, gölgelenmemeyi, konuşmamayı ve devamlı oruç tutmayı adamıştır."* dediler.

Bunun üzerine Peygamber (s.a.v.): -**"Ona söyleyin, konuşsun, gölgelensin, otursun ve orucunu tamamlasın"** buyurdular. (Buhari, Eyman 31)

## 15- İBADETLERİ DEVAMLI YAPMA BÖLÜMÜ

◪ "Îman edenlerin, Allah'ı anma ve O'ndan inen gerçeğe gönülden bağlanma zamanı daha gelmedi mi? (Ey Muhammed! Onlara); 'daha önce kendilerine kitap verilen, sonra üzerlerinden uzun bir süre geçince, kalpleri katılaşıp da birçoğu fâsık olanlar gibi olmamalarını' söyle." (57 Hadid 16)

◪ "(Daha sonra) kendisine İncil'i verdiğimiz Meryem'in oğlu İsa'yı (Peygamber olarak) gönderdik. Ona uyanların kalplerine de şefkat ve merhamet yerleştirdik. Bizim, kendilerine emretmediğimiz halde uydurdukları ruhbanlığa gelince; onlar onu, güya Allah'ın rızasını kazanmak için uydurdular ama buna da gerektiği gibi uymadılar." (57 Hadid 27)

◪ "Ve ipini büktükten sonra çözen kadın gibi olmayın." (16 Nahl 92)

◪ "Ve sana ölüm gelinceye kadar Rabbine kulluğa (devam) et." (15 Hıcr 99)

◈ **153)** Aişe (r.a.)'den:

Bir kadınla beraber otururken yanlarına Peygamber (s.a.v.) girdi ve: **"Bu kadın kimdir?"** diye sordu. Aişe (r.a.): *"Bu kıldığı namazları anlatan falanca kadındır."* dedi. Peygamber (s.a.v.) efendimiz: **"Yeter! Gücünüzün yettiği kadarıyla ibadet size yeter. Vallahi siz usanırsınız ama Allah asla usanmaz."** buyurdular. Aişe (r.a.): *"Rasulullah (s.a.v.)'in yanında en sevimli ibadet az da olsa devamlı yapılanı idi."* dedi. (Buhari İman 32, Müslim Müsafirin 215)

◈ **154)** Ömer b. Hattab (r.a.)'dan:

Rasulullah (s.a.v.): **"Bir kimse gece (Kur'an'dan) okuduğu bölümü veya bunun bir kısmını okumadan uyur da (sonra) onu sabah namazı ile öğle namazı arasında okursa o kimse için gece okumuş gibi sevap yazılır."** buyurdular. (Müslim Misafirin 142)

◈ **155)** Abdullah b. Amr b. As (r.a.)'dan:

Rasulullah (s.a.v.) bana: **"Ey Abdullah! Gece ibadetine devam ederken sonra bu ibadeti terk eden falanca kimse gibi olma."** dediler. (Buhari, teheccüd 19, Müslim Sıyam 185)

◈ **156)** Aişe (r.a.)'dan:"*Rasulullah (s.a.v.) rahatsızlığı veya başka bir sebepten dolayı gece namazını terk ederse, gündüzleyin (onun yerine) on iki rekât namaz kılardı.*" dedi. (Müslim Müsafirin 140)

## 16- PEYGAMBER SÜNNETİNİ VE EDEPLERİNİ KORUMA BÖLÜMÜ

◈ "...Peygamber, size neyi emrettiyse onu alın ve size neyi yasakladıysa ondan da sakının." (59 Haşr, 7)

◈ "Ve (o Peygamber), istek ve arzusuna göre konuşmaz. Onun (söyledikleri) vahiyden başka bir şey değildir." (53 Necm 3-4)

◈ "(Ey Muhammed!): "Eğer siz, Allah'ı gerçekten seviyorsanız, bana uyun ki Allah da sizi sevsin ve günâhlarınızı bağışlasın." de." (3 Âlu İmran 31)

◈ "Gerçekten, Allah'ı ve âhiret gününü uman ve Allah'ı sürekli (düşünce ve yaşayışıyla) ananlar için Allah'ın Elçisinde, pek güzel bir örnek vardır." (33 Ahzap 21)

◈ "Hayır! Öyle değil. Rabbine yemin olsun ki onlar, aralarında anlaşmazlığa düştükleri her konuda, senin hakemliğine başvurmadıkça sonra da senin vereceğin karara gönüllerinde bir sıkıntı duymaksızın kesin bir teslimiyetle uymadıkça, gerçekten îman etmiş olmazlar." (4 Nisa 65)

◈ "Herhangi bir konuda anlaşmazlığa düştüğünüzde o konunun (çözümünü) Allah'a ve Peygamber'e havâle edin." (4 Nisa 59)

◈ "Peygambere itaat eden, Allah'a itaat etmiş demektir." (4 Nisa 80)

◈ "... (Ey Peygamber!) şüphesiz sen, (insanları) dosdoğru yola götürüyorsun." (42 Şura 52)

◈ "... O Peygamberin emrine aykırı davrananlar, başlarına bir fitnenin yahut acı bir azabın gelmesinden sakınsınlar." (24 Nur 63)

◈ "Evlerinizde okunmakta olan Allah'ın âyetlerini ve hikmetini, (düşünüp) öğrenin." (33 Ahzab 34)

◈ **157) Ebu Hureyre (r.a.)'den:**

Rasulullah (s.a.v.): *"Ben size herhangi bir şey emretmedikçe beni kendi halime bırakın.* Sizden önceki ümmetleri çok soru sormaları ve Peygamberleriyle münakaşa etmeleri helak etmiştir. *Ben size herhangi bir şeyi yasaklarsam ondan kesinlikle kaçının, bir şeyi de emredersem de onu gücünüz yettiğince yerine getirin."* buyurdular. (Buhari, İtisam 2, Müslim Hac 412)

◈ **158) Ebu Necih İrbâz b. Sariye (r.a.)'dan:**

Rasulullah (s.a.v.) bize kalpleri ürperten, gözleri yaşartan çok tesirli bir konuşma yaptı. Biz: *"Ey Allah'ın Rasulü! Bu, sanki ayrılmak üzere olan birisinin nasihatine benziyor, bizlere tavsiyede bulununuz,"* dedik. Bunun üzerine Rasulullah (s.a.v.): *"Allah'a karşı hata etmekten sakınmanızı, başınıza Habeşli bir köle bile emir tayin edilmiş olsa ona itaat etmenizi tavsiye ederim. Benden sonra içinizde hayatta kalanlar pek çok ihtilaflar göreceklerdir. Bu durumlarda size düşen benim sünnetime ve doğru yolda olan Râşit Halifelerin sünnetine sarılmaktır. Bu sünnetlere sımsıkı sarılın. Sonradan ortaya çıkarılmış bidatlerden sakının. Çünkü her bidat bir sapıklıktır."* buyurdular. (Ebu Davud, Sünnet 5, Tirmizi İlim 16)

◈ **159) Ebu Hureyre (r.a.)'den:**

Rasulullah (s.a.v.): *"Yüz çevirenler dışında ümmetimin hepsi cennete girer"* buyurdular. Bunun üzerine: *"Ey Allah'ın elçisi yüz çevirenler kimlerdir?"* denildi. Peygamber (s.a.v.)'de: *"Bana itaat eden cennete girer, bana karşı gelen ise yüz çeviren demektir"* buyurdular. (Buhari, İ'tisam 2)

◈ **160) Ebu İyas Seleme b. Amr b. Ekva' (r.a.)'dan:**

Adamın biri Rasulullah (s.a.v.)'in yanında sol eliyle yemek yedi. Peygamber (s.a.v.) adama: *"Sağ elinle ye"* buyurdular. Adam: *"yapamıyorum!"* deyince Peygamber (s.a.v.): *"Yapamaz ol"* buyurdular. Çünkü adam bunu sadece kibrinden dolayı yaptı. Bu beddua üzerine o adam elini ağzına bir daha götüremedi. (Müslim Eşribe 107)

◈ **161)** Ebu Abdullah Numan b. Beşir (r.a.)'den:

Rasulullah (s.a.v.): *"Saflarınızı kesinlikle düzeltin yoksa Allâhu Teâlâ aranıza dargınlık koyar."* buyurdular.

Müslimin rivayetinde ise: Peygamber (s.a.v.) saflarımızı okları düzeltir gibi düzeltirdi. Bunu bizim kavradığımızı görünceye kadar yaptı. Sonra bir gün namaz kılmak için geldi ve tam tekbir alacağı sırada safta bir adamın göğsünün dışarıda olduğunu görünce: *"Ey Allah'ın kulları! Saflarınızı kesinlikle düzeltin yoksa Allâhu Teâlâ aranıza dargınlık koyar."* buyurdular. (Buhari Ezan 71, Müslim Salat 127)

◈ **162)** Ebu Musa (r.a.)'dan:

Medine'de bir ev geceleyin ev halkı ile birlikte yandı. Durum Peygamber (s.a.v.)'e anlatılınca: *"Ateş sizin düşmanınızdır. Uyuyacağınızda onu söndürün"* buyurdular. (Buhari, İstisan 49, Müslim Eşribe 101)

◈ **163)** Yine Ebu Musa el-Eş'ari (r.a.)'dan:

Rasulullah (s.a.v.): *"Allah'ın benimle gönderdiği hidayet ve ilim yeryüzüne yağan bol yağmura benzer. Yağmurun yağdığı yerin bir bölümü verimli bir topraktır ve o toprak yağmur suyunu emer, bol çayır ve ot bitirir. Bir kısmı da suyu emmeyen katı bir yer olup suyu biriktirir de Allah, o su ile insanları faydalandırır. İnsanlar o sudan içerler, hayvanlarını sularlar ve onunla ekip biçerler. O yağmurun bir kısmı da su tutmayan ve ot bitirmeyen düz ve kaypak bir yere yağar. İşte bu üç türlü toprak; Allah'ın dinini iyi anlayan ve Allah'ın benimle gönderdiği ilimin kendisine hem öğrenerek hem de öğreterek fayda verdiği kimse ile buna kulak asmayan ve Allah'ın benimle gönderdiği hidayeti kabul etmeyen kimsenin durumuna benzer."* (Buhari, ilim 20, Müslim, Fezail 15)

◈ **164)** Cabir (r.a.)'den:

Rasulullah (s.a.v.): **"Benimle sizin durumunuz; ateş yakıp da ateşine kelebekler ve çekirgeler düşmeye başlayınca onlara engel olmaya çalışan adamın durumuna benzer.** Ben sizi ateşten korumak için eteklerinizden çekiyorum, siz ise elimden kurtulmaya çalışıyorsunuz." buyurdular. (Müslim, Fezail 19)

◈ **165)** Cabir (r.a.)'den:

Rasulullah (s.a.v.) parmakları yalamayı ve yemek kaplarını sıyırmayı emretti ve: **"Siz gerçekten bereketin, yemeğin neresinde olduğunu bilemezsiniz"** buyurdular. (Müslim, Eşribe 133)

Müslim'in bir rivayeti: **"Sizden birinizin lokması yere düştüğünde hemen onu alsın ve üzerine yapışanları temizledikten sonra onu yesin ve onu şeytana bırakmasın.** Parmaklarını yalamadıkça elini mendile silmesin çünkü siz gerçekten bereketin, yemeğin neresinde olduğunu bilemezsiniz." buyurdular. (Müslim, Eşribe 135)

Müslim'in başka bir rivayeti: **"Şüphesiz şeytan sizin her birinizin yemeği esnasında bile her işinde hazır bulunur.** Sizden birinizin lokması yere düştüğünde hemen onun üzerine yapışanları temizledikten sonra onu yesin ve onu şeytana bırakmasın. Sizin birinizin lokması yere düşerse onun üzerine yapışanları temizleyip yesin, lokmasını şeytana bırakmasın." buyurdular. (Müslim, Eşribe 134)

◈ **166)** İbnu Abbas (r.a.)'den:

Rasulullah (s.a.v.) nasihat etmek için aramızda doğrulup ayağa kalktı ve: **"Ey insanlar! Sizler yalınayak, çıplak ve sünnetsiz olarak haşr olunacaksınız"** buyurdular ve sonra: **"Biz, göğü kitabın sahifelerini katlar gibi katlayacağımız gün, onu ilk defa yarattığımız gibi, üzerimize bir borç olarak, yeniden yaratarak (eski durumuna) getireceğiz. Bunu da ancak, Biz yaparız."** (21 Enbiya 104) (Ayetini okudular) ve: **"Şunu iyi bilin ki, kıyamet günü ilk giydirilecek olan İbrahim (s.a.v.)'dır. Dikkat edin! Üm-**

*metimden bir takım kimseler getirilip sol tarafa alınırlar. Ben:
Ey Rabbim! Bunlar benim ashabımdır, derim.* Bunun üzerine:
*Sen bunların senden sonra ne bid'atler uydurduklarını bilmezsin, denilir.* Bunun üzerine ben Salih kul (İsa)'nın dediği gibi:
*"Ben, onlara; sadece benim ve sizin Rabbiniz olan Allah'a kulluk edin' diye Senin bana emretmiş olduğundan başka bir şey
söylemedim. Aralarında bulunduğum sürece onların üzerinde
gözetleyici oldum. Fakat Sen beni vefat ettirince onların tek
gözetleyicisi (yalnız) Sen oldun. Doğrusu Sen, her şeyi görüp
durmaktasın. Eğer onlara azap edersen, onlar Senin kullarındır yok eğer onları bağışlarsan, şüphesiz Sen, çok güçlüsün, hüküm (ve hikmet) sahibisin."* (5 Maide 117-118) *ayetini okurum.
Bunun üzerine bana: "Gerçekten onlar, sen onlardan ayrıldığın
andan itibaren geri dönerek dinsizliklerini sürdürdüler." denilir."* buyurdular. (Buhari, Enbiya 8, Müslim, Cennet 58)

◈ **167)** Ebu Said Abdullah b. Muğaffel (r.a.)'den:

Rasulullah (s.a.v.) sapanla taş atmayı yasakladı ve: *"Sapan
taşı avı öldürmez, düşmanı da yaralamaz. Fakat göz çıkarır ve
diş kırar."* buyurdular. (Buhari Edeb 126, Müslim, Sayd 54)

Müslimin başka bir rivayeti: İbnu Muğaffelin yakınlarından
biri sapanla taş atmıştı. İbnu Muğaffel ona sapanla taş atmayı
yasakladı ve: *"Rasulullah (s.a.v.) sapanla taş atmayı yasakladı"* ve:
*"Bununla av avlanılmaz"* buyurdular, dedi. Bu adam bu işi tekrarlayınca İbnu Muğaffel: *"Ben sana Allah Rasülü (s.a.v.)'in bunu
yasakladığını haber veriyorum, sen ise sapanla taş atmaya devam
ediyorsun. (Eğer buna devam edersen) seninle asla konuşmayacağım."* dedi. (Müslim Sayd 56)

◈ **168)** Âbis b. Rabia (r.a.)'dan:

Ben Ömer b. Hattab'ın Hacer'ül-Esved'i öptüğünü gördüm.
Ona: *"Biliyorum ki sen faydadı da zararı da olmayan bir taşsın.
Eğer Rasulullah (s.a.v.)'ın seni öptüğünü görmeseydim ben de öpmezdim."* diyordu. (Buhari Hac 50, Müslim Hac 251)

## 17- ALLAH'IN HÜKMÜNE BOYUN EĞME BÖLÜMÜ

◆ "Hayır! Öyle değil. Rabbine yemin olsun ki onlar, aralarında anlaşmazlığa düştükleri her konuda, senin hakemliğine başvurmadıkça sonra da senin vereceğin karara gönüllerinde bir sıkıntı duymaksızın kesin bir teslimiyetle uymadıkça, gerçekten îman etmiş olmazlar." (4 Nisa 65)

◆ "Aralarında hükmetmesi için, Allah'a ve Rasûlüne çağrıldıkları zaman mü'minler, sadece: "işittik ve itaat ettik." derler. İşte bunlar da gerçekten kurtuluşa erenlerdir." (24 Nur 51)

◆ **169)** Ebu Hureyre (r.a.)'den:

Rasulullah (s.a.v.)'e: *"Göklerde ve yerde her ne varsa şüphesiz hepsi Allah'ındır.* Gönüllerinizde bir şeyi açığa vursanız da saklı tutsanız da Allah sizi onunla mutlaka hesaba çeker sonra da dilediğini bağışlar, dilediğini de cezâlandırır. Şüphesiz Allah'ın gücü her şeye yeter." (2 Bakara 284) ayeti nazil olunca bu durum Rasulullah'ın ashabına ağır geldi. Sahabe Rasulullah (s.a.v.)'in yanına gelip diz çökerek: *"Ey Allah'ın Rasulü! Biz namaz, cihad, oruç ve sadaka gibi gücümüz yeten amellerle sorumlu kılındık ama bize inen bu ayete güç yetiremiyoruz."* dediler. Bunun üzerine Rasulullah (s.a.v.): *"Yoksa siz, sizden önceki iki kitap ehli (Yahudi ve Hristiyanlar) gibi işittik ve isyan ettik demek mi istiyorsunuz? Böyle demeyin, bilakis siz işittik ve itaat ettik. Ey Rabbimiz! Bizim günâhlarımızı bağışla. Çünkü dönüş, Sanadır deyin."* buyurdular.

Sahabiler bunu söyleyip dilleri de buna alışınca Allah peşinden: *"Peygamber, kendisine Rabbi tarafından indirilenlere îman ettiği gibi mü'minler de (îman etti.) Hepsi birlikte, Allah'a, meleklerine, kitaplarına ve biz, O'nun Peygamberlerinden hiçbirisini diğerlerinden ayırmayız (diyerek) Peygamberlerine de îman ettiler. Ve onlar: İşittik ve itaat ettik. Ey Rabbimiz! Bizim günâhlarımızı bağışla. Çünkü dönüş, Sanadır, dediler."* (2 Bakara 285) ayetini indirdi.

Ashab bu ayetin gereğini yapıp bu sözleri söylemeye alışınca Allah önceki ayetin hükmünü kaldırıp: *"-Allah herkesi, ancak gücünün yettiği kadarıyla sorumlu tutar. Herkesin kazandığı (iyilik) kendi lehine olduğu gibi kazandığı (kötülük) de kendi aleyhinedir.- (Ve onlar): Ey Rabbimiz! Eğer unutur ya da yanılırsak bizi hesaba çekme."* Allah: *"evet"* dedi. *"Ey Rabbimiz! Bizden öncekilere yüklediğin gibi bize de ağır yük yükleme."* Allah: *"evet"* dedi. *"Ey Rabbimiz! Bize gücümüzün yetmeyeceği yükü de yükleme."* Allah: *"evet"* dedi. *"Bizi affet, günâhlarımızı bağışla ve bize merhamet et. Çünkü bizim tek efendimiz Sensin. Kâfir toplumlara karşı bize yardım et. (dediler.)"* Allah: *"evet"* dedi. (2 Bakara 286), (Müslim)

# 18- DİNDE BİD'ATLARDAN SAKINMAK BÖLÜMÜ

◈ Artık hak'tan sonrası sapıklık değil de nedir? Bak nasıl da (Hak'tan) çevriliyorsunuz?" (10 Yunus 32)

◈ "Biz, kitapta (levh-i mahfuzda) hiçbir şeyi eksik bırakmadık." (6 Enam 38)

◈ "... ve herhangi bir konuda anlaşmazlığa düştüğünüzde o konunun (çözümünü) Allah'a ve Peygamber'e havâle edin." (4 Nisa 59)

◈ "İşte benim dosdoğru yolum budur, sadece ona uyun. Sizi O'nun yolundan ayıracak başka yollara uymayın." (6 Enam 153)

◈ "(Ey Muhammed!): "Eğer siz, Allah'ı gerçekten seviyorsanız, bana uyun ki Allah da sizi sevsin ve günâhlarınızı bağışlasın." de. (3 Âlu İmran 31)

◈ **170)** Aişe (r.a.)'dan:

Rasulullah (s.a.v.): *"Kim bizim şu dinimizden olmayan bir şeyi ortaya koyarsa, o şey reddedilir."* buyurdular. (Buhari, Sulh 5, Müslim, Akdiye 17)

Müslim'in diğer bir rivayeti: *"Kim bizim dinimizde olmayan bir işi yaparsa o şey reddedilir."* (Müslim, Akdiye 18)

◈ **171)** Cabir (r.a.)'den:

Rasulullah (s.a.v.) hutbe verdiği zaman: *"Sabah veya akşam, üzerinize hücum edilecek"* diyerek ordusunu uyaran komutan gibi gözleri kızarır, sesi yükselir ve hiddeti artardı. (Sonra) şehadet parmağıyla orta parmağını yan yana getirerek: *"Ben Peygamber olarak gönderildim. Kıyametle aramızdaki mesafe şu iki parmak gibi yakındır"* buyurdular ve: *"Şunu bilin ki sözün en hayırlısı Allah'ın kitabıdır. Yolların en hayırlısı Muhammed'in yoludur. İşlerin en kötüsü din adına dinimizden olmayan şeyleri (bid'at) ortaya çıkarmaktır. Her bid'at da sapıklıktır"* diye devam ettiler. Sonra da: *"Ben her Müslüman'a kendi nefsinden daha yakınım. Kim ölürken bir mal bırakırsa, o varislerinindir. Her kim de borç ve yetimler bırakırsa, onlar da bana aittir."* buyurdular. (Müslim, Cuma 43)

◈ **172)** İrbâz b. Sâriye (r.a.)'den:

Rasulullah (s.a.v.) bize kalpleri ürperten, gözleri yaşartan çok tesirli bir konuşma yaptı. Biz: *"Ey Allah'ın Rasulü! Bu, sanki ayrılmak üzere olan birisinin nasihatine benziyor, bizlere tavsiyede bulununuz,"* dedik. Bunun üzerine Rasulullah (s.a.v.): *"Allah'a karşı hata etmekten sakınmanızı, başınıza Habeşli bir köle bile emir tayin edilmiş olsa ona itaat etmenizi tavsiye ederim. Benden sonra içinizde hayatta kalanlar pek çok ihtilaflar göreceklerdir. Bu durumlarda size düşen benim sünnetime ve doğru yolda olan Râşid Halifelerin sünnetine sarılmaktır. Bu sünnetlere sımsıkı sarılın. Sonradan ortaya çıkarılmış bidatlerden sakının. Çünkü her bidat bir sapıklıktır."* buyurdular. (Ebu Davud, Sünnet 5, Tirmizi İlim 16)

## 19- İYİ VEYA KÖTÜ ÇIĞIR AÇANLAR BÖLÜMÜ

◆ (Ve o kullar): "Ey Rabbimiz! Bize eşlerimizden ve çocuklarımızdan gözümüzü aydınlatacak (nesiller) bağışla ve bizi takva sahiplerine öncü kıl!" derler. (25 Furkan 74)

◈ *"....Ve onları, Bizim emrimizle doğru yolu gösteren önderler kıldık."* (21 Enbiya 73)

◈ **173)** Ebu Amr Cerir b. Abdillah (r.a.)'den:
Bir gün sabahleyin Rasulullah (s.a.v.)'in huzurunda bulunuyorduk. Nimar veya Abâ denilen bir kumaşı ortasından delerek başlarına geçirmiş, kılıç kuşanmış, çoğu belki de hepsi Mudar kabilesine mensup yarı çıplak bir topluluk Rasulullah (s.a.v.)'a geldi. Onlarda gördüğü aşırı yoksulluktan dolayı Rasulullah (s.a.v.)'in yüzünün rengi değişti. Bir içeri girdi, bir dışarı çıktı, sonra Bilal'e emretti. O da ezan okuyup kamet getirdi. Namazını kıldırıp cemaate hitaben: *"Ey insanlar! Sizi bir tek nefisten yaratan ve onun eşini de kendi cinsinden yaratıp ikisinden de birçok erkekler ve kadınlar meydana getiren Rabbinize karşı, (hata etmekten) sakının. Ve birbirinizden dilekte bulunurken, adına yemin verdiğiniz Allah'tan ve akrabalık (bağlarını koparmak)tan da sakının. Şüphesiz Allah, sizi (her an) görüp gözetendir."* (4 Nisa 1) ayetini ve sonra da Haşr suresinin sonu olan: *"Ey îman edenler! Allah'a karşı hata etmekten sakının ve herkes yarın için ne hazırladığına baksın. Allah'a karşı hata etmekten (sürekli) sakının. Çünkü Allah, yaptıklarınızı hakkıyla bilmektedir."* (59 Haşr 18) ayetini okudu ve: *"Herkes altınından, gümüşünden, giyiminden, bir ölçek bile olsa buğdayından, hurmasından, hatta yarım hurma bile olsa mutlaka sadaka versin"* buyurdu. Bunun üzerine Ensar'dan bir zat nerdeyse zor kaldırabileceği, belki de kaldıramadığı bir torba mal getirdi. Arkasından herkes birbirini izledi, öyle ki, yiyecek ve giyecekten iki yığın oluştuğunu ve Rasulullah (s.a.v.)'in yüzünün güldüğünü gördüm. Sanki onun yüzü altın gibi parlıyordu. Sonra: *"İslam'da iyi bir çığır açan kimseye, sevabından hiç bir şey eksiltilmeden açtığı o çığırın ve o yolda gidenlerin sevabı verilir. "İslam'da kötü bir çığır açan kimseye, günahından hiç bir şey eksiltilmeden açtığı o çığırın ve o yolda gidenlerin günahı verilir."* (Müslim, zekât 69)

◈ **174)** İbnu Mesud (r.a.)'den: Rasulullah (s.a.v.): *"Haksız yere öldürülen herkesin kanında Âdem'in ilk oğlunun günah payı* *vardır. Çünkü adam öldürme çığırını ilk açan o idi."* (Buhari, Cenaiz 33, Müslim, Kasame 27)

## 20- İYİLİKLERE ÖNCÜLÜK ETME VE DOĞRU VEYA SAPIKLIĞA ÇAĞIRMA BÖLÜMÜ

❖ *"...Sen, sadece Rabbine davet et..."* (28 Kasas 87)

❖ *"(İnsanları) Rabbinin yoluna Kur'an'la ve güzel öğütle çağır..."* (16 Nahl 125)

❖ *"...Birbirinizle iyilik ve takva konusunda yardımlaşın..."* (5 Maide 2)

❖ *"Sizden (Müslümanları sürekli) İslam'a çağıran, iyiliği emredip kötülükten sakındıran, nitelikli bir topluluk bulunsun..."* (3 Alu İmran 104)

◈ **175)** Bedire katılan, Ensar'dan Ebu Mesud Ukbe b. Amr (r.a.)'den:

Rasulullah (s.a.v.): *"Kim bir hayra ve kılavuzluk ederse ona hayrı işleyenin sevabı kadar sevap vardır."* buyurdular. (Müslim, İmare 133)

◈ **176)** Ebu Hüreyre (r.a.)'den:

Rasulullah (s.a.v.): *"İnsanları doğruluğa çağıran kimseye o yola uyanların sevabı gibi sevap verilir. O yola uyanların sevaplarından da hiçbir şey eksilmez. İnsanları sapıklığa çağıran kimseye o yola uyanların günahı gibi günah verilir. O yola uyanların günahlarından da hiçbir şey eksilmez."* buyurdular. (Müslim, İlim 16)

◈ **177)** Eb'ul-Abbas Sehl b. Sa'd es-Saidî (r.a.)'den:

Hayber savaşı gününde Rasulullah (s.a.v.): *"Bu sancağı yarın Allah'ın, onun eliyle Hayber'i fethedeceği, Allah'ı ve Rasulünü seven ve Allah ve Rasulünün de kendisini sevdiği bir kimseye vereceğim"* buyurdular. Bunun üzerine insanlar geceyi, sancağın içlerinden kime verileceğini konuşarak geçirdiler. Sabah olunca sahabeler sancağın kendisine verileceği ümidi ile Rasulullah (s.a.v.)'in huzuruna koştular. Rasulullah (s.a.v.): *"Ali b. Ebi Talib nerede?"* diye sordu. Sahabeler: *"Ey Allah'ın Rasulü! O gözlerinden rahatsız,"* dediler. Bunun üzerine Peygamber (s.a.v.): *"Onu çağırın"* buyurdular. Ali getirildi. Rasulullah (s.a.v.) onun gözlerine tükürdü ve kendisine dua etti. Sonunda hastalığı iyileşti hatta sanki hiç ağrı görmemiş gibi oldu. Rasulullah (s.a.v.) sancağı ona verdi. Ali (r.a.): *"Ey Allah'ın Rasulü! Onlar da bizim gibi oluna kadar mı savaşacağım?"* dedi. Bunun üzerine Rasulullah (s.a.v.): *"Yavaş ve sakin olarak onların yanına var, onları İslam'a çağır. Allah'ın uymaları için emrettiği yükümlülükleri kendilerine bildir. Allah'a yemin ederim Allah'ın senin vasıtanla bir kimseye hidayet vermesi senin için kırmızı develere sahip olmaktan daha hayırlıdır"* buyurdular. (Buhari, Fezail'üs-Sahabe 9, Müslim, Fezail'üs-Sahabe 34)

◆ **178)** Enes (r.a.)'den:

Eslem kabilesinden bir delikanlı: *"Ey Allah'ın Rasulü, ben savaşa katılmak istiyorum. Fakat yanımda savaş için gerekli teçhizatım yok."* dedi. Peygamber (s.a.v.): *"Savaşa gitmek üzere hazırlandığı halde hastalanan falan kişiye git."* buyurdu. Delikanlı o kişiye gitti ve: *"Rasulullah (s.a.v.)'in sana selamı var. Harp için hazırladıklarını bana vermeni söylüyor."* dedi. Bunun üzerine o adam hanımına: *"Hanım! Harp için hazırladığım malzemelerin tamamını bu gence ver. Allah'a yemin olsun ki, eğer onlardan hiçbir şey alıkoymazsan Allah'ın bereketine nâil olursun."* dedi. (Müslim, İmara 134)

## 21- İYİLİK VE HAYIRLARDA YARDIMLAŞMA BÖLÜMÜ

◆ *"...Birbirinizle iyilik ve takva konusunda yardımlaşın..."* (5 Maide 2)

◆ "Şu asra yemin olsun ki, tüm insanlar, kesinlikle büyük bir ziyan içerisindedir. Ancak, (Allah'ın istediği gibi) îman edip, (inandığı) iyi işleri yaşayanlar, birbirlerine hakkı tavsiye edenler ve birbirlerine sabrı tavsiye edenler, bunun dışındadır." (103 Asr 1-3)

◈ **179)** Ebu Abdurrahman Zeyd b. Halid el-Cühenî (r.a.)'den:

Rasulullah (s.a.v.): *"Kim Allah yolunda savaşacak bir gaziyi gerekli teçhizatla donatırsa gerçekten savaşa gitmiş gibi olur. Kim de bir gazinin arkada bıraktığı ailesinin ihtiyaçlarını karşılarsa gerçekten savaşa gitmiş gibi olur."* buyurdular. (Buhari, Cihad 38, Müslim, İmare 135)

◈ **180)** Ebu Said el Hudri (r.a.)'den:

Rasulullah (s.a.v.), Hüzeyl Kabilesinden Lihyan oğulları üzerine bir ordu gönderdi ve: *"Her iki erkekten biri savaşa gitsin, kazanılacak sevap ikisi arasında ortaktır."* buyurdular. (Müslim, İmare 137)

◈ **181)** İbnu Abbas (r.a.)'den:

Rasulullah (s.a.v.) Medine civarındaki Ravha mevkiinde bir deve kervanına rastladı ve: *"Siz kimsiniz?"* diye sordu. Onlar: *"Biz Müslümanlarız, ya sen kimsin?"* diye sordular. Peygamber (s.a.v.): *"Ben Allah'ın Rasulüyüm"* dedi. İçlerinden bir kadın küçük bir çocuğu kaldırarak: *"Bu çocuğun haccı olur mu?"* diye sordu. Rasulullah (s.a.v.)'de: *"Evet senin için de sevap vardır"* buyurdular. (Müslim, Hacc 409)

◈ **182)** Ebu Musa el-Eş'ari (r.a.)'den:

Rasulullah (s.a.v.): *"Kendisine güvenilen ve harcamaya yetkisi verilen Müslüman bir görevli, harcaması emredilen şeyleri gönül hoşluğu ile tam olarak emr olunan kimseye verirse, (sevap bakımından) sadaka veren iki kişiden biridir."* buyurdular. (Müslim)

## 22- NASİHAT BÖLÜMÜ

◈ "Ancak mü'minler, kardeştirler." (49 Hucurat 10)

◈ "Allah Nuh (a.s.)'dan haber vererek şöyle buyuruyor: "...Ben Rabbimin gönderdiği (gerçekleri) size duyuruyor, öğüt veriyorum." (7 Araf 62)

◈ "...Ben, sizin için güvenilir bir öğüt vericiyim." (7 Araf 68)

◈ **183)** Ebu Rukayye Temim b. Evs ed-Dârî (r.a.)'den: Peygamber (s.a.v.): *"Din nasihattir"*, buyurdular. Biz de: *"Kimin için?"* dedik. Peygamber (s.a.v.)'de: *"Allah için, kitabı için, Rasulü için, Mü'minlerin yöneticileri ve tüm Müslümanlar içindir,"* buyurdular. (Müslim, İman 95)

◈ **184)** Cerir b. Abdillah (r.a.)'den:

*"Rasulullah (s.a.v.)'e namazı kılacağıma, zekâtı vereceğime ve tüm Müslümanlara nasihatte bulunacağıma dair bey'at ettim."* dedi. (Buhari, İman, 42, Müslim, iman 97)

◈ **185)** Enes (r.a.)'den:

Peygamber (s.a.v.): *"Sizden biriniz kendisi için arzu ettiğini din kardeşi için de istemedikçe iman etmiş olmaz."* buyurdular. (Buhari, İman, 7, Müslim, İman 71)

## 23- İYİLİĞİ EMRETME, KÖTÜLÜĞÜ YASAKLAMA BÖLÜMÜ

◈ "Sizden (Müslümanları sürekli) İslam'a çağıran, iyiliği emredip kötülükten sakındıran, nitelikli bir topluluk bulunsun. İşte onlar, kurtuluşa erenlerin ta kendileridir." (3 Alu İmran 104)

◈ "Siz, insanlar(ın iyiliği) için ortaya çıkarılan, onlara iyiliği emredip, kötülükten sakındıran en hayırlı ümmetsiniz." (3 Alu İmran 110)

◈ "Sen, yine de affa sarıl, iyiliği emret ve cahillerden uzak dur." (7 Araf 199)

◈ "Erkek ve kadın bütün mü'minler, sadece birbirlerinin dostları (ve velileri)dirler. Onlar; birbirlerine iyiliği emreder, kötülükten sakındırırlar." (9 tevbe 71)

◈ "İsrâil Oğullarından kâfir olanlar, Davud'un ve Meryem'in oğlu İsa'nın diliyle lânetlenmişlerdir. Bu, onların (Allah'a) isyan etmeleri ve haddi aşmaları sebebiyledir. Onlar, yaptıkları kötülüklerden dolayı birbirlerini vazgeçirmeye de çalışmadılar. Onların bu yaptıkları şeyler, ne kadar da kötüdür!" (5 Maide 78-79)

◈ "Ve: Mutlak doğru (olan bu Kur'an) Rabbinizdendir. Artık dileyen (ona) îman etsin, dileyen (de onu) inkâr etsin. de..." (18 Kehf 29)

◈ "Sen emrolunduğun şeyi açıkça ilan et..." (15 Hıcr 94)

◈ "...O (insanları) kötülükten sakındıranları kurtardık, o zâlimleri de yoldan çıkmaları sebebiyle şiddetli bir azapla helâk ettik." (7 Araf 165)

◈ **186)** Ebu Said el-Hudri (r.a.)'den:

Rasulullah (s.a.v.)'i: *"Sizden her kim bir kötülük görürse onu eliyle değiştirsin. Eğer gücü yetmezse diliyle değiştirsin, ona da gücü yetmezse kalbiyle ona (buğz etsin) ki bu da imanın en zayıf derecesidir."* diye buyururken işittim, dedi. (Müslim, İman 78)

◈ **187)** İbnu Mes'ud (r.a.)'den:

Rasulullah (s.a.v.): *"Benden önceki ümmetlere Allah tarafından gönderilen tüm Peygamberlerin, kendi ümmetinden havarileri, sünnetine uyan ve emrine sarılan arkadaşları vardı. Sonra bunların yerlerine yapmadıklarını söyleyen ve emrolunmadıklarını yapan kimseler geçti. Böyle kimselerle eliyle cihad eden mü'mindir, diliyle cihad eden mü'mindir, kalbiyle cihad eden de mü'mindir. Bu kadarını yapmayanda ise hardal tanesi kadar iman yoktur."* buyurdular. (Müslim, iman 80)

◈ **188)** Eb'ul-Velid Ubade b. Sâmit (r.a.)'den:

-*"Biz zorlukta ve kolaylıkta, sevinçli ve kederli anlarda, başkalarının bize tercih edildiği zamanlarda bile söz dinleyip itaat et-*

meye, Allah'tan gelen kesin delillere göre açık küfür sayılan bir şey görmedikçe iş başındakilerin işlerine karışmamaya, nerede olursak olalım hakkı söylemeye, Allah yolunda hiçbir kınayanın kınamasından korkmayacağımıza dair Rasulullah (s.a.v.) bey'at ettik." dedi. (Buhari Ahkâm 42, Müslim, İman 41)

◈ **189)** Numan b. Beşir (r.a.)'den:

Peygamber (s.a.v.): *"Allah'ın çizdiği sınırları koruyanlarla, bu sınırları çiğneyenlerin durumu; bir gemideki yerlerini belirlemek için kura çekip bir kısmı geminin alt katına bir kısmı da üst katına yerleşen, alt kattakilerin su almak istediklerinde: 'hissemize düşen alt kattan bir delik açsak da üst katımızda oturanlara su almak için eziyet etmesek' diyenlerin durumu gibidir. Eğer üsttekiler alttakilerin bu isteklerini yerine getirmeleri için onları serbest bırakırlarsa hepsi birlikte helak olurlar. Eğer buna engel olurlarsa hem kendileri kurtulur hem de onları kurtarmış olurlar."* buyurdular. (Buhari, Şirket 6)

◈ **190)** Mü'minlerin annesi Ümmü Seleme Hind binti Ebu Ümeyye (r.a.)'dan:

Peygamber (s.a.v.): *"Gerçek şu ki sizin başınıza bir takım idareciler getirilecek ki siz onların (dine uygun olan işlerini) takdir eder, (uygun olmayanlarını ise) reddedersiniz. Kim bunları kötü görürse günahtan korunmuş olur. Kim de reddederse kurtulur. Fakat kim de bunlara razı olup onlara uyarsa (günahkâr olur.)"* Ashab: *"Ey Allah'ın Rasulü! Onlarla savaşmayalım mı?"* deyince Rasulullah (s.a.v.): *"Aranızda namaz kıldıkları sürece hayır"* buyurdular. (Müslim, İmare 63)

◈ **191)** Mü'minlerin annesi Zeyneb binti Cahş (r.a.)'den:

Allah'ın Rasulü (s.a.v.) telaşla onun yanına girdi ve: *"Allah'tan başka ilah yoktur. Yaklaşan şerden dolayı vay Arabın haline. Bugün Ye'cüc ve Me'cüc seddinden şu kadar yer açıldı"*, buyurdular ve başparmağı ile şehadet parmağını birleştirerek halka yaptılar. Bunun üzerine ben: *"Ey Allah'ın Rasulü! İçimizde iyiler olduğu halde biz de helak olu muyuz?"* dedim. Rasulullah (s.a.v.)'de: *"Kötülükler çoğalırsa evet"* buyurdular. (Buhari, Fiten 4, Müslim, Fiten 1)

◈ 192) Ebu Said el-Hudri (r.a.)'den: Peygamber (s.a.v.): *"Yollar üzerinde oturmaktan sakının"*, buyurdular. Sahabiler: *"Ey Allah'ın Rasulü! Bizim yollarda oturmaktan vazgeçmemiz mümkün değil, çünkü biz (işlerimizi) oralarda konuşuyoruz"*, dediler. Rasulullah (s.a.v.): *"Oturmaktan vazgeçemiyorsanız, bari yolun hakkını verin"*, buyurdular. Bunun üzerine: *"Yolun hakkı nedir Ey Allah'ın Rasulü!"* diye sorunca; Peygamber (s.a.v.): *"Haram şeylere bakmamak, gelip-geçenlere eziyet vermemek, selamı almak, iyi şeyleri emredip kötülüklerden sakındırmaktır"* buyurdular. (Buhari, Mezalim 22, Müslim, Libas 114)

◈ 193) İbnu Abbas (r.a.)'den: Rasulullah (s.a.v.) bir adamın elinde altın bir yüzük görüp parmağından çıkarıp attı ve: *"Sizden biriniz ateşten bir kor alıp onu elinin (parmağına) geçirmek mi istiyor?"* buyurdular. Rasulullah (s.a.v.) gittikten sonra o adama: *"Yere atılan yüzüğünü al onunla (başka bir şekilde) faydalan"* denildi. Adam: *"Peygamber (s.a.v.) onu alıp attıktan sonra ben onu asla almayacağım,"* dedi. (Müslim, Libas 52)

◈ 194) Ebu Said Hasan el-Basri (r.a.)'den:

Aiz b. Amr (r.a.), Ubeydullah b. Ziyad'ın yanına girdi ve: *"Oğlum! Ben Rasulullah (s.a.v.)'in: 'İdarecilerin en kötüsü (idaresi altındakilere) sert davranandır',* buyurduğunu işittim, sakın sen onlardan olma"* dedi. O da: *"Otur yerine! Sen Muhammed (s.a.v.)'in ashabının elek üstünde kalan döküntülerindensin"* dedi. Aiz b. Amr ise: *"Onların içinde elek üstünde kalan kepek gibi döküntüler var mıydı ki, kepek gibi değersizler onlardan sonra ve onların dışındakilerinin arasından çıktı,"* dedi. (Müslim, İmare 23)

◈ **195)** Huzeyfe (r.a.)'den:

Peygamber (s.a.v.): **"Canımı kudret elinde tutan Allah'a yemin ederim ki; ya iyiliği emreder, kötülüğü yasaklarsınız ya da Allah size en kısa zamanda üzerinize bir bela gönderir. Sonra Allah'a dua edersiniz de duanız kabul edilmez."** buyurdular. (Tirmizi, Fiten 9)

◈ **196)** Ebu Said el-Hudri (r.a.)'den:

Peygamber (s.a.v.): **"Cihadın en faziletlisi zalim idarecinin karşısında adaletli sözü söylemektir."** buyurdular. (Ebu Davud; Melahim 17)

◈ **197)** Ebu Abdullah tarık b. Şihab el-Beceli el-Ahmesi (r.a.)'den:

Peygamber (s.a.v.) ayağını bineğin üzengisine koymuş vaziyette iken bir adam: "Hangi cihad daha üstündür?" diye sordu. Peygamber (s.a.v.): **"Zalim idarecinin karşısında hak sözü söylemektir."** buyurdular. (Nesei, Beyat 37)

◈ **198)** İbnu Mes'ud (r.a.)'den:

Rasulullah (s.a.v.): **"İsrail Oğullarının dindeki ilk bozuklukları şöyle başlamıştır; birisi başka birine rastlar ve: 'Behey adam! Allah'tan kork ve yapmakta olduğun şeyi bırak, zira o işi yapmak sana helal değildir', derdi. Ertesi gün aynı işi yaparken tekrar o adamla karşılaşır ve onunla yiyip içmekten ve düşüp-kalkmaktan çekinmezdi. Onlar böyle yapınca Allah da, onların kalplerini birbirine benzetti"** buyurdular ve sonra: **"İsrail Oğullarından kâfir olanlar, Davud'un ve Meryem'in oğlu İsa'nın diliyle lânetlenmişlerdir. Bu, onların (Allah'a) isyan etmeleri ve haddi aşmaları sebebiyledir. Onlar, yaptıkları kötülüklerden dolayı birbirlerini vazgeçirmeye de çalışmadılar. Onların bu yaptıkları şeyler, ne kadar da kötüdür! Sen, onlardan birçoğunun kâfirleri dost edindiklerini görürsün. Onların, kendilerini Allah'ın gazabına uğratan ve sürekli olarak azapta bırakan kazançları, ne kadar da kötüdür. Eğer o (kendilerine kitap verilenler,) Allah'a, Peygambere ve ona indirilen**

*(Kur'ân'a) inanmış olsalardı, o (kâfirleri) dost edinmezlerdi. Fakat onların birçoğu, yoldan çıkmış kimselerdir."* ayetini okudular. (5 Maide 78-81) Sonra Peygamber (s.a.v.): *"Sakın böyle yapmayın! Allah'a yemin ederim ki ya iyiliği emreder, kötülüğü yasaklarsınız, zalimin elini tutup, onu tam olarak hakka döndürürsünüz, ya da Allah kalplerinizi birbirine benzetir de İsrail Oğullarına lanet ettiği gibi size de lanet eder."* buyurdular. (Ebu Davud, Melahim 17)

Tirmizi'nin rivayeti şöyledir: Rasulullah (s.a.v.), *"İsrail Oğulları günahlara daldıklarında âlimleri onları sakındırdılarsa da onlar günahlara devam ettiler. Âlimleri ise onlarla birlikte oturdular, beraberce yediler-içtiler. Bunun üzerine Allah'ta onların kalplerini birbirine benzetti de Davut ve Meryem oğlu İsa'nın diliyle onlara lanet etti. Bu, onların (Allah'a) isyan etmeleri ve haddi aşmaları sebebiyledir."* Rasulullah (s.a.v.) dayandığı yerden yere oturdu ve: *"Sakın böyle yapmayın! Allah'a yemin ederim ki siz onları tam olarak hakka döndürmedikçe* bu lanetleme devam eder." buyurdular. (Tirmizi, tefsiru sure-i Maide 6)

◈  **199)** Ebu Bekir es-Sıddık (r.a.):

*"Ey insanlar siz, 'Ey îman edenler! Siz, (öncelikle) kendinizi düzeltin. Siz dosdoğru yolda olduğunuz sürece, yoldan çıkanlar size asla zarar veremezler. (Sonunda) hepiniz (Allah)'a döndürüleceksiniz. O da yaptıklarınızı size, tek tek haber verecektir.'* (5 Maide 105) ayetini okuyorsunuz. Ben Rasulullah (s.a.v.)'i: *'Şüphesiz ki insanlar zalimi görüp de onun zulmüne engel olmazlarsa, Allah'ın bu sebeple gelecek cezayı tüm insanlara yayması pek yakındır.'* buyururlarken işittim." dedi. (Ebu Davud, Melahim 17, tirmizi, Fiten 8)

## 24- İYİLİĞİ EMREDİP KÖTÜLÜKTEN SAKINDIRDIĞI HALDE SÖZÜ İLE İŞİ BİRBİRİNE BENZEMEYENİN CEZASININ ŞİDDETİ BÖLÜMÜ

◈ "Bir de siz, kitabı(nız olan Tevrat'ı) okuduğunuz halde; bir yandan insanlara iyiliği emredip, öte yandan kendinizi unutuyor musunuz? Siz, bunu hâlâ anlamayacak mısınız?" (2 Bakara 44)

◈ "Ey îman edenler! Yapmayacağınız şeyi niçin söylüyorsunuz? Yapmayacağınız şeyi söylemeniz, Allah katında en sevilmeyen bir şeydir." (61 Saff 2-3)

◈ "Şuayp (a.s.): "Aslında ben, (Allah'ın) emriyle size yasakladığım şeyleri, kendim de yapmak istemiyorum." dedi. (11 Hud 88)

◈ **200)** Ebu Zeyd Üsame b. Zeyd b. Harise (r.a.)'den:

Rasulullah (s.a.v.): *"Kıyamet günü bir kimse getirilip cehenneme atılır. Bağırsakları karnından dışarı fırlar ve o haliyle merkebin değirmen çevirirken döndüğü gibi döner durur. Cehennemlikler onun yanında toplanırlar ve: 'Ey falan! Sana ne oldu? Sen dünyada iyiliği emredip kötülükten sakındıran kimse değimli idin? derler. O kişi de: 'Evet iyiliği emrederdim de kendim yapmazdım, kötülüklerden sakındırırdım da kendim onu yapardım"* diye buyururlarken işittim. (Buhari, Bed'ül Halk 10, Müslim, Zühd 51)

## 25- EMANETİ YERİNE GETİRMEYİ EMİR BÖLÜMÜ

◈ "Allah size, emanetleri ehline vermenizi emrediyor..." (4 Nisa 58)

◈ "Gerçekten Biz, emaneti göklere, yere ve dağlara sunduk da onlar, bunu yüklenmekten kaçınıp, ondan korktular. Fakat o (emaneti sadece) insan yüklendi. (Buna rağmen) o (insan cinsi,) çok zâlim, çok cahildir." (33 Ahzab 72)

◈ **201)** Ebu Hüreyre (r.a.)'den:

Rasulullah (s.a.v.): *"Münafığın alameti üçtür: Konuştuğunda yalan söyler, söz verince sözünde durmaz, kendisine bir şey emanet edildiğinde ihanet eder.''* buyurdular. (Buhari, İman 24, Müslim, İman 107)

Diğer bir rivayette: *"Oruç tutsa, namaz kılsa ve kendinin Müslüman olduğunu zannetse bile''* buyurulmuştur. (Müslim, İman 109)

◈ **202)** Huzeyfe b. El-Yeman (r.a.)'dan:

Rasulullah (s.a.v.) bize iki (olayı) haber verdi. Bunlardan birini gördüm diğerini de bekliyorum. Rasulullah (s.a.v.): *"Emanet insanların kalplerinin derinliklerine (fıtrat olarak) inip-yerleşti. Sonra Kur'an indi, insanlar emaneti Kur'an'dan ve sünnetten öğrendiler.''* buyurdular. Sonra Rasulullah (s.a.v.) emanetin kalkacağı ile ilgili olarak: *"İnsan bir kere uyur ve kalbinden emanet çekilip alınır ve ondan yanık izi gibi bir iz kalır, sonra yine uyur ve kalbinden emanet çekilip alınır ve geriye ayak üzerinde yuvarlanan kordan meydana gelen kabarcık gibi bir iz kalır. Bu iz de şişkin olarak görülür ama içi boştur.''* buyurdular.

Sonra Rasulullah (s.a.v.) eline çakıl taşı alıp onları ayağında yuvarladı ve: *"Sonra insanlar o hale gelirler ki alışveriş yaparlar fakat hiçbirinin emaneti yerine getirme niyeti yoktur. Hatta filan oğulları arasında güvenilir bir adam varmış yine bir başka kimse hakkında da, ne kadar cesur! Ne efendi! Ne akıllı! İnsan denilir de onun kalbinde hardal tanesi kadar bile iman yoktur.''* buyurdular.

Hadisi rivayet eden Huzeyfe: *"Ben bir zamanlar kiminle alış-veriş edeyim diye hiç düşünmezdim. Çünkü alış-veriş ettiğim Müslümansa dini onu benim hakkımı ödemeye sevk ederdi. Eğer Hristiyan ve Yahudi ise onların valisi onu benim hakkımı vermeye sevk ederdi. Bugün ise falan ve falan kimselerden başkasıyla alışveriş edemez oldum.''* dedi. (Buhari, Rikak 35, Müslim, İman 230)

◈ **203)** Huzeyfe ve Ebu Hüreyre (r.a.)'den:

Rasulullah (s.a.v.): *"Şanı yüce Allah kıyamet günü tüm insanları bir araya toplar. Mü'minler (kabirlerinden) kalkarlar ve cennet kendilerine yaklaştırılır. Âdem (a.s.)'e gelirler ve:*

*Ey babamız! Bizim için cennetin açılmasını iste, derler. Âdem (a.s.): Sizi cennetten çıkaran, babanızın hatasından başka bir şey değil midir? Ben bu işin ehli değilim. Siz Allah'ın dostu olan oğlum İbrahim'e gidin, der. İbrahim (a.s.)'a giderler. İbrahim (a.s.) da ben bu işin ehli değilim, ben Allah'la geriden geriye bir dost idim. Siz Allah'ın kendisiyle vasıtasız olarak konuştuğu Musa'ya gidin, der. Sonra Musa (a.s.)'a giderler. Musa'da: Ben bu işin ehli değilim. Siz Allah'ın ruhu ve kelimesi olan İsa'ya gidin, der. İsa (a.s.) da: Ben bu işin ehli değilim, der. Sonunda Muhammed (s.a.v.)'e gelirler. O ayağa kalkar ve kendisine bu konu da izin verilir. Nihayet emanet ve sıla-i rahim (akrabalık bağı) gönderilir. Bunlar, Sırat Köprüsünün sağında ve solunda dururlar. Sonra sizin ilk grubunuz sırattan şimşek gibi geçer."* buyurdular.

Ben: *"Anam babam sana feda olsun şimşek gibi geçmek ne demektir?"* dedim. Rasulullah (s.a.v.): *"Şimşeğin göz açıp-kapayıncaya kadar gelip-gittiğini görmediniz mi? Sonrakiler rüzgâr gibi, daha sonrakiler kuşlar, daha da sonrakiler koşucular, gibi geçerler. Onları böyle süratli geçiren amelleridir. Peygamberiniz de sırat üzerinde durup Rabbim selamete çıkar, Rabbim selamete çıkar diye dua eder. Sonunda kulların amelleri onları sırattan geçiremez olur. Nihayet bazı adamlar da yürümeye güçleri yetmediği için emekleyerek gelirler. Sıratın iki tarafında ise emredildikleri kimseleri yakalamak üzere, takılmış çengeller vardır. Bundan dolayı kimileri yaralanmış vaziyette kurtulur kimileri de cehenneme yuvarlanır."* buyurdular. Ebu Hüreyre'nin nefsi kudret elinde olan Allah'a yemin ederim ki cehennemin dibi yetmiş yıllık mesafe kadardır. (Müslim, İman 329)

◈ **204)** Ebu Hubeyb Abdullah b. Zübeyr (r.a.)'den:

Babam Zübeyr Cemel vakası günü savaş için durunca beni çağırdı, ben de yanına gidip durdum. Bana: *"Ey oğulcuğum! Bugün öldürülenler ya zalim veya mazlumdur. Bugün ben mazlum olarak öldürüleceğimi zannediyorum. En büyük düşüncem de borçlarımdır. Borçlarımızın malımızdan geriye bir şey bırakacak mı? Ne dersin?"* dedi ve: *"Ey oğulcuğum! Malımızı sat ve borcumu öde."* diye devam etti.

Malının üçte birini vasiyet etti, bunun da üçte birini (yani üçte birin üçte birini onun çocuklarına yani Abdullah b. Zübeyr'in çocukları olan torunlarına vasiyet etti ve: *"Borçlar ödendikten sonra malımızdan bir şey kalırsa üçte biri senin oğullarına aittir"* dedi.

Hişam: Abdullah'ın çocukları Zübeyr'in Hubeyb ve Abbad gibi bazı çocuklarının yaşıtı idiler. O gün için onun dokuz oğlu ile dokuz kızı bulunuyordu. Abdullah b. Zübeyr: Babam borcunu bana vasiyet ediyor ve *"Ey oğulcuğum! Şayet borcumdan bir kısmını ödemekten aciz kalırsan Mevla'mdan yardım dile"* diyordu. Allaha yemin olsun ki ben onun ne demek istediğini tam anlayamadım ve: *"Ey Babacığım! Mevla'n kim?"* dedim. O da: *"Mevla'm Allah'tır"* dedi. Allah'a yemin ederim ki onun borcunu ödemede her sıkıntıya düştükçe: *"Ey Zübeyr'in Mevla'sı! Onun borcunu öde"* diye dua ederdim de o da öderdi.

Abdullah b. Zübeyr: *"Zübeyr öldürüldü. Gâbe denilen yerde bir miktar arazi, Medine'de on bir ev, Basra'da iki ev, Kufe ve Mısır'da da birer evin dışında altın ve gümüş bırakmadı."* dedi.

Abdullah b. Zübeyr: Babamın borçları şu suretle meydana gelmişti. Bir kimse ona bir şey emanet bırakmak istediğinde Zübeyr ona: *"Hayır, emanet olarak değil borç olarak bırak, ben onun kaybolmasından korkarım"* derdi. O hayatı boyunca valilik, haraç toplama memurluğu ve başka bir idari görevde asla bulunmadı, sadece Rasulullah (s.a.v.)'le veya Ebu Bekir, Ömer ve Osman (r.a.) ile birlikte cihada iştirak etti. Babamın üzerindeki borçları hesapladım ve iki milyon iki yüz bin olarak buldum.

Hakîm b. Hizam, Abdullah b. Zübeyr ile karşılaşınca ona: *"Ey kardeşimin oğlu! kardeşimin borcu ne kadardır,"* diye sordu. Ben, tamamını söylemeyip *"yüz bin"* dedim. Bunun üzerine Hakîm: *"Vallahi malınızın buna yeteceğini sanmıyorum"* dedi. Ben: *"Eğer iki milyon iki yüz bin dinar ise ne dersin?"* dedim. O: *"Buna gücünüzün yeteceğini sanmıyorum, eğer sıkıntıya düşerseniz benden yardım isteyin"* dedi.

Hadisn Ravisi: Zübeyr, Gâbe deki araziyi yüz yetmiş bine satın almıştı. Abdullah b. Zübeyr orayı bir milyon altı yüz bine sattı ve: *"Kimin Zübeyr'de alacağı varsa Gâbe'de bize gelsin"* diye ilan etti. Zübeyr'de dört yüz bin alacağı olan Abdullah b. Cafer geldi ve: *"İsterseniz bu borcu size bağışlayayım"* dedi. Abdullah b. Zübeyr de: *"Hayır!"* dedi. Bunun üzerine Abdullah b. Cafer: *"Şayet borcunuzdan bir bölümünü ertelemek isterseniz benimkini erteleyebilirsiniz."* dedi.

Abdullah b. Zübeyr: *"Hayır!"* deyince, Abdullah b. Cafer: *"O halde bana araziden bir parça verin"* dedi. Abdullah b. Zübeyr de: *"Şuradan şuraya kadar senin olsun"* dedi. Abdullah araziden bir bölümünü daha sattı ve Babası Zübeyr'in kalan borçlarını ödeyip bitirdi. Araziden dört buçuk hisse de arttı. Abdullah b. Zübeyr Muaviye'ye gitti. Yanında Amr b. Osman, Münzir b. Zübeyr ve ibnu Zem'a'da vardı. Muaviye, Abdullah b. Zübeyre:*"Gâbe'ye ne kadar değer biçildi"* diye sordu. Abdullah: *"Her hisse için yüz bin"* dedi. Muaviye: *"Bunlardan ne kadarı kaldı?"* dedi. Abdullah:*"Dört buçuk hisse"* dedi. Bunun üzerine Münzir b. Zübeyr: *"Ben ondan bir hisseyi yüz bine aldım"* dedi. Amr b. Osman da: *"Ben de ondan bir hisseyi yüz bine aldım"* dedi. İbnu Zem'a da: *"Ben de ondan bir hisseyi yüz bine aldım"* dedi. Muaviye: *"Geriye ne kaldı?"* diye sordu. Abdullah b. Zübeyr: *"Bir buçuk hisse"* dedi. Muaviye: *"Kalan bir buçuk hisseyi de ben yüz elli bine aldım"* dedi. Abdullah b. Cafer, Muaviye'ye Gâbe'deki hissesini altı yüz bine sattı.

Abdullah b. Zübeyr babasının borçlarını ödeyip bitirince Zübeyr'in varisleri: *"Mirasımızı aramızda taksim et"* dediler. Abdullah: *"Allah'a yemin ederim ki dört sene süreyle hac mevsiminde, kimin Zübeyr'de alacağı varsa bize gelsin ödeyelim diye ilan etmedikçe, Zübeyr'in mirasını paylaştırmayacağım"* dedi. Dört sene geçince mirası taksim etti ve Zübeyr'in vasiyeti olan üçte biri de yerine verdi. Zübeyr'in dört karısı vardı, onlardan her birine bir milyon iki yüz bin dinar hisse düştü. Buna göre Zübeyr'in tüm serveti elli milyon iki yüz bin dinara varmaktaydı. (Buhari, Fedail'ül-Humus 13)

## 26- HAKSIZLIĞIN HARAM OLUŞU VE HAKSIZLIĞIN İADE EDİLMESİ BÖLÜMÜ

◈ "...(O gün,) zâlimlerin koruyucusu da sözü dinlenecek bir şefâatçisi de olmayacaktır." (40 Mü'min 18)

◈ "...Zâlimler için hiç bir yardımcı yoktur." (22 Hacc 71)

◈ **205)** Cabir (r.a.)'den:

Rasulullah (s.a.v.): *"Zulümden şakının. Çünkü zulüm kıyamet gününde karanlıklardır. Cimrilikten de sakının, çünkü cimrilik sizden öncekileri helak etmiş, onları birbirlerinin kanlarını dökmeye, haramlarını helal saymaya yöneltmiştir."* buyurdular. (Müslim; Bir 56)

◈ **206)** Ebu Hüreyre (r.a.)'den:

Rasulullah (s.a.v.): *"Kıyamet günü haklar, sahiplerine mutlaka verilecektir. Hatta boynuzsuz koyunun hakkı boynuzlu koyundan alınacaktır."* buyurdular. (Müslim, Birr 60)

◈ **207)** İbni Ömer (r.a.)'den:

Peygamber (s.a.v.) aramızda iken bizler veda haccından bahsediyor, fakat veda haccının (mahiyetini) bilmiyorduk. Nihayet Peygamber (s.a.v.) Allah'a hamd ü senada bulundu, sonra da Mesih Deccal'dan uzun uzadıya bahsetti ve: *"Allah'ın, gönderdiği tüm Peygamberler ümmetlerini deccal konusunda uyardılar, Nuh ve ondan sonra gelenler de ümmetlerini deccal konusunda uyardılar. Şüphesiz ki o sizin aranızdan çıkarsa onun hali size gizli kalmaz. Zira Rabbinizin kör olmadığı size gizli değildir. Deccalin ise sağ gözü kördür. Onun gözü sanki salkımdan dışarıya çıkmış üzüm tanesi gibidir. Dikkat ediniz! Allah, kanlarınızı, mallarınızı birbirinize şu gününüz, şu şehriniz ve şu ayınız gibi haram kılmıştır. Dikkat edin! Tebliğ ettim mi?"* buyurdular. Ashap: *"Evet!"* dediler. Peygamber (s.a.v.): *"Ey Allah'ım! Şahit ol"*, diye üç defa tekrarladı. Sonrada: *"Size yazık olur, dikkat edin benden sonra kâfirliğe dönüp birbirinizin boynunu vurmayın."* buyurdular. (Buhari, Megazi 77)

◈ **208)** Aişe (r. anha)'dan:

Rasulullah (s.a.v.): *"Kim haksız yere başkasının bir karış yerine tecavüz ederse o yerin yedi katı o kimsenin boynuna geçirilir."* buyurdular. (Buhari, Mezalim 13, Müslim, Müsakat 139)

◈ **209)** Ebu Musa el Eş'ari (r.a.)'den:

Rasulullah (s.a.v.): *"Hiç şüphesiz Allah zalime mühlet tanır, onu yakalayınca da kaçmasına fırsat vermez."* buyurdular sonra: *"O zâlim memleketleri, Rabbin yakalarsa, işte böyle yakalar. Gerçekten O'nun yakalaması, pek acıklı ve çok şiddetlidir."* ayetini okudular. (11 Hud suresi 102,Buhari ve Müslim)

◈ **210)** Muaz (r.a.)'dan:

Resullullah (s.a.v.) beni Yemen'e (yönetici olarak) gönderdiler ve: *"Sen ehl-i kitap bir topluma gidiyorsun, onları Allah'ın tek ilah olduğuna ve benim de Allah'ın elçisi olduğuma şehadet etmeye çağır. Eğer onlar buna itaat ederlerse Allah'ın onlara her gün ve gecede kendilerine beş vakit namazı farz kıldığını haber ver. Onlar buna da itaat ederlerse onlara, Allah'ın zenginlerinden alınıp fakirlerine verilecek olan zekâtı da farz kıldığını bildir. Buna da itaat ettikleri takdirde, mallarının en gözde olanlarını almaktan sakın. Mazlumun bedduasından da sakın. Çünkü onun duası ile Allah arasında bir perde yoktur."* buyurdular. (Buhari, Zekât 41, Müslim, İman 29)

◈ **211)** Ebu Humeyd Abdurrahman b. Sa'd es-Saidi (r.a.)'dan:

Rasulullah (s.a.v.) Ezd kabilesinden İbnu Lütbiyye denilen bir adamı zekât toplamak üzere görevlendirdi. Bu adam dönüşünde: *"Şu mallar sizin, şunlar da bana hediye edilenlerdir"* dedi.

Rasulullah (s.a.v.) minbere çıktı Allah'a hamd ü senadan sonra: *"Allah'ın benim idareme verdiği işlerden birine sizlerden birini görevlendiriyorum, sonra o kişi dönüp geliyor ve bana, 'şu mallar sizin, şunlar da bana hediye edilenlerdir' diyor. Eğer o kişi doğru söylüyorsa babasının ve annesinin evinde oturduğu halde kendisine hiç hediye geliyor mu? Allah'a yemin ederim ki sizden biriniz haksız yere bir şey alırsa kıyamet günü aldığı o şeyi yüklenmiş vaziyette Allah'ın huzuruna çıkar. Sizden birinizin bağıran bir deve, böğüren bir sığır, meleyen bir koyun yüklenerek Allah'a kavuşmasını istemem."* buyurdular. Sonra Rasulullah (s.a.v.) koltuklarının altı görülünceye kadar ellerini kaldırdı ve: *"Ey Allah'ım! Tebliğ ettim mi?"* diye üç sefer tekrarladı. (Buhari, Hıyel 15, Müslim, İmare 26)

◈ **212)** Ebu Hüreyre (r.a.)'den:

Peygamber (s.a.v.): *"Kimin üzerinde din kardeşinin ırzı veya diğer bir hususla ilgili haksızlık varsa altın ve gümüşün bulunmayacağı o (kıyamet) günü gelmezden önce o kimseyle helalleşsin. Yoksa yaptığı zulüm miktarınca onun sevabından alınır, şayet sevabı yoksa zulmettiği kardeşinin günahından alınarak ona yüklenir."* buyurdular. (Buhari, Mezalim 10)

◈ **213)** Abdullah b. Amr b. As (r.a.)'den:

Peygamber (s.a.v.): *"Müslüman, elinden ve dilinden Müslümanların zarar görmediği kimsedir. Muhacir ise Allah'ın yasakladığı şeylerden kaçan kimsedir."* buyurdular. (Buhari, İman 4, Müslim, İman 64)

◈ **214)** Abdullah b. Amr b. As (r.a.)'den:

Peygamber (s.a.v.)'in yolculukta Kirkire adında yükleri için görevli bir adam vardı. Bu adam ölünce Peygamber (s.a.v.): *"Bu adam cehennemdedir"* buyurdular. Sahabe o adamın evindeki eşyalara baktılar ve ganimet malından çaldığı bir elbise buldular. (Buhari, Cihad 190)

◈ **215)** Ebu Bekre Nüfey' b. El-Haris (r.a.)'den:

Peygamber (s.a.v.): *"Zaman Allah'ın gökleri ve yeri yarattığı günkü haline döndü. Bir yıl on iki aydır. Bunlardan dördü haram aylardır. Üçü birbiri ardınca gelen Zü'l-Ka'de, Zü'l-Hicce ve Muharrem'dir. Biri ise Cumad'ül-ahir ile Şaban ayı arasında bulunan ve Mudar kabilesinin Recep ayıdır."* buyurdu ve. *"İçinde bulunduğumuz bu ay hangi aydır?"* diye sordu. Biz: *"Allah ve Rasulü daha iyi bilir"* dedik. Bunun üzerine Peygamber (s.a.v.) o kadar sustu ki biz o aya başka bir isim vereceğini zannettik. Peygamber (s.a.v.): *"Bu ay zilhicce ayı değil mi?"* dedi. Biz: *"Evet,"* dedik. Sonra: *"Burası hangi şehirdir?"* diye sordu. Biz: *"Allah ve Rasulü daha iyi bilir"* dedik. Bunun üzerine Peygamber (s.a.v.) o kadar sustu ki biz bu şehre başka bir isim vereceğini zannettik. Peygamber (s.a.v.): *"Burası Belde-i Haram (Mekke) değil mi?"* dedi. Biz: *"Evet,"* dedik. Sonra: *"Bu gün hangi gündür?"* diye sordu. Biz de: *"Allah ve Rasulü daha iyi bilir"* dedik. Bunun üzerine Peygamber (s.a.v.) yine o kadar sustu ki biz bu güne başka bir isim vereceğini zannettik. Peygamber (s.a.v.): *"Bugün Kurban günü (Zü'l-Hicce'nin onu) değil mi?"* dedi. Biz: *"Evet,"* dedik. Sonra Rasulullah (s.a.v.): *"Şüphesiz, kanlarınız, mallarınız ve namusunuz birbirinize şu gününüz, şu şehriniz ve şu ayınız gibi haram kılmıştır. Rabbinize kavuşacaksınız O da sizi yaptıklarınızdan hesaba çekecektir. Dikkat edin! Benden sonra kâfirliğe dönüp birbirinizin boynunu vurmayın. Dikkat edin! Burada hazır bulunanlar bulunmayanlara sözlerimi ulaştırsın. Belki, sözlerim kendilerine ulaştırılanlar, ulaştıranlardan daha iyi kavrayabilir. Dikkat edin! Tebliğ ettim mi? Dikkat edin! Tebliğ ettim mi?"* diye sordu. Biz de: *"Evet"* dedik. Rasulullah (s.a.v.): *"Ey Allah'ım! Şahit ol."* buyurdular. (Buhari, Hac 132, Müslim Kasame 29)

◇ **216)** Ebu Umame İyas b. Sa'lebe el Harisi (r.a.)'den:

Rasulullah (s.a.v.): *"Kim yemin ederek bir Müslümanın hakkını gasp ederse Allah ona cehennemi vacip kılar, cenneti haram eder."* buyurdular. Bir adam: *"Ey Allah'ın Rasulü! Değersiz bir şey olsa da mı?"* deyince, Peygamber (s.a.v.): *"İsterse misvak ağacından bir dal parçası olsun"* buyurdular. (Müslim, iman 218)

◈ **217) Adiy b. Amîre (r.a.)'den:**

Rasulullah (s.a.v.)'in: *"Sizden bir kimseyi zekât memuru olarak görevlendirdiğimizde bizden bir iğneyi veya daha büyük bir şeyi gizlerse hıyanet etmiş olur. Kıyamet günü o malı (hırsızlık etmiş olarak) getirir."* buyurduğunu işittim. Bunun üzerine Ensar'dan siyah renkli bir adam ayağa kalkıp -sanki onu görüyor gibiyim-: *"Ey Allah'ın Rasulü! Bana verdiğiniz zekât memurluğu görevini geri alın"* deyince, Peygamber (s.a.v.): *"Sana ne oldu?"* buyurdu. Adam: *"Senin şöyle şöyle dediğini işittim"* dedi. Peygamber Efendimiz (s.a.v.): *"O sözü şimdi de söylüyorum. Sizden bir kimseyi zekât memuru olarak görevlendirdiğimizde o malın büyük küçük hepsini getirsin. Maaş olarak verileni alsın, yasaklandığı şeyden de uzak dursun."* buyurdular. (Müslim, İmara 30)

◈ **218) Ömer b. Hattab (r.a.)'den:**

Hayber Savaşı günü Rasulullah (s.a.v.)'in ashabından bir grup geldi ve: *"Falanca şehiddir, falanca da şehiddir,"* dediler. Sonra bir adamın yanına vardılar ve. *"filanca da şehiddir,"* dediler. Rasulullah (s.a.v.): *"Hayır ben onu ganimetten çaldığı bir hırka -veya cübbeye- içerisinde olduğu halde cehennemde gördüm"*, buyurdular. (Müslim, İman 182)

◈ **219) Ebu Katade Haris b. Rib'iy (r.a.)'den:**

Rasulullah (s.a.v.) ashabının arasında kalkarak onlara. *"Allah yolunda cihadın ve Allah'a imanın amellerin en değerlisi olduğundan"* bahsetti. Adamın biri ayağa kalkıp: *"Ey Allah'ın Rasulü! Ne dersiniz! Eğer ben Allah yolunda öldürülürsem bu benim günahlarıma keffaret olur mu?"* diye sordu. Rasulullah (s.a.v.) ona: *"Evet! Sabrederek, karşılığını sadece Allah'tan bekleyerek Allah yolunda öldürülürsen günahlarına keffaret olur"* buyurdular. Sonra Rasulullah (s.a.v.): *"Nasıl demiştin?"* diye sordu. Adam: *"Ne dersiniz! Eğer ben Allah yolunda öldürülürsem bu benim günahlarıma keffaret olur mu? Demiştim, dedi. Peygamber (s.a.v.) de: *"Evet! Sabrederek, karşılığını sadece Allah'tan bekleyerek*

*Allah yolunda öldürülürsen borçlarından başka bütün günahlarına keffaret olur. Bunu bana Cebrail söyledi"* buyurdular. (Müslim, İmara 117)

◈ **220)** Ebu Hüreyre (r.a.)'den:

Rasulullah (s.a.v.): *"Müflis kimdir biliyor musunuz?"* diye sordu. Ashap: *"Bize göre müflis parası ve malı olmayan kimsedir"* dediler. Rasulullah (s.a.v.): *"Şüphesiz ki ümmetimin müflisi; kıyamet gününe namaz, oruç ve zekât sevabıyla gelip de, şuna sövmüş, buna zina iftirası yapmış, şunun malını yemiş, bunun kanını dökmüş ve şunu dövmüş olarak Allah'ın huzuruna getirilir. Sonra onun sevaplarından alınıp öteki kimselere verilir. Eğer borcu ödenmeden sevapları tükenirse, o kimselerin günahlarından alınarak buna yükletilir. Sonra da o kimse cehenneme atılır."* buyurdular. (Müslim, Birr 59)

◈ **221)** Ümmü Seleme (r.a.)'dan:

Rasulullah (s.a.v.): *"Ben ancak bir beşerim, siz bana gelip birbirinizi dava ediyorsunuz. Bir kısmınız delil getirmekte diğerinizden daha usta olabilir. Ben de duyduğuma göre hükmederim. Böylece kardeşinin hakkını alıp kimin lehine hüküm vermişsem ona cehennemden bir parça ayırmış olurum."* buyurdular. (Buhari Şehadet 27, Müslim Akdiye 4)

◈ **222)** İbnu Ömer (r.a.)'den:

Rasulullah (s.a.v*.): "Haksız yere adam öldürüp kan akıtmadıkça, Mü'min kişinin dini hakkındaki ümidi (Allah'ın rahmetini umması) devam eder."* buyurdular. (Buhari, Diyet 1)

◈ **223)** Hamza (r.a.)'ın eşi Havle binti Âmir el-Ensariy (r.a.)'den:

Rasulullah (s.a.v.)'in: *"Şüphesiz Allah'ın malını hakkı olmadığı halde kullanan kimseler için, kıyamet gününde sadece cehennem ateşi vardır."* diye buyurduğunu işittim. (Buhari, Humus 7)

# 27- MÜSLÜMANLARIN HAKLARINA SAYGI GÖSTERME VE ONLARA MERHAMET ETME BÖLÜMÜ

❖ "...Kim de Allah'ın hürmet edilmesini istediği şeylere saygı gösterirse, işte o, Rabbi katında kendisi için daha hayırlıdır." (22 Hacc 30)

❖ "Kim Allah'ın şiârlarına hürmet ederse, kesinlikle bu, kalpler(in)deki Allah korkusundandır." (22 Hacc 32)

❖ "...Sen sadece Mü'minlere, (şefkat) kanadını ger." (15 Hicr 88)

❖ "Kim, bir kimseyi öldürmeye veya yeryüzünde bozgunculuk çıkarmaya karşılık olmaksızın, (haksız yere) bir cana kıyarsa bütün insanları öldürmüş, her kim de bir canı kurtarırsa bütün insanları, kurtarmış gibi olur." (5 Maide 32)

◈ **224)** Ebu Musa (r.a.)'den:

Rasulullah (s.a.v.) iki elinin parmaklarını birbirine geçirerek: *"Bir Mü'minin, Mü'mine karşı durumu, parçaları birbirine sımsıkı kenetlenmiş bir yapı gibidir."* buyurdular. (Buhari, Salat 88, Müslim, Birr 65)

◈ **225)** Ebu Musa (r.a.)'den:

Rasulullah (s.a.v.): *"Yanında ok bulunan kimse mescitlerimize veya çarşılarımıza uğrayacaksa, Müslümanlardan birine ondan bir zarar gelmemesi için oklarının demirini eliyle tutsun."* buyurdular. (Buhari, Salat 60, Müslim, Birr 120)

◈ **226)** Numan b. Beşir (r.a.)'den:

Rasulullah (s.a.v.): *"Mü'minler birbirlerini sevmekte, birbirlerine acımakta ve birbirlerini korumakta bir uzvu hasta olduğu zaman diğer uzuvlarının birbirlerini uykusuzluk ve ateş içerisinde kalmaya çağırdığı bir vücut gibidirler."* buyurdular. (Buhari, Edeb 27, Müslim, Birr 66)

◈ **227)** Ebu Hüreyre (r.a.)'den:

Rasulullah (s.a.v.) torunu Hasan'ı yanında Akra' b. Hâbis, olduğu halde öptü. Akra': *"Benim on tane çocuğum var, onlardan hiç birini öpmedim,"* dedi. Rasulullah (s.a.v.) de bu adama bakıp: *"Merhamet etmeyene merhamet olunmaz,"* buyurdular. (Buhari, Edeb 18, Müslim, Fezail 65)

◈ **228)** Aişe (r.a.)'den:

Bedevilerden bazıları Rasulullah (s.a.v.)'in yanına geldiler ve: *"Siz çocuklarınızı öpüyor musunuz?"* diye sordular. Peygamber (s.a.v.): *"Evet,"* dediler. Onlar: *"Fakat Allah'a yemin ederiz ki biz onları öpmeyiz"* dediler. Rasulullah (s.a.v.): *"Allah sizin kalplerinizden merhameti aldıysa ben ne yapabilirim ki!"* buyurdular. (Buhari, edeb 18, Müslim, Fezail 164)

◈ **229)** Cerir b. Abdillah (r.a.)'den:

Rasulullah (s.a.v.). *"İnsanlara Merhamet etmeyene Allah da merhamet etmez."* buyurdular. (Buhari, Edeb 18, Müslim, Fezail 66)

◈ **230)** Ebu Hüreyre (r.a.)'den:

Rasulullah (s.a.v.): *"Sizden biriniz insanlara namaz kıldırdığı zaman namazı hafif (kısa) tutsun. Çünkü onların arasında zayıf, hasta ve yaşlılar vardır. Herhangi biriniz de kendi başına namaz kıldığında ise dilediği kadar uzatsın."* buyurdular.

Başka bir rivayette: *"Onların içinde bir işi olanı vardır."* buyurdular. (Buhari, İlim 28)

◈ **231)** Aişe (r.a.)'den:

*"Rasulullah (s.a.v.) yapmayı çok istediği bir işi, onu insanlar da yapar ve üzerlerine farz kılınır korkusuyla yapmazdı."* (Buhari, teheccüd 5, Müslim Müsafirin 77)

◈ **232)** Aişe (r.a.)'den:

Rasulullah (s.a.v.) sahabelerine iftar etmeksizin arka arkaya oruç tutmalarını onlara acıdığı için yasakladı. Onlar da: *"Fakat sen iftar etmeden oruç tutuyorsun"* dediler. Bunun üzerine Rasulullah (s.a.v.): *"Ben sizin gibi değilim. Çünkü ben Rabbim beni yedirmiş ve içirmiş vaziyette geceliyorum"* buyurdular. (Buhari, Savm 20, Müslim, Sıyam 55)

◈ **233)** Ebu Katade Haris b. Rib'iy (r.a.)'den:

Rasulullah (s.a.v.): *"Ben uzatmayı arzu ederek namaza dururum da bir çocuğun ağlamasını işitince annesini üzmeyeyim diye namazımı kısa keserim."* buyurdular. (Buhari, Ezan 61)

◈ **234)** Cündüb b. Abdullah (r.a.)'den:

Rasulullah (s.a.v.): *"Sabah namazını kılan kimse Allah'ın himayesindedir. Allah kendi himayesinden dolayı sizi hesaba çekmesin. Çünkü Allah kendi himayesinden dolayı sizi hesaba çekerse o kişiyi hemen yakalayıp yüzüstü cehenneme atar."* buyurdular. (Müslim, Mesacid 262)

◈ **235)** Abdullah b. Ömer (r.a.)'den:

Rasulullah (s.a.v.): *"Müslüman Müslümanın kardeşidir. Ona zulmetmez ve onu başına gelen musibete terk etmez. Kim bir kardeşinin ihtiyacını giderirse Allah da onun ihtiyacını giderir. Kim bir kardeşinin bir sıkıntısını giderirse Allah da onun kıyamet günündeki sıkıntılarından birini giderir. Kim de bir Müslümanın kusurunu örterse Allah da kıyamet günü onun kusurunu örter."* buyurdular. (Buhari Mezalim 3, Müslim, Birr 58)

◈ **236)** Ebu Hüreyre (r.a.)'den:

Rasulullah (s.a.v.): *"Müslüman Müslümanın kardeşidir. Ona ihanet etmez, ona yalan söylemez, onu utandırmaz. Her Müslümanın diğer Müslümanlara ırzı, malı ve kanı haramdır.* (Rasulullah (s.a.v.) kalbini göstererek) *Takva işte buradadır, bir Müslümanın, Müslüman kardeşini hor ve hakir görmesi ona kötülük olarak yeter."* buyurdular. (Tirmizi, Birr 18)

◈ **237)** Ebu Hüreyre (r.a.)'den:

Rasulullah (s.a.v.): *"Birbirinize haset etmeyin, (almayacağınız( bir malın fiyatını artırmayın, birbirinize dargın durmayın, birbirinizden yüz çevirmeyin, birbirinizin pazarlığını bozmayın. Ey Allah'ın kulları kardeş olun. Müslüman, Müslümanın kardeşidir, ona haksızlık etmez, onu yalnız bırakmaz, onu küçük görmez.* (üç defa göğsünü göstererek) *takva işte buradadır. Bir Müslümanın Müslüman kardeşini hakir görmesi kötülük olarak ona yeter. Her Müslümanın diğer Müslümana ırzı, malı ve kanı haramdır."* buyurdular. (Müslim, Birr 18)

◈ **238)** Enes (r.a.)'den:

Rasulullah (s.a.v.): *"Sizden biriniz kendisi için arzu ettiği şeyi din kardeşi için de arzu etmedikçe iman etmiş olamaz."* buyurdular. (Buhari, İman 7, Müslim, İman 71)

◈ **239)** Enes (r.a.)'den:

Rasulullah (s.a.v.): *"Din kardeşine zalim de olsa mazlum da olsa yardım et."* buyurdular. Bir adam: *"Ey Allah'ın Rasulü! Kardeşim mazlumsa ona yardım ederim. Söyler misiniz zalimse ona nasıl yardım edebilirim?"* Peygamber (s.a.v.)'de: *"Zalimi zulüm yapmaktan alakorsun, işte bu ona yardım etmektir."* buyurdular. (Buhari, Mezalim 4)

◈ **240)** Ebu Hüreyre (r.a.)'den:

Rasulullah (s.a.v.): *"Müslümanın Müslüman üzerindeki hakkı beştir: Selamını almak, hastayı ziyaret etmek, cenazeye iştirak etmek, davete icabet etmek, aksıran kimseye yerhamukallah demek."* buyurdular. (Buhari, cenaiz 2)

Başka bir rivayet şöyledir: *"Müslümanın Müslüman üzerindeki hakkı altıdır: Karşılaştığın zaman ona selam ver, seni davet ederse davetine git, nasihat isterse nasihat et, aksırır da Allah'a hamd ederse yerhamukallah de, hastalandığında onu ziyaret et, vefatında cenazesinin ardından git."* buyurdular. (Müslim, Selam 5)

◈ **241)** Ebu Umara Bera b. Azib (r.a.)'den:

*"Rasulullah (s.a.v.) bize yedi şeyi emretti, yedi şeyi de yasakladı. Emrettikleri: Hastayı ziyaret etmek, cenazeye katılmak, aksıran kimse elhamdülillah derse yerhamükallah demek, yemin edenin yeminini yerine getirmesini temine çalışmak, mazluma yardım etmek, davet edenin davetine katılmak, selamı yaygınlaştırmak. Yasakladıkları ise: Altın yüzük takmak, gümüş kaplardan yiyip içmek, ipek minder kullanmak, ipek elbise giymek, atlas elbise giymek."* dedi. (Buhari, Cenaiz 2, Müslim, Libas 3)

Diğer bir rivayette: *-"Kaybolmuş bir malı ilk haftasında ilan etmek"* ilavesi vardır. (Müslim Libas 4)

## 28- MÜSLÜMANLARIN AYIPLARINI ÖRTME VE YAYMAMA BÖLÜMÜ

◼ *"İnananlar içerisinde, edepsizliğin (fuhşun) yaygınlaşmasından hoşlananlara, dünyada da âhirette de acıklı bir azab vardır."*

(24 Nur 19)

◈ **242)** Ebu Hüreyre (r.a.)'den:

Rasulullah (s.a.v.): *"Bir kul bu dünya da başka bir kulun ayıbını örterse Allah da kıyamet günü onun ayıbını örter."* buyurdular. (Müslim, Birr 72)

◈ **243)** Ebu Hüreyre (r.a.)'den:

Rasulullah (s.a.v.) şöyle buyurdu: *"İşlediği günahları açığa vuranlar dışında ümmetimin tamamı affedilmiştir. Bir adamın geceleyin bir günah işleyip, Allah onun bu ayıbını örtmüşken sabahleyin: Ey falan! Ben dün gece şöyle şöyle yaptım demesi; günahını açığa vurmasıdır. Hâlbuki o kişi Rabbinin, kötülüğünü örttüğü halde geceleyip, Allah'ın örttüğünü kendisi açığa vurmuş olarak sabahlamış olur."* buyurdular. (Buhari, Edeb 60, Müslim, Zühd 52)

◈ **244)** Ebu Hüreyre (r.a.)'den:

Rasulullah (s.a.v.): *"Sizden birinizin cariyesi zina eder ve zina yaptığı kesinleşirse sahibi ona cezasını (elli celde) uygulasın fakat suçunu başına kakmasın. Sonra ikinci defa zina ederse sahibi ona cezasını (elli celde) uygulasın fakat suçunu başına kakmasın. Sonra bu cariye üçüncü defa zina ederse ve zina yaptığı kesinleşirse efendisi onu kıldan bir ip bedeline bile olsa satsın."* buyurdular. (Buhari, Itk 17, Müslim, Hudud 30)

◈ **245)** Ebu Hüreyre (r.a.)'den:

İçki içmiş bir adamı Peygamber (s.a.v.)'in huzuruna getirdiler. Peygamber (s.a.v.) ona: *"Ona had cezasını vurun"* buyurdu. Ebu Hüreyre der ki: Bizden o adama eliyle, ayakkabısıyla ve elbisesiyle vuranlar oldu. O adam dönüp giderken topluluktan bir kısmı: *"Allah seni rezil etsin"* dediler. Bunun üzerine Peygamber (s.a.v.): *"Böyle demeyiniz, onun aleyhine şeytana yardımcı olmayın"* buyurdular. (Buhari, Hudud 4)

## 29- MÜSLÜMANLARIN İHTİYAÇLARINI KARŞILAMA BÖLÜMÜ

◈ *"...Ey îman edenler! Kurtuluşunuzu umabilmek için hayır işleyin."* (22 Hacc 77)

◈ **246)** Abdullah b. Ömer (r.a.)'den:

Rasulullah (s.a.v.): *"Müslüman Müslümanın kardeşidir. Ona zulmetmez ve onu başına gelen musibete terk etmez. Kim bir kardeşinin ihtiyacını giderirse Allah da onun ihtiyacını giderir. Kim bir kardeşinin bir sıkıntısını giderirse Allah da onun kıyamet günündeki sıkıntılarından birini giderir. Kim de bir Müslümanın kusurunu örterse Allah da kıyamet günü onun kusurunu örter."* buyurdular. (Buhari Mezalim 3, Müslim, Birr 58)

◈ **247)** Ebu Hüreyre (r.a.)'den:

Rasulullah (s.a.v.): *"Kim bir mü'minin dünya sıkıntılarından bir sıkıntısını gidererek onu ferahlatırsa, Allah da onun ahiret sıkıntılarından bir sıkıntısını gidererek onu ferahlatır. Kim dar durumda olan birine kolaylık gösterirse Allah'ta ona dünya ve ahirette kolaylık gösterir. Kim de bir Müslümanın ayıbını örterse Allah da onun dünya ve ahiretteki ayıplarını örter. Bir kul din kardeşinin yardımında olduğu sürece Allah da onun yardımında olur. Bir kimse ilim elde etmek için bir yola girerse Allah da ona cennetin yolunu kolaylaştırır. Herhangi bir grup Allah'ın evlerinden bir evde toplanıp Allah'ın kitabını okur ve aralarında müzakere ederlerse üzerlerine bir sekinet iner, onları bir rahmet kaplar, melekler onları çepeçevre kuşatır, Allah da onları kendi yanında bulunanlar arasında anar. Bir kimseyi ameli geri bırakırsa onun soyu-sopu onu ileriye götüremez."* buyurdular. (Müslim, zikir 38)

## 30- YARDIM VE ARACILIK YAPMA BÖLÜMÜ

◈ "Kim, güzel bir işe vasıta olursa, onun o işin sevabından bir nasibi olur..." (4 Nisa 85)

◈ **248)** Ebu Musa el-Eşari (r.a.)'den:

Peygamber (s.a.v.)'e sıkıntısı olan birisi geldiği zaman yanındakilere döner ve: *"Bu adama yardım edin, sevap kazanırsınız. Allah, Peygamberinin diliyle istediği şeyi yerine getirir."* buyurdular. (Buhari, Zekât 21, Müslim, Birr 145)

◈ **249)** Berire ile kocası arasında geçen olay hakkında İbnu Abbas (r.a.)'dan:

Peygamber (s.a.v.) Berire'ye: *"Keşke kocana dönsen"* buyurdu. Berire: *"Ey Allah'ın Rasulü! Bana bunu emrediyor musunuz?"* diye sordu. Rasulullah (s.a.v.) ise: *"Hayır! Sadece aracılık yapıyorum"* buyurdu. Bunun üzerine Berire: *"Benim ona ihtiyacım yoktur,"* dedi. (Buhari, talak 16)

## 31- İNSANLARIN ARASINI BULMA BÖLÜMÜ

◈ "Bir sadaka vermeyi yahut bir iyilik yapmayı veyahut da insanların arasını düzeltmeyi emredenlerin dışında, onların kendi aralarındaki gizli konuşmalarının pek çoğunda, bir hayır yoktur." (4 Nisa 114)

◈ "Anlaşmak, (geçimsizlikten) daha hayırlıdır..." (4 Nisa 128)

◈ "...Allah'tan hakkıyla sakının, birbirinizle aranızı düzeltin..." (8 Enfal 1)

◈ "Ancak mü'minler, kardeştirler. Öyleyse kardeşlerinizin arasını düzeltin..." (49 Hucurat 10)

◈ **250)** Ebu Hüreyre (r.a.)'den:

Rasulullah (s.a.v.): *"İnsanın her bir eklemi için güneşin doğduğu her günde bir sadaka gerekir. İki kişi arasında adaletli davranman sadakadır. Bir kimsenin bineğine binmesine yardımcı olman veya yükünün binitine yüklenmesine yardımcı olman bir sadakadır. Güzel söz söylemek bir sadakadır. Namaza giderken attığın her adım bir sadakadır. Gelip geçenleri rahatsız eden şeyleri yoldan alıp atman da bir sadakadır."* buyurdular. (Buhari, Sulh 11, Müslim, Zekat 56)

◈ **251)** Ukbe b. Ebu Muayt'ın kızı Ümmü Gülsüm (r.a.)'den:

Rasulullah (s.a.v.): *"İnsanların arasını bulmak için hayırlı haber taşıyan veya hayırlı söz söyleyen kimse yalancı sayılmaz."* buyurdular. (Buhari, Sulh 2, Müslim, Birr 101)

Müslim'in rivayetinde şöyle bir fazlalık vardır. Ümmü Gülsüm (r.a.)'dan: *"Ben Peygamber (s.a.v.)'in halkın söylediği (yalan) sözlerden: Savaşta düşmanı aldatmak, insanların arasını bulmak, kocanın karısına, karının da kocasına (aile düzenini korumak maksadıyla) söylediği yalan olmak üzere sadece bu üçüne izin verdiğini işittim."* demiştir. (Müslim, Birr 25)

◈ **252)** Aişe (r.a.)'dan:

Rasulullah (s.a.v.) bir gün kapının önünde birbiriyle kavga eden iki kişinin bağırdıklarını duydu. Onlardan biri diğerinden alacağının bir kısmını bağışlamasını veya kendisine kolaylık göstermesini istiyordu. Alacaklı ise: *"Vallahi yapmam"* diyordu. Rasulullah (s.a.v.) onların yanına çıktı ve: *"Nerede o iyiliği yapmayacağım diye Allah'a yemin eden kişi?"* diye sordu. Alacaklı da: *"Ben buradayım Ey Allah'ın Rasulü! O hangisini istiyorsa öyle olsun"* dedi. (Buhari, Sulh 10, Müslim, Müsakat 19)

◈ **253)** Eb'ul-Abbas Sehl b. Sa'd es Saîdi (r.a.):

Rasulullah (s.a.v.)'e Amr b. Avf oğulları arasında bir anlaşmazlık çıktığı haberi ulaştı. Rasulullah (s.a.v.) aralarını bulmak için bir grup insanla beraber oraya gitti. Onlarla meşgul iken namaz vakti girdi. Bu sırada Bilal, Ebubekir (r.a.)'a gelerek: *"Rasulullah (s.a.v.) gelemedi, namaz vakti de girdi, imam olup insanlara namazı kıldırır mısın?"* diye sordu. Ebubekir'de: *"Peki, istersen kılalım,"* dedi.

Bilal kamet getirdi, Ebubekir öne geçip tekbir aldı, Müslümanlar da onunla birlikte tekbir aldılar. Derken Rasulullah (s.a.v.) geldi, safların arasından yürüyerek öne geçti. Cemaat de el çırpmaya başladılar. Ebubekir namaz kılarken sağa sola bakmazdı. İnsanlar el çırpma işini çoğaltınca Ebubekir bir de baktı ki Rasulullah yanında! Rasulullah, ona yerinde dur diye işaret etti. Ebubekir ellerini kaldırarak Allah'a hamd edip arka safa girinceye kadar geri gitti. Rasulullah (s.a.v.) öne geçerek insanlara namazı kıldırdı. Namazı bitirince insanlara yöneldi ve:

*"Ey insanlar! Size ne oldu ki namazda bir şey belirince el çırpmaya başladınız.? El çırpmak kadınlara aittir. Namazda bir durumla karşılaşan Subhanallah desin. Çünkü tesbihi işiten ona dikkat eder."* buyurdular ve Ebubekir'e dönerek: *"Ey Ebubekir! Sana yerinde kal diye işaret ettiğim halde niçin namazı kıldırmadın?"* diye sordular. Ebubekir: *"Ebu Kuhafe'nin oğluna Rasulullah (s.a.v.)'in önüne geçip insanlara namaz kıldırmak yakışmazdı"* diye cevap verdi. (Buhari, Ezan 48, Müslim, Salat 102)

# 32- ZAYIF VE GÜÇSÜZ MÜSLÜMANLARIN DEĞERLERİ BÖLÜMÜ

◆ "(Ey Muhammed!) Sen, sabah akşam Rablerine sadece O'nun rızasını kazanmak isteyerek duâ edenlerle birlikte sabret. Dünya hayatının güzelliklerini isteyerek sakın onlardan gözlerini ayırma..." (18 Kehf 28)

◆ **254)** Harise b. Vehb (r.a.)'den:

Rasulullah (s.a.v.): *"Size cennetliklerin kimler olduğunu bildireyim mi? Onlar, hem zayıf ve hem de halk tarafından hor görülen kişilerdir ki Allah'a yemin etseler Allah onların isteklerini yerine getirir. Size cehennemliklerin kimler olduğunu bildireyim mi? Onlar, katı yürekli, ukala ve kibirli kimselerdir."* buyurdular. (Buhari Eyman 9, Müslim Cennet 47)

◆ **255)** Eb'ul-Abbas Sehl b. Sa'd es-Saidî (r.a.):

Bir gün Rasulullah (s.a.v.)'in yanından bir adam geçti. Rasulullah (s.a.v.) yanında oturan kimseye: *"Şu adam hakkında ne dersin?"* diye sordu. O da: *"Vallahi o, hatırlı bir kişidir, birini nikâhlamak isterse isteği kabul edilir, aracılık yaparsa sözü dinlenir"* dedi. Rasulullah (s.a.v.) sustu. Sonra oradan biri daha geçti. Rasulullah (s.a.v.) yine yanındaki adama: *"Ya bu adam hakkında ne dersin?"* diye sordu. O adam da: *"Bu fakir Müslümanlardan biridir, birini nikâhlamak isterse isteği kabul edilmez, birine aracılık etse ricası kabul edilmez, konuşmaya başlarsa sözü dinlenmez"* dedi. Bunun üzerine Rasulullah (s.a.v.): *"Bu (fakir olan) dünya dolusu kadar öteki adamdan daha hayırlıdır."* buyurdular. (Buhari, Rikak 16)

◆ **256)** Ebu Said el-Hudri (r.a.)'den:

Rasulullah (s.a.v.): *"Cennet ile cehennem münakaşa ettiler. Cehennem: 'Bende zorbalar ve kibirliler var' dedi. Cennet ise: 'Bende ihtiyaç sahibi yoksullar ve zayıf insanlar var' dedi. Bunun üzerine Allah onların aralarını şöyle buldu. 'Ey cennet! Sen benim Rahmetimsin, seninle dilediğime rahmet ederim. Ey cehennem! Sen de benim azabımsın, dilediğime seninle azab ederim. Her ikinizi de doldurmak bana aittir."* buyurdular. (Müslim, Cennet 34)

◈ **257)** Ebu Hüreyre (r.a.)'den:

Rasulullah (s.a.v.): *"Kıyamet günü iri yapılı, şişman bir adam gelir ki onun Allah yanında sinek kanadı kadar bile ağırlığı yoktur."* buyurdular. (Buhari, tefsiru sure-i Kehf 6, Müslim Münafıkın 18)

◈ **258)** Ebu Hüreyre (r.a.)'den:

Siyah bir kadın (veya siyah bir genç) Mescidi süpürürdü. Bir ara Rasulullah (s.a.v.) o kadını (veya genci) göremeyince onun nerede olduğunu sordu. *"Öldü"* dediler. Bunun üzerine Rasulullah (s.a.v.): *"Bana haber verseydiniz olmaz mıydı?"* buyurdular. Ashap sanki bu kimseyi pek önemsememişlerdi. Fakat Rasulullah (s.a.v.): *"Bana onun mezarını gösterin"* buyurdu. Mezarını gösterdiler. Rasulullah (s.a.v.) onun cenaze namazını kıldı ve: *"Şu kabirler, içindekiler için karanlıklarla doludur. Allah onların kabirlerini üzerlerine kıldığım namazdan dolayı aydınlatır."* buyurdular. (Buhari, Salat 72, Müslim, Cenaiz 71)

◈ **259)** Yine Ebu Hüreyre (r.a.)'den:

Rasulullah (s.a.v.): *"Kapılardan kovulmuş saçı-başı dağınık, eli-yüzü tozlanmış nice kimseler vardır ki; bir şey hakkında Allah adına yemin etseler, Allah onun yeminini yerine getirir."* buyurdular. (Müslim, Birr 138)

◈ **260)** Üsame (r.a.)'den:

Rasulullah (s.a.v.): *"Ben cennetin kapısında durdum, cennete girenlerin çoğunluğu muhtaç kimselerdi. Zenginler ise alıkonulmuştu. Cehennemlik olanların ise ateşe atılmaları emrolunmuştu. Cehennemin kapısında durdum. Bir de ne göreyim oraya girenlerin çoğu kadınlardı."* buyurdular. (Buhari, Rikak 51, Müslim, zikir 93)

◈ **261)** Ebu Hüreyre (r.a.)'den:

Rasulullah (s.a.v.): *"Üç kişiden başka beşikte konuşan ol-mamıştır. Bunlardan biri Meryem oğlu İsa, diğeri Cüreyc'in arkadaşıdır. Cüreyc ibadete düşkün bir kimseydi. Kendisine, içerisinde ibadet edeceği bir ibadethane yaptı. Bir gün o namaz kılarken annesi gelip: "Ey Cüreyc!" diye seslendi. Cüreyc kendi kendine: "Ey Rabbim! Annem mi, yoksa namazım mı?" dedi ve namazına devam etti. Annesi de dönüp gitti. Ertesi gün o namaz kılarken annesi yine geldi ve: "Ey Cüreyc!" diye seslendi. Cüreyc kendi kendine: "Ey Rabbim! Annem mi, yoksa namazım mı?" dedi ve namazına devam etti. Ertesi gün o namaz kılarken annesi yine geldi ve: "Ey Cüreyc!" diye seslendi. Cüreyc kendi kendine: "Ey Rabbim! Annem mi, yoksa namazım mı?" dedi ve namazına devam etti. Bunun üzerine annesi: "Ey Allah'ım! Cüreyc'in canını fahişelerin yüzünü görmedikçe alma" diye beddua etti.*

*Bir gün İsrail Oğulları Cüreyc ve onun ibadete düşkünlüğü hakkında konuşuyorlardı. Güzelliğiyle meşhur bir fahişe de oradaydı. Onlara: "Eğer isterseniz ben onu baştan çıkarabilirim" dedi ve Cüreyc'e kendini arz etmek istediyse de Cüreyc dönüp bakmadı. Kadın Cüreycin ibadethanesine sığınan bir çobana geldi, onunla ilişki kurarak hamile kaldı ve çocuğunu dünyaya getirince de: "Bu çocuk Cüreyc'tendir" dedi. Bunun üzerine halk Cüreycin yanına varıp onu ibadethanesinden çıkardılar. İbadethanesini yıkıp kendisini dövmeye başladılar. Cüreyc: "Ne yapıyorsunuz?" deyince: "Sen bu fahişe ile zina etmişsin ve bu çocuğu senden doğurmuş" dediler. Cüreyc: "Çocuk nerededir?" diye sordu. Çocuğu ona getirdiler. Cüreyc: "Bırakın beni de namaz kılayım" dedi. Namazı bitirince çocuğun yanına gelip karnına dürttü ve: "Ey çocuk! Baban kimdir?" Diye sordu. Çocuk da: "Babam falan çobandır" diye cevap verdi. Bunun üzerine halk Cüreyc'e dönerek onu öpmeye ve okşamaya başladılar ve: "Senin ibadethaneni altından yapacağız" dediler. Cüreyc ise: "Hayır, onu önceden olduğu gibi çamurdan yapın" dedi ve öylece yaptılar."* buyurdular

*"Çocuğun biri günün birinde annesini emerken güzel bir ata binmiş iyi giyimli yakışıklı bir adam oradan geçti. Çocuğun annesi: "Ey Allah'ım! Benim çocuğumu buna benzet" diye dua etti. Çocuk memeyi bırakarak atlıya döndü ve onu süzerek: "Ey Allah'ım! Beni onun gibi yapma" dedi ve sonra emmeye koyuldu.* (Ebu Hüreyre der ki: *"Peygamber (s.a.v.)'in şehadet parmağını ağzına koyarak çocuğun emişini hikâye ettiği hali gözümün önündedir.*) Rasulullah (s.a.v.) sözüne şöyle devam etti: *"Zina ettin, hırsızlık yaptın diye dövülen bir cariyeyi onların yanından geçirdiler. Cariye: "Bana Allah'ım yeter, O ne güzel vekildir"* diyordu. *Durumu gören anne: "Ey Allah'ım! Benim çocuğumu bunun gibi yapma" diyordu. Çocuk yine memeyi bıraktı ve cariyeye bakıp: ""Ey Allah'ım! Beni onun gibi yap" dedi. Bundan sonra anne ile çocuk konuşmaya başladılar. Anne: "Yakışıklı bir adam geçti, Ey Allah'ım! Benim oğlumu da bu gibi yap diye dua ettim, sen ise Ey Allah'ım! Beni onun gibi yapma dedin. O cariyeyi hırsızlık ettin, zina ettin diye döverek götürdüler, ben de Ey Allah'ım! Çocuğumu onun gibi yapma dedim sen ise Ey Allah'ım! Beni onun gibi yap" dedin, sebebini anlayamadım, deyince çocuk: "O adam zalimin biri idi, bu sebeple beni bunun gibi yapma, dedim. O cariye ise zina etmediği halde zina ettin, hırsızlık yapmadığı halde hırsızlık yaptın diye dövüyorlardı. Bunun için de Ey Allah'ım! Beni onun gibi yap diye dua ettim" diye cevap verdi." buyurdular.* (Buhari, Amel Fissalat 7, Müslim Birr 8)

## 33- YETİM, KIZ ÇOCUKLARI, ZAYIFLAR, FAKİRLER VE FELAKETZEDELERE ŞEFKAT VE GÖZETME BÖLÜMÜ

◈   "...Sen sadece Mü'minlere, (şefkat) kanadını ger." (15 Hıcr 88)

◈   "(Ey Muhammed!) Sen, sabah akşam Rablerine sadece O'nun rızasını kazanmak isteyerek duâ edenlerle birlikte sabret. Dünya hayatının güzelliklerini isteyerek sakın onlardan gözlerini ayırma." (18 Kehf 28)

◈ "Öyleyse sakın yetimi hor görme, isteyeni de azarlama..." (93 Duha 9-10)

◈ "Baksana! Şu dini yalanlayana! İşte şu, öksüzü kovup azarlayana! Ve yoksula hakkı olan yiyeceği vermeye önayak olmayana." (107 Maun 1-3)

◈ **262)** Sa'd b. Ebi Vakkas (r.a.)'den:

Biz altı kişi Rasulullah (s.a.v.)'in yanında bulunuyordu. Müşrikler Peygamber (s.a.v.)'e: *"Şunları yanından kov, bize karşı cesaretlenmesinler"* dedi. -Orada benden başka İbnu Mes'ud, Hüzeyl kabilesinden biri, Bilal ve şu anda isimlerini hatırlayamadığım iki kişi daha vardı.- Nihayet Rasulullah'ın gönlüne Allah ne diledi ise o geldi ve içinden bir şeyler geçti. Bunun üzerine Allah: *"Sen, sabah akşam Rablerine, sadece O'nun rızasını kazanmak isteyerek dua edenleri, huzurundan kovma."* (6 Enam 52) ayetini indirdi. (Müslim, Fezailüssahabe 46)

◈ **263)** Beyat-ür Rıdvan'a katılan sahabilerden Ebu Hübeyre Aiz b. Amr el-Müzeni (r.a.)'den:

Bir gün Ebu Süfyan, Selman, Suheyb ve Bilal'in bulunduğu bir grup Müslümanın yanına geldi. Onu gören bu zayıf Müslümanlar: *"Allah'ın kılıçları Allah düşmanında hak ettikleri yerini bulamadı."* dediler. Ebubekir (r.a.): *"Bu sözü Kureyş'in büyüğüne ve efendisine mi söylüyorsunuz?"* dedi. Sonra da Rasulullah (s.a.v.)'in yanına vararak olayı anlattı. O da: *"Ey Ebubekir! Bu sözünle belki de onları kırdın. Eğer onları kırdıysan Rabbini da gazaplandırmış oldun"* buyurdular. Hz. Ebubekir hemen onların yanına gelerek: *"Ey kardeşlerim, sizi kırdım mı?"* diye sordu. Onlar da: *"Hayır, Allah seni bağışlasın ey kardeşimiz"* dediler. (Müslim, Fezailüssahabe 170)

◈ **264)** Sehl b. Sa'd (r.a.)'dan:

Rasulullah (s.a.v.) işaret parmağıyla orta parmağını biraz açarak: *"Ben ve yetimi kollayan kimse cennette şöyle beraberce bulunacağız"* buyurdular. (Buhari, talak 25)

◈ **265)** Ebu Hüreyre (r.a.)'den:

Rasulullah (s.a.v.): **"Kendine veya başkasına ait bir yetimi kollayan kimseyle ben cennette şöyle yanyana bulunacağız."** buyurdular. Ravi Malik b. Enes işaret parmağıyla orta parmağını gösterdi. (Müslim, Zühd 42)

◈ **266)** Yine Ebu Hüreyre (r.a.)'dan:

Rasulullah (s.a.v.): **"Bir iki hurmayla veya bir iki lokmayla savuşturulan fakir değildir. Asıl fakir muhtaç olduğu halde iffetinden dolayı dilenmeyen kimsedir."** buyurdular. (Buhari, tefsiru Sure-i Bakara 48, Müslim, Zekât 102)

Buhari ve Müslim'in diğer bir rivayetlerinde ise şöyledir: *"Kapı kapı dolaşıp bir iki lokmayla veya bir iki hurmayla savuşturulan kimse fakir değildir. Gerçek fakir kendisi zenginliğe sahip olmayan, muhtaç olduğu bilinmediği için kendisine sadaka verilmeyen ve kalkıp kimseden bir şey dilenmeyen kimsedir."* buyurdular. (Buhari, Zekât 53, Müslim, Zekât 101)

◈ **267)** Ebu Hüreyre (r.a.)'dan:

Rasulullah (s.a.v.): **"Dul kadınlar ve yoksulların işlerine koşan kimse Allah yolunda cihad eden kimse gibidir."** buyurdular.

Ravi: **"O kimse, bıkmadan gece namaz kılan, iftar etmeden oruç tutan kimse gibidir"** buyurduklarını da zannediyorum dedi. (Buhari, Müslim)

◈ **268)** Ebu Hüreyre (r.a.)'dan:

Rasulullah (s.a.v.): **"Yemeklerin (davetlerin) en şerlisi ona gelecek olan (fakirlerden) esirgenip, ona gelmeyecek olan (zenginlerin) çağrıldığı yemeklerdir. Kim mazeretsiz olarak düğün yemeğine gitmezse Allah'a ve Peygamberine isyan etmiş sayılır."** buyurdular. (Müslim, Nikâh 110)

Ebu Hüreyre'den Buhari ve Müslim'in değişik bir rivayetinde Rasulullah (s.a.v.): **"Zenginlerin davet edilip fakirlerin çağrılmadığı düğün yemeği ne kötü bir yemektir."** buyurdular. (Buhari, Nikâh 72, Müslim, Nikâh 107)

◈ **269)** Enes b. Malik (r.a.)'den:

Rasulullah (s.a.v.): *"Her kim iki kız çocuğunu ergenlik çağına gelinceye kadar yetiştirirse, kıyamet günü ben ve o kimse şöylece yan yana bulunuruz,"* buyurdular ve parmaklarını birbirine bitiştirdiler. (Müslim, Birr 149)

◈ **270)** Aişe (r.a.)'dan:

Bir gün yanında iki kız çocuğuyla bir kadın geldi ve birşeyler istedi. Benim yanımda da tek hurmadan başka bir şey yoktu. Onu o kadına verdim. Kadın kendisi hiç yemeden onu çocukları arasında bölüştürdü ve kalkıp gitti. O sırada Peygamber (s.a.v.) yanımıza geldi. Kendisine durumu haber verince: *"Allah kimi kız çocukları ile imtihan eder, o da onlara iyi davranırsa o kız çocukları o kimse için cehenneme karşı perde olur."* buyurdular.

(Buhari, Zekât 10, Müslim, Birr 147)

◈ **271)** Aişe (r.a.)'dan:

Sırtına iki çocuğunu yüklenmiş fakir bir kadın bir şeyler istemek için geldi. Ben de ona üç hurma verdim. O da o kızlardan her birine birer hurma verdi ve öteki hurmayı da kendisi yemek üzere ağzına götürdü. Kızlar onu da istediler. Kadın yemek istediği bu hurmayı ikisine paylaştırdı. Kadının bu işine hayran kaldım ve yaptığını Rasulullah (s.a.v.)'e anlattım. O da: *"Muhakkak ki Allah bu sebeple o kadına cennetini vermiş veya bu sebeple onu cehennemden kurtarmıştır."* buyurdular. (Müslim, Birr 148)

◈ **272)** Ebu Şüreyh Huveylid b. Amr el-Huzai (r.a.)'den:

Peygamber (s.a.v.): *"Ey Allah'ım! Ben (insanları) iki zayıfın, kadın ve yetimin haklarının yenmesinden sakındırıyorum."* buyurdular. (Nesai, Sünen İşretün nisa 64)

◈ **273)** Mus'ab b. Sa'd b. Ebi Vakkas (r.a.)'den:

Babam Sa'd, kendisinin diğer insanlardan daha üstün olduğunu düşünürdü. Rasulullah (s.a.v.): *"Siz ancak aranızdaki zayıflar sebebiyle rızıklanmıyor musunuz?"* buyurdular.

◈ **274)** Ebu'd Derda Uveymir (r.a.)'den:

Ben Rasulullah (s.a.v.)'i: *"Fakirleri gözetin. Zira siz, ancak aranızdaki zayıflar sayesinde rızıklanır ve yardım görürsünüz."* diye buyururlarken işittim. (Ebu Davut, Cihad 710)

## 34- KADINLARA İYİ DAVRANMA BÖLÜMÜ

◈ *"... ve hanımlarınızla iyi geçinin...."* (4 Nisa 19)

◈ *"Ne kadar da uğraşsanız, eşleriniz arasında adaleti asla sağlayamazsınız. O halde en azından birisine tamamen kapılıp öbürünü askıda bırakmayın. Eğer (birbirinize) iyi davranır ve Allah'tan hakkıyla sakınırsanız, şüphesiz Allah, çok bağışlayıcı, çok merhamet edicidir."* (4 Nisa 129)

◈ **275)** Ebu Hüreyre (r.a.)'den:

Rasulullah (s.a.v.): *"Kadınlarınıza iyilikle tavsiyede bulunun. Çünkü kadın kaburga kemiği gibi (narin)bir yaratılışa sahiptir. Kaburga kemiğinin en eğri yeri üst tarafıdır. Eğer onu düzeltmeye kalkışırsan kırarsın, olduğu gibi bırakırsan da eğri kalır, öyleyse kadınlarınıza iyilikle tavsiyede bulunun."* buyurdular.

(Buhari, Nikâh 80, Müslim, Rada 60)

Başka bir rivayette: *"Kadın kaburga kemiği gibi (narin)dir. Onu doğrultmaya kalkarsan kırarsın, eğer ondan faydalanmak istersen bu eğri haliyle faydalanabilirsin."* buyurulmuştur.

(Buhari, Nikâh 79, Müslim, Rada 65)

Başka bir rivayette: *"Kadın kaburga kemiği gibi (narin) bir yaratılışa sahiptir. Hiç bir zaman seni istediğin gibi dosdoğru olamaz, eğer ondan faydalanmak istersen bu eğri haliyle faydalanabilirsin. Şayet arzunuza göre doğrultmak istersen onu kırarsın, onun kırılması da boşanmasıdır."* buyurdular. (Müslim, Rada 59)

◈ **276)** Abdullah b. Zem'a (r.a.):

Rasulullah (s.a.v.)'i bir gün insanlara hitab ederken, Salih (a.s.) Peygamberin dişi devesinden ve onu öldüren kişiden bahsederek, **"Onların en azgını ileri atıldı"** ayetini okudu ve: **"Semud toplumunda kuvvetiyle tanınan ve son derece şerli, zorba bir adam deveyi öldürmek için ileri fırladı"** buyurdular, dediğini söyledi. Sonra kadınlardan bahsederek onlar hakkında öğütlerde bulunarak: **"Sizden biriniz akşam kendisiyle bir yatakta yatacağı hanımını köleyi döver gibi dövmeye kalkıyor."** buyurdular. Sonrada birisi yelleyince ona gülmelerinden bahsederek: **"İnsan bizzat kendisinin de yaptığı şeye niçin güler ki!"** buyurdular. (Buhari, tefsiru Sure-i Şems 1, Müslim, Cennet 49)

◈ **277)** Ebu Hüreyre (r.a.)'den:

Rasulullah (s.a.v.): **"Müslüman bir kimse Müslüman bir hanıma buğz etmesin. Onun bir huyundan hoşlanmıyorsa, memnun olacağı başka huyları da vardır."** buyurmuşlardır. (Müslim, Rada 61)

◈ **278)** Amr b. Ahvas el-Cüşemi (r.a.)'dan:

Veda haccında Rasulullah (s.a.v.)'in, Allah'a hamd ü sena edip halka öğüt ve nasihat verdikten sonra: **"Beni dinleyin! Kadınlara iyi davranmanızı tavsiye ediyorum. Zira onlar sizin idarenize verilmiş emanetlerdir. Açık bir fuhuş işlemeleri müstesna onlar üzerinde zorbalık yapma hakkınız yoktur. Eğer böyle bir şey yaparlarsa onları yataklarında ayrı bırakın, yaralayıp berelemeden onları dövün, şayet size itaat ederlerse onların aleyhine başka bir yol aramayın. Şunu iyi biliniz ki! Kadınlarınızın sizin üzerinizde hakları olduğu gibi sizin de onlar üzerinde haklarınız vardır. Sizin onlar üzerindeki haklarınız, yatağınızı yabancılardan korumaları ve istemediğiniz kimseleri evinize almamalarıdır. Onların sizin üzerinizdeki hakları ise giyimlerinde ve yemelerinde onlara iyi bakmanızdır."** buyurduklarını işittim, demiştir. (Tirmizi, Rada 11)

◈ **279)** Muaviye b. Hayde (r.a.)'den:

**"Ey Allah'ın Rasulü! Kadınlarımızın bizim üzerimizdeki hakkı nedir?"** diye sordum. O: **"Yediğin de ona da yedirmek, giydi-**

*ğinde ona da giydirmektir. Sakın yüzüne vurma, onu ayıplama, ayrı yatmaya mecbur kalırsan bunu sadece evde yap."* buyurdular. (Ebu Davut, Rada 41)

◈ **280)** Ebu Hüreyre (r.a.)'den:

Rasulullah (s.a.v.): *"Mü'minlerin iman bakımından en iyisi ahlaken en iyi olanıdır. Sizin en hayırlınız hanımlarına karşı en hayırlı olanlarınızdır."* buyurdular. (Tirmizi, Rada 11)

◈ **281)** İyas b. Abdullah b. Ebu Zübab (r.a.)'den:

Rasulullah (s.a.v.): *"Allah'ın kadın kullarını dövmeyin"* buyurmuştu. Ömer (r.a.) Rasulullah (s.a.v.)'in huzuruna çıkarak: *"Kadınlar kocalarına kafa tutmaya başladılar."* dedi. Bunun üzerine Rasulullah (s.a.v.) kadınların dövülmelerine izin verdi. Bu sefer de birçok kadın Rasulullah (s.a.v.)'in hanımlarına gelerek kocalarını şikâyet ettiler. Bundan sonra Rasulullah (s.a.v.): *"Pek çok kadın Muhammed'in ailesine gelerek kocalarından şikâyet ediyor. Kadınlarını dövenler sizin hayırlılarınız değildir."* buyurdular. (Ebu Davud, Nikâh 42)

◈ **282)** Abdullah b. Amr b. As (r.a.)'dan:

Rasulullah (s.a.v.): *"Dünya geçici bir faydadan ibarettir. Bu dünyanın fayda sağlayan en hayırlı varlığı ise saliha bir kadındır."* buyurdular. (Müslim, Rada 64)

## 35- KOCANIN KARISI ÜZERİNDEKİ HAKLARI BÖLÜMÜ

◈ "Allah'ın, insanları birbirinden üstün kılması ve erkeklerin mallarını (aile fertleri için) harcamaları sebebiyle erkekler, kadınlar üzerine koruyucu ve yöneticidirler. İyi kadınlar, itaatkâr olup, Allah'ın korunmasını (emrettiği) gizli şeyleri korurlar..." (4 Nisa 34)

◈ **283)** Ebu Hüreyre (r.a.)'den:

Rasulullah (s.a.v.): *"Bir erkek karısını yatağına çağırır da karısı gelmez ve erkek de ona dargın olarak gecelerse melekler o kadına sabaha kadar lanet eder."* buyurdular. (Buhari, Bed'ül Halk 7, Müslim, Nikâh 122)

Başka bir rivayet: *"Kadın kocasının yatağını terk edip başka yerde gecelerse melekler sabaha kadar ona lanet eder."* buyurdular. (Buhari, Nikâh 85, Müslim, Nikâh 120)

Değişik bir rivayet: *"Canımı elinde tutan Allah'a yemin ederim ki bir erkek karısını yatağa çağırır da kadın gelmezse kocası ondan memnun oluncaya kadar kâinatın sahibi olan Allah o kadına gazap eder."* buyurdular. (Müslim, Nikâh 121)

◈ **284)** Ebu Hüreyre (r.a.)'den:

Rasulullah (s.a.v.): *"Bir kadının kocası yanındayken onun izni olmadan nafile oruç tutması ve kocasının izni olmadan bir kimseyi evine alması helal değildir."* buyurdular. (Buhari, Nikâh 86, Müslim, Zekât 84)

◈ **285)** İbnu Ömer (r.a.)'dan:

Rasulullah (s.a.v.): *"Hepiniz çobansınız ve hepiniz güttüğünüz sürüden sorumlusunuz. Amir çobandır, erkek aile ve çocuklarının çobanıdır, kadın da eşinin evinin ve çocuklarının çobanıdır. O halde hepiniz güttüğünüz sürüden sorumlusunuz."* buyurdular. (Buhari, Cuma 11, Müslim, İmara 20)

◈ **286)** Ebu Ali talk b. Ali (r.a.)'den:

Rasulullah (s.a.v.): *"Bir koca karısına ihtiyacından dolayı onu yanına çağırınca kadın ocak başında dahi olsa kocasının yanına gelsin."* buyurdular. (Tirmizi, Rada 10)

◈ **287)** Ebu Hüreyre (r.a.)'den:

Rasulullah (s.a.v.): *"Bir kimsenin bir kimseye secde etmesini emredecek olsaydım, kadının kocasına secde etmesini emrederdim."* buyurdular. (Tirmizi, Rada 10)

◈ **288) Ümmü Seleme (r.a.)'den:**

Rasulullah (s.a.v.): *"Herhangi bir kadın kocası kendisinden razı olduğu halde ölürse, cennete girer."* buyurdular. (Tirmizi, Rada 10)

◈ **289) Muaz b. Cebel (r.a.)'den:**

Rasulullah (s.a.v.): *"Bir kadın dünyada kocasına eziyet ederse, o erkeğin cennetteki hurilerden olan hanımı ona, -Allah canını alsın üzme onu, o senin yanında misafirdir. Yakında senden ayrılıp bize kavuşacak,- der"* buyurdular. (Tirmizi, Rada 19)

◈ **290) Üsame b. Zeyd (r.a.)'den:**

Peygamber (s.a.v.): *"Benden sonra erkeklere kadınlardan daha zararlı bir fitne bırakmadım."* buyurdular. (Buhari ve Müslim)

## 36- AİLENİN NAFAKASI BÖLÜMÜ

◈ *"...annenin yiyecek ve giyeceklerini geleneklere uygun bir biçimde sağlamak, çocuk kendisinin olan (babaya) aittir..."* (2 Bakara 233)

◈ *"İmkânı geniş olan, nafakayı imkânına göre bol versin, rızık imkânı dar olan da (nafakayı) Allah'ın kendisine verdiği kadarından versin. Allah herkesi ancak ona verdiği kadarıyla yükümlü tutar."* (65 Talak 7)

◈ *"...Siz Allah için ne harcarsanız, O (Allah), onun yerini (daima) doldurur..."* (34 Sebe' 39)

◈ **291) Ebu Hüreyre (r.a.)'dan:**

Rasulullah (s.a.v.): *"Allah yolunda harcadığın para, köle azat etmek için harcadığın para, fakire sadaka olarak verdiğin para ve bir de çoluk çocuğuna harcadığın para var ya! İşte bunlardan sana en çok sevap kazandıracak olanı çoluk çocuğuna harcadığın paradır."* buyurdular. (Müslim, Zekât 39)

◈ **292)** Rasulullah (s.a.v.)'in azadlısı Ebu Abdullah Sevban b. Bücdüd'den:

Rasulullah (s.a.v.): *"Bir kimsenin harcadığı paraların en hayırlısı ailesi için harcadığı para ile Allah yolunda kullanacağı bineği için harcadığı para ve bir de Allah yolunda cihad eden arkadaşlarına harcadığı paradır."* buyurdular. (Müslim, Zekât 38)

◈ **293)** Ümmü Seleme (r.a.)'den:

Ben: *"Ey Allah'ın Rasulü! (Eski kocam) Ebu Seleme'nin çocuklarına yaptığım harcamalardan benim için sevap var mıdır? Onları öylece bırakmadım, onlar da benim kendi çocuklarımdır."* diye sordum. Rasulullah (s.a.v.): *"Evet onlara yaptığın harcamanın sevabı sana verilecektir."* buyurdular. (Buhari, Nefakat 14, Müslim, Zekât 47)

◈ **294)** Sa'd b. Ebi Vakkas (r.a.)'ın rivayet ettiği 6 numaralı hadiste Rasulullah (s.a.v.): *"Eşinin ağzına koyduğun lokmaya varıncaya kadar, Allah'ın rızasını düşünerek yaptığın tüm harcamalardan sevap kazanırsın."* buyurmuştu. (Buhari, İman 41, Müslim, Vasiyyet 5)

◈ **295)** Ebu Mes'ud el-Bedri (r.a.)'den:

Rasulullah (s.a.v.): *"Bir adam sevabını Allah'tan bekleyerek ailesi için harcarsa bu onun için sadakadır."* buyurdular. (Buhari, İman 41, Müslim, Zekât 49)

◈ **296)** Abdullah b. Amr b. Âs (r.a.)'den:

Rasulullah (s.a.v.): *"Bir kişiye geçimini sağlaması gerekenleri ihmal etmesi günah olarak yeter."* buyurdular. (Ebu Davut, Zekât 45)

Diğer bir rivayette: *"Bir kişiye geçimini sağlaması gerekenlerin nafakasını kısmak günah olarak yeter."* buyurdular. (Buhari, Müslim)

◈ **297)** Ebu Hüreyre (r.a.)'den:

Rasulullah (s.a.v.): *"Kulların sabaha çıktığı her gün yeryüzüne iki melek iner. Bunlardan biri: Ey Allah'ım! Malını Allah rızası için infak edene karşılığını ver, diğeri de: Ey Allah'ım! Cimrilik edenin malını yok et, der."* buyurdular. (Buhari, Zekât 27, Müslim, Zekât 57)

◈ **298)** Ebu Hüreyre (r.a.)'den:

Rasulullah (s.a.v.): *"Veren el alan elden daha hayırlıdır. Sadaka vermeye geçimini üstlendiğin kimselerden başla. Sadakanın hayırlısı ihtiyaç fazlası maldan verilendir. Kim istemekten sakınırsa Allah onu muhtaç etmez. Kim de kanaat ederse Allah onu başkasına muhtaç etmez."* buyurdular. (Buhari, Zekât 18, Müslim, Zekât 94)

## 37- İYİ VE DEĞERLİ ŞEYLERİ İNFAK ETME BÖLÜMÜ

◆ "Siz sevdiğiniz şeylerden (Allah yolunda) harcamadıkça, gerçek iyiliğe asla ulaşamazsınız." (3 Alu İmran 92)

◆ "Ey îman edenler! Kazandıklarınızın temiz olanları ile yerden sizin için çıkardığımız nimetlerden, Allah yolunda harcayın. Kendinize verildiği zaman iğreneceğiniz kadar kötü şeyleri, sakın sadaka olarak vermeye kalkmayın." (2 Bakara 267)

◈ **299)** Enes (r.a.)'den:

Ebu Talha ensarın hurmalık bakımından en zenginlerinden idi. En sevdiği malı da Mescid'in karşısındaki hurma bahçesiydi. Peygamber (s.a.v.) bu bahçeye girer ve oradaki tatlı sudan içerdi. Enes (r.a.) devamla: *"Sevdiğiniz şeylerden (Allah yolunda) harcamadıkça, gerçek iyiliğe asla ulaşamazsınız."* (3 Alu İmran 92) ayeti nazil olunca Ebu Talha Rasulullah (s.a.v.)'in yanına gelerek: *"Ey Allah'ın Rasulü! Allah sana sevdiğiniz şeylerden (Allah yolunda) harcamadıkça, gerçek iyiliğe asla ulaşamazsınız, ayetini gönderdi. Benim en sevdiğim malım ise Mescid'in karşısındaki hurma bahçemdir. O Allah için sadakadır. Allah'tan onun sevabını ve ahiret azığı olmasını dilerim. Burayı Allah'ın sana gösterdiği şekilde kullan"* dedi. Bunun üzerine Rasulullah (s.a.v.)'in: *"Aferin sana!*

*Bu çok kârlı bir maldır. Fakat ben bu malı akrabalarına verme- ni uygun görüyorum"* dediğini işittim. Ebu Talha: *"Öyle yapayım, Ey Allah'ın Rasulü!"* dedi ve bahçeyi akrabaları ve amca çocukları arasında taksim etti. (Buhari, Zekât 64, Müslim, Zekât 42)

## 38- AİLEDE DİN EĞİTİMİ BÖLÜMÜ

◈ *"Ailene (ve ümmetine) namazı emret ve onda kararlı dav- ran..."* (20 Taha 132)

◈ *"Ey îman edenler! Kendinizi ve yakınlarınızı yakıtı insanlar ve taşlar olan cehennemin ateşinden koruyun..."* (66 tahrim 6)

◈ **300)** Ebu Hüreyre (r.a.)'den:

Hz. Ali'nin oğlu Hasan (r.a.) bir gün sadaka hurmalarından birini alıp ağzına koymuştu. Rasulullah (s.a.v.): *"Bırak, bırak! At onu, bizim sadaka yemediğimizi bilmiyor musun?"* buyurdular. (Müslim, Zekât 161'de) *"Bize sadaka helal değildir"* şeklindedir. (Buhari, Zekât 60, Müslim, Zekât 161)

◈ **301)** Rasulullah (s.a.v.)'in üvey oğlu Ebu Hafs Ömer b. Ebu Seleme Abdullah b. Abdulesedin (r.a.)'den:

Ben Rasulullah (s.a.v.)'in himayesinde yetişen bir çocuktum. Yemek yerken elim yemek tabağının her tarafında dolaşıyordu. Bunun üzerine Rasulullah (s.a.v.): *"Ey çocuk! Besmele çek, sağ elinle ve önünden ye!"* buyurdular. (Buhari, Et'ıme 2, Müslim, Eşribe 108)

◈ **302)** İbni Ömer (r.a.)'dan:

Rasulullah (s.a.v.)'in: *"Hepiniz çobansınız ve hepiniz güttü- ğünüz sürüden sorumlusunuz. Amir çobandır ve güttüğü sürü- den sorumludur, erkek ailesinin çobanıdır ve güttüğü sürüden sorumludur, kadın eşinin evinin çobanıdır ve güttüğü sürüden sorumludur, hizmetçi efendisinin malının çobanıdır ve güttüğü sürüden sorumludur, O halde hepiniz çobansınız ve güttüğü- nüz sürüden sorumlusunuz."* buyurduklarını işittim dedi. (Buhari, Cuma 11, Müslim, İmara 20)

◈ **303)** Amr b. Şuayb babasından o da dedesi (r.a.)'dan:

Rasulullah (s.a.v.): **"Yedi yaşına gelen çocuklarınıza namaz kılmayı emredin.** *On yaşına geldiklerinde (kılmazlarsa) cezalandırın ve (oğlan ve kız bir yatakta yatıyorlarsa) yataklarını da ayırın."* buyurdular. (Ebu Davud, Salat 26)

◈ **304)** Ebu Süreyya Sebre b. Ma'bed el Cüheni (r.a.)'den:

Rasulullah (s.a.v.): **"Yedi yaşına gelen çocuğa namaz kılmayı öğretin, on yaşına vardıklarında (kılmazlarsa) cezalandırın."** buyurdular. (Ebu Davud, Salat 23)

# 39- KOMŞU HAKKI VE KOMŞULUK BÖLÜMÜ

◈ "(Ey îman edenler!) Sadece Allah'a ibâdet edin ve O'na hiçbir şeyi ortak koşmayın. (Sonra) anaya, babaya, akrabaya, yetimlere, fakirlere, yakın komşulara, uzak komşulara, yakın arkadaşlara, yolda kalanlara, elinizin altındaki kölelere iyilik edin." (4 Nisa 36)

◈ **305)** İbnu Ömer ve Aişe (r.a.)'den:

Rasulullah (s.a.v.): **"Cebrail bana komşuya iyilik etmeyi sürekli tavsiye etti nerdeyse komşuyu komşuya varis kılacağını zannettim."** buyurdular. (Buhari, Edeb 28, Müslim, Birr 140)

◈ **306)** Ebu Zer (r.a.)'den:

Rasulullah (s.a.v.): **"Ey Ebu Zer! Çorba pişirdiğin zaman suyunu çokça koy ve komşularını da gözet."** buyurdular. (Müslim, Birr 142)

Müslim'in diğer bir rivayeti: Dostum Rasulullah (s.a.v.) bana: **"Çorba pişirdiğin zaman suyunu çokça koy, sonra komşularının ailelerini gözden geçir ve onlara uygun bir pay ayır."** diye vasiyet ettiler.

◈ **307)** Ebu Hüreyre (r.a.)'den:

Peygamber (s.a.v.): **"Vallahi iman etmiş olmaz! Vallahi iman etmiş olmaz! Vallahi iman etmiş olmaz!"** buyurdular. *"Ey Al-*

*lah'ın Rasulü! O kimdir?"* diye sorulunca: *"Şerrinden komşusu emin olmayan kimsedir"* buyurdular. (Buhari, Edeb 29, Müslim, İman 73)

Diğer bir rivayet: *"Şerrinden komşusu emin olmayan kimse cennete giremez."* buyurdular. (Müslim, İman 73)

◈ **308)** Ebu Hüreyre (r.a.)'den:

Rasulullah (s.a.v.): *"Ey Müslüman hanımlar! Hiçbir komşu hanım, komşu hanımın bir koyun paçası bile olsa hediyesini küçümsemesin."* buyurdular. (Buhari, Hibe 1, Müslim, Zekât 90)

◈ **309)** Ebu Hüreyre (r.a.)'den:

Rasulullah (s.a.v.): *"Hiçbir komşu kendi duvarına komşusunun kiriş koymasına mani olmasın."* buyurdular.

Ebu Hüreyre (r.a.) etrafındakilere: *"Bana ne oluyor ki, ben sizi bu sünnetten yüz çevirmiş olarak görüyorum. Vallahi ben bu sünneti sizin omuzlarınıza yükleyeceğim."* dedi. (Buhari, Mezalim 20, Müslim, Müsakat 136)

◈ **310)** Ebu Hüreyre (r.a.)'den:

Rasulullah (s.a.v.): *"Allah'a ve ahiret gününe iman eden, komşusunu rahatsız etmesin. Allah'a ve ahiret gününe iman eden, misafirine ikram etsin. Allah'a ve ahiret gününe iman eden, ya hayır söylesin veya sussun."* buyurdular. (Buhari, Nikâh 80, Müslim, İman 74)

◈ **311)** Ebu Şüreyh el-Huzâî (r.a.)'den:

Rasulullah (s.a.v.): *"Allah'a ve ahiret gününe iman eden, komşusuna iyilik etsin. Allah'a ve ahiret gününe iman eden, misafirine ikram etsin. Allah'a ve ahiret gününe iman eden, ya hayır söylesin veya sussun."* buyurdular. (Müslim, İman 77)

◈ **312)** Aişe (r.a.)'dan:

*"Ey Allah'ın Rasulü! İki komşum var hangisine hediye vereyim?"* dedim. Rasulullah (s.a.v.): *"Kapısı sana daha yakın olana."* buyurdular. (Buhari, Şifa 3)

◈ **313) Abdullah ibni Amr (r.a.)'den:**

Rasulullah (s.a.v.): *"Yüce Allah'ın katında arkadaşların en hayırlısı arkadaşına hayırlı olandır. Yine Yüce Allah'ın katında komşuların en hayırlısı komşusuna hayırlı olandır."* buyurdular.

(Tirmizi, Birr 28)

## 40- ANA-BABAYA İYİLİK VE AKRABAYI ZİYARET BÖLÜMÜ

◈ "(Ey îman edenler!) Sadece Allah'a ibâdet edin ve O'na hiçbir şeyi ortak koşmayın. (Sonra) anaya, babaya, akrabaya, yetimlere, fakirlere, yakın komşulara, uzak komşulara, yakın arkadaşlara, yolda kalanlara, elinizin altındaki kölelere iyilik edin." (4 Nisa 36)

◈ "...Ve birbirinizden dilekte bulunurken, adına yemin verdiğiniz Allah'tan ve akrabalık (bağlarını koparmak)tan da sakının." (4 Nisa 1)

◈ "Onlar, Allah'ın gözetilmesini emrettiği şeyleri gözeten, kimselerdir..." (13 Ra'd 21)

◈ "Biz insana, anne ve babasına (karşı) iyi (davranmasını) tavsiye ettik..." (29 Ankebut 8)

◈ "Rabbin, ancak kendisine kulluk etmenizi, anneye ve babaya iyi davranmanızı emretti. Eğer onlardan birisi veya ikisi birden senin yanında yaşlılığa ulaşırsa, sakın onlara, "öf" bile deme, onları azarlama ve onlara güzel söz söyle. Onlara merhamet ederek alçak gönüllülükle kanat ger ve: "Ey Rabbim! Onlar, beni küçükken nasıl (merhametle) terbiye ettilerse Sen de onlara merhamet et." diye (dua et)." (17 İsra 23-24)

◈ "Biz insana, anne ve babasına (iyi davranmasını) tavsiye ettik. Zîrâ annesi onu, nice sıkıntılara katlanarak (karnında) taşıdı ve iki yıl da emzirdi. (Ey İnsanoğlu!) Önce Bana, sonra da anne ve babana şükret..." (31 lokman 14)

◈ **314) Abdullah b. Mes'ud (r.a.)'den:**

Peygamber (s.a.v.)'e: *"Allah'ın en çok sevdiği amel hangisidir?"* diye sordum. Rasulullah (s.a.v.): ***"Vaktinde kılınan namazdır,"*** buyurdular. *"Sonra hangisidir?"* dedim. *"Anaya babaya iyilik et-mektir"* buyurdu. *"Daha sonra hangisidir?"* deyince: *"Allah yo-lunda cihad etmektir"* buyurdular. (Buhari, Mevakıt 5, Müslim, İman 137)

◈ **315)** Ebu Hüreyre (r.a.)'den:

Rasulullah (s.a.v.): *"Hiçbir çocuk babasının hakkını asla öde-yemez! Ancak babasını köle olarak bulup, satın alıp, hürriye-tine kavuşturması hariç."* buyurdular." buyurdular. (Müslim, Itk 25)

◈ **316)** Ebu Hüreyre (r.a.)'dan:

Rasulullah (s.a.v.) şöyle buyurdu: *"Allah'a ve ahiret gününe iman eden, misafirine ikram etsin. Allah'a ve ahiret gününe iman eden, akrabasını gözetsin. Allah'a ve ahiret gününe iman eden, ya hayır söylesin veya sussun."* buyurdular. (Buhari, Edeb 85, Müslim İman 74)

◈ **317)** Yine Ebu Hüreyre (r.a.)'dan:

Rasulullah (s.a.v.): *"Allah yaratma işini bitirince akrabalık bağı Allah'ın huzurunda durarak: 'Bu duruş akrabalık bağını kesenden sana sığınma duruşudur,' dedi. Allah da: Evet! Seni koruyup gözeteni gözetmeme seninle ilgisini kesenden ilgimi kesmeme razı olur musun? diye sordu. Akrabalık bağı: 'Evet razıyım.' dedi. Bunun üzerine Allah: Sana bu verilmiştir,"* bu-yurdu.

Sonra Rasulullah (s.a.v.): *"Eğer isterseniz; 'Eğer (savaştan) kaçarsanız, yeryüzünde bozgunculuk yapmaya ve akraba-larınızı kırdırmaya sebep olmaz mısınız? İşte bunlar; Allah'ın lânetlediği, (kulaklarını) sağır, gözlerini kör ettiği kimselerdir.'* (47 Muhammed 22-23) *ayetini okuyun"* buyurdular. (Buhari Edeb 13, Müslim, Birr 16)

Başka bir rivayet:

Yüce Allah: *"(Ey akrabalık bağı!) Seni koruyup gözeteni gö-zetirim, seninle ilgisini kesenden de ilgimi keserim."* buyurdu-lar. (Buhari, Edeb 13)

◈ **318)** Yine Ebu Hüreyre (r.a.)'dan:

Bir adam Peygamber (s.a.v.)'e gelerek: *"Ey Allah'ın Rasulü! İnsanlardan kendisine en iyi davranmam gereken kimdir?"* diye sordu. Resulullah (s.a.v.): *"Annendir"* buyurdular. Adam: *"Ondan sonra kimdir?"* dedi. Rasulullah yine: *"Annendir"* buyurdu. Adam tekrar: *"Ondan sonra kimdir?"* diye sordu. Yine: *"Annendir"* buyurdular. Adam: *"Ondan sonra kimdir?"* deyince Rasulullah (s.a.v.): *"Baba'ndır"* buyurdular. (Buhari, Edeb 2, Müslim Birr 1)

Diğer bir rivayet: *"Ey Allah'ın Rasulü! İnsanlardan kendisine en iyi davranmam gereken kimdir?"* diye sordu. Rasulullah (s.a.v.): *"Annen, annen, annen, sonra baban, sonra da yakın akrabalarındır"* buyurdular. (Müslim, Birr 2)

◈ **319)** Yine Ebu Hüreyre (r.a.)'den:

Peygamber (s.a.v.): *"Ana-babasından birinin veya ikisinin ihtiyarlık zamanlarına yetişip de cennete giremeyen kimsenin burnu yerlerde sürünsün, burnu yerlerde sürünsün, burnu yerlerde sürünsün."* buyurdular. (Müslim Birr 9)

◈ **320)** Yine Ebu Hüreyre (r.a.)'den:

Adamın biri: *"Ey Allah'ın Rasulü! Benim akrabalarım var, ben onları ziyaret ediyorum onlar benimle ilişkiyi kesiyorlar. Ben onlara iyilik ediyorum, onlar bana kötülük ediyorlar. Ben onlara yumuşak davranıyorum, onlar bana kaba davranıyorlar"* dedi. Bunun üzerine Rasulullah (s.a.v.): *"Eğer dediğin gibi isen sen onlara kızgın kül yedirmiş (gibi Allah tarafından eza veren bir azaba çarptırılmalarına sebep) oluyorsun. Sen böyle davrandıkça Allah'ın yardımı daima seninledir."* buyurdular. (Müslim, Birr 22)

◈ **321)** Enes (r.a.)'den:

Rasulullah (s.a.v.): *"Bir kimse rızkının çoğalmasını ve ömrünün uzamasını isterse akrabasını gözetsin."* buyurdular. (Buhari, Edeb 12, Müslim, Birr 20)

◈ **299)** Enes (r.a.)'den:

Ebu Talha ensarın hurmalık bakımından en zenginlerinden idi. En sevdiği malı da Mescid'in karşısındaki hurma bahçesiydi. Peygamber (s.a.v.) bu bahçeye girer ve oradaki tatlı sudan içerdi. Enes (r.a.) devamla: *"Sevdiğiniz şeylerden (Allah yolunda) harcamadıkça, gerçek iyiliğe asla ulaşamazsınız."* (3 Alu İmran 92) ayeti nazil olunca Ebu Talha Rasulullah (s.a.v.)'in yanına gelerek: *"Ey Allah'ın Rasulü! Allah sana sevdiğiniz şeylerden (Allah yolunda) harcamadıkça, gerçek iyiliğe asla ulaşamazsınız, ayetini gönderdi. Benim en sevdiğim malım ise Mescid'in karşısındaki hurma bahçemdir. O Allah için sadakadır. Allah'tan onun sevabını ve ahiret azığı olmasını dilerim. Burayı Allah'ın sana gösterdiği şekilde kullan"* dedi. Bunun üzerine Rasulullah (s.a.v.)'in: *"Aferin sana! Bu çok kârlı bir maldır. Fakat ben bu malı akrabalarına vermeni uygun görüyorum"* dediğini işittim. Ebu Talha: *"Öyle yapayım, Ey Allah'ın Rasulü!"* dedi ve bahçeyi akrabaları ve amca çocukları arasında taksim etti. (Buhari, Zekât 64, Müslim, Zekât 42)

◈ **323)** Abdullah b. Amr b. As (r.a.)'den:

Bir adam Rasulullah (s.a.v.)'e gelerek: *"Sevabını Yüce Allah'tan umarak hicret ve cihad etmek üzere sana biat ediyorum"* dedi. Rasulullah (s.a.v.) de: *"Ana ve babandan hayatta olan var mı?"* diye sordu. Adam: *"Evet! Her ikisi de sağdır"* dedi. Rasulullah (s.a.v.): *"Allah'tan sevap kazanmak mı istiyorsun?"* diye sordu. Adam: *"Evet!"* deyince Rasulullah (s.a.v.): *"Anne ve babana dön ve onlara iyilik yap."* buyurdular. (Buhari, Cihad 138, Müslim, Birr 6)

Başka bir rivaye: Bir adam Rasulullah (s.a.v.)'e gelip cihad için izin istedi. Rasulullah (s.a.v.): *"Anan baban sağ mı?"* diye sordu. Adam: *"Evet!"* deyince: *"Öyleyse git onlar için çalış"* buyurdular. (Buhari, Cihad 138, Müslim, Birr 5)

◈ **324)** Abdullah b. Amr b. As (r.a.)'den:

Rasulullah (s.a.v.): *"İyiliğe benzeriyle karşılık veren (akrabasını) gerçekten gözetmiş sayılmaz. Kendisiyle ilgiyi kesmelerine rağmen onlara iyilik etmeye devam eden, gerçekten akrabayı gözeten kimsedir."* buyurdular. (Buhari, Edeb 15)

◈ **325)** Aişe (r.a.) dan:

Rasulullah (s.a.v.): *"Akrabalık bağı arşa tutunarak: 'beni gözeteni Allah da gözetsin. Benimle ilgisini kesenden de Allah ilgisini kessin' der."* buyurdular. (Buhari, Edeb 13, Müslim, Birr 17)

◈ **326)** Mü'minlerin annesi Meymune Bint'il-Haris (r.a.)'dan:

Meymune validemiz Peygamber (s.a.v.)'den izin almadan bir cariyeyi azad etti. Nöbet günü gelip de Rasulullah (s.a.v.) yanına gelince: *"Ey Allah'ın Rasulü! Haberin var mı? Cariyemi azad ettim"* dedi. Rasulullah (s.a.v.): *"Gerçekten bunu yaptın mı?"* diye sordu. Meymune (r.a.) da: *"Evet azad ettim"* deyince: *"Eğersen onu dayılarına verseydin daha çok sevap kazanırdın"* buyurdular. (Buhari, Hibe 15, Müslim, Zekât 44)

◈ **327)** Ebu Bekir (r.a.)'ın kızı Esma (r.a.)'dan:

Rasulullah (s.a.v.) zamanında müşrike olan annem yanıma gelmişti. Rasulullah (s.a.v.)'e: *"Müşrike olan annem benden bir şeyler umarak benim yanıma geldi. Annemi gözetebilir miyim? diye görüşünü sordum."* O da: *"Evet anneni gözet"* buyurdular. (Buhari, Hibe 29, Müslim, Zekat 50)

◈ **328)** Abdullah b. Mes'ud (r.a.)'ın karısı Zeyneb es-Sekafiyye (r.a.)'dan:

Bir gün Rasulullah (s.a.v.): "Ey Kadınlar topluluğu! Ziynet eşyalarınızdan bile olsa sadaka verin" buyurmuştu. Bunun üzerine ben kocam Abdullah b. Mes'ud'un yanına varıp: *"Sen eli dar bir adamsın. Rasulullah (s.a.v.) bize sadaka vermemizi emretti. Ona git de; sana ve çocuklarına sarf edeceğim sadaka yerine geçer mi bir sor. Değilse sadakamı başkalarına vereyim"* dedim. Kocam Abdullah da: *"Git ona kendin sor"* dedi. Rasulullah (s.a.v.)'in kapısına varınca Ensar'dan bir kadının da aynı maksatla orada olduğunu gördüm. Rasulullah (s.a.v.)'in heybetinden içeriye giremedik. İçeriden Bilal çıktı ve biz ona: *"Rasulullah (s.a.v.)'e git de ona iki kadın kapıda duruyor, sizden kendi kocalarına ve elleri altındaki yetimlere sarf ettikleri sadaka yerine geçer mi diye soruyorlar de, fakat bizim kim olduğumuzu söyleme"* dedik. Bilal Rasulullah (s.a.v.)'in yanına girdi ve meseleyi ona sordu. Rasulullah (s.a.v.): *"Onlar kimlerdir?"* buyurdu. Bilal de: *"Ensar'dan bir kadın ile Zeynep'dir"* dedi. Rasulullah (s.a.v.): *"Zeyneplerin hangisi?"* deyince, Bilal: *"Abdullah b. Mes'ud'un karısı"* cevabını verdi. Bunun üzerine Rasulullah (s.a.v.): *"Onlara iki sevap birden vardır. Birisi akrabalarını himaye etme sevabı diğeri de sadaka sevabı."* buyurdular.

(Buhari, Zekât 48, Müslim; Zekât 45)

◈ **329)** Ebu Süfyan Sahr b. Harb (r.a.)'dan:

–Herakliyüs kısasına ait uzun bir hadiste- Herakliyüs Ebu Süfyana: *"O Peygamber (s.a.v.) size ne emrediyor?"* diye sordu. Ebu Süfyan: *"O bize; Tek olan Allah'a ibadet edin, ona hiçbir şeyi denk tutmayın, atalarınızın dediklerin ter edin, diyor ve bize namazı, doğru olmayı, akrabayı gözetmemizi emrediyor"* dedim. (Buhari, Bed'ül vahy 6, Müslim, Cihad 74)

◈ **330)** Ebu Zer (r.a.)'den:

Rasulullah (s.a.v.): *"Muhakkak ki siz yakında para birimi olarak kırat kullanılmakta olan bir yer fethedeceksiniz"* buyurdular.

Değişik bir rivayette: *"Siz kırat'ın para birimi olarak kullanıldığı Mısır'ı fethedeceksiniz. Oranın halkına iyi davranın. Çünkü onlar için bir akrabalık bir de hısımlık bağı vardır."* buyurdular.

Bir diğer rivayette: *"Siz orayı fethettiğiniz zaman halkına iyi davranın. Çünkü onlar için bir akrabalık bir de hısımlık bağı vardır"* buyurdular. (Müslim, Fezailüssahabe 226)

Onların akrabalığı; İsmail (a.s.)'ın annesinin Mısırlı olmasından, hısımlığı ise; Rasulullah (s.a.v.)'n eşi ve oğlu İbrahim'in annesi olan Maria'nın Mısırlı olmasından dolayıdır.

◈ **331)** Ebu Hüreyre (r.a.)'den:

*"Ve (Önce) akrabalarının en yakınlarını uyar."* (26 Şuara 214) ayeti inince Rasulullah (s.a.v.) Kureyş kabilesini çağırdı. Onlar da toplandılar. Genel ve özel olarak: *"Ey Abdu Şems oğulları! Ey Ka'b b. Luey oğulları! Kendinizi cehennemden kurtarın. Ey Mürre b. Ka'b oğulları! Kendinizi cehennemden kurtarın. Ey Abdu Menaf oğulları kendinizi cehennemden kurtarın. Ey Haşim oğulları! Kendinizi cehennemden kurtarın. Ey Abdulmuttalib oğulları! Kendinizi cehennemden kurtarın. Ey Fatıma! Kendini cehennemden kurtar. Çünkü benim sizi Allah'tan gelecek bir azaptan kurtarmaya gücüm yetmez. Ama aramızdaki akrabalık bağından dolayı onu koruyacağım ve sizinle ilgimi kesmeyeceğim"* buyurdular. (Müslim, İman 348)

◈ **332)** Ebu Abdullah Amr b. Âs (r.a.)'den:

Rasulullah (s.a.v.)'i gizli değil apaçık bir şekilde: *"Falan oğulları ailesi, benim dostlarım değildir. Benim dostlarım, Allah ve salih mü'minlerdir. Fakat onlarla aramızdaki akrabalık bağı vardır, onu koruyacağım ve onlarla ilgimi kesmeyeceğim"* buyururlarken işittim, demiştir. (Buhari, Edeb 14, Müslim, İman 366)

◈ **333)** Ebu Eyyub Halid b. Zeyd el-Ensari (r.a.)'den:

Adamın biri Peygamber (s.a.v.)'e: *"Ey Allah'ın Rasulü! Beni cennete sokacak ve cehennemden uzaklaştıracak bir amel söyle."* dedi. Peygamber (s.a.v.): *"O amel; Allah'a ibadet etmen, ona hiçbir şeyi denk tutmaman, namazı kılman, zekâtı vermen ve akrabalarını gözetmendir."* buyurdular. (Buhari, Edeb 10, Müslim, İman 14)

◈ **334)** Selman b. Amir (r.a.)'den:

Rasulullah (s.a.v.): *"Biriniz oruç açacağında orucunu hurma ile açsın çünkü o berekettir. Eğer hurma bulamazsa orucunu su ile açsın çünkü su temizdir."* dedi ve sonra: *"Yoksula bir şey vermek sadakadır. Akrabaya verilen sadakada iki sevap vardır: Biri sadaka sevabı diğeri de akrabayı gözetme sevabıdır."* buyurdular. (Tirmizi, Zekât 26)

◈ **335)** İbnu Ömer (r.a.)'den:

Benim çok sevdiğim, fakat babamın hiç sevmediği bir kadınla evliydim. Babam Ömer bana: *"O kadını boşa"* dedi. Ben de boşamak istemedim. Bunun üzerine babam Peygamber (s.a.v.)'e durumu anlatınca Peygamber (s.a.v.) bana: *"O kadını boşa"* diye emretti. (Ebu Davud, Edeb 120, tirmizi, talak 13)

◈ **336)** Ebu'd Derda (r.a.)'dan:

Adamın biri ona gelerek: "Benim bir karım var. Anam ise onu boşamamı emrediyor ne yapayım?" diye sordu. Eb'ud-Derda ona, Ben Rasulullah (s.a.v.)'i: *"Anne ve baba cennet kapılarının ortasıdır."* derken işittim. Artık sen o kapıyı istersen bırak istersen elinde tut. dedi. (Tirmizi, Birr 3)

◈ **337)** Bera b. Azib (r.a.)'dan:

Rasulullah (s.a.v.): *"Teyze anne yerindedir."* Buyurdular. (Tirmizi, Birr 6)

Bir diğer rivayette: Amr b. Abese (r.a.): Mekke'de iken Peygamberliğinin ilk zamanında O'nun yanına vardım ve: *"Sen kimsin?"* dedim. O'da: *"Peygamberim"* dedi. *"Peygamber ne demektir?"* dedim. O'da: *"Allah beni elçi olarak gönderdi"* dedi. Ben: *"Seni ne ile gönderdi?"* deyince: *"Akrabayı gözetmek, putları kırmak, Allah'ın birliğini kabul edip O'na hiçbir şeyi ortak koşmamak üzere"* buyurdular. ( Müslim)

## 41- ANA BABAYA KARŞI GELME VE AKRABA İLE İLGİYİ KESMENİN HARAMLIĞI BÖLÜMÜ

◈ "Eğer (savaştan) kaçarsanız, yeryüzünde bozgunculuk yapmaya ve akrabalarınızı kırdırmaya sebep olmaz mısınız? İşte bunlar; Allah'ın lânetlediği, (kulaklarını) sağır, gözlerini kör ettiği kimselerdir." (47 Muhammed 22-23)

◈ "Allah'a (yaratılışlarında) verdikleri (tevhit) sözünü bozan, Allah'ın gözetilmesini emrettiği şeyleri yerine getirmeyen ve yeryüzünde bozgunculuk çıkaranlar var ya; (Allah'ın) laneti de en kötü yurt (olan cehennem de) onlar içindir." (13 Ra'd 25)

◈ "Rabbin, ancak kendisine kulluk etmenizi, anneye ve babaya iyi davranmanızı emretti. Eğer onlardan birisi veya ikisi birden senin yanında yaşlılığa ulaşırsa, sakın onlara, "öf" bile deme, onları azarlama ve onlara güzel söz söyle. Onlara merhamet ederek alçak gönüllülükle kanat ger ve: "Ey Rabbim! Onlar, beni küçükken nasıl (merhametle) terbiye ettilerse Sen de onlara merhamet et." diye (dua et)." (17 İsra 23-24)

◈ **338)** Ebu Bekre Nüfey b. Haris (r.a.)'dan:

Rasulullah (s.a.v.): *"Büyük günahların en büyüğünü size haber vereyim mi?"* diye üç defa sordu. Biz de: *"Evet Ey Allah'ın Rasulü!"* dedik. Rasulullah (s.a.v.): *"Allah'a şirk koşmak, ana babaya itaatsizlik etmek"* buyurduktan sonra doğrulup oturdu ve: *"Dikkat edin! Yalan söylemek ve yalan yere şahitlik yapmak",* buyurdular. Bu sözü o kadar tekrar etti ki biz: *"keşke sussa"* dedik. (Buhari, Şehadât 10; Müslim, İman 143)

◈ **339)** Abdullah b. Amr b. El- Âs (r.a.)'den:

Peygamber (s.a.v.): *"Büyük günahlar şunlardır; Allah'a ortak koşmak, ana-babaya itaatsizlik etmek, haksız yere adam öldürmek ve yalan yere yemin etmektir."* buyurdular. (Buhari, Eyman ve'n-Nüzür 16)

◈ **340)** Abdullah b. Amr b. El- Âs (r.a.)'den:

Rasulullah (s.a.v.): *"Bir kişinin kendi ana ve babasına sövmesi büyük günahlardandır."* dedi. Ashab: *"Ey Allah'ın Rasulü! İnsan hiç kendi ana ve babasına söver mi?"* deyince Rasulullah (s.a.v.): *"Evet! Bir kimse başka birisinin babasına söver o da onun babasına söver, o kişi başkasının anasına söver o da onun anasına söver."* buyurdular. (Müslim, İman 146)

Değişik bir rivayet: Rasulullah (s.a.v.): *"İnsanın kendi ana ve babasına lanet etmesi büyük günahlardandır"* dedi. Ashab: *"Ey*

*Allah'ın Rasulü! İnsan hiç kendi ana ve babasına lanet eder mi?"* deyince Rasulullah (s.a.v.): *"Bir kimse başka birisinin babasına söver o da onun babasına söver, o kişi başkasının anasına söver o da onun anasına söver."* buyurdular. (Buhari, Edeb 4)

◈ **341)** Ebu Muhammed Cübeyr b. Mut'ım (r.a.)'dan:

Rasulullah (s.a.v.): *"Akrabayla ilgisini kesen cennete giremez."* buyurdular. (Buhari, edeb 11, Müslim, Birr 18)

◈ **342)** Ebu İsa Muğire b. Şu'be (r.a.)'dan:

Rasulullah (s.a.v.): *"Allah size; annelere itaatsizlik etmeyi, ödenmesi gereken şeyleri vermemeyi, hak etmediğini istemeyi, kız çocuklarını diri diri toprağa gömmeyi haram kıldı ve dedikodu yapmayı, çok soru sormayı ve gereksiz yere mal harcamayı da mekruh kılmıştır."* buyurdular. (Buhari, İstikraz, 19, Müslim, Akdiye 10)

## 42- ANA VE BABANIN DOSTLARINA İKRAM ETME BÖLÜMÜ

◈ **343)** İbnu Ömer (r.a.)'dan:

Rasulullah (s.a.v.): *"İyiliklerin en mükemmeli bir kimsenin babasının dostunu gözetmesidir."* buyurdular.

Abdullah b. Dinar, Abdullah b. Ömer (r.a.)'den:

Bedevilerden biri Abdullah b. Ömer ile Mekke yolunda karşılaştı. Abdullah b. Ömer ona selam verip onu bindiği eşeğe bindirdi ve başındaki sarığı da ona verdi. İbnu Dinar, biz Abdullah b. Ömer'e: *"Allah senin hayrını versin! Bunlar bedevidir az şeye kanaat ederler"* deyince o bize: Bunun babası, babam Ömer b. Hattab'ın dostu idi. Ben Rasulullah (s.a.v.)'in: -*"İyiliklerin en mükemmeli bir kimsenin babasının dostunu gözetmesidir."* buyurduğunu duydum, dedi.

İbnu Dinar, İbnu Ömer'den:

İbnu Ömer Mekke'ye gitmek üzere yola çıktı. Deveye binmekten yorulunca üzerine binip dinlendiği bir eşeği vardı, bir de başına sardığı sarığı vardı. İbnu Ömer eşeği üzerinde iken bir bedeviye rastladı ve ona: *"Sen falan oğlu falan değil misin?"* diye sordu. Adam: *"Evet"* deyince, eşeği ona verdi ve: *"Buna bin"* dedi. Sonra sarığını da ona uzatarak: *"Bunu da başına sar"* dedi. Arkadaşlarından biri ibnu Ömer'e: *"Allah seni bağışlasın! Üzerine binip dinlendiği bir eşeği ve başına sarındığın sarığı bu bedeviye verdin ha!"* diye hayret ettiklerinde, ibnu Ömer: *"Ben Rasulullah (s.a.v.)'den: "İyiliklerin en mükemmeli bir kimsenin babası öldükten sonra babasının dostunu gözetmesidir."* buyurduğunu işittim. (Bu adamın babası babam Ömer (r.a.)'ın dostuydu.) (Müslim, Birr 11)

◈ **344)** Ebu Useyd Malik b. Rebia es-Saidî (r.a.)'den:

Biz Rasulullah (s.a.v.)'in yanında otururken Seleme oğullarından bir adam gelerek: *"Ey Allah'ın Rasulü! Anam ve babam öldükten sonra onlara yapabileceğim bir iyilik var mı?"* diye sordu. Rasulullah da: *"Evet! Onlara dua etmek, Allah'tan günahlarının bağışlanmasını istemek, vasiyetleri varsa yerine getirmek, onlarla akrabalık bağları olanları gözetmek ve dostlarına ikram etmektir"* buyurdular. (Ebu Davud, Edeb 120)

◈ **345)** Aişe (r.a.)'dan:

Peygamber (s.a.v.)'in hanımlarından hiç birini Hatice (r.a.)'yi kıskandığım kadar kıskanmadım. Hâlbuki ben onu hiç görmemiştim. Fakat Rasulullah (s.a.v.) onu çok anardı. Çoğu zaman bir koyun kesip etini parçalar, ondan Hatice (r.a.)'nin dostlarına da gönderirdi. Bazen onun için: *"Sanki dünyada Hatice (r.a.)'den başka bir kadın yok mu?"* derdim. Rasulullah (s.a.v.) de: *"O şöyle şöyle idi ve benim ondan çocuklarım oldu"* derdi.

Değişik bir rivayet: Aişe (r.a.), *"Rasulullah (s.a.v.) bir koyun kesecek olursa Hatice (r.a.)'nin arkadaşlarına da kâfi miktarda gönderirdi."* dedi. (Buhari, Menakıbıl Ensar 20, Müslim, Fezailüs Sahabe 74)

Başka bir rivayet: Aişe (r.a.), *"Rasulullah (s.a.v.) koyun kestiği zaman; ondan Hatice (r.a.)'nin arkadaşlarına da gönderin"*, derdi. (Müslim, Fezailüs Sahabe 75)

Diğer bir rivayet: Aişe (r.a.), Hatice (r.a.)'nin kız kardeşi Hale bintü Huveylid (r.a.) bir gün Rasulullah'ın huzuruna girmek için izin istedi. Rasulullah, Hatice (r.a.)'nin izin isteyişini hatırlayarak duygulandı ve: *"Aman Allah'ım! Bu Huveylid kızı Hale'dir"* dedi. (Buhari, Menakıbül Ensar 20, Müslim Fezailüs Sahabe 78)

◈ **346)** Enes b. Malik (r.a.)'den:

Cerir b. Abdillah el-Beceli (r.a.) ile bir yolculuğa çıkmıştım. Kendisi bana hizmet ediyordu. Ona: *"Böyle yapma!"* deyince bana: *"Ben Rasulullah (s.a.v.)'e Ensar'ın ne büyük hürmet ettiklerini gördüm ve kendi kendime: Eğer Ensar'dan birisiyle arkadaşlık edersem ben de ona hizmet edeyim"* diye yemin etmiştim, dedi. (Buhari, Cihad 71, Müslim, Fezailüs-Sahabe 181)

## 43- RASULULLAH'IN SOYUNA İKRAM VE ONLARIN FAZİLETİ BÖLÜMÜ

◈ *"...Ey (Peygamberin) ev halkı!* Gerçekten Allah, (bu emirlerle) sizi sadece günahtan korumak ve tertemiz kılmak istiyor." (33 Ahzap 33)

"Kim Allah'ın şiârlarına hürmet ederse, kesinlikle bu, kalpler(in)deki Allah korkusundandır." (22 Hac 32)

◈ **347)** Yezid b. Hayyan (r.a.)'den:

Bir gün Hüsayn b. Sebre ve Amr b. Müslim ile birlikte Zeyd b. Erkam'ın yanına gittim. Onun yanına oturunca Hüsayn: *"Ey Zeyd! Sen çok hayra kavuştun, Rasulullah (s.a.v.)'i gördün, onun sözlerini işittin, onunla savaşlara katıldın, arkasında namaz kıldın, gerçekten sen çok büyük hayırlara eriştin. Ey Zeyd! Rasulullah (s.a.v.)'den duyduklarından bize anlat"* dedi. Bunun üzerine Zeyd: *"Ey kardeşimin oğlu! Allah'a yemin olsun ki, yaşım ilerledi, aradan çok zaman geçti. Rasulullah (s.a.v.)'den duyduğum şeylerin birçoğunu unuttum.* Bu sebeple anlattıklarımı öğrenin, söylemediklerimde de beni zorlamayın" dedi ve sözüne şöyle devam etti: *"Bir gün Rasulullah (s.a.v.) Mekke ile Medine arasındaki Hum denilen bir suyunun başında bize bir konuşma yaptı. Allah'a hamd ve senada etti, bize öğüt ve hatırlatmalarda bulundu."* Sonra: *"Ey insanlar! Ben de bir insanım. Yakın bir zamanda Rabbimin elçisi (ölüm meleği) bana da gelecek, ben de o davete uyup sizi ter edeceğim (öleceğim.) Size iki şey bırakıyorum. Biri içerisinde doğru yola ileten rehber ve nur olan Allah'ın kitabıdır. (Rehber olarak) Allah'ın kitabını alın ve ona sımsıkı sarılın."* -Allah'ın kitabına sarılma ve ona bağlanma konusunda tavsiyelerde bulundu ve-: *"İkincisi, ehl-i beytimdir. Ehl-i beytim konusunda size Allah'ı hatırlatırım, ehl-i beytim konusunda size Allah'ı hatırlatırm"* buyurdular. Husayn: *"Ey Zeyd! Rasulullah (s.a.v.)'in ehl-i beyti kimlerdir? Onun hanımları da ehl-i beytten değil midir?"* dedi. Zeyd: *"Hanımları da ehl-i beyttendir. Fakat asıl ehl-i beyti kendisinden sonra sadaka almaları haram olanlardır"* dedi. Husayn: *"Onlar kimdir?"* diye sorunca, Zeyd: *"Ali'nin ailesi, Âkîl'in ailesi, Cafer'in ailesi ve Abbas'ın ailesi"* dedi. Husayn: *"Bunların hepsine sadaka haram mıdır?"* diye sorunca Zeyd: *"Evet"* diye cevap verdi. (Müslim, Fezailüs Sahabe 36)

Değişik bir rivayet, Rasulullah (s.a.v.): *"Size iki şey bırakıyorum. Bunlardan biri Allah'ın kitabıdır. O Allah'ın ipidir. Ona uyan doğru yolu bulur. Onu bırakan da yolunu sapıtır."* buyurdular. (Müslim, Fezailüs Sahabe 37)

◈ **348)** İbnu Ömer (r.a.)'den:

Ebu Bekr'is-Sıddîk (r.a.)'ın şöyle dediğini rivayet etmiştir: *"Ehl-i beyti konusunda Peygamber (s.a.v.)'in emrini göz önünde bulundurunuz."* (Buhari)

## 44- ÂLİMLERE, SAYGILI OLMA BÖLÜMÜ

◆ "...(Ey Muhammed! Onlara): "Hiç bilenlerle bilmeyenler bir olur mu?" de." (39 Zümer 9)

◆ **349)** Ebu Mes'ud Ukbe b. Amr el-Bedrî el-Ensarî (r.a.)'den:

Rasulullah (s.a.v.): *"Bir cemaate Allah'ın Kitabı'nı en iyi okuyan imam olur. Onu okuma konusunda eşit iseler, sünneti en iyi bilen, eğer sünnet bilgisinde de eşit iseler, en önce hicret etmiş olan, hicrette de denk olurlarsa, yaşça en büyükleri imam olur. Bir kimse başka birinin hâkim olduğu bir yerde imam olmasın. Sahibinin izni olmadan onun yerine de oturma."* buyurdular.

(Müslim, Mesacid 290)

Diğer bir rivayet: *"Yaşça en büyükleri demek, önce Müslüman olanı"* demektir.

Başka bir rivayet: *"Bir cemaate Allah'ın Kitabı'nı en iyi okuyan, okuması en iyi olan imam olur. Onu okuma konusunda eşit iseler, en önce hicret etmiş olan, hicrette de denk olurlarsa, yaşça en büyükleri imam olur.* buyurulmuştur. (Müslim, Mesacid 291)

◆ **350)** Ebu Mes'ud Ukbe b. Amr el-Bedrî el-Ensarî (r.a.)'den:

Rasulullah (s.a.v.) namaza başlayacağında omuzlarımıza dokunur ve: *"Safları düz tutun, karışık durmayın, sonra kalpleriniz de karmakarışık olur. Namazda benim arkama aklı başında ve faziletli olanlar dursun. Sonra olgunlukta onlara yakın olanlar, sonra olgunlukta onlara yakın olanlar dursunlar."* buyururdu.

(Müslim, Salat 122)

◆ **351)** Abdullah b. Mes'ud (r.a.)'den:

Rasulullah (s.a.v.) şöyle buyurdu: *"Namazda benim arkama aklı başında ve faziletli olanlar dursun. Sonra olgunlukta onlara yakın olanlar, sonra olgunlukta onlara yakın olanlar, sonra olgunlukta onlara yakın olanlar dursunlar. Namazda çarşı ve pazardaki gibi karmakarışık durmaktan sakının."* buyurdular.

(Müslim, Salat 123)

◈ **352)** Ebu Yahya -Ebu Muhammed Sehl b. Ebu Hasme el-Ensarî- (r.a.)'den:

Abdullah b. Sehl ve Muhayyısa b. Mes'ud sulh zamanında Hayber'e gitmişlerdi. (İşlerini görmek için) birbirlerinden ayrıldılar. Muhayyısa (işini bitirince) buluşma yerine geldiğinde Abdullah b. Sehl'i kanlar içinde öldürülmüş olarak buldu. Onu oraya defnettikten sonra Medine'ye döndü. Ölen Abdullah'ın kardeşi Abdurrahman b. Sehl ile Muhayyısa b. Mes'ud'un oğulları Muhayyısa ve Huveyyısa Rasulullah (s.a.v.)'e gittiler. (Onların en küçüğü olan) Abdurrahman konuşmaya başlayınca Peygamber (s.a.v.): *"Büyüğünüz konuşsun, büyüğünüz konuşsun"* deyince, Abdurrahman sustu ve durumu diğerleri anlattı. Bunun üzerine Peygamber (s.a.v.) onlara: *"Babanızın katili üzerinde diyete hak sahibi olmak için yemin eder misiniz?"* diye sordular. Sonra ravi Ebu Yahya hadisin tamamını anlattı. (Buhari, Cizye 12, Müslim Kasame 1)

◈ **353)** Cabir (r.a.)'den:

Rasulullah (s.a.v.) Uhud savaşında şehid düşenleri ikişer ikişer defnetti. Defnederken: *"Bunlardan hangisi Kur'an'ı daha çok bilirdi."* diye sorar, Kur'an'ı daha fazla bildiği söyleneni lahd'de öne koyardı. (Buhari, Cenaiz 72)

◈ **354)** İbni Ömer (r.a.)'den:

Rasulullah (s.a.v.): *"Rüyada dişlerimim misvaklar vaziyette gördüm. Yanıma biri diğerinden yaşlı iki kişi geldi. Ben misvakı küçüğüne vermek istedim. Bana büyüğe ver denildi. Ben de onların büyüğüne verdim."* buyurdular. (Müslim, Rüya 19)

◈ **355)** Ebu Musa (r.a.)'den:

Rasulullah (s.a.v.): *"Müslümanlıkta ihtiyarlayan kimseye, haddi aşmayan ve Kur'an'dan uzaklaşmayan hafıza ve adaletli idarecilere hürmet etmek Yüce Allah'a saygıdandır."* buyurdular. (Ebu Davud, Edeb 20)

◈ **356)** Amr b. Şuayb (r.a.) babasından o da dedesinden: Rasulullah (s.a.v.): *"Küçüklerimize acımayan, büyüklerimizin şerefini tanımayan bizden değildir."* buyurdular. (Ebu Davud, Edeb 58, Tirmizi, Birr 15)

◈ **357)** Meymun b. Ebu Şebib (r.a.)'dan:

Bir gün Aişe (r.a.)'ya bir dilenci geldi. Aişe (r.a.) ona bir parça ekmek verdi. Daha sonra kılık-kıyafeti düzgün başka bir adam geldi, onu da sofraya oturtarak yemek yedirtti. Ona bu davranışının sebebini soranlara Aişe (r.a.) şöyle cevap verdi: *"Rasulullah (s.a.v.) insanların derece ve durumlarına göre muamele ediniz"* buyurmuştur, dedi. (Ebu Davud, Edeb 20)

Başka bir rivayet; Aişe (r.a.): *"Peygamber (s.a.v.); insanlara derecelerine göre muamele etmemizi emretmişlerdir, buyurdu."* dedi.

◈ **358)** Abdullah b. Abbas (r.a.)'den:

Uyeyne b. Hısn Medine'ye geldi ve kardeşinin oğlu Hurr b. Kays'a misafir oldu. Hurr, Hz. Ömer'in yakın çevresindekilerden idi. Kur'anı okuyup iyi bilen genç ve yaşlı kurralar, Hz. Ömer'in danışma meclisinde bulunurlardı. Bu sebeple Uyeyne kardeşinin oğlu Hurr b. Kays'a: *"Ey kardeşinin oğlu! Senin bu devlet başkanı yanında bir itibarın var, onun huzuruna girmem için bana izin al"* dedi. Hurr, (amcası için) Ömer (r.a.)'den izin istedi, o da Uyeyne'ye izin verdi. Uyeyne Hz. Ömer'in yanına girince: *"Ey Hattab'ın oğlu! Allah'a yemin ederim ki sen bize az veriyorsun ve adaletle de hükmetmiyorsun"* dedi. Ömer (r.a.) hiddetlendi hatta Uyeyne'ye cezalandırmak bile istedi. Bunu sezen Hurr: *"Ey Mü'minlerin emiri Allah, Peygamberine: "Sen, yine de affa sarıl, iyiliği emret ve cahillerden uzak dur."* (7 Araf 199) buyuruyor. *Benim amcam da cahillerdendir, dedi."* Allah'a yemin olsun ki; bu ayeti Hurr okuyunca Ömer (r.a.), Uyeyne'yi cezalandırmaktan vazgeçti. Zaten Ömer (r.a.) Allah'ın kitabına son derece boyun eğerdi. (Buhari, tefsiru sure-i Araf 5)

◈ **359) Ebu Said Semure b. Cündüb (r.a.)'den:**

*"Rasulullah (s.a.v.) hayatta iken ben çocuk denecek yaştaydım. Bu sebeple kendisinden duyduklarımı ezberliyordum. Fakat orada bulunan yaşlı kimseler (onlara saygı duymam sebebiyle) benim söz söylememe engel oluyordu."* dedi. (Buhari, Hayz 29, Müslim, Cenaiz 88)

◈ **360) Enes (r.a.)'den:**

Rasulullah (s.a.v.): *"Bir genç yaşından dolayı bir ihtiyara hürmet ederse, Allah da o gence yaşlılığında hürmet edecek kimseler verir."* buyurdular. (Tirmizi, Birr 75)

## 45- İYİ KİŞİLERİ ZİYARET EDİP SOHBETTE BULUNMA BÖLÜMÜ

◈ "(Bir zamanlar) Mûsa, hizmetçisine: "Ben iki denizin birleştiği yere ulaşıncaya kadar yıllarca yürümeye kararlıyım." demişti. Böylece ikisi, iki denizin birleştiği yere ulaşınca (yanlarındaki) balıklarını (bir kenarda) unuttular, (balık da bu esnada dirildi) denizde bir yol bularak, kaybolup gitti. (Oradan biraz) uzaklaştıklarında (Mûsa) hizmetçisine: "Azığımızı getir bakalım, gerçekten yolculuğumuzdan dolayı çok yorgun düştük." dedi. (Hizmetçisi de:) "Biliyor musun? (Sahildeki) kayalığa vardığımızda ben balığı unutmuşum. Balığın denizde garip bir şekilde yol bularak, kayboluşunu (sana) hatırlatmamı kesinlikle (bana) şeytan unutturdu." dedi. (Mûsa): "Bizim de aradığımız buydu." dedi ve hemen ikisi birden izlerini takip ederek geri döndüler. Derken, (oraya varınca,) kendisine katımızdan bir rahmet ve tarafımızdan da bir ilim öğrettiğimiz kullarımızdan, bir kulu buldular. Mûsa ona: "Sana öğretilenden, bana öğreterek olgunlaşmamı sağlaman için peşinden gelebilir miyim?" dedi." (18 Kehf 60-66)

◈ "(Ey Muhammed!) Sen, sabah akşam Rablerine sadece O'nun rızasını kazanmak isteyerek duâ edenlerle birlikte sabret..." (18 Kehf 28)

◆ **361)** Enes (r.a.)'den:

Rasulullah (s.a.v.)'in vefatından sonra Ebu Bekir (r.a.), Ömer (r.a.)'ya: *"Haydi! Ümmü Eymen (r.a.)'ya gidelim. Rasulullah (s.a.v.)'in ziyaret ettiği gibi biz de onu ziyaret edelim"* dedi. Onlar ona varınca Ümmü Eymen ağlamaya başladı. Onlar da: *"Niçin ağlıyorsun? Allah katındaki şeylerin Rasulullah (s.a.v.) için daha hayırlı olduğunu bilmiyor musun?"* dediler. Ümmü Eymen de: *"Ben Rasulullah vefat etti diye ağlamıyorum. Allah katındaki şeylerin Rasulullah (s.a.v.) için daha hayırlı olduğunu biliyorum. Fakat ben gökten vahyin kesilmiş olmasından dolayı ağlıyorum"* dedi. Bu söz, Ebu Bekir ve Ömer (r.a.)'da duygulandırdı ve onunla birlikte ağlamaya başladılar. (Müslim, Fezailüs Sahabe 3)

◆ **362)** Ebu Hüreyre (r.a.)'den:

Rasulullah (s.a.v.): "Adamın biri başka bir beldedeki kardeşini ziyarete giderken, Allah bu kimseyi gözetlemek için bir meleği görevlendirdi. O kimse meleğin yanına varınca, melek: *"Nereye gidiyorsun?"* diye sordu. Adam: *"Şu köyde bir kardeşim var, onu ziyarete gidiyorum"* cevabını verdi. Melek: *"Ondan bir menfaatin var da onu devam ettirmeye mi gidiyorsun?"* dedi. Adam: "Yok hayır, ben onu sadece Yüce Allah'ın rızası için severim" deyince Melek: *"Ben, sen onu nasıl seviyorsan Allah'ın da seni öylece sevdiğini müjdelemek için Allah'ın sana gönderdiği elçiyim"* dedi. (Müslim, Birr 64)

◆ **363)** Yine Ebu Hüreyre (r.a.)'den:

Rasulullah (s.a.v.)*: "Bir kimse bir hastayı veya Allah rızası için kardeşini ziyaret ederse, ona bir melek: 'Ne mutlu sana ne güzel bir yolculuk yaptın ve cennette kendine bir yer hazırladın.' diye seslenir,"* buyurdular. (Tirmizi, Birr 64)

◆ **364)** Ebu Musa el-Eş'arî (r.a.)'den:

Rasulullah (s.a.v.): *"Beraber olduğun iyi arkadaşla kötü arkadaşın benzeri güzel koku satanla, körük çeken (demirci) gibidir. Güzel koku taşıyan ya sana güzel kokusundan verir veya sen ondan satın alırsın ya da ondan güzel kokular koklarsın. Körük çeken demirci ise ya senin elbiseni yakar ya da sen ondan kötü kokular duyarsın."* buyurdular. (Buhari, Rekaik 31, Müslim; Birr 146)

◈ **365)** Ebu Hüreyre (r.a.)'den:

Rasulullah (s.a.v.): *"Kadın; malı, soyu, güzelliği ve dindarlığı olmak üzere dört sebepten dolayı nikâhlanılır. Sen bunlardan dindâr olanını seç ki; huzurlu olasın."* buyurdular. (Buhari, Nikâh 15, Müslim, Rada 53)

◈ **366)** İbnu Abbas (r.a.)'den:

Rasulullah (s.a.v.) Cebrail'e: *"Bizi daha sık ziyaret etmene engel olan şey nedir"* diye sordu. Bunun üzerine (Cebrâil): *"(Ey Muhammed!) Biz (elçiler) ancak Rabbinin emriyle ineriz. Önümüzde, ardımızda ve bunlar arasında olan her şey O'nundur ve senin Rabbin kesinlikle unutkan değildir."* (19 Meryem 64) (dedi.) (Buhari, tefsiru sure-i Meryem 2)

◈ **367)** Ebu Said el-Hudri (r.a.)'den:

Peygamber (s.a.v.): *"Sakın mü'minden başkasıyla arkadaşlık etme, yemeğini de ancak Allah'a karşı hata etmekten sakınan (muttaki)ler yesin."* buyurdular. (Ebu Davud, Edeb 16, tirmizi, Zühd 56)

◈ **368)** Ebu Hüreyre (r.a.)'den:

Rasulullah (s.a.v.): *"Kişi dostunun dini üzeredir. O halde sizden her biriniz dost edineceği kimseye dikkat etsin."* buyurdular. (Ebu Davud, Edeb 16, tirmizi, Zühd 45)

◈ **369)** Ebu Musa el-Eş'arî (r.a.)'den:

Rasulullah (s.a.v.): *"Kişi sevdiğiyle beraberdir."* buyurdular. (Buhari, Edeb 96, Müslim, Birr 165)

Bir başka rivayet:

Rasulullah'a: *"Bir toplumu sevip de onların seviyesine ulaşamayan kişi hakkında ne buyuruyorsunuz"* diye soruldu da, Peygamber (s.a.v.): *"Kişi sevdiğiyle beraberdir."* buyurdular.

◈ **370)** Enes (r.a.)'den:

Bedevinin biri Rasulullah (s.a.v.)'e: *"Kıyamet ne zaman kopacak?"* diye sordu. Peygamber (s.a.v.): *"Kıyamet için ne hazırladın?"* buyurdu. Bedevi: *"Allah ve Rasulü'nün sevgisini"* dedi. Peygamber (s.a.v.) de: *"O halde sen, sevdiğinle berabersin"* buyurdular. (Buhari, Edeb 96, Müslim, Birr 163)

Diğer bir rivayet: Bedevînin: *"Ben, ahiret için çok oruç, çok namaz ve çok sadaka hazırlayamadım, ancak ben, Allah'ı ve Peygamberini çok seviyorum"* dedi. (Buhari, Edeb 95, Müslim, Birr 164)

◈ **371)** İbnu Mes'ud (r.a.)'dan:

Rasulullah (s.a.v.)'e bir adam geldi ve: *"Ey Allah'ın Rasulü! Bir toplumu sevip de onların seviyesine ulaşamayan kişi hakkında ne buyuruyorsunuz"* diye soruldu da, Peygamber (s.a.v.): *"Kişi sevdiğiyle beraberdir."* buyurdular. (Buhari, Edeb 96, Müslim, Birr 165)

◈ **372)** Ebu Hüreyre (r.a.)'den:

Rasulullah (s.a.v.): *"İnsanlar altın ve gümüş madenleri gibidir. Cahiliyye dönemde hayırlı olanlar, İslam'ı iyi kavradıkları takdirde İslam döneminde de hayırlıdırlar. Ruhlar askeri birlikler gibi çeşitlidir. Birbiriyle tanışanlar birbiriyle kaynaşırlar, tanışmayanlar da kaynaşamazlar."* buyurdular. (Müslim, Birr 159)

◈ **373)** İbnu Cabir diye bilinen Üseyr b. Amr (r.a.)'den:

Yemenden destek için askerler geldikçe Hz. Ömer (r.a.): *"Aranızda Üveys b. Âmir var mı?"* diye sorardı. Nihayet Üveys'in yanına gelince: *"Üveys b. Âmir sen misin?"* diye sordu. O da: *"Evet"* dedi. Hz. Ömer (r.a.): *"Murad kabilesinin Karen kolundan mısın?"* dedi. O da: *"Evet."* dedi.

Hz. Ömer (r.a.):*"Sende alaca hastalığı vardı, ondan bir dirhem büyüklüğünde yer dışında şimdi iyileştin öyle mi?"* dedi. O: *"Evet öyledir."* dedi. Hz. Ömer (r.a.): *"Senin annen var mı?"* deyince de: *"Evet"* dedi.

Hz. Ömer (r.a.), ben Rasulullah (s.a.v.)'in: *"Yemen'den destek birlikleri içinde Murad kabilesinin Karen kolundan Üveys b. Âmir isimli biri gelecek. O Alaca hastalığına tutulmuş ve daha sonra da kendisinde ondan bir dirhem büyüklüğünde yer dışında iyileşmiş olan bir kimsedir. Onun bir annesi vardı ve o ona çok iyi bakardı. Eğer o, Allah'a yemin etse Allah onun yeminini doğru çıkarırdı. Eğer bağışlanman için dua etmesini istemeye gücün yeterse bunu yap."* buyurduğunu işittim, dedi. Hz. Ömer (r.a.) ona: *"Benim için dua et,"* dedi. Üveys de Hz. Ömer'in affı için dua etti. Daha sonra Ömer (r.a.): *"Nereye gitmek istiyorsun"* diye sordu. Üveys: *"Kufe'ye"* dedi. Ömer (r.a.): *"Senin için oranın valisine bir mektup yazayım mı?"* dedi. O da: *"Fakir halk arasında bulunmak benim için daha sevimlidir."* diye cevap verdi. Aradan bir yıl geçtikten sonra oranın ileri gelenlerinden hacca gelen birisi Ömer (r.a.)'le karşılaştı. Ömer ona Üveys'i sordu. O da: *"Ben buraya gelirken o tamtakır denecek yıkık dökük bir evde barınmakta idi"* dedi.

Ömer (r.a.)'da, ben Rasulullah (s.a.v.)'i: *"Yemen'den destek birlikleri içinde Murad kabilesinin Karen kolundan Üveys b. Âmir isimli biri gelecek. O Alaca hastalığına tutulmuş ve daha sonra da kendisinde ondan bir dirhem büyüklüğünde yer dışında iyileşmiş olan bir kimsedir. Onun bir annesi vardı ve o ona çok iyi bakardı. Eğer o, Allah'a yemin etse Allah onun yeminini doğru çıkarırdı. Eğer bağışlanman için dua etmesini istemeye gücün yeterse bunu yap."* diye buyururlarken işittim, dedi. O adam da (hac'dan) dönünce Üveys'e varıp: *"Benim için mağfiret dile!"* dedi. Üveys: *"Sen mübarek bir yolculuktan yeni geldin. Sen benim için dua et"* dedi. Üveys: *"Sen Ömer'le mi karşılaştın?"* dedi. Adam: "Evet" dedi. Bunun üzerine Üveys o kişi için bağışlanma diledi. Bu olay üzerine insanlar Üveys'in kim olduğunu anladılar, o da orayı bırakıp gitti. (Müslim, Fezailüs Sahabe 225)

Müslim'in yine Üseyr b. Cabir'den rivayeti: İçerisinde Üveys ile alay eden bir kişinin bulunduğu Kufeli bir grup Ömer (r.a.)'e geldiler. Ömer (r.a.): *"Burada Karen kabilesinden bir kimse var mı?"* diye sordu. O adam Ömer (r.a.)'in yanına geldi. Ömer (r.a.): *"Şüphesiz ki Rasulullah (s.a.v.): 'Yemen'den size Üveys adında bir adam gelecek. Annesinden başka kimsesi olmayan bu adam (anasına hizmet için) Yemen'den ayrılmıyordu. O alaca has-*

*talığına tutulmuştu. Allah'a dua etti de dinar veya dirhem bü-
yüklüğünde bir yer dışında Allah onun hastalığını giderdi. Ona
sizden hanginiz rastlarsa o, sizin için bağışlanma talebinde bu-
lunsun.' buyurdular"* dedi. (Müslim, Birr 223)

Müslim'in başka bir rivayeti: Ömer (r.a.): *"Ben Rasulullah
(s.a.v.)'in: 'Hiç şüphesiz tabiilerin en hayırlısı Üveys adındaki bir
kimsedir. Onun bir anası vardır. Alaca hastalığı geçirmiştir. Ona
uğrayınız sizin için bağışlanma talebinde bulunsun.' buyurdu-
ğunu işittim"* dedi. (Müslim, Birr 224)

◈ **374)** Ömer b. Hattab (r.a.)'den:

Peygamber (s.a.v.)'den umre yapmak için izin istedim bana
izin verdi ve: *"Ey Kardeşciğim! Bizi de duandan unutma"* buyur-
dular. Ömer (r.a.): *"Onun bu sözüne karşılık bana dünyayı verseler
beni bu kadar sevindirmezdi."* dedi.

Başka bir rivayet: *"Ey Kardeşciğim! Bizi de duana ortak et"*,
şeklindedir. (Ebu Davud, Vitir 23, tirmizi, Deavat 109)

◈ **375)** Abdullah b. Ömer (r.a.)'den:

*"Peygamber (s.a.v.) bazen binekle bazen de yaya olarak Kuba
mescidini ziyaret ederler ve orada iki rekât namaz kılarlardı."* (Buhari,
es Salat fi Mescidi Mekke ve Medine 4)

Başka bir rivayet: *"Peygamber (s.a.v.) her cumartesi günü
bazen binekle bazen de yaya olarak Kuba mescidine gelirdi. İbnu
Ömer de böyle yapardı."* (Buhari, es Salat fi Mescidi Mekke ve Medine 4, Müs-
lim, Hac 521)

## 46- ALLAH İÇİN SEVME BÖLÜMÜ

◈ "(Ey İnsanlar!) Muhammed, Allah'ın Elçisidir. Onunla birlikte
(Allah'a) rükû' ve secde ettiklerini gördükleriniz, kâfirlere karşı
son derece katı, birbirlerine karşı ise son derece merhametlidir-
ler. İşte onlar, sadece Allah'ın lütuf ve rızasını isterler ve onların
en belirgin özellikleri yüzlerindeki secde izidir. İşte bu onların

Tevrat'ta belirtilen özellikleridir. Onların İncil'de belirtilen özellikleri ise (şöyledir.) Onlar tıpkı kendisiyle kâfirleri öfkelendirmesi için filizini çıkaran, onu güçlendiren, kalınlaşan, sonra gövdesinin üstünde dimdik duran ve üreticilerin hoşuna giden bir ekin gibidir. İşte Allah onlardan (kendisinin istediği gibi) îman edip, (inandığı) iyi işleri yaşayanlara büyük bir af ve mükâfat vâdetmiştir." (48 Feth 29)

"Daha önce o yurdu, hazırlayıp îman (yurdu) haline getirenler ise, kendi yurtlarına hicret edenleri severler." (59 Haşr 9)

◈ **376)** Enes b. Malik (r.a.)'den:

Rasulullah (s.a.v.): *"Üç özellik vardır ki bunlar kimde bulunursa imanın tadını alır. Bunlar da; Allah ve Rasulü ona her şeyden daha sevimli olmak, sevdiğini ancak Allah için sevmek, Allah kendisini küfürden kurtardıktan sonra tekrar küfre dönmeyi ateşe atılmak kadar kötü görmektir."* buyurdular.(Buhari, İman 9, Müslim, İman 67)

◈ **377)** Ebu Hüreyre (r.a.)'den:

Rasulullah (s.a.v.): *"Kendi gölgesinden başka gölgenin bulunmadığı (kıyamet) gününde Allah şu yedi sınıf insanı kendi gölgesinde gölgelendirecektir. Bunlar da; Adaletli devlet başkanı, Allah'a ibadet ederek yetişen genç, kalbi mescitlere bağlı olan kimse, Allah için birbirini sevip bu sevgi ile bir araya gelip bu sevgi ile birbirinden ayrılan iki kişi, kendisini makam ve güzellik sahibi bir kadın (zina için) çağırdığında, 'ben Allah'tan korkarım' diyerek reddeden kimse, sağ elinin verdiğini sol eli bilmeyecek kadar gizli sadaka veren kimse ve kendi başına kaldığında Allah'ı anarak gözyaşı döken kimse."* buyurdular. (Buhari, Ezan 36, Müslim, Zekât 91)

◈ **378)** Ebu Hüreyre (r.a.)'den:

Rasulullah (s.a.v.): *"Allah kıyamet gününde: Benim rızam için birbirlerini sevenler nerede? Kendi gölgemden başka göl-*

*genin bulunmadığı bu günde onları kendi gölgemde gölgelendireceğim, diyecek."* buyurdular. (Müslim, Birr 37)

◈ **379)** Ebu Hüreyre (r.a.)'den:

Rasulullah (s.a.v.): *"Canım elinde olan Allah'a yemin ederim ki; siz iman etmedikçe cennete giremezsiniz, birbirinizi sevmedikçe de iman etmiş olamazsınız. Size yaptığınız zaman birbirinizi seveceğiniz bir şey söyleyeyim mi? (Öyleyse) aranızda selamlaşmayı yayınız."* buyurdular. (Müslim, İman 93)

◈ **380)** Ebu Hüreyre (r.a.)'den:

Rasulullah (s.a.v.): *"Adamın biri başka bir beldedeki kardeşini ziyarete giderken, Allah bu kimseyi gözetlemek için bir meleği görevlendirdi...*(Ravi 362. hadisi) *Sen onu nasıl seviyorsan Allah ta seni öylece seviyor."* (bölümüne kadar aynen zikretti. (Müslim, Birr 64)

◈ **381)** Berâ b. Âzib (r.a.)'den:

Rasulullah (s.a.v.) Ensar (Medineli Müslümanlar) hakkında: *"Ensarı ancak mü'min olanlar sever, onlara ancak münafık olanlar kin buğz eder. Kim onları severse Allah da onları sever, kim de onlara düşmanlık buğz ederse Allah da onlara buğz eder."* buyurdular. (Buhari, Menakıb-ül Ensar 4, Müslim, İman 129)

◈ **382)** Muaz (r.a.)'den:

Rasulullah (s.a.v.)'i: *"Allah, benim rızam için birbirlerini sevenlere Peygamberlerin ve şehidlerin bile imreneceği nurdan minberler vardır"* buyururlarken dinledim demiştir. (Tirmizi, Zühd 53)

◈ **383)** Ebu İdris el-Havlani (r.h.)'dan:

Bir gün Dımeşk (Şam) mescidine girdim. İnsanların etrafına toplandığı, görüş ayrılığına düştükleri meseleleri kendisine sordukları ve söylediklerini de kabul ettikleri güler yüzlü bir gençle karşılaştım. Onun kim olduğunu sordum, *"Muaz b. Ce-*

*bel (r.a.)"* dediler. Ertesi gün mescide erkenden gittim, baktım ki o genç benden önce gelmiş ve namaz kılıyor. Namazını bitirinceye kadar bekledim, sonra onun önüne gelerek selam verdim ve: *"Allah'a yemin ederim ki ben seni Allah için seviyorum"* dedim. O: *"Allah için mi?"* dedi. Ben: *"Evet, Allah için"* dedim. O yine: *"Gerçekten Allah için mi?"* dedi. Ben de: *"Evet gerçekten Allah için"* dedim. Bunun üzerine elbisemden tutarak beni kendisine çekti ve: *"Müjdeler sana! Zira ben Rasulullah (s.a.v.)'i; 'Allah: Benim için birbirlerini seven, benim için toplanan, benim için birbirini ziyaret eden ve sadece benim rızamı kazanmak için infak edenlere benim sevgim vacip olur.' buyuruyor"* derken dinledim. (Muvatta, Şa'r 16)

◈ 384) Ebu Kerime Mikdad b. Ma'dikerib (r.a.)'den:

Rasulullah (s.a.v.): *"Bir kimse kardeşini (Allah rızası için) severse, ona sevdiğini bildirsin."* buyurdular. (Ebu Davud, Edeb 113)

◈ 385) Muaz (r.a.)'den:

Rasulullah (s.a.v.) Muaz'ın elini tutmuş ve: *"Ey Muaz! Allah'a yemin ederim ki ben seni gerçekten seviyorum. Sonra sana her namazın sonunda: Ey Allah'ım! Seni anmak, sana şükretmek, sana güzelce kulluk etmekte bana yardım et, demeyi gerçekten tavsiye ederim"* buyurmuşlar. (Ebu Davud, Vitir 26, Nese-i, Sehv 60)

◈ 386) Enes (r.a.)'den:

Bir gün Rasulullah (s.a.v.)'in yanında bir adam bulunuyordu. Başka bir adam yanlarından geçti. Rasulullah (s.a.v.)'in yanında bulunan adam: *"Ey Allah'ın Rasulü! Ben bu adamı seviyorum"* dedi. Rasulullah (s.a.v.): *"Sevdiğini ona bildirdin mi?"* diye sorunca: *"Hayır"* dedi. Peygamber (s.a.v.): *"Git ona bildir"* demesi üzerine o adam ona yetişti ve: *"Ben, seni Allah için seviyorum"* dedi. O da: *"Beni kendisi için sevdiğin (Allah) da seni sevsin"* dedi. (Ebu Davud, Edeb 113)

## 47- ALLAH'IN KULUNU SEVMESİNİN İŞARETLERİ BÖLÜMÜ

◈ "(Ey Muhammed!): -"Eğer siz, Allah'ı gerçekten seviyorsanız, bana uyun ki Allah da sizi sevsin ve günâhlarınızı bağışlasın. Şüphesiz Allah, çok bağışlayıcıdır, pek de merhamet edicidir." de. (3 Alu İmran 31)

◈ "Ey îman edenler! Sizden kim dininden dönerse, şunu bilsin ki Allah, onların yerine derhal; Kendisinin onları sevdiği, onların da Kendisini sevdiği, mü'minlere karşı son derece alçak gönüllü, kâfirlere karşı izzetli, Allah yolunda cihad eden, (bu uğurda) kimsenin kınamasından korkmayan bir toplum getirir. Bu, Allah'ın dilediğine nasip ettiği bir lütfudur. Çünkü Allah, geniş (nîmet sahibi)dir, (her şeyi) hakkıyla bilendir." (5 Maide 54)

◈ **387)** Ebu Hüreyre (r.a.)'den:

Rasulullah (s.a.v.): *"Yüce Allah, 'Her kim Benim dostum olan kuluma düşmanlık ederse ben de ona savaş açarım. Kulum Bana kendisine farz kıldığım ibadetlerden daha sevimli bir şeyle yaklaşamaz. Kulum Bana nafile ibadetlerle sürekli yaklaşırsa sonunda Ben onu severim. Kulumu sevince de Ben onun işiten kulağı, gören gözü, tutan eli ve yürüyen ayağı olurum. Benden her ne isterse Ben onu mutlaka veririm. Bana sığınırsa da onu korurum' buyurdular."* buyurdular. (Buhari, Rikak 38)

◈ **388)** Ebu Hüreyre (r.a.)'den:

Rasulullah (s.a.v.): -*"Yüce Allah bir kulu sevince Cebrail'e -'Allah filanı seviyor, sen de onu sev' diye seslenir. Cebrail de onu sever ve gök halkına: -'Gerçekten Allah filanı seviyor siz de onu sevin' der. Gök ehli de o kimseyi sever. Sonra da yeryüzüne o kimsenin sevgisi gönderilir. (Yani onun sevgisi gönüllere yerleşir.)"* buyurdular. (Buhari, Bed'ül halk 6, Müslim, Birr 157)

Müslim'in değişik bir rivayeti: -*"Allah bir kulu sevdiği zaman, Cebrail'i çağırır ve ona: -"Ben filanı seviyorum sen de onu sev" diye emreder. Cebrail de onu sever ve sonra semada: 'Allah filan kimseyi seviyor siz de onu sevin' diye seslenir. Gök ehli de onu sever. Sonra da yeryüzüne o kimsenin sevgisi gönderilir. (Yani onun sevgisi gönüllere yerleşir.) Allah bir kula buğzederse Cebrail'i çağırır ve ona: -"Ben filanı sevmiyorum sen de onu sevme' diye emreder. Cebrail de onu sevmez ve sonra Cebrail gök halkına: 'Allah filan kişiyi sevmiyor, siz de onu sevmeyin' der. Göktekiler de o kimseyi sevmezler. Sonra da yeryüzüne o kimsenin nefreti gönderilir. (Yani onun nefreti gönüllere yerleşir.)"* (Müslim, Birr 159)

◈ **389)** Aişe (r.a.)'dan:

Rasulullah (s.a.v.) bir kişiyi askeri bir birliğin başına komutan olarak göndermişti. Bu zat arkadaşlarına namazda kıraat ediyor ve kıraatini ihlas suresi ile bitiriyordu. Seferden dönüşte durumu Rasulullah (s.a.v.)'e haber verdiler. O da: -*"Ona bunu niçin yaptığını sorun?"* buyurdular. Onlar da sorunca, o adam: -*"Çünkü İhlas suresi Rahman'ın sıfatı, bu sebeple ben onu okumayı seviyorum."* dedi. Bunun üzerine Rasulullah (s.a.v.): -*"Allah'ın da onu sevdiğini kendisine haber verin",* buyurdular. (Buhari, tevhid, 1, Müslim, Salatül Müsafirin 263)

## 48- SALİH, FAKİR VE GÜÇSÜZLERE EZİYET ETMEME BÖLÜMÜ

◈ "Mü'min erkeklere ve mü'min kadınlara yapmadıkları (bir iş) sebebiyle eziyet edenlere gelince; onlar da gerçekten iftira etmiş ve apaçık bir günâh yüklenmişlerdir." (33 Ahzab 58)

◈ "Öyleyse sakın yetimi hor görme, isteyeni de azarlama." (93 Duha 9-10)

Başka bir rivayet:

Ebu Hüreyre (r.a.)'den:

Rasulullah (s.a.v.): *"Yüce Allah, 'Her kim Benim dostum olan kuluma düşmanlık ederse ben de ona savaş açarım. Kulum Bana kendisine farz kıldığım ibadetlerden daha sevimli bir şeyle yaklaşamaz. Kulum Bana nafile ibadetlerle sürekli yaklaşırsa sonun-*

*da Ben onu severim. Kulumu sevince de Ben onun işiten kulağı, gören gözü, tutan eli ve yürüyen ayağı olurum. Benden her ne isterse Ben onu mutlaka veririm. Bana sığınırsa da onu korurum'* buyurdular." dedi. (Buhari, Rikak 38)

Başka bir rivayet:

Beyat'ür-Rıdvan'a katılan sahibelerden Ebu Hübeyre Aiz b. Amr el-Müzeni (r.a.)'den:

Bir gün Ebu Süfyan, Selman, Suheyb ve Bilal'in bulunduğu bir grup Müslümanın yanına geldi. Onu gören bu zayıf Müslümanlar: *"Allah'ın kılıçları Allah düşmanında hak ettikleri yerini bulamadı."* dediler. Ebubekir (r.a.): *"Bu sözü Kureyş'in büyüğüne ve efendisine mi söylüyorsunuz?"* dedi. Sonra da Rasulullah (s.a.v.)'in yanına vararak olayı anlattı. O da: *"Ey Ebubekir! Bu sözünle belki de onları kırdın. Eğer onları kırdıysan Rabbini de gazablandırmış oldun"* buyurdular. Hz. Ebubekir hemen onların yanına gelerek: *"Ey kardeşlerim, sizi kırdım mı?"* diye sordu. Onlar da: *"Hayır, Allah seni bağışlasın ey kardeşimiz"* dediler. (Müslim, Fezailüssahabe 170)

◈ **390)** Cündüb b. Abdillah (r.a.)'den:

Rasulullah (s.a.v.): **"Sabah namazını kılan kimse Allah'ın himayesindedir. Allah kendi himayesinden dolayı sizi hesaba çekmesin. Çünkü Allah kendi himayesinden dolayı sizi hesaba çekerse o kişiyi hemen yakalayıp yüzüstü cehenneme atar."** buyurdular. (Müslim, Mesacid 261, Tirmizi, Salat 51, Fiten 6, İbn Mace, Fiten 6)

## 49- GÖRÜNÜŞE GÖRE HÜKÜM VERME VE KALPLERDEKİNİ ALLAH'A BIRAKMA BÖLÜMÜ

◈ "Yok, eğer tevbe eder, namazı dosdoğru ve devamlı kılar ve zekâtı da verirlerse (o zaman) onları serbest bırakın." (9 Tevbe 5)

◈ **391)** Abdullah b. Ömer (r.a.)'den:

Rasulullah (s.a.v.): **"Ben insanlarla tek ilahın Allah olduğuna, Muhammed'in Allah'ın Rasulü olduğuna şehadet edip,** *namazı dosdoğru kılıncaya, zekâtı verinceye kadar savaşmakla emrolundum. Onlar, bunları yaparlarsa İslam'ın gerektiği haklar dışında; kanlarını ve mallarını benden korumuş olurlar. Onların gizli hallerinin hesabı Yüce Allah'a aittir."* buyurdular.

(Buhari, İman 17, Müslim, İman 32)

◈ **392)** Ebu Abdullah Tarık b. Eşyem (r.a.)'den:

Rasulullah (s.a.v.)'in: *"Her kim tek ilah Allah'tır der ve Allah'ın dışında tapınılan şeyleri inkar ederse; onun malına ve canına dokunulamaz. Onun gizli hallerinin hesabı ise Yüce Allah'a aittir."* diye buyurduklarını işittim. (Müslim, İman 37)

◈ **393)** Ebu Mabed Mikdad b. Esved (r.a.)'den:

Ben Rasulullah (s.a.v.)'e: *"Kâfirlerden biriyle karşılaşıp vuruşurken ellerimden birini kılıçla vurup koparsa sonra da bir ağacın arkasına sığınıp: 'Ben Müslüman oldum' dese, onu öldürebilir miyim? Buna ne dersiniz?"* dedim. Rasulullah (s.a.v.): *"Sakın onu öldürme!"* buyurdular. Ben de: *"Ey Allah'ın Rasulü! Adam benim iki elimden birini kopardıktan sonra bu sözü söylüyorsa?"* dedim. Bunun üzerine: *"Sakın öldürme! Eğer onu öldürürsen o, senin kendisini öldürmezden önceki durumundadır. Sen ise onun o sözü söylemeden önceki durumuna düşmüş olursun"* buyurdular. (Buhari, Megazi 12, Müslim, İman 155)

◈ **394)** Üsame b. Zeyd (r.a.)'den:

Rasulullah (s.a.v.) bizi Cüheyne kabilesinin Huraka koluna göndermişti. Onlara sabahleyin sularının başında iken baskın yaptık. Ben ve Ensar'dan bir kişi onlardan bir adama ulaştık. Biz üzerine yürüyünce adam: *"Lâ ilâhe illallah (Allah'tan başka ilah yoktur)"* dedi. Ensar'dan olan arkadaşım onu bıraktı. Ben ise mızrağımı ona sapladım ve adamı öldürdüm. Medine'ye geldiğimizde Rasulullah (s.a.v.) durumdan haberdar oldu ve bana: *"Ey Üsame! Lâ ilâhe illallah dedikten sonra o adamı öldürdün ha?"* buyurdu. Ben: *"Ey Allah'ın Rasulü! O adam bu sözü canını kurtarmak için söyledi"* dedim. Peygamber (s.a.v.) tekrar: *"Lâ ilâhe illallah dedikten sonra o adamı öldürdün ha?"* buyurdu ve bu sözü o kadar çok tekrarladı ki, ben, keşke o günden önce Müslüman olmamış olaydım diye temennide bulundum. (Buhari, Diyet 2, Müslim, İman 158)

Müslim'in değişik bir rivayeti:

Rasulullah (s.a.v.): *"Adam Lâ ilâhe illallah dediği halde sen onu öldürdün öyle mi?"* buyurdu. Ben: *"Ey Allah'ın Rasulü! O adam bu sözü silahtan korktuğu için söyledi"* dedim. Peygamber (s.a.v.): *"Onun bunu korkudan dolayı söyleyip söylemediğini anlamak için kalbini mi yardın?"* buyurdu ve bu sözü o kadar çok tekrarladı ki ben, keşke o gün Müslüman olaydım diye temennide bulundum. (Müslim, İman 158)

**395)** Cündüb b. Abdillah (r.a.)'den:

Rasulullah (s.a.v.) Müslümanlardan bir müfrezeyi müşriklerden bir kavme göndermişti. Bunlar müşriklerle karşılaşınca müşriklerden bir adam Müslümanlardan istediği birini hedefine alıyor ve saldırıp onu öldürüyordu. Müslümanlardan bir kimse de onun gaflet anını gözlüyordu. -Bu kimsenin Üsame b. Zeyd olduğunu konuşuyorduk.- Üsame kılıcını kaldırınca o kimse: *"Lâ ilâhe illallah"* demesine rağmen Üsame onu öldürdü. Peygamber (s.a.v.)'e zafer müjdecisi geldi ve Peygamber (s.a.v.) ona durumu sordu. O da olup-biteni, hatta Üsame'nin o adama yaptığını da kendisine anlattı. Bunun üzerine Peygamber (s.a.v.) Üsame'yi çağırdı ve ona: *"O adamı niçin öldürdün?"* diye sordu. Üsame: *"Ey Allah'ın Rasulü! O adam Müslümanların canını yaktı, falanı, falanı öldürdü,"* diyerek birkaç kişinin ismini saydı ve: *"Ben onun üzerine yürüdüm, kılıcı görünce Lâ ilâhe illallah."* dediğini söyledi. Rasulullah (s.a.v.): *"Onu öldürdün mü?"* diye sordu. Üsame: *"Evet"* deyince Peygamber (s.a.v.): *"Lâ ilâhe illallah kıyamet günü karşına geldiği zaman ne yapacaksın?"* dedi. Üsame: *"Ey Allah'ın Rasulü! Allah'tan beni bağışlamasını dile"* dedi. Fakat Rasulullah (s.a.v.): *"Lâ ilâhe illallah kıyamet günü karşına geldiği zaman ne yapacaksın? Lâ ilâhe illallah kıyamet günü karşına geldiği zaman ne yapacaksın?"* demekten başka bir şey söylemiyordu. (Müslim, İman 160)

◈ **396)** Abdullah b. Utbe b. Mes'ud (r.a.)'den:

Ömer b. Hattab (r.a.)'ı: *"Rasulullah (s.a.v.) zamanında insanlar vahiy sayesinde her halleriyle kontrol edilirlerdi. Bugün ise vahiy kesildi. Şu anda biz sizleri apaçık davranışlarınız sebebiyle hesaba çekeriz. Dolayısıyla bize iyi davranış gösterenleri güvenilir kimse bilir ve ona yaklaşırız. Onun gizli hallerini araştırmak bize düşmez. Onun gizli hallerinin hesabını Allah görür. Bize karşı kötü davranışlar sergileyen bir kimseye de güvenmeyiz. Niyetinin iyi olduğunu söylese bile kendisini doğrulamayız."* derken işittim. (Buhari, Şehadet 5)

## 50- ALLAH KORKUSU BÖLÜMÜ

◆ *"...Ey İsrâil oğulları! Öyleyse yalnız Benden, korkun."* (2 Bakara 40)

◆ *"Şüphesiz Rabbinin intikamı çok şiddetlidir."* (85 Büruc 12)

◆ *"O zâlim memleketleri, Rabbin yakalarsa, işte böyle yakalar. Gerçekten O'nun yakalaması, pek acıklı ve çok şiddetlidir. İşte bütün bunlarda, âhiret azabından korkanlar için, kesinlikle ibret(ler) vardır. O, hem bütün insanların toplanacağı bir gündür ve hem de (herkesin yaptıklarıyla) yüzleşileceği bir gündür. Ancak Biz onu, sadece belirli bir süreye kadar erteliyoruz. O (kıyamet) günü gelince; O'nun izni olmaksızın, kimse konuşamaz. Artık (o gün) o (insanların) kimisi sefil, kimisi de bahtiyardır. Sefillere gelince, onlar cehennemdedirler. Onlar, orada içlerini çekerek hıçkıra hıçkıra ağlayacaklardır."* (11 Hud 102-106)

◆ *"Allah, sizi sadece kendisinden korunmanız hususunda uyarır."* (3 Alu İmran 28)

◆ *"İşte o gün, belirli kişiler, kardeşinden, annesinden ve babasından, eşinden ve çocuklarından dahi kaçar. O gün, onlardan her birisinin işi başından aşkındır."* (80 Abese 34-37)

◈ "Ey insanlar! Rabbinize (karşı günâha girmekten) sakının, çünkü kıyametin sarsıntısı gerçekten çok büyük bir şeydir. Onu göreceğiniz gün, her emzikli kadın emzirdiği çocuğunu unutur, her hamile kadın da çocuğunu düşürür ve insanları sarhoş olmadıkları halde sarhoş gibi görürsün. (İşte bu,) Allah'ın azabının çok şiddetli (olmasından)dır." (22 Hacc 1-2)

◈ "Rabbinin hükümranlığından sakınan kimse için ise, iki Cennet vardır." (55 Rahman 46)

◈ "(Cennettekiler) birbirleriyle: Doğrusu biz, bundan önce ailemiz(in akıbeti) hakkında çok korkar idik. diyerek, sohbet edecekler. (Ve devamla): Allah, lütufta bulunarak bizi, (cehennemin) kavurucu azabından korudu. Şüphesiz biz, bundan önce, sadece O'na kulluk ederdik. Gerçekten O, iyiliği bol, esirgemesi çok olanın ta kendisi imiş." (diyecekler.)" (52 Tur 25-28)

◈ **397)** İbnu Mes'ud (r.a.)'den:

Kendisi doğru ve doğruluğu vahiyle tasdik olunan Rasulullah (s.a.v.): *"Sizden her birinizin yaradılışı anasının karnında kırk günde nutfe (sperm) olarak derlenip toplanır. Sonra yine kırk günlük bir zaman içinde alaka (kan pıhtısı) haline döner. Sonra bir o kadar müddet içinde mudğa (bir et parça) haline gelir. Daha sonra bir melek gönderilerek ona ruh üfürülür ve o meleğe; o kimsenin rızkını, ecelini, amelini ve iyi bir kimse (sa'id) mi yoksa kötü bir kimse (şaki) mi olacağını yazması emrolunur. Kendisinden başka ilah olmayan Allah'a yemin ederim ki; sizden biriniz cennetliklerin yaptığı işi yapar ve kendisiyle cennet arasında sadece bir arşın mesafe kalır. Sonra (ana rahminde iken) yazılan hüküm öne geçer ve cehennemliklerin yaptıkları amelleri yaparak cehenneme girer. Yine sizden biriniz cehennemliklerin yaptıkları işleri yapar ve kendisi ile cehennem arasında bir arşın mesafe kalır. Sonra (ana rahminde iken) yazılan hüküm öne geçer ve o kişi cennetliklerin yaptığı işleri yapmaya devam eder ve cennete girer."* buyurdular. (Buhari, Bed'ül Halk 6, Müslim, Kader 1)

◈ **398)** İbnu Mes'ud (r.a.)'den:

Rasulullah (s.a.v.): *"Hesap günü cehennem getirilir. Cehennemin yetmiş bin yuları ve her bir yularla birlikte de onu çeken yetmiş bin melek vardır."* buyurdular. (Müslim, Cennet 29)

◈ **399)** Numan b. Beşir (r.a.)'den:

Rasulullah (s.a.v.)'i: *"Kıyamet günü cehennemliklerin azabı en hafif olanı o kimsedir ki; ayaklarının altına iki kor ateş konulur da onun etkisiyle beyni kaynar ve hiçbir kimsenin kendisi kadar şiddetli azapta olduğunu zannetmez. Hâlbuki o, azap edilenlerin en hafifidir."* buyururlarken işittim demiştir. (Buhari, Enbiya 1, Müslim, İman 362):

◈ **400)** Semüre b. Cündüb (r.a.)'den:

Rasulullah (s.a.v.): *"(Cehennem) ateşi cehennemliklerin bazılarının topuklarına, bazılarının dizlerine, bazılarının bellerine, bazılarının da köprücük kemiklerine kadar çıkar."* buyurdular. (Müslim, Cennet 33)

◈ **401)** İbnu Ömer (r.a.)'den:

Rasulullah (s.a.v.): *"İşte o gün tüm insanlar, âlemlerin Rabbinin huzurunda duracaklar* (Mutaffifin: 6) *ve onlardan bir kısmı kulaklarının yarısına kadar kendi terleri içinde kaybolacaklar."* buyurdular. (Buhari, Rikak 47, Müslim, Cennet 60)

◈ **402)** Enes (r.a.)'den:

Rasulullah (s.a.v.) benzerini o güne kadar hiç duymadığım bir konuşma yaptı ve: *"Eğer siz benim bildiklerimi bilseydiniz kesinlikle az güler, çok ağlardınız."* buyurdular. Bunun üzerine sahabe elleriyle yüzlerini kapatarak hıçkıra hıçkıra ağladılar. (Buhari, tefsiru sure-i Maide 12, Müslim, Fezail 134)

Başka bir rivayet: Rasulullah (s.a.v.)'e ashabı hakkında bir haber ulaştı da bunun üzerine şöyle bir konuşma yaptı: *"Cennet ve cehennem gözlerimin önüne serilip bana gösterildi. Hayırda da şerde de bugünki gibi bir gün hiç görmedim. Eğer siz benim bildiklerimi bilseydiniz kesinlikle az güler, çok ağlardınız."* buyurdular. Rasulullah'ın ashabının başına bundan daha kederli bir gün gelmedi. Onlar o gün başlarını ellerinin arasına alarak hıçkıra hıçkıra ağladılar. (Müslim, Fezail 134)

◈ **403)** Mikdad (r.a.)'den:

Rasulullah (s.a.v.)'in: *"Kıyamet günü güneş insanlara o kadar yaklaştırılır ki; arlarında bir mil mesafe kalır."* buyurduklarını işittim, dedi.

-Hadisi ravi Mikdad'dan rivayet eden Süleym b. Amir: *"Allah'a yemin ederim ki Rasulullah (s.a.v.) mil ile yeryüzündeki mesafe ölçüsünü mü yoksa göze sürme çekmek için kullanılan mili mi kastetti bilmiyorum"* dedi.- Rasulullah (s.a.v.): *"İnsanlar işledikleri amelleri miktarınca tere batarlar. Onlardan bir kısmı topuklarına, bir kısmı dizlerine, bir kısmı bellerinin hizasına, bir kısmı da ağızları hizasına kadar ter içinde kalırlar."* buyurdular. Mikdad: *"Rasulullah (s.a.v.) bunu söylerken eliyle ağzına işaret etti."* dedi. (Müslim, Cennet 62)

◈ **404)** Ebu Hüreyre (r.a.)'den:

Rasulullah (s.a.v.): *"Kıyamet günü insanların terleri yerin yetmiş arşın derinliğine iner ve ağızlarına kadar da ulaşır."* buyurdular. (Buhari, Rikak, 47, Müslim, Cennet 61)

◈ **405)** Ebu Hüreyre (r.a.)'den:

Biz Rasulullah (s.a.v.) ile beraber iken o sırada bir gümbürtü duyduk. Bunun üzerine: *"Siz bunun ne olduğunu biliyor musunuz?"* diye sordu. Biz: *"Allah ve Rasulü daha iyi bilir"* dedik. Rasulullah (s.a.v.): *"Bu yetmiş yıl önce cehenneme atılmış bir taş olup şimdiye kadar durmadan yuvarlanıyordu, nihayet cehennemin dibine düştü. Şimdi de siz, onun gümbürtüsünü işittiniz"* buyurdular. (Müslim, Cennet 31)

◈ **406)** Adîy b. Hâtim (r.a.)'den:

Rasulullah (s.a.v.): *"(Kıyamette) Rabbiniz arada bir tercüman bulunmaksızın mutlaka hepinizle konuşacak. O gün kişi sağına bakacak önceden gönderdiği (hayırlı) işlerini görecek, soluna bakacak yine önceden işlediği (kötü) işlerini görecek, önüne bakacak önünde de sadece cehennemi görecek. Öyleyse yarım hurmayla da olsa (sadaka vererek) kendinizi cehennemden koruyun."* buyurdular. (Buhari, Zekât 9, Müslim, Zekât 67)

◈ **407)** Ebu Zer (r.a.)'den:

Rasulullah (s.a.v.): *"Şüphesiz ben sizin görmediklerinizi görüyor ve bilmediklerinizi biliyorum. Gökyüzü çatırdadı ve bu çatırdamasında da haklı idi. Çünkü orada meleklerin Yüce Allah'a secde için başını koymadığı dört parmaklık bir yer bile yoktu. Vallahi eğer siz benim bildiklerimi bilseydiniz kesinlikle az güler, çok ağlardınız., yataklarda da kadınlardan zevk alamazdınız. Yüksek sesle Allah'a yalvararak yollara ve kırlara çıkardınız."* buyurdular. (Tirmizi, Zühd 9)

◈ **408)** Ebu Berze b. Ubeyd el-Eslemi (r.a.)'den:

Rasulullah (s.a.v.): *"Hiçbir kul kıyamet gününde; ömrünü nerede tükettiğinden, bilgisiyle ne gibi işler yaptığından, malını nereden kazanıp nereye harcadığından, vücudunu nerede yıprattığından sorguya çekilmedikçe yerinden ayrılamaz."* buyurdular. (Tirmizi )

◈ **409)** Ebu Hüreyre (r.a.)'den:

Rasulullah (s.a.v.): *"İşte o gün yeryüzü, bütün haberlerini anlatacaktır."* (99 Zilzal 4) ayetini okudu ve *"Yeryüzünün haberlerinin ne olduğunu biliyor musunuz?"* diye sordu. Sahabe: *"Allah ve Rasulü daha iyi bilir"* dediler. Rasulullah (s.a.v.): *"Onun haberleri, her erkek ve kadının üzerinde neler yaptığına şahitlik ederek, sen şu şu günlerde şöyle şöyle yapmıştın demesidir. İşte yeryüzünün haberleri budur"* buyurdular. (Tirmizi, Kıyamet 7)

◈ 410) Ebu Said el-Hudrî (r.a.)'den:

Rasulullah (s.a.v.): *"Sur sahibi (İsrafil), boruyu ağzını daya-mış ve ne zaman boruyu üflememe emir verilecek de üfleyece-ğim diye izin beklerken ben nasıl sevinç içerisinde yaşayabili-rim."* buyurdular. Bu haber Rasulullah (s.a.v.)'in ashabına ağır geldi. Bunun üzerine Rasulullah (s.a.v.) onlara: *"Hasbünallahu ve ni'mel vekil (Allah bize yeter o ne güzel vekildir) deyin."* buyurdular. (Tirmizi, Kıyamet 8)

◈ 411) Ebu Hüreyre (r.a.)'den:

Rasulullah (s.a.v.): *"Korkan kimse geceden yola çıkar (iba-dette acele eder), kim de geceden yola çıkarsa hedefine ulaşır. Dikkat edin! Allah'ın nimeti kıymetlidir. İyi bilin ki; Allah'ın ni-meti cennettir."* buyurdular. (Tirmizi, Kıyamet 18)

◈ 412) Aişe (r.a.)'dan:

Rasulullah (s.a.v.)'i: *"İnsanlar kıyamet günü yalınayak, çıp-lak ve sünnetsiz olarak Allah'ın huzuruna getirilecekler."* diye buyururken işittim. Ben de: *"Ey Allah'ın Rasulü! Kadınlar ve erkek-ler hepsi birlikte olunca birbirlerine bakmazlar mı?"* dedim. O: *"Ey Aişe! Oradaki durum bunu hatıra getiremeyecek kadar şiddet-lidir"* buyurdular.

Bir başka rivayet: *"Oradaki durum birbirlerine bakamaya-cakları kadar şiddetlidir"* buyurdular. (Buhari, Rikak 65, Müslim, Cennet 56)

## 51- ALLAH'IN RAHMETİNİ ÜMİD ETME BÖLÜMÜ

◈ "(Ey Muhammed!): "Eğer siz, Allah'ı gerçekten seviyorsanız, bana uyun ki Allah da sizi sevsin ve günâhlarınızı bağışlasın. Şüphesiz Allah, çok bağışlayıcıdır, pek de merhamet edicidir." de. (39 Zümer 53)

◈ "Böylece kâfir olmalarından dolayı onları cezâlandırdık. Zâten Biz, hiç kâfirlerden başkasını cezâlandırır mıyız?" (34 Sebe 17)

◈ "-'Bize: (Allah'ın) azabının, kesinlikle (O'nu) yalanlayıp îman etmeyenlere ait olduğu vahyolundu.' deyin." (20 taha 48)

◈ "Allah: Rahmetime gelince o, her şeyi kuşatmıştır." (7 Araf 156)

◈ **413)** Ubade b. es-Samit (r.a.)'den:

Rasulullah (s.a.v.): *"Kim tek ilahın Allah, Muhammed'in de Allah'ın kulu ve Rasulü olduğuna, İsa'nın da Allah'ın kulu ve elçisi, Meryem'e gönderdiği kelimesi ve Allah tarafından gönderilen bir ruh olduğuna, cennetin ve cehennemin hak olduğuna şehadet ederse Allah onu yaptığı ameline göre cennete koyar."* buyurdular. (Buhari, Enbiya 47, Müslim, İman 46)

Müslim'in başka bir rivayeti: *"Tek ilah Allah'tır ve Muhammed Allah'ın Rasulüdür diye şehadet eden kimseye Allah cehennemi haram kılar."* buyurdular. (Müslim, İman 47)

◈ **414)** Ebu Zer (r.a.)'den:

Rasulullah (s.a.v.): *"Yüce Allah: 'Kim bir iyilik getirirse ona on katını veririm veya daha da artırırım. Kim bir kötülük getirirse onun da karşılığı olarak kendisi kadar bir ceza veririm ya da tamamen bağışlarım. Kim Bana bir karış yaklaşırsa Ben ona bir arşın yaklaşırım. Bir arşın yaklaşana, bir kulaç yaklaşırım. Bana yürüyerek gelene Ben koşarak gelirim. Kim Bana hiçbir şeyi ortak koşmamak şartıyla yeryüzü dolusu günahla gelirse, Ben de onun günahları kadar bağışlama ile karşılarım.' buyurdu"* demişlerdir. (Müslim, Zikir 22)

◈ **415)** Cabir b. Abdillah (r.a.)'den:

Peygamber (s.a.v.)'e bir bedevi geldi ve: *"Ey Allah'ın Rasulü! (Cennete veya cehenneme girmeyi) gerektiren haller nelerdir?"* diye sordu. Rasulullah (s.a.v.)'de: *"Kim, Allah'a ortak koşmadan ölürse cennete girer, kim de Allah'a ortak koşarak ölürse cehenneme girer"* buyurdular. (Müslim, İman 151)

◈ **416)** Enes (r.a.)'den:

Rasulullah (s.a.v.) bir yolculukta devesinin terkisine bindirdiği Muaz'a üç defa: *"Ey Muaz!"* diye seslendi. O da her defasında: *"Buyur emret! Ey Allah'ın Rasulü!"* diye cevap verdi. Bunun üzerine Rasulullah (s.a.v.): *"Kim tek ilahın Allah ve Muhammed (s.a.v.)'in Allah'ın kulu ve Peygamberi olduğuna samimi ve gönülden şehadet ederse, Allah ona cehennemi haram eder"* buyurdular. Muaz: *"Ey Allah'ın Rasulü! Bu müjdeyi Müslümanlara haber vereyim de sevinsinler mi?* deyince Peygamber (s.a.v.): *"O zaman onlar buna güvenirler (ve hayırlı işler yapmaz olurlar)"* buyurdular. Muaz bu bilgiyi günahından kurtulmak için ölürken haber verdi. (Buhari, İlim 49, Müslim, İman 53)

◈ **417)** Ebu Hüreyre -yahut Ebu Said el-Hudrî- (r.a.)'den (Ravi burada şüphe etmiştir. Önemli sahabeler hakkındaki şüphe zarar vermez. Zira bu sahabelerin hepsi de adaletlidir.):

Tebük savaşında insanlar şiddetli açlıkla karşı karşıya kalınca sahabeler: *"Ey Allah'ın Rasulü! İzin verseniz de su taşıyan develerimizi kesip etlerini ve yağlarını yesek"* dediler. Peygamber (s.a.v.): *"Olur öyle yapın"* dedi. Ömer (r.a.) geldi ve: *"Ey Allah'ın Rasulü! Eğer buna izin verirsen, bineklerimiz azalır. Onlara ellerinde kalan azıklarını getirtsen, onlar üzerine bereketlenmesi için Allah'a dua etsen, belki Allah bir bereket ihsan eder."* dedi. Rasulullah (s.a.v.): *"Tamam öyle yapalım"*, buyurdular. Rasulullah (s.a.v.): Deriden bir sergi getirtti ve onu yere serdi sonra *ellerinde kalan azıkları* getirilmesini emretti. Askerlerden kimi bir avuç darı, kimisi bir avuç hurma, kimisi de bir ekmek parçası getirdi. Böylece sergi üzerinde gerçekten pek az bir şey toplandı. Rasulullah (s.a.v.) bereket vermesi için dua etti ve sonra: *"Buradan alıp kaplarınızı doldurun"* buyurdu. Tüm askerler kaplarını doldurdular, doldurulmadık bir kap bırakmadılar sonra da doyuncaya kadar yediler yine de arttı. Sonra Rasulullah (s.a.v.): *"Tek ilahın Allah olduğuna ve benim Allah'ın Rasulü olduğuma şehadet ederim ki; kim bu iki şehadette şüphe ederek Allah'a kavuşursa cennete girmekten mutlaka alıkonulur."* buyurdular. (Müslim, İman 45)

◈ **418)** Bedir gazasına katılan sahabelerden İtban b. Malik (r.a.)'den:

Ben kavmim Salim Oğullarına namaz kıldırırdım. Benimle onlar arasında bir vadi vardı. Yağmur yağdığı zaman mescide gitmek benim için zorlaşıyordu. Rasulullah (s.a.v.)'e geldim ve: *"Ey Allah'ın Rasulü! Gözlerim zayıfladı. Yağmur yağınca benimle onlar arasındaki dere sularla doluyor ve mescit tarafına geçmem zor oluyor. Bundan dolayı sizin evime teşrif edip bir tarafında namaz kılmanızı, benim de orayı namazgâh edinmemi istiyorum"* dedim. Rasulullah: *"Bunu yapacağım"* buyurdular. Rasulullah (s.a.v.) ertesi sabah güneş yükseldikten sonra Ebubekir ile birlikte bana geldi, izin istedi, izin verdim, içeri girdi daha oturmadan: *"Evinin neresinde namaz kılmamı istersin"* buyurdu. Namaz kılmasını istediğim yeri gösterdim. Rasulullah (s.a.v.) orada tekbir alıp namaza durdu. Biz de arkasında saf olduk, bize iki rekât namaz kıldırıp selam verdi, biz de selam verdik. Kendisi için hazırlanmış, iç yağı ile pişirilen un çorbasını yemesi için Rasulullah (s.a.v.)'i misafir ettik. Rasulullah (s.a.v.)'in bizim eve geldiğini haber alınca mahalle halkı bizim eve akın etti ve evde epeyce insan toplandı. İçlerinden biri: *"Malik nerelerde? Onu göremiyorum"* diye sordu. Bir başkası da: *"O, Allah ve Rasulünü sevmeyen bir münafıktır"* dedi. Rasulullah (s.a.v.) o kimseye: *"Böyle deme, görmüyor musun? O Yüce Allah'ın rızasını dileyerek Lâ ilâhe illallah diyor"* buyurdu. O adam: *"Allah ve Rasulü daha iyi bilir. Fakat Allah'a yemin olsun ki; biz, Malik'in münafıkları sevdiğini ve onlarla konuştuğunu görüyoruz"* dedi. Rasulullah'da: *"Allah'ın rızasını gözeterek Lâ ilâhe illallah diyen kimseyi Allah cehenneme haram kıldı."* buyurdular. (Buhari, Salat 45, Müslim, İman 54)

◈ **419)** Ömer b. El-Hattab (r.a.)'den:

Bir gün Rasulullah (s.a.v.) esirler arasında (çocuğundan ayrılan) ve durmadan koşan bir kadın gördü. Kadın, esir kadınlar arasında rast geldiği her çocuğu kucağına alıyor ve emziriyordu. Rasulullah (s.a.v.): *"Hiç bu kadın çocuğunu ateşe atabilir mi?"* diye sordu. Biz: *"Hayır! Allah'a yemin olsun ki; atamaz"* dedik. Bunun üzerine Rasulullah (s.a.v.): *"Allah, kullarına bu kadı-*

*nın çocuğuna merhametinden çok daha fazla merhametlidir."* buyurdular. (Buhari, Edeb 18)

◈ **420)** Ebu Hüreyre (r.a.)'den:

Rasulullah (s.a.v.): *"Allah tüm varlıkları yarattığı zaman arşın üstünde bulunan kendi katındaki bir kitaba: 'rahmetim gazabıma galip gelir' diye yazmıştır."* buyurdular. (Buhari, Bed'ül Halk 1)

Bir değişik rivayette: *"gazabıma galip oldu"* şeklindedir. (Buhari, Bed'ül Halk 4)

Başka bir rivayette: *"gazabımı geçti"* şeklindedir. (Buhari, tevhid 15, Müslim, tevbe 14)

◈ **421)** Ebu Hüreyre (r.a.)'den:

Rasulullah (s.a.v.)'i: *"Allah rahmetini yüz parçaya ayırdı, doksan dokuz parçasını kendi yanıda tuttu, birini yeryüzüne indirdi. İşte yeryüzündeki yaratıklar bu bir parça rahmet sebebiyle birbirlerine merhamet ederler. Hatta hayvanlar (bu rahmet sebebiyle) yavrusunu ezmemek için ayağını kaldırır."* buyururken dinledim. (Müslim, tevbe 17)

Bir başka rivayet: *"Allah'ın yüz rahmeti vardır. Bunun birini cinlerin, insanların, hayvanların ve böceklerin arasına indirmiştir. Onlar bu bir rahmet sebebiyle birbirlerini sever ve birbirlerine acırlar. Vahşi hayvanlar da bu rahmet sebebiyle yavrusuna şefkat gösterir. Yüce Allah Rahmetinin doksan dokuz parçasını da ahirette kullarına rahmet etmek için geriye bırakmıştır."* (Müslim, tevbe 19)

Müslim'in Selmani Farisi'den rivayeti: Rasulullah (s.a.v.): *"Allah'ın yüz rahmeti vardır. Bu rahmetten bir tanesi sebebiyle varlıklar birbirlerine merhamet ederler. Diğer doksan dokuzu ise kıyamet günü içindir."* buyurmuşlardır.

Müslim'in başka bir rivayeti: Rasulullah (s.a.v.): *"Allah yerleri ve gökleri yarattığı gün yüz adet de rahmet yaratmıştır. Her bir rahmeti göklerle yer arasını dolduracak büyüklüktedir. Bunlardan sadece birini yeryüzüne indirmiştir. İşte anne, yavrusuna* bu yüzden şefkat gösterir, vahşi hayvanlar ve kuşlar da bundan dolayı birbirlerine merhamet ederler. Kıyamet günü olunca Allah doksan dokuz rahmeti bu bir rahmetle (tekrar yüze) tamamlar." buyurmuşlardır. (Müslim, tevbe 21)

◈ **422)** Yine Ebu Hüreyre (r.a.)'den:

Rasulullah (s.a.v.), Yüce Allah'tan naklederek: *"Kul bir günah işler de, 'Ey Allah'ım benim günahımı bağışla' dedimi Allah, 'kulum bir günah işledi ve günahını bağışlayacak ve günahını sorgulayacak bir Rabbi olduğunu bildi' der. Sonra kul günah işler de, 'Ey Rabbim günahımı bağışla' dedimi Yüce Allah: "kulum bir günah işledi ve günahını bağışlayacak ve günahını sorgulayacak bir Rabbi olduğunu bildi', der. Sonra kul tekrar günah işler de, 'Ey Rabbim günahımı bağışla' dedimi Yüce Allah: "kulum bir günah işledi ve günahını bağışlayacak ve günahını sorgulayacak bir Rabbi olduğunu bildi' Muhakkak ki ben bu kulumu bağışladım. O halde böyle dilediği kadar yapsın' der."* buyurmuşlardır. (Buhari, tevhid 35, Müslim, tevbe 29)

◈ **423)** Yine Ebu Hüreyre (r.a.)'den:

Rasulullah (s.a.v.): *"Canım elinde olan Allah'a yemin olsun ki, siz hiç günah işlemeseydiniz, Allah sizi yok eder, yerinize günah işleyip Allah'tan af dileyen ve kendilerini bağışladığı bir toplum getirirdi."* buyurdular. (Müslim, tevbe 11)

◈ **424)** Ebu Eyyub Halid b. Zeyd (r.a.)'den:

Ben Rasulullah (s.a.v.)'i: *"Eğer siz günah işlemeseydiniz, Allah günah işleyen, günahlarından dolayı af dileyip Allah'ın da kendilerini bağışladığı bir toplum yaratırdı."* buyururlarken işittim. (Müslim, tevbe 10)

◈ **425)** Ebu Hüreyre (r.a.)'den:

Aramızda Ebubekir ve Ömer'in de bulunduğu bir grupla beraber Rasulullah (s.a.v.)'in yanında oturuyorduk. Rasulullah (s.a.v.) kalkıp aramızdan ayrıldı. Gecikince bir şey olur endişesiyle telaşa düştük ve hemen kalktık. Telaşlananların ilki bendim. Kalkıp onu aramaya başladım. Nihayet Ensar'dan birinin bahçesine geldim. -Hadisi uzunca anlatan Ebu Hüreyre sonucu şöyle bağladı.- Rasulullah (s.a.v.) bana: *"Git bu bahçenin dışında tek ilahın Allah olduğuna samimi bir biçimde şehadet getiren kime rastlarsan onu cennetle müjdele."* buyurdular. (Müslim, İman 52)

◈ **426)** Abdullah b. Amr b. El-Âs (r.a.)'den:

Rasulullah (s.a.v.), Allah'ın İbrahim (a.s.) hakkındaki: *"Ey Rabbim! Gerçekten o (putlar,) insanlardan birçoğunu yoldan çıkardılar. Artık kim bana uyarsa, o bendendir, kim de bana isyan ederse, şüphesiz (yine de) sen, çok bağışlayansın, çok acıyansın."* (14 İbrahim 36) ayetini okudu. Sonra İsa (a.s.)'ın: *"Eğer onlara azap edersen, onlar Senin kullarındır yok eğer onları bağışlarsan, şüphesiz Sen, çok güçlüsün, hüküm (ve hikmet) sahibisin."* (5 Maide 118) ayetini okudu ve ellerini kaldırarak: *"Ey Allah'ım! Ümmetimi bağışla! Ümmetimi bağışla!"* diye dua etti ve ağladı. Bunun üzerine Allah: *"Ey Cebrail! -gerçi Rabbin her şeyi daha iyi bilir ama- Muhammed'e git, niçin ağladığını sor"* buyurdu. Cebrail ona geldi ve sordu, o da niçin ağladığını söyledi, -zaten Allah her şeyi en iyi bilendir.- Bunun üzerine Allah: *"Ey Cebrail! Muhammed'e git ve ona: 'Ümmetin konusunda seni razı edeceğiz ve üzmeyeceğiz' de."* buyurdu. (Müslim, İman 346)

◈ **427)** Muaz b. Cebel (r.a.)'den:

Bir gün merkep üzerinde Rasulullah'ın terkisinde idim. Bana: *"Ey Muaz! Allah'ın kulları, kulların da Allah üzerinde ne hakkı vardır bilir misin?"* buyurdu. Ben: *"Allah ve Rasulü daha iyi bilir"* deyince; Rasulullah (s.a.v.): *"Allah'ın kulları üzerindeki hakkı, onların sadece Allaha kulluk etmeleri ve hiçbir şeyi ona ortak koşmamalarıdır. Kulların da Allah üzerindeki hakkı, kendisine hiçbir şeyi ortak koşmayanlara azap etmemesidir"* buyurdular. Ben: *"Ey Allahın Resûlü! Bunu insanlara müjdeleyeyim mi?"* dedim. Rasulullah (s.a.v.): *"Müjdeleme! Onlar buna güvenirler de ihmal ederler"* buyurdular. (Buhari, Cihad 46, Müslim, İman 48)

◈ **428)** Berâ b. Âzib (r.a.)'den:

Rasulullah (s.a.v.): *"Müslüman kabirde sorguya çekildiği zaman tek ilahın Allah olduğuna, Muhammed (s.a.v.)'in Allah'ın Rasulü olduğuna şehadet eder. İşte bu 'Allah, dosdoğru söz vererek îman edenleri, dünya hayatında da âhiret hayatında da o sözlerinde kararlı kılar, zâlimleri de saptırır. Ve Allah, ne dilerse onu yapar.' (14 İbrahim 27) ayetinden dolayıdır."* buyurdular. (Buhari, Cenaiz 87, Müslim, Cennet 73)

◈ **429)** Enes (r.a.)'den:

Rasulullah (s.a.v.): *"Kâfir bu dünyada bir iyilik yaptığı zaman onun karşılığı dünya nimetlerden verilir. Mü'mine gelince, Allah onun iyiliklerinin sevabını ahiret için biriktirir, yaptığı kulluğa göre de bu dünyada ona rızık verir."* buyurdular. (Müslim, Münafikin 57)

Diğer bir rivayet:

*"Şüphesiz ki Allah mü'minin iyiliklerine karşılık haksızlık yapmaz. Ona (yaptığı iyilik sebebiyle) hem bu dünyada hem de ahirette mükafat verilir. Kafire gelince dünyada yaptığı iyilikler karşılığında kendisine rızık verilir. Ahirete vardığında ise kendisine mükafat verilecek bir iyilği kalmaz."* (Müslim, Münafikin 56)

◈ **430)** Cabir (r.a.)'den:

Rasulullah (s.a.v.): *"Beş vakit namaz, sizden birinizin kapısı önünde akan ve her gün içine girip beş kere yıkandığı suyu bol ırmak gibidir."* buyurdular. (Müslim, Mesacid 284)

◈ **431)** İbnu Abbas (r.a.)'den:

Rasulullah (s.a.v.)'i: *"Müslüman birisi ölür de cenazesine Allah'a şirk koşmayan kırk kişi onun cenaze namazını kılarsa, Allah onların o ölü hakkındaki şefaatlerini mutlaka kabul eder."* derlerken işittim. (Müslim, Cenaiz 59)

◈ **432)** İbnu Mes'ud (r.a.)'den:

Bir defasında kırk kadar kişi, Rasulullah (s.a.v.)'le birlikte daire biçiminde bir ev içerisindeydik. Peygamber (s.a.v.) bize: *"Siz cennetliklerin dörtte biri olmaya razı olur musunuz?"* diye sordu. *"Evet,"* dedik. Peygamber (s.a.v.) bu sefer: *"Siz cennetliklerin üçte biri olmaya razı olur musunuz?"* diye sordu. Biz yine: *"Evet,"* dedik. Bunun üzerine Rasulullah (s.a.v.): *"Muhammed'in canı elinde olan Allah'a yemin ederim ki; ben sizin cennetliklerin yarısı olacağınızı umuyorum. Çünkü cennete sadece Müslüman olanlar girer. Hâlbuki siz, müşriklere nispetle siyah öküzün derisindeki beyaz kıl veya kızıl öküzün üzerindeki siyah kıl gibisiniz."* buyurdular. (Buhari, Rikak 45, Müslim, İman 377)

◈ **433)** Ebu Musa el-Eş'arî (r.a.)'den:

Rasulullah (s.a.v.): *"Kıyamet günü olunca Allah her Müslümana bir Yahudi veya bir Hristiyan verecek ve 'bu senin için cehennemden kurtuluş fidyendir.' buyuracak."* dediler. (Müslim, tevbe 49)

Değişik bir rivayet: *"Kıyamet günü Müslümanlardan bir kısmı dağlar kadar günahla gelir, Allah da onları affeder"*, buyurdular. (Müslim, tevbe 51)

◈ **434)** İbnu Ömer (r.a.)'den:

Rasulullah (s.a.v.)'i: *"Kıyamet günü mü'min Allah'a o kadar yaklaştırılır ki, Allah onun üzerini rahmetiyle örter, günahlarını ikrar ettirir ve ona: 'Falan günahını hatırlıyor musun? Falan günahını biliyor musun?' der. Kul da: Biliyorum ey Rabbim! der. Bunun üzerine Allah: 'Ben bu günahlarını dünyada gizlemiştim bu gün de bağışlıyorum' buyurur ve o kimseye iyiliklerinin kaydedildiği defter verilir."* buyururlarken işittim. (Buhari, Mezalim 3, Müslim, tevbe 52)

◈ **435)** İbnu Mes'ud (r.a.)'den:

Adamın biri, bir kadını öptü ve Rasulullah (s.a.v.)'e gelerek olayı anlattı. Bunun üzerine Allah: *"Gündüzün iki tarafında (öğle ve ikindi vakitlerinde) ve gecenin bölümlerinde (akşam, yatsı ve sabah vakitlerinde) namazı, hakkını vererek kıl. Çünkü iyilikler, kötülükleri giderir. İşte bu, öğüt alanlara bir hatırlatmadır."* (11/Hud 114) ayetini indirdi. O kimse: *"Ey Allah'ın Rasulü bu hüküm, benim için mi?"* dedi. Rasulullah (s.a.v.)'de: *"Bu ümmetimin tamamı içindir"*, buyurdular. (Buhari, Mevakit 4, Müslim, tevbe 39)

◈ **436)** Enes (r.a.)'den:

Peygamber (s.a.v.)'e adam biri geldi ve: *"Ey Allah'ın Rasulü! Ben cezayı gerektiren bir iş işledim, beni cezalandır,"* dedi. Namaz vakti geldi ve o şahıs Rasulullah (s.a.v.) ile birlikte namaz kıldı. Namaz bittikten sonra: *"Ey Allah'ın Rasulü! Ben cezayı gerektiren bir iş işledim, beni Allah'ın emrettiği şekilde cezalandır,"* dedi. Peygamber (s.a.v.): *"Sen bizimle birlikte namaz kılmadın mı?"* buyurdu. Adam: *"Evet"* deyince, Rasulullah (s.a.v.): *"Öyleyse affedildin"* buyurdular. (Buhari, Hudud 27, Müslim, tevbe 44)

◈ **437)** Enes (r.a.)'den:

Rasulullah (s.a.v.): -*"Allah kulunun bir şey yedikten sonra kendisine hamd etmesinden yine bir şey içtikten sonra kendisine hamd etmesinden razı olur."* buyurdular. (Müslim, Zikir, 89)

◈ **438)** Ebu Musa (r.a.)'den:

Rasulullah (s.a.v.): *"Allah gündüz günah işleyenin tevbesini kabul etmek için ellerini gece, gece günah işleyen kimsenin tevbesini kabul etmek için ellerini gündüz açık tutar. Bu iş, güneş batıdan doğuncaya -kıyamete- kadar devam eder."* buyurdular. (Müslim, tevbe 31)

◈ **439)** Ebu Necîh Amr b. Abese es-Sülemi (r.a.)'den:

Ben, cahiliye döneminde iken insanların sapıklıkta olduklarını ve onların putlara taparak faydalı bir amel üzerinde olmadıkları kanaatinde idim. Bu arada Mekkeli bir şahsın önemli haberler verdiğini duydum. Binitime binerek onun yanına geldim.

Baktım ki, Rasulullah (s.a.v.) kavminin saldırganlığından dolayı faaliyetini gizli yürütüyor. Onunla görüşmenin gizli yolunu buldum ve kendisine Mekke'de ulaştım ve ona: -"*Sen kimsin?*" dedim. O: -"**Ben Peygamberim**" dedi. -"*Peygamber ne demektir?*" deyince, o: -"**Beni Allah gönderdi**" dedi. -"*Seni ne ile gönderdi?*" deyince, o: -"**Allah beni, hısım-akrabayı gözetmek, putları kırmak, tek ilahın Allah olduğunu ve hiçbir şeyin Ona olmayacağını duyurmakla gönderdi**" buyurdu. -"*Bu işte senin yanında olanlar kimlerdir?*" dedim. O da: -"**Hür bir erkek ve bir köle**" buyurdular. -O gün yanında Bilal ve Ebubekir (r.a.) bulunuyordu. -"*Ben, sana tabi olmak istiyorum.*" deyince, o: -"**Senin gücün, bu işe bugün için yetmez, benim ve ortalığın durumunu görmüyor musun? Şimdi sen kavmine dön, ne zaman benim (dinimi) açıkça yaymaya başladığımı duyarsan o zaman yanıma gel**", buyurdular. Ben de ailemin yanına döndüm.

Rasulullah (s.a.v.) Medine'ye hicret ettiği günlerde, ben de ailemin yanında kalıp ondan haber almaya çalışıyor, Medine'den gelenlere (onu) soruyordum. Derken Medinelilerden bir grup geldi. Onlara: -"*Medine'ye gelen zat ne yaptı?*", diye sordum. Onlar: -"*Halk ona koşuyor. Kavmi onu öldürmek istedi ama başaramadılar.*" dediler. Hemen Medine'ye gelip onun yanına girdim ve: -"*Ey Allah'ın Rasulü beni tanıdınız mı?*" dedim. O: -"**Evet! Sen benimle Mekke'de buluşan kimse değil misin?**" dedi. Ben de: -"*Ey Allah'ın Rasulü! Allah'ın sana öğrettiği ve benim bilmediğim şeyleri bana öğret, bana namazdan haber ver*" dedim.

Rasulullah (s.a.v.): -"**Sabah namazını kıl, sonra güneş bir mızrak boyu yükselinceye kadar namaza ara ver. Çünkü güneş şeytanın iki boynuzunun arasından doğar ve kâfirler de o vakit ona secde ederler. Sonra dikilmiş mızrağın gölgesi en az haline gelinceye kadar (nafile) namaz kıl çünkü namaza melekler ve Allah'ın iyi kulları da şahid olur. Sonra namaza bir süre ara ver çünkü o vakit cehennem iyice alevlenir. Mızrağın gölgesi döndüğü zaman öğle namazını kıl çünkü namaza melekler ve Allah'ın iyi kulları da şahid olur. Sonra da ikindi namazını kıl. İkindi na-**

*mazını kıldıktan sonra güneş batıncaya kadar namaza ara ver çünkü güneş şeytanın iki boynuzunun arasından batar, kâfirler de o zaman güneşe secde ederler,"* buyurdular.Ben: -*"Ey Allah'ın Nebisi! Bana abdesti de anlat"*, dedim. Rasulullah (s.a.v.): -*"Sizden biriniz abdest almaya başlar, ağzına, burnuna su verip burnunu temizlerse; ağzının, yüzünün ve burnunun günahları dökülür. Sonra Allah'ın emrettiği şekilde yüzünü yıkarsa; yüzünün günahları suyla birlikte sakalının uçlarından akar gider. Sonra ellerini dirseklerine kadar yıkayınca; parmak uçlarından da ellerinin günahları su ile beraber dökülür. Başını mesh ettiği zaman da; başının günahları saçlarının uçlarından su ile dökülür gider. Sonra ayaklarını topuklarına kadar yıkayınca; ayaklarının günahları parmaklarının uçlarından akan su ile birlikte akar gider. Bu kimse kalkıp namaz kılar, Allah'a hamdeder, Onu över, Onu layık olduğu sıfatlarla anar kalbini de tam manasıyla Allah'a bağlarsa, annesinden doğduğu günkü gibi günahlarından sıyrılır."* buyurdular. Ravi Amr b. Abese bu hadisi Peygamber (s.a.v.)'in arkadaşlarından Ebu Ümame'ye anlatınca, Ebu Ümame: -*"Ey Amr b. Abese! Ne dediğini biliyor musun? Bir ibadetten dolayı bir adama bu kadar büyük bir sevabın verilmesi olur mu?"* dedi. Bunun üzerine Amr b. Abese: -*"Ey Ebu Ümame! Yaşım ilerledi, kemiklerim zayıfladı, ecelim de yaklaştı. Allah ve Rasulü adına yalan söylemeye ihtiyacım da yok. Eğer bu hadisi Rasulullah (s.a.v.)'den bir, iki, üç hatta yedi defa duymuş olmasaydım asla rivayet etmezdim. Fakat ben bu hadisi Rasulullah'tan bundan da fazla duydum"* dedi. (Müslim, Müsafirin 294)

**440)** Ebu Musa el-Eş'ari (r.a.)'dan:

Rasulullah (s.a.v.): *"Allah, bir ümmete rahmet etmek isterse, onların Peygamberini kendilerinden önce vefat ettirir ve Peygamberlerini ahirette onların önünde önder ve kılavuz yapar. Allah, bir ümmetin de helakini isterse; Peygamberleri sağ iken onlara azap gönderip onları helak eder ve Peygamberlerini sağ bırakır. Onun gözü önünde onları mahveder. Peygamberlerini yalanlamaları ve ona karşı gelmeleri yüzünden onları helak ederek Peygamberini teselli eder."* buyurdular. (Müslim, Fezail 24)

# 52- ALLAH'TAN RAHMETİNİ ÜMİT ETME BÖLÜMÜ

◈ "(Allah salih kuldan bahsederek:) "Benim size söylediklerimi, pek yakında anlayacaksınız. Ben ise işimi Allah'a emanet ediyorum ve şüphesiz Allah, kullarını görür. dedi. Sonunda Allah, onların kurdukları tuzaklardan onu korudu ve Firavun'un ailesine de azabın en kötüsü iniverdi." (40 Mü'min 44-45)

◈ **441)** Ebu Hüreyre (r.a.)'dan:

Rasulullah (s.a.v.): *"Aziz ve Celil olan Allah: [ Ben, kulumun beni zannettiği gibiyim. Beni hatırladığında Ben onunla beraberim. ] buyurdu. Allah'a yemin ederim ki Allah, kulunun tevbesinden dolayı, sizden birinizin ıssız çölde kaybettiği devesini bulduğu zamanki sevincinden daha çok sevinir. -Bundan dolayı Allah: -[ Bana bir karış yaklaşana ben bir arşın yaklaşırım, bir arşın yaklaşana bir kulaç yaklaşırım, bana yürüyerek gelene ben koşarak gelirim. ] buyurmuştur."* dediler. (Buhari, tevhid 15, Müslim, Tevbe 1)

◈ **442)** Cabir b. Abdillah (r.a.)'den:

O, vefatından üç gün önce Rasulullah (s.a.v.)'i: *"Sizden her biriniz ölürken kesinlikle Allah'a hüsnü zan ederek ölsün."* buyururlarken işittiğini söyledi. (Müslim, Cennet 81)

◈ **443)** Enes (r.a.)'den:

Ben Rasulullah (s.a.v.)'i: *"Allah: [ Ey Âdemoğlu! Sen Bana dua edip affedilmeni umduğun sürece sende bulunan günahlar ne kadar çok olursa olsun seni bağışlarım. Ey Âdemoğlu! Günahların yerle gökleri dolduracak seviyeye ulaşsa bile Benden bağışlanmanı istersen günahların ne kadar çok olursa olsun seni bağışlarım. Ey Âdemoğlu! Sen, Bana hiçbir şeyi ortak koşmamış olduğun halde yeryüzünü dolduracak kadar günahla huzuruma gelsen bile Ben de seni yeryüzü dolusu bağışlama ile karşılarım.] buyurdular"* derken dinledim, dedi. (Tirmizi, Deavat 98)

## 53- KORKU İLE ÜMİD ARASINDA YAŞAMA BÖLÜMÜ

◈ "Onlar, Allah'ın tuzağından (kurtulacaklarına) hiç emin olabilirler mi? Hüsrana uğrayacak topluluktan başkası, Allâh'ın tuzağın(a yakalanmayacağın)dan emin olamaz." (7 Araf 99)

◈ "Ancak kâfirlerden başkası Allah'ın rahmetinden ümit kesmez." (12 Yusuf 87)

◈ "O bir kısım yüzlerin ağarıp, bir kısım yüzlerin de karardığı (mahşer) gününü )düşünün)." (3 Alu İmran 106)

◈ "Doğrusu Rabbin, cezâyı çok çabuk verendir ve çok affedici ve merhamet edicidir." (7 Araf 167)

◈ "Şüphesiz itaatkâr kullar, (âhirette) nîmetler içerisindedirler. İsyankâr kullar ise (âhirette) kesinlikle cehennemdedirler." (82 İnfitar 13-14)

◈ "Artık (o gün), kimin (sevap) tartısı ağır basarsa o, cennette hoşnut kalacağı bir hayat içerisinde yaşayacak. (O gün) kimin de (sevap) tartısı hafif gelirse, onun (kucağına sığınacağı) anası, cehennem uçurumu'dur." (101 Karia 6-9)

◈ **444)** Ebu Hüreyre (r.a.)'dan:

Rasulullah (s.a.v.): *"Eğer bir mü'min Allah'ın katındaki azabın derecesini bilseydi hiç kimse cennet ümit edemezdi. Eğer kâfir de Allah katındaki rahmetin çokluğunu bilseydi hiç kimse O'nun cennetinden ümid kesmezdi."* buyurdular. (Müslim, tevbe 23)

◈ **445)** Ebu Said el-Hudrî (r.a.)'dan:

Rasulullah (s.a.v.): *"Ölü tabuta konup ta insanlar -veya erkekler- onu omuzları üzerine yüklendiği zaman, eğer ölü iyi bir kişi ise: 'Beni çabuk götürün, çabuk götürün!' der. Ölü eğer iyi bir kimse değilse: 'Eyvah! Bu cenazeyi nereye götürüyorsunuz ?' der. Onun sesini insanlardan başka her şey duyar; eğer insan bu sesi duysaydı bayılıp düşerdi."* buyurdular. (Buhari, Cenaiz 50)

◈ **446)** İbnu Mes'ûd (r.a.)'den:

Rasûlullah (s.a.v.): **"Cennet sizden her birinize ayakkabınızın bağından daha yakındır. Cehennem de öyledir."** buyurdular. (Buhârî, Rikâk 29)

## 54- ALLAH İÇİN AĞLAMA BÖLÜMÜ

◈ **"Ağlayarak yüzleri üstü (secdeye) kapanırlar ve (Kur'an da) onların gönüllerindeki saygıyı artırır."** (17 İsra 109)

◈ **"Şimdi size bu söylenilenler garip mi geliyor da, (bu yüzden) gülüyor ve ağlamıyorsunuz?"** (53 Necm 59-60)

◈ **447)** Abdullah b. Mes'ud (r.a.)'dan:

Rasulullah (s.a.v.): **"Bana Kur'an oku"** buyurdu. Ben: -"Ey Allah'ın Rasulü! (Kur'an) sana indirilmişken ben mi sana (Kur'an) okuyacağım!" dedim. O da: **"Ben Kur'an'ı başkalarından dinlemeyi severim,"** buyurması üzerine Nisa suresini okumaya başladım. [ **Her ümmetten bir şâhit getirdiğimiz ve seni de bunların üzerine bir şâhit yaptığımız zaman acaba bu (kâfirlerin) halleri nasıl olacak?** ] (4 Nisa 41) anlamındaki ayete gelince, **"Şimdilik bu kadarı yeter"** buyurdu. Sonra ben ona baktım, onun gözlerinden yaşlar akıyordu. (Buhari, Fedailül Kur'an 33, Müslim, Müsafirin 247)

◈ **448)** Enes (r.a.)'den:

Rasulullah (s.a.v.) benzerini o güne kadar hiç duymadığım bir konuşma yaptı ve: **"Eğer siz benim bildiklerimi bilseydiniz kesinlikle az güler, çok ağlardınız."** buyurdular. Enes: "Bunun üzerine sahabe elleriyle yüzlerini kapatarak hıçkıra hıçkıra ağladılar." dedi. (Buhari, Küsuf 2, Müslim, Salat 112)

◈ **449)** Ebu Hüreyre (r.a.)'dan:

Rasulullah (s.a.v.): **"Allah'ın korkusuyla gözyaşı döken kişi sağılmış süt memeye dönmedikçe cehenneme girmez. Allah** *yolunda cihad ederken oluşan tozla cehennem dumanı asla birleşmez."* buyurdular. (Tirmizi, Fezailül cihad 8)

◈ **450)** Ebu Hüreyre (r.a.)'dan:

Rasulullah (s.a.v.): *"Allah, hiçbir gölgenin bulunmadığı (kıyamet) gününde şu yedi kişiyi gölgesinde gölgelendirir. Bunlar da; adaletli devlet başkanı, Allah'a kulluk ederek yetişen genç, kalbi mescitlere bağlı kimse, Allah için birbirlerini sevip, bu uğurda bir araya gelip ayrılan kişiler, makam ve güzellik sahibi bir kadının (zina) çağrısını, ben Allah'tan korkarım diyerek reddeden kimse, sağ elinin verdiğini sol eli bilemeyecek kadar gizli sadaka veren kimse, kendi başına kaldığında Allah'ı anarak gözyaşı döken kimse."* buyurdular. (Buhari, Ezan 36, Müslim, Zekât 91)

◈ **451)** Abdullah b. Şıhhir (r.a.)'den.

Bir gün Rasulullah (s.a.v.)'in yanına gelmiştim. O, namaz kılarken ağlamaktan dolayı göğsünden kaynayan tencerenin çıkardığı ses gibi sesler geliyordu. (Ebu Davud, Salat 158)

◈ **452)** Enes b. Malik (r.a.)'dan:

Rasulullah (s.a.v.) Übey b. Ka'b (r.a.)'a: -*"Allah, bana* كَفَرُوا لَمْ يَكُنِ الَّذِينَ *suresini sana okumamı emretti."* buyurdu. Übey b. Ka'b: -*"Allah benim ismimi andı mı?"* dedi. Rasulullah (s.a.v.)'de: -*"Evet!"*, dedi. Übey b. Ka'b bunun üzerine ağladı. (Buhari, Menakıbül Ensar 16, Müslim, Müsafirin 246)

Başka bir rivayette: "Übey b. Ka'b ağlamaya başladı" (Müslim, Müsafirin 245)

◈ **453)** Enes b. Malik (r.a.)'dan:

Rasulullah (s.a.v.)'in vefatından sonra Ebu Bekir (r.a.), Ömer (r.a.)'a: *"Haydi Ümmü Eymen (r.a.)'ya gidip, Rasulullah (s.a.v.)'in ziyaret ettiği gibi biz de onu ziyaret edelim"*, dedi. İkisi beraber onun yanına varınca Ümmü Eymen (r.a.) ağladı. Onlar da: -*"Niçin ağlıyorsun, Allah katındaki nimetin Rasulullah (s.a.v.) için çok daha hayırlı olduğunu bilmiyor musun?"* dediler. Ümmü Eymen'de: *-"Ben Allah katındaki nimetlerin Peygamber (s.a.v.) hakkında daha hayırlı olduğunu bilmediğimden dolayı ağlamıyorum. Fakat ben gökten vahyin kesilmiş olmasından dolayı ağlıyorum"*, deyince Ebu Bekir ve Ömer (r.a.)'de duygulanıp onunla beraber ağlamaya başladılar. (Müslim, Fezailüs Sahabe 3)

◈ **454)** Abdullah b. Ömer (r.a.)'den:

Rasulullah (s.a.v.)'in hastalığı ağırlaşınca kendisine namazı kimin kıldıracağı soruldu. O da: -"Ebubekir'e söyleyin, insanlara namazı kıldırsın," buyurdular. Aişe (r.a.): -"Ebubekir yufka yüreklidir. Kur'an okurken kendisini tutamaz ağlar" dedi. Rasulullah (s.a.v.): -"Ebubekir'e söyleyin, namazı kıldırsın" buyurdu.

Başka bir rivayette: Mü'minlerin annesi Aişe (r.a.): "Ebubekir senin yerine geçip namaz kıldırırsa, ağlamasından dolayı arkasındaki insanlara bir şey duyuramaz", dedim. (Buhari, Ezan 39, Müslim, Salat 94)

◈ **455)** İbrahim b. Abdurrahman b. Avf (r.a.)'tan:

Oruçlu olduğu bir gün Abdurrahman b. Avf (r.a.)'ın önüne bir yemek sofrası getirildi. Bunun üzerine o: *-"Mus'ab b. Umeyr (r.a.) (Uhud savaşında) şehid edildi. O benden daha hayırlı idi. Ama kefen olarak bir hırkadan başka bir şey bulunamadı. Onunla başı örtülse ayakları, ayakları örtülse başı açıkta kalıyordu. Sonraları dünyalıklar önümüze serildikçe serildi. -Dünyalıklar bize verildikçe verildi. -İyiliklerimizin karşılığı bu dünyada bize peşin olarak verilmiş olmasından korktuk."* dedi. Sonra ağlayarak, yemeği bırakıp gitti. (Buhari, Cenaiz 27)

◈ **456)** Ebu Ümame Suday b. Aclan el-Bahılî (r.a.)'dan:

Rasulullah (s.a.v.): -"Allah katında iki damla ve iki izden daha sevimli bir şey yoktur. Onlar da; Allah korkusuyla dökülen gözyaşı damlası ve Allah yolunda dökülen kandamlası. İki iz ise; Allah yolunda savaşırken alınan yara izi ve Allah'ın farzlardan birini yerine getirirken meydana gelen izlerdir." buyurdular. Bu konuda pek çok hadis bulunmakta olup, İrbâd b. Sariye (r.a.)'den rivayet olunan; "Rasulullah (s.a.v.) gözleri yaşartan, kalpleri ürperten çok tesirli bir konuşma yaptı." hadisi de bunlardandır. (Ebu Davud, Sünnet 5, Tirmizi İlim 16)

## 55- DÜNYADA FAKİRLİĞİN ÜSTÜNLÜĞÜ BÖLÜMÜ

◆ "Şüphesiz, dünya hayatının durumu; Bizim gökten indirdiğimiz ve kendisiyle; insanların ve hayvanların yiyeceği olan yeryüzünün bitkilerinin (serpilerek) birbirine karıştığı bir su, gibidir. Yeryüzü, bu su ile ziynetini takınıp süslendiği ve bahçe sahiplerinin onları tam devşireceklerini zannettikleri sırada, (Bizim helâk) emrimiz ona geceleyin veya güpegündüz geliverir de onu sanki bir gün evvel hiç yokmuş gibi kökünden biçilmiş bir hale çeviriveririz. İşte Biz, âyetleri düşünen bir topluma böyle açık açık anlatırız." (10 Yunus 24)

◆ "(Ey Muhammed!) Onlara, dünya hayatının; gökten indirdiğimiz yağmurla yeryüzünün yeşerip bitkilerinin birbirine (serpilerek) karışıp daha sonra da rüzgârın savurarak çör çöpe dönüştürmesine benzediğini ve Allah'ın, gücünün her şeyi yapmaya yettiğini örnek olarak ver. Servet ve çocuklar, dünya hayatının (gelip-geçici) süsüdür. Kalıcı olan, (Allah'ın istediği) iyi işler ise; Rabbinin katında hem sevap bakımından daha hayırlı, hem de ümit bağlama bakımından daha değerlidir." (18 Kehf 45-46)

◆ "Şunu iyi bilin ki Dünya hayatı, sadece oyun, eğlence, gösteriş, kendi aranızda övünme yarışı ve servet ve çocuk sahibi olma hırsından ibarettir. (Bu hayat,) tıpkı bitirdiği ekin, (önce) çiftçilerin hoşuna giden, sonra kuruyup, sapsarı kesilen, sonra da çör çöp oluveren bir yağmur gibidir. Âhirette, şiddetli azap da vardır, Allah'ın bağışlaması ve rızası da vardır. Dünya hayatı ise, aldatıcı bir zevkten başka bir şey değildir." (57 Hadid 20)

◈ "İnsanlara; kadınları, çocukları, altın ve gümüş yığınlarını, soylu atları, davarları ve ekinleri aşırı sevmek, çok çekici gösterildi. Hâlbuki bunlar, dünya hayatının geçici kazançlarıdır. Oysa varılacak yerin en güzeli, Allah katındadır." (3 Alu İmran 14)

◈ "Ey insanlar! Şüphesiz Allah'ın verdiği söz gerçektir. O halde sakın dünya hayatı sizi aldatmasın ve sakın o aldatıcı (şeytan)lar, sizi Allah adına aldatmasın." (35 Fatır 5)

◈ "Aranızdaki çokluk yarışı, sizleri, (ölüp) kabre girinceye kadar oyaladı. Sakın böyle olmayın! İleride bileceksiniz. Sonra doğrusu! İleride (daha da iyi) bileceksiniz. Doğrusu! Keşke cehennemi kesinlikle göreceğinize, (dünyadayken) kesin bir bilgi ile tam olarak inansaydınız." (102 tekasür 1-6)

◈ "Bu dünya hayatı, yalnızca bir eğlence ve oyalanmadan başka bir şey değildir. Âhiret yurduna gelince işte, asıl hayat odur. Ah bunu bir bilseler..." (29 Ankebut 64)

◈ **457)** Amr b. Avf el-Ensari (r.a.)'dan:

Rasulullah (s.a.v.) Ebu Ubeyde b. Cerrah (r.a.)'ı vergi tahsildarı olarak Bahreyn'e göndermişti. Ebu Ubeyde topladığı mal ile Bahreyn'den geldi. Ensar Ebu Ubeyde'nin geldiğini duyup Peygamber (s.a.v.) ile sabah namazını kılmak üzere geldiler. Peygamber (s.a.v.) namazı kılıp kalkınca huzuruna vardılar. Rasulullah (s.a.v.) onları görünce gülümsedi ve onlara: -*"Herhalde Ebu Ubeyde'nin Bahreyn'den bir şeyler getirdiğini duydunuz?"* dedi. Ensar da: -*"Evet Ya Rasulallah!"* diye cevap verdiler. Bunun üzerine Peygamber (s.a.v.): -*"Sevinin ve sizi sevindirecek şeyleri bekleyin. Allah'a yemin olsun ki sizin hakkınızda fakirlikten korkmuyorum. Fakat ben, sizden öncekilerin önüne serildiği gibi dünya nimetlerinin sizin önünüze serilmesinden, onların dünyalık için yarıştıkları gibi sizin de yarışa girmenizden ve dünyanın onları mahvettiği gibi, sizi de mahvetmesinden korkuyorum."* buyurdular.

(Buhari, Rikak 7, Müslim, Zühd 6)

◈ **458)** Ebu Said el-Hudrî (r.a.)'den:

Rasulullah (s.a.v.) minber üzerine oturmuştu, biz de onun etrafında oturduk. Rasulullah (s.a.v.): *"Benden sonra size dünya nimetlerinin ve güzelliklerinin açılmasından korkuyorum."* buyurdular. (Buhari, Zekât 47, Müslim, Zekât 121)

◈ **459)** Ebu Said el-Hudrî (r.a.)'dan:

Rasulullah (s.a.v.): *"Dünya tatlıdır ve hoştur. Allah sizi dünyaya hükümran kılacak ve neler yapacağınıza bakacaktır. O halde dünyadan sakının, kadınlardan korunun."* buyurdular. (Müslim, Zikir 99)

◈ **460)** Enes (r.a.)'dan:

Rasulullah (s.a.v.): *"Ey Allah'ım! Gerçek hayat ancak ahiret hayatıdır."* buyurdular. (Buhari, Rikak 1, Müslim, Cihad 126)

◈ **461)** Enes (r.a.)'dan:

Rasulullah (s.a.v.) şöyle buyurdu: *"Ölen kimseyi üç şey takib eder. Ailesi, malı ve ameli... Bunlardan ikisi geri döner, Yaptığı işler ise kendisiyle birlikte kalır."* buyurdular. (Buhari, Rikak 42, Müslim, Zühd 5)

◈ **462)** Enes (r.a.)'dan:

Rasulullah (s.a.v.): *"Cehennemliklerden olup da dünyada çok rahat bir hayat yaşayan kişi kıyamet günü cehenneme bir kere daldırılır ve ona: -'Ey Âdemoğlu! Sen hayatında hiç iyi bir gün gördün mü? Hiç rahat bir hayat yaşadın mı?' diye sorulur. O kişi de: -'Hayır! Vallahi Ey Rabbim,' der.*

*Cennetliklerden olup da dünyada sıkıntılı gün geçiren bir kişi Cennete bir kere daldırılır ve ona: -'Ey Âdemoğlu! Sen hayatında hiç sıkıntı gördün mü? Hiç zorluk yaşadın mı? denilir. O kişi de: -'Hayır! Vallahi Ey Rabbim, hiçbir sıkıntı görmedim, hiçbir zorluk çekmedim', der."* buyurdular. (Müslim, Münafıkîn 55)

1- ARİFLERİN HEDEFLERİ KİTABI - **195**

◈ **463)** Müstevrid b. Şeddad (r.a.)'dan:

Rasulullah (s.a.v.): *"Ahirete göre dünyanın değeri ancak sizden birinin parmağını denize daldırmasına benzer. O kimse parmağıyla denizden ne kadar su alabildiğine bir baksın."* buyurdular. (Müslim, cennet 55)

◈ **464)** Cabir (r.a.)'dan:

Rasulullah (s.a.v.) bir gün etrafında ashabı olduğu halde çarşıya çıkmıştı. Küçük kulaklı bir oğlak ölüsüne rastladı, onu kulağından tutarak: -*"Hanginiz buna bir dirhem vermek ister ?"* buyurdu. Oradakiler: -*"Biz onu istemeyiz. O bizim için değersizdir. Sonra biz onu ne yapalım ki?"*, dediler. Sonra Rasulullah (s.a.v.): -*"Bunun (bedava olarak) sizin olmasını ister misiniz?"* diye sordu. Onlar: -*"Allah'a yemin ederiz ki, o diri bile olsa kulaksız olduğu için kusurludur, ölü iken onu ne yapalım?"* diye cevap verdiler. Bunun üzerine Rasulullah (s.a.v.): *"Allah'a yemin ederim ki bu size göre nasıl değersiz ise dünya da Allah katında ondan daha değersizdir."* buyurdular. (Müslim)

◈ **465)** Ebu Zer (r.a.)'den:

Peygamber (s.a.v.) ile birlikte Medine'nin siyah taşlarla dolu bir bölgesinde yürüyordum. Derken Uhud dağı karşımıza çıktı. Rasulullah (s.a.v.): -*"Ey Ebu Zerr!"* dedi. Ben de: -*"Buyur! Ey Allah'ın Rasulü emrine amadeyim"* dedim. Rasulullah (s.a.v.): -*"Yanımda şu Uhud dağı kadar altın olsa bu beni sevindirmez. Borcumu ödemek için ayırdığımdan başka yanımda bir dinar bulunduğu halde üç gün geçmesin istemem. Yanımda bulunanı.* -Rasulullah (s.a.v.), sağına, soluna ve arkasına verme işareti yaparak- *şöyle şöyle Allah'ın kullarına dağıtmak isterim,"* buyurdular. Sonra yoluna devam ederek: -*"Dünyada kendilerine çok mal verilenlerden sağına, soluna ve arkasına şöyle şöyle infak edenler ki,- onlar da azdır- dışındakiler ahirette (sevabı) az olanlardır."* buyurdular.

Sonra bana: -*"Ben yanına gelinceye kadar yerinden ayrılma"*, diye tenbih ederek gecenin karanlığında yürüyüp gözden kayboldu. Bir müddet sonra bir ses duydum. Birinin Peygamber (s.a.v.)'e saldırmasından korktum ve yanına gitmek istedim. Fakat *"ben gelinceye kadar yerinden ayrılma"* emrini hatırlayarak o gelinceye kadar bir yere ayrılmadım. Rasulullah (s.a.v.) yanıma gelince: -*"Bir ses duydum ve korktum"* diyerek olanları anlattım. O da: -*"Sen o sesi duydun mu?"* diye sordu. Ben: -*"Evet"* diye cevap verdim. Bunun üzerine bana: -*"O Cebrail idi. Bana ümmetinden Allah'a hiçbir şeyi ortak koşmayarak ölen kimse cennete girer,"* dedi. Ben: -*"Zina yapsa da, hırsızlık etse de mi?"* dedim. Rasulullah (s.a.v.): -*"Zina yapsa da hırsızlık etse de..."* buyurdular. (Buhari, İstikraz 3, Müslim, Zekât 32)

◈ **466)** Ebu Hüreyre (r.a.)'dan:

Rasulullah (s.a.v.): *"Uhud dağı kadar altınım olsa, borcum kadarı hariç, ondan bir miktarının üzerimde üç gece bile kalmaması beni sevindirir."* buyurdular. (Buhari, temenni 2, Müslim, Zekât 31)

◈ **467)** Ebu Hüreyre (r.a.)'dan:

Rasulullah (s.a.v.): *"Kendinizden aşağı olanlara bakın, sizden yukarıda olanlara bakmayın. Bu, Allah'ın elinizdeki nimetini hor görmemeniz için daha uygundur."* buyurdular. (Müslim, Zühd 9)

Buhari'nin başka bir rivayeti: *"Sizden biriniz mal ve yaratılış yönünden kendisinden üstün birini görürse hemen kendinden aşağı durumda olan kimselere baksın."* buyurdular. (Buhari, Rikak 36)

◈ **468)** Ebu Hüreyre (r.a.)'dan:

Rasulullah (s.a.v.): *"Altın, gümüş, kumaş ve elbiseye kul olanlar helak oldular. Bu tip insanlar kendilerine verilse sevinirler, verilmezse hoşlanmazlar."* buyurdular. (Buhari, Rikak 10)

◈ **469)** Ebu Hüreyre (r.a.)'den:

Suffe ashabından yetmiş kişiyi gördüm ki onlardan hiç birinin üzerinde örtünecek bir şeyleri yoktu. Ya sadece bir gömlek veya entari giymişlerdi. Bu elbise parçalarını boyunlarına bağlarlardı da bu giysilerden kimisi baldırlarının yarısına kimisi de topuklarına kadar ulaşırdı. Avret yerleri görülmemesi için uçlarını elleriyle toplarlardı. (Buhari, Salat 58)

◈ **470)** Ebu Hüreyre (r.a.)'dan:

Rasulullah (s.a.v.): **"Dünya mü'minin zindanı, kâfirin cennetidir."** buyurdular. (Müslim, Zühd 1)

◈ **471)** İbnu Ömer (r.a.)'den:

Rasulullah (s.a.v.) iki omuzumdan tuttu ve: -**"Dünyada sanki bir garip veya yolcu gibi ol"** buyurdular.

İbnu Ömer: -"Akşama ulaştığında sabahı gözetme, sabaha ulaştığında da akşamı bekleme, sağlıklı iken hastalığın, hayatta iken de ölümün için hazırlık yap." derdi. (Buhari, Rikak 3)

◈ **472)** Ebul Abbas Sehl b. Sa'd es Saidî (r.a.)'dan:

Rasulullah (s.a.v.)'e bir adam geldi ve: -"Ey Allah'ın Rasulü! Bana yaptığım zaman hem Allah'ın hem de insanların beni seveceği bir iş söyle" dedi. Rasulullah (s.a.v.)'de: **"Dünyaya fazla bağlanma ki Allah seni sevsin, insanların elindekilere değer verme ki insanlar seni sevsin."** buyurdular. (İbn Mace, Zühd 1)

◈ **473)** Numan b. Beşir (r.a.)'den:

Ömer b. Hattab (r.a.) insanların sahip oldukları dünyalıkları dile getirerek: -"Ben Rasulullah (s.a.v.)'in gün boyu açlıktan kıvranıp durduğunu, karnını doyuracak âdî bir hurma bile bulamadığını gördüm." dedi (Müslim, Zühd 36)

◈ **474)** Aişe (r.a.)'dan:

"Rasulullah (s.a.v.) vefat ettiğinde evimin dolabında biraz arpadan başka bir canlının yiyeceği hiçbir şey yoktu. Ondan uzun zaman yedim, (bitecek diye telaşlanıp) ölçünce tükeniverdi." (Buhari, Humus 3, Müslim, Zühd 27)

◈ **475)** Mü'minlerin annesi Cüveyriyye binti Haris (r.a.)'in erkek kardeşi Amr b. Haris (r.a.)'den:

*"Rasulullah (s.a.v.) vefat ettiğinde geride bindiği beyaz katırı, silahı ve yolcular için vakfettiği arazi dışında, altın, gümüş, köle, cariye namına hiçbir şey bırakmadı."* (Buhari, Vesaya 1)

◈ **476)** Habbab b. Eret (r.a.)'den:

*"Allah'ın rızasını kazanmak için Rasulullah (s.a.v.)'le birlikte Medine'ye hicret ettik. Mükâfatımız Allah'a kalmıştı. Bizden bazıları bunun mükâfatından hiçbir şey yiyemeden vefat etti. Onlardan biri de Uhud günü şehid edilen Mus'ab b. Umeyr (r.a.)'dir. Onun yünden yapılmış renkli bir kaftanından başka hiçbir şeyi yoktu. Bu kaftanı kefen olarak başına örttüğümüzde ayakları, ayaklarına örttüğümüzde de başı açılıyordu. Sonunda Peygamber (s.a.v.) başını örtmemizi ve ayak tarafına izhır denilen güzel kokulu ottan koymamızı emretti. Bizden bazıları da i hicretin meyvelerine ulaştı ve onları devşirdi."* (Buhari, Cenaiz 27, Müslim, cenaiz 44)

◈ **477)** Sehl b. Sa'd es Saidî (r.a.)'dan:

Rasulullah (s.a.v.): **"Eğer dünya Allah katında sivrisineğin kanada kadar bir değere sahip olsaydı Allah, hiçbir kâfire dünyadan bir yudum su bile içirmezdi."** buyurdular. (Tirmizi Zühd 13)

◈ **478)** Ebu Hüreyre (r.a.)'den:

Rasulullah (s.a.v.)'i: **"Dikkat edin! Allah'ı anmak, onun rızasına uygun şeyleri öğrenmek ve öğretmek dışında Dünya da içindeki tüm şeyler değersizdir."** buyururken işittim. (Tirmizi, Zühd 14)

◈ **479)** Abdullah b. Mes'ud (r.a.)'den:

Rasulullah (s.a.v.): **"Çiftlikler edinmeyin. Yoksa dünyaya dalarsınız."** buyurmuştur. (Tirmizi, Zühd 20)

◈ **480)** Abdullah b. Amr b. As (r.a.)'den:

Bir gün oturduğumuz kulübeyi tamir ederken Rasulullah (s.a.v.) bize uğramıştı, bize: -**"Ne yapıyorsunuz?"** diye sordu. Biz de: *"Yıkılmak üzere olan kulübemizi onarıyoruz"* dedik. Bunun üzerine: *"Ölümün size bu yıkılma işinden daha çabuk geleceği kanaatindeyim."* buyurdular. (Ebu Davud, Edeb 169)

◈ **481)** Ka'b b. İyaz (r.a.)'dan:

Rasulullah (s.a.v.)'in: *"Şüphesiz her ümmetin bir imtihanı vardır. Benim ümmetimin imtihanı da maldır."* dediğini işittim. (Tirmizi, Zühd 26)

◈ **482)** Osman b. Affan (r.a.)'den.

Rasulullah (s.a.v.): *"Âdemoğlunun; oturacağı ev, avret yerini örtecek elbise ve yiyecek ve içeceğini koyacağı kaplar dışında dünyadan bir hakkı yoktur."* buyurdular. (Tirmizi, Zühd )

◈ **483)** Abdullah b. Şıhhîr (r.a.)'den:

Rasulullah (s.a.v.)'in yanına gelmiştim. O sırada "tekasür" suresini okuyordu. Sureyi tamamlayınca: -*"Âdemoğlu malım da malım! deyip duruyor. Ey Âdemoğlu! Yiyip tükettiğinden, giyip eskittiğinden ve sadaka olarak önden gönderdiğinden başka malın mı var ki!"* buyurdular. (Müslim, Zühd 3)

◈ **484)** Abdullah b. Muğaffel (r.a.)'den:

Bir adam Rasulullah (s.a.v.)'e: -*"Ey Allah'ın Rasulü! Allah'a yemin ederim ki ben seni seviyorum,"* dedi. Rasulullah (s.a.v.): -*"Ne söylediğinin farkında mısın?"* deyince adam: -*"Allah'a yemin ederim ki ben seni seviyorum"* dedi ve bu sözü üç defa tekrarladı. Bunun üzerine Rasulullah (s.a.v.): -*"Eğer beni seviyorsan fakirliğe karşı zırh hazırla. Çünkü fakirlik, beni sevenlere selin akışından daha çabuk yol alır."* buyurdular. (Tirmizi, Zühd 36)

◈ **485)** Ka'b b. Malik (r.a.)'den:

Rasulullah (s.a.v.): *"Bir koyun sürüsüne salıverilmiş iki aç kurdun yaptığı zarar, mala ve şerefe düşkün bir adamın dinine verdiği zarardan daha büyük değildir."* buyurdular. (Tirmizi, zühd 43)

◈ **486) Abdullah b. Mes'ud (r.a.)'den:**
Rasulullah (s.a.v.) bir hasır üzerinde uyumuş ve uyandığında hasır vücuduna iz bırakmıştı. Bunun üzerine biz: -*"Ey Allah'ın Rasulü! Sizin için bir yatak edinsek"* dedik. Bunun üzerine Rasulullah (s.a.v.): *"Dünya Benim neyime? Ben bu dünyada bir ağaç altında gölgelenip sonra da oradan ayrılıp giden bir yolcu gibiyim."* buyurdular. (Tirmizi, Zühd 44)

◈ **487) Ebu Hüreyre (r.a.)'den:**
Rasulullah (s.a.v.): *"Fakirler cennete zenginlerden beşyüz yıl önce girerler."* buyurdular. (Tirmizi, Zühd 44)

◈ **488) İbnu Abbas (r.a.) ve İmran b. Husayn (r.a.)'den:**
Rasulullah (s.a.v.): -*"Cennete baktım ki; orada bulunanların çoğunluğunun fakirler olduğunu gördüm. Cehennemi de baktım ki; orada bulunanların çoğunluğu da kadınlardı."* buyurdular. (Buhari, Nikâh 88, Müslim, Zikir 94)

◈ **489) Usame b. Zeyd (r.a.)'den:**
Rasulullah (s.a.v.): *"Cennetin kapısında durdum, oraya girenlerin çoğu yoksullardı. Varlıklı kimseler ise (hesaba çekilmek üzere) alıkonulmuşlardı. Ne var ki onlardan cehennemliklere cehenneme götürülme emri verilmişti."* buyurdular. (Buhari, Nikâh 87, Müslim, Zikir 93)

◈ **490) Ebu Hüreyre (r.a.)'den:**
Rasulullah (s.a.v.): *"Şairlerin söylediği sözlerin en doğrusu Şair Lebid'in: 'İyi bilin ki Allah'tan başka her şey yok olacaktır' sözüdür"* buyurdular. (Buhari, Edeb 90, Müslim, Birr2)

# 56- SADE YAŞAMANIN ÜSTÜNLÜĞÜ BÖLÜMÜ

◈ "Ama onların ardından, namazı bırakan, her türlü aşırı arzuya uyan bir nesil geldi. Onlar da eninde-sonunda belâlarını bulacaklar. Ancak tevbe eden, inanan ve (inandığı) iyi işleri yaşayanlar bunun dışındadır ve onlar, hiçbir haksızlığa uğratılmadan cennete gireceklerdir." (19 Meryem 59-60)

◈ "(Bir gün) Kârûn, görkemli bir şekilde toplumunun karşısına çıktı. Sadece dünya hayatını isteyenler: "Keşke bizim de Kârûn'a verilen kadar servetimiz olsaydı. Doğrusu o, çok şânslı bir adam!" dediler. Kendilerine ilim verilenler ise: "Yazıklar olsun size! İman edip (inandığı) iyi işleri yaşayanlar için Allah'ın vereceği mükâfat, çok daha hayırlıdır." (28 Kasas 79-80)

◈ "Sonra da yemin olsun ki o gün, (size verilen) bütün nîmetlerden mutlaka hesaba çekileceksiniz." (102 tekasür 8)

◈ "Kim, geçici dünya arzularını isterse, orada dilediğimiz kadarını, istediğimiz kimselere hemen veririz, sonra da onu kınanmış ve kovulmuş olarak gideceği yer olan cehenneme sokarız." (17 İsra 18)

◈ **491)** Aişe (r.a.)'den:

*"Muhammed (s.a.v.)'in ailesi Allah Rasulü (s.a.v.)'in vefat ettiği ana kadar iki gün arka arkaya arpa ekmeğiyle karnını doyurmadı."* (Buhari, Eyman 22, Müslim, Zühd 22)

Başka bir rivayette: *"Medine'ye geleli Muhammed (s.a.v.)'in ailesi onun vefat ettiği ana kadar üç gün arka arkaya buğday ekmeğiyle karnını doyurmadı."* (Buhari, Eyman, Müslim, Zühd )

◈ **492)** Urve (r.a.), Aişe (r. anha)'dan:

-*"Ey kız kardeşimin oğlu Allah'a yemin ederim ki biz, arka arkaya iki ayda üç hilali görürdük de Rasulullah (s.a.v.)'in evlerinde hiç ateş yakılmazdı,"* derdi. Ben de: -*"Ey teyzeciğim ne ile geçinirdiniz?"* diye sordum. Teyzem: *"İki siyah, yani hurma ve su, bir de Rasulullah (s.a.v.)'in sağmal hayvanları bulunan Ensar'dan kom-*

*şuları vardı, onlar Rasulullah (s.a.v.)'e bu hayvanların sütlerinden gönderirlerdi. O da bize içirirdi,"* dedi. (Buhari, Hibe 1, Müslim Zühd 28)

◈ **493)** Ebu Said el-Makburi (r.a.), Ebu Hureyre (r.a.)'den:

Ebu Hureyre bir gün önlerinde kızartılmış bir koyun bulunan bir toplumun yanına uğradı. Onlar sofraya davet ettilerse de o yemekten çekindi ve: - *"Rasulullah (s.a.v.) arpa ekmeğine bile doymadan dünyadan göçüp gitti."* dedi. (Buhari Et'ime 23)

◈ **494)** Enes (r.a.)'den:

Peygamber (s.a.v.) vefatına kadar ayaklı sofra üzerinde yemek yememiştir yine vefat edinceye kadar elenmiş undan yapılmış yumuşak ekmek de yememiştir. (Buhari Et'ime 16)

Buharinin başka bir rivayeti: Peygamber (s.a.v.) vefat edinceye kadar, kızartılmış bir koyun etini gözleriyle görmemiştir.

◈ **495)** Numan b. Beşir (r.a.)'den:

Ben Peygamberiniz (s.a.v.)'in karnını doyuracak kadar âdî hurma bile bulamadığı günlerini gördüm. (Müslim Zühd 34)

◈ **496)** Sehl b. Sa'd (r.a.)'den:

Rasulullah (s.a.v.) Peygamber olduğu günden vefatına kadar elenmiş un görmedi. Sehl'e: - *"Rasulullah (s.a.v.) zamanında siz elek kullanır mıydınız?"* diye soruldu Sehl: - *"Rasulullah (s.a.v.) Peygamber olarak gönderildiği andan vefat ettiği ana kadar elek görmedi"* dedi. Sehl'e: - *"Elenmemiş arpa ununu nasıl yiyordunuz?"* dediklerinde O: *"Biz onu öğütüp savururuz uçanı uçar kalanını da hamur yapardık."* dedi. (Buhari Etime 23)

◈ **497)** Ebu Hureyre (r.a.)'den:

Rasulullah (s.a.v.) bir gün veya bir gece evinden çıkmıştı. O esnada Ebu Bekir ve Ömer (r.a.) de dışarıgaydı. Onlara: - *"Sizi bu saatte evinizden çıkaran sebep nedir?"* diye sordu. Onlar da: - *"Açlık, Ey Allah'ın Rasulü!"* dediler, Peygamber (s.a.v.): - *"Canımı elinde tutan Allah'a yemin ederim ki sizi evlerinizden çıkaran sebep, beni de çıkardı. Haydi, kalkın gidelim"* buyurdu. Onlar da Rasulullah ile birlikte kalktılar, Ensardan bir zatın evine geldiler. Fakat o zat evde değildi. Ama evin hanımı Rasulullah (s.a.v.)'i görünce: -*"Hoş geldiniz buyurun!"* dedi. Peygamber (s.a.v.): -*"Falan nerede?"* diye sordu. Kadın: -*"Bize tatlı su getirmeye gitmişti"* dedi. Tam o sırada ev sahibi olan zat çıkageldi. Peygamber (s.a.v.)'le iki arkadaşını görünce: -*"Allah'a hamdolsun! Bu gün hiçbir kimse misafir yönünden benden daha bahtiyar değildir"* dedi. Hemen gidip içerisinde koruk, olgun ve yaşı bulunan bir hurma salkımı getirdi ve: -*"Buyurunuz"* dedi. O zat bıçağa davranınca Rasulullah (s.a.v.): -*"Sakın sağılan hayvanlara dokunma"* dedi. Ev sahibi onlara bir koyun kesti, koyun etinden ve hurmadan bir miktar yediler, tatlı sudan da içtiler. Hepsi doyup suya kanınca Rasulullah (s.a.v.) Ebu Bekir ve Ömer (r.a.)'e: -*"Canımı elinde tutan Allah'a yemin ederim ki, kıyamet gününde bu nimetlerden mutlaka sorguya çekileceksiniz. Açlık sizi evlerinizden çıkardı, evinize dönmeden de bu nimetlere kavuştunuz."* buyurdular.

(Müslim Eşribe 140)

◈ **498)** Halid b. Ömer el-Adevî (r.a.)'den:

Basra emiri olan Utbe b. Gazvan bize bir konuşma yaptı. Allah'a hamd ü senadan sonra: -"Dünya geçici olduğunu bildirdi ve durmadan da akıp gidiyor. Ondan geriye kalan, kişinin su içtiği kabın dibinde bıraktığı su kadar bir miktardır. Siz bu dünyadan yok olmayan bir yere gideceksiniz. O halde oraya hayırlı amellerle taşının. Çünkü bize bildirildiğine göre cehennemin yukarısından atılan bir taş yetmiş senede cehennemin dibine ulaşmaz. Allah'a yemin olsun ki işte o cehennem kesinlikle doldurulacaktır. Siz buna şaşıyor musunuz? Yine bize bildirildiğine göre cennet kapılarının iki kanadı arasında kırk yıllık bir mesafe vardır. Bir gün gelecek cennette tıklım tıklım doldurulacaktır. Ben, Müslüman olanların yedincisi olduğumu biliyorum. Bizim ağaç yaprağından başka yiyeceğimiz yoktu ve bu yüzden ağızlarımız yara olmuştu. Giyecek olarak bir örtü parçası bulmuştum da ikiye bölüp Sa'd b. Malik'le paylaşmıştık. Yarısını ben, yarısını da Sa'd beline dolamıştı. Bu gün ise her birimiz bir şehre vali olmuş durumdayız. Bu yüzden ben kendimi büyük görüp, Allah katında küçük olmaktan Allah'a sığınırım. (Müslim Zühd 14)

◈ **499)** Ebu Musa el-Eş'arî (r.a.)'den:

Aişe (r.a.) bize bir omuz örtüsü ve kalın bir peştamal çıkardı ve: -*"Rasulullah (s.a.v.) bunların içinde vefat etti"* dedi. (Buhari Humus 5, Müslim Libas 35)

◈ **500)** Sa'd b. Ebu Vakkas (r.a.)'dan:

Allah yolunda ok atan Arapların ilki benim. Biz Rasulullah (s.a.v.)'le birlikte harp ettiğimizde ağaç yapraklarından ve Semür denilen bu çöl ağacından başka yiyeceğimiz yoktu. Hatta yediğimizden dolayı koyun keçi gibi birbirine karışmayacak şekilde kaskatı abdest bozardık. (Buhari Et'ıme 23, Müslim Zühd 12)

◈ **501)** Ebu Hureyre (r.a.)'den:

Rasulullah (s.a.v.): -*"Allah'ım Muhammed ailesinin rızkını ancak yetecek kadar kıl."* buyurdular. (Buhari Rıkak 17, Müslim Zühd 18)

◈ **502)** Ebu Hureyre (r.a.)'den:

Kendisinden başka ilah bulunmayan Allah'a yemin ederim ki; açlıktan karnımı yere dayadığım ve karnıma taş bağladığım olurdu. Bir gün halkın gelip geçeceği bir yol üzerine oturdum. Rasulullah (s.a.v.) benim yanıma uğradı, gülümsedi ve yüzümden yemek ihtiyacımı ve kalbimden geçenleri anladı. Bana: -*"Ey Ebu Hureyre!"* dedi. Ben de: -*"Buyur ey Allah'ın Rasulü!"* dedim. Rasulullah (s.a.v.) de: -*"Arkamdan gel!"* buyurdu ve yürüdü ben de peşinden yürüdüm. Sonunda evine girdi, benim girmem için izin istedi, ardından bana izin verdi, ben de içeri girdim. Rasulullah (s.a.v.) bir kap içinde süt buldu ve: -*"Bu süt nereden geldi?"* diye sordu. *"Falan kişi veya filan kadın size hediye ettiler"* denildi. Bunun üzerine bana: -*"Ey Ebu Hureyre!"* dedi. Ben de:

-*"Buyur ey Allah'ın Rasulü!"* dedim. Rasulullah (s.a.v.): -"Suffe ehline git onları da bana çağır" buyurdular.

Ebu Hureyre: -"Suffe ehli İslam'ın misafirleri idi. Onların barınacak aileleri, malları ve hiç kimseleri yoktu. Rasulullah (s.a.v.)'e bir sadaka gelse kendisi ona el sürmeden onlara gönderirdi. Eğer hediye gelirse, kendi ihtiyacı kadarını alır kalanını yine onlara gönderir ve o hediyeyi bunlarla paylaşırdı. Suffe ehlini davet benim hoşuma gitmedi ve kendi kendime; bu süt Suffe ehlinden kime yetecek ki, o sütü sadece ben içip açlığımı gidermeliydim. Onlar gelince Rasulullah (s.a.v.) sütü onlara ikram etmemi emredecek, ben de onlara içirirsem bana ne kalır ki? diye düşünüyordum." dedi. Fakat Allah ve Peygamberine itaatten başka çare olmadığından, onlara gittim ve davet ettim. Onlar bu daveti kabul edip içeri girmek için izin istediler, Rasulullah (s.a.v.) kendilerine izin verdi, onlar da evde yerlerini alıp oturdular.

Peygamber (s.a.v.) bana: -*"Ey Ebu Hureyre!"* dedi. Ben de: -*"Buyur ey Allah'ın Rasulü!"* dedim. O: -"Sütü al, onlara ikram et!" buyurdular. Süt kabını alıp herkese vermeye başladım, verdiğim kimse kanıncaya kadar içiyor sonra kabı bana veriyor, bende başkasına veriyordum o da kanıncaya kadar içiyor sonra kabı bana veriyordu. Sonunda kabı Rasulullah (s.a.v.)'e verdim süt kabını eline alarak bana bakıp gülümsedi sonra bana: -*"Ey Ebu Hureyre!"* dedi. Ben de: -*"Buyur ey Allah'ın Rasulü!"* dedim. Rasulullah (s.a.v.): -*"Bir ben kaldım bir de sen!"* buyurdu. Ben de: -*"Doğru söylediniz Ya Rasulullah!"* dedim. Rasulullah (s.a.v.): -*"Otur da iç"* buyurdular. Ben de oturup içtim. Tekrar: -*"İç"* buyurdular. Yine içtim. Rasulullah durmadan: -*"İç, iç!"* buyuruyorlardı sonun da ben: -*"Hayır seni hak Peygamber olarak gönderen Allah'a yemin ederim ki artık süt gidecek bir yol bulamıyor."* dedim. Rasulullah (s.a.v.): -*"Bana ver"* buyurdu. Kabı Rasulullah'a verdim, Allah'a hamd edip besmele çekti ve kalan sütü de kendisi içti. (Buhari Rikak 17)

◈ **503)** Muhammed b. Sirin'den oda Ebu Hureyre (r.a.)'den:

Ben Rasulullah (s.a.v.)'in minberi ile Hz. Aişe'nin odası arasında bayılıp düştüğüm günlerimi gördüm. Gelip geçenler beni deli sanıp ayaklarını boynuma koyarlardı. Oysa ben, deli değildim benim açlıktan başka bir şeyim yoktu. (Buhari İ'tisam 16)

◈ **504)** Aişe (r.a.)'dan:

Rasulullah (s.a.v.) vefat ettiği zaman onun zırhı otuz ölçek arpa karşılığında bir Yahudi'nin yanında rehin idi. (Buhari Cihad 89)

◈ **505)** Bize Katâde, Enes (r.a.)'den:

Peygamber (s.a.v.) zırhını arpa karşılığında rehin bırakmıştı. Ben de, Peygamber (s.a.v.)'e bir arpa ekmeği ve erimiş bayat iç yağı götürmüştüm. Katâde, Enes (r.a.)'in: "Muhammed (s.a.v.)'in ailesi dokuz ev oldukları halde bir ölçek arpa bile bulunmadığı halde ne sabahladı ne de akşamladı! dediğini işittim" dedi. (Buhari Büyü' 14)

◈ **506)** Ebu Hüreyre (r.a.)'den:

Suffe ashabından yetmiş kişiyi gördüm ki onlardan hiç birinin üzerinde örtünecek bir şeyleri yoktu. Ya sadece bir gömlek veya entari giymişlerdi. Bu elbise parçalarını boyunlarına bağlarlardı da bu giysilerden kimisi baldırlarının yarısına, kimisi de topuklarına kadar ulaşırdı. Avret yerleri görülmemesi için uçlarını elleriyle toplarlardı. (Buhari, Salat 58)

◈ **507)** Aişe (r.a.)'den:

Rasulullah (s.a.v.)'in yatağının yüzü deriden içi de hurma lifindendi. (Buhari, Rikak 17)

◈ **508)** İbnu Ömer (r.a.)'den:

Biz Rasulullah (s.a.v.) ile oturuyorduk. Bu sırada Ensar'dan bir kişi geldi ve kendisine selam verip sonra geri döndü. Rasulullah (s.a.v.) o kimseye: -*"Ey Ensârlı kardeş, kardeşim Sa'd b. Ubade nasıldır?"* diye sordu. O da: -*"İyidir"* dedi. Bunun üzerine Rasulullah (s.a.v*.): "Sizden hanginiz onu ziyaret etmek ister?"* dedi ve ayağa kalktı. Biz de onunla beraber ayağa kalktık. Biz on küsur kişi idik.

Ayaklarımızda ayakkabı, mest, başlarımızda örtü ve üzerimizde gömlek yoktu. Şu çorak arazide yürüyerek Sa'dın yanına vardık. Peygamber ve beraberindeki arkadaşları ona yaklaşsınlar diye yanında bulunanlar geriye çekildiler. (Müslim, Cenaiz 13)

◈ 509) İmran b. Husayn (r.a.)'den:

Peygamber (s.a.v.): *"Sizin en hayırlınız zamanımda yaşayanlardır, sonra zamanımda yaşayanları takip edenler, sonra da onları takip edenlerdir."* buyurdular. -İmran (r.a.): -"Rasulullah (s.a.v.)'in 'sonra onları takip edenler' sözünü iki defa mı yoksa üç defa mı söylediğini bilmiyorum" dedi.-

Rasulullah (s.a.v.) sözüne: *"Bunlardan sonra öyle bir topluluk gelir ki kendilerinden şahitlik istenmediği halde şahitlik ederler, hainlik ederler de kendilerine güvenilmez, adakta bulunurlar fakat yerine getirmezler ve onlarda şişmanlık baş gösterir."* diyerek devam etti. (Buhari, Şehâdât 9, Müslim Fedâilüs-sahâbe 214)

◈ 510) Ebu Umame (r.a.)'den:

Rasulullah (s.a.v.): *"Ey Âdemoğlu malının ihtiyacından fazlasını sadaka olarak vermen senin için hayırlıdır, eğer vermeyip elinde tutarsan senin için kötüdür. Yeterli miktarda mala sahip olmaktan kınanmazsın. Harcamaya önce bakmakla yükümlü olduklarından başla."* buyurdular. (Tirmizi Zekât 32)

◈ 511) Ubeydullah b. Mihsan el-Ensari el-Hatmî (r.a.)'den:

Rasulullah (s.a.v.). "Sizden biriniz canı emniyet içinde, vücudu afiyette, günlük azığı da yanında olduğu halde sabahlarsa, sanki bütün dünya kendisine verilmiş gibi demektir." buyurdular. (Tirmizi Zühd 34)

◈ 512) Abdullah b. Amr b. As (r.a.)'dan:

Rasulullah (s.a.v.): *"Müslüman olup da, kendisine yeteri kadar rızık verilen ve Allah'ın kendisine verdiği nimete kanaat eden kimse gerçekten kurtulmuştur."* buyurdular. (Müslim Zekât 125)

◈ **513)** Ebu Muhammed Fedale b. Ubeyd el-Ensarî (r.a.)'den:

Rasulullah (s.a.v.): "Müslüman olup da kendisine yeteri kadar geçimliği verilen ve buna kanaat eden kimseye ne mutlu." buyurmuştur. (Tirmizi Zühd 35)

◈ **514)** İbnu Abbas (r.a.)'den:

Rasulullah (s.a.v.) yemek yemeksizin birkaç geceyi aç olarak geçirirdi. Aileleri de akşam yemeği bulup yiyemezlerdi. Ekmeklerinin çoğu ise arpa ekmeği idi. (Tirmizi Zühd 38)

◈ **515)** Fedale b. Übeyd (r.a.)'den:

Rasulullah (s.a.v.) insanlara namaz kıldırırken Ashab-ı Suffe'den açlıktan dolayı namazda duramayarak bayılıp düşenler olurdu. Dışarıdan gelen bedevîler: -"*Bunlar delimi?*" derlerdi. Rasulullah namazı bitirince açlıktan bayılanların yanına gider ve onlara: -"*Allah'ın yanında sizin için neler hazırlandığını bir bilseydiniz açlık ve yoksulluğunuzun daha fazla olmasını isterdiniz*" buyururlardı. (Tirmizi Zühd 39)

◈ **516)** Ebu Kerime Mıkdam b. Ma'dikerib (r.a.)'den:

Rasulullah (s.a.v.): "*Hiçbir kimse midesinden daha tehlikeli bir kap doldurmamıştır. Oysa insana kendini ayakta tutacak kadar birkaç lokma yeter. Eğer çok yemesi gerekiyorsa midesinin üçte birini yemeğe, üçte birini içeceğe ve üçte birini de (boş bırakmak suretiyle midesinin) nefes almasına imkân bıraksın.*" buyurdu (Tirmizi Zühd 47)

◈ **517)** Ebu Ümâme İyas b. Sa'lebe el-Ensarî (r.a.)'den:

Bir gün Rasulullah'ın ashabı onun yanında dünyadan bahsettiler. Bunun üzerine Rasulullah (s.a.v.): "*İşitmiyor musunuz? İşitmiyor musunuz? Sade yaşamak imandandır. Sade hayat sürmek imandandır.*" buyurdular ve bundan bünye zayıflığını kastettiler. (Ebu Davut, tereccül 2)

◈ **518)** Ebu Abdullah Cabir b. Abdullah (r.a.)'den:

Rasulullah (s.a.v.) Ebu Ubeyde (r.a.)'ı başımıza komutan tayin ederek Kureyş kervanının yolunu kesmek üzere bizi gönderdi. Bize azık olarak da deriden yapılı bir kap dolusu hurma verdi ve bize bundan başka verecek bir şey bulamamıştı. Ebu Ubeyde de bize hurmayı tane tane veriyordu. Cabir b. Abdullah (r.a.)'a: -"O hurma ile nasıl geçiniyordunuz?" diye sordular. Cabir (r.a.): -"O hurmayı çocuğun meme emmesi gibi emer sonra üzerine su içerdik de o gün geceye kadar o bize yeterdi. Ayrıca değneklerimizle ağaç yapraklarını silker, onları su ile ıslatıp yerdik" dedi.

Sonunda deniz sahiline gelince önümüzde kum tepesi gibi bir şey göründü. Yanına vardığımızda onun "anber balığı" olduğunu öğrendik. Ebu Ubeyde: -"Bu ölü bir hayvandır (yenilmez)" dedi. Sonra da: -"Biz Rasulullah (s.a.v.)'in elçileriyiz! Allah yolunda savaşıyoruz. Zaruret durumunda olduğunuz için ondan yiyin" dedi. Biz üç yüz kişi idik, bir ay onu yiyerek yaşadık hatta şişmanladık bile. Balığın göz çukurundan kaplara yağ dolduruyor ve ondan öküz büyüklüğünde parçalar kesiyorduk. Ebu Ubeyde (r.a.) bizden on üç kişiyi alıp balığın göz çukuruna oturttu, onun kaburga kemiklerinden birini alıp yere dikti, yanımızdaki develerin en büyüğünü eğerledi ve deve kaburga kemiğinin altından geçti. Balığın etinden pastırma yapıp kendimize yol azığı edindik. Medine'ye geldiğimizde Rasulullah'ın yanına gidip olup bitenleri anlattık. Rasulullah (s.a.v.): **"O Allah'ın sizin için çıkardığı bir rızıktır. Onun etinden yanınızda bir şey varsa bize de tattırın"** buyurdular. Biz de ondan Rasulullah'a bir parça gönderdik o da yedi. (Müslim Sayd 17)

◈ **519)** Esma binti Yezid (r.a.)'den:

Rasulullah (s.a.v.)'in gömleğinin kolu bileğine kadardı. (Ebu Davud Libas 3)

◈ **520)** Cabir (r.a.)'den:

Biz, Hendek savaşı gününde hendek kazarken sert bir kayaya rastladık. Ashap Peygamber (s.a.v.)'e gelip: -"Önümüze sert *bir kaya çıktı"* dediler. Rasulullah (s.a.v.): -*"Hendeğe ben ineyim"* dedi. Sonra kalktı, açlıktan karnına taş bağlamıştı. Biz ağzımıza üç gündür bir şey koymamıştık. Peygamber (s.a.v.) kazmayı eline alıp kayaya vurunca kaya kum gibi dağıldı. Ben: -*"Ey Allah'ın Rasulü! Eve gitmeme müsaade buyurunuz"* dedim. Eve gidip eşime: -*"Ben, Peygamber (s.a.v.)'de dayanılmayacak bir hal gördüm, yanında yiyecek bir şey var mı?"* diye sordum. Eşim: -*"Biraz arpa ile bir de oğlak var"* dedi. Ben oğlağı kestim, arpayı da öğüttüm eti tencereye koyduk sonra ben ekmek pişerken, tencere de taşlar üzerinde kaynamakta iken Rasulullah (s.a.v.)'in yanına geldim ve: -*"Ey Allah'ın Resulü! Birazcık yemeğim var, bir veya iki kişiyle beraber bize gidelim"* dedim. Rasulullah (s.a.v.): -*"O yemek ne kadar!"* diye sordu. Ben de olanı söyledim. Bunun üzerine: -*"Hem çok, hem de ne iyi! Hanımına söyle de ben gelene kadar tencereyi ateşten indirmesin, ekmeği de tandırdan çıkarmasın!"* dedi ve ashaba dönerek: -*"Kalkın!"* dedi. Ensar ve muhacir hep birlikte kalktılar. Ben hemen ailemin yanına varıp: -*"Vay başına gelenlere! Peygamber (s.a.v.), muhacir, Ensar ve yanındakiler geliyorlar"* dedim. Eşim: -*O, sana yemeğimin ne kadar olduğunu sordu mu?"* dedi. Ben: -*"Evet!"* dedim. Peygamber (s.a.v.) evimize gelen ashaba: -*"Birbirinizi sıkıştırmadan girin"* buyurdu. Rasulullah (s.a.v.) ekmeği koparıp üzerine et koyuyor, her aldıkça da tencereyi ve tandırı kapatıyor ve bunu ashabına uzatıyordu. Onların hepsi doyuncaya kadar bu işe devam etti. Sonunda bir miktar da arttı. Rasulullah (s.a.v.) karıma: -*"Bunu da kendin ye ve komşulara da hediye et. Çünkü insanları açlık perişan etti."* buyurdular. (Buhari Megazi 29)

Cabir (r.a.)'den, başka bir rivayet:

Hendek kazıldığı gün Peygamber (s.a.v.)'i çok acıkmış gördüm. Ailemin yanına döndüm ve yiyecek bir şey var mı? Ben Rasulullah (s.a.v.)'i çok acıkmış gördüm dedim. O da bana içinde bir ölçek arpa bulunan bir dağarcık çıkardı. Bir de beslediğimiz oğlağımız vardı onu kestim. Ben işimi bitirinceye kadar eşim de arpayı öğüttü. Eti parçalayıp tencereye koydum. Sonra Rasulullah (s.a.v.)'in yanına dönerken eşim bana: -*"Sakın beni*

*Rasulullah (s.a.v.) ve yanındakiler yanında mahcup etme!"* dedi. Ben de Rasulullah (s.a.v.)'in yanına vardım ve gizlice: -*"Ey Allah'ın Rasulü! Küçük bir oğlağımız vardı, onu kestik eşim de bir ölçek arpadan hamur yaptı. Birkaç kişi ile beraber bize buyurun"* dedim. Bunun üzerine Rasulullah (s.a.v.): -*"Ey Hendek kazanlar! Cabir bizim için yemek hazırlamış haydi gidelim!"* dedi ve bana dönerek: -*"Ben gelene kadar sakın tencereyi ateşten indirmeyin hamurunuzu da ekmek yapmayın!"* dedi. Ben eve geldim. Peygamber (s.a.v.) de cemaatin önünde idi. Eşimin yanına varınca o, bana çıkıştı ve: -*"Yapacağını yaptın"* dedi, ben de: -*"Söylediğini aynen yaptım"* dedim. Peygamber (s.a.v.) hamuru çıkardı, onun bereketlenmesi için dua etti sonra tenceremize gelip onun da bereketlenmesi için dua edip hanımıma: -*"Ekmek yapacak bir kadın çağır da seninle birlikte ekmek yapsın, tencerenizden de yemeği kepçe ile alıp onu ateşten indirmeyin"* dedi. Gelenler bin kişi idiler, hepsi geldiler, yediler ve bırakıp gittiler. Bu arada tenceremiz eksilmeden kaynıyor, azalmayan hamurumuzdan ekmek yapılıyordu. (Müslim Eşribe 41)

◈ **521)** Enes (r.a.)'den:

Ebu Talha, Ümmü Süleyme. -*"Rasulullah (s.a.v.)'ın sesini kısık işittim, kendisinin aç olduğunu da biliyorum, yanında yiyecek bir şey var mı?"* dedi. O da: -"Evet var." dedi ve birkaç arpa ekmeği çıkardı. Sonra başörtüsünün arasına sarıp, elbisemin altına yerleştirdi. Örtünün bir kısmını da belime sardı beni Peygamber (s.a.v.)'e gönderdi. Ben de ekmeği götürdüm. Peygamber (s.a.v.)'i mescitte insanlarla oturur bir vaziyette buldum ve varıp yanlarına dikildim. Peygamber (s.a.v.): -*"Seni Ebu Talha mı gönderdi?"* buyurdu. Ben: -*"Evet!"* dedim. Peygamber (s.a.v.): -*"Yemek için mi?"* buyurdu. Ben de: -*"Evet!"* diye cevap verdim. Rasulullah (s.a.v.) yanındakilere: -*"Haydi kalkın!"* buyurdu. Onlar da kalkıp yürüdüler ben de önlerinden yürüdüm. Ebu Talha'ya gelerek durumu bildirdim. Bunun üzerine Ebu Talha: -*"Ey Ümmü Süleym! Rasulullah (s.a.v.) yanındakilerle birlikte geldi. Hâlbuki bizde onları doyuracak yemek yok!"* deyince O: -"Allah ve Rasulü daha iyi bilir! dedi. Ebu Talha da hemen gidip Rasulullah (s.a.v.)'i karşıladı. Rasulullah (s.a.v.) onunla birlikte içeri girdi ve: -*"Ey Ümmü Süleym! Yanında olanları getir"* buyurdu. O da bu ekmekleri getirdi. Rasulullah (s.a.v.) emredip ekmekleri parçalattı. Ümmü Süleym de yağ tulumunu sıkarak ekmeklere katık yaptı. Rasulullah (s.a.v.) o ekmeklerin üzerine Allah'ın söylemesinin dilediği şeyleri söyledi. Sonra Ebu Talha'ya: -*"İçeri on kişi çağır"* buyurdu. Ebu Talha on kişiye izin verdi onlar doyuncaya kadar yediler sonra çıktılar Rasulullah (s.a.v.): -*"On kişi daha çağır"* buyurdu. Onlar da doyuncaya kadar yiyip çıktılar Rasulullah (s.a.v.): -*"Bir on kişi daha çağır"* buyurdu. Sonunda gelenlerin hepsi yediler ve doydular. Bunlar yetmiş veya seksen kişi idi. (Buhari Menakıb 25, Müslim Eşribe 142)

Başka bir rivayet şöyledir: Onlar, onar onar girip çıkıyorlardı. Sonunda onlardan içeri girip karnını doyurmayan hiç kimse kalmadı. Sonra Ebu Talha sofrayı topladı, bir de ne görsün yemekler sanki yenmeye başladığı andaki gibi duruyordu.

Bir başka rivayet de şöyledir: Onar kişi onar kişi yediler. Seksen kişinin hepsi de yediler ve doydular. Peygamber (s.a.v.) ve ev sahipleri beraber yediler, yiyecek yine de arttı, artanı da bıraktılar.

Başka bir rivayet ise şöyledir: Sonra komşularına yetecek kadarını artırdılar. (Müslim Eşribe 143)

Enes (r.a.)'den başka bir rivayet: Bir gün Rasulullah (s.a.v.)'e gelmiştim, onu ashabıyla birlikte oturuyorlarken gördüm. Karnına bir sargı sarmıştı. Ashabından bazılarına Rasulullah (s.a.v.) karnını niye sardı diye sordum. Onlar: -*"Açlıktan!"* diye cevap verdiler. Bunun üzerine annem Ümmü Süleym binti Milhan'ın eşi Ebu Talha'ya gittim ve: -*"Ey babacığım ben Rasulullah (s.a.v.)'i karnını bir sargıyla sarmış vaziyette gördüm, ashabından bazılarına bunun sebebini sordum, onlar da, açlıktan olduğunu söylediler"* dedim. Bunun üzerine Ebu Talha annemin yanına geldi ve: -"Yiyecek bir şey var mı?" diye sordu. Annem de: -*"Evet evde bir parça ekmek ve birkaç hurma var. Eğer Rasulullah (s.a.v.) bize tek başına gelirse kendisini doyururuz. Eğer fazla gelirlerse, onlara yetmez"* dedi ve hadisin tamamını zikretti. (Müslim Eşribe 143)

## 57- KANAAT VE ORTA YOLU SEÇME BÖLÜMÜ

◉ "Yeryüzünde, rızkı Allah'a ait olmayan hiç bir canlı yoktur." (11 Hud 6)

◉ "(Allah yolundaki harcamalarınızı) kendilerini Allah'ın yoluna adayan, bu yüzden de yeryüzünde (kazanç için) koşmaya fırsat bulamayan ve iffetlerinden dolayı tanımayanlarca zengin sanılan, fakirlere verin. Sen, onları yüzsüzlük edip kimseden bir şey istemediklerinden dolayı ancak yüz ifâdelerinden tanırsın. Allah, kendi yolunda yaptığınız her harcamayı, mutlaka bilir." (2 Bakara 273)

◉ "(O kullar), harcama yaparlarken saçıp savurmaz ve cimrilik de etmez, ikisi arasında orta bir yol tutarlar." (25 Furkan 67)

◉ "Ben, cinleri de insanları da ancak Bana kulluk etsinler diye yarattım. Ben, onlardan rızık istemediğim gibi, onların Beni, doyurmalarını da istemiyorum." (51 Zariyat 56-57)

◈ **522)** Ebu Hüreyre (r.a.)'den:

Rasulullah (s.a.v.): *"Gerçek zenginlik, malın fazla olması değil, gönül zenginliğidir."* buyurdular. (Buhari, Rikak 15, Müslim, Zekât 130)

◈ **523)** Abdullah b. Amr (r.a.)'den:

Rasulullah (s.a.v.): -*"Müslüman olup kendisine yetecek kadar malı olan ve verilene kanaat eden gerçekten kurtulmuştur."* buyurdular. (Müslim, Zekât 125)

◈ **524)** Hakîm b. Hizam (r.a.)'den:

Rasulullah (s.a.v.)'den mal istedim verdi, bir daha istedim yine verdi, tekrar istedim yine verdi ve sonra: -*"Ey Hakîm şu dünya malı gerçekten çekici ve tatlıdır. Kim onu hırslanmaksızın o mal ona bereketli kılınır. Kim de onu aç gözlülükle alırsa o mal ona bereketsiz kılınır. Böylesi kişi yediği halde doymayan kimse gibidir. Veren el, alan elden daha hayırlıdır."* buyurdular. Hakîm, bunun üzerine ben: -*"Ey Allah'ın Rasulü! Seni hak ile gönderen Allah'a yemin ederim ki, yaşadığım sürece senden başka kimseden bir şey almayacağım"*, dedim. Ebubekir (r.a.), Hakîm'i kendisine ganimet malından hisse vermek için çağırdı da Hakîm onu almazdı. Sonra Ömer (r.a.) kendisine bir şeyler vermek istedi. Ondan da hiçbir şey almayınca Ömer(r.a.): -*"Ey Müslümanlar! Hakîm hakkında şahit olunuz bu ganimetten Allah'ın ona ayırdığı hissesini veriyorum da o almak istemiyor"* dedi. Hakîm (r.a.) Rasulullah (s.a.v.)'in vefatından sonra ölünceye kadar kimseden bir şey kabul etmedi. (Buhari, Vesaya 9, Müslim, Zekât 96)

◈ 525) Ebu Bürde (r.a.), Ebu Musa el-Eş'ari (r.a.)'den:

Rasulullah (s.a.v.)'le birlikte bir savaşa çıktık. Biz, bir deveye altı kişi nöbetleşe biniyorduk. Ayaklarımız delinmişti. Benim de ayaklarım delinip, tırnaklarım düşmüştü. Bu sebepten dolayı ayaklarımıza bez parçaları sarıyorduk. Ayaklarımıza bez parçaları sardığımızdan dolayı bu gazveye Zat'ür-Rika' adı verildi. Ebu Bürde (r.a.): Ebu Musa (r.a.) bunları söyledi, sonra da yaptığından hoşlanmadı ve: -*"Bunları söylemekle hiç de iyi bir şey yapmadım"* dedi. Ebu Bürde. *"Herhalde o, yaptığı iyiliğin açıklanmış olmasını hoş görmedi"* dedi. (Buhari Megazi 31 Müslim Cihad 149)

◈ 526) Amr b. Tağlib (r.a.)'den:

Rasulullah (s.a.v.)'e ganimet malları veya esirler getirildi. Bunları dağıtırken kimine verdi kimine de vermedi. Mal vermediği kimselerin ileri geri söylendikleri kendisine ulaşınca; Allaha hamd ve sena ettikten sonra: -*"Allah'a yemin olsun ki ben, kimilerine veriyor, kimilerine vermiyorum. Aslında mal vermediğim kimseler bana, verdiklerimden daha sevgilidir. Ben bazı kimselerin kalplerinde (mala karşı) sabırsızlık gördüğüm için veriyorum. Bazı kimseleri de Allah'ın kalplerinde bıraktığı gönül zenginliğine ve hayra havale ediyorum. Amr b. Tağlib de bunlardan biridir."* buyurdular. Amr b. Tağlib: -*"Vallahi ben, Allah Rasulünün söylediği bu sözü kadar, dünya mallarının en kıymetlilerini dahi sevmedim."* dedi. (Buhari Cuma 29)

◈ **527)** Hâkim b. Hizam (r.a.)'den:

Peygamber (s.a.v.): *"Üstteki (veren) el, alttaki (alan) elden daha hayırlıdır. İnfak etmekte önce geçimini üstlendiğin kimselerden başla. Sadakanın iyisi ihtiyaç fazlası maldan verilendir. Halktan bir şey istemekten sakınan kimseyi Allah iffetli kılar. Kim de tok gözlü davranırsa Allah da onu muhtaç olmaktan korur."* buyurdular. (Buhari zekat 18 Müslim zekat 95)

◈ **528)** Ebu Süfyan Sahr b. Harb (r.a.)'dan:

Rasulullah (s.a.v.): *"Bir şey isterken ısrarlı olmayın. Allah'a yemin ederim ki, sizden biri benden bir şey ister de benim istemediğim halde benden bir şey koparırsa verdiğim malın ona bereketi olmaz."* buyurdular. (Müslim, Zekât 99)

◈ **529)** Ebu Abdurrahman Avf b. Malik el-Eşca'î (r.a.)'den:

Biz dokuz, sekiz veya yedi kişi olarak Rasulullah (s.a.v.)'in yanında oturuyorduk. Bize: -*"Allah'ın elçisine biat etmeyecek misiniz?"* buyurdu. Oysa biz yeni biat etmiştik. Bu sebeple: -*"Ey Allah'ın elçisi, biz sana biat etmiştik"* dedik. Sonra tekrar: -*"Allah'ın elçisine biat etmeyecek misiniz?"* buyurdu. Bu defa biat için ellerimizi uzattık ve: -*"Ey Allah'ın elçisi biz sana biat etmiştik, şimdi ne üzerine biat edeceğiz"* dedik. O: -*"Allah'a hiçbir şeyi ortak koşmadan kulluk etmek, beş vakit namazı kılmak, Allah'a itaat etmek –ve sesini alçaltarak– kimseden bir şey istememek üzere biat edeceksiniz"*, buyurdu. Avf b. Malik: -*"Bu gruptan bazılarını görürdüm, kamçıları yere düşerdi de kimseden onu alıvermesini istemezlerdi."* dedi. (Müslim, Zekât 108)

◈ **530)** İbnu Ömer (r.a.)'dan:

Nebi (s.a.v.) *"Birinizin birinizin dilenciliği, onun kıyamet gününde yüzünde bir parça et bile kalmamış vaziyette Allah'ın huzuruna çıkarır."* buyurdular. (Buhari, Zekât 52, Müslim, Zekât 103)

◈ **531)** İbnu Ömer (r.a.)'dan:

Rasulullah (s.a.v.) minberde; sadaka vermekten, dilencilikten kaçınmaktan bahsetti ve: -*"Üstteki el, alttaki elden daha hayırlıdır. Üstteki el veren el, alttaki el ise dilenip alan eldir."* buyurdular. (Buhari, Zekât 18, Müslim, Zekât 94)

◈ **532)** Ebu Hüreyre (r.a.)'den:

Rasulullah (s.a.v.): -*"Mal biriktirmek için halktan dilenerek isteyen, gerçekte ateş istiyor demektir. İster az istesin, ister çok..."* buyurdular. (Müslim, Zekât 105)

◈ **533)** Semure b. Cündeb (r.a.)'den:

Rasulullah (s.a.v.): -*"Halktan bir şeyler istemek yaradır. Kişi böylece, kendi yüzünü yaralamış olur. Kişinin devlet başkanından hakkını istemesi, ya da çok zaruret durumunda istemesi böyle değildir."* buyurdular. (Tirmizi, Zekât 38)

◈ **534)** İbnu Mes'ud (r.a.)'den:

Rasulullah (s.a.v.): -*"Kime bir sıkıntı isabet eder de halini insanlara açarsa sıkıntıdan kurtulamaz. Fakat kim, ihtiyacını Allah'a havale ederse Allah'ın er veya geç bir rızık vermesi umulur."* buyurdular. (Ebu Davud, Zekât 28)

◈ **535)** Sevban (r.a.)'den:

Rasulullah (s.a.v.): -*"Kim bana hiç kimseden hiçbir şey istemeyeceğine dair söz verirse ben de onun cennete girmesine kefil olurum"*, buyurdu. Bunun üzerine ben: -*"Söz veriyorum"* dedim ve hiç kimseden hiçbir şey istemedim. (Ebu Davut, Zekât 27)

◈ **536)** Ebu Bişr Kabisa b. Muharik (r.a.)'den:

Ağır bir borç altına girdim ve bu yüzden bir şeyler istemek üzere Rasulullah (s.a.v.)'e müracaat ettim. O da bana: -*"Sadaka malı gelinceye kadar biraz bekle. Ondan sana verilmesini emrederiz,"* dedi. Sonra da: -*"Ey Kabisa! Dilenmek, yalnızca şu üç kimse için helaldir. Büyük bir meblağ için kefil olup da borç altına giren kimsenin o borcu ödeyinceye kadar istemesi helaldir, sonra dilenmeyi bırakır. Bütün mal varlığını yok eden (iflas, deprem vs. gibi) bir felakete uğramış kimsenin geçimini yoluna koyacak kadar istemesi helaldir, sonra dilenmeyi bırakır. Son derece fakirliğe düşüp de kendisini tanıyanlardan en az aklı başında üç kişi tarafından, 'çok fakir düştü' denecek hale gelen kimsenin de geçimini temin edecek kadar isteyip dilenmesi helaldir. Ey Kabisa! Bu hallerin dışında dilenmek haramdır. Dilenen haram yemiş olur."* buyurdular. (Müslim, Zekât 109)

◈ 537) Ebu Hüreyre (r.a.)'den:

Rasulullah (s.a.v.): *"Gerçek fakir, bir iki lokma, bir iki hurma diye kapı kapı dolaşan kimse değildir. Gerçek fakir, ihtiyacını karşılayacak bir şeyi bulunmadığı halde; durumu bilinmediği için kendisine sadaka verilmeyen ve kendisi de kalkıp insanlardan bir şey istemeyen kimsedir."* buyurdular. (Buhari, Zekât 25, Müslim, Zekât 101)

## 58- GÖZ DİKMEDİĞİ HALDE İKEN SADAKA ALMANIN CAİZ OLUŞU BÖLÜMÜ

◈ 538) Salim b. Abdullah b. Ömer, babası Abdullah b. Ömer'den o da Ömer (r.a.)'dan:

Rasulullah (s.a.v.) bana ganimet malından verirdi. Ben de kendisine: -*"Bunu benden daha fakir olan birine verseniz"* derdim. Rasulullah (s.a.v.)'de: -*"Ganimet malından göz dikmediğin ve istekli de olmadığın halde sana bir şey gelirse onu al. İstersen onu kendine mal et, istersen ye, istersen de başkalarına tasadduk et. Fakat sana gelmeyen malın da peşine takılma."* buyurdular. Salim: -*"(Babam) Abdullah, kimseden bir şey istemez, kendisine verileni de geri çevirmezdi."* derdi. (Buhari, Zekât 51, Müslim, Zekât 110)

## 59- ELİNİN EMEĞİYLE GEÇİNME BÖLÜMÜ

◈ "Namaz bitince hemen, Allah'ın lütfundan rızkınızı aramak için yeryüzüne dağılın. Kurtuluşunuzu umabilmek için Allah'ı çokça anın." (62 Cuma 10)

🔹 **539)** Ebu Abdullah Zübeyr b. Avvam (r.a.)'den:

Rasulullah (s.a.v.): *"Sizden birinizin ipini alıp dağa gitmesi ve sırtında bir bağ odun getirerek onu satması ve Allah'ın bu sebeple onun onurunu koruması, istediği verilse de verilmese de halktan dilenmesinden daha hayırlıdır."* buyurdular. (Buhari, Zekât 50)

🔹 **540)** Ebu Hüreyre (r.a.)'den:

Rasulullah (s.a.v.): *"Sizden birinizin sırtında odun toplaması, dilenmesinden daha hayırlıdır. Dilendiği kimse ya verir veya vermez."* buyurdular. (Buhari, Zekât 50, Müslim, Zekât 106)

🔹 **541)** Ebu Hüreyre (r.a.)'den:

Rasulullah (s.a.v.): *"Davud (a.s.) elinin emeğinden başka bir şey yemezdi."* buyurdular. (Buhari, Büyu' 15)

🔹 **542)** Ebu Hüreyre (r.a.)'den:

Rasulullah (s.a.v.): *"Zekeriyya (a.s.) marangozdu"* buyurdular. (Müslim, Fezail 169)

🔹 **543)** Mikdam b. Ma'dikerib (r.a.)'den:

Rasulullah (s.a.v.): *"İnsan kendi elinin emeğinden daha hayırlı bir rızık yememiştir. Allah'ın Peygamberi Davud (a.s.) elinin emeğinden başka bir şey yemezdi."* buyurdular. (Buhari, Büyu' 15)

## 60- MALINI HAYIR YOLLARINA HARCAMA BÖLÜMÜ

🔹 *"...Siz Allah için ne harcarsanız, O (Allah), onun yerini (daima) doldurur. Çünkü O, rızık verenlerin en hayırlısıdır."* (34 Sebe' 39)

🔹 *"Sadece Allah'ın rızasını kazanmak için harcamanız şartıyla, Allah yolunda hayır olarak her ne harcarsanız o, kendi menfaatinizedir. Allah yolunda hayır olarak her ne harcarsanız, (âhirette) karşılığı size asla haksızlık yapılmadan eksiksiz olarak verilecektir."* (2 Bakara 272)

◆ "...Allah, kendi yolunda yaptığınız her harcamayı, mutlaka bilir." (2 Bakara 273)

◆ **544)** İbnu Mes'ud (r.a.)'den:

Rasulullah (s.a.v.): -*"Ancak şu iki kimseye imrenilir. Biri; Allah'ın kendisine verdiği malı hak yolunda harcamayı başarabilen kimse, ikincisi; kendisine ilim verilip onunla hükmeden ve onu öğreten kimse."* buyurdular. (Buhari, İlim 15, Müslim Müsafirin 268)

◆ **545)** İbnu Mes'ud (r.a.)'den:

Rasulullah (s.a.v.): -*"Hanginize varislerine bıraktığı malı, kendi malından daha sevimlidir?"* diye sordu. Oradakiler: -*"Hepimiz kendi malımızı başkalarının malından fazla severiz,"* dediler. Peygamber (s.a.v.) de: -*"Kişinin infak edip önceden gönderdiği malları kendi malı, harcamayıp geriye bıraktığı malları ise varislerinin maldır"*, buyurdular. (Buhari, Rikak 12)

◆ **546)** Adî b. Hatim (r.a.)'den:

Rasulullah (s.a.v.): *"Yarım hurma ile de olsa (sadaka verip) cehennem ateşinden korunun."* buyurdular. (Buhari, Zekât 9, Müslim, Zekât 66)

◆ **547)** Cabir (r.a.)'den: -*"Rasulullah (s.a.v.) kendisinden istenilen bir şey için asla yok demedi."* (Buhari, Edeb 39, Müslim, Fezail 56)

◆ **548)** Ebu Hüreyre (r.a.)'den:

Rasulullah (s.a.v.): -*"Allah'ın kullarının ulaştığı her sabah yeryüzüne iki melek iner. Biri; -Ey Allah'ım! İnfak edenin malının yerine yenisini ver, der. Diğeri de; - Ey Allah'ım! Cimrilik edenin malını yok et, diye dua eder."* buyurdu (Buhari, Zekât 27, Müslim, Zekât 57)

◆ **549)** Ebu Hüreyre (r.a.)'den:

Rasulullah (s.a.v.): -*"Allahu Teâlâ: -'Ey Âdemoğlu! İnfak et ki sana da infak olunsun' buyurdu"* demişlerdir. (Buhari, tevhid 35, Müslim, Zekât 36)

◈ **550)** Abdullah b. Amr b. Âs (r.a.)'den:

Bir Adam Rasulullah (s.a.v.)'e: -*"Hangi İslami davranış daha hayırlıdır?"* diye sordu. Peygamber (s.a.v.)'de: -*"Yemek yedirmen ve tanıdığın veya tanımadığın herkese selam vermendir."* buyurdular. (Buhari, İman 6, Müslim, İman 63)

◈ **551)** Abdullah b. Amr b. Âs (r.a.)'den:

Rasulullah (s.a.v.): *"Kırk çeşit iyilik vardır ki bunlardan en üstünü; bir kimseye sütünü sağmaları için ödünç olarak sütlü bir keçi vermektir. Kim Allah'tan sevap bekleyerek ve hakkında vadedilen sevaba inanarak bu iyiliklerden birini işlerse, Allah o kimseyi o huylar sebebiyle cennetine koyar."* buyurdular. (Buhari, Hibe 35)

◈ **552)** Ebu Umame (r.a.)'den:

Rasulullah (s.a.v.): *"Ey Âdemoğlu malının ihtiyacından fazlasını sadaka olarak vermen senin için hayırlıdır, eğer vermeyip elinde tutarsan senin için kötüdür. Yeterli miktarda mala sahip olmaktan kınanmazsın. Harcamaya önce bakmakla yükümlü olduklarından başla. Veren el alan elden üstündür."* buyurdular. (Müslim, Zekât 97)

◈ **553)** Enes (r.a.)'den:

Rasulullah (s.a.v.), İslam namına ne istenirse mutlaka verirdi. Bir defasında yanına gelen bir adama iki dağ arasını dolduracak kadar bir koyun sürüsü verdi. Bu adam, kabilesine döndü ve: -*"Ey Kavmim! Müslüman olun. Çünkü Muhammed (s.a.v.) fakirlik korkusu duymadan bir kimse gibi mal dağıtıyor,"* dedi. Kimileri sadece dünyalık elde etmek için Müslüman olurlardı. Fakat çok geçmeden Müslümanlık onların gözünde dünyadan ve dünya üzerindeki her şeyden daha sevimli hale gelirdi. (Müslim, Fezail 57-58)

◈ **554)** Ömer (r.a.)'den:

Rasulullah (s.a.v.) ganimet malı taksim ediyordu. -*"Ey Allah'ın Rasulü! Kendilerine ganimet malı verilmeyenler, verilenlerden o mala daha çok layıktır"* dedim. Peygamber (s.a.v.)'de: -*"Onlar beni iki durum arasında bıraktılar. Ya çirkin sözlerle benden mal isteyecekler, vereceğim, ya da vermeyeceğim de onlar beni cimrilikle suçlayacaklar. Hâlbuki ben cimri değilim."* buyurdular. (Müslim, Zekât 127)

◈ **555)** Cübeyr b. Mutim (r.a.)'den:

Huneyn gazvesi dönüşünde Rasulullah ile birlikte yürürken bedeviler ısrarla ganimetin taksimini istemeye başladılar ve Peygamber (s.a.v.)'i bir semüre ağacına sıkıştırdılar. Cübbesi ağaca takılınca Peygamber (s.a.v.) durup: -*"Cübbemi verin! Şayet şu gördüğünüz dikenli ağaçlar kadar malım olsaydı tamamını aranızda bölüştürürdüm. Siz de benim cimri, yalancı ve korkak olmadığımı görürdünüz"* buyurdular. (Buhari, Cihad 24)

◈ **556)** Ebu Hüreyre (r.a.)'den:

Rasulullah (s.a.v.): *"Sadaka vermekle mal eksilmez. Allah, affeden kulunun şerefini artırır. Allah alçak gönüllü olanları yükseltir."* buyurdular. (Müslim, Birr 69)

◈ **557)** Ebu Kebşe Amr b. Sa'd el-Enmarî (r.a.)'den:

Rasulullah (s.a.v.): *"Size üzerine yemin ederek üç konu hakkında bir söz söyleyeceğim. Bu sözlerimi hiç unutmayın! Sadaka vermekle kulun malı eksilmez. Allah, uğradığı haksızlığa sabreden kimsenin şerefini artırır. Dilenme kapısını açan kimseye Allah da, fakirlik kapısını açar. –Ya da buna benzer bir şey dedi.- "Size yine bir söz söyleyeceğim. Bu sözlerimi de hiç unutmayın! Dünyada dört çeşit insan vardır. (Birincisi) Allah'ın kendisine verdiği mal ve ilimle, Allah'a karşı hata etmekten hakkıyla sakınan, akrabasını görüp gözeten ve bu hususta Allah'ın hakkı olduğunu bilen kimsedir. İşte bu kimse, en üst derecededir. (İkincisi) Allah'ın kendisine ilim verip de mal vermediği ve samimiyetle: 'Eğer malım olsaydı ben de falan adam gibi yapardım' diyen kimsedir. İşte bu kimse de iyi niyetinin karşılığını görür, böylece ikisinin sevabı da birbirine denk olur. (Üçüncüsü) Allah'ın kendisine mal verip ilim vermediği kul ki bu da; malını bilgisizce harcayan, Allah'a karşı hata etmekten sakınmayan, akrabasını görüp gözetmeyen ve bu hususta Allah'ın hakkı olduğunu bilmeyen kimsedir. İşte bu kimse, en kötü mertebededir. (Dördüncüsü) Allah'ın kendisine mal da ilim de vermediği ve: 'Eğer malım olsaydı ben de falan gibi (üçüncü kişi gibi) yaşar malımı öylece harcardım.' diyen kuldur. Ona da niyetinin karşılığı yazılır. Böylece ikisi de günah yönünden birbirine denk olurlar."* buyurdular. (Tirmizi, Zühd 17)

◈ **558)** Aişe (r.a.)'dan.

Rasulullah (s.a.v.) ailesi bir koyun kesmişlerdi. Peygamber (s.a.v.): -*"Ondan ne kaldı?"* buyurdular. Aişe (r.a.): -*"Ondan ancak kürek kemiği kaldı"* dedi. Peygamber (s.a.v.): -*"Şu halde bir kürek kemiği hariç hepsi duruyor"*, buyurdular. (Tirmizi, Sıfat-ul kıyame 35)

◈ **559)** Esma Binti Ebu Bekir (r.a.)'dan.

Rasulullah (s.a.v.) bana: *"Kesenin ağzını bağlama, yoksa sana da bağlanır."* buyurdular. (Buhari, Zekât 20)

Başka bir rivayet: *"İnfak et, malını sayıp durma, o zaman Allah da sana da sayarak verir,"* buyurdular. (Buhari, Zekât 21, Müslim, Zekat 88)

◈ **560)** Ebu Hüreyre (r.a.):

Rasulullah (s.a.v.)'in: *"Cimri ile cömert kişinin durumu göğüslerinden köprücük kemiklerine kadar zırh giyinmiş kişinin durumuna benzer. Cömert kimse sadaka verdikçe üzerindeki zırh uzar, ayak parmaklarını örtecek hale gelir ve ayak izlerini bile siler. Cimri ise bir şey vermek istediğinde zırhın halkaları birbirine iyice geçer ve onu sıkıştırır. Genişletmek için ne kadar çalışsa da genişlemez."* buyurduğunu işitmiştir. (Buhari, Cihad 89, Müslim, Zekât 76)

◈ **561)** Yine Ebu Hüreyre (r.a.)'den.

Rasulullah (s.a.v.): "Bir kimse helal kazancından bir hurma kadar sadaka verse -ki Allah helalden başkasını kabul etmez- Allah, o sadakayı kabul eder. Sonra onu sizden birinizin atının yavrusunu büyüttüğü gibi sadaka sahibi için sevabı dağ gibi oluncaya kadar büyütür." buyurdular. (Buhari, Müslim)

◈ **562)** Yine Ebu Hüreyre (r.a.)'den:

Rasulullah (s.a.v.): -*"Adamın biri çölde giderken buluttan; 'Filancanın bahçesini sula' diye bir ses işitti. Bunun üzerine o bulut taşlık bir yere saptı ve oraya suyunu boşalttı. Derken suyollarından biri o suyun hepsini topladı. Adam suyu takip etti ve bahçesinde bulunan bir adamın çapasıyla o suyu öteye beriye çevirdiğini gördü ve: -'Ey Allah'ın kulu ismin nedir?' diye sordu. Adam: -'İsmim filancadır' diye buluttan işittiği ismi söyledi. Bunun üzerine o adam: -'Ey Allah'ın kulu adımı niçin soruyorsun?' dedi. O da: -'Ben şu suyu yağdıran buluttan ismini anarak filancanın bahçesini sula dediğini duydum. Onun için soruyorum. Sen ne yapıyorsun ki bu lütfa eriştin,' dedi. Bahçe sahibi: -'Mademki merak ediyorsun söyleyeyim: "Ben bu bahçeden çıkan ürüne bakarım. Üçte birini sadaka olarak dağıtır, üçte birini çoluk çocuğumla yer, üçte birini de tohumluk olarak ayırırım', dedi."* buyurdular. (Müslim, Zühd 45)

## 61- CİMRİLİK VE AÇ GÖZLÜLÜKTEN SAKINMA BÖLÜMÜ

◈ "Kim de cimrilik eder ve kendi kendine yeterli olduğunu zannederse ve en güzel din olan (İslam')a inanmazsa, Biz ona da zor olan (kâfirliği) daha da kolaylaştırırız. (Cehennem) çukuruna yuvarlandığında malı mülkü ona, hiçbir fayda vermeyecektir." (92 Leyl 8-11)

◈ "Öyleyse gücünüzün yettiği kadar Allah'a karşı hata etmekten sakının, O'nu dinleyin, itaat edin ve kendi iyiliğiniz için mallarınızı (Allah yolunda) harcayın. Her kim de nefsinin cimriliğinden korunursa, işte asıl kurtuluşa erenler, onlardır." (64 teğabün 16)

◈ **563)** Cabir b. Abdullah (r.a.)'den:

Rasulullah (s.a.v.): **"Zulmetmekten sakının! Çünkü zulüm, kıyamette sahibini karanlıkta bırakır. Cimrilikten de sakının! Zira cimrilik, sizden önce yaşayan insanları; kan dökmeye ve haramlarını helal görmeye sevk ederek helak etmiştir."** buyurdular. (Müslim, Birr 56)

## 62- BAŞKALARINI KENDİSİNE TERCİH ETME BÖLÜMÜ

◆ "...kendileri yoksulluk içerisinde bile bulunsalar, diğerlerini kendilerine tercih ederler. (İşte böylece) nefsinin açgözlülüğünden korunanlar, gerçekten kurtuluşa erenlerdir." (59 Haşr 9)

◆ "Onlar, sevdikleri yiyeceği yoksula, yetime ve esire (seve seve) yedirirler." (76 İnsan 8)

◈ **564)** Ebu Hüreyre (r.a.)'den:

Bir adam Peygamber (s.a.v.)'e gelerek: -"Ben açım", dedi. Allah'ın Rasulü (s.a.v.) o adamı gönderdi. Hanımı da: -"Seni Peygamber olarak gönderen Allah'a yemin ederim ki evde sudan başka bir şey yok" dedi. Sonra diğer bir hanımına gönderdi. O da aynı cevabı verdi. Nihayet tüm hanımları aynı cevabı verince: -"Bu gece bu adamı kim misafir eder?" buyurdu. Ensar'dan biri: -"Ey Allah'ın Rasulü ben misafir ederim," dedi. Onu evine götürdü ve karısına: -"Peygamber (s.a.v.)'in misafirine yemek hazırla," dedi.

Başka bir rivayet: Ensar'dan olan zat. –"Yanında yiyecek bir şey var mı?" diye sordu. Hanımı: -"Hayır sadece çocukların yiyeceği kadar bir şey var," dedi. O zat: -"Öyleyse çocukları bir şeylerle avut, akşam yemeği isterlerse onları uyut. Misafirimiz içeri girince lambayı söndür, ona kendimiz de yiyormuş gibi gösterelim" dedi. Sofraya oturdular. Misafir karnını doyurdu, onlar da aç yattılar. Sabahleyin o sahabe Peygamber (s.a.v.)'in yanına gitti, onu gören Rasulullah (s.a.v.) şöyle buyurdu: -*"Bu gece misafirinize yaptıklarınızı Allah beğendi."* buyurdular. (Buhari, Menakıb-ül Ensar 10, Müslim, Eşribe 172)

◈ **565)** Ebu Hüreyre (r.a.)'den:

Rasulullah (s.a.v.): *"İki kişinin yiyeceği üç kişiye, üç kişinin yiyeceği de dört kişiye yeter."* buyurdular. (Buhari, Et'ıme 11, Müslim, Eşribe 178)

Müslim'in Cabir'den rivayeti: *"Bir kişinin yiyeceği iki kişiye, iki kişinin yiyeceği dört kişiye, dört kişinin yiyeceği ise sekiz kişiye yeter."* buyurdular. (Müslim, Eşribe 179)

◈ **566)** Ebu Said el-Hudrî (r.a.)'den:

Günün birinde Peygamber (s.a.v.)'le birlikte bir seferde bulunuyorduk. Bu sırada devesine binmiş bir adam sağa sola bakınarak çıkageldi. Bunun üzerine Rasulullah (s.a.v.): -*"Fazla binek hayvanı olanlar olmayanlara versin, fazla azığı olanlar da azığı olmayanlara versin."* buyurdular. Bu konuşmasında her cinsten malı da saydılar. İşte o zaman hiçbir Müslümanın ihtiyacından fazla bir şey bulundurmaya hakkı olmadığını anladık. (Müslim, Lukata 18)

◈ **567)** Sehl b. Sa'd (r.a.)'den:

Bir kadın dokuduğu bir kumaşı getirip Rasulullah (s.a.v.)'e hediye olarak verdi ve: -*"Bunu size giydirmek için kendi ellerimle dokudum,"* dedi. Bunun üzerine böyle bir kumaşa ihtiyacı olan Rasulullah (s.a.v.) onu alıp giyerek yanımıza geldi. Ashaptan biri: -*"Ne güzel kumaşmış bunu bana giydir."* dedi. Rasulullah (s.a.v.): -*"Tamam olur"* dedi. Orada biraz oturduktan sonra evine döndü kumaşı dürüp o adama gönderdi. Ashabı o sahabeye: -*"Hiç de iyi yapmadın! Rasulullah (s.a.v.) onu ihtiyacı olduğu için giyinmişti. Üstelik sen Peygamber (s.a.v.)'in bir şey isteyeni geri çevirmediğini bile bile o kumaşı istedin,"* dediler. O da: -*"Vallahi ben o kumaşı giyinmek için değil kefenim olsun diye istedim"* dedi. Sehl: *-"O kumaş sonunda o kimsenin kefeni oldu."* der. (Buhari, Cenaiz 25)

◆ **568)** Ebu Musa el-Eş'ari (r.a.)'den:

Rasulullah (s.a.v.): *-"Eş'ariler herhangi bir savaşta erzakları bitince veya şehirdeki ailelerinin yiyecekleri azaldığı zaman, hepsi yanlarında bulunan yiyeceği getirip bir yaygıya dökerler sonra toplanıp bir kapla ölçerek aralarında eşit bir şekilde paylaşırlardı. İşte bu yüzden Eş'ariler bendendir, ben de Eş'arilerdenim."* buyurdular. (Buhari, Şirket 11, Müslim Fezailüs-Sahabe 167)

## 63- AHİRETE HAZIRLANMA VE İYİ AMELLERİ İŞLEME BÖLÜMÜ

◆ *"...Onun (cennetin) sonu da misk kokar. Artık imrenecekler, işte buna imrensinler."* (83 Mutaffifin 26)

◆ **569)** Sehl b. Sa'd (r.a.)'den:

Rasulullah (s.a.v.)'e içecek bir şeyler getirildi ve o, bir miktarını içti. Bu sırada sağında bir çocuk (İbnu Abbas), solunda ise ihtiyarlar bulunuyordu. Rasulullah (s.a.v.) çocuğa dönerek: *-"Bunu yaşlılara vermeme izin verir misin?* diye sordu. Çocuk: *-"Hayır vallahi olmaz. Ey Allah'ın Rasulü! Senden kazanacağım hayrı kimseye bağışlayamam,"* dedi. Rasulullah (s.a.v.) de elindekini o çocuğa verdi. (Buhari, şirb vel Müsakat 1, Müslim, Eşribe 122)

◆ **570)** Ebu Hüreyre (r.a.)'den:

Rasulullah (s.a.v.): *-"Bir gün Eyyub (a.s.) çıplak olarak yıkanırken üzerine altından çekirgeler düşmeye başladı. Eyyub (a.s.) da onları toplayıp elbisesine doldurmaya başladı. Bunun üzerine Allah (c.c.) ona: -'Ey Eyyub! Ben seni bu gördüklerine dönüp bakmayacak kadar zengin kılmadım mı?' diye seslendi. Eyyub (a.s.) da: -'Evet! İzzetine yemin ederim ki öyle. Ancak senin bereketine karşı benim zenginliğim ne ki...' dedi."* buyurdular. (Buhari, Gusül 20)

# 64- ŞÜKREDEN ZENGİNİN FAZİLETİ BÖLÜMÜ

◙ "(İşte bunlardan) kim, malını verir ve (Allah'a) a karşı hata etmekten sakınırsa ve en güzel din olan (İslam'a) inanırsa, Biz ona, zâten kolay olan dini, daha da kolaylaştırırız." (92 Leyl 5-7)

◙ "Ve Allah yolunda malını verip, (günâhlarından) temizlenerek, hakkıyla korunan ise, ondan (cehennemden) uzaklaştırılacaktır. Çünkü o, yaptığı iyiliği, birisinden bir karşılık bekleyerek yapmaz. Onu sadece yüce Rabbinin rızasını kazanmak için yapar. Elbette o, yakında (Allah'ın vereceği nîmetle) hoşnut olacaktır." (92 Leyl 18-21)

◙ "(Ey îman edenler!) Eğer sadakaları açıktan verirseniz bu yaptığınız şey, çok güzeldir. Yok, eğer onları gizler ve (kimse görmeden) fakirlere verirseniz bu, sizin için daha hayırlıdır ve bir kısım günâhlarınızın bağışlanmasına da sebep olur. Çünkü Allah, yaptıklarınızdan (tümüyle) haberdardır." (2 Bakara 271)

◙ "Sevdiğiniz şeylerden (Allah yolunda) harcamadıkça, gerçek iyiliğe asla ulaşamazsınız. (Allah yolunda) harcadığınız her şeyi Allah, hakkıyla bilir." (3 Alu İmran 92)

◈ **571)** İbnu Mes'ud (r.a.)'den.

Rasulullah (s.a.v.): *"Ancak şu iki kimseye imrenilir. Biri; Allah'ın kendisine verdiği malı hak yolunda harcamayı başarabilen kimse, ikincisi; kendisine ilim verilip onunla hükmeden ve onu öğreten kimse."* buyurdular. (Buhari, İlim 15, Müslim Müsafirin 268)

◈ **572)** İbnu Ömer (r.a.)'den:

Rasulullah (s.a.v.): -*"Ancak şu iki kimseye imrenilir. Biri, Allah'ın kendisine verdiği Kur'an ile gece ve gündüz meşgul olan kimse. Diğeri de Allah'ın kendisine verdiği malı gece gündüz Allah yolunda harcayan kimse."* buyurdular. (Buhari, temenni 5, Müslim, Misafirin 266)

◈ **573)** Ebu Hüreyre (r.a.)'den:

Muhacirlerin fakirleri bir gün Rasulullah (s.a.v.)'e gelerek:
-*"Varlık sahibi Müslümanlar cennetin yüksek derecelerini ve ebedi*

*nimetlerini kazandılar gittiler,"* dediler. Rasulullah (s.a.v.): -*"Hayrola! Neymiş bunlar?"* diye sordu. Fakir muhacirler de: -*"Bizim kıldığımız gibi onlar da namaz kılıyorlar, bizim tuttuğumuz gibi gibi onlar da oruç tutuyorlar, üstelik onlar, onlar sadaka veriyorlar, biz veremiyoruz, onlar köle azad ediyorlar biz bunu da yapamıyoruz,"* dediler. Rasulullah (s.a.v.) onlara: -*"Size bir şey öğreteyim mi? Bu sayede sizden önde gidenlere yetişirsiniz, hatta sizden sonrakileri de geçersiniz. Sizin yaptıklarınız gibi yapmadıkça kimse sizden üstün olamaz"*, buyurdu. Onlar da: -*"Evet! Söyle Ey Allah'ın Rasulü"*, dediler. Rasulullah (s.a.v.)'de: -*"Her farz namazın arkasında 33 sefer Sübhanellah, 33 sefer Elhamdülillah, 33 sefer Allahü Ekber, dersiniz."* buyurdular. Birkaç gün sonra fakir muhacirler tekrar Rasulullah (s.a.v.)'e gelerek: -*"Zengin kardeşlerimiz de bizim yaptığımızı duymuşlar, aynısını onlar da yapıyorlar,"* deyince Rasulullah (s.a.v.): -*"Ne yapalım! Artık bu (servet) Allah'ın bir lütfudur. Allah onu dilediğine verir."* buyurdular. (Buhari, Ezan 155, Müslim, Mesacid 142)

## 65- ÖLÜMÜ DEVAMLI HATIRLAMA BÖLÜMÜ

◈  "Her canlı, ölümü tadacaktır ve kıyamet günü, yaptıklarınızın karşılığı size tastamam verilecektir. Cehennemden uzaklaştırılıp cennete konulan kimse ise gerçekten kurtuluşa ermiştir. Zîrâ dünya hayatı, aldatıcı bir zevkten başka bir şey değildir." (3 Alu İmran 185)

◈  "Hiç kimse, yarın ne kazanacağını bilemez ve hiç kimse de nerede öleceğini bilemez." (31 Lokman 34)

◈  "(O insanların) ecelleri gelince onlar, onu bir an bile erteleyemedikleri gibi öne de alamazlar." (16 Nahl 61)

◈  "Ey îman edenler! Mallarınız da, çocuklarınız da sakın size, Allah'ı (ve Allah için çalışmayı) unutturmasın. İşte böyle yapanlar, gerçekten hüsrana uğrayanların ta kendileridir. Sizden birinize ölüm gelip de: "Ey Rabbim! Benim ölümümü bir süre geciktirsen, ben de böylece biraz sadaka verip iyilerden olsam olmaz mı?" demezden önce, size rızık olarak verdiklerimizden sadaka verin. Oysa Allah, eceli gelmiş bir kimsenin (ölümünü) kesinlikle ertelemez. Çünkü Allah, yaptıklarınızdan (tümüyle) haberdardır." (63 Münafikûn 9-11)

◈ "Sonunda, onlardan birine ölüm geldiği zaman: "Ey Rabbim! (Ne olur) beni (dünyaya) geri gönderin." der. (Ve devamla:) "(daha önce) ihmâl ettiğim konularda iyi işler işleyeyim." (der.) Hayır; bu söylediği, sadece kendi lafıdır. Yeniden dirilecekleri güne kadar onların arkalarında (geri dönülmez) bir engel vardır. Sur'a üfürülünce, artık o gün onların aralarında akrabalık bağları da kalmaz, birbirlerini de arayıp soramazlar. Artık (o gün) kimin (sevap) tartısı ağır basarsa onlar, kurtuluşa erenlerin ta kendileridir. Kimin de (tartmaya değer) bir iyiliği yoksa işte o kendi kendilerine yazık edenler, ebedî olarak cehennemde kalırlar. Ateş, onların yüzlerini yakar ve onlar orada, dişleri sırıtmış bir halde kala kalırlar. (Allah onlara): "Size âyetlerim okunur okunmaz, onları yalanlayanlar sizler değil miydiniz?" der." (23 Mü'minûn 99-105)

◈ (Allah onlara ayrıca): "Siz, yeryüzünde kaç yıl yaşadınız?" diye sorar. (Onlar da): "Bir gün veya daha az bir süre kaldık, onu sayan (meleklere) sor." dediler. (Allah): "(Orada) çok az kaldınız. Keşke bunu (vaktiyle) bilmiş olsaydınız." dedi. (Ve devamla): "Bizim, sizi boş bir amaç uğruna yarattığımızı ve sizin gerçekten Bize döndürülmeyeceğinizi mi sanmıştınız?" (dedi.) (23 Mü'minûn 112-115)

◈ "Îman edenlerin, Allah'ı anma ve O'ndan inen gerçeğe gönülden bağlanma zamanı daha gelmedi mi? (Ey Muhammed! Onlara); "daha önce kendilerine kitap verilen, sonra üzerlerinden uzun bir süre geçince, kalpleri katılaşıp da birçoğu fâsık olanlar gibi olmamalarını" söyle." (57 Hadid 16)

◈ **574)** İbnu Ömer (r.a.)'den:

Rasulullah (s.a.v.) iki omuzumdan tuttu ve: -"***Dünyada sanki bir garip veya yolcu gibi ol"*** buyurdular.

İbnu Ömer: -*"Akşama ulaştığında sabahı gözetme, sabaha ulaştığında da akşamı bekleme, sağlıklı iken hastalığın, hayatta iken de ölümün için hazırlık yap."* derdi. (Buhari, Rikak 3)

◈ **575)** İbnu Ömer (r.a.)'den:

Rasulullah (s.a.v.): -*"Bir kimsenin vasiyet etmeğe değer bir malı bulunup da vasiyeti yanında yazılı olmadan iki gece geçirmesi doğru değildir."* buyurdular. (Buhari, Vesaya 1, Müslim, Vasiyet 4)

Müslim'in diğer bir rivayeti: *"Üç gece geçirmesi"* şeklindedir.

İbnu Ömer (r.a.): -*"Rasulullah (s.a.v.)'den 'işte benim vasiyetim yanımdadır' sözünü duyduğumdan beri yanımda vasiyetim olmadan bir gece bile geçirmedim."* demiştir. (Müslim, Vasiyet 4)

◈ **576)** Enes (r.a.)'den:

Peygamber (s.a.v.) yere bir takım çizgiler çizdi. Sonra da çizgileri göstererek: -*"Şu insandır, şu da onun ecelidir. Bu vaziyette yaşayıp giderken bir de bakar ki en yakın çizgi onun karşısına çıkıvermiş."* buyurdular. (Buhari, Rikak 4)

◈ **577)** İbnu Mes'ud (r.a.)'den:

Peygamber (s.a.v.) yere bir dörtgen çizdi. Dörtgenin ortasına onu bir kenarından keserek dışarı çıkan bir çizgi çekti. Ortadaki bu çizginin iki tarafına da bir takım küçük çizgiler çizdi ve çizgileri göstererek şöyle buyurdu: -*"Şu çizgi insandır. Şu çizgiler ise onu her yandan kuşatmış olan ecelidir. Dörtgenin dışına çıkan çizgi ise insanın hevesleridir. Şu küçük çizgiler ise bir takım sıkıntılardır. İnsan bu dertlerin birinden kurtulsa öteki gelip yakalar."* buyurdular. (Buhari)

◈ **578)** Ebû Hureyre (r.a.)'den:

Rasûlullah (s.a.v.): *"Yedi şey gelmezden önce iyi amellerde yarışın. Her şeyi unutturan fakirlikten, azdıran zenginlikten, bedenin dengesini bozan hastalıktan, bunaklaştıran ihtiyarlıktan, ansızın gelen ölümden, gelmesi beklenen şeylerin en şerlisi*

*Deccal'ın çıkmasından, en dehşetli olan kıyametin gelmesinden başka bir şey mi bekliyorsunuz?"* buyurdular. (Tirmizî, Zühd 3)

◈ **579)** Ebu Hüreyre (r.a.)'den:

Rasulullah (s.a.v.): -*"Zevkleri yok edeni (yani ölümü) çok hatırlayınız."* buyurdular. (Tirmizi, Zühd 4) (İbnu Mace, Zühd 31)

◈ **580)** Übey b. Ka'b (r.a.)'den:

Bir gün Rasulullah (s.a.v.) gecenin üçte biri geçince kalktı ve: -*"Ey insanlar! Allah'ı çok anın. Birinci sur'a üfleme zamanı hemen hemen geldi çattı. Arkasından ikincisi gelecek. Ölüm bütün şiddetiyle gelecek. Ölüm bütün şiddetiyle gelecek."* buyurdular. Bunun üzerine ben: -*"Ey Allah'ın Rasulü, ben sana çok dua ediyorum. Acaba bunu ne kadarını senin için yapmalıyım?"* diye sordum. Rasulullah (s.a.v.): -*"Dilediğin kadar"* buyurdu. Ben: -*"Dörtte birini uygun mudur?"* diye sordum. Rasulullah (s.a.v.): -*"Dilediğin kadar yap, ama fazla yaparsan senin için hayırlı olur"* buyurdu. Ben: -*"Öyleyse duamın yarısını sana ayırsam olur mu?"* dedim. O: -*"Dilediğin kadar yap, ama fazla yaparsan senin için hayırlı olur"* buyurdu. Ben yine: -*"Yaptığım duaların üçte ikisini sana ayırsam olur mu?"* diye sordum. Rasulullah (s.a.v.): -*"Dilediğin kadar yap, ama fazla yaparsan senin için hayırlı olur"* buyurdu. Ben: -*"Öyleyse ben de duamın hepsini senin için yaparım",* deyince: -*"O zaman senin bütün sıkıntıların giderilir ve bütün günahların da bağışlanır."* buyurdular. (Tirmizi, Kıyamet 23)

## 66- ERKEKLER İÇİN KABİR ZİYARETİ BÖLÜMÜ

◈ **581)** Büreyde (r.a.)'den:

Rasulullah (s.a.v.): -*"Kabirleri ziyaretini size yasaklamıştım, artık şimdi ziyaret edebilirsiniz."* buyurdular. (Müslim, Cenaiz 106)

Diğer bir rivayet: -*"Kabirleri ziyaret etmek isteyen ziyaret etsin, zira bu bize ahireti hatırlatır."* buyurdular.

◈ **582)** Aişe (r. anha)'dan:

Rasulullah (s.a.v.) Aişe (r.a.)'nin yanında kaldığı gecelerde gecenin sonuna doğru Baki mezarlığına giderek: -*"Selam size ey bu diyarın mü'min ahalisi! Yarın için başınıza geleceği söylenen şey size geldi. İnşaallah biz de yakında size kavuşacağız. Ey Allah'ım! Baki mezarlığında yatanları bağışla."* diye dua ederlerdi. (Müslim, Cenaiz 102)

◈ **583)** Büreyde (r.a.)'den:

Peygamber (s.a.v.) ashabına kabristana gittikleri zaman şöyle dua etmelerini öğretirdi: -*"Selam size ey bu diyarın mü'min ve Müslüman ahalisi! İnşaallah biz de yakında size kavuşacağız. Bize ve size Allah'tan afiyet dilerim."* (Müslim, Cenaiz 104)

◈ **584)** İbnu Abbas (r.a.)'den:

Rasulullah (s.a.v.) Medine kabirlerinden birisine uğradı ve yüzünü onlara dönerek: -*"Selam size ey bu kabirlerde yatanlar! Allah sizi de bizi de bağışlasın. Siz bizden önce gittiniz, biz de sizin peşinizden geleceğiz."* buyurdular. (Tirmizi)

## 67- ÖLÜMÜ İSTEMENİN DOĞRU OLMADIĞI BÖLÜMÜ

◈ **585)** Ebu Hüreyre (r.a.)'den:

Rasulullah (s.a.v.): -*"Sizden hiç biriniz ölümü istemesin. Eğer bu kimse iyilerden ise belki daha çok iyilik yapar, şayet kötü biriyse belki tevbe edip iyilikler yapar."* buyurdular. (Buhari, Temenni 6, Müslim, Zikir 10)

Müslim'in değişik bir rivayeti: -*"Sizden hiç biriniz ölümü istemesin. Ölümün vakti gelmeden önce öleyim diye dua etmesin. İnsan ölünce ameli kesilir. Mü'minin ömrü, onun iyiliklerini çoğaltır."* buyurdular. (Müslim, Zikir 13)

◈ **586)** Enes (r.a.)'den:

Rasulullah (s.a.v.): -*"Başa gelen bir sıkıntı sebebiyle hiç biriniz ölmeyi istemesin. Eğer bunu mutlaka yapacaksa: 'Ey Allah'ım! Yaşamak benim için hayırlı ise bana hayat ver, ölmek benim için hayırlı ise beni vefat ettir.' desin"* buyurdular. (Buhari, Merda 19, Müslim, Zikir 10)

◈ **587)** Kays b. Ebu Hazım'dan:

Hasta olduğu için vücudu yedi yerinden dağlanmış olan Habbab b. Eret (r.a.)'ı ziyaretine gittik. Bize: -*"Eski dostlarımız, dünyalıklar onların sevaplarını eksiltmeden göçüp gittiler. Biz ise o kadar çok mala sahip olduk ki koyacak yer bulamayıp toprağa gömdük. Eğer Peygamber (s.a.v.) ölümü temenni etmeyi bize yasaklamış olmasaydı ben, ölümü temenni ederdim."* dedi. Başka bir zaman Habbab'ın yanına gittiğimizde duvar örüyordu. Bize: -*"Müslüman, şu toprağa harcadığından başka Allah yolunda harcadığı her şeyden sevap kazanır."* dedi. (Buhari, Merda 19, Müslim, Zikir 12)

## 68- GÜNAHTAN SAKINMA VE ŞÜPHELİ ŞEYLERDEN UZAK DURMA BÖLÜMÜ

◆ "Zîrâ siz, o (iftirayı) dillerinizle birbirinize aktarıp duruyor, hakkında bilginiz olmayan şeyi ağızlarınızla söylüyor ve bunu da Allah katında çok büyük günâh olmasına rağmen, basit bir şey sanıyordunuz." (24 Nur 15)

◆ "Elbette Rabbin, (kullarını her an) gözetlemektedir." (89 Fecr 14)

◈ **588)** Numan b. Beşîr (r.a.)'den:

Rasulullah (s.a.v.)'i: -*"Helal olan şeyler bellidir, haram olan şeyler de bellidir. Bu ikisinin arasında insanların birçoğunun helal mi haram mı olduğunu bilmediği şüpheli şeyler vardır. Kim şüpheli işlerden sakınırsa dinini ve ırzını korumuş olur. Kim de şüpheli şeylerden sakınmazsa; tıpkı sürüsünü yasak ve sürünün her an girmesi mümkün olan bir arazinin etrafında otlatan çoban gibi harama dalıp gider. Dikkat edin her hükümdarın girilmesi yasak olan bir arazisi vardır. Allah'ın yasak arazisi de haram kıldığı şeylerdir. Şunu da iyi bilin ki insan vücudunda bir et parçası vardır. Eğer bu et parçası iyi olursa bütün vücut iyi olur. Eğer o bozuk olursa bütün vücut bozulur. İşte bu et parçası, kalptir."* buyururlarken dinledim dedi. (Buhari, iman 39, Müslim Müsakat 109)

◈ **589)** Enes (r.a.)'den:

Rasulullah (s.a.v.) yolda bir hurma buldu ve: -*"Sadaka olma ihtimalinden korkmasaydım bu hurmayı yerdim",* buyurdular. (Buhari, Büyu' 4, Müslim, Zekât 164)

◈ **590)** Nevvas b. Seman (r.a.)'den:

Rasulullah (s.a.v.): -*"Gerçek iyilik; güzel ahlaklı olmaktır. Günah ise, kalbini rahatsız eden ve insanların bilmesini istemediğin her şeydir."* buyurdular. (Müslim, Birr 14)

◈ **591)** Vabısa b. Ma'bed (r.a.)'den.

Rasulullah (s.a.v.)'in yanına vardım. O: -*"Bana iyiliğin ne olduğunu sormaya mı geldin?"* buyurdu. Ben: -*"Evet"* dedim. Rasulullah (s.a.v.): -*"Kalbine danış. Gerçek iyilik, vicdanın uygun gördüğü ve kalbin yapılmasını onayladığı şeydir. Günah ise, başkaları sana fetvalar verse bile; vicdanı rahatsız eden, kalpte tereddüt uyandıran şeydir."* buyurdular. (Ahmed b. Hanbel, Müsned IV. 227-28, Darimi, Büyu' 2)

◈ **592)** Ebu Sirvea Ukbe b. Haris (r.a.)'den:

Kendisi Ebu İhab b. Aziz'in kızı ile evlenmişti. Sonra bir kadın gelip ona: -*"Ben Ukbe'yi de evlendiği kadını da emzirmiştim"* dedi. Ukbe o kadına: -*"Beni emzirdiğini bilmiyorum. Bunu bana daha önce haber vermedin"* dedi. Sonra hemen Rasulullah (s.a.v.)'e danışmak üzere Medine'ye gitti ve bu durumun hükmünü sordu. Rasulullah (s.a.v.) de: -*"Mademki böyle söyleniyor onunla nasıl evli kalabilirsin?"* buyurunca, Ukbe derhal ondan ayrıldı, kadın da başka biriyle evlendi. (Buhari, İlim 26)

◈ **593)** Hasan b. Ali (r.a.)'den:

Ben Rasulullah (s.a.v.)'in: -*"Sana şüphe veren şeyi bırak, şüphe vermeyen şeyi al!.."* diye buyurduğunu kendisinden duyup ezberledim. (Tirmizi, Kıyame 60)

◈ **594)** Aişe (r.a.)'den:

Ebu Bekir es-Sıddîk (r.a.)'ın bir kölesi vardı. Bu köle kazancının belli bir kısmını Ebu Bekir (r.a.)'e verir, o da bundan yerdi. Yine bir gün köle kazandığı bir şeyi getirdi. Ebu Bekir (r.a.) de onu yedi. Köle Ebu Bekir (r.a.)'e: -*"Onun ne olduğunu biliyor musun?"* diye sordu. Ebu Bekir (r.a.) de: -*"Neymiş bu?"* deyince köle: -*"Falcılıktan anlamadığım halde cahiliye devrinde bir kimseye falcılık yaparak adamı aldatmıştım. Bu gün onunla karşılaştık, adam o gün yaptığım işe karşılık bu yediğin şeyi bana verdi,"* dedi. Bunun üzerine Ebu Bekir (r.a.) parmağını ağzına sokarak yediklerinin hepsini kustu. (Buhari, Menakıbul Ensar 26)

◈ **595)** Nafi (r.a.)'den:

Ömer b. Hattab (r.a.) ilk hicret eden sahabelere dörder bin, oğlu Abdullah'a da üç bin beş yüz dirhem maaş bağladı. Ömer (r.a.)'e: -*"O da ilk hicret edenlerdendir, ona niçin eksik verdin?"* diye sordular. Ömer (r.a.) de: -*"O babasıyla birlikte hicret etti, o yüzden tek başına hicret edenlerle bir tutulamaz."* dedi. (Buhari, Menakıbul Ensar 45)

◈ **596)** Atiyye b. Urve es-Saidi (r.a.)'den:

Rasulullah (s.a.v.): -*"Bir kul günaha girerim korkusuyla yapılması yasak olmayan şeylerden bile uzak durmadıkça muttakiler derecesine ulaşamaz."* buyurdular. (Tirmizi, Kıyamet 19) (Tirmizi, Kıyamet 19)

# 69- İNSANLAR BOZULUNCA BİR KENARA ÇEKİLME BÖLÜMÜ

◈ "Allah ile birlikte sakın başka bir ilâh edinmeyin. Ben, size O'nun tarafından (gönderilen) apaçık bir uyarıcıyım." (51 Zariyat 50)

◈ **597)** Sa'd b. Ebi Vakkas (r.a.)'den:
Rasulullah (s.a.v.)'i. -*"Allah, kendisine karşı hata etmekten sakınan, gönlü zengin ve kendi halinde işiyle gücüyle uğraşan kulunu sever."* buyururken dinledim, dedi. (Müslim, Zühd 11)

◈ **598)** Ebu Said el-Hudri (r.a.)'den:
Bir sahabi: -*"Ey Allah'ın Rasulü hangi insan daha değerlidir?"* diye sordu. Rasulullah (s.a.v.): -*"Canıyla ve malıyla Allah yolunda çalışan mü'min kimsedir"* buyurdu. O zat: -*"Sonra kimdir?"* diye sordu. Rasulullah (s.a.v.): -*"İnsanların fitnelerinden ayrılıp dağ aralarına çekilip Rabbine ibadet eden kimsedir"* buyurdu.
Başka rivayet: -*"Allah'a karşı hata etmekten sakınıp, kimseye zararı dokunmayan adamdır."* buyurdular. (Buhari, Cihad 2, Müslim, İmara 132)

◈ **599)** Ebu Said el-Hudri (r.a.)'den:
Rasulullah (s.a.v.): -*"Bir Müslümanın en hayırlı malı, dinini fitnelerden korumak için dağ tepelerinde dolaştırdığı ve yağmur sularının biriktiği yerlerde otlattığı davarı olacaktır."* buyurdular. (Buhari, İman 12)

◈ **600)** Ebu Hüreyre (r.a.)'den:
Rasulullah (s.a.v.): -*"Allah'ın gönderdiği Peygamberlerden koyun gütmeyeni yoktur."* buyurdu. Bunun üzerine sahabeler: -*"Sen de mi güttün?"* diye sordular. Rasulullah (s.a.v.): -*"Evet Mekkelilerin koyunlarını ücret karşılığında güderdim",* buyurdu. (Buhari, İcara 2)

◈ **601)** Yine Ebu Hüreyre (r.a.)'den:

Rasulullah (s.a.v.): -**"İnsanların yaşayışı en hayırlı olanı; Allah için savaşmak üzere atının dizginlerine yapışan, savaş çağırısı veya yardım isteyen bir ses duyunca ölümü göze alıp atının sırtında uçan ve ölümün kol gezdiği yerlere kendini atan kimsedir. Yine insanların en hayırlısı; şu tepelerin veya şu vadilerin birinde koyunlarını otlatan, namazını kılan, zekâtını veren, ölünceye kadar da Rabbine kulluğa devam eden ve insanlara karşı da daima iyilikte bulunan kimsedir."** buyurdular. (Müslim, İmara 125)

## 70- İNSANLARLA BİR ARADA YAŞAMANIN KIYMETİ BÖLÜMÜ

◈ "Ey îman edenler! Allah'ın (ibâdet amaçlı) sembollerine, (içerisinde savaşılması) haram olan aya, (Kâbe'ye) armağan edilen kurbanlığa, gerdanlıklı kurbanlara ve Rablerinin lütuf ve rızasını kazanmak amacı ile Kâbe'ye yönelenlere sakın saygısızlık etmeyin. Ancak, ihramdan çıkınca avlanabilirsiniz. Sizi Mescid-i Haram'dan alıkoyduklarından dolayı bir topluma olan kininiz, sizi suç işlemeğe sevk etmesin. Birbirinizle iyilik ve takva konusunda yardımlaşın fakat günâh ve düşmanlık konusunda sakın yardımlaşmayın. Allah'a karşı hata etmekten sakının. Şunu iyi bilin ki Allah'ın, cezâsı çok şiddetlidir." (5 Maide 2)

## 71- ALÇAK GÖNÜLLÜ OLMA BÖLÜMÜ

◈ "Ey Peygamber sana uyan mü'minlere kanadını ger." (26 Şuara 215)

◈ "Ey îman edenler! Sizden kim dininden dönerse, şunu bilsin ki Allah, onların yerine derhal; Kendisinin onları sevdiği, onların da Kendisini sevdiği, mü'minlere karşı son derece alçak gönüllü, kâfirlere karşı izzetli, Allah yolunda cihad eden, (bu uğurda) kimsenin kınamasından korkmayan bir toplum getirir. Bu, Allah'ın dilediğine nasip ettiği bir lütfudur. Çünkü Allah, geniş (nîmet sahibi) dir, (her şeyi) hakkıyla bilendir." (5 Maide 54)

◆ "Ey insanlar! Gerçekten Biz, sizi bir erkek ve bir kadından yarattık ve birbirinizle tanışasınız diye de sizi, milletlere ve kabîlelere ayırdık. Allah katında sizin en üstününüz, kesinlikle O'ndan en çok sakınanızdır. Şüphesiz Allah, hakkıyla bilendir, eksiksiz haber alandır." (49 Hucurat 13)

◆ "...O halde, kendinizi temize çıkarmayın. Çünkü O, Kendisi'ne karşı hata etmekten sakınanı çok iyi bilir." (53 Necm 32)

◆ "A'raf'takiler, simalarından (cehennemlik olduklarını) tanıdıkları kimselere: "(dünyada) topladıklarınız ve büyüklük taslamanız, (bugün) size hiç bir yarar sağlamadı." diye seslenecekler. Ve: "(cennetlikleri göstererek) Allah'ın, kendilerini rahmete erdirmeyeceğine dâir yemin ettikleriniz bunlar mıydı?" deyip, (ardından cennetliklere dönerek): "Girin cennete, artık bugün sizin için bir korku yoktur ve siz, mahzun da olmayacaksınız." diyecekler." (7 Araf 48-49)

◆ **602)** Iyaz b. Hımar (r.a.)'den:

Rasulullah (s.a.v.): -*"Allah bana: 'kimse kimseye karşı böbürlenmeyerek ve hiçbir kimse de kimseye karşı taşkınlık yapmayarak alçak gönüllü olun' diye vahy ederek bildirdi."* buyurdular. (Müslim, Cennet 64)

◆ **603)** Ebu Hüreyre (r.a.)'den:

Rasulullah (s.a.v.): -*"Sadaka vermekle mal eksilmez. Allah affeden kulunun şerefini artırır. Allah için alçak gönüllü olanları, Allah da yüceltir."* buyurdular. (Müslim, Birr 69)

◆ **604)** Enes (r.a.)'den:

Enes (r.a.) çocukların yanından geçerken onlara selam verdi ve: -*"Peygamber (s.a.v.)'de böyle yapardı",* dedi. (Buhari, İstizan 15, Müslim, Selam 1)

◆ **605)** Enes (r.a.)'den:

Medinelilerin hizmetçisi olan herhangi bir kadın köle, Rasulullah (s.a.v.)'in elinden tutar ve onu (bir işini yaptırmak için) istediği yere kadar götürürdü. (Buhari, Edeb 61)

◈ **606)** Esved b. Yezid'den:

Aişe (r.a.)'ye: -*"Peygamber (s.a.v.) evinde ne yapardı?"* diye soruldu. O da: -*"Ailesinin işleri olan ev işleriyle uğraşırdı. Namaz vakti gelince de namaza çıkardı."* dedi. (Buhari, Ezan 44)

◈ **607)** Ebu Rifaa Temim b. Üseyd (r.a.)'den:

Rasulullah (s.a.v.) hutbede iken yanına vardım ve (kendimi kastederek): -*"Ey Allah'ın Rasulü! Dinini bilmeyen ve onun ne olduğunu öğrenmek isteyen bir garip geldi,"* dedim. Rasulullah bana döndü ve hutbeyi bırakıp yanıma geldi. Rasulullah (s.a.v.)'e bir sandalye getirdiler üzerine oturdu ve Allah'ın kendisine öğrettiği şeylerden bana öğretmeye başladı. Sonra da hutbesine dönerek konuşmasını tamamladı. (Müslim, Cuma 60)

◈ **608)** Enes (r.a.)'den:

Rasulullah (s.a.v.) yemek yedikten sonra üç parmağını yalayarak: -*"Sizden birinizin lokması yere düştüğü zaman ona bulaşan şeyi temizleyip lokmasını yesin ve onu şeytana bırakmasın."* buyurdular. Tabakların temizlenmesini emrederek: -*"Siz yemeğin bereketinin hangi parçasında bulunduğunu bilemezsiniz."* buyurdular. (Müslim, Eşribe 136)

◈ **609)** Ebu Hüreyre (r.a.)'den:

Rasulullah (s.a.v.): -*"Allah'ın gönderdiği Peygamberlerden koyun gütmeyeni yoktur."* buyurdu. Bunun üzerine sahabeler: -*"Sen de mi güttün?"* diye sordular. Rasulullah (s.a.v.): -*"Evet Mekkelilerin koyunlarını ücret karşılığında güderdim",* buyurdu. (Buhari, İcara 2)

◈ **610)** Ebu Hüreyre (r.a.)'den:

Rasulullah (s.a.v.): -*"Eğer paça veya kürek kemiği yemeğine davet edilsem giderim. Şayet bana paça ve kürek kemiği hediye edilse onu da kabul ederim."* buyurdular. (Buhari, Hibe 2)

**611)** Enes (r.a.)'den:

Rasulullah (s.a.v.)'in devesi Adba yarışta geçilemezdi veya geçilmeye bile yaklaşılamazdı. Günün birinde bir bedevi devesiyle geldi ve onu geçti. Bu durumun Müslümanlara ağır geldiğini Rasulullah (s.a.v.) anlayınca: -**"Dünyada yükselen bir şeyi alçaltmak Allah'ın değişmez bir kanunudur."** buyurdular. (Buhari, Cihad 59)

## 72- KENDİNİ BEĞENMENİN HARAM OLUŞU BÖLÜMÜ

"İşte Biz, âhiret yurdu (olan cenneti), yeryüzünde büyüklük taslamak ve kargaşa çıkarmak istemeyen (kimse)lere veririz. Ve (o mutlu) gelecek, (Allah'tan) hakkıyla sakınanlarındır." (28 Kasas 83)

"Yeryüzünde böbürlenerek yürüme. Çünkü sen, (dolaşarak) yeryüzünü de bitiremezsin, (kibirlenerek) dağlara da ulaşamazsın." (17 İsra 37)

"İnsanlara karşı büyüklük taslama ve yeryüzünde kasılarak yürüme. Çünkü Allah, kendini beğenip övünenlerin hiçbirisini sevmez." (31 Lokman 18)

"Kârûn, Mûsa'nın toplumundan, onlara karşı azgınlık eden ve anahtarlarını ancak güçlü kuvvetli bir topluluğun taşıyabildiği hazineler verdiğimiz birisi, idi. (Bir ara) kavmi ona: "Şımarma! Çünkü Allah şımaranları sevmez." dedi. (Ve devamla): "Allah'ın sana verdiği (bu servet) içerisinde âhiret yurdunu ara ve dünyada (âhiretin için) çalışmayı sakın unutma! Allah sana nasıl iyilik ettiyse, sen de (insanlara) öyle iyilik et ve yeryüzünde sakın bozgunculuk yapma. Zîrâ Allah, bozguncuları asla sevmez." dedi. Kârûn ise: "Bu (servet) bana, ancak bendeki bilgi sayesinde verildi." dedi. O, Allah'ın kendisinden önceki nesillerden, daha güçlü ve daha çok serveti olan kimseleri helâk ettiğini ve günâhkârların günâhının kendilerinden sorulmadığını bilmiyor muydu? (Bir gün) Kârûn, görkemli bir şekilde toplumunun karşısına çıktı. Sadece dünya hayatını isteyenler: "Keşke bizim de Kârûn'a verilen kadar servetimiz olsaydı. Doğrusu o, çok şânslı bir adam!" dediler. Kendilerine ilim verilenler ise: "Yazıklar olsun size! Îman edip (inandığı) iyi işleri yaşayanlar için Allah'ın vereceği mükâfat, çok daha hayırlıdır. O (mükâfata) da ancak sabredenler kavuşur." dediler. Sonunda Biz, onu da, sarayını da yerin dibine geçirdik. Onun Allah'ın dışında kendisine yardım edebilecek kimsesi olmadığı gibi, o, kendisini (bile) kurtarabileceklerden değildi." (28 Kasas 76-81)

◈ **612)** Abdullah b. Mes'ud (r.a.)'den:

Rasulullah (s.a.v.): -*"Kalbinde zerre kadar kibir olan kimse cennete giremez."* buyurdular. Bunun üzerine biri: -*"İnsan, elbise ve ayakkabısının güzel olmasını ister,"* deyince Rasullullah (s.a.v.): -*"Allah güzeldir, güzeli sever. Kibir ise; hakkı kabul etmemek ve insanları küçük görmektir."* buyurdular. (Müslim, İman 147)

◈ **613)** Seleme b. Ekva' (r.a.)'den:

Bir adam Rasulullah (s.a.v.)'in yanında sol eliyle yemek yiyince Rasulullah (s.a.v.) ona: -*"Sağ elinle ye"* buyurdu. O adam kibrinden dolayı: -*"Yapamıyorum"* dedi. Rasulullah (s.a.v.)'de: -*"Yapamaz ol"* buyurdular. Seleme (r.a.): -*"Rasulullah'ın bu beddusını alınca o adam elini ağzına götüremez oldu."* dedi. (Müslim, Eşribe 107)

◈ **614)** Harise b. Vehb (r.a.)'den:

Rasulullah (s.a.v.)'i: -*"Size cehennemliklerin kimler olduğunu haber vereyim mi? Onlar; katı kalpli, cimri ve kibirli kimselerdir."* diye buyururken dinledim, dedi. (Buhari, Eyman 9, Müslim, Cennet 47)

◈ **615)** Ebu Said el Hudrî (r.a.)'den:

Rasulullah (s.a.v.): -*"Cennet ile cehennem münakaşa ettiler. Cehennem: -'Bende zorba ve kibirliler var', dedi. Cennet ise: -'Bende de zayıf ve yoksul insanlar var', dedi. Bunun üzerine Allah aralarını: -'Ey cennet! Sen benim rahmetimsin, seninle dilediğime merhamet ederim. Ey cehennem! Sen de benim aza-*

*bımsın, seninle de dilediğime azap ederim. Her ikinizi de dol-durmak bana aittir.' diyerek buldu"* buyurdular. (Müslim, Cennet 34)

◈ **616)** Ebu Hüreyre (r.a.)'den:

Rasulullah (s.a.v.): *-"Kıyamet günü Allah, kibrinden dolayı elbisesini sürüyerek yürüyen kimsenin yüzüne bakmaz."* buyurdular. (Buhari, Libas 1, Müslim, Libas 42)

◈ **617)** Ebu Hüreyre (r.a.)'den:

Rasulullah (s.a.v.): *-"Üç grup insan var ki kıyamet günü Al-lah, onlarla konuşmaz, onları temize çıkarmaz ve yüzlerine bile bakmaz. Onlar için büyük bir azap vardır. Bu kimseler; zina eden ihtiyar, yalancı hükümdar, kibirli fakirdir."* buyurdular. (Müslim, İman 172)

◈ **618)** Ebu Hüreyre (r.a.)'den:

Rasulullah (s.a.v.): *-"Allahu Teâlâ: -'İzzet benim gömleğim, büyüklük benim elbisem sayılır. Bunlardan biri kendisinde var-mış gibi davranan olursa ona azap ederim.' buyurmuştur"* de-diler. (Müslim, Birr 136)

◈ **619)** Ebu Hüreyre (r.a.)'den:

Rasulullah (s.a.v.): *-"Vaktiyle kendini beğenmiş bir adam gü-zel elbisesini giymiş, saçını tarayıp çalım satarak yürüyordu. Bu yüzden Allah onu yerin dibine geçiriverdi. O da kıyamet günü-ne kadar yerin dibine geçmektedir."* buyurdular. (Buhari, Enbiya 54, Müslim, Libas 49)

◈ **620)** Seleme b. Ekva' (r.a.):

Rasulullah (s.a.v.): *-"Bir kimse kibirlene kibirlene zorbalar grubuna kaydedilir. Böylece onlara verilen ceza ona da verilmiş olur."* buyurdular. (Tirmizi, Birr 61)

## 73- GÜZEL AHLAK BÖLÜMÜ

◈ "Ey Peygamber! Ve sen, kesinlikle çok büyük bir ahlâk üzeresin." (68 Kalem 4)

◈ "...O (Allah'tan hakkıyla sakınan)lar, öfkelerini yutarlar, insanların (hatalarını) bağışlarlar. Şüphesiz Allah, iyilik edenleri sever." (3 Alu İmran 134)

◈ **621)** Enes (r.a.)'den:

-*"Rasulullah (s.a.v.) ahlak yönünden insanların en güzeli idi."* (Buhari, Edeb 112, Müslim, Mesacid 267)

◈ **622)** Enes (r.a.)'den:

Ben Rasulullah (s.a.v.)'in ellerinden daha yumuşak bir atlasa ve bir ipeğe dokunmadım. Rasulullah (s.a.v.)'in kokusundan daha hoş bir koku da koklamadım. Rasulullah (s.a.v.)'e on yıl hizmet ettim, bana öf bile demedi. Yaptığım bir şeyden dolayı; niçin böyle yaptın? demediği gibi, yapmadığım bir şey sebebiyle de; şöyle yapsan olmaz mıydı? da demedi. (Buhari, Savm 53, Müslim, Fezail 82)

◈ **623)** Sa'b b. Cessame (r.a.)'den:

Rasulullah (s.a.v.)'e (avladığım) bir yaban eşeğini hediye ettim fakat onu kabul etmedi. Yüzüme bakıp da üzüldüğümü görünce: -*"Hediyeni ihramlı olduğum için almadım"*, buyurdular. (Buhari, Cezaus Sayd 6, Müslim, Hacc 50)

◈ **624)** Nevvas b. Sem'an (r.a.)'den:

Rasulullah (s.a.v.)'e iyilik ve günahın ne olduğunu sordum. Rasulullah (s.a.v.): -*"Gerçek iyilik; güzel ahlaklı olmaktır. Günah ise, kalbini rahatsız eden ve insanların bilmesini istemediğin her şeydir."* buyurdular. (Müslim, Birr 14)

◈ **625)** Abdullah b.Amr b. As (r.a.)'den:

Rasulullah (s.a.v.)'de kötülük bulunmadığı gibi kötü olan şeylere de asla yönelmez ve: -*"Sizin en hayırlı olanınız, ah-*

*lakı en güzel olanınızdır."* buyururdu. (Buhari, Menakıb 23, Müslim, Fezail 68)

◈ **626)** Ebu'd Derda (r.a.)'den:

Rasulullah (s.a.v.): *-"Kıyamet günü mü'minin terazisinde güzel ahlaktan daha ağır bir şey bulunmaz. Allah çirkin hareketler yapan ve kötü sözler söyleyen kişiye buğz eder."* buyurdular. (Tirmizi, Birr 61)

◈ **627)** Ebu Hüreyre (r.a.)'den:

Rasulullah (s.a.v.)'e: *-"İnsanların cennete girmelerine en çok sebep olan nedir?"* diye soruldu. Rasulullah (s.a.v.): *-"Allah'a karşı hata etmekten sakınmak ve güzel ahlaklı olmaktır",* buyurdu. Rasulullah (s.a.v.)'e: *-"İnsanların cehenneme girmelerine en çok sebep olan nedir?"* diye sorulunca: *-"Ağzındaki dili ve cinsel organıdır",* buyurdular. (Tirmizi, Birr 62)

◈ **628)** Ebu Hüreyre (r.a.)'den:

Rasulullah (s.a.v.): *-"Müslümanların iman yönünden en olgun olanı ahlakı en güzel olanıdır. Sizin en hayırlılarınız, hanımlarına en hayırlı davranışta bulunanlarınızdır."* buyurdular. (Tirmizi, Rada 11)

◈ **629)** Aişe (r. anha)'dan:

Rasulullah (s.a.v.)'i: *"Mümin güzel ahlakı sayesinde gece ibadet eden, gündüz oruç tutan kimselerin derecesine ulaşır."* diye buyururken işittim. (Ebu Davud, Edeb 7)

◈ **630)** Ebu Umame el-Bâhilî (r.a.)'den:

Rasulullah (s.a.v.): *-"Haklı bile olsa insanlarla tartışmayı terk eden kimseye cennetin kıyısında, şaka bile olsa yalanı terk eden kimseye cennetin ortasında, ahlakını güzelleştiren kimseye de cennetin en yüksek yerinde bir köşk verileceğine kefilim."* buyurdular. (Ebu Davud, Edeb 7)

◈ **631)** Cabir (r.a.)'den:

Rasûlullah (s.a.v.): -**"Sizden en çok sevdiğim ve kıyamette bana en yakın mesafede bulunacak kimse, güzel ahlak sahibi olanlarınızdır.** Sizden en sevmediğim ve kıyamet günü bana en uzak mesafede bulunacak kimseler ise, güzel sohbet ediyor dedirtmek için avurdunu şişire şişire laf edenler, bilgiçlik taslamak için lugat parçalayanlar ve mütefeyhıklardır." buyurdular. Ashab: -"Ey Allah'ın Rasulü avurdunu şişire şişire laf edenler ve bilgiçlik taslamak için lugat parçalayanları anladık ama mütefeyhık dediğiniz kimlerdir?" diye sorunca, Rasûlullah (s.a.v.): -**"Onlar, büyüklük taslayan kimselerdir."** buyurdular. (Tirmizi, Birr 71)

## 74- ACELE ETMEMEK YUMUŞAK HUYLULUK BÖLÜMÜ

◈ "... O (Allah'tan hakkıyla sakınan)lar, öfkelerini yutarlar, insanların (hatalarını) bağışlarlar. Şüphesiz Allah, iyilik edenleri sever." (3 Alu İmran 134)

◈ "Ey Peygamber! Sen, yine de affa sarıl, iyiliği emret ve cahillerden uzak dur." (7 Araf 199)

◈ "Nasıl ki iyilikle kötülük bir değilse, o zaman sen de onu, en güzel bir biçimde uzaklaştır. İşte o zaman, seninle arasında düşmanlık bulunan kimsenin, sana sıcak bir dost oluverdiğini görürsün. Bu (güzel haslet,) ancak sabredenlere verilir. Ve yine bu (güzel haslet,) ancak (îman ve yaşayışında) büyük ciddiyet sahibi olanlara verilir." (41 Fussılet 34-35)

◈ " Kim de sabreder ve bağışlarsa, şüphesiz bu kararlılık gerektiren bir iştir." (42 Şura 43)

◈ **632)** İbnu Abbas (r.a.)'dan:

Rasûlüllah (s.a.v.) Abdulkays oğullarından Eşecc'e: -**"Sende Allah'ın sevdiği iki özellik vardır. O da; yumuşak huyluluk ve ağır başlılıktır"** buyurdular. (Müslim İman 25)

◈ **633)** Aişe (r.a.)'dan:

Rasûlüllah (s.a.v.): -*"Allah kullarına merhametle muamele eder. Bütün işlerde de yumuşaklık gösterilmesini sever."* buyurdular. (Buhari, Edeb 35, Müslim Birr 48)

◈ **634)** Aişe (r.a.)'dan:

Rasûlüllah (s.a.v.): -*"Allah kullarına merhametle muamele eder ve yumuşaklık gösterilmesini sever. Sertlikle yapılana ve başka işlere vermediği sevabı kolaylık gösterilerek yapılan işlere verir."* buyurdular. (Müslim, Birr 77)

◈ **635)** Aişe (r.a.)'dan:

Rasûlüllah (s.a.v.): -*"Kolaylık ve yumuşaklık hangi işte varsa, o işi güzelleştirir. Kolaylık ve yumuşaklığın kendisinden çekilip çıkarıldığı her iş ise onu çirkinleştirir."* buyurdular. (Müslim, Birr 78)

◈ **636)** Ebû Hüreyre (r.a.)'den:

Bedevinin biri mescitte küçük abdestini bozunca, sahabeler onu azarlamaya kalkıştı. Bunun üzerine Peygamber (s.a.v.): -*"O adamı bırakın! Onun idrarı üzerine bir kap veya bir kova su dökün. Çünkü siz kolaylaştırıcı olarak gönderildiniz, zorluk çıkarıcı olarak değil"* buyurdular. (Buhari, Vudu, 58)

◈ **637)** Enes (r.a.)'dan.

Peygamber (s.a.v.): *"Kolaylaştırın, zorlaştırmayın, müjdeleyin nefret ettirmeyin."* buyurdular. (Buhâri İlim,11 Müslim, cihad 6)

◈ **638)** Cerir b. Abdillah (r.a.)'den:

Rasûlüllah (s.a.v.)'i: -*"Kim yumuşak davranmaktan mahrum kalmış ise bütün hayırlardan mahrum kalmış olur."* buyururken dinledim. (Müslim, Birr,74)

◈ **639)** Ebû Hüreyre (r.a.)'dan:

Adamın biri Peygamber (s.a.v.)'e gelip: -"Bana tavsiyede bulun!" dedi. O da: -*"Öfkelenme"* buyurdu. Adam sözünü birkaç sefer tekrarlardı. Rasûlüllah da her defasında: *-"Öfkelenme"* buyurdular. (Buhâri, Edeb,76)

◈ **640)** Ebu Ya'la Şeddad b. Evs (r.a.)'dan:

Rasûlüllah (s.a.v.): *-"Allah her şeye karşı iyi davranılmasını emretmiştir. Öyleyse canlı bir varlığı öldürmeniz gerektiğinde öldürmeyi güzel bir şekilde yapın. Bir hayvanı boğazladığınızda da onu güzel bir şekilde kesin. Bu işi yapacak kimse bıçağını iyice bilesin de hayvanına eziyet çektirmesin."* buyurdular. (Müslim, sayd, 57)

◈ **641)** Aişe (r.a.)'den:

Rasûlüllah (s.a.v.) iki şeyden birini yapma konusunda serbest bırakıldığı zaman günah olmadığı sürece mutlaka en kolay olanını tercih ederdi. Yapılacak iş günah ise ondan insanların ondan en uzak kalanı o olurdu. Allah'ın yasakladığını çiğnemediği sürece şahsı adına hiç bir şeyden intikam almamıştır. Allah'ın yasağı çiğnenmiş ise onun cezasını mutlaka Allah için vermiştir. (Buhâri, Menakıb, 23, Müslim, Fezail,77)

◈ **642)** İbnu Mes'ud (r.a.)'dan:

Rasûlüllah (s.a.v.): *-"Cehenneme kimin gitmeyeceğini veya Cehennemin kimi yakmayacağını size haber vereyim mi? Bunlar, cana yakın, herkesle iyi geçinen, yumuşak huylu olan ve ilişkilerinde kolaylık gösteren kimselerdir."* buyurdular. (Tirmizi, Kıyame, 45)

## 75- HATALARI BAĞIŞLAYIP CAHİLLERE UYMAMA BÖLÜMÜ

◈ "Ey Peygamber! Sen, yine de affa sarıl, iyiliği emret ve cahillerden uzak dur." (7 Araf 199)

◈ "...(Ey Muhammed!) Şimdi sen (onlara) yumuşak davran ve güzel muamele et." (15 Hıcr,85)

◈ "…kusurlarını affetsinler ve onları hoş görsünler. Yoksa siz, Allah'ın sizi bağışlamasını istemiyor musunuz? (Hâlbuki) Allah, çok bağışlayandır, çok esirgeyendir." (24 Nur 22)

◈ "O (Allah'tan hakkıyla sakınan)lar, bollukta da ve darlıkta da (mallarını) Allah yolunda harcarlar, öfkelerini yutarlar, insanların (hatalarını) bağışlarlar. Şüphesiz Allah, iyilik edenleri sever." (3 Alu İmran 134)

◈ " Kim de sabreder ve bağışlarsa, şüphesiz bu kararlılık gerektiren bir iştir." (42 Şura 43)

◈ **643)** Aişe (r.a.)'dan:

Bir gün Peygamber (s.a.v.)'e: -*"Ey Allah'ın Peygamberi! Uhud gününden daha şiddetli bir gün yaşadın mı?"* diye sordum. Rasûlüllah (s.a.v.): *"Evet senin kavminden çok kötülük gördüm. Onlardan gördüğüm sıkıntının en şiddetlisi Akabe gününde idi. O gün ben Taifli Abdü Külal'in oğlu İbnu Abdu Ya'lil'e sığınmak istedim de benim isteğime cevap vermedi. Ben de geri döndüm, üzün bir şekilde dalgın dalgın yürüyüp gidiyordum. Karn'üs-Sealîb'e varıncaya kadar kendime gelemedim. Orada başımı kaldırıp baktığımda bir bulutun beni gölgelediğini gördüm. Bulutun içinde Cebrail vardı. Cebrail bana:-'Allah, kavminin sana ne söylediğini ve seni nasıl reddettiğini duydu. Onlara dilediğini emretmen için sana Dağların Meleğini gönderdi.' dedi. Bunun üzerine Dağların Meleği bana seslenerek selam verdi, sonra da: 'Ey Muhammed' kavminin sana ne dediğini Allah işitti. Ben, Dağların Meleğiyim. Ne emredersen yapmam için Allah beni sana gönderdi. Ne yapmamı istiyorsun? Dilersen Ahşabeyn denilen şu iki dağı onların başına kapatıvereyim' dedi. O zaman ben: 'Hayır! Allah'ın onların soylarından sadece Allah'a ibadet edecek ve ona hiçbir şeyi ortak koşmayacak kimseler çıkaracağını ümit ederim' dedim."* buyurdular. (Buhâri Bed'ul halk 7, Müslim cihad 111)

◈ **644)** Aişe (r.a.)'dan:

*"Rasûlüllah (s.a.v.) Allah yolunda savaş dışında kadına da olsa hizmetçi de olsa hiç kimseye eliyle vurmazdı. Kendisine kötülük ya-*

*pan kimselerden intikam almaya kalkmazdı. Sadece Allah'ın yasak
ettiği şeyler çiğnenince o yasağı çiğneyenlerden Allah adına inti-
kam alırdı."* dedi. (Müslim Fezail 79)

◈ **645)** Enes (r.a.)'den:

Günün birinde Rasûlullah (s.a.v.) ile beraber gidiyordum.
Üzerinde Necran kumaşından yapılmış sert kenarlı bir cübbe-
si vardı. Bu esnada bir bedevi arkasından yetişerek cübbesini
sertçe çekti. Peygamber (s.a.v.)'in boynuna baktım. Bedevinin
sert çekişinden dolayı cübbenin kenarı boynunda iz bırakmıştı.
Sonra bedevi: -*"Ey Muhammed! Elinde bulunan Allah'a aid mal-
lardan bana da verilmesini emret"* dedi. Rasûlullah (s.a.v.) bedevi-
ye dönüp güldü. Sonra ona bir şeyler verilmesini emretti. (Buhari,
Humus 19, Müslim, Zekât 128)

◈ **646)** Abdullah b. Mes'ûd (r.a.)'den:

Şimdi ben Rasûlullah (s.a.v.)'i, Peygamberlerden bir Pey-
gamberi (s.a.v.) anlatırken görür gibiyim. O Peygamber kavmi
tarafından dövülüp yüzü kanlar içerisinde bırakılmıştı, o da hem
yüzündeki kanı silmeye çalışıyor, hem de: *"Ey Rabbim! Kavmimi
bağışla çünkü onlar (ne yaptıklarını) bilmiyorlar"* diyordu. (Buhari,
Enbiya 54, Müslim, Cihad 105)

◈ **647)** Ebû Hureyre (r.a.)'den:

Peygamber (s.a.v.): *"Gerçek güçlü, güreşte yenen değil, öf-
kelendiği zaman kendine hâkim olandır."* buyurdular. (Buhari,
Edeb 76, Müslim, Birr 107)

## 76- SIKINTILARA KATLANMA BÖLÜMÜ

◈ "O (Allah'tan hakkıyla sakınan)lar, bollukta da ve darlıkta
da (mallarını) Allah yolunda harcarlar, öfkelerini yutarlar, in-
sanların (hatalarını) bağışlarlar. Şüphesiz Allah, iyilik edenleri
sever." (3 Alu İmran 134)

◈ "Kim eziyetlere sabreder yapılan kötülüklere de intikam almayıp affetmek yolunu tutarsa, şüphesiz bu hareket yapılmaya değer işlerdendir." (42 Şura 43)

◈ **648)** Yine Ebu Hüreyre (r.a.)'den:

Adamın biri: *"Ey Allah'ın Rasulü! Benim akrabalarım var, ben onları ziyaret ediyorum onlar benimle ilişkiyi kesiyorlar. Ben onlara iyilik ediyorum, onlar bana kötülük ediyorlar. Ben onlara yumuşak davranıyorum, onlar bana kaba davranıyorlar"* dedi. Bunun üzerine Rasulullah (s.a.v.): **"Eğer dediğin gibi isen sen onlara kızgın kül yedirmiş (gibi Allah tarafından eza veren bir azaba çarptırılmalarına sebep) oluyorsun. Sen böyle davrandıkça Allah'ın yardımı daima seninledir."** buyurdular. (Müslim, Birr 22)

## 77- ALLAH'IN DİNİ İÇİN VE ALLAH'IN DİNİNE YARDIM ETME BÖLÜMÜ

◈ "Kim de Allah'ın hürmet edilmesini istediği şeylere saygı gösterirse, işte o, Rabbi katında kendisi için daha hayırlıdır." (22 Hacc 30)

◈ "Ey inananlar! Siz, Allah'ın (dinine) yardım ederseniz, O da size yardım eder ve ayaklarınızı kaydırmaz." (47 Muhammed 7)

◈ **649)** Ebu Mesud Ukbe b. Amr el Bedri (r.a.)'den:

Bir adam Peygamber (s.a.v.)'e gelerek: -*"Ben falan kimsenin namazı uzatması yüzünden sabah namazına gelemiyorum"* dedi. Ben Peygamber (s.a.v.)'i hiç bir konuşmasında o günkü kadar öfkeli görmedim. Peygamber (s.a.v.) o konuşmasında: -**"Ey insanlar! Aranızda insanları (ibadetlerden) usandıranlar var. Sizden kim imamlık yaparsa namazı uzatmasın. Zira arkasında büyük olan, küçük olan ve işi olan vardır."** buyurdular. (Buhari, İlim 28, Müslim, Salat 128)

◈ **650)** Aişe (r.a.)'dan:

Rasûlüllah (s.a.v.) sefer dönüşünde, evin önündeki sofayı üzerinde resimler olan bir perde ile örtmüştüm. Rasûlüllah (s.a.v.) perdeyi görünce çekip yırttı ve yüzünün rengi değişti. Bana: -*"Ey Aişe! Kıyamet günü Allah katında en çetin azaba uğrayacak kimseler, yaptıklarını Allah'ın yaptıklarına benzetmeye kalkanlardır."* buyurdular. (Buhari, Libas 9, Müslim, Libas 92)

◈ **651)** Aişe (r.a.)'dan:

Mahzum kabilesinden hırsızlık yapan bir kadının durumu Kureyşlileri pek üzmüştü. Bunun üzerine: -*"Bu konuyu Rasûlüllah (s.a.v.)'le kim görüşebilir?"* diye kendi aralarında konuştular ve: -*"Buna ancak Rasûlüllah (s.a.v.)'in dostu Üsame'den başka kimse cesaret edemez"* dediler. Üsame, bu konuyu Rasûlüllah (s.a.v.) ile konuştu. Bunun üzerine Rasûlüllah (s.a.v.) Üsame'ye: -*"Allah'ın cezalardan birinin uygulanmaması için aracılık mı yapıyorsun?"* dedi, sonra kalktı ve: -*"Sizden önceki topluluklar içlerinden soylu biri hırsızlık yapınca ona dokunmayıp, zayıf biri hırsızlık yapınca ona ceza vermeleri sebebiyle helak oldular. Allah'a yemin ederim ki; Muhammedin kızı Fatıma hırsızlık etseydi onun da elini keserdim."* buyurdular. (Buhari enbiya 54, Müslim Hudud 8).

◈ **652)** Enes (r.a.)'dan:

Peygamber (s.a.v.) mescidin kıble duvarında bir tükürük gördü o kadar üzüldü ki üzüntüsü yüzünde görülüyordu. Sonra kalkıp onu eliyle temizledikten sonra: *"Sizden biriniz namaza durduğu zaman Rabb'ine yönelir. Rabbi ise kıble ile kendi arasındadır. O halde hiç biriniz kıble tarafına tükürmesin. Tükürmesi gerekirse sol tarafına veya ayağının altına tükürsün."* buyurduktan sonra cübbesinin ucunu tuttu içine tükürüp kumaşı katladı ve: -*"(Eğer mescidin içinde ise) böyle yapsın"* buyurdular. (Buhâri salat 34, Müslim Mesacid 50)

# 78- İDARECİLERİN EMRİ ALTINDAKİLERE ŞEFKATLİ DAVRANMALARI BÖLÜMÜ

◆ "Ve sana uyan mü'minlere kanadını ger." (26 Şuara 215)

◆ "Şüphesiz Allah, adaleti, iyilik yapmayı, akrabaya vermeyi emreder; her türlü aşırılığı, gayr-ı meşru işleri ve zorbalıkları yasaklar. O, düşünüp tutasınız diye, size (işte böyle) öğüt verir." (16 Nahl 90)

◆ **653)** İbnu Ömer (r.a.)'dan:

Rasulullah (s.a.v.)'in: *"Hepiniz çobansınız ve hepiniz güttüğünüz sürüden sorumlusunuz. Amir çobandır ve güttüğü sürüden sorumludur, erkek ailesinin çobanıdır ve güttüğü sürüden sorumludur, kadın eşinin evinin çobanıdır ve güttüğü sürüden sorumludur, hizmetçi efendisinin malının çobanıdır ve güttüğü sürüden sorumludur, O halde hepiniz çobansınız ve güttüğünüz sürüden sorumlusunuz."* buyurduklarını işittim dedi. (Buhari, Cuma 11, Müslim, İmara 20)

◆ **654)** Ebu Ya'la Ma'kıl b. Yesar (r.a.)'den:

Rasûlüllah (s.a.v.)'i: *-"Allah, her hangi bir kulun idaresi altına bir kısım insanlar verir, o da onlara hıyanet edip ölürse; Allah ona cenneti haram kılar"* buyururken dinledim demiştir. (Buhârî, Ahkâm 8, Müslim İmare 21).

Başka bir rivayet: *-"Onlara samimiyetle sahip çıkmazsa cennetin kokusunu alamaz."* (Buhârî, Ahkâm 8)

Müslim'in değişik bir rivayeti: *-"Müslümanların işlerini üstlenip de onlar için gayret göstermez ve onlara samimiyetle sahip çıkmazsa o Müslümanlarla birlikte cennete giremez."* (Müslim İman 229)

◆ **655)** Aişe (r.a.)'dan:

Rasûlüllah (s.a.v.)'i benim şu evimde: *-"Ey Allah'ım! Ümmetimin yönetimini üstlenip de onlara zorluk çıkaran kimseye Sen de zorluk çıkar. Ümmetimin yönetimini üstlenip de onlara yu-*

*muşak davrananlara Sen de yumuşaklık göster."* buyurduğunu işittim. (Müslim İman 19)

◈ **656)** Ebû Hüreyre (r.a.)'den:

Rasûlüllah (s.a.v.): -*"İsrail oğullarını Peygamberler yönetirdi. Bir Peygamber ölünce onun yerine başka bir Peygamber gelirdi. Fakat benden sonra Peygamber gelmeyecek, pek çok halifeler gelecektir."* buyurdular. Bunun üzerine ashab: -*"Ey Allah'ın Rasûlü! Bize bu konuda ne yapmamızı emredersin?"* diye sordular. Rasûlüllah (s.a.v.): -*"Sırasıyla bunların siyasi otoritesini kabul edip onlara karşı vazifelerinizi yerine getiriniz. Onlar (size karşı görevlerini yapmazlarsa) Allah'tan size yardım etmesini isteyin. Zira size karşı olan vazifelerini yapıp yapmadıklarını Allah onlardan soracaktır."* buyurdular. (Buhâri Enbiya 50, Müslim İmare 44)

◈ **657)** Âiz b. Amr (r.a.)'dan:

Aiz b. Amr (r.a.), Ubeydullah b. Ziyad'ın yanına girdi ve: *"Oğlum! Ben Rasulullah (s.a.v.)'in: 'İdarecilerin en kötüsü (idaresi altındakilere) sert davranandır',* buyurduğunu işittim, sakın sen onlardan olma"* dedi. (Müslim, İmare 23)

◈ **658)** Ebu Meryem el-Ezdî (r.a.)'dan:

Kendisi Muaviye (r.a.)'a, Ben Rasûlüllah (s.a.v.)'i: -*"Allah bir kimseyi Müslümanların başına idareci yapar da o kimse onların dertlerine, ihtiyaçlarına ve sıkıntılarına karşı sorumluluğunu yerine getirmezse, kıyamet günü Allah da onun dertlerine, ihtiyaçlarına ve darlıklarına bakmaz."* buyururken işittim demiştir. Bunun üzerine Muaviye halkın ihtiyaçlarını kendisine duyurmak için bir adam görevlendirdi. ( Ebu Davud İmare 13, Tirmizi Ahkâm 6)

## 79- ADALETLİ DEVLET İDARECİSİ BÖLÜMÜ

◈ "Şüphesiz Allah, adaleti, iyilik yapmayı, akrabaya vermeyi emreder; her türlü aşırılığı, gayr-ı meşru işleri ve zorbalıkları yasaklar. O, düşünüp tutasınız diye, size (işte böyle) öğüt verir." (16 Nahl 90)

◈ *"...aralarını adaletle bulun ve adil davranın. Çünkü Allah, adaletli davrananları sever."* (49 Hucurat 9)

◈ **659)** Ebu Hüreyre (r.a.)'den:

Rasulullah (s.a.v.): *"Kendi gölgesinden başka gölgenin bulunmadığı (kıyamet) gününde Allah şu yedi sınıf insanı kendi gölgesinde gölgelendirecektir. Bunlar da; Adaletli devlet başkanı, Allah'a ibadet ederek yetişen genç, kalbi mescitlere bağlı olan kimse, Allah için birbirini sevip bu sevgi ile bir araya gelip bu sevgi ile birbirinden ayrılan iki kişi, kendisini makam ve güzellik sahibi bir kadın (zina için) çağırdığından, 'ben Allah'tan korkarım' diyerek reddeden kimse, sağ elinin verdiğini sol eli bilmeyecek kadar gizli sadaka veren kimse ve kendi başına kaldığında Allah'ı anarak gözyaşı döken kimse."* buyurdular. (Buhari, Ezan 36, Müslim, Zekât 91)

◈ **660)** Abdullah b. Amr ibn'il-As (r.a.)'dan:

Rasûlullah (s.a.v.): *-"Ailesine ve idaresi altında bulunanlara adaletle hükmeden kimseler, Allah katında nurdan koltuklar üzerine otururlar."* buyurdular. (Müslim İmara 18)

◈ **661)** Avf b. Malik (r.a.)'den:

Rasûlullah (s.a.v.): *-"İdarecilerinizin en hayırlısı sizi seven ve sizin tarafınızdan sevilen, size dua eden ve sizin duanızı alan kimselerdir. İdarecilerin en kötüsü de; sizi sevmeyen ve sizin tarafınızdan sevilmeyen, size lanet eden sizin de kendisine lanet ettiğiniz kimselerdir."* buyurdular. Bunun üzerine: *-"Ey Allah'ın Rasûlü onlara karşı çıkmayalım mı?"* diye sorduk. Bize iki kere: *-"Hayır sizinle namaz kıldıkları sürece onlara itaat edin. Hayır, sizinle namaz kıldıkları sürece onlara itaat edin"* buyurdular. (Müslim İmara 65)

◈ **662)** İyaz b. Hımar (r.a.)'den:

Rasûlullah (s.a.v.)'i: -*"Cennettekiler üç sınıftır: Adil ve başarılı devlet başkanı, akrabasına ve Müslümanlara karşı merhametli ve şefkatli kişi ve ailesi kalabalık olduğu halde harama el uzatmayan, kimseden bir şey istemeyen adamdır."* buyururlarken dinledim dedi. (Müslim Cennet 63)

## 80- GÜNAH OLMAYAN ŞARTLARDA YÖNETİCİYE İTAAT BÖLÜMÜ

◈ "Ey îman edenler! Allah'a itaat edin, Peygambere itaat edin ve sizden olan emir sahibine de (itaat edin.)" (4 Nisa 59)

◈ **663)** İbnu Ömer (r.a.)'dan:

Peygamber (s.a.v.): -*"Bir Müslümanın, günah işlemesi emrolunmadıkça sevdiği veya sevmediği her konuda İslam devletini yöneten Müslüman kimseye itaat etmesi gerekir. Eğer bir günah işlemesi emrolunursa o zaman kimseyi dinlemez ve kimseye de itaat etmez."* buyurdular. (Buhari, Ahkâm 4 Müslim İmare 38)

◈ **664)** İbnu Ömer (r.a.)'den:

Rasûlullah (s.a.v.)'e, biz her ne zaman: -*"sözünü dinleyeceğiz ve itaat edeceğiz"* diyerek biat etsek, o bize: -*"Gücünüz yettiği kadar"* buyururdu. (Buhari, Ahkâm 43 Müslim, İmare 90)

◈ **665)** İbnu Ömer (r.a.)'den:

Rasûlullah (s.a.v.)'i: -*"Kim Müslümanların devlet başkanına itaatten elini çekerse, kıyamet gününde Allah'ın huzuruna tutunacağı hiçbir delili bulunmaksızın çıkar. Müslümanların devlet başkanına biat etmeden ölen kimse, cahiliyye ölüm üzere ölmüş olur."* buyururken dinledim dedi. (Müslim, İmare 58)

Müslim'in başka bir rivayeti: -*"İslam cemaatinden ayrılarak ölen kimse, cahiliyye ölüm üzere ölmüş olur."* (Müslim İmare 53)

◈ **666)** Enes (r.a.)'dan:

Rasûlullah (s.a.v.): *-"Üzerinizde tayin edilen yönetici, başı kuru üzüm gibi siyah Habeşli bir köle bile olsa ona itaat edin."* buyurdular. (Buhari Ezan 54)

◈ **667)** Ebu Hureyre (r.a.)'dan:

Rasûlullah (s.a.v.): *-"Zenginlik, fakirlik, neşeli ve kederli tüm hallerde ve başkaları sana tercih edilse bile söz dinleyin ve itaat edin."* buyurdular. (Müslim İmare 35)

◈ **668)** Abdullah b. Amr (r.a.)'den:

Biz Rasûlullah (s.a.v.)'le bir seferde idik ve bir yerde konakladık. Kimimiz çadırını düzeltiyor, kimimiz ok yarışı yapıyor, kimimiz de hayvan sürüsünün başında idi. Derken Rasûlullahın müezzini: *-"Namaz vakti geldi toplanın!"* diye seslendi. Biz de Rasûlullah'ın (s.a.v.)'in yanında toplandık. Rasûlullah (s.a.v.): *-"Benden evvelki tüm Peygamberlerin görevi iyi olarak bildikleri şeye ümmetlerini davet etmek, kötü olduğunu bildikleri şeyden de onları sakındırmaktı. Size gelince; bu ümmetin huzuru ilk döneme mahsustur. Daha sonra gelenlerin başına çeşitli belalar ve başınıza gelmesini istemediğiniz kötülükler gelecektir. Hatta öyle fitneler çıkacak ki; öncekiler sonrakilerden daha hafif olacaktır. Yine öyle fitneler çıkacak ki onu gören mü'min: -"İşte bundan kurtuluş yoktur!" der, o fitne geçtikten sonra bir fitne daha gelir ve o: -"İşte fitne dediğin böyle olur!" der. Bir kimse cehennemden kurtulup, cennete girmeyi istiyorsa Allaha ve kıyamet gününe iman ettiği halde ölsün ve kendisine yapılmasını istediği şeyi kendisi de başkalarına yapsın. Bir kimse devlet başkanına biat eder, elini tutup ona samimiyetle bağlanırsa; gücünün yettiği kadarıyla ona itaat etsin. Bu arada bir başkası ortaya çıkıp yönetimi ele geçirmeye çalışırsa derhal onun boynunu vurun."* buyurdular. (Müslim İmara 46)

◈ **669)** Ebu Huneydete Vail b. Hucr (r.a.)'den:

Seleme b. Yezid El-Cuhfi Peygamberimize: -"*Ey Allah'ın Rasulü! Başımıza haklarını bizden isteyen fakat hakkımızı bize vermeyen yöneticiler tayin edilirse bize ne yapmamızı emredersiniz?*" diye sordu. Rasûlullah (s.a.v.) yüzünü çevirdi cevap vermedi. Fakat o, tekrar sorunca: -"*Onların sözünü dinleyip kendilerine itaat edin. Onlar kendi görevlerinden, siz ise kendi görevlerinizden sorumlusunuz.*" buyurdular. (Müslim, İmare 49)

◈ **670)** Abdullah b. Mes'ûd (r.a.)'den:

Rasûlullah (s.a.v.): "*Şüphesiz benden sonra adam kayırmalar ve hoşlanmadığınız şeyler meydana gelecektir*" buyurdu. "*Ey Allah'ın Rasûlü! O zaman ne yapmamızı tavsiye edersin.*" dediler. Peygamber (s.a.v.) de: "*Üzerinize düşen görevi yerine getirir, lehinize olanı da Allah'tan istersiniz.*" buyurdular. (Buhârî, Fiten 2; Müslim, İmâra 45)

◈ **671)** Ebu Hureyre (r.a.)'dan:

Rasûlullah (s.a.v.): -"*Bana itaat eden, Allah'a itaat etmiş olur. Bana asi olan da Allah'a asi olmuş olur. İslam Devletinin başkanına itaat eden, bana itaat etmiş olur, ona karşı gelen ise bana karşı gelmiş olur.*" buyurdular. (Buhari, Cihad 109; Müslim, İmara 32)

◈ **672)** İbnu Abbas (r.a.)'dan:

Rasûlullah (s.a.v.): -"*Kim İslam devletinin başkanından hoşa gitmeyen bir şey görürse sabretsin. Zira kim İslam'ın devlet başkanına itaatten bir karış dışarı çıkarsa, cahiliyye ölümü üzere ölür.*" buyurdular. (Buhari, Fiten 2; Müslim İmara 56)

◈ **673)** Ebu Bekre (r.a.)'den:

Rasûlullah (s.a.v.)'i: -"*Kim Müslümanların devlet başkanına ihanet ederse Allah ta ona ihanetinin cezasını verir.*" buyururken dinledim dedi. (Tirmizi, Fiten 47)

# 81- GÖREV VERİLMEDİKÇE İDARECİLİĞE İSTEKLİ OLMAMA BÖLÜMÜ

◈ "İşte Biz, âhiret yurdu (olan cenneti), yeryüzünde büyüklük taslamak ve kargaşa çıkarmak istemeyen (kimse)lere veririz. Ve (o mutlu) gelecek, (Allah'tan) hakkıyla sakınanlarındır." (28 Kasas 83)

◈ **674)** Ebu Said Abdurrahman b. Semure (r.a.)'den:

Rasûlullah (s.a.v.): -*"Ey Abdurrahman b. Semure! Sakın idarecilik görevi isteme. Zira bu görev sen istemeden sana verilirse Allah'tan yardım görürsün. Eğer sen istediğin için verilirse, o işle baş başa bırakılırsın. Bir de bir şeye yemin ettikten sonra başka bir davranışı o işten daha hayırlı görürsen, hayırlı olanı yap ve yemininin keffaretini öde."* buyurdular. (Buhari Eyman 19)

◈ **675)** Ebu Zer (r.a.)'dan:

Rasûlullah (s.a.v.): -*"Ey Ebu Zer! Senin gerçekten zayıf olduğunu görüyorum. Kendim için sevdiğimi senin içinde severim. İki kişiye bile olsa sakın idareci olma, yetim malına da yöneticilik yapma."* buyurdular.(Müslim İmara 17)

◈ **676)** Ebu Zer (r.a.)'dan:

-*"Ey Allah'ın Rasûlü beni memur tayin etmez misiniz?* dedim. Eliyle omzuma vurarak: -*"Ey Ebu Zer! Sen zayıf bir adamsın, memuriyet bir emanettir. Bu emaneti ehil olarak alıp üzerine düşeni yapanlar hariç bu görevler kıyamet günü pişmanlık ve rüsvaylıktır."* buyurdular. (Müslim İmara 16)

◈ **677)** Ebu Hureyre (r.a.)'dan:

Rasûlullah (s.a.v.): -*"Siz memuriyet olma hususunda çok istekli olacaksınız. Hâlbuki o görev kıyamet günü 8ehil olmayanlar için) bir pişmanlık vesilesi olacaktır."* buyurdular. (Buhari Ahkâm 7)

## 82- YÖNETİCİLERİN HAYIRLI KİMSELERİ YARDIMCI EDİNMESİ BÖLÜMÜ

◈ "O gün, Allah'a karşı hata etmekten sakınanlar dışındaki dostlar, birbirlerine düşman, kesilirler..." (43 Zuhruf 67)

◈ **678)** Ebu Said ve Ebu Hureyre (r.a.)'dan:

Rasûlullah (s.a.v.) buyurdu: -*"Allah'ın gönderdiği her Peygamber ve her devlet reisi için iki sırdaş vardır. Bunlardan biri iyiliği emreder ve ona teşvik eder. Diğer ise kötülüğü emreder ve ona teşvik eder. Günahlardan uzak duran kimse Allah'ın koruduğu kimsedir."* buyurdular. (Buhari Ahkâm 42)

◈ **679)** Aişe (r.a.)'dan:

Rasûlullah (s.a.v.): -*"Allah herhangi bir devlet başkanına hayır dilerse ona unuttuğunu hatırlatan, hatırladığı şeyleri yapmaya yardım eden dürüst bir yardımcı nasip eder. Allah ona bunun dışında bir şey dilerse, o kimseye unuttuğunu hatırlatmayan, hatırladığında da yardım etmeyen, kötü bir yardımcı verir."* buyurdular. (Ebu Davud İmara 4)

## 83- YÖNETİCİLİK İSTEMEKTE HIRSLI OLANA GÖREV VERMEME BÖLÜMÜ

◈ **680)** Ebu Musa el-Eşari (r.a.)'den:

Amcamın oğullarından iki kimseyle Peygamber (s.a.v.)'in yanına girdim. Onlardan biri. -*"Ey Allah'ın Rasûlü! Allah'ın emrinize verdiği görevlerden birine beni tayin etseniz?"* dedi. Diğeri de buna benzer bir istekte bulundu. Bunun üzerine Rasûlullah (s.a.v.): -*"Vallahi biz isteyen veya göreve karşı hırslı olanı yönetici yapmıyoruz."* buyurdular. (Buhari Ahkâm 7 Müslim İmara 15)

# 2- EDEB KİTABI

## 84- UTANMA DUYGUSU VE ONA TEŞVİK BÖLÜMÜ

◈ **681)** İbnu Ömer (r.a.)'dan:

Rasûlullah (s.a.v.) utangaçlığı dolayısıyla kardeşini ikaz eden Medineli bir adamın yanından geçerken o adama: -*"Onu bırak! Zira hayâ imandandır."* buyurdular. (Buhari İman 16 Müslim İman 57)

◈ **682)** İmran b. Husayn (r.a.)'dan:

Rasûlullah (s.a.v.): -*"Hayâ ancak hayır getirir."* buyurdular. (Buhari, Edeb 77; Müslim, İman 60)

Müslim rivayeti: -*"Hayâ bütünüyle hayırdır."* buyurdular.. (Müslim, İman 61)

◈ **683)** Ebu Hureyre (r.a.) dan:

Rasûlullah (s.a.v.): -*"İman yetmiş veya küsur kadar bölümdür. Bunların en üstünü 'lailahe illallah' demektir. En aşağısı ise zarar veren şeyleri yoldan kaldırmaktır. Utanmak da imandan bir bölümdür."* buyurdular. (Buhari iman 3 Müslim iman 58)

❖ **684)** Ebu Said el Hudri (r.a.)'den:

*"Rasûlullah (s.a.v.), perde arkasında gizlenen bir bakire kızdan daha utangaçtı. Hoşlanmadığı bir şey gördüğünde hoşnutsuzluğu yüzünden belli olurdu."* dedi. (Buhari, Menakıb 23; Müslim, Fezail 67)

## 85- SIR SAKLAMA BÖLÜMÜ

◆ *"...Sözünüzde durun, çünkü verilen söz, sorumluluğu gerektirir."* (17 İsra 34)

❖ **685)** Ebu Said el Hudri (r.a.)'dan:

Rasûlullah (s.a.v.): -*"Kıyamet günü Allah katında insanların en şerlisi; hanımıyla ilişkiye girdikten sonra bu ilişkiyi başkalarına anlatan kimsedir."* buyurdular. (Müslim Nikâh 123)

❖ **686)** Abdullah b. Ömer (r.a.)'dan:

Ömer (r.a.)'in kızı Hafsa dul kalınca: -*"Osman b. Affan'a rastladım. Ona Hafsa'yla evlenmesini teklif ederek: -'Eğer istersen seni Hafsa ile evlendireyim' dedim. O da: -'Bunu bir düşüneyim' dedi. Birkaç gün bekledikten sonra karşılaştığımızda: -'Bana öyle geliyor ki, bu günlerde evlenme durumunda değilim' dedi. Sonra Ebu Bekir'e rastladım ona da: -'Eğer istersen seni Hafsa ile evlendireyim' dedim. Sustu ve bana hiç cevap vermedi. Bu sebeple ona Osman'dan daha fazla gücendim. Aradan birkaç gün geçtikten sonra Peygamber (s.a.v.) Hafsa'ya talip oldu ben de ona nikâhladım. Sonra Ebu Bekir'le karşılaştım bana: 'Hafsa'yla evlenmemi teklif edip de benim sana cevap vermediğime her halde darılmışsındır' dedi. Ben de: -'Evet' diye cevap verdim. Bunun üzerine Ebu Bekir: -'Bana bu konuyu açtığında kızınla evlenmeme engel olacak bir şey yoktu. Lakin Peygamber (s.a.v.)'in Hafsa'yla evlenmekten söz ettiğini duymuştum. Rasûlullah (s.a.v.)'in sırrını ifşa etmek istemedim. Eğer Rasûlullah (s.a.v.) Hafsa'yla evlenmekten vazgeçseydi ben onunla evlenmeyi kabul ederdim.' dedi."* diye anlattı. (Buhari Nikâh 33)

◈ **687)** Aişe (r.a.)'dan:

Peygamber (s.a.v.)'in hanımları onun yanında otururlarken Fatıma (r.a.) tıpkı Rasûlullah (s.a.v.) gibi yürüyerek çıkageldi. Peygamber (s.a.v.) onu görünce sevindi ve: -*"Hoş geldin kızım"* diyerek sağına (veya soluna) oturttu. Sonra Fatıma'ya gizlice bir şeyler söyledi. Bunun üzerine Fatıma, hüngür hüngür ağladı. Onun üzüntüsünü görünce kulağına bir şeyler daha fısıldadı. Bu defa Fatıma güldü. Fatıma'ya: -*"Hanımları yanındayken Rasûlullah (s.a.v.) sana bir sır verdi sen de ağladın"* dedim. Rasûlullah (s.a.v.) kalkıp gidince de: -*"Rasûlullah (s.a.v.) sana ne söyledi?"* diye sordum. Fatıma: -*"Rasûlullah (s.a.v.)'in sırrını kimseye söylemem"* dedi. Rasûlullah (s.a.v.) vefat edince: -*"Senin üzerindeki hakkım için Rasûlullah (s.a.v.)'in sana verdiği sırrı bana söylemeni istiyorum"* dedim. Fatıma da: -*'Şimdi olabilir! Rasûlullah (s.a.v.) ilk olarak söylediği gizli sözünde; her sene Cebrail'in onunla Kur'an-ı Kerîm'i bir defa baştan sona okuduğunu, bu defa iki kere okuduğunu, bu yüzden ecelinin yaklaştığını anladığını, Allah'tan korkmamı, sabırlı olmamı ve kendilerinin benim için ne güzel bir atayım buyurduğunu söyledi. Ben de bunun üzerine ağlamıştım. Benim çok üzüldüğümü görünce kulağıma ikinci kez fısıldayarak: -"Ey Fatıma! Mü'min hanımların veya bu ümmetin hanımefendisi olmak istemez misin?"* buyurdu. O zaman da gördüğün gibi gülmüştüm.' dedim. (Buhârî Menakıb 25, Müslim Fezailis-sahabe 97)

◈ **688)** Sabit el-Bünanî'den, o da Enes (r.a.)'den:

Ben çocuklarla oynarken Rasûlullah (s.a.v.) yanıma geldi ve bize selam verdi ve beni bir iş için gönderdi. Bu sebeple annemin yanına gecikerek döndüm. Eve varınca annem: -*"Niçin geç kaldın?"* diye sordu. Ben de: -*"Rasûlullah (s.a.v.) beni bir iş için göndermişti onun için geciktim,"* dedim. Annem: -*"Neymiş o iş?"* deyince: -*"Bu bir sırdır"* dedim. Bunun üzerine annem: -*"Rasûlullah'ın sırrını kimseye söyleme"* dedi. Enes bu olayı anlattıktan sonra Sabit'e: -*"Şayet bu sırrı birine söyleyecek olsaydım, sana söylerdim ey Sabit!"* dedi. (Müslim, Fezailüs-sahabe145)

## 86- SÖZÜNDE DURUP VADİNİ
## YERİNE GETİRME BÖLÜMÜ

◈ "...Sözünüzde durun, çünkü verilen söz, sorumluluğu gerektirir." (17 İsra 34)

◈ "Allah'a söz verdiğinizde, verdiğiniz sözü tutun." (16 Nahl 91)

◈ "Ey îman edenler! Verdiğiniz sözleri tutun." (5 Maide 1)

◈ "Ey îman edenler! Yapmayacağınız şeyi niçin söylüyorsunuz? Yapmayacağınız şeyi söylemeniz, Allah katında en sevilmeyen bir şeydir." (61 Saff 2-3)

◈ **689)** Ebu Hüreyre (r.a.)'den:

Rasulullah (s.a.v.): *"Münafığın alameti üçtür: Konuştuğunda yalan söyler, söz verince sözünde durmaz, kendisine bir şey emanet edildiğinde ihanet eder."* buyurdular. (Buhari, İman 24, Müslim, İman 107)

Diğer bir rivayette: *"Oruç tutsa, namaz kılsa ve kendinin Müslüman olduğunu zannetse bile"* buyurulmuştur. (Müslim, İman 109)

◈ **690)** Abdullah b. Amr b. As (r.a.)'dan:

Rasûlullah (s.a.v.): -*"Şu dört huy kimde bulunursa o kimse tam bir münafık olur. Bir kimsede bu huylardan birisi bulunursa o huydan vazgeçinceye kadar münafıklık özelliklerinden birine sahip olmuş olur. Kendisine bir şey emanet edilirse ihanet eder, konuşunca yalan söyler, birine söz verince sözünde durmaz ve düşmanlık ve kavga edince de aşırı gider."* buyurdular. (Buhari, İman 24; Müslim, İman 106)

◈ **691)** Cabir (r.a.)'dan:

Bir gün Peygamber (s.a.v.) bana. -*"Eğer Bahreyn'den mal gelirse sana şöyle, şöyle ve şöyle doldurup veririm"* dedi. Fakat Peygamber (s.a.v.) vefat edene kadar Bahrey'den mal gelmedi. Sonra Behreyn'den mal gelince Ebû Bekir (r.a.): -*"Rasûlullah (s.a.v.)'in birine borcu veya va'di varsa bize gelsin"* diye ilan etti. Bunun üzerine ben ona: -*"Peygamber (s.a.v.) bana şöyle şöyle demişti,"* dedim. Ebû Bekir (r.a.) elini o mala daldırıp iki avuç nakit verdi. Onları saydım tam beş yüz dirhem idi. Ebû Bekir (r.a.) bana: -*"Bunun iki mislini daha al"* dedi. (Buhârî Kefale 3, Müslim Fezail 60)

## 87- ALIŞILAN İYİLİKLERE DEVAM ETME BÖLÜMÜ

◈ *"...Bir toplum, (tek tek) kendi durumlarını değiştirmedikçe Allah da onların durumlarını değiştirmez..."* (13 Ra'd11)

◈ *"Bir toplum diğer bir toplumdan daha kuvvetlidir diye, (sakın) yeminlerinizi, aranızda sahtekârlıklarınıza âlet ederek (bozup da) ipini sağlamca büktükten sonra çözen kadın gibi olmayın..."* (16 Nahl 92)

◈ *"(Ey Muhammed! Onlara); 'daha önce kendilerine kitap verilen, sonra üzerlerinden uzun bir süre geçince, kalpleri katılaşıp da birçoğu fâsık olanlar gibi olmamalarını' söyle..."* (57 Hadid 16)

◈ *"Bizim, kendilerine emretmediğimiz halde uydurdukları ruhbanlığa gelince; onlar onu, güya Allah'ın rızasını kazanmak için uydurdular ama buna da gerektiği gibi uymadılar."* (57 Hadid 27)

◈ **692)** Abdullah b. Amr b. As (r.a.)'dan:

Rasulullah (s.a.v.) bana: **"Ey Abdullah! Gece ibadetine devam ederken sonra bu ibadeti terk eden falanca kimse gibi olma."** dediler. (Buhari, Teheccüd 19, Müslim Sıyam 185)

## 88- MÜSLÜMANLARA KARŞI GÜLER YÜZLÜ OLMA BÖLÜMÜ

*"...Sen sadece Mü'minlere, (şefkat) kanadını ger."* (15 Hıcr 88)

*"...(Ey Muhammed!) Eğer sen, katı kalpli, sert, birisi olsaydın şüphesiz onlar, senin etrafından dağılıp giderlerdi."* (3 Alu İmran 159)

◈ **693) Adiy b. Hatim (r.a.)'den:**

Peygamber (s.a.v.)'i: *"Yarım hurma bile olsa (sadaka vererek) cehennemden korunun. Bunu da bulamayan tatlı sözle (kendisini ateşten korusun.)"* buyururken işittim dedi. (Buhari Edeb 34, Müslim Zekat 66)

◈ **694) Ebu Hüreyre (r.a.)'dan:**

Rasûlullah (s.a.v.): *-"Güzel söz söylemek bir sadakadır."* buyurdular. (Buhari, Sulh 11, Müslim, Zekât 56)

◈ **695) Ebû Zerr (r.a.)'den:**

Peygamber (s.a.v.) bana: *"Kardeşini güler yüzle karşılamak bile olsa hiçbir iyiliği sakın küçük görme!"* buyurdular. (Müslim, Birr 144)

## 89- DİNLEYENİN ANLAYABİLMESİ İÇİN AÇIK KONUŞMA BÖLÜMÜ

◈ **696) Enes (r.a.)'dan:**

Peygamber (s.a.v.) konuşmak istediği zaman anlaşılması için sözünü üç defa tekrarlardı. Bir topluluğa varıp selam verince de selamını üç defa tekrar ederdi. (Buhari, İlim 30)

◈ **697) Aişe (r.a.)'dan:**

Rasûlullah (s.a.v.)'in konuşması açık seçikti. Kendisini dinleyenler onun sözünü anlardı. (Ebu Davud, Edeb 18)

## 90- KONUŞAN KİMSENİN DİNLEYENLERİ SUSTURMASI BÖLÜMÜ

◈ **698) Cerir b. Abdillah (r.a.)'dan:**

Rasûlullah (s.a.v.), Veda haccında bana: *-"İnsanları sustur"* dedikten sonra: *-"Benden sonra birbirinizin boyunlarını vurarak kâfirliğe dönmeyin."* buyurdular. (Buhari, İlim 43, Müslim, İman 118)

# 91- NASİHATTA ÖLÇÜLÜ OLMA BÖLÜMÜ

"(İnsanları) Rabbinin yoluna Kur'an'la ve güzel öğütle çağır."
(16 Nahl 125)

◈ **699)** Ebu Vail Şakık b. Seleme (r.a.)'den:

İbnu Mes'ud (r.a.) bize her perşembe günü nasihat ederdi.

Adamın biri ona: -*"Ey Ebu Abdurrahman bize her gün nasihat etmeni istiyorum"* deyince İbnu Mes'ud: -*"Sizi usandırma korkusu, benim size her gün nasihat etmemi engelliyor. Ben Rasûlullah (s.a.v.)'in bize usanç gelir endişesiyle ara ara nasihat ettiği gibi, ben de size nasihatlerimi haftada bir gün yapıyorum."* dedi. (Buhari, İlim 11-12)

◈ **700)** Ebu Yekzân Ammar b. Yasir (r.a.)'den:

Rasûlullah (s.a.v.)'i: -*"**Namazı uzatmak hutbeyi kısaltmak kişinin dini bilip anlayışlı olduğunu gösterir. O halde namazı uzunca kıldırıp hutbeyi kısa kesin.**"* buyururken dinledim. (Müslim, Cuma 47)

◈ **701)** Muaviye b. Hakem es-Sülemî (r.a.)'den:

Rasûlullah (s.a.v.)'le birlikte namaz kılarken cemaatten biri hapşurdu. Ben de: *"Yerhamukellah"* dedim. Cemaat bana ters ters bakmaya başlayınca: -*"Vay anası evlatsız kalasıcalar bana niçin böyle bakıyorsunuz?"* deyince, elleriyle uyluklarına vurmaya başladılar. Onların beni susturmaya çalıştıklarını görünce ben de mecburen sustum. Anam babam Rasûlullah (s.a.v.)'e feda olsun ondan önce de, ondan sonra da kendisinden daha iyi bir öğretici görmedim. Beni ne azarladı ne sövdü ne de dövdü. Namazı kıldırıp bitirince bana: -*"**Bu namazdır bunda dünya kelamının yeri yoktur. O, ancak tesbihtir, tekbirdir ve Kur'an okumaktır.**"* buyurdular veya buna benzer bir şey söylediler. Ben de: -*"Ey Allah'ın Rasûlü! Ben cahiliyyeden yeni ayrılıp Müslüman oldum, içimizde falcılara gidenler var,"* dedim. Bana: -*"**Sen falcılara gitme!**",* buyurdu. Ben tekrar: -*"Aramızda uğursuzluğa inanan*

*adamlar var"* deyince de: *-"Uğursuzluk kalpte uyanan bir duy-
gudur, bu duygu onları işlerinden alıkoymasın."* buyurdular.
(Müslim, Mesacid 33)

◈ **702)** İrbâz b. Sariye (r.a.)'den:

Rasulullah (s.a.v.) bize gözleri yaşartan, kalpleri ürperten
çok tesirli bir konuşma yaptı. (Ebu Davud, Sünnet 5, Tirmizi İlim 16)

## 92- AĞIRBAŞLI VE VAKÛR OLMA BÖLÜMÜ

◈ *"Rahman (olan Allah)'ın has kulları; yeryüzünde tevazu ile
yürüyen ve kendini bilmez kimseler onlara sataştığında da "se-
lam!" deyip (onlara çatmağa tenezzül etmeyerek) geçen, kim-
selerdir."* (25 Furkan 63)

◈ **703)** Aişe (r.a.)'dan:

Rasûlullah (s.a.v.)'in küçük dili görünecek kadar kahkaha ile
güldüğünü hiç görmedim, o sadece gülümserdi. (Buhari, Edeb 68,
Müslim, İstiska 16)

## 93- İBADET VE İLİM GİBİ ŞEYLERİ AĞIRBAŞLILIKLA YERİNE GETİRME BÖLÜMÜ

◈ *"İşte böyle; kim Allah'ın şiârlarına hürmet ederse, kesinlikle
bu, kalpler(in)deki Allah korkusundandır."* (22 Hac 32)

◈ **704)** Ebu Hüreyre (r.a.)'den:

Rasûlullah (s.a.v.)'i: *-"Namaz için kamet getirildiğinde koşa-
rak değil, vakarlı bir şekilde yürüyerek gelin. Yetişebildiğinizi
(imamla) kılın, yetişemediğinizi de kendiniz tamamlayın."* diye
buyururken dinlediğini söyledi. (Müslim, Mesacid 151)

Müslim'in diğer bir rivayeti: *-"Sizden biriniz namaza yönel-
diğinde o, namazdaymış gibidir."*

◈ **705)** İbnu Abbas (r.a.)'dan:

Bir hac mevsiminde arefe günü, Rasûlullah (s.a.v.)'le beraberdim. Rasûlullah, arkasında bazı kimselerin develerini sürmek için bağırıp-çağırdığını ve develerini dövdüğünü duyunca, kamçısıyla onlara işaret ederek: -*"Ey insanlar! Ağır olun, acele etmekle sevap kazanılmaz."* buyurdular. (Buhari, Hac 94, Ebu Davud, Menasik 63)

## 94- MİSAFİRE İKRAM ETME BÖLÜMÜ

◈ "Sana İbrahim'in şerefli misafirlerinin haberi geldi mi? (Bir zamanlar melekler, İbrahim'in) yanına girince ona: "Allah'ın selâmı üzerine olsun" dediler. O da: "Allah'ın selâmı sizin de üzerinize olsun" dedi ve (içinden): "Bunlar, yabancı bir topluluk!" diye geçirdi. Hemen sezdirmeden eşinin yanına gidip, çok geçmeden semiz bir buzağı (eti) getirdi ve önlerine koyarak; "yemez misiniz?" dedi." (51 Zariyat 24-27)

◈ "Ve Lut'un kavmi çirkin arzularla koşarak, soluk soluğa Lut'a geldiler. Bunlar daha önce de zaten bu tür kötülükleri işlemeye alışmış kimselerdi. Lut: "Ey kavmim, işte kızlarım, dedi. Onlar erkeklerden daha uygun olur sizler için. Allah'tan korkun da, konuklarıma saldırarak beni rezil rüsvay etmeyin, aranızda hiç mi aklı başında adam yok?" (11 Hud 78)

◈ **706)** Ebu Hüreyre (r.a.)'dan:

Rasûlullah (s.a.v.): -*"Allah'a ve ahiret gününe iman eden, misafirine ikram etsin. Allah'a ve ahiret gününe iman eden, akrabaları ile ilişkisini kesmesin. Allah'a ve ahiret gününe iman eden, ya hayır söylesin veya sussun."* buyurdular. (Buhari, Edeb 85, Müslim İman 74)

◈ **707)** Ebu Şureyh Huveylid b. Amr el-Huzaî (r.a.)'den:

Rasûlullah (s.a.v.): -*"Allah'a ve ahiret gününe iman eden, misafirine ikramda bulunup hakkını versin."* buyurunca ashabı: -*"Ey Allah'ın Rasûlü! Misafirin hakkı nedir?"* diye sordular. Peygamber (s.a.v.) de: -*"O, misafiri bir gün bir gece ağırlamaktır. Misafirlik üç gündür, üç günden fazlası ise sadakadır."* buyurdular. (Buhari, Edeb 31, Müslim, Lukata 15)

Müslim'in değişik bir rivayeti: -*"Bir Müslümanın kardeşinin yanında onu günaha sokacak kadar kalması helal değildir."* buyurunca ashabı: -*"Ey Allah'ın Rasûlü! O, onu günaha nasıl sokar?"* dediler. Peygamberimiz de: -*"Ona ikram edecek bir şeyi bulunmayan kimsenin yanında oturup kalmakla"*, buyurdular. (Müslim, Lukata 15)

## 95- HAYIRLI İŞLER DOLAYISIYLA TEBRİK ETME BÖLÜMÜ

◆ "...Öyleyse hak sözü işiten ve onun en güzeline uyan kullarıma müjde ver." (39 Zümer 17-18)

◆ "Rab'leri, onları kendi katından bir rahmet, bir rıza ve içerisinde onlara bitmez tükenmez nîmetler bulunan bir cennetle müjdeliyor." (9 Tevbe 21)

◆ "...korkmayın, hüzünlenmeyin ve size vâdedilen cennetle sevinin." (41 Fussılet 30)

◆ " Biz de ona uslu ve uysal bir oğul müjdesini verdik." (37 Saffat 101)

◆ "Yemin olsun ki; elçilerimiz (olan melekler) İbrahim'e müjde ile gelince: Allah'ın selamı üzerine olsun" dediler... (11 Hud 69)

◆ "(Bu esnada İbrahim'in) ayakta duran karısı, ay hali görmeye başladı ve Biz de o (kadı)na İshak'ı, İshak'ın arkasından da Yâkûb'u müjdeledik." (11 Hud 71)

◆ "Bir de Melekler ona: 'Ey Meryem! Allah sana adı Meryem'in oğlu Îsâ Mesih olan bir kelimeyi müjdeliyor. O, dünyada da âhirette de çok şerefli ve Allah'a çok yakın kullardandır.' dedi." (3 Alu İmran 45)

◆ **708)** Ebu İbrahim -veya Ebu Muhammed yahut Ebu Muaviye- Abdullah b. Ebu Evfa (r.a.)'den:

Rasûlullah (s.a.v.) Hatice (r.a.)'yı cennette içinde hiçbir gürültünün duyulmayıp hiçbir yorgunluğun hissedilmeyeceği inciden yapılmış bir evle müjdeledi. (Buhari, Umre 11; Müslim, Fezailüssahabe 71)

◈ **709)** Ebu Musa el-Eş'arî (r.a.)'den:

Bir gün evimden abdest alıp çıktım, Rasûlullah'tan hiç ayrılmayıp bu günü onunla geçireceğim dedim. Mescide gelerek oradakilere Peygamber (s.a.v.)'i sordum. Onlar da: -*"Şu tarafa gitti"* dediler. Sora sora onu izini takip ettim. O, Eris kuyusu'nun (bulunduğu bahçeye) girdi. Peygamber (s.a.v.) tuvalet ihtiyacını giderip abdest alıncaya kadar kapının yanında oturdum. Sonra kalkıp yanına vardım baktım ki o, Eris Kuyusunun kenarındaki taşların üzerine oturmuş paçalarını sıvayarak ayaklarını kuyuya sarkıtmıştı. Selam verip yanından ayrılarak tekrar kapının yanına oturdum. Kendi kendime: -*"Bugün Rasûlullah (s.a.v.)'in kapıcısı olacağım"* dedim. O sırada Ebu Bekir gelip kapıyı çaldı. Ben: -*"Kim o?"* dedim. O: -*"Ebu Bekir,"* dedi. Ona: -*"Biraz bekle"*, diyerek Rasûlullah (s.a.v.)'in yanına varıp: -*"Ey Allah'ın Rasulü! Ebu Bekir geldi, yanınıza girmek için izin istiyor,"* dedim. Rasûlullah (s.a.v.): -***"Ona izin ver ve onu cennetle müjdele"*** buyurdu. Kapıya varıp Ebu Bekir'e: -*"İçeri gir. Rasûlullah (s.a.v.) seni cennetle müjdeliyor"* dedim. Ebu Bekir içeri girdi. Rasûlullah (s.a.v.)'ın sağına oturdu, paçaları sıvayarak ayaklarını Rasûlullah (s.a.v.) gibi kuyuya sarkıttı. Sonra dönüp kapının yanına oturdum. Kardeşimi abdest alıp bana yetişebileceği bir durumda evde bırakmıştım. Onu düşünerek kendi kendime: -*"Eğer Allah falanın hayrını dilerse onu da buraya getirir,"* derken baktım birisi kapıyı hareket ettiriyor. Ben: -*"Kim o?"*, dedim. O: -*"Ömer b. Hattab"* dedi. Ona: -*"Biraz bekle"*, diyerek Rasûlullah (s.a.v.)'in yanına vardım ve selam verip: -*"Ey Allah'ın Rasulü! Ömer b. Hattab geldi, yanınıza girmek için izin istiyor,"* dedim. Rasûlullah (s.a.v.): -***"Ona izin ver ve onu cennetle müjdele"*** buyurdu. Kapıya varıp Ömer b. Hattab'a: -*"İçeri gir. Rasûlullah (s.a.v.) seni cennetle müjdeliyor"* dedim. Ömer içeri girdi. Rasûlullah (s.a.v.)'ın soluna oturdu, paçaları sıvayarak ayaklarını aynı şekilde kuyuya sarkıttı. Sonra dönüp kapının yanına oturdum. Tekrar kardeşimi düşünerek kendi kendime: -*"Eğer Allah falanın hayrını dilerse onu da buraya getirir,"* derken baktım birisi kapıyı hareket ettiriyor. Ben: -*"Kim o?"* dedim. O: -*"Osman b. Affan"* dedi. Ona: -*"Biraz bekle"*, diyerek Rasûlullah (s.a.v.)'in yanına vardım ve onun geldiğini haber verdim. Rasûlullah (s.a.v.): **"Ona da izin ver, karşılaşacağı belalarla birlikte cennetle müjdele"**, buyurdu. Geri döndüm ve: -*"İçeri gir, Rasûlullah (s.a.v.), başına gelecek belalarla beraber seni cennetle müjdeliyor,"* dedim. Osman içeri girdi, kuyunun bileziğinde oturacak yer kalmadığı için karşılarında bir tarafa oturdu. Said b. Müseyyeb: -"Ben onların bu oturuş şeklini onların kabirlerinin durumuna yorumladım." dedi. (Buhari, Fedailüs sahabe 5, Müslim, Fedailüs sahabe 29)

Değişik bir rivayette: -*"Rasûlullah bana kapıyı korumamı emretti"*, fazlalığı vardır. Yine aynı rivayette: -*"Osman müjdeyi duyunca Allah'a hamd etti ve Allah yardımcım olsun"*, dedi ilavesi vardır. (Buhari, Fedailüs sahabe 6)

◈ **710)** Ebu Hüreyre (r.a.)'den:

Rasûlullah (s.a.v.)'in etrafında Ebu Bekir ve Ömer (r.a.)'in de bulunduğu bir grup insanla oturuyorduk. Rasûlullah (s.a.v.) aramızdan kalktı. Dönmesi gecikince telaşlandık ve kalktık. İlk telaşlanan bendim. Peygamber (s.a.v.)'i aramak üzere Ensar'dan Neccar Oğullarının bahçesine vardım. Kapıyı bulmak için bahçenin etrafını dolaştım. Bir kapı bulamadım. Bahçenin dışındaki bir kuyudan bahçeye bir su kanalı giriyordu. Oradan süzülüp Rasûlullah (s.a.v.)'in yanına girdim. Beni görünce: -**"Ebu Hüreyre sen misin?"** diye sordu. Ben: -*"Evet ey Allah'ın Rasulü!"*, dedim. Bana: -**"Ne arıyorsun?"** dedi. Ben de: -*"Aramızda otururken kalkıp gittin, geri dönmediğini görünce sana bir kötülük yapılabileceğinden endişelendik. İlk telaşlanan da ben oldum. Kalkıp bu bahçeye geldim ve tilki gibi büzülerek içeri girdim, diğerleri de arkamdan geliyorlar,"* dedim. Bunun üzerine Peygamber (s.a.v.): -**"Ey Ebu Hüreyre!"** dedi ve ayakkabılarını çıkarıp bana vererek: -**"Şu ayakkabılarımı al ve bu duvarın ötesinde gönülden Allah'a inanarak 'lâ ilâhe illallah' diyen kimseye rastlarsan onu cennetle müjdele."** buyurdular. Sonra Ebu Hüreyre (r.a.) hadisin tamamını zikretti. (Müslim, İman 52)

◈ **711)** İbnu Şemmase'den:

Amr b. Âs (r.a.) ölüm döşeğindeyken yanında bulunuyorduk. Yüzünü duvara dönüp uzun uzun ağladı. Oğlu kendisine: -*"Ey Babacığım! Rasûlullah (s.a.v.) seni şöyle şöyle müjdelemedi mi? Ey Babacığım! Rasûlullah (s.a.v.) seni şöyle şöyle müjdelemedi mi?"* demeye başladı. Amr yüzünü çevirerek: -*"Ahiret için en değerli azığımız 'tek İlah'ın Allah olduğuna ve Muhammed'in onun elçisi olduğuna iman' sözüdür. Hayatım boyunca üç dönem geçirdim. Bir zamanlar Rasûlullah'a benden fazla kin besleyen yoktu. En çok arzu ettiğim şey bir fırsatını bulup onu öldürmekti. Bu şekilde ölseydim cehennemlik olurdum. Allah gönlüme İslam sevgisini koyunca Peygamber (s.a.v.)'e gelerek elini uzat sana biat edeceğim, dedim. O elini uzatınca ben elimi geri çektim. Bunun üzerine: -'Ne oldu Ey Amr?' diye sordu. Ben: -'Şart koymak istiyorum,' dedim. Peygamber (s.a.v.): -'Neyi şart koşacaksın?' buyurdu. -'Bağışlanmamı' dedim. Bunun üzerine Rasûlullah (s.a.v.): -'Müslüman olmanın daha önceki günahları sildiğini, hicret etmenin daha önceki günahları yok ettiğini, haccetmenin daha önce yapılan günahları ortadan kaldırdığını bilmiyor musun?' buyurdu. Artık Rasûlullah (s.a.v.)'den daha çok sevdiğim ve gözümde ondan daha büyük biri yoktu. Ona duyduğum saygıdan dolayı gözlerimle ona doya doya bakamazdım. Onu tanıtmamı isteseler ona tamamen bakamadığım için bunu da yapamazdım. Şayet bu haldeyken ölseydim cennetlik olmamı umabilirdim. Sonra bir takım işlerle görevlendirildim ki o işlerden dolayı durumumun ne olduğunu bilemiyorum. Öldüğüm zaman arkamdan ağıt da yakılmasın, ateş taşıyıcılar da bulunmasın. Beni gömdüğünüzde toprağı üzerime azar azar atın. Sonra bir deveyi kesip etini taksim edecek kadar bir zaman kabrimin başından ayrılmayın ki sizinle yakınlık kurup yerime alışmış olayım. Ve böylece Rabbimin elçilerine ne cevap vereceğimi düşüneyim."* dedi. (Müslim, İman 192)

## 96- YOLCULUK VE AYRILIŞLARDA VEDALAŞMA BÖLÜMÜ

◆ "İbrahim bu (emri), oğullarına vasiyet etti, Yakup da: "Ey oğullarım! Şüphesiz Allah, sizlere bu dini seçti, siz de mutlaka Müslüman olarak ölün." (diye vasiyette bulundu.) Yoksa siz, Yakup'a ölüm gelip çattığında oğullarına: "Benden sonra kime kulluk edeceksiniz?" diye sorunca, onlar da: "Tek ilâh olarak, senin ilâhına ve ataların İbrahim'in, İsmail'in ve İshak'ın ilâhı (Allah'a) kulluk edeceğiz. Ve biz, sadece O'na (teslim olan) Müslümanlarız." dediklerinde, orada mı bulunuyordunuz?" (2 Bakara 132-133)

◆ **712)** Zeyd b. Erkam (r.a.)'dan:

Bir gün Rasûlullah (s.a.v.) ayağa kalkarak bize bir konuşma yaptı. Allah'a hamd ü sena'dan sonra öğüt verip: -*"Ey insanlar! Ben de bir insanım. Yakında Rabbimin elçisi (olan ölüm meleği) bana da gelecek ve ben de onun davetine uyacağım. Ben size iki ağır emanet bırakıyorum. Biri insanı doğruya götüren bir rehber ve nur olan Allah'ın kitabıdır, ona sımsıkı sarılın."* buyurdular ve Kur'an'a sarılma konusunda tavsiyelerde bulunup: -*"Size bir de Ehl-i Beytimi bırakıyorum. Ehli Beytim konusunda size Allah'ı hatırlatırım."* diye devam ettiler. (Müslim, Fezailüs sahabe 36)

◆ **713)** Ebu Süleyman Malik b. Huveyris (r.a.)'den:

Biz Rasûlullah (s.a.v.)'ın yanına aynı yaşta gençler olarak geldik. Yirmi gün boyunca onun yanında kaldık. Rasûlullah (s.a.v.) çok merhametli ve şefkatli bir kimseydi. Bizim yakınlarımızı özlediğimizi anlayınca bize, geride kimleri bıraktığımızı sordu. Biz de söyleyince bize: -*"Haydi ailelerinizin yanına dönün. Onlarla beraber kalın, onlara dininizi öğretin ve onlara iyiliği emredin. Onlara şu namazı şu vakitte bu namazı da bu vakitte kılmalarını söyleyin. Namaz vakti gelince biriniz ezan okusun, en büyüğünüz size imam olsun."* buyurdular. (Buhari, Ezan 17, Müslim, Mesacid 292)

Buhari'nin değişik bir rivayetinde: -"*Namazı benden gördüğünüz şekilde kılın.*" ilavesi vardır. (Buhari, Ahâd 1)

◈ **714)** Ömer b.Hattab (r.a.)'den:

Peygamber (s.a.v.)'den umre yapmak için izin istedim, izin verdi ve: -"*Ey kardeşim! Bizi duandan unutma*", buyurdular. Ömer b.Hattab (r.a.): -"*O bana öyle bir söz söylediki ona karşılık bana dünyayı verseler bu kadar sevinmezdim.*" dedi. Başka bir rivayette de: -"*Ey Kardeşim! Bizi de duana ortak et*", şeklindedir. (Ebu Davud, Vitir 23)

◈ **715)** Abdullah b. Ömer'in oğlu Salim (r.a.)'den:

Abdullah b. Ömer yolculuğa çıkacak kimseye, bana yaklaş, Rasûlullah (s.a.v.)'in bizimle vedalaştığı gibi seninle vedalaşayım. Rasûlullah (s.a.v.) bizimle vedalaşırken: -"*Dinini, emanetini ve işlerinin sonuçlandırılmasını Allah'a emanet ediyorum.*" derdi. (Tirmizi, Deavat 44)

◈ **716)** Sahabî Abdullah b. Yezid el-Hatmi (r.a.)'den:

Peygamber (s.a.v.) ordusuyla vedalaşmak istediği zaman: -"*Dinini, emanetini ve işlerinin sonuçlandırılmasını Allah'a emanet ediyorum.*" derdi. (Ebu Davud, Cihad 73)

◈ **717)** Enes (r.a.)'den:

Bir adam Rasûlullah (s.a.v.)'e gelerek: -"*Ey Allah'ın Rasulü! Yolculuğa çıkmak istiyorum, (duanızla) beni azıklandırınız,*" dedi. Rasûlullah (s.a.v.)'de: -"*Allah seni takva ile azıklandırsın*", dedi. Adam: -"*Biraz daha*" deyince: -"*Allah günahını bağışlasın*" buyurdu. Adam üçüncü defa: -"*Biraz daha*" deyince, Rasûlullah: -"*Nerede olursan ol Allah sana hayrı kolaylaştırsın*" buyurdular. (Tirmizi, Deavat 45)

## 97- İSTİHARE VE İSTİŞARE BÖLÜMÜ

◆ "...(Ey Muhammed!) yapacağın işler hakkında onlara da danış..." (3 Alu İmran 159)

◆ "...Rablerinin davetini kabul eder, namazı dosdoğru ve devamlı kılar, işlerini kendi aralarında birbirlerine danışarak (istişare ile) yaparlar ve kendilerine rızık olarak verdiklerimizden de Allah yolunda harcarlar." (42 Şûra 38)

◆ **718)** Cabir (r.a.)'den:

Rasûlullah (s.a.v.) Kur'andan bir sure öğretir gibi her iş için bize istihareyi öğretir ve: -*"Herhangi biriniz bir iş yapmak istediğinde farz namazlardan ayrı olarak iki rekât namaz kılsın, namazdan sonra da: 'Ey Allah'ım! İlminle bana hayır takdir etmeni, Senin her şeye yeten gücünle Senden güç istiyorum, Senin büyük lütfunu istiyorum. Çünkü Sen her şeye güç yetirirsin ben yetiremem. Sen her şeyi bilirsin, ben bilemem. Şüphesiz ğaybı bilen sadece Sensin. Ey Allah'ım! Eğer bu iş hakkımda, dinimde, dünyamda ve ahiretim için hayırlı olduğunu (veyahut şimdi veya sonrası için hayırlı olduğunu) biliyorsan -ki mutlaka bilirsin- onu yapmayı bana nasip et, kolaylık ver ve onu bana mübarek kıl. Şayet bu işin benim dinim, dünyam ve ahiretim için kötü olduğunu biliyorsan (veyahut şimdi veya sonrası için şerli olduğunu) biliyorsan -ki mutlaka bilirsin- onu benden beni de ondan uzaklaştır. Hayır nerede ise bana onu nasip et sonra da beni onunla memnun kıl."* der, sonra da isteyeceğini söylerdi. (Buhari, Teheccüd 28)

## 98- BAZI İBADET VE KULLUK YAPTIĞIMIZ ŞEYLERE FARKLI YOLLARDAN GİDİP GELME BÖLÜMÜ

◆ **719)** Cabir (r.a.)'den:

Rasûlullah (s.a.v.) bayram günlerinde namaza değişik yollardan gidip gelirdi. (Buhari lydeyn 24)

**720)** İbnu Ömer (r.a.)'dan:

Rasûlullah (s.a.v.) Medine'den çıkarken Şecere yolundan çıkar, Muarres yolundan dönerdi. Mekke'ye de yukarı Seniyye yolundan girer, aşağı Seniyye yolundan çıkardı. (Buhari, Hac 15, Müslim, Hac 223)

## 99- BAZI İŞLERDE SAĞDAN BAŞLAMAK BÖLÜMÜ

"(O gün) kitabı sağ eline verilen kişi: "Gelin, şu kitabımı bir okuyun. Doğrusu ben, bu hesaplaşma ile karşılaşacağıma (ta dünyadayken) kesinlikle inanıyordum." der." (69 Hakka 19, 20)

"O sağ taraftakiler, ne şerefli kimselerdir." (56 Vakıa 8)

**721)** Aişe (r.a.)'dan:

Rasûlullah (s.a.v.) bütün; temizlenme, taranma ve ayakkabı giyme gibi işlerinde sağdan başlamayı severdi. (Buhari, Vudu 31, Müslim, Taharet 66)

**722)** Aişe (r.a.)'dan:

Rasûlullah (s.a.v.) sağ elini temiz işleri ve yemek yemek için, sol elini de tuvalet ve diğer kirli şeyler için kullanırdı. (Ebu Davud Taharet 18)

**723)** Ümmü Atiyye (r.a.)'dan:

Rasûlullah (s.a.v.) kızı Zeynep (r.a.)'yı yıkayan kadınlara: -*"Sağ tarafından ve abdest organlarından başlayın."* buyurdular. (Buhari, Vudu 31, Müslim, Cenaiz 42)

**724)** Ebu Hüreyre (r.a.)'dan:

Rasûlullah (s.a.v.): -*"Biriniz ayakkabı giyeceği zaman önce sağ ayağından, çıkaracağı zamanda da sol ayağından başlasın, yani sağ ayak ilk önce giyilen en sonra çıkarılan ayak olsun."* buyurdular. (Buhari, Müslim)

◈ **725)** Hafsa (r.a.)'dan:

Rasûlullah (s.a.v.) yerken ve içerken ve giyinirken sağ elini, diğer işlerini yaparken de sol elini kullanırdı. (Ebu Davud, Taharet 18)

◈ **726)** Ebu Hüreyre (r.a.)'dan:

Rasûlullah (s.a.v.): -*"Elbise giyerken ve abdest alırken sağ tarafınızdan başlayın."* buyurdular. (Ebu Davud, Libas 41, Tirmizi, Libas 37)

◈ **727)** Enes (r.a.)'den:

Rasûlullah (s.a.v.) Hac'da Mina'ya gelince Cemret'ül-Akabe'ye gitti ve taşlarını attı. Oradan Mina'daki çadırına geçti ve Kurban kesti. Sonra berbere önce başının sağ tarafını, sonra sol tarafını işaret ederek: -*"Traş et"* buyurdular. Daha sonra saçlarını halka dağıttı. (Buhari, Vudu 33, Müslim, Hacc 323)

Diğer bir rivayet: Rasûlullah (s.a.v.) Cemret'ül-Akabe'ye taşları atıp, kurbanını kestikten sonra traş oldu. Önce başının sağ tarafını berbere uzattı o da traş etti. Sonra Ebu Talha el-Ensari'yi çağırdı ve saçlarını ona verdi. Sonra başının sol tarafını berbere uzatarak: -*"Tıraş et"* buyurdu. Berber tıraş edince saçları Ebu Talha'ya vererek: -*"Bunları halka dağıt"* buyurdular. (Müslim, Hacc 326)

# 3- YEME-İÇME ÂDÂBI KİTABI

## 100- YEMEĞİN ÖNCESİNDE BESMELE ÇEKME SONUNDA DA HAMDETME BÖLÜMÜ

◈ **728)** Ömer b. Ebu Seleme (r.a.)'den:

Rasûlullah (s.a.v.) bana: -*"Besmele çek, sağ elinle ve önünden ye"* buyurdular. (Buhari, Et'ıme 2; Müslim Eşribe 108)

◈ **729)** Aişe (r.a.)'den:

Rasûlullah (s.a.v.): -*"Biriniz yemek yerken besmele çeksin, eğer yemeğe başlarken besmeleyi unutursa, öncesi için de sonrası için de bismillah [ bismillahi evvelehu ve ahirehu ] desin."* buyurdular. (Ebu Davud, Et'ıme 15, Tirmizi, Et'ıme 47)

◈ **730)** Cabir (r.a.)'den:

Rasûlullah (s.a.v.)'i: -*"Evine gelen bir kimse evine girerken ve yemek yerken besmele çekerse şeytan avenelerine; 'burada sizin için geceleyecek yer de yiyecek yemek de yok', der. Eğer o kimse evine girerken besmele çekmezse şeytan adamlarına; 'geceyi geçirecek bir yer buldunuz' der. O kimse yemek yerken* besmele çekmezse şeytan adamlarına; 'hem barınacak yer hem de yiyecek yemek buldunuz', der." buyururken dinledim dedi. (Müslim, Eşribe 102)

◈ **731)** Huzeyfe (r.a.)'den:

Rasûlullah (s.a.v.)'le beraber bir yemekte bulunduğumuz zaman Peygamber (s.a.v.) yemeğe elini uzatıp başlamadan önce biz elimizi yemeğe uzatmazdık. Günün birinde Peygamber (s.a.v.)'le beraber bir yemekte bulunurken bir cariye sanki birisi tarafından itilircesine elini yemeğe uzattı. Rasûlullah (s.a.v.) onun elini tuttu. Sonra bir bedevi geldi o da arkasından itilirmiş gibi yemeğe elini uzatınca Rasûlullah (s.a.v.) onun da elini tuttu ve: -*"Şeytan, üzerine besmele çekilmeyen bir yemeği kendisine helal sayar. O, bu yemeğe katılmak için bu kızcağızı getirdi. Fakat ben elini tuttum. Yine o, bu yemeğe katılmak için bu bedeviyi getirdi, onun da elini tuttum. Canım elinde olan Allah'a yemin ederim ki şeytanın eli bunların eliyle birlikte benim elimde idi."* buyurdular ve sonra besmele çekip yemeğe başladı. (Müslim, Eşribe 102)

◈ **732)** Sahabî Ümeyye b. Mahşi (r.a.)'den:

Rasûlullah (s.a.v.) otururken birisi onun yanında yemek yiyordu. Adam son lokmaya kadar besmele çekmedi. Son lokmayı ağzına götürürken: -"öncesi için de sonrası için de bismillah [ *bismillahi evvelehu ve ahirehu* ]" dedi. Bunun üzerine Rasûlullah (s.a.v.) güldü ve: -*"Şeytan onunla birlikte yemek yiyordu. Adam besmele çekince şeytan yediklerini kustu."* buyurdular. (Ebu Davud, Et'ıme 15, Nese-i Adabül ekl 15)

◈ **733)** Aişe (r.a.)'dan:

Rasûlullah (s.a.v.) ashabından altı kişiyle birlikte yemek yiyordu. Bu sırada bir bedevi geldi ve yemeği iki lokmada bitirdi. Bunun üzerine Rasûlullah (s.a.v.): -*"Şayet o bedevi besmele çekseydi yemek hepinize yeterdi."* buyurdular. (Tirmizi, Et'ıme 47)

◈ **734)** Ebu Ümame (r.a.)'dan:

Rasûlullah (s.a.v.) sofrasını kaldırınca: -*"Ey Rabbimiz! Sana tertemiz, mübarek, eksilmeyip artan huzurundan geri çevrilmeyen bir hamd ile çokça hamd ederiz."* derdi. (Buhari, Et'ıme 54)

◈ **735)** Muaz b. Enes (r.a.)'dan:

Rasûlullah (s.a.v.): -*"Bir kimse yemek yedikten sonra, 'bana bu yemeği yediren, gücüm ve kuvvetim olmadığı halde bu yemekle beni rızıklandıran Allah'a hamdolsun' derse geçmiş günahları bağışlanır"* buyurdular. (Ebu Davud, Libas 1, Tirmizi Deavat 56)

## 101- YEMEKTE KUSUR ARANMAYACAĞI BÖLÜMÜ

◈ **736)** Ebu Hüreyre (r.a.)'den:

Rasûlullah (s.a.v.) yemekte hiçbir zaman kusur aramazdı. İsteği varsa yer, hoşlanmıyorsa yemezdi. (Buhari, Menakıb 23, Müslim, Eşribe 177)

◈ **737)** Cabir (r.a.)'den:

Bir gün Rasûlullah (s.a.v.) ailesinden katık istedi. Onlar da: -*"Sirkeden başka evde bir şey yok"* dediler. Rasûlullah (s.a.v.) onu getirmelerini istedi ve: -*"Sirke ne güzel katıktır, sirke ne güzel katıktır",* diyerek onu yemeye başladı. (Müslim, Eşribe 167)

## 102- SOFRADA ORUÇLU OLANIN YEMEK YEMEDİĞİ TAKDİRDE NE SÖYLEYECEĞİ BÖLÜMÜ

◈ **738)** Ebu Hüreyre (r.a.)'dan:

Rasûlullah (s.a.v.): -*"Biriniz yemeğe davet edilirse ona gitsin, şayet oruçlu ise yemek sahibine dua etsin, oruçlu değilse yesin."* buyurdular. (Müslim, Nikâh 106)

## 103- DAVETE GİDEN KİMSEYE BİRİ TAKILIRSA NE YAPACAĞI BÖLÜMÜ

◈ **739)** Ebu Mes'ud el-Bedri (r.a.)'den:

Sahabeden biri Peygamberimiz (s.a.v.)'i hazırladığı beş kişilik yemeğe beş kişinin beşincisi olarak davet etti. Fakat adamın biri peşlerine takılıp geldi. Kapıya gelince Peygamber (s.a.v.): -*"Bu adam, peşimize takılıp geldi, istersen girmesine izin verirsin, istemezsen geri dönüp gidebilir"*, dedi. Ev sahibi: -*"Müsaade ediyorum Ey Allah'ın Rasulü!"* dedi. (Buhari, Büyü 21; Müslim, Eşribe 138)

## 104- SOFRA ADABI VE BİLMEYENE ÖĞRETİLMESİ BÖLÜMÜ

◈ **740)** Ömer b. Ebu Seleme (r.a.)'den:

Ben Rasûlullah (s.a.v.)'in evinde bir çocuktum. Yemek yerken elim yemek kabının her tarafına uzanırdı. Bunun üzerine Peygamber (s.a.v.) bana: -*"Ey oğul! Besmele çek, sağ elinle ve önünden ye"* buyurdular. (Buhari, Et'ıme 2; Müslim, Eşribe 108).

◈ **741)** Seleme b. Amr b. Ekva (r.a.)'dan:

Adamın biri Rasûlullah (s.a.v.)'in yanında sol eliyle yedi. Peygamber (s.a.v.) adama: -*"Sağ elinle ye"* buyurdu. Adamın: -*"Yapamıyorum"* demesi üzerine Peygamber (s.a.v.): -*"Yapamaz ol"* dedi. Çünkü adamın Peygamber (s.a.v.)'in dediğini yapmaması kibrinden dolayı idi. Bundan sonra o adam bir daha elini ağzına götüremez oldu. (Müslim Eşribe 107)

## 105- HURMA VE BENZERİ ŞEYLERİ İKİŞER YEMEME BÖLÜMÜ

◈ **742)** Cebele b. Suhaym (r.a.)'dan:

İbnu Zübeyr (r.a.) ile birlikte savaştığımız yıl kıtlık oldu. Bir ara bize erzak olarak hurma verilmişti. Hurmayı yerken Abdul-

3- YEME-İÇME ÂDÂBI KİTABI - **283**

lah b. Ömer yanımıza geldi ve: -*"Hurmayı ikişer ikişer yemeyin. Çünkü Peygamber (s.a.v.) hurmayı çifter çifter yemeyi yasakladı. Ancak kişi arkadaşından izin almışsa yiyebilir."* dedi. (Buhari, Et'ıme 44, Müslim, Eşribe 150)

# 106- YEMEĞE DOYMAYAN KİMSE NE YAPMALI BÖLÜMÜ

◈ **743)** Vahşi b. Harb (r.a.)'den:

Rasûlullah (s.a.v.)'in ashabı: -*"Ey Allah'ın Rasulü! Yemek yiyoruz, fakat doymuyoruz,"* dediler. Rasûlullah (s.a.v.) onlara: -*"Herhalde siz, ayrı ayrı kaplardan yiyorsunuz",* diye sorunca: -*"*Evet öyle yapıyoruz" dediler. Bunun üzerine Rasûlullah (s.a.v.)'de: -*"Yemeği birlikte yiyin, besmele çekin, o zaman yemeğiniz bereketlenir",* buyurdular. (Ebu Davud, Et'ıme 14)

# 107- YEMEK KABININ KENARINDAN YEME BÖLÜMÜ

◈ **744)** İbnu Abbas (r.a.)'dan:

Rasûlullah (s.a.v.): -*"Bereket yemeğin ortasına iner. Bu sebeple siz tabağın ortasından değil kenarından yiyin"* buyurdular. (Ebu Davud, Et'ıme 17, Tirmizi, Et'ıme 12)

◈ **745)** Abdullah b. Büsr (r.a.)'den

Peygamber (s.a.v.)'in Garra adı verilen ve dört kişi tarafından taşınan bir yemek kabı vardı. Kuşluk vakti girip namazı kıldıktan sonra içinde tirit yemeği olduğu halde bu kap getirilirdi. Sahabe de çevresine dizilirlerdi. Sahabe çoğalırsa Rasûlullah (s.a.v.) diz çökerek otururdu. Bedevilerden biri: -*"Bu nasıl oturuş?"* dedi. Rasûlullah (s.a.v.)'de: -*"Allah beni inatçı ve zorba değil şerefli bir kul olarak yarattı",* buyurdu ve: -*"Yemek kabının ortasından değil kenarlarından yiyin ki yemeğiniz bereketli olsun."* diye devam etti. (Ebu Davud)

## 108- YASLANARAK YEMEK YEMEME BÖLÜMÜ

◈ **746)** Ebu Cuheyfe Vehb b. Abdillah (r.a.)'dan:

Rasûlullah (s.a.v.): -*"Ben bir yere yaslanarak yemek yemem"* buyurdular. (Buhari, Et'ıme 13)

◈ **747)** Enes (r.a.)'den:

-*"Ben Rasûlullah (s.a.v.)'i dizleri yukarıda kalçaları üzerine oturarak hurma yerken gördüm."* dedi. (Müslim, Eşribe 148)

## 109- SOFRA VE YEMEK ADABI BÖLÜMÜ

◈ **748)** İbnu Abbas (r.a.)'dan:

Rasûlullah (s.a.v.): -*"Sizden biriniz yemeğini yiyip bitirince parmaklarını yalamadıkça veya sormadıkça ellerini silmesin."* buyurdular. (Buhari, Et'ıme 52, Müslim, Eşribe 129)

◈ **749)** Ka'b b. Malik (r.a.)'den:

-*"Rasûlullah (s.a.v.)'i üç parmağıyla yemek yediğini ve yemekten sonra da parmaklarını yaladığını gördüm."* dedi. (Müslim, Eşribe 131)

◈ **750)** Cabir (r.a.)'den:

Rasûlullah (s.a.v.) parmakları yalayıp tabağı sıyırmayı emrederek: -*"Siz, bereketin yemeğinizin neresinde olduğunu bilmezsiniz."* buyurdular. (Müslim, Eşribe 13)

◈ **751)** Cabir (r.a.)'den:

Rasûlullah (s.a.v.): -*"Sizden birinizin yiyeceği yere düşerse onu alıp üzerine bulaşan şeyi temizledikten sonra yesin ve onu şeytana bırakmasın. Parmaklarını yalamadan da elini peçete-ye silmesin. Çünkü insan, bereketin yiyeceklerinin hangisinde olduğunu bilemez."* buyurdular. (Müslim, Eşribe 136)

◈ **752)** Cabir (r.a.)'den:

Rasûlullah (s.a.v.): -*"Şüphesiz şeytan, sizin yaptığınız her işte hatta yemek yerken bile yanınızda hazır olur. Sizden birinizin yiyeceği yere düşerse onu alıp üzerine bulaşan şeyi temizledik-ten sonra yesin ve onu şeytana bırakmasın. Yemeğini bitirince de parmaklarını yalamadan da elini peçeteye silmesin. Çünkü insan, bereketin yiyeceklerinin hangisinde olduğunu bilemez."* buyurdular. (Müslim, Eşribe 133)

◈ **753)** Enes (r.a.)'den:

Rasûlullah (s.a.v.) yemek yediğinde üç parmağını yalar ve: -*"Sizden birinizin yiyeceği yere düşerse onu alıp üzerine bula-şan şeyi temizledikten sonra yesin ve onu şeytana bırakmasın."* buyururdu. Yine Rasûlullah (s.a.v.) bizlere yemek tabaklarının sıyırılmasını emrederek: -*"Siz, bereketin yiyeceklerinizin hangi-sinde olduğunu bilemezsiniz."* derdi. (Müslim, Eşribe 136)

◈ **754)** Said b. Haris'den:

Cabir (r.a.)'e: -*"Ateşte pişen bir şey yendikten sonra abdest ge-rekir mi?"* diye sordum. O da: -*"Hayır, gerekmez. Biz, Peygamber (s.a.v.)'in zamanında ateşte pişen yemeği pek az bulurduk. Bul-duğumuz zaman da elimiz, bileklerimiz ve ayaklarımızdan başka mendillerimiz yoktu. Sonra da abdest almaksızın namaz kılardık"* cevabını verdi. (Buhari, Et'ıme 53)

## 110- KALABALIKTA YEMEK YEME BÖLÜMÜ

◈ **755)** Ebu Hüreyre (r.a.)'dan:

Rasûlullah (s.a.v.): -*"İki kişilik yemek üç kişiye, üç kişilik yemek de dört kişiye yeter."* buyurdular. (Buhari, Et'ıme 11, Müslim, Eşribe 179)

◈ **756)** Cabir b. Abdullah (r.a.)'den:

Ben Rasûlullah (s.a.v.)'i: -*"Bir kişinin yiyeceği iki kişiye, iki kişinin yiyeceği dört kişiye, dört kişinin yiyeceği ise sekiz kişiye yeter"*, diye buyururlarken işittim. (Müslim, Eşribe 179)

## 111- İÇECEKLERLE İLGİLİ EDEB VE KURALLAR BÖLÜMÜ

◈ **757)** Enes (r.a.)'dan:

Rasûlullah (s.a.v.) suyu üç nefeste içerdi. (Buhari, Eşribe 26, Müslim, Eşribe 123)

◈ **758)** İbnu Abbas (r.a.)'dan:

Rasûlullah (s.a.v.): -*"Suyu deve gibi bir nefeste içmeyin. İki veya üç nefeste için ve içerken de besmele çekin, içtikten sonra da Allah'a hamd edin."* buyurdular. (Tirmizi, Eşribe 13)

◈ **759)** Ebu Katade (r.a.)'den:

Rasûlullah (s.a.v.) su içilen kabın içine solumayı yasakladı. (Buhari, Vudu 18, Müslim, Taharet 65)

◈ **760)** Enes (r.a.)'dan:

Rasûlullah (s.a.v.) içine su katılmış süt getirildi. O esnada Rasûlullah (s.a.v.)'in sağında bir bedevi, solunda da Ebubekir (r.a.) oturuyordu. Sütten içtikten sonra bedeviye verdi ve: -*"Herkes içtikten sonra sağındakine versin"*, buyurdular. (Buhari, Eşribe 14, Müslim, Eşribe 124)

◈ **761)** Sehl b. Sa'd (r.a.)'den:

Rasûlullah (s.a.v.)'e içmek için bir şey getirildi. O da içti. Sağında bir genç, solunda da ihtiyarlar oturuyordu. Rasûlullah (s.a.v.) çocuğa: -*"Bu içeceği önce yaşlılara vermeme izin verir misin?"* diye sordu. Çocuk da: -*"Hayır vallahi olmaz, senden gelen nasibimi kimseye veremem"* dedi. Rasûlullah (s.a.v.)'de kabı onun eline verdi. (Müslim, Eşribe 127)

## 112- SU TULUMUNUN AĞZINDAN SU İÇİLMEMESİ BÖLÜMÜ

◈ **762)** Ebu Said el-Hudri (r.a.)'den:

Rasûlullah (s.a.v.) ağzı kırık, su ve meşrubat kaplarından su içmeyi yasakladı. (Buhari, Eşribe 23, Müslim, Eşribe 110)

◈ **763)** Ebu Hüreyre (r.a.)'den:

Rasûlullah (s.a.v.), (içi ve dibi görülmeyen) su tulumunun yahut su kabının ağzından su içmeyi yasakladı. (Buhari, Eşribe 24, Müslim, Eşribe 136)

◈ **764)** Hassan b. Sabitin kız kardeşi Ümmü Sabit Kebşe binti Sabit (r.a.)'den:

Rasûlullah (s.a.v.) evime geldi ve duvara asılı duran kabının ağzından ayakta su içti. Ben de kalkıp su kabının ağzını (hatıra olarak) kestim. (Tirmizi, Eşribe 18)

## 113- MEŞRUBAT KAPLARINA ÜFLEMEME BÖLÜMÜ

◈ **765)** Ebu Said el-Hudri (r.a.)'den:

Rasûlullah (s.a.v.) içilecek şeylere üflemeyi yasaklamıştı. Bunun üzerine adamın biri: -*"Kabın içerisine çerçöp varsa ne yapayım?"* deyince; Rasûlullah (s.a.v.): -**"Kaptaki o şey düşünceye kadar suyu dök"** buyurdu. Bu defa adam: -*"Ben bir solukta suya kanamıyorum"* deyince Rasûlullah (s.a.v.): -**"O zaman su kabını ağzından uzaklaştır."** buyurdular. (Tirmizi, Eşribe 15)

◈ **766)** İbnu Abbas (r.a.)'den:

Rasûlullah (s.a.v.) kabın içine solumayı veya kaba üflemeyi yasakladı. (Tirmizi, Eşribe 15)

## 114- AYAKTA SU İÇİLEBİLECEĞİ BÖLÜMÜ

◈ **767)** İbnu Abbas (r.a.)'den:

Peygamber (s.a.v.)'e zemzem verdim. Onu ayakta içti. (Buhari, Hac 76, Müslim, Eşribe 117)

◈ **768)** Nezzal b. Sebre (r.a.)'den:

Ali (r.a.) Bab'ur-Rahbe'ye geldi ve ayakta su içti, sonra da: -"*Rasûlullah (s.a.v.)'in benim yaptığımı gördüğünüz gibi yaptığını gördüm,*" dedi. (Buhari, Eşribe 16)

◈ **769)** İbnu Ömer (r.a.)'den:

Biz Rasûlullah (s.a.v.) zamanında yürürken bir şey yer ve ayakta iken de su içerdik. (Tirmizi, Eşribe 12)

◈ **770)** Amr b. Şuayb (r.a.)'den:

Dedem Abdullah b. Amr b. As (r.a.): -"*Ben Rasûlullah (s.a.v.)'in ayaktayken de otururken de su içtiğini gördüm.*" dedi. (Tirmizi, Eşribe 12)

◈ **771)** Enes (r.a.)'den:

Rasûlullah (s.a.v.) bir kimsenin ayakta su içmesini yasakladı. Katade: -"*Biz Enes (r.a.)'e, ayakta yemek nasıldır?*" diye sorduk. O da: -"*Ayakta yemek daha da beterdir, çirkindir*", dedi. (Müslim, Eşribe 113)

Müslim'in değişik bir rivayeti: Rasûlullah (s.a.v.) ayakta su içmekten sakındırdı. (Müslim, Eşribe 112)

◈ **772)** Ebu Hüreyre (r.a.)'den:

Rasûlullah (s.a.v.): -"***Sizden biriniz ayakta su içmesin, unutarak içmişse kussun.***" buyurdular. (Müslim, Eşribe 116)

# 115- TOPLUMA SU DAĞITANIN EN SON İÇECEĞİ BÖLÜMÜ

◈ **773)** Ebu Katade (r.a.)'den:

Peygamber (s.a.v.): "Bir topluma su dağıtan, suyu en son içer." buyurdular. (Tirmizi, Eşribe 20)

# 116- TEMİZ KAPLARDAN SU İÇMEK VE AKARSUDAN NASIL SU İÇİLECEĞİ BÖLÜMÜ

◈ **774)** Enes (r.a.)'den:

Namaz vakti girince evi yakın olanlar evlerine gitti. Bazıları da yerlerinde kaldı. Rasûlullah (s.a.v.)'e taştan yapılmış bir kap getirildi. Peygamber (s.a.v.)'in eli sığmayacak kadar küçük olan bu kaptan oradakilerin tamamı abdest aldı. Yanındakiler Enes'e: -"Orada kaç kişi vardınız?" diye sorunca Enes: -"Seksen kişiden fazlaydık" dedi.

Buhari ve Müslim'in diğer bir rivayeti: Peygamber (s.a.v.) bir su kabı istedi. İçinde birazcık su bulunan, derin olmayan ağzı geniş bir kap getirdiler. Rasûlullah parmaklarını bu suya soktu. Enes: -"Peygamber (s.a.v.)'in parmaklarının arasından akan suya bakıyordum, sudan yetmiş seksen kadar kişi abdest aldı." dedi. (Buhari, Vudu 46, Müslim, Fezail 4)

◈ **775)** Abdullah b. Zeyd (r.a.)'den:

Rasûlullah (s.a.v.) bize geldi. Kendisine bakır bir kap içerisinde su getirdik, o su ile abdest aldı. (Buhari, Vudu 45)

◈ **776)** Cabir b. Abdullah (r.a.)'den:

Rasûlullah (s.a.v.) yanında bir arkadaşı ile birlikte Ensar'dan birinin yanına vardı ve: -"Bu gece yanınızda su kabında gecelemiş soğuk suyunuz varsa getir, yoksa ağzımızla (uzanıp şu kaynaktan) içeriz." buyurdular. (Buhari, Eşribe 14)

◈ **777)** Huzeyfe (r.a.)'den:

Rasûlullah (s.a.v.) bizi, ipek ve atlas giymekten, altın ve gümüş kaplardan su içmekten yasakladı ve: -*"Bunlar dünyada kâfirlerin, ahirette de sizin olacaktır."* buyurdular. (Buhari, Eşribe 28, Müslim, Libas 3)

◈ **778)** Ümmü Seleme (r.a.)'dan:

Rasûlullah (s.a.v.): -*"Gümüş kaptan içen, karnına cehennem ateşi doldurmuş olur."* buyurdular. (Buhari, Eşribe 28, Müslim, Libas 3)

Müslim'in değişik bir rivayeti: -*"Gümüş ve altın kaplardan yiyen ve içen kimse"* şeklindedir. (Müslim, Libas 1)

Yine Müslim'in değişik bir rivayeti ise: -*"Altın ve gümüş kaptan içen karnına cehennemden bir ateş doldurmuş olur"* şeklindedir. (Müslim, Eşribe 2)

# 4- GİYECEKLER KİTABI

## 117- YASAKLANAN VE TAVSİYE EDİLEN RENKLER VE ELBİSE TÜRLERİ BÖLÜMÜ

◆ "Ey Âdemoğulları! Bir de size, (maddi olarak) avret yerlerinizi örtecek ve size güzellik kazandıracak elbise, indirdik. Ancak bundan daha hayırlısı, (manevi olarak) Allah'tan hakkıyla sakınma elbisesidir." (7 Araf 26)

◆ "...sizi sıcaktan koruyan elbiseler ve savaşta (zorluklara karşı) koruyan zırhlar var eden (de), Allah'tır..." (16 Nahl 81)

◈ **779)** İbnu Abbas (r.a.)'den:

Rasûlullah (s.a.v.): *-"Beyaz elbise giyiniz. Zira elbiselerinizin en güzeli beyaz olanlardır. Ölülerinizi de beyaz kefene sarınız."* buyurdular. (Ebu Davut Tıbb 14, Tirmizi, Cenaiz 18)

◈ **780)** Semure (r.a.)'den:

Rasûlullah (s.a.v.): *"Beyaz elbise giyiniz, çünkü beyaz daha temiz ve güzeldir. Ölülerinizi de beyaz kefene sarınız."* buyurdular. (Nesai, Cenaiz 38, Hâkim, Müstedrek IV. 185)

◈ **781)** Bera b. Azib (r.a.)'den:

- *"Rasûlullah (s.a.v.) orta boylu idi. Bir gün ben onu kırmızı bir elbise içerisinde gördüm. Hayatımda ondan daha güzel birisini görmedim."* dedi. (Buhari, Menakıb 23, Müslim, Fezail 91)

◈ **782)** Ebu Cuheyfe Vehb b. Abdullah (r.a.)'den:

Peygamber (s.a.v.)'i Mekke'de Ebtah denilen yerde deriden yapılmış kırmızı çadırında gördüm. Bilal, elinde Rasûlullah (s.a.v.)'in abdest aldığı kabı ile çadırdan çıktı. Sahabelerden bir kısmı o su ile vücudunu ıslatıyor bazısı da avuçla alıyorlardı. O esnada Rasûlullah (s.a.v.) üzerinde kırmızı bir elbiseyle dışarı çıktı. Ben hala onun bembeyaz baldırlarını görüyor gibiyim. Sonra abdest aldı. Bilal ezan okudu. Ben o sırada sağa sola dönerek Hayye ale's-salah, Hayye ale'l-felah diyen Bilal'in ağzını takip ediyordum. Sonra Rasûlullah (s.a.v.)'in önüne sütre olarak bir asa dikildi. Peygamberimiz de öne geçip namaz kıldırdı. Rasûlullah (s.a.v.)'in önünden köpek ve eşek geçiyordu da kimse onların geçişine mani olmuyordu. (Buhari, Salat 17, Müslim Salat 249)

◈ **783)** Ebu Rimse Rıfaa et-Temimi (r.a.)'den:

Ben Rasûlullah (s.a.v.)'i üzerinde iki yeşil elbise ile gördüm. (Ebu Davud, Libas 19, Tirmizi, Edeb 48)

◈ **784)** Cabir (r.a.)'den:

Rasûlullah (s.a.v.) Mekke'nin fethedildiği gün başında siyah bir sarıkla Mekke'ye girdi. (Müslim, Hac 451)

◈ **785)** Ebu Said Amr b. Hureys (r.a.)'den:

Rasûlullah (s.a.v.)'in başında siyah bir sarık olup ucunu iki omuzu arasına uzatmış halini hala görüyor gibiyim. (Müslim, Hac 453)

Müslim'in başka bir rivayeti: Rasûlullah (s.a.v.) başında siyah bir sarık olduğu halde halka hitab etti. (Müslim, Hacc 452)

◆ **786)** Aişe (r.a.)'dan:

Rasûlullah (s.a.v.) Sehuliyye beldesinde imal edilmiş üç parça beyaz pamuk bezle kefenlendi. Bu üç parça içerisinde gömlek ve sarık yoktu. (Buhari, Cenaiz 19, Müslim, Cenaiz 45)

◆ **787)** Aişe (r.a.)'den.

Rasûlullah (s.a.v.) bir sabah üzerinde deve semerlerinin desenleri bulunan siyah kıldan dokunmuş bir elbise olduğu halde evden çıktı. (Müslim, Libas 36)

◆ **788)** Muğire b. Şube (r.a.)'den:

Bir gece Rasûlullah (s.a.v.) ile beraber yolculukta idim. Bana: -**"Yanında su var mı?"** dedi. Ben: -"Evet" diye cevap verdim. Bunun üzerine deveden indi, yürüdü ve gecenin karanlığında kayboldu daha sonra geldi. Ben su tulumundan eline su döktüm, yüzünü yıkadı. Üzerinde yünden yapılmış bir cübbe vardı. Kollarını cübbenin kolundan çıkaramadı da cübbenin altından çıkarıp iki kolunu yıkadı, başına mesh etti. Ben mestleri çıkarmak için elimi uzatınca bana: -**"Onları bırak, ben mestleri abdestli iken giydim",** buyurdu ve üzerlerine mesh etti. (Buhari, Salat 7, Müslim, Taharet 77)

Değişik bir rivayet: Üzerinde yenleri dar bir şam cübbesi vardı, şeklindedir. (Nesai, Taharet 66)

Bir başka rivayet: "Bu olay Tebük seferinde oldu, şeklindedir. (Nesai, Taharet 63)

## 118- GÖMLEK GİYME BÖLÜMÜ

◆ **789)** Ümmü Seleme (r.a.)'den:

Rasûlullah (s.a.v.)'in en sevdiği elbise gömlek idi. (Ebu Davud, Libas 3, Tirmizi, Libas 27)

# 119- GİYECEKLERİN UZUNLUK VE KISALIK ÖLÇÜLERİ BÖLÜMÜ

◈ **790)** Esma binti Yezid el-Ensariyye (r.a.)'den:

Rasûlullah (s.a.v.)'in gömleğinin kolu bileğine kadardı. (Ebu Davud, Libas 3, Tirmizi, Libas 27)

◈ **791)** İbnu Ömer (r.a.)'den:

Rasûlullah (s.a.v.): -*"Allah, kibirlenip büyüklük taslayarak elbisesinin eteğini yerde sürüyen kimsenin kıyamet gününde yüzüne bakmaz."* buyurdu. Bunun üzerine Ebubekir: -*"Ey Allah'ın Rasûlü! Dikkat etmediğim zaman benimde eteklerim yerde sürünüyor"* dedi. Rasûlullah (s.a.v.): -*"Şüphesiz sen bunu büyüklük taslamak için yapanlardan değilsin"*, buyurdular. (Buhari, Libas 2, Müslim, Libas 43)

◈ **792)** Ebu Hüreyre (r.a.)'den:

Rasûlullah (s.a.v.): -*"Allah kıyamet günü, kibrinden dolayı elbisesini sürüyerek yürüyen kimsenin yüzüne bakmaz."* buyurdular. (Buhari, Libas 1, Müslim, Libas 42)

◈ **793)** Ebu Hüreyre (r.a.)'den:

Rasûlullah (s.a.v.): -*"Elbisenin iki topuktan aşağı uzanan kısmı ateştedir."* buyurdular. (Buhari, Libas 4)

◈ **794)** Ebu Zer (r.a.)'den:

Rasûlullah (s.a.v.): -*"Üç sınıf insan vardır ki; Allah, kıyamet gününde onlarla konuşmaz, onların yüzüne bakmaz, kendilerini temize çıkarmaz ve onlar için acıklı bir azap vardır."* buyurarak bu sözü üç defa tekrarladı. Bunun üzerine Ebu Zer (r.a.): -" *Ey Allah'ın Rasûlü! Ziyan edenler kimlerdir?"* diye sorunca Rasûlullah (s.a.v.): -*"Elbisesinin eteğini kibirle yerde sürükleyen, yaptığı iyiliği başa kakan ve ticaret malını yalan yere yeminle satmaya çalışan kimsedir."* buyurdular. (Müslim, İman 170)

Müslim'in diğer bir rivayeti: -*"Kaftanını, yerde sürükleyen"* şeklindedir. (Müslim, İman 171)

◈ **795)** İbnu Ömer (r.a.)'den:

Rasûlullah (s.a.v.): -*"Giyilen şeylerden uzatılmaya müsait olanlar; peştemal, gömlek ve sarıktır. Kim bunlardan birini çalım satmak için uzatırsa, Allah kıyamet gününde onun yüzüne bakmaz."* buyurdular. (Ebu Davud, Libas 27, Nesai, Zinet 104)

◈ **796)** Ebu Cürey Cabir b. Süleym (r.a.)'den:

İnsanların onun görüşü ile hareket ettiği ve onun söylediğine karşılık vermediği bir adam gördüm ve: -*"Bu adam kimdir?"*- diye sordum. Onlar: -*"O, Peygamberdir,"* dediler. Ben de iki defa: -*"Aleyke's-Selam Ya Rasulallah"* dedim. Rasûlullah (s.a.v.): -*"Aleyke's-Selam deme, zira Aleyke's-Selam ölülere verilen selamdır. Sen, es-Selamü aleyke, de."* buyurdu. Ben de: -*"Sen Allah'ın Rasulü müsün?"* diye sordum. O: -*"Evet! Ben, başına bir bela gelip kendisine dua ettiğinde senden musibeti gideren, sana kıtlık isabet edince dua ettiğinde senin için mahsuller bitiren ve çölde deveni kaybetsen kendine dua edince deveni sana geri getiren Allah'ın Rasulüyüm"* buyurdu. Bunun üzerine ben: -*"Bana tavsiyede bulununuz",* dedim. Rasûlullah (s.a.v.): -*"Hiç kimseye sövme",* buyurdu. Ben de ondan sonra hür, köle, deve ve koyuna bile sövmedim. Sonra: -*"Hiçbir iyiliği küçümseme, Müslüman kardeşinle güler yüzle konuş, çünkü bu da bir iyiliktir, elbisenin eteklerini baldırlarının yarısına kadar kaldır. Eğer bundan hoşlanmazsan topuklarına kadar kaldır. Sakın eteklerini yerde sürüme. Çünkü bu hal kibirdendir. Allah da kibirlileri sevmez. Eğer bir kimse sana söver ve sen de bulunduğunu bildiği bir şeyle seni ayıplarsa, sen o kişi hakkında bildiğin şeyle onu ayıplama. Onun bu davranışının günahı kendinedir."* diye devam etti. (Ebu Davud, Libas 24, Tirmizi, İsti'zan 27)

◈ **797)** Ebu Hüreyre (r.a.)'den:

Adamın biri elbisesinin etekleri yerde sürüklendiği halde namaz kılıyordu. Rasûlullah (s.a.v.) ona: -*"Git abdest al"* dedi. O da gidip abdest alıp geldi. Peygamber (s.a.v.) ona tekrar: -*"Git abdest al"* buyurdu. Bunun üzerine orada bulunanlardan biri: -"Ey Allah'ın Rasulü! Niçin o kimseye abdest almasını emrettiniz de sebebini söylemediniz?" diye sordu. Rasûlullah (s.a.v.): -*"O, elbisesini yerde sürüyerek namaz kılıyordu. Şüphesiz ki Allah elbisesini yerde sürüyerek namaz kılan kimsenin namazını kabul etmez"*, buyurdular. (Ebu Davud, Libas 25)

◈ **798)** Kays b. Bişr et-Tağlibi (r.a.)'den:

Bana Ebu'd-Derda'nın dostu olan babam anlattı.

Şam'da Peygamber (s.a.v.)'in ashabından İbn'ül-Hanzaliyye denilen bir kimse vardı. Bu adam; yalnız yaşar ve insanların arasına pek çıkmazdı. Hep namaz kılar, namazdan ayrılınca da tekbir ve tesbih getirerek çoluk çocuğunun yanına giderdi. Biz Ebu'd-Derda'nın yanında otururken bu adam yanımıza uğradı. Ebu'd-Derda ona: -*"Bize fayda sağlayacak sana zararı dokunmayacak bir söz söyle,"* dedi. İbn'ül-Hanzaliyye: -*"Rasûlullah (s.a.v.) bir seriyye göndermiş, bu seriyye görevini yaparak geri dönmüştü. Onlardan bir asker gelip Rasûlullah (s.a.v.)'in bulunduğu bir meclise oturdu ve yanındaki adama: -'Düşmanla karşılaştığımız zaman bizi bir görseydiniz. Falan kimse düşmana saldırıp mızrağını sapladı ve al sana ben Gıfarlı bir delikanlıyım, dedi ve o adama, delikanlının bu sözünü nasıl buluyorsun,' diye sordu. Adam: 'O kimse bütün sevabını yok etti' dedi. Bu sözü işiten bir başkası da: 'Ben bu sözde bir sakınca görmüyorum' dedi. Bunun üzerine ikisi münakaşa ettiler. Rasûlullah (s.a.v.) bunu duydu ve: -"Sübhanallah bu kişinin sevap kazanmasında ve övülmesinde bir sakınca yoktur" buyurdu".* Ben Ebu'd-Derda'nın buna sevindiğini ve başını kaldırıp adama: -*"Sen bunu Rasûlullah (s.a.v.)'den bizzat kendin işittin mi?"* diye sorduğunu gördüm. Adam: -*"Evet işittim,"* dedi. Ebu'd-Derda adama aynı soruyu o kadar çok sordu ki; ben kendi

4- GİYECEKLER KİTABI - 297

kendime, adamın dizleri üzerine kapanacak diyordum.

Bişr et-Tağlibi (r.a.) sözlerine şöyle devam etti. İbn-ül Hanzaliyye başka bir gün yine yanımıza uğramıştı. Ebu'd Derda bu defa ona: -*"Bize fayda sağlayacak sana zararı dokunmayacak bir söz söyle,"* dedi. O da, Rasûlullah (s.a.v.) bize: -*"Cihad için hazır tuttuğu atına güzelce bakan kimse sürekli sadaka veren ve elini hiç sıkmayan kimse gibidir."* buyurdu dedi.

İbn-ül Hanzaliyye başka bir gün yine yanımıza uğramıştı. Ebu'd Derda bu defa ona: -*"Bize fayda sağlayacak sana zararı dokunmayacak bir söz söyle,"* dedi. O da, Rasûlullah (s.a.v.) bize: -*"Hüreym el-Üseydi ne iyi adamdır. Keşke bir de saçlarını omuzlarına kadar sarkıtmasa ve elbisesinin eteklerini uzatmasaydı."* buyurdular. Rasûlullah (s.a.v.)'in bu sözü Hüreym'e ulaşınca hemen eline bir ustura alıp saçlarını kulak memesi hizasına kadar kesti, elbisesinin eteğini de baldırlarının yarısına kadar kısalttı.

İbn'ül-Hanzaliyye başka bir gün yine yanımıza uğramıştı. Ebu'd Derda bu defa ona: -*"Bize fayda sağlayacak sana zararı dokunmayacak bir söz söyle,"* dedi. O da Rasûlullah (s.a.v.)'i: -*"Sizler kardeşlerinizin yanına gidiyorsunuz. Binitlerinize ve elbiselerinize çeki düzen verin ki insanlar arasında güzellik timsali olun. Çünkü Allah çirkinliği ve çirkinleşmeyi sevmez."* buyururken işittim dedi. (Ebu Davud, Libas 25)

◈ **799)** Ebu Said el-Hudri (r.a.)'den:

Rasûlullah (s.a.v.): -*"Bir Müslümanın elbisesinin uzunluğu baldırının yarısına kadardır. Topuklarına kadar uzatmasında bir günah yoktur. Topuklardan aşağıya sarkan kısım ise cehennemliktir. Allah kibrinden dolayı elbisesini yerlerde sürüyen kimsenin yüzüne bakmaz."* buyurdular. (Ebu Davud, Libas 26)

◈ **800)** İbnu Ömer (r.a.)'den:

Elbisemin etekleri topuklarımdan aşağı sarkmış bir vaziyette Rasûlullah (s.a.v.)'in huzuruna varmıştım. Rasûlullah (s.a.v.): -*"Ey Abdullah! Elbisenin eteklerini yukarı kaldır"* buyurdular.

Ben de hemen kaldırdım. Sonra: -*"Biraz daha kaldır"* buyurdu. Ben biraz daha kaldırdım. Ondan sonra elbisemin uzunluğuna dikkat etmeye başladım. Topluluktan biri: -*"Nereye kadar kaldırmıştın?"* diye sordu. İbnu Ömer: -*"Baldırlarımın yarısına kadar"* diye cevap verdi. (Müslim, Libas 47)

◈ **801)** İbnu Ömer (r.a.)'den:

Rasûlullah (s.a.v.): -*"Bir kimse kibirlenip elbisesini yerlerde sürürse, Allah kıyamet gününü onun yüzüne bakmaz."* buyurdu. Bunun üzerine Ümmü Seleme (r.a.): -*"Ey Allah'ın Rasulü! Kadınlar eteklerini nasıl yapacaklar?"* diye sordu. Rasûlullah da: -*"Onlar bir karış daha uzatabilirler"* buyurdu. Ümmü Seleme (r.a.): -*"O zaman ayakları açıkta kalır"* deyince Peygamber (s.a.v.): -*"Öyleyse bir arşın uzatırlar, daha fazla uzatamazlar"* buyurdular. (Ebu Davud, Libas 36, Tirmizi, Libas 9)

## 120- TEVAZU SEBEBİYLE LÜKS ELBİSE GİYMEME BÖLÜMÜ

◈ **802)** Muaz b. Enes (r.a.)'den:

Rasûlullah (s.a.v.): -*"Bir kimse gücü yettiği halde tevazuundan dolayı lüks elbise giymeyi terk ederse; kıyamet günü Allah, o kimseyi bütün insanların huzurunda çağırır ve onu iman elbiselerinden dilediğini giymede serbest bırakır."* buyurdular. (Tirmizi, Sıfat-ül Kıyame 39)

## 121- ORTA YOLLU ELBİSELER GİYME BÖLÜMÜ

◈ **803)** Amr b. Şuayb, babasından o da dedesi (r.a.)'den:

Rasûlullah (s.a.v.): -*"Şüphesiz Allah, kuluna verdiği nimetinin eserini onun üzerinde görmekten hoşlanır."* buyurdular. (Tirmizi, Edeb 54)

# 122- İPEK KULLANMANIN ERKEKLERE HARAM OLUŞU BÖLÜMÜ

◈ **804)** Ömer b. Hattab (r.a.)'den:

Rasûlullah (s.a.v.): -*"İpek elbise giymeyin, çünkü kim dünyada onu giyerse ahirette giyemez."* buyurdular. (Buhari, Müslim)

◈ **805)** Ömer b. Hattab (r.a.)'den:

Rasûlullah (s.a.v.)'i: -*"İpek elbiseyi ancak nasipsizler giyer"* buyururken işittim.

Buhari'nin bir rivayeti: -*"Ahirette ondan nasibi olmayan"* şeklindedir. (Buhari, Edeb 66, Müslim, Libas 7)

◈ **806)** Enes (r.a.)'den:

Rasûlullah (s.a.v.): -*"Dünyada ipek giyen kimse, ahirette onu giyemez."* buyurdular. (Buhari, Libas 25, Müslim, Libas 11)

◈ **807)** Ali (r.a.)'den:

Rasûlullah (s.a.v.)'i, sağ eline ipeği, sol eline de altını alıp: -*"Şüphesiz bunun ikisi de ümmetimin erkeklerine haram kılınmıştır"* buyururlarken gördüm. (Ebu Davud, Libas 11)

◈ **808)** Ebu Musa el-Eş'ari (r.a.)'den:

Rasûlullah (s.a.v.): -*"İpek elbise ve altın ümmetimin erkeklerine haram, kadınlarına ise helal kılındı."* buyurdular. (Tirmizi, Libas 1)

◈ **809)** Huzeyfe (r.a.)'den:

Rasûlullah (s.a.v.), altın ve gümüş kaplardan yememizi ve içmemizi, ipek ve atlas giymemizi ve bunların üzerine oturmamızı bize yasakladı. (Buhari, Libas 27)

## 123- UYUZ HASTALIĞI OLANIN İPEK GİYEBİLECEĞİ BÖLÜMÜ

◈ **810)** Enes (r.a.)'den:

Rasûlullah (s.a.v.), Zübeyr ve Abdurrahman b. Avf (r.a)'ya yakalandıkları uyuz hastalığı sebebiyle ipek elbise giymelerine müsaade etti. (Buhari, Libas 29, Müslim, Libas 24)

## 124- YIRTICI VE VAHŞİ HAYVAN DERİLERİNİ KULLANMA BÖLÜMÜ

◈ **811)** Muaviye (r.a.)'den:

Rasûlullah (s.a.v.): *-"İpekle ve kaplan derisiyle kaplanmış eşyaların üzerine oturmayın."* buyurdular. (Ebu Davud, Libas 39)

◈ **812)** Ebu-l-Melih (r.a.) babasından:

Rasûlullah (s.a.v.) yırtıcı hayvan derilerinin kullanılmasını yasakladı. (Ebu Davud, Libas 40, Tirmizi, Libas 31, Nesei, Fer' 7)

Tirmizi'nin rivayeti: Rasûlullah (s.a.v.) yırtıcı hayvan derilerinden yatak yapılmasını yasakladı.

## 125- YENİ ELBİSE VE AYAKKABI GİYİLİNCE NASIL DUA EDİLECEĞİ BÖLÜMÜ

◈ **813)** Ebu Said el-Hudri (r.a.)'den:

Rasûlullah (s.a.v.) yeni olarak giydiği sarık, gömlek, rida gibi şeylerin adını söyleyerek: *-"Ey Allah'ım! Sana hamd olsun. Bunu bana Sen giydirdin. Senden bu elbisenin hayrını ve hayırda kullanılmasını istiyorum. Bunun şerrinden ve şerde kullanılmasından da sana sığınırım."* diye dua ederdi. (Ebu Davud, Libas 1, Tirmizi, Libas 28)

# 126- ELBİSE GİYERKEN DE SAĞDAN BAŞLAMANIN MÜSTEHAB OLUŞU BÖLÜMÜ

Bu konu ile ilgili hadisler (99. bölüm 721-727 numaralı) hadislerde geçmiştir.

# 5- UYKU ADABI KİTABI

## 127- UYKUYA YATARKEN YAPILACAK DUALAR BÖLÜMÜ

◈ **814)** Bera b. Azib (r.a.)'den:

Rasûlullah (s.a.v.) yatağına girdiğinde sağ tarafına yatar ve sonra: -*"Ey Allah'ım! Kendimi sana teslim ettim, yüzümü sana çevirdim, işlerimi sana emanet ettim, rızanı isteyerek azabından korkarak sırtımı sana dayadım. Senden başka hiçbir sığınak yoktur. İndirdiğin kitaba ve gönderdiğin Peygambere inandım."* diye dua ederdi. (Buhari, Deavat 5)

◈ **815)** Bera b. Azib (r.a.)'den:

Rasûlullah (s.a.v.) bana: -*"Yatağına gireceğin zaman namaz abdesti gibi abdest al, sonra da sağ yanın üzerine yat ve: -'Ey Allah'ım! Kendimi sana teslim ettim, yüzümü sana çevirdim, işlerimi sana emanet ettim, rızanı isteyerek azabından korkarak sırtımı sana dayadım. Senden başka hiçbir sığınak yoktur. İndirdiğin kitaba ve gönderdiğin Peygambere inandım.' diye dua et. Bu sözler, uyumadan önceki son sözlerin olsun."* buyurdular. (Buhari, Vudu 75, Müslim, Zikir 56)

◈ **816)** Aişe (r.a.)'den:

Rasûlullah (s.a.v.) geceleri on bir rekât namaz kılardı. Sabah olunca kısaca iki rekât namaz kılar, sonra müezzin gelinceye kadar sağ yanı üzerine uzanırdı. (Buhari, Deavat 5, Müslim, Misafirin 121)

◈ **817)** Huzeyfe (r.a.)'den

Rasûlullah (s.a.v.) gece yatağına uzandığı zaman elini sağ yanağının altına koyar sonra da: -*"Ey Allah'ım! Senin isminle ölür, senin isminle dirilirim"* derdi. Uykudan uyandığında da: -*"Bizi öldürdükten sonra tekrar dirilten Allah'a hamdolsun, dönüş de onadır"* derdi. (Buhari, Deavat 7)

◈ **818)** Yaîş b. Tıhfe el-Gıfari (r.a.)'dan:

Babam bana: Bir gün mescitte ben yüzükoyun yatarken birisi beni ayağıyla kımıldatıyor ve: -*"Bu, Allah'ın kızmasına sebep olan bir yatış tarzıdır"* diyordu. Bir de baktım ki bunu söyleyen meğer Rasûlullah (s.a.v.) imiş... (Ebu Davud, Edeb 95)

◈ **819)** Ebu Hüreyre (r.a.)'den:

Rasûlullah (s.a.v.): -*"Kim bir yerde oturur, Allah'ı zikretmeden kalkarsa Allah'a karşı kötü bir iş yapmış olur. Yine bir kimse yatağa yatar da orada Allah'ı zikretmezse yine Allah'a karşı kötü bir iş yapmış olur."* buyurdular. (Ebu Davud, Edeb 25)

## 128- OTURMA VE YATMA ADABI BÖLÜMÜ

◈ **820)** Abdullah b. Yezid (r.a.)'den:

Rasûlullah (s.a.v.)'i mescitte bir ayağını diğer ayağının üzerine koyarak sırt üstü yatarken gördüm, dedi.. (Buhari, Salat 85, Müslim, Libas 75)

◈ **821)** Cabir b. Semure (r.a.)'den:

Rasûlullah (s.a.v.) sabah namazını kıldıktan sonra güneş iyice doğuncaya kadar yerinde bağdaş kurarak otururlardı. (Ebu Davud, Edeb 26)

◈ **822)** İbnu Ömer (r.a.)'den:

Rasûlullah (s.a.v.)'i Kâbe'nin yanında elleriyle dizlerini tutarak şöyle otururken gördüm, dedi ve uyluklarını karnına dayayıp kollarıyla dizlerini tutarak ve kaba etleri üzerine oturarak Rasûlullah (s.a.v.)'in oturuşunu tarif etti. (Buhari, İstizan 34)

◈ **823)** Mahreme'nin kızı Kayle (r.a.)'dan:

Rasûlullah (s.a.v.)'i dizlerini karnına dayamış, elleriyle dizlerini tutup kaba etleri üzerine oturmuş vaziyette gördüm. Rasûlullah (s.a.v.)'in oturuşundaki bu huşuyu görünce ürperdim. (Ebu Davud, Edeb 22)

◈ **824)** Şerid b. Süveyd (r.a.)'den:

"Bir gün sol elimi arkaya atıp elimin ayasına dayanmış bir şekilde otururken Rasûlullah (s.a.v.) yanıma geldi ve: -*"Üzerlerine gazap inenler gibi mi oturuyorsun?"* buyurdu. (Ebu Davud, Edeb 24)

# 129- TOPLANTI YERLERİNDE OTURMA ADABI BÖLÜMÜ

◈ **825)** İbnu Ömer (r.a.)'den:

Rasûlullah (s.a.v.): -"Hiç biriniz bir kimseyi oturduğu yerden kaldırıp sonra onun yerine kendisi oturmasın fakat yer açarak orayı genişletin." buyurdular. İbnu Ömer (r.a.), bir kimse kendisi için oturduğu yerden kalktığında onun yerine oturmazdı. (Buhari, Cuma 20, Müslim, Selam 28)

◈ **826)** Ebu Hüreyre (r.a.)'den.

Rasûlullah (s.a.v.): -*"Sizden biriniz oturduğu yerden kalkar sonra tekrar oraya dönerse oraya oturmaya herkesten daha fazla o hak sahibidir."* buyurdular. (Müslim, Selam 31)

◈ **827)** Cabir b. Semure (r.a.)'den:

Biz Peygamber (s.a.v.)'in huzuruna vardığımızda her birimiz nerede yer bulursa oraya otururdu. (Ebu Davud, Edeb 14, Tirmizi, İstizan 29)

◈ **828)** Ebu Abdullah Selman el-Farisi (r.a.)'den:

Rasûlullah (s.a.v.): -*"Bir kimse Cuma günü gusül abdesti alır, elinden geldiği kadar temizlenir, yağıyla yağlanır veya evinde bulunan kokuyu sürünüp çıkar, iki kişinin arasına sokulmaya uğraşmaz sonra kendisine farz kılınan namazı kılar, imam hutbeye başlayınca susup onu dinlerse, bu cuma ile öteki cuma arasındaki günahları bağışlanır."* buyurdular. (Buhari, Cuma 6)

◈ **829)** Amr b. Şuayb babası vasıtasıyla dedesi (r.a.)'den:

Rasûlullah (s.a.v.): -*"Kendileri izin vermedikçe iki kişinin arasına sokulmak bir kimseye helal olmaz"* buyurdular. (Ebu Davud, Edeb 21, Tirmizi, Edeb 11)

Ebu Davud'un başka bir rivayeti: -*"İzinleri olmadığı müddetçe iki kişinin arasına sokulup oturulmaz."* buyurdular.

◈ **830)** Huzeyfe b. Yeman (r.a.)'den:

Rasûlullah (s.a.v.) halka halinde oturanların ortasına oturanlara lanet etmiştir. (Ebu Davud, Edeb 14)

Tirmizi'nin Ebu Miclez'den rivayeti: Adamın biri gelip halka ortasına oturdu. Bunun üzerine Huzeyfe: -*"Halkanın ortasına oturan kimse Peygamber (s.a.v.) diliyle lanetlenmiştir. Yahut Allah ona Peygamberinin diliyle lanet etmiştir."* dedi.

◈ **831)** Ebu Said el Hudri (r.a.)'den:

Rasûlullah (s.a.v.)'i: -*"Oturma yerlerinin en hayırlısı geniş olanıdır"* buyururken işittim. (Ebu Davud, Edeb 12)

◈ **832)** Ebu Hüreyre (r.a.)'den:

Rasûlullah (s.a.v.): -*"Bir kimse bir mecliste oturup çokça faydasız sözlerle vakit geçirir de o meclisten kalkmadan önce: -Ey*

*Allah'ım! Sana hamd ederek, Seni her türlü noksan sıfatlardan tenzih ederim. Senden başka ilah olmadığına şehadet ederim. Senden bağışlanmamı diler ve sana tevbe ederim, derse o toplantıda yapmış olduğu hataları bağışlanır."* buyurdular. (Tirmizi, Deavat 39)

◈ **833)** Ebu Berze (r.a.)'den:

Rasûlullah (s.a.v.) bir meclisten kalkmak istediğinde son söz olarak: -*"-Ey Allah'ım! Sana hamd ederek, Seni her türlü noksan sıfatlardan tenzih ederim. Senden başka ilah olmadığına şehadet ederim. Senden bağışlanmamı diler ve sana tövbe ederim,"* derdi. Bunun üzerine adamın biri: -*"Ey Allah'ın Rasulü şimdiye kadar söylemediğin sözleri söylüyorsun,"* dedi. Rasûlullah (s.a.v.)'de: -*"Bu söylediğim sözler mecliste işlenen kusurlara keffarettir"* buyurdular. (Ebu Davud, Edeb 27)

◈ **834)** İbnu Ömer (r.a.)'den:

Rasûlullah (s.a.v.)'in şu duayı yapmadan önce bir meclisten kalktığı pek az olurdu: -*"Ey Allah'ım! Bize Sana karşı işlenecek günahlardan koruyacak kadar korku, bizi cennete ulaştıracak kulluk ve dünya musibetlerine karşı tahammülümüzü kolaylaştıracak iman nasip et. Ey Allah'ım! Bizi yaşattığın müddetçe, kulaklarımız, gözlerimiz ve her türlü gücümüzden bizi faydalandır ve onları biz ölünceye kadar devam ettir. Bize zulmedenlerden intikamımızı al. Düşmanlarımıza karşı bize yardım et. Bize dinimizde bir musibete verme. Dünyayı en büyük gayemiz ve ilmimizin ulaşacağı en son nokta eyleme. Bize acımayanları bize musallat eyleme."* (Tirmizi, Deavat 80)

◈ **835)** Ebu Hüreyre (r.a.)'den:

Rasûlullah (s.a.v.): -*"Herhangi bir topluluk oturdukları meclisten Allah'ı anmadan kalkarsa merkep leşi yanından kalkmış gibi olurlar. O meclis onlar için bir pişmanlık olur."* buyurdular. (Ebu Davud, Edeb 25)

◈ **836)** Ebu Hüreyre (r.a.)'den:

Rasûlullah (s.a.v.): -*"Bir cemaat oturduğu mecliste Allah'ı anmaz ve Peygamberine salat ve selam getirmezlerse bu onlar için bir eksiklik olur. Allah dilerse onlara azab eder, dilerse bağışlar."* buyurdular. (Tirmizi, Deavat 8)

◈ **837)** Ebu Hüreyre (r.a.)'den:

Rasûlullah (s.a.v.): -*"Kim bir yerde oturur, Allah'ı zikretmeden kalkarsa Allah'a karşı kötü bir iş yapmış olur. Yine bir kimse yatağa yatar da orada Allah'ı zikretmezse yine Allah'a karşı kötü bir iş yapmış olur."* buyurdular. (Ebu Davud, Edeb 25)

## 130- RÜYA VE EDEBLERİ BÖLÜMÜ

◈ "Geceleri uyumanız, gündüzleri lütfundan rızık aramanız da O'nun âyetlerindendir. Şüphesiz bunda, (hakka) kulak veren bir toplum için gerçekten âyetler vardır." (30 Rum 23)

◈ **838)** Ebu Hüreyre (r.a.)'den:

Rasûlullah (s.a.v.): -*"Nübüvvet'ten ancak mübeşşirat kalmıştır."* buyurunca ashab: -*"Mübeşşirat nedir?"* diye sordu. Rasûlullah (s.a.v.) de: -*"O salih rüyadır"* buyurdular. (Buhari, Tabir 5)

◈ **839)** Ebu Hüreyre (r.a.)'dan:

Rasûlullah (s.a.v.): -*"Ahir zaman yaklaşınca mü'minin rüyası neredeyse yalan çıkmaz. Çünkü mü'minin rüyası nübüvvetin kırk altıda biridir."* buyurdular. (Buhari, Tabir 26, Müslim, Rüya 6)

Müslim'in diğer bir rivayeti: -*"Sizin rüyası en doğru olanınız, sözü en doğru olanınızdır."* (Müslim, Rüya 11)

◈ **840)** Ebu Hüreyre (r.a.)'dan:

Rasûlullah (s.a.v.): -*"Beni rüyada gören (ahirette de) uyanıkken görecektir veya sanki beni uyanıkken görmüş gibidir. Çünkü şeytan benim şeklime giremez."* buyurdular. (Buhari, İlim 38, Müslim, Rüya 11)

◈ **841)** Ebu Said el Hudri (r.a.)'den:

Peygamber (s.a.v.)'i: -*"Sizden biriniz hoşuna giden bir rüya görürse bu rüya, Allah'tandır.* **Bu sebeple Allah'a hamd etsin ve o rüyasını başkasına anlatsın"** diye buyururken işitmiştir. Değişik bir rivayet: -*"O rüyayı sadece sevdiğine söylesin."* / -*"Hoşlanmadığı bir rüya görürse o şeytandandır. Onun şerrinden Allah'a sığınsın ve onu hiç kimseye söylemesin. Bu takdirde rüya kendisine zarar vermez."* (Buhari, Tabir 45, Müslim, Rüya 3)

◈ **842)** Ebu Katade (r.a.)'dan:

Rasûlullah (s.a.v.): -*"İyi rüya (başka bir rivayete göre güzel rüya) Allah'tandır. Fena rüya da şeytandandır. Bir kimse hoşuna gitmeyecek bir rüya görünce sol tarafına üç defa üflesin ve şeytandan da Allah'a sığınsın. Bu takdirde o rüya kendisine zarar vermez."* şöyle buyurdular. (Buhari, Tabir 4,Müslim, Rüya 1)

◈ **843)** Cabir (r.a.)'dan:

Rasûlullah (s.a.v.): -*"Sizden biriniz hoşlanmadığı bir rüya görünce sol tarafına üç defa tükürsün, üç defa da şeytanın şerrinden Allah'a sığınsın ve yattığı taraftan öte yanına dönsün."* buyurdular. (Müslim, Rüya 5)

◈ **844)** Eb'ul-Eska' Vasile b. el-Eska' (r.a.)'dan:

Rasûlullah (s.a.v.): -"En büyük iftiralar; kişinin kendi babasından başkasına nesep iddiasında bulunması, görmediği rüyayı gördüğünü iddia etmesi, Rasûlullah (s.a.v.)'in söylemediği bir sözü ona nispet etmesidir." buyurdular. (Buhari, Menakıb 5)

# 6- SELAM KİTABI

## 131- SELAM VE SELAMI YAYMA BÖLÜMÜ

◈ "Ey îman edenler! Evlerinizin dışında başkalarının evlerine (veya odalarına), sakın izin almadan ve (ev halkına) selâm vermeden girmeyin..." (24 Nur 27)

◈ "...Evlere girdiğiniz vakit, Allah tarafından mübârek, hoş bir sağlık dileği olmak üzere birbirinize selam verin..." (24 Nur 61)

◈ "(Ey îman edenler!) Size selam verildiği zaman, siz ona ondan daha güzeliyle veya aynısıyla karşılık verin. Şüphesiz Allah, her şeyin hesabını gereği gibi yapandır." (4 Nisa 86)

◈ "Sana İbrahim'in şerefli misafirlerinin haberi geldi mi? (Bir zamanlar melekler, İbrahim'in) yanına girince ona: "Allah'ın selâmı üzerine olsun" dediler. O da: "Allah'ın selâmı sizin de üzerinize olsun" dedi..." (51 Zariyat 24-25)

◈ **845)** Abdullah b. Amr b. As (r.a.)'dan:

Bir adam Rasûlullah (s.a.v.)'e: -*"Hangi İslam (ameli) daha hayırlıdır?"* diye sordu. Rasûlullah (s.a.v.)'de: -*"Yemek yedirmen, tanıyıp tanımadığın herkese selam vermendir"* buyurdular. (Buhari, İman 20,Müslim, İman 63)

◈ **846)** Ebu Hüreyre (r.a.)'dan:

Rasûlullah (s.a.v.) şöyle buyurdu: -*"Allah Âdemi yarattığı vakit, git şu oturan meleklere selam ver, selamını nasıl karşılayacaklarını dinle. Çünkü senin ve çocuklarının selamı o olacaktır. Bunun üzerine Âdem (a.s.) meleklere: -'Esselamü aleyküm' dedi. Melekler de: -'Esselamü aleyke ve rahmetullah', karşılığını verdiler. Onun selamına 've rahmetullahı' ilave ettiler."* buyurdular. (Buhari, Enbiya 1, Müslim, Cennet 28)

◈ **847)** Ebu Umara Bera b. Azib (r.a.)'dan:

Rasûlullah (s.a.v.) bize şu yedi şeyi emretti. Onlar da: Hasta ziyareti, cenazeye katılma, aksırana "Elhamdülillah" derse "Yerhamükellah" deme, zayıfa yardım etme, mazluma yardımcı olma, selamı yaygınlaştırma ve yemin edenin yeminini yerine getirmesine yardımcı olmadır. (Buhari, Müslim)

◈ **848)** Ebu Hüreyre (r.a.)'dan:

Rasûlullah (s.a.v.): -*"Siz, iman etmedikçe cennete giremezsiniz, birbirinizi sevmedikçe de iman etmiş olamazsınız. Yaptığınız takdirde sizin birbirinizi seveceğiniz bir şeyi söyleyeyim mi? Aranızda selamı yayın."* buyurdular. (Müslim, İman 93)

◈ **849)** Ebu Yusuf Abdullah b. Selam (r.a.)'den:

Rasûlullah (s.a.v.)'i: -*"Ey insanlar! Selamı yayın, yemek yedirin, akrabalarla alakanızı devam ettirin, insanlar uyurken siz namaz kılın ki selametle cennete giresiniz"* buyururken işittim. (Tirmizi, Kıyame 42)

◈ **850)** Tufeyl b. Ubey b. Ka'b'dan:

Abdullah b. Ömer'e gelir, onunla birlikte çarşıya çıkardı. Biz çarşıya çıkınca Abdullah b. Ömer eski eşya satan, değerli eşya satan, yoksul veya herhangi bir kimseye uğrasa mutlaka selam verirdi. Bir gün yine Abdullah b. Ömer'in yanına gelmiştim. Çarşıya çıkmak için kendisine arkadaş olmamı istedi. Ona: -*"Çarşıda ne yapacaksın, alışveriş işlerine vakıf değilsin, eşya fiyatlarını sorup pazarlığa girmezsin, pazar yerlerinde oturmazsın şurada otur da konuşalım"*, dedim. Abdullah b. Ömer: -"Ey göbekli adam! Biz çarşıya sadece selam vermek için çıkıyor ve karşılaştıklarımıza da selam veriyoruz," cevabını verdi. (Malik, Muvatta, Selam 6)

## 132- SELAM ALIP VERMENİN ŞEKLİ BÖLÜMÜ

◈ **851)** İmran b. Husayn (r.a.)'dan:

Peygamber (s.a.v.)'e bir adam geldi ve: -*"es-Selamü aleyküm,"* dedi. Peygamber (s.a.v.) onun selamını aldıktan sonra adam oturdu. Peygamber (s.a.v.): -*"On sevap kazandı"* buyurdu. Sonra bir başka adam geldi, o da: -*"es-Selamü aleyküm ve rahmetullah"*, dedi. Peygamberimiz (s.a.v.) onun da selamını aldı. O kişi de yerine oturdu. Peygamber (s.a.v.): -*"Yirmi sevap kazandı"* buyurdu. Daha sonra bir başka adam daha geldi ve: -*"es-Selamü aleyküm ve rahmetullahi ve berekatüh,"* dedi. Peygamber (s.a.v.) o kişinin de selamını aldı. O da yerine oturdu. Rasûlullah (s.a.v.): -*"Otuz sevap kazandı"* buyurdular. (Ebu Davud, Edeb 132, Tirmizi, İstizan 2)

◈ **852)** Aişe (r.a.)'dan:

Rasûlullah (s.a.v.) bana: -*"Şu zat Cebrail (a.s.)'dır. Sana selam veriyor"* buyurdu. Ben de: -*"Ve aleyküm selam ve rahmetullahi ve berekatüh"* dedim. (Buhari, Bed'ul halk 6, Müslim Fezailüssahabe 90)

◈ **853)** Enes (r.a.)'den:

Rasûlullah (s.a.v.) bir söz söylediği zaman iyi anlaşılsın diye sözünü üç defa tekrar ederdi. Bir topluluğun yanına gelip selam verdiğinde de onu üç defa tekrarlardı. (Buhari, İlim 30)

◈ **854)** Mikdad (r.a.)'dan:

Biz Peygamber (s.a.v.)'in süt hissesini ayırıp kaldırırdık. Rasûlullah (s.a.v.) geceleyin gelir, uyuyanı uyandırmayacak, uyanık olanlara işittirecek şekilde selam verirdi. Peygamber (s.a.v.) bir gece geldi yine her zamanki gibi selam verdi. (Müslim, Eşribe 174)

🔷 **855)** Esma binti Yezid (r.a.)'dan:

Rasûlullah (s.a.v.) günün birinde mescide uğradı. Kadınlardan oluşan bir cemaat orada oturmaktaydı. Peygamber (s.a.v.) onlara eliyle işaret ederek selam verdi. (Tirmizi, İstizan 9)

🔷 **856)** Ebu Cürey el-Hüceymî (r.a.)'dan:

Rasûlullah (s.a.v.)'e geldim ve: -*"Aleykesselam Ya Rasulallah!" dedim. Peygamber (s.a.v.): -"Aleykesselam deme! Çünkü aleyke's Selam ölülere verilen selamdır"* buyurdular. (Ebu Davud, Libas 24, Tirmizi, İstizan 27)

## 133- SELAMIN ADABI BÖLÜMÜ

🔷 **857)** Ebu Hüreyre (r.a.)'den:

Rasûlullah (s.a.v.): -*"Binitli olan yaya yürüyene, yürüyen oturana, sayıca az olan çok olana selam verir."* buyurdular.

Buhari rivayeti: -*"Küçük olan büyüğe selam verir."* (Buhari, İstizan 5, Müslim, Selam 1)

🔷 **858)** Ebu Ümame Suday b. Aclan el-Bâhili (r.a.)'den:

Rasûlullah (s.a.v.): -*"İnsanların Allah katında en hayırlısı selamı en önce verendir."* buyurdular. (Ebu Davud, edeb 133)

## 134- SELAMI TEKRARLAMA BÖLÜMÜ

🔷 **859)** Ebu Hüreyre (r.a.)'den:

Namazını gerekli kurallara riayet etmeyerek kılan kimse hakkındaki hadisinde belirttiğine göre o kişi mescide gelip namaz kıldı. Sonra Peygamber (s.a.v.)'in yanına geldi ve ona selam verdi. Rasûlullah (s.a.v.) selamını aldı ve: -*"Dön! Namaz kıl, çünkü sen namaz kılmadın"* buyurdu. Adam dönüp yeniden namaz kıldı sonra tekrar Peygamber (s.a.v.)'in yanına gelip selam verdi ve bu durum üç defa tekrar etti. (Buhari, Ezan 95, Müslim, Salat 45)

◈ **860)** Ebu Hüreyre (r.a.)'den:

Rasûlullah (s.a.v.) şöyle buyurdu: -*"Sizden biriniz din kardeşine rastlarsa ona selam versin. Eğer ikisinin arasına ağaç, duvar, taş girer de tekrar karşılaşırsa ona yine selam versin."* buyurdular. (Ebu Davud, Edeb 135)

## 135- EVİNE GİREN KİMSENİN SELAM VERMESİ BÖLÜMÜ

◈ "...Evlere girdiğiniz vakit, Allah tarafından mübârek, hoş bir sağlık dileği olmak üzere birbirinize selam verin..." (24 Nur 61)

◈ **861)** Enes (r.a.)'den:

Rasûlullah (s.a.v.) bana: -*"Yavrucuğum! Ailenin yanına girdiğinde selam ver ki sana ve ev halkına bereket olsun."* buyurdular. (Tirmizi, İstizan 10)

## 136- ÇOCUKLARA SELAM VERİLMESİ BÖLÜMÜ

◈ **862)** Enes (r.a.)'den:

O, çocuklara rastladığı zaman onlara selam verir ve: -*"Rasûlullah (s.a.v.) böyle yapardı"*, derdi. (Buhari, İstizan 15, Müslim, Selam 15)

## 137- ERKEĞİN KADINA SELAM VERMESİ BÖLÜMÜ

◈ **863)** Sehl b. Sa'd (r.a.)'den:

Bizim civarımızda bir kadın (diğer bir rivayete göre ihtiyar bir kadın) vardı. Pazı köklerini alır tencereye kor biraz da arpa öğütürdü. Biz Cuma namazını kılıp dönerken ona selam verirdik. O da hazırladığı bu yemekten bize ikram ederdi.

◈ **864)** Ümmü Hani Fahite binti Ebi Talib (r.a.)'dan:

Mekke'nin fethi günü Rasûlullah (s.a.v.)'e geldim. Rasûlullah (s.a.v.) yıkanıyordu. Fatıma (r.a.) da bir örtüyle onu perdeliyordu. Ben de selam verdim. (Müslim, Hayz 70)

◈ **865)** Esma binti Yezid (r.a.)'dan:

Kadınlarla birlikte oturuyorduk. Peygamber (s.a.v.) bize selam verdi. (Ebu Davud, Edeb 137)

Tirmizi den gelen rivayet: Rasûlullah (s.a.v.) günün birinde mescide uğradı. Kadınlardan oluşan bir cemaat orada oturmaktaydı. Peygamber (s.a.v.) onlara eliyle işaret ederek selam verdi. (Tirmizi, İstizan 9)

## 138- İNANMAYANLARA SELAM VERİP ALMA BÖLÜMÜ

◈ **866)** Ebu Hüreyre (r.a.)'den:

Rasûlullah (s.a.v.): -*"Yahudi ve Hıristiyanlara öncelikle siz selam vermeyin. Yolda onlardan biriyle karşılaştığınızda, onları yolun kenarından yürümeye zorlayın (yani onlara hürmet ederek yol vermeyin)."* buyurdular. (Müslim, Selam 13)

◈ **867)** Enes (r.a.)'den:

Rasûlullah (s.a.v.): -*"Kitab ehli olanlar size selam verdiklerinde onlara "ve aleyküm" deyin."* buyurdular. (Buhari, Müslim)

◈ **868)** Üsame (r.a.)'den:

Rasûlullah (s.a.v.), Müslümanlar, müşrikler, (put perestler) ve Yahudilerden oluşan bir topluluğun yanından geçerken onlara selam verdi. (Buhari, İstizan 20, Müslim Cihad 116)

## 139- AYRILIRKEN SELAM VERME BÖLÜMÜ

◈ **869)** Ebu Hüreyre (r.a.)'den:

Rasûlullah (s.a.v.): -*"Sizden biriniz bir meclise vardığında selam versin, meclisten kalkmak istediği zaman da selam versin. Bu selamlardan önceki, sonrakinden daha kıymetli değildir."* buyurdular. (Ebu Davud, Edeb 139, Tirmizi, İstizan 15)

## 140- EVLERE GİRME EDEBLERİ BÖLÜMÜ

◈ "Ey îman edenler! Evlerinizin dışında başkalarının evlerine (veya odalarına), sakın izin almadan ve (ev halkına) selâm vermeden girmeyin..." (24 Nur 27)

◈ "Çocuklarınız, ergenlik çağına girdikleri zaman, (odalarınıza girmek için) kendilerinden öncekilerin izin istedikleri gibi, onlar da izin istesinler." (24 Nur 59)

◈ **870)** Ebu Musa el-Eş'ari (r.a.)'den:

Rasûlullah (s.a.v.): -*"(Bir eve girmek için) üç sefer izin istenilir. İzin verilirse girin, verilmezse dönün."* buyurdular. (Buhari, İstizan13, Müslim, Edeb 33)

◈ **871)** Sehl b. Sa'd (r.a.)'den:

Rasûlullah (s.a.v.): -*"İzin istemek ancak gözün (evin içini görmemesi) içindir."* buyurdular. (Buhari, İstizan 11, Müslim Edeb 43)

◈ **872)** Rib'î b. Hıraş (r.a.)'den:

Âmir Oğulları kabilesinden bir adamın bize haber verdiğine göre bu kimse, Peygamber (s.a.v.) evde iken: -*"İçeri gireyim mi?"* diye izin istemişti. Rasûlullah (s.a.v.) hizmetçisine: -*"Çık! Bu adama izin istemeyi öğret! Ona: 'es-Selamü Aleyküm' de, sonra 'gireyim mi?' diye sor, de"* buyurdu. Adam, Peygamberimiz (s.a.v.)'in söylediklerini duyarak: -*"es-Selamü aleyküm girebilir miyim?"* dedi. Peygamber (s.a.v.) de ona izin verdi, o da içeri girdi. (Ebu Davud, Edeb 127)

◈ **873)** Kilde b. Hanbel (r.a.)'den:

Peygamber (s.a.v.)'in yanına gittim, selam vermeden huzuruna girdim. Bunun üzerine Rasûlullah (s.a.v.): -*"Geri dön ve es-Selamü aleyküm, gireyim mi? de."* buyurdular. (Ebu Davud, Edeb 127, Tirmizi, İstizan 18)

## 141- BİR YERE GİRMEK İÇİN İZİN İSTEYENİN "KİM O" SORUSUNA ADINI SÖYLEYEREK CEVAP VERMESİ BÖLÜMÜ

◈ **874)** Enes (r.a.)'dan:

Meşhur mirac hadisinde Rasûlullah (s.a.v.): -*"Sonra Cebrail beni Dünya semasına çıkarıp oraya girmek için izin istedi. Ona: -'Kim o?' denilince o, -'Ben Cebrail'im', dedi. Tekrar: -'Yanındaki kim?' denildi. O da: -'Muhammed,' cevabını verdi. Sonra ikinci, üçüncü, dördüncü ve diğer semalara çıkardı. Semanın tüm kapılarında: -'Kim o?' denilince: -'Ben Cibrilim' diye cevap verdi"* buyurdular. (Buhari, Bed-ül halk 43, Müslim, İman 259)

◈ **875)** Ebu Zer (r.a.)'den:

Gecenin birinde dışarı çıkmıştım. Bir de ne göreyim, Rasûlullah (s.a.v.) tek başına gidiyor. Ben de ayın gölgesinde yürümeye başladım. Rasûlullah (s.a.v.) başını çevirip beni görünce:

-*"Sen kimsin?"* buyurdular. Ben de: -*"Ebu Zer"* dedim. (Buhari, Rikak 13, Müslim, Zekât 33)

◈ **876)** Ümmü Hani (r.a.)'dan:

Mekke'nin fethi günü Peygamber (s.a.v.)'e geldim. Rasûlullah (s.a.v.) yıkanıyor, Fatıma da onu perdeliyordu. Rasûlullah (s.a.v.): -*"Kim o?"* buyurdu. Ben de: -*"Ümmü Hani'yim"* dedim. (Buhari, Gusl 21, Müslim, Hayz 70)

◈ **877)** Cabir (r.a.)'den:

Peygamber (s.a.v.)'e geldim. Kapısını çaldım. Rasûlullah (s.a.v.): -*"Kim o?"* dedi. Ben de: -*"Benim"* diye cevap verdim. Peygamber (s.a.v.): -*"Benim, benim"* diyerek, sanki benim bu cevabımı beğenmemişti. (Buhari, İstizan 17, Müslim, Adab 38)

## 142- AKSIRANA "YERHAMUKELLAH" DEME GEREĞİ BÖLÜMÜ

◈ **878)** Ebu Hüreyre (r.a.)'den:

Rasûlullah (s.a.v.): -*"Şüphesiz Allah aksıranı sever, esneyenden hoşlanmaz. Sizden biriniz aksırır ve 'el-hamdülillah' derse bunu işiten her Müslümanın üzerine ona 'yerhamukallah' demesi bir görevdir. Esnemeye gelince o şeytandandır. Sizden birinizin esnemesi geldiği zaman onu gücü yettiği kadar engellesin. Çünkü sizden biriniz esnediğiniz zaman şeytan ona güler."* buyurdular. (Buhari, Edeb 125)

◈ **879)** Ebu Hüreyre (r.a.)'den:

Rasûlullah (s.a.v.): -*"Sizden biriniz aksırdığı zaman 'el-hamdülillah' desin. Kardeşi veya arkadaşı da ona 'yerhamukellah' desin. Aksıran da, 'yehdîkümüllahu ve yuslihu bâleküm' (Allah sizi hidayete erdirsin, işlerinizi iyileştirsin), desin."* buyurdular. (Buhari, Edeb 126)

◈ **880) Ebu Musa (r.a.)'den:**

Rasûlullah (s.a.v.)'i: -"*Sizden biriniz aksırdığı zaman 'el-ham-dülillah' derse ona 'yerhamukellah' deyin.* Şayet *'el-hamdülillah' demezse siz de ona 'yerhamukellah' demeyin.*" buyururlarken işittim. (Müslim, Zühd 54)

◈ **881) Enes (r.a.)'den:**

Peygamber (s.a.v.)'in yanında iki kişi aksırdı. Peygamber (s.a.v.) onlardan birine 'yerhamukellah' dedi, diğerine ise hiçbir şey söylemedi. Kendisine 'yerhamukellah' denilmeyen kişi: -"*Filan kişi aksırdı ona 'yerhamukellah' dediniz. Ben aksırdım, bana demediniz'* deyince Peygamber (s.a.v.): -"*O 'elhamdülillah' dedi, sen ise demedin"* buyurdular. (Buhari, Edeb 127, Müslim, Zühd 53)

◈ **882) Ebu Hüreyre (r.a.)'den:**

Rasûlullah (s.a.v.) aksırdıkları zaman elini veya mendilini ağzına tutar böylelikle sesini kısmaya veya ağzını yummaya çalışırlardı. (Ebu Davud, Edeb 90, Tirmizi, Edeb 6)

◈ **883) Ebu Musa (r.a.)'den:**

Yahudiler kendilerine 'yerhamukellah' denileceğini ümit ederek Rasûlullah (s.a.v.)'in yanında yapmacıktan aksırırlardı. Peygamberimiz de onlara: "*yehdîkümüllahu ve yuslihu bâleküm (Allah sizi hidayete erdirsin, işlerinizi iyileştirsin)"* buyururlardı. (Ebu Davud, Edeb 93, Tirmizi, Edeb 3)

◈ **884) Ebu Said el-Hudri (r.a.)'den:**

Rasûlullah (s.a.v.) şöyle buyurdu: -"*Sizden biriniz esnediği zaman eliyle ağzını tutsun, çünkü şeytan onun ağzına girer.*" buyurdular. (Müslim, Zühd 57)

# 143- KARŞILAŞINCA TOKALAŞMA BÖLÜMÜ

◈ **885)** Eb'ul-Hattab Katade'den:

Ben Enes (r.a.)'e Rasûlullah (s.a.v.)'in ashabı birbiriyle el sıkışır mıydı? diye sordum. O da: -*"Evet"* dedi. (Buhari, İstizan 27)

◈ **886)** Enes (r.a.)'den:

Yemen halkı Medine'ye gelince Rasûlullah (s.a.v.): -*"Size Yemen halkı geldi, el sıkışmayı ilk başlatan onlardır."* buyurdular. (Ebu Davud, Edeb 143)

◈ **887)** Bera (r.a.)'den:

Rasûlullah (s.a.v.): -*"İki Müslüman birbiriyle karşılaşırlar da musafaha ederlerse ikisi birbirinden ayrılmadan önce günahları bağışlanır."* buyurdular. (Ebu Davud, Edeb 143)

◈ **888)** Enes (r.a.)'den:

Bir adam: -*"Ey Allah'ın Rasulü! Bizden bir kimse kardeşi veya arkadaşıyla karşılaştığında onun için eğilebilir mi?"* diye sordu. Peygamber (s.a.v.): -*"Hayır eğilemez,"* buyurdu. Adam: *"-Ona sarılıp öpebilir mi?"* diye sordu. Peygamber (s.a.v.): -*"Hayır,"* buyurdular. Bu defa adam: -*"Elini tutup musafaha edebilir mi?"* dedi. Peygamber (s.a.v.): -*"Evet,"* dedi. (Tirmizi, İstizan 31)

◈ **889)** Saffan ibni Assal (r.a.)'den:

Bir Yahudi arkadaşına: -"Gel şu Peygambere gidelim" dedi. İkisi birden Rasûlullah (s.a.v.)'e geldiler ve (onu imtihan etmek için) dokuz kesin ayetin ne olduğunu sordular. Peygamberimiz (s.a.v.) cevaplandırdıktan sonra, onlar onun elini ve ayağını öperek: -*"Şehadet ederiz ki sen gerçekten bir Peygambersin"* dediler. (Tirmizi, İstizan 33)

◈ **890)** İbnu Ömer (r.a.)'den:

Bir hadisin bir bölümünde: -*"Peygambere (r.a.)'e yaklaştık ve elini öptük."* dedi (Ebu Davud, Cihad 96)

◈ **891)** Aişe (r.a.)'dan:

Rasûlullah (s.a.v.) benim evimde iken Zeyd b. Harise Medine'ye geldi. Sonra Rasûlullah (s.a.v.)'e gelip kapıyı çaldı. Peygamber (s.a.v.)'de elbisesini sürüyerek ayağa kalktı, onu kucakladı ve öptü. (Tirmizi, İstizan 32)

◈ **892)** Ebû Zerr (r.a.)'den:

Peygamber (s.a.v.) bana: **"Kardeşini güler yüzle karşılamak bile olsa hiçbir iyiliği sakın küçük görme!"** buyurdular. (Müslim, Birr 144)

◈ **893)** Ebu Hüreyre (r.a.)'den:

Rasulullah (s.a.v.) torunu Hasan'ı öptü. Bunun üzerine Akra' b. Hâbis: -"Benim on tane çocuğum var, onlardan hiç birini öpmedim," dedi. Rasulullah (s.a.v.) de bu adama bakıp: **"Merhamet etmeyene merhamet olunmaz,"** buyurdular. (Buhari, Edeb 18, Müslim, Fezail 65)

# 7- HASTA ZİYARETİ VE CENAZE UĞURLAMA KİTABI

## 144- HASTA ZİYARETİ BÖLÜMÜ

◈ **894)** Bera b. Azib (r.a.)'den:

Rasûlullah (s.a.v.), bize hasta ziyaretini, cenazeye katılmayı, aksırana 'yerhamukallah' demeyi, yemin edenin yeminini yerine getirmesini temin etmeyi, mazluma yardım etmeyi, davet edenin davetine katılmayı ve selamı yaygınlaştırmayı tavsiye etti. (Buhari, Cenaiz 2, Müslim, Libas 3)

◈ **895)** Ebu Hüreyre (r.a.)'den:

Rasulullah (s.a.v.): *"Müslümanın Müslüman üzerindeki hakkı beştir: Selamını almak, hastayı ziyaret etmek, cenazeye iştirak etmek, davete icabet etmek, aksıran kimseye yerhamukallah demek."* buyurdular. (Buhari, Cenaiz 2, Müslim, Selam 4)

◈ **896)** Ebu Hüreyre (r.a.)'den:

Rasûlullah (s.a.v.): -*"Allah kıyamet gününde, 'Ey Âdemoğlu! Hastalandım, beni ziyaret etmedin' deyince Âdemoğlu: 'Ey*

*Rabbim! Sen âlemlerin rabbi iken ben Seni nasıl ziyaret edebilirdim ki?' diyecek. Allah da: -'Falan kulum hastalandı, ziyaretine gitmedin. Onu ziyaret etseydin, Beni onun yanında bulurdun, bunu bilmiyor musun?' diyecek. -"Yine Allah: 'Ey Âdemoğlu! Beni doyurmanı istedim, doyurmadın' deyince Âdemoğlu: 'Ey Rabbim! Sen âlemlerin rabbi iken ben Seni nasıl doyurabilirdim ki? 'diyecek. Allah da: -' Falan kulum senden yiyecek istedi vermedin, eğer ona yiyecek verseydin, onu Benim katımda mutlaka bulurdun' diyecek. -"Yine Allah: 'Ey Âdemoğlu! Senden su istedim vermedin' deyince Âdemoğlu: 'Ey Rabbim! Sen âlemlerin rabbi iken ben Sana nasıl su verebilirdim ki? 'diyecek. Allah da: -'Falan kulum senden su istedi vermedin, eğer ona istediğini verseydin verdiğinin sevabını katımda bulacağını bilmez misin?' buyuracak."* dediler. (Müslim, Birr 43)

**897)** Ebu Musa (r.a.)'den:

Rasûlullah (s.a.v.): -*"Hastayı ziyaret edin, açı doyurun, esiri kurtarın."* buyurdular. (Buhari, Cihad 171)

**898)** Sevban (r.a.)'den:

Rasûlullah (s.a.v.): -*"Bir Müslüman hasta bir Müslüman kardeşini ziyaret ettiğinde ziyaretinden dönünceye kadar cennet hurfesi içindedir."* buyurdu. Sahabe: -*"Ey Allah'ın Elçisi! Cennet hurfesi nedir?"* deyince, Rasûlullah (s.a.v.): -*"Cennet meyveleridir."* buyurdular. (Müslim, Birr 40)

**899)** Ali (r.a.)'den:

Rasûlullah (s.a.v.)'i: -*"Bir Müslüman hasta olan Müslüman bir kardeşini sabahleyin ziyarete giderse, yetmiş bin melek akşama kadar ona dua eder. Eğer akşamleyin ziyaret ederse, yetmiş bin melek onun için sabaha kadar dua eder. Aynı zamanda o kimse için cennette toplanmış meyveler vardır."* diye buyururken işittim. (Tirmizi, Cenaiz 2)

◈ **900)** Enes (r.a.)'den.

Peygamber (s.a.v.)'in hizmetinde bulunan bir Yahudi çocuk vardı. Günün birinde hastalandı. Peygamber (s.a.v.) onu ziyaret edip başucunda oturdu ve ona: -*"Müslüman ol"* buyurdu. Çocuk yanındaki babasına baktı. Babası: -*"Eb'ul-Kasım'ın çağrısına uy"* dedi. Çocuk da Müslüman oldu. Bunun üzerine Peygamber (s.a.v.): -*"Onu cehennemden kurtaran Allah'a hamdolsun"* dedi ve dışarı çıktı. (Buhari, Cenaiz 80)

# 145- HASTAYA DUA ETME BÖLÜMÜ

◈ **901)** Aişe (r.a.)'dan:

Bir kimse rahatsızlanınca veya birisinde yara bere olduğunda Peygamber (s.a.v.) parmağıyla şöyle yapar -Ravi Süfyan b. Uyeyne şehadet parmağını yere dokundurup kaldırarak Peygamber (s.a.v.)'in nasıl yaptığını gösterdi- ve: -*"Bismillah, bu bizim arzımızın toprağıdır, bazımızın tükrüğü ve Rabbimizin izni ile hastalarımız şifa bulur."* buyururdu. (Buhari, Tıb 38, Müslim, Selam 54)

◈ **902)** Aişe (r.a.)'dan:

Peygamber (s.a.v.) aile fertlerini hastalandığında ziyarete gidince sağ eliyle hastayı sıvazlar ve: -*"Ey tüm insanların Rabbi olan Allah'ım! Bu hastanın ıstırabını gider ve ona şifa ver. Şüphesiz şifa veren Sensin. Senin şifandan başka şifa yoktur. Buna hiçbir hastalık bırakmayacak şekilde şifa ver."* buyururdu. (Buhari, Merda 20, Müslim, Selam 46)

◈ **903)** Enes (r.a.)'den:

Tabiinden olan Sabit'e: -*"Peygamber (s.a.v.)'in hastaya okuduğunu sana da okuyayım mı?"* dedim. O da: -*"Oku"* diye cevap verdi. Bunun üzerine ben: -*"Ey insanların Rabbi ve bütün ıstırapları gideren Allah'ım! Şifa ver şifa verensin Sensin. Senden başka şifa verecek yoktur. Bu hastaya hiçbir hastalık bırakmayacak şekilde şifa ver."* dedim. (Buhari, Tıb 38)

◈ **904)** Sa'd b. Ebi Vakkas (r.a.)'den:

Hastalandığımda Rasûlullah beni ziyaret etti: -*"Ey Allah'ım! Sad'a şifa ver. Ey Allah'ım! Sad'a şifa ver. Ey Allah'ım! Sad'a şifa ver."* diye dua buyurdu. (Müslim, Vesaya 8)

◈ **905)** Ebu Abdullah Osman b. Eb'ul-As (r.a.)'dan:

Kendisi vücudunda hissettiği bir ağrıdan dolayı Rasûlullah (s.a.v.)'e şikâyette bulundu. Rasûlullah (s.a.v.)'de ona: -*"Vücudunun ağrıyan yerine elini koy ve üç kere, 'bismillah' de. Yedi kere de, 'Uğradığım ve uğrama korkusu çektiğim her dertten Allah'ın izzet ve kudretine sığınırım' de"* buyurdular. (Müslim, Selam 67)

◈ **906)** İbnu Abbas (r.a.)'dan:

Rasûlullah (s.a.v.): -*"Her kim henüz eceli gelmemiş bir hastayı ziyaret eder de, onun başucunda yedi kere: 'Büyük arşın Rabbi olan yüce Allah'tan sana şifa vermesini dilerim,' derse. Allah onu o hastalıktan kurtarır."* buyurdular. (Ebu Davud, Cenaiz 8, Tirmizi, Tıb 32)

◈ **907)** İbnu Abbas (r.a.)'dan:

Rasûlullah (s.a.v.) hasta bir bedeviyi ziyaret etti ve herhangi bir hastayı ziyaretinde olduğu gibi ona da: -*"Geçmiş olsun. Hastalığın inşaallah günahlarına keffaret olur"* buyurdu. (Buhari, Tevhid 31)

◈ **908)** Ebu Said el-Hudri (r.a.)'dan:

Cebrail (a.s.) Peygamber (s.a.v.)'e gelerek: -*"Ey Muhammed! Hasta mı oldun?"* diye sordu. Peygamber (s.a.v.)'de: -*"Evet"* dedi. Cebrail (a.s.): -*"Allah'ın adıyla seni rahatsız edecek her şeyden, tüm canlıların zararından ve hasetçinin gözünün şerrinden kurtulman için sana okuma tedavisi uyguluyorum. Allah sana şifa versin. Allah'ın adıyla sana dua edip okuma tedavisi yapıyorum."* dedi. (Müslim, Selam 40)

◈ **909)** Ebu Said el-Hudri ve Ebu Hüreyre (r.a.)'dan:

Rasûlullah (s.a.v.)'in: -*"Bir kimse Allah'tan başka ilah yoktur ve Allah en büyüktür derse Allah onu doğrulayarak Benden başka ilah yoktur Ben en büyüğüm' buyurur. Kul: -'Allah'tan başka ilah yoktur, o tektir ve ortağı yoktur derse Allah yine o kulunu doğrulayarak, Benden başka ilah yoktur, ben tekim, ortağım yoktur' buyurur. Kul: -'Allah'tan başka ilah yoktur, hükümranlık ve hamd ona mahsustur, dediğinde Allah, Benden başka ilah yoktur, hükümranlık ve hamd bana aittir,' buyurur. Kul: -'Allah'tan başka ilah yoktur, güç ve kudret yalnız Allah'ındır dediğinde Allah, Benden başka ilah yoktur, kuvvet ve kudret ancak benimdir' buyurur."* Dedikten sonra Rasûlullah (s.a.v.): -*"Kim bu sözleri hastalandığında söyler ve bu inanç üzere de ölürse cehennem ateşi onu yakmaz."* buyurduğuna şahit oldular. (Tirmizi, Deavat 36)

## 146- HASTANIN HALİNİ YAKINLARINDAN SORMA BÖLÜMÜ

◈ **910)** İbnu Abbas (r.a.)'dan:

Ali b. Ebi Talib (r.a.) Rasûlullah (s.a.v.)'in vefat ettiği hastalığı zamanında yanından çıktı. Sahabeler: -*"Ey Eb'ul-Hasan! Rasûlullah (s.a.v.) sabahı nasıl etti?"* dediler. O da: -*"Allah'a hamdolsun iyi geçirdi"* dedi. (Buhari, Megazi 83)

## 147- ÖLECEĞİNİ ANLAYANIN YAPACAĞI DUA BÖLÜMÜ

◈ **911)** Aişe (r.a.)'dan:

Peygamber (s.a.v.)'in bana yaslanarak: -*"Allah'ım' Beni bağışla, bana merhamet et ve beni 'yüce dostun makamı' olan kendi katına kavuştur"* diye dua ettiğini duydum. (Buhari, Merza 19)

◈ **912) Aişe (r.a.)'dan:**

Rasûlullah (s.a.v.)'i ölüm döşeğinde iken gördüm. Yanındaki su kabına elini daldırıp yüzüne sürüyor ve sonra da: -*"Ey Allah'ım! Ölümün şiddet ve baygınlıklarına karşı bana yardım et"* diye dua ediyordu. (Tirmizi, Cenaiz 7)

## 148- ÖLÜMÜ YAKIN OLDUĞU TAHMİN EDİLENLERE İYİ MUAMELE ETME BÖLÜMÜ

◈ **913) Imran b. Husayn (r.a.)'dan:**

Cüheyne kabilesinden zina sonucu gebe kalmış bir kadın Rasûlullah (s.a.v.)'e geldi ve: -*"Ey Allah'ın Rasulü! Had cezasını gerektiren bir suç işledim, benim cezamı ver"* dedi. Rasûlullah (s.a.v.) o kadının velisini çağırtıp ona: -*"Bu kadına iyi bak, çocuğunu doğurunca bana getir"* buyurdu. Adam bu işleri gereği gibi yaptı. Rasûlullah (s.a.v.) kadının üzerine elbisesinin iyice bağlanmasını emretti. Sonra Rasûlullah (s.a.v.)'in emri üzerine taşlanarak öldürüldü. Sonra da Rasûlullah (s.a.v.) kadının cenaze namazını kıldı. (Müslim, Hudud 24)

## 149- HASTANIN HASTALIĞININ ŞİDDETİNİ ANLATMASI BÖLÜMÜ

◈ **914) İbnu Mes'ud (r.a.)'den:**

Bir gün Peygamber (s.a.v.)'in yanına girdim. Sıtmadan titriyordu. Elimi dokundurdum ve: -*"Şiddetli ateşiniz var, sıtma nöbetine tutulmuşsunuz,"* dedim. O da: -*"Evet sizden iki kişinin yakalandığı sıtmanın şiddeti kadar ıstırap çekiyorum,"* buyurdular. (Buhari, Merda 13, Müslim, Birr 45)

◈ **915) Sa'd b. Ebi Vakkas (r.a.)'den:**

Yakalandığım şiddetli bir hastalık sebebiyle Rasûlullah (s.a.v.) benim ziyaretime geldi. Ona: -*"Gördüğün gibi çok rahat-*

*sızım ve zengin bir adamım bir tek kızımdan başka mirasçım da yok...*" dedim. (Bu hadisin tamamı 6 nolu hadis olarak geçmiştir.)
(Buhari, Cenaiz 36 Müslim, Vesaya 5)

◈ **916)** Kasım b. Muhammed (r.a.)'den:

Aişe (r.a.) (şiddetli bir baş ağrısına tutulduğundan dolayı): -"*Vay başım! Ölüyorum*" dedi. Peygamber (s.a.v.)'de: -"*Asıl vay benim başım! Ölüyorum*" buyurdu. Ravi hadisin tamamını anlattı. (Buhari, Merda 16)

## 150- ÖLMEK ÜZERE OLANA KELİME-İ TEVHİD TELKİN ETME BÖLÜMÜ

◈ **917)** Muaz (r.a.)'dan:

Rasûlullah (s.a.v.): -"Kimin son sözü, 'Allah'tan başka ilah yoktur' olursa o kişi cennete girer." buyurdular. (Ebu Davud, Cenaiz 20)

◈ **918)** Ebu Said el-Hudri (r.a.)'dan:

Rasûlullah (s.a.v.): -"*Ölmek üzere olanlarınıza 'la ilahe illallah' demeyi telkin edin.*" buyurdular. (Müslim, Cenaiz 1)

## 151- ÖLÜNÜN GÖZÜ KAPATILDIKTAN SONRA NE SÖYLENİR BÖLÜMÜ

◈ **919)** Ümmü Seleme (r.a.)'dan:

Rasûlullah (s.a.v.) (vefat etmiş olan) Ebu Seleme'nin yanına girdi. Açık kalan gözlerini kapatarak: -"*Ruh alınınca gözler onu izler.*" buyurdu. Bu sırada Ebu Seleme'nin ailesinden bir grup çığlık koparıp ağlamaya başladı. Bunun üzerine Rasûlullah (s.a.v.): -"*Kendinize hayırla dua edin. Çünkü melekler duanıza âmin derler*" buyurdu ve: -"*Ey Allah'ım! Ebu Seleme'yi bağışla, derecesini hidayete erenler seviyesine yükselt. Geri kalanlar arasından da hayırlı kimseler bırak. Ey alemlerin Rabbi!, Bizi de onu da bağışla, kabrini genişlet ve aydınlat."* diye devam etti (Müslim, Cenaiz 7)

## 152- ÖLÜNÜN BAŞINDA SÖYLENECEK SÖZ BÖLÜMÜ

◈ **920)** Ümmü Seleme (r.a.)'dan:

Rasûlullah (s.a.v.): -*"Hasta ve ölünün başında bulunduğunuzda güzel sözler söyleyin. Zira melekler dualarınıza âmin derler."* buyurdu. Ümmü Seleme (r.a.): -*"Ebu Seleme vefat edince Rasûlullah (s.a.v.)'e geldim ve Ey Allah'ın Rasulü! Ebu Seleme öldü",* dedim. Rasûlullah (s.a.v.): -*"Ey Allah'ım! Beni ve onu bağışla, onun yerine ondan daha iyisini ver diye dua et"* buyurdu. Ben de bu duayı yaptım. Allah da bana Ebu Seleme'den daha hayırlı olan Muhammed (s.a.v.)'i eş olarak verdi. (Müslim, Cenaiz 6)

◈ **921)** Ümmü Seleme (r.a.)'dan:

Rasûlullah (s.a.v.)'i: -*"Herhangi bir kul sıkıntıya düşer 'Biz, Allah için varız ve yine O'na döneceğiz.' Ey Allah'ım! Uğradığım musibetin ecrini ver ve bana bunun daha hayırlısını lütfet diye dua ederse; Allah, onu uğradığı sıkıntıdan dolayı mükâfatlandırır ve ona kaybettiğinden daha hayırlısını verir."* buyururlarken işittim. Ümmü Seleme: -"Eşim Ebu Seleme öldüğü vakit ben Rasûlullah (s.a.v.)'in emrettiği gibi dua ettim. Allah da bana Ebu Seleme'den daha hayırlısını yani, Rasûlullah (s.a.v.)'i verdi." dedi. (Müslim, Cenaiz 4)

◈ **922)** Ebu Musa (r.a.)'den:

Rasûlullah (s.a.v.): -*"Bir kulun çocuğu ölünce Allah, meleklerine: -'Kulumun çocuğunun ruhunu mu aldınız?' der. Melekler: -'Evet,' derler. Allah: -'Kulumun gönlünün meyvesini mi kopardınız?' buyurur. Melekler: -'Evet,' derler. Allah: -'Peki kulum ne dedi' buyurur. Melekler: -'Sana hamd etti ve Biz, Allah için varız ve yine O'na döneceğiz. dedi,' derler. Bunun üzerine Allah: 'O halde kulum için cennette bir ev yapın ve adını da hamd evi koyun,' buyurur."* dediler. (Tirmizi, Cenaiz 36)

◈ **923)** Ebu Hüreyre (r.a.)'den:

Rasûlullah (s.a.v.), Allah'ın: -*"Mü'min bir kulumun dünyada sevdiklerinden birini aldığım zaman buna sabredip sevabını benden beklerse onun mükâfatı ancak cennettir."* buyurduğunu söylemiştir. (Buhari, Rikak 6)

◈ **924)** Üsame b. Zeyd (r.a.)'dan:

Rasûlullah'ın kızlarından biri Peygamber (s.a.v.)'e adam göndererek çocuğunun -veya oğlunun- ölmek üzere olduğunu haber verip çağırdı. Rasûlullah (s.a.v.) haberi getirene: -*"Ona dön ve ona veren de alan da Allah'tır. Onun katında her şeyin belli bir vakti vardır. Ona sabretmesini ve Allah'tan ecrini beklemesini söyle"* buyurdular. (Buhari, Cenaiz 33, Müslim Cenaiz 9)

## 153- BAĞIRIP ÇAĞIRMADAN ÖLÜYE AĞLAMA BÖLÜMÜ

◈ **925)** İbnu Ömer (r.a.)'dan:

Rasûlullah (s.a.v.) yanında Abdurrahman b. Avf, Sa'd b. Ebu Vakkas ve Abdullah b. Mes'ud (r.a.) bulunduğu halde Sa'd b. Ubade (r.a.)'ı ziyaret etti. Peygamber (s.a.v.) ağladı. Peygamber (s.a.v.)'in ağladığını gören Ashap da ağladılar. Bunun üzerine Peygamber (s.a.v.): -*"Bilmez misiniz? Gerçekten Allah, gözyaşı ve kalbin elemi sebebiyle azap etmez. Fakat –dilini işaret ederek- bunun yüzünden azap da eder merhamet de."* buyurdular. (Buhari, Cenaiz 44, Müslim Cenaiz 2)

◈ **926)** Üsame b. Zeyd (r.a.)'dan.

Rasûlullah (s.a.v.)'e kızının ölüm halinde bulunan oğlunu getirdiler. Peygamber (s.a.v.)'in gözleri doldu. Bunun üzerine Sa'd

b. Ubade: -"*Ey Allah'ın Rasûlü bu ne haldir?*" deyince Peygamber (s.a.v.): -"*Bu, Allah'ın kullarının kalbine koyduğu merhamet duygusudur. Allah, ancak merhametli kullarına merhamet eder.*" buyurdular. (Buhari, Cenaiz 33, Müslim Cenaiz 9)

◈ **927)** Enes (r.a.)'den:

Rasûlullah (s.a.v.) ölmek üzere olan oğlu İbrahim'in yanına girince gözleri yaşardı. Bunun üzerine Abdurrahman b. Avf. -"*Ey Allah'ın Rasulü! Sen de mi? ağlıyorsun*" diye sordu Peygamber (s.a.v.) de ona: -"*Ey ibnu Avf! Bu gözyaşları şefkat eseridir*" cevabını vererek: -"*Göz yaşarır, kalp hüzünlenir. Biz ancak Rabbimizin razı olacağı sözleri söyleriz. Ey İbrahim! Seni kaybetmekten dolayı gerçekten üzgünüz.*" buyurdular. (Buhari, Cenaiz 43)

## 154- ÖLENİN HALİNİ GİZLEME BÖLÜMÜ

◈ **928)** Peygamber (s.a.v.)'in azad ettiği Ebu Rafi Eslem (r.a.)'den:

Rasûlullah (s.a.v.): -"*Bir kimse ölüyü yıkar da ondaki hoşa gitmeyen halleri gizli tutarsa, Allah onu kırk kere bağışlar.*" buyurdular. (Hâkim Müstedrek I, 362)

## 155- CENAZE NAMAZI KILMA BÖLÜMÜ

◈ **929)** Ebu Hureyre (r.a.)'den:

Rasûlullah (s.a.v.): -"*Kim, cenaze namazı kılıncaya kadar bir cenazenin yanında bulunursa oan bir ölçek, kim de cenaze gömülünceye kadar onun yanında kalırsa iki ölçek sevap alır*" buyurdular. Ashab: -"*İki ölçek ne kadardır?*" diye sordular Rasûlullah (s.a.v.): -"*İki büyük dağ kadardır*" cevabını verdi. (Buhari, Cenaiz 59, Müslim Cenaiz 52)

◈ **930)** Ebu Hureyre (r.a.)'den:

Rasûlullah (s.a.v.): -"*Kim faziletine inanarak karşılığını da Allah'tan bekleyerek bir Müslümanın cenazesi ile birlikte gider ve namazı kılınıp gömülünceye kadar beklerse her biri Uhud dağı kadar olan iki ölçek sevapla döner. Yine bir kimse cenaze namazını kılıp cenaze defnolunmadan ayrılırsa bir ölçek sevapla döner."* buyurdular. (Buhari iman 35)

◈ **931)** Ümmü Atiyye (r.a.)'dan:

Biz kadınlara cenazeyi takip etmek yasaklandı fakat kesin olarak da haram kılınmadı. (Buhari Cenaiz 29, Müslim Cenaiz 34)

## 156- CENAZE NAMAZINDA SAFLARIN DURUMU BÖLÜMÜ

◈ **932)** Aişe (r.a.)'dan:

Rasûlullah (s.a.v.): -*"Bir Müslüman ölüye, sayıları yüze varan bir cemaat namaz kılar ve ölü hakkında hayır dua ederlerse onların bu duaları kabul olunur."* buyurdular. (Müslim Cenaiz 58)

◈ **933)** İbnu Abbas (r.a.)'den:

Rasûlullah (s.a.v.)'i: -*"Bir Müslüman ölür de cenaze namazını Allah'a şirk koşmayan kırk kişi kılarsa, Allah onların cenaze hakkındaki dualarını kabul buyurur."* derken dinledim dedi. (Müslim Cenaiz 59)

◈ **934)** Mersed b. Abdullah el-Yezeni'den:

Malik b. Hübeyre (r.a.) cenaze namazı kılacağı zaman cemaati az bulursa onları üç saf haline getirir ve: Rasûlullah (s.a.v.): -*"Kimin üzerine üç saf cemaat cenaze namazını kılarsa, Allah o kişiye (cenneti) vacip kılar."* buyurdu derdi. (Ebu Davut Cenaiz 39, Tirmizi Cenaiz 40)

# 157- CENAZE NAMAZINDA
# OKUNACAK DUALAR BÖLÜMÜ

◈ **935)** Ebu Abdurrahman Avf b. Malik (r.a.)'den:

Rasûlullah (s.a.v.) bir cenaze namazı kıldı onun: -*"Ey Allah'ım! Onu bağışla, ona rahmet et, onu koru, onun kusurlarını affet, cennetten nasibini ikram et, gireceği yeri genişlet, su, kar ve dolu ile onun günahlarını yıka, beyaz elbiseyi kirden temizler gibi onu hatalarından temizle, ona kendi evinden daha hayırlı bir ev, ailesinden daha hayırlı bir aile, eşinden daha hayırlı bir eş ver, onu cennete koy, onu kabir ve cehennem azabından koru."* diye dua ettiğini ezberledim. Bunun üzerine; "keşke şu ölen ben olaydım" diye temenni ettim. (Müslim Cenaiz 85)

◈ **936)** Ebu Hureyre, Ebu Katade, İbrahim el-Eşhelî den, o da sahabi olan babasından (r.anhüm):

Peygamber (s.a.v.) bir cenaze namazı kıldı ve: -*"Ey Allah'ım! Dirilerimizi ve ölülerimizi, küçüklerimizi ve büyüklerimizi, erkeklerimizi ve kadınlarımızı, burada bulunanımızı ve bulunmayanımızı bağışla. Ey Allah'ım! Bizden hayatta bırakacaklarını İslam üzere yaşat, öldüreceklerini iman üzere öldür. Ey Allah'ım! Bizi bu cenazede bulunmanın sevabından mahrum etme ve ondan sonra da bizi fitneye düşürme."* diye dua etti. (Tirmizi Cenaiz 38)

◈ **937)** Ebu Hureyre (r.a.)'den:

Rasûlullah (s.a.v.)'i: -*"Cenaze namazını kıldığınız zaman ölen kimseye samimiyetle dua edin."* buyururken dinledim. (Ebu Davut Cenaiz 56)

◈ **938)** Ebu Hureyre (r.a.)'den:

Peygamber (s.a.v.) bir cenaze namazında: -*"Ey Allah'ım! Bu cenazenin Rabbi Sensin. Bunu Sen yarattın, İslam'a Sen ulaştırdın. Ruhunu da Sen aldın. Onun gizli ve açık hallerini en iyi Sen bilirsin. Biz ona hayırlı şahitlikler yapmak için geldik. Sen onu bağışla."* diye dua etti. (Ebu Davut Cenaiz 56)

◈ **939)** Vâsile b. el-Eska (r.a.)'den:

Rasûlullah (s.a.v.) bize Müslümanlardan birinin cenaze namazını kıldırdı. Onun: -*"Ey Allah'ım! Falan oğlu falan Sana emanettir ve Senin korumandadır. Onu kabir fitnesinden ve cehennem azabından koru. Sen sözünde duran ve hamde layık olansın. Ey Allah'ım! Onu bağışla ve ona merhamet et, şüphesiz sen bağışlayan ve merhamet edensin."* diye dua ettiğini duydum. (Ebu Davut Cenaiz 56)

◈ **940)** Abdullah b. Ebu Evfa (r.a.)'dan:

Abdullah b. Ebu Evfa (r.a.) kızının cenaze namazında dört defa tekbir aldı dördüncü tekbirden sonra iki tekbir arasında durduğu kadar durup, kızının bağışlanmasını diledi ve ona dua etti. Sonra da Rasûlullah (s.a.v.) böyle yapardı, dedi.

Başka bir rivayet: Dört tekbir aldıktan sonra o kadar bekledi ki biz onun beşinci defa tekbir alacağını sandık. Sonra sağına ve soluna selam verdi. Namazdan sonra: -*"Bu yaptığın nedir?"* dedik. O da bize: -*"Rasûlullah (s.a.v.)'in yaptığını gördüğüm şeye bir ilave yapmış değilim, ya da Rasûlullah (s.a.v.) böyle yapardı"* diye cevap verdi. (Hâkim el Müstedrek, I, 360)

## 158- CENAZEYİ HIZLICA TAŞIMA BÖLÜMÜ

◈ **941)** Ebu Hureyre (r.a.)'den:

Peygamber (s.a.v.) -*"Cenazeyi hızlı götürün, eğer o iyi bir kimse ise, onu kabirdeki yerine çabucak ulaştırmanız daha hayırlıdır. Eğer iyi bir kişi değilse bu da bir şerdir. Onu çabucak omuzlarınızdan atmış olursunuz."* buyurdular. (Buhari Cenaiz 51, Müslim Cenaiz 50)

Müslim'in diğer bir rivayeti: -*"Onu bir an önce hayra kavuşturmuş olursunuz."*

◈ **942)** Ebu Said el-Hudrî (r.a.)'den:

Peygamber (s.a.v.): -**"Ölü tabuta konulup da erkekler onu omuzlarına aldıkları zaman eğer o iyi bir kişi ise: -'beni çabuk götürün'** der. **Eğer iyi biri değilse yakınındakilere: -'eyvah beni bu tabut ile nereye götürüyorsunuz?' diye feryat eder. Ölünün bu seslenişini insanlardan başka her şey duyar. Eğer insan bu sözleri işitecek olsaydı düşüp bayılırdı."** buyurdular. (Buhari Cenaiz 50)

## 159- CENAZENİN BORCUNU HEMEN ÖDEME BÖLÜMÜ

◈ **943)** Ebu Hureyre (r.a.)'den:

Peygamber (s.a.v.): -**"Müminin ruhu, ödeninceye kadar borcuna bağlı kalır."** buyurdular. (Tirmizi Cenaiz 74)

◈ **944)** Husayn b. Vahvah (r.a.)'dan:

Talha ibn'il-Bera (r.a.) hastalandı. Peygamber (s.a.v.) onu ziyarete geldi ve: -**"Talha'ya ölümün yaklaştığını görüyorum, ölecek olursa bana haber verin ve cenaze işini çabuklaştırın. Çünkü bir Müslümanın ölüsünün ailesi önünde uzun zaman bekletilmesi uygun değildir."** buyurdular. (Ebu Davut Cenaiz 34)

## 160- KABİR BAŞINDA ÖĞÜT VERME BÖLÜMÜ

◈ **945)** Ali (r.a.)'den:

Bakîu'l Garkad kabristanında bir cenazenin defni için bulunuyorduk. Rasûlullah (s.a.v.) elinde baston olduğu halde yanımıza geldi ve oturdu. Biz de çevresine oturduk. Başını eğip düşündü. Bastonuyla yere bir şeyler çizmeye başladı ve sonar: -**"Sizden her birinizin cennet ve cehennemdeki yerleri (ezelde) yazılmıştır."** dedi. Ashab: -**"Ey Allah'ın Rasûlü! Biz işlerimizi o yazımıza bırakalım mı?"** dediler. Peygamber (s.a.v.): -**"Hayır! Siz,** *hayırlı ameller işleyerek görevinizi yapmaya bakın. Herkes ne için yaratıldı ise onu kolayca elde eder."* buyurdu. (Buhari Cenaiz 83, Müslim Kader 8)

## 161- DEFİNDEN SONRA KABİR BAŞINDA DUA BÖLÜMÜ

**946)** Osman b. Affan (r.a.)'dan:

Rasûlullah (s.a.v.) bir ölü defnedildikten sonra kabri başında durdu ve: -*"Kardeşinizin bağışlanmasını isteyin, ona başarılar dileyin. Çünkü o, şu anda sorgulanmaktadır."* buyurdular. (Ebu Davut Cenaiz 9)

**947)** Amr İbn-il Âs (r.a.)'dan:

-*"Beni kabrime defnettiğiniz zaman, bir deve kesip etini parçalayacak kadar mezarımın başında bekleyin ki sizin varlığınızla yeni hayatıma alışma imkânı bulayım ve Rabbimin elçilerine vereceğim cevapları hazırlayayım."* dedi.(Müslim İman 192)

## 162- ÖLÜ İÇİN SADAKA VERİP DUA ETME BÖLÜMÜ

Onlardan sonra gelenler de (onlar için): "Ey Rabbimiz! Bizi ve bizden önce îman etmiş olan kardeşlerimizi bağışla ve îman edenlere karşı gönüllerimizde çekememezlik bırakma. Ey Rabbimiz! Gerçekten Sen, çok acıyan ve çok merhamet edensin." diye duâ ederler. (59 Haşr 10)

**948)** Aişe (r.a.)'dan:

Peygamber (s.a.v.)'e bir adam: -*"Annem ansızın öldü. Zannediyorum ki o, eğer konuşsa idi sadaka vasiyet ederdi. Şimdi ben onun adına sadaka versem sevabı ona varır mı?"* diye sordu. Peygamber (s.a.v.)'de: -*"Evet"* cevabını verdi. (Buhari, Cenaiz 95, Müslim, Zekat 51)

◈ **949)** Ebu Hüreyre (r.a.)'dan:

Rasûlullah (s.a.v.): -*"Bir insan ölünce ameli kesilir. Ancak: Sadaka-i cariye, kendisinden istifade edilen ilim ve kendisine ardından dua eden hayırlı evlat bırakan kimsenin amel defteri kapanmaz."* buyurdular. (Müslim)

## 163- MÜSLÜMAN ÖLÜLERİ HAYIRLA ANMA BÖLÜMÜ

◈ **950)** Enes (r.a.)'den:

Günün birinde Rasûlullah (s.a.v.)'in yanından bir cenaze ile geçtiler. Sahabe de onu hayırla andılar. Bunun üzerine Peygamber (s.a.v.): -*"Vacib oldu"* buyurdu. Sonra bir cenaze daha geçti. Onun da fenalığını söylediler. Rasûlullah (s.a.v.) yine: -*"Vacib oldu"* buyurdu. Bunun üzerine Ömer b. Hattab: -*"Ne vacib oldu? Ey Allah'ın Rasûlü!"* diye sordu. Peygamber (s.a.v.)'de: -*"Önce geçen cenazeyi hayırla yâd ettiniz, ona cennet vacib oldu, diğer cenazeyi kötülüğüyle yâd ettiniz, ona da cehennem vacib oldu. Çünkü siz, Allah'ın yeryüzündeki şahitlerisiniz."* buyurdular. (Buhari, Cenaiz 86, Müslim, Cenaiz 60)

◈ **951)** Ebul Esved (r.a.)'den:

Medine'ye geldiğinde Ömer (r.a.)'in yanında oturuyordum. Yanımızdan bir cenaze geçti. Bu kimse hayırla anıldı. Bunun üzerine Ömer (r.a.): -*"Vacib oldu"* dedi. Sonra bir başka cenaze daha geçti. O da hayırla anıldı. Ömer (r.a.) yine: -*"Vacib oldu"* dedi. Daha sonra üçüncü bir cenaze geçti, o da kötülükle anıldı. Ömer (r.a.) yine: -*"Vacib oldu"* dedi. Bu defa ben kendisine: -*"Ne Vacib oldu? Ey mü'minlerin emiri!"* dedim. O da: -*"Ben Rasûlullah (s.a.v.)'in buyurduğu gibi söyledim."* Çünkü o: -*"Bir Müslüman hakkında dört kişi hayırla şahitlikte bulunursa Allah onu cennete kor"* buyurmuştu. Biz kendisine: -*"Peki üç kişi şehadet ederse?"* dedik. O: -*"Üç kişi şehadet ederse de aynıdır"* buyurdu. Yine: - *"Ya iki kişi şehadet ederse?"* dedik. Peygamber (s.a.v.): - *"İki kişi de şehadet etse yine aynıdır"* buyurdu. Artık bir kişinin şahitliğini de sormadık. (Buhari, Cenaiz 86)

## 164- KÜÇÜK ÇOCUKLARI ÖLENİN KAZANACAKLARI SEVAP BÖLÜMÜ

◈ **952)** Enes (r.a.)'dan:

Rasûlullah (s.a.v.): - *"Henüz ergenlik çağına ulaşmamış üç çocuğu ölen her Müslümanı Allah çocuklara olan şefkat ve merhametinden dolayı cennetine koyar."* buyurdular. (Buhari, Cenaiz 6, Müslim, Birr 153)

◈ **953)** Ebu Hüreyre (r.a.)'dan:

Rasûlullah (s.a.v.): - *"Herhangi bir Müslümanın ergenlik çağına ulaşmadan üç çocuğu ölürse o kimseye cehennem ateşi ancak yemin yerini bulacak kadar dokunur."* buyurdular. (Buhari, Cenaiz 6, Müslim, Birr 150)

◈ **954)** Ebu Said el-Hudri (r.a.)'den:

Bir kadın Rasûlullah (s.a.v.)'e geldi ve: - *"Ey Allah'ın Rasulü! Senin sözlerini hep erkekler alıp götürüyor. Biz kadınlara da bir gün ayır, o gün toplanalım, Allah'ın sana öğrettiklerinden bize de öğret"* dedi. Peygamberimiz (s.a.v.): - *"Peki şu gün şurada toplanın"* buyurdu. Kadınlar toplandılar. Peygamber (s.a.v.) gidip Allah'ın kendisine öğrettiklerinden onlara da öğretti. Sonra onlara: - *"Sizden ergenlik çağına ulaşmamış üç çocuğunu kim ahirete göndermişse, o çocuklar anneleri için cehenneme karşı perde olur"*, dedi. Kadınlardan biri: - *"Ya iki çocuk?"* dedi. Rasûlullah (s.a.v.)'de: - *"Evet iki çocuk için de öyle"* cevabını verdi. (Buhari, İlim 36, Müslim, Birr 152)

# 165- AZABA UĞRAYANLARIN YAKINLARINDAN GEÇERKEN ALLAH'A SIĞINMA BÖLÜMÜ

◈ **955)** İbnu Ömer (r.a.)'dan:

Rasûlullah (s.a.v.) Semûd kavminin ülkesi olan Hıcr denilen yere varınca ashabına: -*"Siz azaba uğrayan şu kavmin yurduna ağlayarak girin. Ağlamayacak olursanız girmeyin de onlara gelen azab size de gelmesin."* buyurdular. (Buhari, Salat 53, Müslim, Zühd 39)

Başka bir rivayet: Hıcr'e vardığı zaman Rasûlullah (s.a.v.): -*"Kendilerine zulmedenlerin yurduna, onların başına gelenin sizin de başınıza gelmemesi için ağlayarak girin."* buyurdular. Sonra Rasûlullah (s.a.v.) başını örttü ve vadiyi süratle geçti. (Buhari, Enbiya 17, Müslim, Zühd

# 8- YOLCULUK EDEBLERİ KİTABI

## 166- YOLCULUĞA PERŞEMBE GÜNÜ VE ERKEN ÇIKMA BÖLÜMÜ

◈ **956)** Ka'b b. Malik (r.a.)'dan:

Rasûlullah (s.a.v.) Tebük Gazvesine perşembe günü çıktı. O, perşembe günü sefere çıkmayı severdi. (Buhari, Cihad 103)

Buhari ve Müslim'in değişik bir rivayeti: Perşembe gününden başka günlerde Rasûlullah'ın sefere çıktığı pek nadirdir. (Buhari, Cihad 103, Müslim, Cihad 77)

◈ **957)** Sahabi Sahr b. Vedaa el-Gamidi (r.a.)'dan:

Rasûlullah (s.a.v.): -*"Ey Allah'ım! Ümmetimin erken kalkıp işine gücüne gidenlerine bereketler ihsan eyle."* buyurdular. Ravi: Peygamber (s.a.v.) Seriyye veya ordu gönderdiği zaman sabah erkenden gönderirdi. Sahr (r.a.) da tüccardı, ticaret mal ve kervanlarını sabah erkenden yola çıkarır, işine erkenden başlardı. Bu sebeple büyük servet sahibi oldu. (Ebu Davud, Cihad 78, Tirmizi, Büyu 6)

## 167- YALNIZ YOLCULUK YAPMAMA BÖLÜMÜ

◈ **958)** İbnu Ömer (r.a.)'dan:

Rasûlullah (s.a.v.) şöyle buyurdu: -*"İnsanlar yalnız başına yolculuğun ne kadar sakıncalı olduğu hakkında benim bildiklerimi bilselerdi, hiçbir binek sahibi gece yolculuğuna yalnız çıkmazdı."* buyurdular. (Buhari, Cihad 135)

◈ **959)** Amr b. Şuayb (r.a.) babası yoluyla dedesinden:

Rasûlullah (s.a.v.): *"Bir yolcu bir şeytan gibidir. İki yolcu iki şeytan gibidir. Üç yolcu ise bir kervandır."* buyurdular. (Tirmizi)

◈ **960)** Ebu Said ve Ebu Hüreyre (r.a.)'dan:

rivayet edildiğine göre Rasûlullah (s.a.v.): -*"Üç kişi yolculuğa çıkarsa aralarında birini başkan seçsinler."* buyurdular. (Ebu Davud, Cihad 80)

◈ **961)** İbnu Abbas (r.a.)'dan:

Rasûlullah (s.a.v.): -*"Arkadaşlığın en hayırlısı dört kişiden oluşanıdır. Askeri birliklerin en hayırlısı dört yüz kişi olanıdır. Orduların en hayırlısı ise dört bin kişiden meydana gelenidir. Mevcudu on iki bine varan ordunun mağlubiyeti sayı azlığından dolayı asla yenilmez.."* buyurdular. (Buhari, Cihad 83)

## 168- YOLCULUKTA YÜRÜME VE KONAKLAMA BÖLÜMÜ

◈ **962)** Ebu Hüreyre (r.a.)'dan:

Rasûlullah (s.a.v.): -*"Otlak yerlerde yolculuk yaptığınız zaman develerin otlardan istifade etmelerine imkân verin. Kurak bölgelerde yolculuk yaptığınız zaman da hayvanlarınızı hızlıca sürün. Gece molası verecek olursanız yoldan kenara çekilip isti-*

*rahatinizi yapın, zira yol üzeri geceleyin hayvanların güzergâhı ve haşeratın sığınağıdır."* buyurdular. (Müslim, İmara 178)

◈ **963)** Ebu Katade (r.a.)'dan:

Rasûlullah (s.a.v.) yolculuğa çıkar da geceleyin konaklayacak olursa sağ yanının üzerine yatardı. Sabaha karşı konaklarsa sağ dirseğini diker, başını avucunun içine koyardı. (Müslim, Mescid 313)

◈ **964)** Enes (r.a.)'dan:

Rasûlullah (s.a.v.): -*"Size gece yolculuğunu tavsiye ederim. Çünkü yeryüzü geceleyin kısalır."* buyurdular. (Ebu Davud, Cihad 57)

◈ **965)** Ebu Sa'lebe el-Huşenî (r.a.)'dan:

Sahabeler bir yerde konakladılarmı derelere ve dağ yollarına dağılırlardı. Rasûlullah (s.a.v.): -*"Sizin bu şekilde dağ yollarına ve dere boylarına dağılmanız şeytanın aldatmalarındandır"* buyurdu. O günden sonra sahabeler konakladıkları yerlerde birbirlerinden hiç ayrılmadılar. (Ebu Davud, Cihad 88)

◈ **966)** Rıdvan beyatında bulunan Hanzaliyye oğlu diye anılan Sehl b. Rebi b. Amr el-Ensari (r.a.)'den:

Rasûlullah (s.a.v.) karnı sırtına yapışmış, bir deveye rastladı ve: -*"Konuşamayan bu hayvanlar hakkında Allah'tan korkun. Onlara semiz olarak binin ve yine semiz olarak kesip yiyin"* buyurdular. (Ebu Davud, Cihad 44)

◈ **967)** Ebu Cafer Abdullah b. Cafer (r.a.)'den:

Günün birinde Rasûlullah (s.a.v.) beni terkisine aldı ve kimseye söylemeyeceğim bir sır verdi. Rasûlullah (s.a.v.)'in abdest bozmak için saklanacağı en uygun yer tepe arkası veya hurma bahçelerinin duvarlarının arkası idi. (Müslim, Hayz 79)

Berkani'nin Müslim'den rivayeti:

Rasûlullah, Ensardan bir adamın bahçesine girdi. Baktı ki orada bir deve var. Deve Peygamberi görünce inledi ve gözleri yaşardı. Peygamber (s.a.v.) devenin yanına gidip kulak ve hörgücünü şefkatle okşadı. Deve inlemesini kesti, bunun üzerine Peygamber (s.a.v.): -*"Bu devenin sahibi kimdir?"* diye sordu. Ensar'dan bir genç geldi ve: -*"Bu deve benimdir, Ey Allah'ın Rasulü!"* dedi. Rasûlullah (s.a.v.)'de: -*"Allah'ın sana verdiği bu deve hakkında Allah'tan korkmuyor musun? O senin kendisini aç bıraktığını ve çok yorduğunu bana şikâyet ediyor"* buyurdular. (Ebu Davud, Cihad 44)

◈ **968)** Enes (r.a.)'den:

Bir yerde konakladığımız zaman develerin yüklerini çözüp onları rahatlatmadan namaza durmazdık. (Ebu Davud, Cihad 44)

## 169- YOL ARKADAŞINA YARDIM ETME BÖLÜMÜ

◈ **969)** Ebu Said el-Hudri (r.a.)'den:

Peygamber (s.a.v.)'le bir yolculukta bulunduğumuz sırada devesine binmiş bir adam çıkageldi. Sağına soluna bakınmaya başladı. Bunun üzerine Rasûlullah (s.a.v.): -*"Yanında fazla binek hayvanı olan hayvanı olmayana, fazla azığı olan da azığı olmayana versin"* buyurdu ve her çeşit malı saydı. İşte o zaman biz kimsenin ihtiyacından fazla bir şey bulundurmaya hakkı olmadığını anladık. (Müslim, Lukata 18)

◈ **970)** Cabir (r.a.)'dan:

Rasûlullah (s.a.v.) bir gazaya çıkmak istediğinde bize: -*"Ey Muhacirler ve Ensar topluluğu kardeşlerinizden birçoğunun malı ve akrabası bulunmamaktadır. Bundan dolayı sizden biriniz onlardan iki veya üç kimseyi yanına alsın"* buyurdu. Aslında bizim de ancak bir kişi ile nöbetleşe binecek devemiz vardı. Cabir dedi ki: -*"Ben de nöbetleşe binmek üzere yanıma iki veya üç kişi aldım. Benim de diğerleri gibi nöbetleşe bineceğim bir devem vardı."* dedi. (Ebu Davud, Cihad 34)

◈ **971)** Cabir (r.a.)'dan:

Rasûlullah (s.a.v.) yolculuk esnasında arkadan yürür, zayıf hayvanları sürer, yürümekte güçlük çeken insanları terkisine bindirir ve onlara dua ederdi. (Ebu Davud, Cihad 94)

## 170- YOLCULUKTA YAPILACAK DUALAR BÖLÜMÜ

◈ "Bütün çiftleri yaratan ve sizin için gemilerden ve hayvanlardan üzerlerine binmeniz, üzerlerine binince de Rabbinizin nîmetini anarak: "Bizim asla gücümüzün yetmeyeceği bu şeyleri, hizmetimize veren (Allah)'ın şânı çok yücedir. Ve biz elbette, Rabbimize döneceğiz." demeniz için binitler var eden de O (Allah)'tır." (43 Zuhruf 12-13)

◈ **972)** İbnu Ömer (r.a.)'dan:

Rasûlullah (s.a.v.) yolculuğa çıkarken hayvanı üzerine binip iyice yerleşince üç defa tekbir alır ve: -"*Bizim asla gücümüzün yetmeyeceği bu şeyleri, hizmetimize veren (Allah)'ın şânı çok yücedir. Ve biz elbette, Rabbimize döneceğiz. Ey Allah'ım! Bu yolculuğumuzda senden iyilik takva ve razı olacağın ameller işlemeyi nasip etmeni dileriz. Ey Allah'ım! Bu yolcuğumuzu kolay kıl, uzağını yakın et. Ey Allah'ım! Yolculukta yardımcımız Sensin, geride bıraktığımız ailemizin koruyucusu da Sensin. Ey Allah'ım! Yolculuğun zorluklarından üzücü şeylerle karşılaşmaktan ve dönüşte malımızda çoluk çocuğumuzda kötü haller görmekten sana sığınırım*" der, dönüşünde de bunları söyler ve: -"*Biz yolcular tövbe ederek Rabbimize ibadet ederek ve hamd ederek dönüyoruz.*" cümlelerini ilave ederdi. (Müslim, Hac 425)

◈ **973)** Abdullah b. Sercis (r.a.)'dan:

Rasûlullah (s.a.v.) yolculuğa çıkarken: -"*Yolculuğun güçlüklerinden, üzücü manzaralarla karşılaşmaktan, yükselişten sonra düşüşten, mazlumun bedduasından ve dönüşte aile ve maldaki kötü görünümlerden Allah'a sığınırdı.*" (Müslim, Hac 426)

◈ **974)** Ali b. Rabia (r.a.)'dan:

Ali b. Ebi Talib (r.a.)'i binmesi için bir hayvan getirdikleri zaman gördüm. Ayağını üzengiye koyunca, *"Bismillah"* dedi. Hayvanın üzerine yerleşip doğrulunca: -*"Bizim asla gücümüzün yetmeyeceği bu şeyleri, hizmetimize veren (Allah)'a hamdolsun. Ve biz elbette, Rabbimize döneceğiz."* dedi. Sonra üç defa *"Elhamdülillah"*, üç defa *"Allahüekber"* dedikten sonra: -*"Ey Rabbim seni tesbih ederim. Ben kendime zulmettim, beni bağışla, çünkü Senden başka günahı bağışlayacak yoktur"* ayetini okudu ve güldü. Bunun üzerine: -*"Ey Mü'minlerin emiri! Niçin güldün?"* dediler. O da: -*"Peygamber (s.a.v.)'in benim yaptığım gibi yaptığını ve güldüğünü gördüm ve Ey Allah'ın Resulü niçin güldün? diye sordum."* Rasûlullah (s.a.v.): -*"Yüce Rabbin benden başka günahları bağışlayacak bir kimsenin olmadığını bilerek günahlarımızı bağışla diye dua eden kulundan razı olur"* buyurdular, dedi. (Ebu Davud, Cihad 74, Tirmizi, Deavat 46)

# 171- YOLCULUKTA TEKBİR VE TESBİH GETİRME BÖLÜMÜ

◈ **975)** Cabir (r.a.)'dan:

Biz yolculukta yukarı çıkarken "Allahüekber", inerken de "Sübhanallah" derdik. (Buhari, Cihad 132)

◈ **976)** İbnu Ömer (r.a.)'dan:

Peygamber (s.a.v.) ve askerleri, tepelere çıkarken "Allahüekber", düzlüklere inerken de "Sübhanallah" diye tesbih ederlerdi. (Ebu Davud, Cihad 72)

◈ **977)** İbnu Ömer (r.a.)'dan:

Peygamber (s.a.v.) Hac ve Umre'den dönerken her yokuş ve yüksek yere çıktığında üç kere "Allahüekber" der, sonar da: -*"Tek olan Allah'tan başka ilah yoktur, onun ortağı yoktur,*

*mülk onundur, hamd ona mahsustur, onun her şeye gücü ye-*
*ter. Rabbimize tövbe, ibadet, secde ve hamd ederek dönüyo-*
*ruz. Allah, verdiği sözü yerine getirdi, kuluna yardım etti ve*
*kudretiyle düşman ordularını hezimete uğrattı"* buyururdu.
(Buhari, Cihad 158)

Müslim'in değişik bir rivayeti: Büyük ve küçük harpler-
den veya hac ve umreden döndüğünde, şeklindedir. (Müslim,
Hac 428)

◈　**978)** Ebu Hüreyre (r.a.)'den:

Adamın biri Peygamber (s.a.v.)'e: -*"Ey Allah'ın elçisi! Sefere*
*çıkmak istiyorum, bana öğüt ver,"* dedi. Peygamber (s.a.v.)'de
ona: -*"Allah'tan kork, her yüksek yere çıktığında Allahüekber*
*de."* buyurdu. Adam gittikten sonra arkasından: -*"Ey Allah'ım!*
*Ona uzakları yakın et ve bu seferi ona kolay kıl"* diye dua etti.
(Tirmizi, Deavat 45)

◈　**979)** Ebu Musa el-Eş'ari (r.a.)'dan:

Biz bir yolculukta Peygamber (s.a.v.)'le beraberdik. Tepele-
re çıktıkça "Allahüekber" ve "La ilahe illallah" diye yüksek sesle
tekbir ve tehlil getirdik. Bunun üzerine Peygamber (s.a.v.): -*"Ey*
*İnsanlar! Kendinizi zorlamayın. Zira siz sağıra ve yanınızda*
*bulunmayan birine dua etmiyorsunuz. Allah, daima sizinle be-*
*raberdir, işitir ve size sizden daha yakındır"* buyurdular. (Buhari,
Cihad 131)

## 172- YOLCULUKTA DUA ETME BÖLÜMÜ

◈　**980)** Ebu Hüreyre (r.a.)'dan:

Rasûlullah (s.a.v.): -*"Kabul edilmesinde şüphe olmayan üç*
*dua vardır. Mazlumun duası, yolcunun duası, babanın çocuğu-*
*na olan duası."* buyurdular. (Ebu Davud, Vitir 29, Tirmizi, Birr 7)

# 173- KORKU ANINDA DUA ETME BÖLÜMÜ

◈ **981)** Ebu Musa el Eş'ari (r.a.)'dan:

Rasûlullah (s.a.v.) bir topluluktan korktuğu zaman: -*"Ey Allah'ım! Onların karşısına Senin himayeni koyuyor ve onların verecekleri zarardan da sana sığınıyoruz."* diye dua ederdi (Ebu Davud, Vitir 30)

# 174- KONAKLAMA YERİNDE YAPILACAK DUA BÖLÜMÜ

◈ **982)** Havle binti Hakim (r.a.)'dan:

Rasûlullah (s.a.v.)'i: -*"Kim bir yerde konaklar da sonar, tüm yarattıklarının şerrinden Allah'ın tam olan kelimelerine (isim ve sıfatlarına) sığınırım derse konakladığı o yerden ayrılıncaya kadar hiçbir şey ona zarar veremez."* buyururken dinledim, dedi (Müslim, Zikir 54)

◈ **983)** İbnu Ömer (r.a.)'dan:

Rasûlullah (s.a.v.) yolculukta iken gece olunca: *"Ey yeryüzü! Senin de benim de Rabbim Allah'tır. Senin ve sende olan şeylerin, sende yaratılanların ve üzerinde gezip dolaşanların şerrinden Allah'a sığınırım. Yine aslanların, şahısların, yılanların, akreplerin, burada yaşayanların, doğuranların ve doğanların şerrinden Allah'a sığınırım."* derdi. (Ebu Davud, Cihad 75)

# 175- YOLCULUKTAN ÇABUK DÖNME BÖLÜMÜ

◈ **984)** Ebu Hüreyre (r.a.)'dan:

Rasûlullah (s.a.v.): -*"Yolculuk bir çeşit azaptır. O sizi yemekten, içmekten ve uykunuzdan alıkor. Herhangi biriniz o seferdeki işini bitirince ailesine dönmekte acele etsin."* buyurdular. (Buhari, Umre 19, Müslim, İmare 179)

# 176- YOLCULUKTAN EVE GÜNDÜZ DÖNME BÖLÜMÜ

◈ **985)** Cabir (r.a.)'dan:

Rasûlullah (s.a.v.): -**"Uzun bir süre ailesinden uzak kalan kimse evine geceleyin ansızın gelmesin."** buyurdular. (Buhari, Nikâh 130, Müslim, İmara 183) Başka bir rivayet: Rasûlullah (s.a.v.) bir kimsenin evine geceleyin ansızın gelmesini yasakladı.

◈ **986)** Enes (r.a.)'dan:

Rasûlullah (s.a.v.) bir yolcuktan döndüğü zaman evine gece girmezdi. Kuşluk vakti veya akşamleyin gelirdi.

# 177- YOLCUNUN DÖNÜŞTE NE SÖYLEYECEĞİ BÖLÜMÜ

◈ **987)** Enes (r.a.)'den:

Peygamber (s.a.v.)'le birlikte bir seferden dönüyorduk. Medine'yi görebilecek bir yere gelince Resûlullah (s.a.v.): -**"Seferden dönüyoruz. Günahlarımızdan tövbe ediyoruz. Rabbimize ibadet ve hamd ediyoruz"** dedi ve bu sözü Medine'ye gelinceye kadar söylemeye devam etti.

# 178- YOLDAN DÖNÜŞTE MESCİDE UĞRAMA BÖLÜMÜ

◈ **988)** Ka'b b. Malik (r.a.)'dan:

Rasûlullah (s.a.v.) bir yolculuktan döndüğü zaman ilk iş olarak mescide uğrar ve orada iki rekât namaz kılardı. (Buhari, Megazi 79, Müslim, Tevbe 53)

## 179- KADININ TEK BAŞINA YOLCULUK YAPMAMASI BÖLÜMÜ

◈ **989)** Ebu Hüreyre (r.a.)'dan:

Rasûlullah (s.a.v.): -*"Allah'a ve ahiret gününe inanmış bir kadının yanında mahremi olmadan bir gün ve bir gecelik yolculuğa çıkması helal değildir."* buyurdular. (Buhari, Taksir 4, Müslim, Hac 423)

◈ **990)** İbnu Abbas (r.a.)'dan:

Rasûlullah (s.a.v.): -*"Bir erkek yanında mahremi olmayan bir kadınla yalnız başına kalmasın. Hiçbir kadın da yanında mahremi olan bir yakını olmaksızın tek başına yolculuğa çıkmasın"* buyurdu. Bunun üzerine bir sahabe: -*"Ey Allah'ın Rasulü! Karım hac yapmak için yola çıkmaya hazırlandı. Ben de falan savaşa katılmak için yazıldım,"* dedi. Rasûlullah (s.a.v.): -*"Git hanımınla birlikte hac yap"* buyurdular. (Buhari, Nikâh 111, Müslim, Hac 424)

# 9- FAZİLETLER KİTABI

## 180- KUR'AN OKUMANIN FAZİLETİ BÖLÜMÜ

◆ **991)** Ebu Ümame (r.a.)'den:

Ben Rasûlullah (s.a.v.)'i: -*"Kur'an okuyun, çünkü Kur'an kıyamet gününde kendisini okuyanlara şefaatçi olarak gelecektir"* buyururken işittim dedi. (Müslim, Müsafirin 253)

◆ **992)** Nevvas b. Sem'an (r.a.)'den:

Ben Rasûlullah (s.a.v.)'i: -*"Kıyamet günü Kur'an ve onunla amel edenler mahşer yerine getirilirler. Bu sırada Bakara ve Al-u İmran sureleri kendilerini okuyup amel eden kimseler hakkında şehadette bulunmak için mücadele ederek o kimselerin önlerine gelirler"* buyururken işittim. (Müslim, Müsafirin 253)

◆ **993)** Osman b. Affan (r.a.)'dan:

Rasûlullah (s.a.v.): -*"Sizin en hayırlınız Kur'an'ı öğrenen ve öğretendir."* buyurdular. (Buhari, Fezailül Kur'an 21)

◆ **994)** Aişe (r.a.)'dan:

Rasûlullah (s.a.v.): -*"Kur'an'ı güzel okuyan kimse Allah'ın Peygamberlerine gönderilen itaatkâr melekleriyle beraberdir.*

*Kur'an'ı kekeleyerek zorlukla okuyan kimseye de iki kat sevap vardır."* buyurdular. (Buhari, Tevhid 52, Müslim, Müsafirin 243)

◈ **995)** Ebu Musa el-Eş'ari (r.a.)'dan:

Rasûlullah (s.a.v.): *-"Kur'an okuyan mü'min turunçgiller gibidir. Kokusu da hoş, tadı da güzeldir. Kur'an okumayan mü'min hurma gibidir. Kokusu yoktur ama tadı güzeldir. Kur'an okuyan münafık reyhan otu gibidir. Kokusu hoş fakat tadı acıdır. Kur'an okumayan münafık Ebu Cehil karpuzu gibidir, kokusu da yoktur, tadı da acıdır."* buyurdular. (Buhari, Et'ıme 30, Müslim, Müsafirin 243)

◈ **996)** Ömer b. Hattab (r.a.)'dan:

Rasûlullah (s.a.v.): *-"Allah şu Kur'an'la nice toplumları yükseltir. Onunla nice toplumları da alçaltır."* buyurdular. (Müslim, Müsafirin 269)

◈ **997)** İbnu Ömer (r.a.)'dan:

Rasûlullah (s.a.v.): *-"Sadece şu iki kimseye imrenilebilir. Biri Allah'ın kendisine verdiği Kur'an bilgisi gece gündüz meşgul olan kimsedir. Diğeri de Allah'ın kendisine verdiği malı gece gündüz onun yolunda harcayan kimsedir."* buyurdular. (Buhari, İlim 15, Müslim, Müsafirin 266)

◈ **998)** Bera b. Azib (r.a.)'den:

Adamın biri Kehf suresini okuyordu. Yanında atı da iki iple bağlı duruyordu. Bir bulut bu adamın üzerine gelip ona yaklaşmaya başlayınca adamın atı bundan ürktü. Sabah olunca adam gelerek bu durumu Peygamber (s.a.v.)'e anlattı. Peygamber (s.a.v.) de: *-"O, Kur'an okuduğun için inen bir Rahmet ve huzurdur."* buyurdular. (Buhari, Fezail Kur'an 11, Müslim, Müsafirin 240)

◈ **999)** İbnu Mes'ud (r.a.)'dan:

Rasûlullah (s.a.v.): *-"Kim Kur'an-ı Kerimden bir harf okursa onun için bir sevab vardır. Her bir sevabın karşılığı da onar se-*

*vaptır. Ben size 'Elif, lam, mim', bir harftir demiyorum. Bilakis elif bir harf, lam bir harf, mim de bir harftir."* buyurdular. (Tirmizi, Fezailül Kur'an)

◈ **1000)** İbnu Abbas (r.a.)'dan:

Rasûlullah (s.a.v.): -*"Hafızasında hiçbir ayet bulunmayan kimse harab olmuş bir ev gibidir."* buyurdular. (Tirmizi, Fezailül Kur'an 18)

◈ **1001)** Abdullah b. Amr b. As (r.a.)'dan:

Rasûlullah (s.a.v.): -*"Kur'an ile birlikte olan kimseye, Kur'an'ı oku da yüksel. Dünyada ağır ağır okuduğun gibi şimdi de ağır ağır oku. Şüphesiz senin ulaşacağın mertebe senin en son okuyabildiğin ayete kadardır. (Yani ne kadar okursan o kadar yükselirsin)"* buyurdular. (Ebu Davud, Vitir 20, Tirmizi Fezailül Kur'an 18)

## 181- KUR'ANI SIK SIK TEKRARLAYIP UNUTULMAYA MAHKÛM ETMEME BÖLÜMÜ

◈ **1002)** Ebu Musa (r.a.)'dan:

Rasûlullah (s.a.v.): -*"Şu Kur'an'a sürekli okuyun. Muhammed'in canını elinde tutan Allah'a yemin ederim ki Kur'an'ın hafızadan kaçması, bağlanmış devenin kaçmasından daha hızlıdır."* buyurdular. (Buhari, Fezailül Kur'an 23, Müslim Müsafirin 231)

◈ **1003)** İbnu Ömer (r.a.)'dan:

Rasûlullah (s.a.v.): -*"Kur'an'ı ezberleyen kimse bağlı devenin sahibine benzer. Deve sahibi onu gözetirse elinde tutar. Eğer onu bırakıverirse kaçar."* buyurdular. (Buhari, Fezailül Kur'an 23, Müslim, Müsafirin 226)

# 182- SESİ KUR'AN'LA SÜSLEME BÖLÜMÜ

◈ **1004)** Ebu Hüreyre (r.a.)'den:

Rasûlullah (s.a.v.)'i: -**"Allah, Kur'an-ı Kerimi Peygamberin güzel sesiyle açıktan güzelce okumasından razı olduğu kadar hiçbir şeyden razı olmamıştır."** buyururken işittim, demiştir (Müslim, Müsafirin 234)

◈ **1005)** Ebu Musa el-Eş'ari (r.a.)'dan:

Rasûlullah (s.a.v.) kendisine: -"Ey Ebu Musa! Sana da Davut Peygamberin ailesine verilen güzel seslerden bir ses verilmiştir." dedi. (Buhari, Fezailül Kur'an 31, Müslim, Müsafirin 235)

Müslim'in bir rivayeti: Rasûlullah (s.a.v.) Ebu Musa'ya: -**"Dün gece senin Kur'an okuyuşunu dinlerken beni bir görseydin..."** dedi.

◈ **1006)** Bera ibni Azib (r.a.)'den:

Peygamber (s.a.v.)'i yatsı namazında "Vettini vezzeytuni" suresini okurken dinledim. Sesi ondan daha güzel bir kimse işitmedim. dedi. (Buhari, Ezan 102, Müslim, Salat 177)

◈ **1007)** Ebu Lübabe Beşir b. Abd'ul-Münzir (r.a.)'dan:

Rasûlullah (s.a.v.): -**"Kur'anı ahenkle okumayan bizden değildir."** buyurdular. (Ebu Davud, Vitir 20)

◈ **1008)** Abdullah b. Mes'ud (r.a.)'den:

Peygamber (s.a.v.): -**"Bana Kur'an oku"** buyurdu. Ben: -"Ey Allah'ın Rasûlü! Kur'an sana indirilmişken ben sana Kur'an mı okuyacağım?" dedim. Peygamber (s.a.v.): -**"Ben Kur'an'ı başkasından dinlemeyi çok severim"** buyurdular. Bunun üzerine ben de kendilerine Nisa suresinden, **"Her ümmetten bir şâhit getirdiğimiz ve seni de bunların üzerine bir şâhit yaptığımız zaman acaba bu (kâfirlerin) halleri nasıl olacak?"** (4 Nisa 41) ayetine kadar okudum. Rasûlullah (s.a.v.): -**"Şimdilik yeter,"** buyurdular. Bir de baktım ki onun iki gözünden yaşlar akıyordu. (Buhari, Fedailül Kur'an 33, Müslim, Müsafirin 247)

# 183- BELİRLİ AYET VE SURELERİ OKUMAYA TEŞVİK BÖLÜMÜ

◈ **1009)** Ebu Saîd Râfi' b. el-Mualla (r.a.)'den:

Rasûlullah (s.a.v.) bana: -*"Mescitten çıkmadan önce sana Kur'an'daki en büyük sureyi öğreteyim mi?"* dedi ve elimi de tuttu mescitten çıkmak üzere iken ben: -*"Ey Allah'ın Rasulü! Bana Kur'an'daki en büyük sureyi öğreteceğini söylemiştin"* dedim. Bunun üzerine O: -*"O sure Fatiha suresidir ki her namazda tekrar tekrar okunan yedi ayettir ve bana verilen Kur'an'ın en büyük suresidir."* buyurdular. (Buhari, Tefsir 1, Fedail-ül Kur'an 9)

◈ **1010)** Ebu Said el-Hudri (r.a.)'den:

Rasûlullah (s.a.v.) "ihlas suresi" hakkında: -*"Canımı elinde tutan Allah'a yemin ederim ki bu sure, Kur'an'ın üçte birine denktir."* buyurdular. (Buhari, Fezailül Kur'an 13)

Diğer bir rivayet: Rasûlullah (s.a.v.) ashabına, -*"Sizden biriniz bir gecede Kur'an'ın üçte birini okuyabilir mi?"* dedi. Bu onlara zor geldi de: -"Buna hangi birimizin gücü yeter? Ey Allah'ın Rasulü!", dediler. Bunun üzerine Rasûlullah (s.a.v.): -*"İhlas Suresi, Kur'an'ın üçte biridir"*, buyurdular.

◈ **1011)** Ebu Said el-Hudri (r.a.)'dan:

Adamın biri başka birisinin "İhlas" suresini tekrar tekrar okuduğunu duydu. Sabah olunca bunu Peygamber (s.a.v.)'e azımsayarak haber verdi. Bunun üzerine Rasûlullah (s.a.v.): -*"Canımı elinde bulunduran Allah'a yemin ederim ki o sure Kur'an'ın üçte birine denktir"*, buyurdular. (Buhari, Fedaiül Ku'ran 13)

◈ **1012)** Ebu Hüreyre (r.a.)'den:

Rasûlullah (s.a.v.) "İhlas" suresi hakkında: -*"Şüphesiz o sure, Kur'an'ın üçte birine denktir"* buyurdular. (Müslim, Misafirin 261)

◈ **1013)** Enes (r.a.)'dan:

Adamın biri: *"Ey Allah'ın Rasulü! Ben şu "İhlas" suresini seviyorum"*, dedi. Rasûlullah (s.a.v.) de: *-"Şüphesiz ki o surenin sevgisi seni cennete sokar"*, buyurdular. (Buhari, Ezan 106)

◈ **1014)** Ukbe b. Amir (r.a.)'den:

Rasûlullah (s.a.v.): *-"Ey Ukbe! Bu gece indirilen benzeri asla görülmemiş ayetlerden haberin var mı? Onlar; 'Kul eûzü birabbil felak' ve 'Kul eûzü birabbinnas' sureleridir."* buyurdular. (Müslim, Müsafirin 264)

◈ **1015)** Ebu Said el-Hudri (r.a.)'den:

Rasûlullah (s.a.v.) cinlerden ve göz değmesinden Allah'a sığınırdı. Nihayet "Nas ve Felak" sureleri nazil olunca diğer duaları bırakarak bunlarla Allah'a sığınmaya başladı. (Tirmizi, Tıb 16)

◈ **1016)** Ebu Hüreyre (r.a.)'den:

Rasûlullah (s.a.v.): *-"Kur'an'da otuz ayetli bir sure vardır ki; o sure bir adama bağışlanıncaya kadar şefaat der. O sure 'Mülk' suresidir."* buyurdular. (Ebu Davud, Salat 327, Tirmizi, Fezilül Kur'an 9)

◈ **1017)** Ebu Mes'ud el-Bedri (r.a.)'den:

Rasûlullah (s.a.v.): *-"Kim, geceleyin Bakara suresinin sonundaki iki ayeti okursa o iki ayet o kimseye yeter."* buyurmuşlardır. (Buhari, Fedailül Kur'an 10, 27, 34, Müslim, Müsafirin 255)

◈ **1018)** Ebu Hüreyre (r.a.)'den:

Rasûlullah (s.a.v.): *-"Evlerinizi kabirler haline getirmeyin. Şüphesiz şeytan, Bakara Suresi'nin okunduğu evden kaçar."* buyurdular. (Müslim, Müsafirin 212)

◈ **1019)** Übey b. Ka'b (r.a.)'den:

Rasûlullah (s.a.v.): *-"Ey Eb'el-Münzir! Allah'ın kitabından ezberlediğin ayetlerden en büyüğünün hangisi olduğunu biliyor musun?"* diye sordu.

Ben de: -*"Ayet'ül-kürsi"* dedim. Bunun üzerine Efendimiz (s.a.v.), elini göğsüme vurdu ve: -*"Bu ilim sana mübarek olsun, Ey Eb'el-Münzir!"* buyurdular. (Müslim, Müsafirin 258)

◈ **1020)** Ebu Hüreyre (r.a.)'den:

Rasûlullah (s.a.v.) beni Ramazan'da toplanan zekât mallarını korumakla görevlendirmişti. Derken birisi gelip yiyeceklerden avuçlamaya başladı. Onu yakaladım ve: -*"Seni Rasûlullah (s.a.v.)'e götüreceğim,"* dedim. O adam: -*"Ben muhtaç birisiyim, bakmakla yükümlü olduğum çoluk çocuğum var ve çok ihtiyacım var"*, dedi. Ben de kendisini salıverdim. Sabah olunca Rasûlullah (s.a.v.): -*"Ey Ebu Hüreyre! Dün gece yakaladığın adam ne yaptı?"* buyurdu. Ben de: -*"Ey Allah'ın elçisi! O kimse ihtiyaç içinde bulunduğunu, çoluk çocuğunun olduğunu söyledi. Ben de acıdım ve bırakıverdim"* deyince, Rasûlullah (s.a.v.): -*"Dikkat et! O sana yalan söyledi, tekrar gelecek"*, buyurdu. Rasûlullah (s.a.v.)'ın bu sözü üzerine onun tekrar geleceğini anladım ve gözetlemeye başladım. Adam geldi ve yine yiyeceklerden avuçlamaya başladı. Bunun üzerine ben: -*"Şimdi seni Rasûlullah (s.a.v.)'in yanına götüreceğim"* dedim. O adam: -*"Beni bırak, muhtacım, çoluk çocuğum var, bir daha gelmem"*, dedi. Ben de acıdım ve bırakıverdim. Sabah olunca Rasûlullah (s.a.v.) bana: -*"Ey Ebu Hüreyre! Dün gece yakaladığın adam ne yaptı?"* buyurdu. Ben de: -*"Ey Allah'ın Rasulü! Bana yine muhtaç olduğunu, çoluk çocuğunun bulunduğunu söyledi, ben de acıdım ve bırakıverdim"*, dedim. Bunun üzerine Peygamber (s.a.v.): -*"Dikkat et! O sana yalan söyledi, tekrar gelecek"*, buyurdular. Ben de üçüncü sefer gelmesini bekledim. Gerçekten de yine geldi ve yiyeceklerden tekrar avuçlamaya başladı. Ben de onu tekrar yakaladım ve: -*"Seni kesinlikle Rasûlullah (s.a.v.)'e götüreceğim bu üçüncü ve son gelişindir. Bir daha gelmeyeceğine söz veriyorsun sonra tekrar geliyorsun,"* dedim. Bu sefer adam bana: -*"Beni bırak! Allah'ın seni kendisiyle faydalandıracağı bazı kelimeleri ben sana öğreteyim,"* dedi. Ben de: -*"Nedir o kelimeler?"* dedim. O: -*"Yatağına girdiğinde Ayet'el-Kürsi'yi oku.*

*O zaman senin yanında Allah tarafından gönderilmiş bir koru-
yucu bulunur ve sabaha kadar şeytan sana yaklaşamaz,"* dedi.
Ben de onu salıverdim. Sabah olunca Rasûlullah (s.a.v.) bana:
-*" Dün gece yakaladığın adam ne yaptı?"* diye sordu. Ben de:
-*"Ey Allah'ın Rasulü! Allah'ın beni faydalandıracağı bazı kelime-
leri bana öğreteceğini söyledi ben de bırakıverdim,"* dedim. Pey-
gamber (s.a.v.): -*"O kelimeler nedir?"* diye sorunca ben de: -*"O
kimse bana, yatağına girdiğin zaman Ayet-el Kürsi'yi başından
sonuna kadar oku. Bunu okuduğun zaman senin yanında Allah
tarafından bir koruyucu bulunur ve sabaha kadar şeytan sana
asla yaklaşamaz, dediğini söyledim."* Bunun üzerine Peygam-
berimiz (s.a.v.): -*"Dikkat et! O, yalancı olduğu halde bu sefer
sana doğru söylemiş! Ey Ebu Hüreyre! Üç günden beri kiminle
konuştuğunu biliyor musun?"* dedi. Ben: -*"Hayır bilmiyorum",*
dedim. Rasûlullah (s.a.v.)'de: -*"O şeytandır"* buyurdular. (Buhari,
Vekâlet 10, Fezailül Kuran 10, Bed'ül Halk 11)

◈ **1021)** Ebu'd-Derda (r.a.)'den:

Rasûlullah (s.a.v.). -*"Kehf suresinin başından on ayet ezber-
leyen kimse deccalın şerrinden korunmuş olur."* buyurdular.

Bir diğer rivayet: -*"Sonundan on ayet"* şeklindedir. (Müslim
Musafirin 257)

◈ **1022)** İbnu Abbas (r.a.)'den:

Cebrail, bir seferinde Peygamberimiz (s.a.v.)'in yanında
otururken gökten kapı gıcırtısına benzer bir ses işitti, başını
kaldırdı ve: -*"Bu, şimdiye kadar açılmayıp sadece bu gün açılan
bir gök kapısıdır."* dedi. Oradan bir melek indi. Cebrail: -*"Bu me-
lek de bu güne kadar hiç inmemişti."* dedi. O melek, selam verdi
ve Peygamberimiz (s.a.v.)'e: -*"Müjdeler olsun sana! Senden önce
hiçbir Peygambere verilmeyen iki nur sana verildi. Biri Fatiha su-
resi diğeri de Bakara suresinin son ayetleridir. Bunlardan okuya-
cağın her bir harfe karşılık sana mükâfat verilir."* dedi (Müslim Mu-
safirin 254)

# 184- KUR'AN OKUYUP MÜZAKERE ETMEK İÇİN TOPLANMA BÖLÜMÜ

◈ **1023)** Ebu Hureyre (r.a.)'den:

Rasûlullah (s.a.v.). *"Herhangi bir topluluk Allah'ın evlerinden bir evde toplanır, Allah'ın kitabını okur ve aralarında müzakere ederlerse, üzerlerine rahatlık iner, onları rahmet kaplar ve melekler çevrelerini kuşatır. Allah da o kimseleri kendi yanında bulunanlar arasında anar."* buyurdular. (Müslim Zikr 38)

## 185- ABDESTİN FAZİLETİ BÖLÜMÜ

"Ey îman edenler! Namaza kalktığınız zaman, yüzlerinizi ve dirseklere kadar ellerinizi yıkayın. Başlarınızı mesh edin, topuklarınıza kadar da ayaklarınızı (yıkayın.) Eğer cünüp iseniz hemen iyice temizlenin. Eğer hasta olmuşsanız veya yolcu iseniz yahut helâdan gelmişseniz ya da kadınlara yaklaşmış ve de su bulamamışsanız; temiz bir topraktan yüzlerinize ve ellerinize sürerek teyemmüm edin. (Bu emirlerle) Allah, size güçlük vermek istemeyip, şükredesiniz diye sizi temizlemek ve size olan nîmetini tamamlamak istiyor." (5 Maide 6)

◈ **1024)** Ebu Hureyre (r.a.)'dan:

Rasûlullah (s.a.v.)'in: -*"Şüphesiz ki benim ümmetim kıyamet gününde abdest izlerinden dolayı yüzleri, elleri ve ayakları pırıl pırıl olarak çağrılacaklar. Sizden kim nurunun arttırılmasına gücü yetiyorsa mutlaka gerekeni yapsın."* buyurduğunu işittim, dedi. (Buhari Vudu 3, Müslim Taharat 35)

◈ **1025)** Ebu Hureyre (r.a.)'dan:

Dostum Rasûlullah (s.a.v.)'i: -*"Mü'minin cennette takınacağı ziyneti abdest suyunun ulaştığı yere kadar varır."* buyururken işittim. (Müslim Tahara 40)

◈ **1026)** Osman b. Affan (r.a.)'den:

Rasûlullah (s.a.v.): -*"Kim abdestini güzelce alırsa, o kimsenin günahları tırnaklarının altına varıncaya kadar bütün vücudundan çıkar."* buyurdular. (Müslim Tahara 33)

◈ **1027)** Osman b. Affan (r.a.)'den:

Rasûlullah (s.a.v.)'i benim şu abdestime benzer şekilde abdest alırken gördüm. Sonra: -*"Kim bu şekilde abdest alırsa geçmiş günahları bağışlanır. Onun namazı ve mescide kadar yürümesi de nafile bir ibadet olur."* buyurdular. (Müslim Tahara 8)

◈ **1028)** Ebu Hureyre (r.a.)'den:

Rasûlullah (s.a.v.): -*"Müslüman veya Müm'in bir kul abdest aldığı zaman, yüzünü yıkadığında gözleriyle işlediği günahlar abdest suyu veya suyun son damlalarıyla beraber dökülür. Ellerini yıkadığında elleriyle işlediği her günah abdest suyu veya suyun son damlalarıyla beraber dökülür gider. Ayaklarını yıkadığında ayaklarıyla yürüyerek işlediği her günah abdest suyu veya suyun son damlalarıyla ayaklarından dökülür gider. Böylece o kimse günahlarından temizlenmiş olur."* buyurdular. (Müslim Tahara 32)

◈ **1029)** Ebu Hureyre (r.a.)'den:

Rasûlullah (s.a.v.) kabristana geldi ve: -*"Selam size ey müminler yurdu! İnşaallah bizde size katılacağız. Kardeşlerimizi görmeyi isterdim"* dedi. Ashab da: -*"Biz senin kardeşlerin değil miyiz? Ey Allah'ın Rasûlü!"* dediler. Peygamberimiz (s.a.v.): -*"Siz benim ashabımsınız, kardeşlerimiz ise henüz (Dünyaya) gelmemiş olanlardır."* buyurdular. Bunun üzerine ashap: -*"Ey Allah'ın Rasûlü! Ümmetinden henüz dünyaya gelmemiş kimseleri nasıl tanıyacaksın?"* dediler. Peygamber (s.a.v.): -*"Bir kimsenin alacalı bir atı olsa, her tarafı simsiyah atlar içinde kendi atını tanımaz mı?"* diye sordu. Ashap: -*"Evet tanır. Ey Allah'ın Rasûlü!"* dediler. Rasûlullah (s.a.v.) de: -*"Onlar abdest almalarından dolayı pırıl*

*pırıl olarak geleceklerdir. Ben de onları Kevser havuzunun başında bekleyeceğim."* buyurdular. (Müslim Tahara 39)

◈ **1030)** Ebu Hureyre (r.a.)'den.

Rasûlullah (s.a.v.): -*"Size Allah'ın kendisiyle günahları silip, dereceleri yükselteceği şeyi size haber vereyim mi?"* buyurdular. Ashab da: -*"Evet. Ey Allah'ın Rasûlü!"* dediler. Bunun üzerine Rasûlullah (s.a.v.): -*"Zor şartlarda abdesti güzelce almak, mescitlere giderken adımları çoğaltmak, bir namazı kıldıktan sonra öteki namazı arzu ile beklemek. İşte bağlanmanız gereken, şeyler bunlardır, işte bağlanmanız gereken, şeyler bunlardır."* buyurdular. (Müslim Tahara 41)

◈ **1031)** Ebu Malik el-Eş'ari (r.a.)'den:

Rasûlullah (s.a.v.): -*"Temizlik, imanın yarısıdır."* buyurdular. (Müslim Tahara 1)

◈ **1032)** Ömer b. Hattab (r.a.)'den.

Rasûlullah (s.a.v.): -*"Sizden biriniz abdestini güzelce alır ve tamamladıktan sonra da; 'tek olan ortağı olmayan Allah'tan başka ilah olmadığına, Muhammed'in Allah'ın kulu ve Rasulü olduğuna şehadet ederim' derse o kimseye Cennetin sekiz kapısı açılır o da dilediği kapıdan girer."* buyurdular. (Müslim Tahara 17) şöyle

Tirmizi'de: -*"...Ey Allah'ım! Beni, sana çok tevbe edenlerden ve temizlenenlerden kıl."* sözü yer alır.

## 186- EZANIN FAZİLETİ BÖLÜMÜ

◈ **1033)** Ebu Hureyre (r.a.)'den:

Rasûlullah (s.a.v.): -*"Eğer insanlar, ezan ve birinci saftaki sevabın ne kadar olduğunu bilselerdi, bu iş için yer bulamaz kur'a çekmek zorunda kalarak kur'a çekerlerdi. Namaza erken gitmekteki sevabın ne kadar olduğunu bilselerdi birbirleriyle yarış ederlerdi. Eğer yatsı ve sabah namazının sevabını bilselerdi sürünerek de olsa bu iki namaza giderlerdi."* buyurdular. (Buhari, Ezan 9,32, Müslim Salat 129)

◈ **1034)** Muaviye (r.a.)'den:

Rasûlullah (s.a.v.)'i: -*"Kıyamet günü müezzinler insanların en uzun boyunlu olanlarıdır."* buyururken işittim. (Müslim)

◈ **1035)** Abdullah b. Abdurrahman b. Ebu Sa'saa' (r.a.)'den:

Ebu Said el Hudri (r.a.) kendisine ona: -*"Seni koyunlar ve köy hayatını sever görüyorum. Koyunlarla veya köyde olduğun zaman namaz için ezan okurken sesini yükselt. Çünkü müezzinin sesini işiten cin, insan ve her varlık kıyamet gününde ezan okuyan kimse için şahitlik eder."* dedi. Ebu Saîd. -*"Ben, bunu Rasûlullah (s.a.v.)'den işittim"* demiştir. (Buhari, Ezan 5)

◈ **1036)** Ebu Hureyre (r.a.)'den:

Rasûlullah (s.a.v.). -*"Namaz için ezan okunduğunda şeytan ezanı duymamak için yellenerek kaçar. Ezan bitince geri döner, namaz için kamet edilince yine arkasını döner kaçar. Kamet bitince kişi ile nefsi arasına sokulur ve ona, 'falan şeyi hatırla, falan şeyi hatırla' diyerek (namazdan önce) hiç de aklında olmayan şeyleri hatırlatır da insan kaç rek'at namaz kıldığını bilemez."* buyurdular. (Buhari, Ezan 4, Müslim, Salat 19)

◈ **1037)** Abdullah b. Amr b. As (r.a.)'den:

Rasûlullah (s.a.v.)'i: -*"Ezanı işittiğiniz zaman müezzinin söylediklerini aynen sizde söyleyin, sonra bana salavat getirin. Çünkü kim bana bir salavat getirirse, Allah ona on kere rahmet eder. Daha sonra benim için Allah'tan vesileyi isteyin. Çünkü vesile, cennette Allah'ın kullarından tek bir kuluna layık olan bir makamdır. O kulun ben olacağımı umuyorum. Benim için vesileyi isteyen kimseye şefaat vacip olur."* buyurdular. (Müslim, Salat 11)

◈ **1038)** Ebu Said el Hudrî (r.a.)'den:

Rasûlullah (s.a.v.): -*"Ezanı işittiğiniz zaman siz de müezzinin söylediklerini tekrar edin."* buyurdular. (Buhari, Ezan 7, Müslim, Salat 10)

◈ **1039)** Cabir (r.a.)'den:

Rasûlullah (s.a.v.): -*"Kim ezanı işittiği zaman, 'Ey şu eksiksiz davetin ve kılınacak namazın Rabbi olan Allah'ım! Muhammed (s.a.v.)'e vesileyi ve fazileti ver onu kendisine vadettiğin Makam-ı Mahmud'a ulaştır diye dua ederse kıyamet gününde o kimseye şefaatim vacip olur."* buyurdular. (Buhari, Ezan 8)

◈ **1040)** Sa'd b. ebi Vakkas (r.a.)'den:

Peygamberimiz (s.a.v.): -*"Kim müezzini dinledikten sonar, 'tek ve ortağı olmayan Allah'tan başka ilah olmadığına, Muhammed (s.a.v.) onun kulu ve Rasûlü olduğuna şahitlik ederim. Rab olarak Allah'tan, Rasul olarak Muhammed (s.a.v.)'den, din olarak da İslam'dan razı oldum' derse, o kimsenin günahları bağışlanır."* buyurdular. (Müslim, Salat 13)

◈ **1041)** Enes (r.a.)'den:

Rasûlullah (s.a.v.): -*"Ezan ile kamet arasında yapılan dua ret olunmaz."* buyurdular. (Ebu Davut Salat 35, Tirmizi Salat158)

## 187- NAMAZLARIN FAZİLETİ BÖLÜMÜ

◈ *"(Ey Muhammed!): Sana vahyedilen Kitabı oku ve namazı dosdoğru ve devamlı kıl. Çünkü namaz, (Müslüman'ı) aşırı arzulardan ve Allah'a isyandan korur. Hele Allah'ın, sizin yaptıklarınızı bilip de (sizi) anması, çok daha büyüktür."* (29 ankebut 45)

◈ **1042)** Ebu Hüreyre (r.a.)'den:

Rasûlullah (s.a.v.)'i : -*"Ne dersiniz? Birinizin kapısı önünde bir nehir olsa, o kimse her gün bu nehirde beş defa yıkansa, onda kir namına bir şey kalır mı?"* Sahabeler: -*"Onda kir namına bir şey kalmaz"* dediler. *Bunun üzerine Peygamber (s.a.v.). -"İşte beş vakit namaz, bunun gibidir. Allah onunla kişinin günahlarını yok eder."* buyururken işittim, dedi. (Buhari, Mevakit 6, Müslim, Mesacid 283) şöyle

◈ **1043)** Cabir (r.a.)'den:

Rasûlullah (s.a.v.): -*"Beş vakit namaz, sizden birinizin kapısı önünden akan ve her gün içinde beş sefer yıkandığı suyu bol bir ırmak gibidir."* buyurdular. (Müslim, Mesacid 284)

◈ **1044)** İbnu Mesud (r.a.)'den:

Adamın biri yabancı bir kadını öpmüş sonra da Rasûlullah (s.a.v.)'e gelip durumu haber vermişti. Bunun üzerine: *"Gündüzün iki tarafında (öğle ve ikindi vakitlerinde) ve gecenin bölümlerinde (akşam, yatsı ve sabah vakitlerinde) namazı, hakkını vererek kıl. Çünkü iyilikler, kötülükleri giderir. İşte bu, öğüt alanlara bir hatırlatmadır."* (11 Hud 114) ayeti nazil oldu. O adam: -*"Bu ayet yalnızca bana mı mahsustur? Ey Allah'ın Rasulü!"* dedi. Peygamber (s.a.v.) de: -*"Ümmetimin tamamı içindir"* buyurdular. (Buhari, Mevakit 4, Müslim, Tevbe 39)

◈ **1045)** Ebu Hüreyre (r.a.)'den:

Rasûlullah (s.a.v.): -*"Büyük günahlar işlenmedikçe, kılınan beş vakit namaz ile iki Cuma namazı aralarındaki işlenilen küçük günahlara keffarettir."* buyurdular. (Müslim, Tahara 14)

◈ **1046)** Osman b. Affan (r.a.)'dan:

Rasûlullah (s.a.v.)'i: -*"Bir Müslüman farz bir namazın vakti gelince güzelce abdest alır, huşu içinde rükû ve secdelerini de tam yaparak namazını kılarsa; büyük günah işlemedikçe bu namaz o güne kadar işlediği tüm günahlarına keffaret olur. Bu her zaman için böyledir."* buyururken duyduğunu söyledi. (Müslim, Tahara

# 188- SABAH VE İKİNDİ NAMAZININ FAZİLETİ BÖLÜMÜ

◈ **1047)** Ebu Musa (r.a.)'den:

Rasûlullah (s.a.v.): -*"İki serinlik vaktinde kılınan sabah ve ikindi namazlarını kılan kimse cennete girer."* buyurdular. (Buhari, Mevakit 26, Müslim, Mesacid 215)

◈ **1048)** Ebu Züheyr Umare ibni Ruveybe (r.a.)'den:

Rasûlullah (s.a.v.)'i: -*"Güneş doğmazdan ve batmazdan önce namaz kılan bir kimse cehenneme girmeyecektir. Yani sabah ve ikindi namazlarını."* diye buyururken işittiğini söyledi. (Müslim, Mesacid 213-214)

◈ **1049)** Cündüb b. Süfyan (r.a.)'den:

Rasûlullah (s.a.v.): -*"Sabah namazını kılan kimse Allah'ın himayesine girmiş olur. Ey Âdemoğlu! Dikkat et, Allah seni sana yüklediği bir görevden dolayı sorguya çekmesin."* buyurdular. (Buhari, Mevakit 26, Müslim, Mesacid 215)

◈ **1050)** Ebu Hüreyre (r.a.)'den.

Rasûlullah (s.a.v.): -*"Bir kısım melekler geceleyin bir kısmı da gündüz vakti birbirleriyle nöbetleşe sizin aranızda bulunurlar. Bu melekler sabah ve ikindi namazlarında bir araya gelirler. Sonra geceyi sizin yanınızda geçiren melekler Allah'ın huzuruna yükselirler. Allah kullarının durumunu çok iyi bildiği halde yine de o meleklere: -"Kullarımı ne halde bıraktınız?" diye sorar. Melekler de: -"Onları namaz kılarken bıraktık yanlarına vardığımız zaman da namaz kılıyorlardı derler."* buyurdular. (Buhari, Mevakit 16, Müslim, Mesacid 210)

◈ **1051)** Cerir b. Abdillah el-Beceli (r.a.)'den:

Biz, Peygamber (s.a.v.)'in yanında idik. Dolunay durumunda olan aya bakarak: -*"Sizler şu ayı gördüğünüz gibi Rabbinizi güç-*

*lük çekmeden (cennette) açıkça göreceksiniz. Güneş doğmadan ve batmadan önceki (sabah ve ikindi) namazlarını kaçırmadan kılmayı başarabilirseniz kesinlikle kaçırmayıp kılın."* buyurdular.

Buhari'nin rivayetinde: -*"Rasûlullah ayın on dördüncü gecesi aya bakmıştı"* denilmektedir. (Buhari, Mevakit 16, Müslim, Mesacid 211)

◈ **1052)** Büreyde (r.a.)'den:

Rasûlullah (s.a.v.): -*"İkindi namazını terk edenin amelleri boşa gitmiştir."* buyurdular. (Buhari, Mevakit 15)

## 189- MESCİDLERE GİRMENİN FAZİLETİ BÖLÜMÜ

◈ **1053)** Ebû Hureyre (r.a.)'den:

Peygamber (s.a.v.): *"Her kim sabah veya akşam mescide giderse, Allah onun her sabah veya akşam gidişine cennette bir sofra hazırlar."* buyurdular. (Buhârî, Ezan 37; Müslim, Mesâcid 285)

◈ **1054)** Ebû Hureyre (r.a.)'den:

Peygamberimiz (s.a.v.): -*"Bir kimse evinde güzelce abdest alır ve Allah'ın farzlarından bir farzı yerine getirmek için Allah'ın evlerinden birine giderse; attığı her adımdan biri bir günahını yok eder, diğeri de derecesini yükseltir."* buyurdular. (Müslim, Mesacid 282)

◈ **1055)** Ubey b. Ka'b (r.a.)'den:

Ensardan bir adam vardı. Evi mescide ondan daha uzak birisini bilmiyordum. Buna rağmen hiçbir namazı kaçırmıyordu. Kendisine : -*"Keşke karanlık ve aşırı sıcak günlerde binebileceğin bir merkep satın alsan?"* denildi. Adam: -*"Evimin mescide yakın oluşu beni sevindirmez. Ben mescide giderken ve aileme geri dönerken attığım her adıma sevap yazılmasını istiyorum"* deyince Rasûlullah (s.a.v.): -*"Allah bütün bunların hepsinin sevabını senin için bir araya topladı."* buyurdular. (Müslim, Mesacid 278)

◈ **1056)** Cabir (r.a.)'den:

Mescidin çevresinde boş arsalar oluştu. Selime Oğulları Mescidin yakınına taşınıp yerleşmek istediler. Bu durum Peygamber (s.a.v.)'e ulaşınca onlara: -*"Ben sizin mescidin yakınına taşınıp yerleşmek istediğinizi duydum. Doğru mu?"* buyurdular onlar da: -*"Evet. Ey Allah'ın Rasulü! Böyle arzu etmiştik"* dediler. Rasûlullah (s.a.v.) bunun üzerine iki defa: -*"Ey Selime Oğulları! Yurtlarınızdan ayrılmayın ki adımlarınıza sevap yazılsın."* buyurdular. Onlar da: -*"Artık yerlerimizden ayrılmak bizi sevindirmeyecektir."* dediler. (Müslim, Mesacid 280)

◈ **1057)** Ebu Musa (r.a.)'den:

Rasûlullah (s.a.v.): -*"Muhakkak ki insanların namazdan dolayı sevabı en fazla olanı camiye uzaktan gelmek için en fazla yürüyenleridir. Namazı imamla birlikte kılmak için bekleyen kimsenin sevabı namazı tek başına kılıp sonra uyuyan kimseden daha büyüktür."* buyurdular. (Buhari, Ezan 31, Müslim, Mesacid 277)

◈ **1058)** Büreyde (r.a.)'den:

Peygamber (s.a.v.): -*"Karanlık gecelerde mescitlere yürüyerek giden kimselere kıyamet gününde tam bir nura kavuşacaklarını müjdeleyin."* buyurdular. (Ebu Davut, Salat 50, Tirmizi, Salat 116)

◈ **1059)** Ebu Hureyre (r.a.)'den.

Rasûlullah (s.a.v.): -*"Size Allah'ın kendisiyle günahları silip, dereceleri yükselteceği şeyi size haber vereyim mi?"* buyurdular. Ashab da: -*"Evet. Ey Allah'ın Rasûlü!"* dediler. Bunun üzerine Rasûlullah (s.a.v.): -*"Zor şartlarda abdesti güzelce almak, mescitlere giderken adımları çoğaltmak, bir namazı kıldıktan sonra öteki namazı arzu ile beklemek. İşte bağlanmanız gereken, şeyler bunlardır, işte bağlanmanız gereken, şeyler bunlardır."* buyurdular. (Müslim Tahara 41)

◈ **1060)** Ebu Said el-Hudrî (r.a.)'den:

Peygamber (s.a.v.): -*"Mescitlere gitmeyi alışkanlık haline getiren bir kimseyi görürseniz onun gerçekten iman sahibi ol-*

*duğuna şahitlik edin. Allah; 'Allah'ın mescitlerini, ancak Allah'a ve âhiret gününe inanan, namazı dosdoğru ve devamlı kılan, zekâtı veren ve Allah'tan başka kimseden korkmayanlar, imar ederler. İşte gerçekten dosdoğru yol üzere oldukları umulanlar, bunlardır.' buyurur"* dediler. (9 Tevbe 18) (Tirmizi, İman 8)

## 190- NAMAZ İÇİN BEKLEMENİN FAZİLETİ BÖLÜMÜ

◈ **1061)** Ebu Hüreyre (r.a.)'den:

Rasûlullah (s.a.v.): -*"Sizden birinizin evine gitmesine namazdan başka bir engel olmayıp sırf namaz onu alıkoyduğu sürece o kimse devamlı namazda gibi sayılır."* buyurdular. (Buhari, Ezan 36, Müslim, Mesacid 275)

◈ **1062)** Ebu Hüreyre (r.a.)'den:

Rasûlullah (s.a.v.): -*"Sizden biriniz abdestini bozmadan namaz kıldığı yerde diğer namazı beklediği süresince melekler ona: 'Ey Allah'ım! Bu kulunu bağışla, bu kuluna merhamet et' diye dua ederler."* buyurdular. (Buhari, Ezan 36)

◈ **1063)** Enes (r.a.)'den:

Rasûlullah (s.a.v.) bir gece yatsı namazını gece yarısına kadar ertelemişti. Namazını kıldıktan sonra bize karşı dönerek: *"Pek çok kimse namazını kılıp uykuya daldı. Sizler namazı beklemeye başladığınızdan beri namazda oldunuz."* buyurdular. (Buhari)

## 191- CEMAATLE NAMAZ KILANIN FAZİLETİ BÖLÜMÜ

◈ **1064)** İbnu Ömer (r.a.)'den:

Rasûlullah (s.a.v.): -*"Cemaatle kılınan namaz tek başına kılınan namazdan yirmi yedi derece daha faziletlidir."* buyurdular. (Buhari, Ezan 30, Müslim, Mesacid 249)

◈ **1065)** Ebu Hüreyre (r.a.)'den:

Rasûlullah (s.a.v.): -*"Bir kimsenin cemaatle kıldığı namazının sevabı, evinde ve çarşıda kıldığı namazından yirmi beş kat daha fazladır.* Zira o kimse; güzelce abdest aldıktan sonra başka hiçbir amacı olmaksızın evden çıkıp camiye giderse attığı her adım kendisini Allah katında bir derece yükseltir ve günahlarından birini de eksiltir. Namazını kılınca boş sözlere dalmaksızın namaz kıldığı yerde kaldığı sürece melekler ona: -'Ey Allah'ım! Ona rahmet et, ona acı' diyerek dua ederler. O kimse bir başka namaz vaktini beklediği sürece namazda sayılır."* buyurdular. (Buhari, Ezan 30, Müslim, Mesacid 272)

◈ **1066)** Ebu Hüreyre (r.a.)'den:

Peygamber (s.a.v.)'e kör bir adam gelerek: -*"Ey Allah'ın Rasûlü! Beni mescide götürecek bir kimse yok"* diyerek Rasûlullah (s.a.v.)'in kendisine namazlarını evinde kılması için izin vermesini istedi. Rasûlullah (s.a.v.) ona izin verdi. Adam arkasını dönüp giderken Rasûlullah (s.a.v.) onu çağırdı ve: -*"Ezanı duyuyor musun?"* diye sordu. Adam: -*"Evet"* cevabını verince Peygamber (s.a.v.): -*"O halde davete icabet et."* cevabını verdiler. (Müslim, Mesacid 255)

◈ **1067)** Amr b. Kays da denilen müezzin Abdullah b. Ümmü Mektum (r.a.)'den:

O: -*"Ey Allah'ın Rasûlü! Gerçekten Medine'nin zararlı haşeratı ve yırtıcı hayvanları çoktur. (Yani namazımı evimde kılabilir miyim?)"* dedi. Rasûlullah (s.a.v.): -*"Hayyealessalah ve Hayyealelfelah'ı işitiyorsan mescide mutlaka gelmelisin"* buyurdu. (Ebu Davut, Salat 42)

◈ **1068)** Ebu Hüreyre (r.a.)'den:

Rasûlullah (s.a.v.): -*"Canımı elinde tutan Allah'a yemin ederim ki; zaman zaman içimden şöyle geçiyor. Odun toplamayı emredeyim, odun toplansın, sonra namazı emredeyim ezan okunsun,*

*sonra bir kimseye emredeyim insanlara imam olsun, sonar da va-*
*rıp namaza gelmeyenlerin evlerini kendileri içindeyken yakayım."*
buyurdular. (Buhari, Ahkâm 52, Ezan 29, Müslim, Mesacid 251-254)

◈ **1069)** İbnu Mesud (r.a.)'den:

Yarın (Kıyamet Günü) her kimi Allah'ın huzuruna Müslüman
olarak çıkmak sevindirecekse namazlarını ezan okunan yerde
(yani mescitlerde) eda etsin. Şüphesiz ki Allah Peygamberiniz
için hidayet yollarını açıklamıştır. Bu namazlar da hidayet yol-
larındandır. Şayet siz de namazları, cemaati terk edip namazı
evinde kılan şu adam gibi kılacak olursanız Peygamberinizin
sünnetini terk etmiş olursunuz. Eğer Peygamberinizin sünnetini
bırakırsanız sapıklığa düşersiniz. Benim bizde gördüğüm kada-
rıyla cemaate ancak münafıklığı belli olanlar devam etmezler.
Aramızda öyle kimseler olurdu ki iki kişinin arasında sallanarak
namaza getirilir ve safa yerleştirilirdi.

Müslim'den bir rivayet: İbnu Mesud, 'şüphesiz ki Rasûlullah
(s.a.v.) bize hidayet yollarını öğretti. İçinde ezan okunan mescit-
lerde namaz kılmak da hidayet yollarındandır' demiştir (Müslim,
Mesacid 256-257)

◈ **1070)** Eb'ud- Derda (r.a.)'den:

Rasûlullah (s.a.v.)'i: -*"Bir köy veya ıssız bir yerde üç kişi bulunur*
*da namazı aralarında cemaatle kılmazlarsa şeytan onlara galip*
*gelir. O halde cemaatle namaz kılmaya devam edin çünkü kurt,*
*sürüden ayrılan koyunu yer."* buyururken işittim. (Ebu Davut, Salat 46)

## 192- SABAH VE YATSI NAMAZLARINDA CEMAATE DEVAM BÖLÜMÜ

◈ **1071)** Osman b. Affan (r.a.)'den:

Rasûlullah (s.a.v.)'i: -*"Yatsı namazını cemaatle kılan gecenin*
*yarısını namazla geçirmiş gibidir. Sabah namazını cemaatle kı-*

*lan, bütün geceyi namazla geçirmiş gibidir."* diye buyururken işittim. (Müslim, Mesacid 260)

Tirmizi'nin rivayeti: Osman b. Affan (r.a.)'den, Rasûlullah (s.a.v.): *-"Yatsı namazında cemaatte hazır bulunan gecenin yarısını namazla geçirmiş gibidir. Yatsı ve sabah namazlarında cemaatte bulunan ise bütün geceyi namazla geçirmiş gibidir."* buyurdular. (Tirmizi, Salat 165)

◈ **1072)** Ebu Hüreyre (r.a.)'den.

Rasûlullah (s.a.v.): *-"Eğer insanlar, yatsı ve sabah namazının sevabını bilselerdi sürünerek de olsa bu iki namaza giderlerdi."* buyurdular. (Buhari, Ezan 9, Müslim, Salat 129)

◈ **1073)** Ebu Hüreyre (r.a.)'den:

Rasûlullah (s.a.v.). *-"Münafıklara yatsı ve sabah namazından daha ağır gelen bir namaz yoktur. Eğer bu iki namazdaki sevabı bilselerdi bu namazlara sürünerek gelirlerdi."* buyurdular. (Buhari, Mevakit 20, Müslim, Mesacid 252)

## 193- FARZ NAMAZLARA DEVAM ETMENİN EMREDİLMESİ TERK ETMENİN YASAKLANMASI BÖLÜMÜ

◈ "Bilinen namazları ve o orta namazı (sabah ve ikindi namazını titizlikle) koruyun ve namazlara, Allah'a gönülden bağlanarak durun." (2 Bakara 238)

◈ "Yok, eğer tevbe eder, namazı dosdoğru ve devamlı kılar ve zekâtı da verirlerse (o zaman) onları serbest bırakın." (9 Tevbe 5)

◈ **1074)** İbnu Mes'ud (r.a.)'den:

Peygamber (s.a.v.)'e: *"Hangi ameller daha faziletlidir?"* diye sordum. Rasulullah (s.a.v.): *"Vaktinde kılınan namazdır,"* buyurdular. *"Sonra hangisidir?"* dedim. *"Anaya babaya iyilik etmek-*

*tir"* buyurdu. *"Daha sonra hangisidir?"* deyince: *"Allah yolunda cihad etmektir"* buyurdular. (Buhari, Mevakıt 5, Müslim, İman 137)

◆ **1075)** İbnu Ömer (r.a.)'den:

Rasûlullah (s.a.v.): -*"İslam şu beş temel üzerine kurulmuştur. Allah'tan başka ilah olmadığına ve Muhammed'in, Allah'ın Rasûlü olduğuna şehadet etmek, namazı dosdoğru kılmak, zekâtı vermek, Kâbe'yi haccetmek ve Ramazan orucunu tutmak."* buyurdular. (Buhari, İman 1-2, Müslim, İman 19-22)

◆ **1076)** Abdullah b. Ömer (r.a.)'den:

Rasulullah (s.a.v.): -*"Ben insanlarla tek ilahın Allah olduğuna, Muhammed'in Allah'ın Rasulü olduğuna şehadet edip, namazı dosdoğru kılıncaya, zekâtı verinceye kadar savaşmakla emrolundum. Onlar, bunları yaparlarsa İslam'ın gerektiği haklar dışında; kanlarını ve mallarını benden korumuş olurlar. Onların gizli hallerinin hesabı Yüce Allah'a aittir."* buyurdular.
(Buhari, İman 17, Müslim, İman 32-36)

◆ **1077)** Muaz (r.a.)'dan:

Resullullah (s.a.v.) beni Yemen'e (yönetici olarak) gönderdiler ve: -*"Sen ehl-i kitap bir topluma gidiyorsun, onları Allah'ın tek ilah olduğuna ve benim de Allah'ın elçisi olduğuma şehadet etmeye çağır. Eğer onlar buna itaat ederlerse Allah'ın onlara her gün ve gecede kendilerine beş vakit namazı farz kıldığını haber ver. Onlar buna da itaat ederlerse onlara, Allah'ın zenginlerinden alınıp fakirlerine verilecek olan zekâtı da farz kıldığını bildir. Buna da itaat ettikleri takdirde, mallarının en gözde olanlarını almaktan sakın. Mazlumun bedduasından da sakın. Çünkü onun duası ile Allah arasında bir perde yoktur."* buyurdular. (Buhari, Zekât 41, Müslim, İman 29)

◆ **1078)** Cabir (r.a.)'den:

Rasûlullah (s.a.v.)'i: -*"Gerçekten kişi ile küfür ve şirk arasındaki fark namazı terk etmektir."* derken işittim. (Müslim, İman 134)

◈ **1079)** Büreyde (r.a.)'den:

Peygamber (s.a.v.): -*"Bizimle onlar arasında ayırıcı temel unsur namazdır. Namazı terk eden muhakkak kafir olur."* buyurdular. (Tirmizi İman 9, Nese-i Salat 8, İbn Mace İkamet 77)

◈ **1080)** Büyük bir şahsiyet olduğunda görüş birliği bulunan Tabiinden Şakîk b. Abdillah: -*"Muhammed (s.a.v.)'in ashabı namazdan başka amellerden hiç birinin terk edilmesini küfür saymazlardı."* (Tirmizi İman 9)

◈ **1081)** Ebu Hüreyre (r.a.)'den:

Rasûlullah (s.a.v.): -*"Kıyamet günü kulun hesaba çekileceği ilk ameli namazdır. Eğer namaz konusu düzgün çıkarsa o kurtuluşa ermiş ve başarıya ulaşmıştır. Eğer namaz durumu bozuk çıkarsa aldanmış ve zararlı çıkmıştır. Eğer farzlardan bir eksiği çıkarsa Allah: 'Bakınız bu kulumun farzlardan eksik kalanı tamamlayacak bir nafile ibadeti var mıdır?' buyurur. Böylece farzların eksiği nafilelerle tamamlanır ve diğer amellerinden de aynı şekilde hesaba çekilir."* buyurdular. (Tirmizi Mevakit 188)

## 194- İLK SAFTA NAMAZ KILMANIN SEVABI BÖLÜMÜ

◈ **1082)** Cabir b. Semurete (r.a.)'den:

Rasûlullah (s.a.v.) yanımıza gelerek: -*"Siz de meleklerin Rableri huzurunda saf tuttukları gibi saf tutsanız olmaz mı?"* buyurdu. Bunun üzerine biz. -*"Ey Allah'ın Rasulü! Melekler Rablerinin huzurunda nasıl saf tutarlar?"* dedik. Rasûlullah (s.a.v.): -*"Ön safları doldururlar ve safları sık tutarlar."* buyurdular. (Müslim, Salat 119)

◈ **1083)** Ebu Hüreyre (r.a.)'den:

Rasûlullah (s.a.v.): -*"Eğer insanlar, ezan ve birinci saftaki sevabın ne kadar olduğunu bilselerdi, bu iş için yer bulamaz kur'a çekmek zorunda kalarak kur'a çekerlerdi"* buyurdular. (Buhari, Ezan 9, Müslim, Salat 129)

◈ **1084)** Ebu Hüreyre (r.a.)'den:

Rasûlullah (s.a.v.): -*"Erkeklerin saflarının en hayırlısı ilk saf, en az sevabı olan ise son saftır. Kadınların saflarının en hayırlısı son saf, en az sevabı olanı ise ön saftır."* buyurdular. (Müslim, Salat 130)

◈ **1085)** Ebu Said el-Hudri (r.a.)'den:

Rasûlullah (s.a.v.) ashabının namazda geride saf tuttuğunu görünce: -*"Öne doğru gelin ve bana uyun, arkadakiler de size uysunlar. Bir topluluk devamlı surette geride durursa Allah da onları geri bırakır."* buyurdular. (Müslim, Salat 130)

◈ **1086)** Ebu Mes'ud (r.a.)'den:

Rasûlullah (s.a.v.) namazda omuzlarımıza dokunarak: -*"Safları düzgün tutun, ileri-geri durmayın. Sonra kalpleriniz de birbirinden ayrılır. Ergenlik çağına girmiş aklı başında olanlarınız benim arkamda, onlardan sonra gelenler daha arkada, daha sonra gelenler de daha arkada dursunlar."* buyurdular. (Müslim, Salat 122)

◈ **1087)** Enes (r.a.)'den:

Rasûlullah (s.a.v.): -*"Saflarınızı düz tutun. Zira safların düz olması namazın tamam olmasındandır."* buyurdular.

Buhari'nin rivayeti: -*"Gerçekten safların düz olması, namazın mükemmel olmasındandır."* buyurdular.

◈ **1088)** Enes (r.a.)'den:

Bir defasında namaz kılmak için kamet getirildi. Rasûlullah (s.a.v.) bize yüzünü döndü ve: -*"Saflarınızı düzgün tutun ve sıklaştırın. Zira ben sizi arkamdan da görüyorum."* buyurdular.

Buhari'nin başka bir rivayeti: "Her birimiz omzunu arkadaşının omzuna ayağını da arkadaşının ayağına yapıştırırdı." (Buhari, Ezan 72-76)

◈ **1089)** Numan b. Beşîr (r.a.)'den:

Rasûlullah (s.a.v.)'i: -*"Eğer saflarınızı düzgün tutmazsanız Allah yönlerinizi başka başka taraflara çevirir."* buyururken işittiği söyledi. (Buhari, Ezan 71, Müslim, Salat 127)

Müslim'in diğer bir rivayeti: Rasûlullah (s.a.v.) saflarımızı okları düzeltir gibi düzeltirdi. Bizi alıştırıncaya kadar böyle devam etti. Bir gün namaza çıktı tekbir almak üzereyken içimizden birinin göğsünün dışarı çıktığını görünce: -*"Ey Allah'ın kulları! Saflarınızı düzeltin yoksa Allah yönlerinizi ayrı ayrı yönlere çevirir."* buyurdular. (Müslim, Salat 128)

◈ **1090)** Bera b. Âzib (r.a.)'den:

Rasûlullah (s.a.v.) göğüslerimize ve omuzlarımıza dokunarak baştanbaşa safların arasında dolaşır ve: -*"Saflarda ileri geri durmayın, sonra kalpleriniz de farklılaşır. İlk saflarda bulunan kimselere Allah rahmet, melekler de dua ederler."* buyururdular. (Ebu Davut, Salat 93)

◈ **1091)** İbnu Ömer (r.a.)'den:

Rasûlullah (s.a.v.): -*"Saflarınızı düzgün tutun. Omuzlarınız aynı hizada olsun, saf arasındaki boşlukları doldurun. Saf düzeni için elinizden tutup çeken kardeşlerinize yumuşak davranın. Saflarınızda şeytan için boşluklar bırakmayın. Kim bir saftaki boşluğu doldurursa Allah ona rahmetini ulaştırır. Kim de safta boşluk bırakırsa Allah ona rahmetini keser."* buyurdular. (Ebu Davut, Salat 93,98)

◈ **1092)** Enes (r.a.)'den:

Rasûlullah (s.a.v.): -*"Saflarınızı sık ve birbirinize yakın tutun. Boyunlarınızı da bir hizaya getiriniz. Canımı elinde tutan Allah'a yemin olsun ki; şüphesiz ben safların açık yerlerinden şeytanın siyah kuzu gibi girdiğini görüyorum."* buyurdular. (Ebu Davut, Salat 93)

◈ **1093)** Enes (r.a.)'den:

Rasûlullah (s.a.v.): -*"Önce ön safı tamamlayın sonra arkadaki safı oluşturun. Boş yer kalırsa son safta kalsın."* buyurdular. (Ebu Davut, Salat 93)

◈ **1094)** Aişe (r.a.)'dan:

Rasûlullah (s.a.v.): -*"Şüphesiz safların sağ taraflarında bulunan kimselere Allah rahmet eder melekler de dua ederler."* buyurdular. (Ebu Davut, Salat 94)

◈ **1095)** Bera (r.a.)'den:

Rasûlullah (s.a.v.)'in arkasından namaz kılarken yüzünü önce sağ tarafına döndüğü için onun sağ tarafında olmayı arzu ederdik. Bir kere bize döndüğünde: -*"Rabbim kullarını bir araya toplayacağın gün beni azabından koru."* buyurduğunu işittim. (Müslim, Müsafirin 62)

◈ **1096)** Ebu Hüreyre (r.a.)'den:

Rasûlullah (s.a.v.): -"Safları, imamı ortaya alarak düzenleyin ve saflardaki boşlukları da doldurun." buyurdular. (Ebu Davut, Salat 98)

## 195- FARZLARIN ÖNCESİ VE SONRASI KILINAN SÜNNETLER VE FAZİLETİ BÖLÜMÜ

◈ **1097)** Müminlerin annesi Ümmü Habibe Ramle binti Ebu Sufyan (r.a.)'den:

Rasûlullah (s.a.v.)'i: -*"Müslüman bir kimse farzdan başka nafile olarak her gün, Allah rızası için on iki rekât namaz kılarsa, Allah ona cennette bir köşk yapar veya ona cennette bir köşk yapılır."* buyururken işittim dedi. (Müslim, Müsafirin 103)

◈ **1098)** İbnu Ömer (r.a.)'den:

Ben Rasûlullah (s.a.v.) ile birlikte öğle namazından önce iki, öğle namazından sonra iki, cumadan sonra iki, akşam namazından sonra iki, rekât yatsı namazından sonra da iki rekât namaz kıldım. (Buhari, Tehecüd 25-29, Müslim, Müsafirin 104)

◈ **1099)** Abdullah b. Muğaffel (r.a.)'den:

Rasûlullah (s.a.v.): -*"Her iki ezan arasında bir namaz vardır. Her iki ezan arasında bir namaz vardır. Her iki ezan arasında bir namaz vardır."* buyurdular, üçüncüsünde. -*"Kılmak isteyenler için."* dediler. (Buhari Teheccüd ve Müslüm Müsafirin)

## 196- SABAH NAMAZININ SÜNNETİNİN ÖNEMİ BÖLÜMÜ

◈ **1100)** Aişe (r.a.)'den:

Peygamber (s.a.v.), öğle namazının farzından önceki dört rekat ile sabah namazının farzından önceki iki rekat namazı hiç terk etmezdi. (Buhari, Teheccüd 34)

◈ **1101)** Aişe (r.a.) şöyle rivayet edilmiştir. Rasûlullah (s.a.v.) nafile namazların hiç biri hakkında sabah namazının iki rekât sünneti derecesinde titiz değildi. (Buhari, Teheccüd 27, Müslim, Müsafirin 94)

◈ **1102)** Aişe (r.a.)'den:

Peygamber (s.a.v.): -*"*Sabah namazının iki rekât sünneti dünya ve içindekilerden daha hayırlıdır." buyurdular. (Müslim, Müsafirin 96)

Müslim'in sabah namazından önce kılınan iki rekât hakkındaki diğer bir rivayeti: -*"O iki rekât bana bütün dünyadan daha sevimlidir."* buyurdular. (Müslim, Müsafirin 97)

◈ **1103)** Rasûlullah (s.a.v.)'in müezzini Ebu Abdullah Bilal b. Rebah (r.a.)'den:

Kendisi bir gün Rasûlullah (s.a.v.)'e sabah ezanını okumak için gitti. Fakat Aişe (r.a.) Bilal (r.a.)'e bazı şeyler sorarak ortalık epey ağarıncaya kadar onu meşgul etti. Sonra Bilal (r.a.) sabah ezanını okudu. Peygamber (s.a.v.) namaza çıkmayınca Bilal (r.a.), sabah ezanını tekrar okudu. Rasûlullah (s.a.v.) mescide gelerek sabah namazını kıldırdı. Bilal (r.a.) Rasûlullah (s.a.v.)'e durumu anlatarak Aişe (r.a.)'nin kendisini ortalık ağarıncaya meşgul ettiğini bildirdi ve Peygamber (s.a.v.)'in neden geç kaldığını sordu. Rasûlullah (s.a.v.): -*"Sabah namazının iki rekât sünnetini kılıyordum"* dedi. Bilal (r.a.): -*"Ey Allah'ın Rasulü! İyi ama namaza çok geç kaldınız"* deyince Rasûlullah (s.a.v.): -*"Şayet daha da geç kalsaydım yine de bu iki rekât sünneti güzelce ve düzgünce kılardım."* buyurdular. (Ebu Davut, Tatavvu 3)

## 197- SABAH NAMAZININ SÜNNETİNİN NASIL KILINACAĞI VE NE OKUNACAĞI BÖLÜMÜ

**1104)** Aişe (r.a.)'dan:

Rasûlullah (s.a.v.) sabah namazının ezanı ile kameti arasında uzatmaksızın iki rekât namaz kılardı. (Buhari, Ezan 12, Müslim, Müsafirin 91)

Buhari ve Müslim'in bir rivayeti: Aişe (r.a.), -*"Rasûlullah (s.a.v.) sabah namazının sünnetini o kadar kısa kılardı ki; ben, acaba Fatiha suresini okudu mu diye kendi kendime sorardım."* dedi. (Buhari, Tehecüd 28, Müslim, Müsafirin 92)

Müslim'den başka bir rivayet: Aişe (r.a.), -*"Rasûlullah (s.a.v.) sabah namazının sünnetini ezanı duyunca kılar ve fazla uzatmazdı."* dedi. (Müslim, Müsafirin 90)

Diğer bir rivayet: Aişe (r.a.), -*"(Rasûlullah (s.a.v.) sabah namazının sünnetini) tan yeri ağardığı zaman kılardı"* dedi. (Müslim, Müsafirin 93)

**1105)** Hafsa (r.a.)'dan:

Müezzin sabah ezanını okuduğu ve tanyerinin de ağardığı vakitte Rasûlullah (s.a.v.) fazla uzatmadan iki rekât namaz kılardı. (Buhari, Ezan 12, Müslim, Müsafirin 87)

Müslim'in rivayeti: Hafsa (r.a.), -*"Rasûlullah (s.a.v.) tan yeri ağarınca uzatmadan iki rekât sünnetten başka nafile namaz kılmazdı".* Dedi. (Müslim, Müsafirin 88)

◈ **1106)** İbnu Ömer (r.a.)'dan:

Peygamber (s.a.v.) gece namazlarını ikişer rekât kılar, gecenin sonunda ise bir rekat vitir kılardı. Sabah namazından önce de kulağı kamette imiş gibi acele iki rekât daha kılardı. (Buhari, Vitir 2, Müslim, Müsafirin 157)

◈ **1107)** İbnu Abbas (r.a.)'den.

Rasûlullah (s.a.v.), sabah namazının birinci rekâtında Bakara suresinin 139. *[(Ey Muhammed!) Onlara: "Bizim de Rabbimiz, sizin de Rabbiniz olan Allah hakkında bizimle tartışmaya mı girişiyorsunuz? Bizim yaptıklarımız bize, sizin yaptıklarınız da size aittir. İşte biz, O'na gönülden bağlanmış kimseleriz." de.]* ayetini, ikinci rekâtta da Alu İmran suresinin 52. *[İsa, onların inkârcılığını anlayınca: "Allah'la beraber kim bana yardımcıdır?" diye sordu. Havariler de: "Allah'ın yardımcıları bizleriz. Biz, Allah'a îman ettik. Sen, bizim kesinlikle Müslüman olduğumuza şâhit ol." dediler.]* ayetini okurdu. (Müslim, Müsafirin 99)

Müslim'den başka bir rivayet: ikinci rekâtta Alu İmran suresinin 64. *[(Ey Muhammed!) onlara: "Ey kitap ehli! Gelin, sizinle bizim aramızda ortak ilke belirleyelim. Allah'tan başkasına kulluk etmeyelim, O'na hiçbir şeyi ortak koşmayalım ki Allah'ı bırakıp da kimimiz kimimizi ilâhlaştırmasın." de. Yok, eğer onlar, yine yüz çevirirlerse, (îman edenler olarak): "Bizim gerçekten Müslüman olduğumuza (siz de) şâhit olun." deyin.]* ayetini okurdu. (Müslim, Müsafirin 100)

◈ **1108)** Ebu Hüreyre (r.a.)'den:

Rasûlullah (s.a.v.) sabah namazının iki rekâtında Kafirun ve İhlas surelerini okurdu. (Müslim, Müsafirin 98)

◈ **1109)** İbnu Ömer (r.a.)'dan:

Peygamber (s.a.v.)'i bir ay süreyle takip ettim. Sabah namazının farzından önceki iki rekât sünnette Kafirun ve İhlas surelerini okuyordu. (Tirmizi, Mevakit 191)

## 198- SABAH NAMAZININ SÜNNETİNDEN SONRA BİRAZ SAĞ TARAF ÜZERİNE UZANMAK BÖLÜMÜ

◈ **1110)** Aişe (r.a.)'dan:

Peygamber (s.a.v.) sabah namazının iki rekât sünnetini kıldıktan sonra sağ tarafına uzanarak yatardı. (Buhari, Teheccüd 23)

◈ **1111)** Aişe (r.a.)'den:

Rasûlullah (s.a.v.) yatsı namazını kıldıktan sonra sabah namazına kadar olan sürede on bir rekât namazı iki rekâtta bir selam vererek kılardı. Bu namazların sonuna bir rekât da vitri eklerdi. Müezzin sabah ezanını okuduktan sonra tan yeri ağarmaya başlayınca kalkar, fazla uzun olmayan iki rekât namaz kılar, müezzin farz namaz için haber verinceye kadar sağ tarafına uzanıp yatardı. (Müslim, Müsafirin 121-122)

◈ **1112)** Ebu Hüreyre (r.a.)'den:

Rasûlullah (s.a.v.): -*"Biriniz sabah namazının iki rekât sünnetini kılınca sağ yanı üzerine uzansın."* buyurdular. (Ebu Davut, Tatavvu 4, Tirmizi, Mevakat 194)

## 199- ÖĞLE NAMAZININ SÜNNETİ BÖLÜMÜ

◈ **1113)** İbnu Ömer (r.a.)'den:

Rasûlullah (s.a.v.) ile beraber öğle namazının farzından önce iki sonar da iki rekat namaz kıldım. (Buhari, Tehecüd 29-34, Müslim, Müsafirin 104)

◈ **1114)** Aişe (r.a.)'dan:

Peygamber (s.a.v.) öğle namazının farzından önce dört rekât namaz kılmayı hiç terk etmezdi. (Buhari, Tehecüd 34)

◈ **1115)** Aişe (r.a.)'dan:

Peygamber (s.a.v.) öğle namazının farzından önce benim evimde dört rekât namaz kılar, sonra mescide çıkıp cemaate namazı kıldırdıktan sonra eve gelir iki rekât daha kılardı. Cemaate akşamın farzını kıldırdıktan sonra eve gelir iki rekât namaz kılardı. Cemaate yatsıyı kıldırdıktan sonra evime gelir iki rekât daha namaz kılardı. (Müslim, Müsafirin 105)

◈ **1116)** Ümmü Habibe (r.a.)'dan:

Rasûlullah (s.a.v.): -*"Kim öğle namazının farzından önce dört ve sonra da dört rekât namaz kılmaya devam ederse, Allah onu cehenneme haram kılar."* buyurdular. (Ebu Davut, Tatavvu 7, Tirmizi, Salat 200)

◈ **1117)** Abdullah b. es-Saib (r.a.)'den:

Rasûlullah (s.a.v.) zevaldan sonra ve öğlenin farzından önce dört rekât namaz kılar ve. -*"Bu vakit, gök kapılarının açıldığı bir andır. O vakitte iyi bir amelimin arşa yükselmesini isterim."* buyururdu. (Tirmizi, Vitir 16)

◈ **1118)** Aişe (r.a.)'dan:

Peygamber (s.a.v.) öğle namazının farzından önce dört rekât namaz kılmadığı zaman onu farzdan sonra kılardı. (Tirmizi, Salat 200)

## 200- İKİNDİ NAMAZININ SÜNNETİ BÖLÜMÜ

◈ **1119)** Ali b. Ebi Talib (r.a.)'den:

Peygamber (s.a.v.) ikindi namazının farzından önce dört rekât namazı; iki rekâtta bir selam vererek, ikinci rekatın oturumunda Allah'a en yakın meleklere, onlara uyan Müslüman ve Mü'minlere selam vererek dört rekatın arasını ayırmak suretiyle kılardı. (Buhari, Mevakit 201)

◈ **1120)** İbnu Ömer (r.a.)'dan:

Peygamber (s.a.v.): -*"İkindinin farzından önce dört rekât namaz kılan kimseye Allah rahmet etsin."* buyurdular. (Ebu Davut, Tatavvu 8)

◈ **1121)** Ali b. Ebi Talib (r.a.)'den:

Peygamber (s.a.v.), ikindi namazının farzından önce iki rekât namaz kılardı. (Ebu Davut, Tatavvu 8)

## 201- AKŞAM NAMAZININ ÖNCESİ VE SONRASI KILINAN SÜNNETLER BÖLÜMÜ

◈ **1122)** Abdullah b. Muğaffel (r.a.)'dan:

Peygamber (s.a.v.): -*"Akşamın farzından önce iki rekât namaz kılın"* diye üç defa söyledi. Üçüncüsünde: -*"Dileyen kılsın"* diye ekledi. (Buhari, Tehecüd 25)

◈ **1123)** Enes (r.a.)'den:

Rasûlullah (s.a.v.)'in ashabının büyüklerinin akşam namazından önce nafile kılmak için aceleyle mescidin direklerine doğru koşuştuklarını gördüm. (Buhari, Ezan 24)

◈ **1124)** Enes (r.a.)'den:

Rasûlullah (s.a.v.) zamanında güneş battıktan sonra ve akşam namazından önce iki rekât namaz kılardık. Sahabeden biri Enes (r.a.)'a: -*"Bu namazı Rasûlullah (s.a.v.)'de kılar mıydı?"* diye sordu. Enes (r.a.), bizim kıldığımızı görür, fakat bize ne kılmayı emreder ne de yasaklardı. (Müslim, Müsafirin 302)

◈ **1125)** Enes (r.a.)'dan:

Biz Medine'de iken müezzin akşam ezanını okuyunca, ashap aceleyle direklere doğru durup iki rekât namaz kılardı. Hatta yabancı biri mescide girerse bu iki rekât namazı kılanların çokluğundan dolayı akşam namazı kılınmış zannederdi. (Müslim, Müsafirin 302)

## 202- YATSI NAMAZININ SÜNNETİ BÖLÜMÜ

◈ **1126)** İbnu Ömer (r.a.)'den:

Ben Rasûlullah (s.a.v.) ile birlikte öğle namazından önce iki, öğle namazından sonra iki, cumadan sonra iki, akşam namazından sonra iki, rekât yatsı namazından sonra da iki rekât namaz kıldım. (Buhari, Tehecüd 25-29, Müslim, Müsafirin 104)

## 203- CUMA NAMAZININ SÜNNETİ BÖLÜMÜ

İbnu Ömer (r.a.)'den:

Ben Rasûlullah (s.a.v.) ile birlikte öğle namazından önce iki, öğle namazından sonra iki, cumadan sonra iki, akşam namazından sonra iki, rekat yatsı namazından sonra da iki rekat namaz kıldım. (Buhari, Tehecüd 25-29, Müslim, Müsafirin 104)

Abdullah b. Muğaffel (r.a.)'den:

Rasûlullah (s.a.v.): -*"Her iki ezan arasında bir namaz vardır. Her iki ezan arasında bir namaz vardır. Her iki ezan arasında bir namaz vardır."* buyurdular, üçüncüsünde. -*"Kılmak isteyenler için."* dediler. (Buhari Teheccüd ve Müslüm Müsafirin)

◈ **1127)** Ebu Hüreyre (r.a.)'den:

Rasûlullah (s.a.v.): -*"Sizden biri Cuma'yı kıldıktan sonra dört rekât daha sünnet kılsın."* buyurdular. (Müslim, Cuma 67-69)

◈ **1128)** İbnu Ömer (r.a.)'dan:

Peygamber (s.a.v.) Cuma'nın farzından sonra mescitten ayrılıncaya kadar namaz kılmazdı sonra evinde iki rekât namaz kılardı. (Müslim, Cuma 71)

# 204- NAFİLE NAMAZLARI EVDE KILMA BÖLÜMÜ

◈ **1129)** Zeyd b. Sabit (r.a.)'den:

Peygamber (s.a.v.): -*"Ey insanlar evlerinizde namaz kılın. Çünkü farz namazların dışında kılınan namazların en fazilet-lisi, kişinin evinde kıldığı namazdır."* buyurdular. (Buhari, İ'tisam 3, Ezan 81, Müslim, Müsafirin 213)

◈ **1130)** İbnu Ömer (r.a.)'den:

Peygamber (s.a.v.): -*"Namazlarınızın bir kısmını evlerinizde kılarak oraları kabirlere çevirmeyin."* buyurdular. (Buhari, Salat 52, Müslim, Müsafirin 208)

◈ **1131)** Cabir (r.a.)'den:

Rasûlullah (s.a.v.): -*"Sizden biriniz farz namazı mescitte kıl-dığı zaman o namazdan evine de bir pay ayırsın. Çünkü Allah, bu namazı sebebiyle evinde bereket meydana getirir."* buyur-dular. (Müslim, Müsafirin 210)

◈ **1132)** Ömer b. Ata'dan rivayet edildiğine göre Nafi b. Cü-beyr Muaviye'nin namaz kılması hususunda Saib'ten gördüğü şeyi öğrenmek için Ömer b. Ata'yı, Nemirin kız kardeşinin oğlu Saibe gönderdi. O da: -*"Evet, mescitteki özel odada Muaviye ile beraber Cuma namazını kıldım. İmam selam verdikten sonra kal-kıp farzı kıldığım yerde (nafile) namaz kıldım. Muaviye evine gi-dince bana bir adamla haber göndererek: -"Bu yaptığını bir daha yapma! Cuma namazını kıldıktan sonra biriyle konuşmadan veya mescitten çıkmadan Cuma namazına başka bir namaz ekleme. Zira Rasûlullah bize; konuşmadıkça veya mescitten çıkmadıkça farz namaza başka bir namazı eklememeyi emretti."* cevabını ver-di. (Müslim, Cuma 73)

# 205- VİTİR NAMAZI BÖLÜMÜ

◈ **1133)** Ali (r.a.)'den:

Vitir namazı farz namazlar gibi kesin emredilmiş bir namaz değildir. Fakat Rasûlullah (s.a.v.) onu sünnet kılarak: -*"Allah tektir, tek olanı sever. Ey Kur'an ehli siz de vitir namazını kılın."* buyurdular. (Ebu Davut, Vitir 1, Tirmizi, Vitir 2)

◈ **1134)** Aişe (r.a.)'dan:

Rasûlullah (s.a.v.) gecenin her vaktinde vitir namazı kıldı. Bazen gecenin ilk vaktinde, bazen gece yarısı bazen de gecenin sonuna doğru kılarlardı. Onun vitir kılması seher vaktinde sona ererdi. (Buhari, Vitir 2, Müslim, Müsafirin 136)

◈ **1135)** İbnu Ömer (r.a.)'den:

Rasûlullah (s.a.v.): -*"Gece namazınızın sonunu vitir yapınız."* buyurdular. (Buhari, Salat 84, Müslim, Müsafirin 151)

◈ **1136)** Ebu Said el-Hudri (r.a.)'den:

Rasûlullah (s.a.v.): -"Sabah namazı vakti girmeden vitri kılın." buyurdular. (Müslim, Müsafirin 160)

◈ **1137)** Aişe (r.a.)'dan:

Rasûlullah (s.a.v.) Aişe (r.a.) önünde uzanıp yatar olduğu halde gece namazını kılardı. Vitri kılacağı zaman Aişe (r.a.)'yı da uyandırır, o da vitir namazını kılardı. (Müslim, Müsafirin 175)

Müslim'in rivayeti: Sıra vitir namazına gelince, -*"Ey Aişe! Kalk vitir namazını kıl."* diye emrederdi.

◈ **1138)** İbnu Ömer (r.a.)'den:

Peygamber (s.a.v.): -*"Vitir namazını, sabah vakti girmeden kılmaya gayret edin."* buyurdular. (Ebu Davut, Vitir 8)

◈ **1139)** Cabir (r.a.)'den.

Rasûlullah (s.a.v.): -"*Gecenin sonunda kalkamayacağından korkan vitir namazını gecenin evvelinde kılsın. Gecenin sonunda uyanacağını ümit ederse gecenin sonunda kılsın. Çünkü o vakitte kılınan namazda melekler hazır bulunur. Vitri bu vakitte kılmak daha faziletlidir.*" buyurdular. (Müslim, Müsafirin 162)

## 206- KUŞLUK NAMAZININ FAZİLETİ BÖLÜMÜ

◈ **1140)** Ebu Hüreyre (r.a.)'den:

Dostum Rasûlullah (s.a.v.) bana; her ayda üç gün oruç tutmayı, kuşluk vakti iki rekât namaz kılmayı ve uyumadan önce de vitir kılmayı tavsiye ettiler. (Buhari, Tehecüd 33, Müslim, Müsafirin 85)

◈ **1141)** Ebu Zer (r.a.)'den:

Peygamber (s.a.v.): -"*Sizden her birinizin sabaha çıkan tüm eklemleri için sadaka vermesi gerekir. Dolayısıyla her tesbih bir sadakadır, her hamd bir sadakadır, her tekbir bir sadakadır. İyilik tavsiye etmek de, kötülüklerden sakındırmak da sadakadır. Kuşluk vaktinde kılınacak iki rekât namaz bunların yerini tutar.*" buyurdular. (Müslim, Müsafirin 84)

◈ **1142)** Aişe (r.a.)'dan.

Rasûlullah (s.a.v.), kuşluk namazını dört rekât kılar, bu namazı Allah'ın dilediği kadar da arttırırdı. (Müslim, Müsafirin 78)

◈ **1143)** Ümmü Hani Fâhite binti Ebi Talib (r.a.)'dan:

Mekke fethi yılı Rasûlullah (s.a.v.)'in yanına gittim. O, o sırada yıkanıyordu. Yıkandıktan sonra sekiz rekât namaz kıldı. Bu, kuşluk namazı idi. (Buhari, Tehecüd 31, Müslim, Hayz 71)

## 207- KUŞLUK NAMAZININ VAKTİ BÖLÜMÜ

◈ **1144)** Zeyd b. Erkam (r.a.)'dan:

Kuşluk namazını erken kılan bazı kimseleri gördü ve; -*'Şüphesiz bu kimseler de bilirler ki bu namazı daha sonraki bir vakitte kılmak daha fazletlidir. Çünkü Rasûlullah (s.a.v.): -"Kuşluk namazının vakti, sıcaktan deve yavrularının ayaklarının yandığı vakittir." buyurdular'* dedi. (Müslim, Müsafirin 143)

## 208- TAHIYYET'ÜL-MESCİD NAMAZI BÖLÜMÜ

◈ **1145)** Ebu Katade (r.a.)'den:

Rasûlullah (s.a.v.): -*"Sizden biriniz mescide girdiğinde iki rekât namaz kılmadan oturmasın."* buyurdular. (Buhari, Salat 60, Müslim, Müsafirin 69)

◈ **1146)** Cabir (r.a.)'den:

Rasûlullah (s.a.v.) mescitte iken yanına girdim, bana: -*"İki rekât namaz kıl"* buyurdular. (Buhari, Salat 59, Müslim, Müsafirin 69)

## 209- ABDESTTEN SONRA KILINAN İKİ REKÂT NAMAZ BÖLÜMÜ

◈ **1147)** Ebu Hüreyre (r.a.)'den:

Rasûlullah (s.a.v.), Bilal (r.a.)'a: -*"Ey Bilal! Sen İslam'a girdikten sonra yaptığın en ümit verici amelini söyle. Çünkü ben cennette önümde senin ayakkabılarının tıkırtısını duydum."* diye sordular. Bilal (r.a.) de: -*"Gece olsun gündüz olsun abdest aldığım zaman o abdestle kılabildiğim kadar namaz kılarım. En fazla ümit bağladığım ibadet budur,"* dedi. (Buhari, Teheccüd 17, Müslim, Fezailüssahabe 108)

## 210- CUMA GÜNÜNÜN FAZİLETİ BÖLÜMÜ

◆ "Ey îman edenler! Cuma günü (öğle vakti,) namaz için çağrı yapıldığı zaman, hemen alış verişi bırakarak, dosdoğru Allah'ın zikrine gidin. Eğer bilirseniz, elbette bu, sizin için daha hayırlıdır. Namaz bitince hemen, Allah'ın lütfundan rızkınızı aramak için yeryüzüne dağılın. Kurtuluşunuzu umabilmek için Allah'ı çokça anın." (62 Cuma 9-10)

◆ **1148)** Ebu Hüreyre (r.a.)'den:

Rasûlullah (s.a.v.): -*"Üzerine güneş doğan günlerin en hayırlısı Cuma günüdür. Âdem o gün yaratıldı, o gün cennete konuldu, yine o gün cennetten çıkarıldı."* buyurdular. (Müslim, Cuma 17)

◆ **1149)** Ebu Hüreyre (r.a.)'den:

Rasûlullah (s.a.v.): -*"Bir kimse abdestini güzelce alarak Cuma için camiye gelir, hutbeyi sessizce dinlerse iki Cuma arasındaki ve fazladan üç günlük daha günahları bağışlanır. Kim de hutbe esnasında, boş işlerle meşgul olursa sevabını boşa götürür."* buyurdular. (Müslim, Cuma 27)

◆ **1150)** Ebu Hüreyre (r.a.)'den:

Rasûlullah (s.a.v.): -*"Büyük günahlardan kaçınıldığı sürece, beş vakit namaz, iki cuma namazı ve iki Ramazan, aralarında işlenen günahlara keffarettir."* buyurdular. (Müslim, Taharet 16)

◆ **1151)** Ebu Hüreyre ve İbnu Ömer (r.a.)'den:

Bu iki sahabi Rasûlullah (s.a.v.)'in minberi üzerinde: -*"Bazı kimseler Cuma namazlarını terk etmekten vaz geçmezlerse; Allah onların kalplerini mühürler de gafillerden olurlar."* buyurduklarını işittiklerini söylediler. (Müslim, Cuma 40)

◆ **1152)** İbnu Ömer (r.a.)'den:

Rasûlullah (s.a.v.): -*"Sizden biriniz Cuma namazına gideceği zaman gusül abdesti alsın."* buyurdular. (Buhari, Cuma 2, Müslim, Cuma 1)

◈ **1153)** Ebu Said el-Hudri (r.a.)'den:

Rasûlullah (s.a.v.): -*"Ergenlik çağına gelmiş her kes için Cuma günü boy abdesti almak gereklidir."* buyurdular. (Buhari, Ezan 161, Müslim, Cuma 5-7)

◈ **1154)** Semure (r.a.)'den:

Rasûlullah (s.a.v.): -"Bir kimse Cuma günü abdest alırsa bu ne iyidir. Gusül abdesti alırsa o daha da iyidir." buyurdular. (Ebu Davud, Tirmizi)

◈ **1155)** Selman (r.a.)'den:

Rasûlullah (s.a.v.): -*"Bir kimse Cuma günü gusül abdesti alır, elinden geldiği kadar temizlenir, yağıyla yağlanır veya evinde bulunan kokuyu sürünüp çıkar, iki kişinin arasına sokulmaya uğraşmaz sonra kendisine farz kılınan namazı kılar, imam hutbeye başlayınca susup onu dinlerse, bu cuma ile öteki cuma arasındaki günahları bağışlanır."* buyurdular. (Buhari, Cuma 6)

◈ **1156)** Ebu Hüreyre (r.a.)'den:

Rasûlullah (s.a.v.) şöyle buyurdu: -*"Bir kimse Cuma günü cünüplükten dolayı alınan boy abdesti gibi abdest alır, erkenden Cuma'ya giderse bir deve kurban etmiş gibi olur. Daha sonra giderse, bir inek kurban etmiş gibi olur. Daha sonra giderse boynuzlu bir koç kurban etmiş gibi olur. Daha sonraki vakitlerde giderse bir tavuk, daha da sonraki vakitlerde giderse bir yumurta tasadduk etmiş gibi olur. İmam minbere çıkınca melekler hutbeyi dinlemek üzere hazır olurlar."* buyurdular. (Buhari, Cuma 4, Müslim, Cuma 10)

◈ **1157)** Ebu Hüreyre (r.a.)'den:

Rasûlullah (s.a.v.) Cuma gününün faziletini anlatırken: -"Cuma gününde öyle bir an vardır ki, bir Müslüman namaz kıldığı halde o vakte rastlarda Allah'tan bir şey isterse; Allah onun dileğini mutlaka yerine getirir." buyurdular. Rasûlullah (s.a.v.) o vaktin pek kısa olduğunu eliyle işaret ederek anlattı. (Buhari, Cuma 37, Müslim, Müsafirin 166)

◈ **1158)** Ebu Bürde b. Ebu Musa el-Eş'ari (r.a.)'dan:

Bir gün Abdullah b. Ömer (r.a.) bana: -*"Cuma günü duaların kabul edildiği zaman hakkında babanın Rasûlullah (s.a.v.)'den bir hadis rivayet ettiğini duydun mu?"* diye sordu da ben, evet duydum, babam Rasûlullah (s.a.v.)'i: -*"O vakit, imamın minbere oturduğu andan namazın bitmesine kadarki süre içindedir."* buyururken işittiğini söyledi. (Müslim, Cuma 16)

◈ **1159)** Evs b. Evs (r.a.)'den:

Rasûlullah (s.a.v.): -*"Cuma günü günlerinizin en faziletlilerindendir. Bu günde bana çok salat ve selam getirin, zira sizin salat ve selamınız bana sunulur."* buyurdular. (Ebu Davud, Salat 201)

## 211- ŞÜKÜR SECDESİ BÖLÜMÜ

◈ **1160)** Sa'd b. Ebi Vakkas (r.a.)'dan:

Bir gün Rasûlullah (s.a.v.)'le beraber Medine'ye gitmek üzere Mekke'den yola çıktık. Azvera denilen yere yaklaştığımızda Rasûlullah (s.a.v.) bineğinden inip ellerini kaldırarak bir süre dua etti, sonra secdeye kapandı. Uzun bir süre secdede kaldı. Sonra kalktı, ellerini açıp tekrar bir müddet daha dua etti. Sonra secdeye kapandı, bunu üç defa tekrarladı ve: -*"Rabbimden dilekte bulundum ve ümmetim için şefaat niyaz ettim. O da ümmetimin üçte birini bana bağışladı. Ben de Rabbime şükretmek için secdeye kapandım. Sonra tekrar başımı kaldırıp Rabbimden ümmetimi bağışlamasını istedim. O da bana ümmetimin üçte birini bağışladı. Ben de bunun üzerine Rabbime şükür için secdeye kapandım. Sonra tekrar başımı kaldırıp ümmetim için dilekte bulundum. O da bana ümmetimin geri kalan üçte birini bağışladı. Ben de Rabbime şükretmek üzere secdeye kapandım."* buyurdular. (Ebu Davud, Cihad 152)

# 212- GECE NAMAZININ FAZİLETİ BÖLÜMÜ

◈ "Gecenin bir kısmında da (uyanıp) sadece sana mahsus, fazladan (bir ibâdet olmak üzere) teheccüd namazı kıl. (Böylece) Rabbinin, seni, övgüye değer bir makama göndereceğini umabilirsin." (17 İsra 79)

◈ "Onların vücutları, korkuyla ve umutla Rablerine yalvarmak için, yataklardan uzak kalır ve kendilerine rızık olarak verdiklerimizden de Allah yolunda harcarlar." (32 Secde 16)

◈ "Onlar, gecenin çok az bir kısmında uyurlar." (51 Zariyat 17)

◈ **1161)** Aişe (r.a.)'dan:

Rasûlullah (s.a.v.) geceleri ayakları şişinceye kadar namaz kılardı. Kendisine: -"*Ey Allah'ın Rasulü! Geçmiş ve gelecek tüm günahların bağışlanmış olduğu halde neden böyle yapıyorsun?*" dedim. Cevaben: -"*Allah'a şükreden bir kul olmayayım mı?*" buyurdular. (Buhari, Tefsir 2, Müslim, Münafikin 81)

◈ **1162)** Ali (r.a.)'den:

Bir gece Rasûlullah (s.a.v.) Ali ve Fatıma'nın kapısını çaldı ve onlara: -"*Namaz kılmayacak mısınız?*" buyurdular. (Buhari, Teheccüd 5, Müslim, Müsafirin 206)

◈ **1163)** Ömer b. Hattab'ın torunu Salim'in babası Abdullah b. Ömer'den:

Rasûlullah (s.a.v.): -"*Abdullah ne iyi adamdır, bir de geceleyin namaz kılsa!*" buyurdu. Salim: -"*O günden sonra Abdullah geceleri pek az uyurdu.*" dedi. (Buhari, Teheccüd 2, Müslim, Fezailüssahabe 139)

◈ **1164)** Abdullah b. Amr b. As (r.a.)'den:

Rasûlullah (s.a.v.): -"*Ey Abdullah! Gece ibadet edip de sonra bırakıveren falan kimse gibi olma!*" buyurdular. (Buhari, Teheccüd 19, Müslim, Sıyam 185)

◈ **1165)** İbnu Mes'ud (r.a.)'den:

Rasûlullah (s.a.v.)'in yanında sabaha kadar uyuyan bir adamdan bahsedilince Peygamber (s.a.v.): -*"Öyleyse onun kulaklarına veya kulağına şeytan işemiştir."* buyurdular. (Buhari, Teheccüd 13, Müslim, Müsafirin 285)

◈ **1166)** Ebu Hüreyre (r.a.)'den:

Rasûlullah (s.a.v.): -*"Biriniz uyuduğu zaman şeytan onun ense köküne üç düğüm atar ve her düğüm üzerine de 'senin için uzun bir gece vardır, rahat uyu' diye eliyle vurur. Eğer o, gece uyanıp Allah'ı anarsa düğümlerden biri çözülür. Abdest alınca ikincisi çözülür. Namaz da kılarsa tüm düğümler çözülür. Böylece neşeli ve huzurlu bir şekilde sabaha çıkar. Eğer böyle yapmazsa, uyuşuk ve bitkin olarak sabaha çıkmış olur."* buyurdular. (Buhari, Teheccüd 12, Müslim, Müsafirin 207)

◈ **1167)** Abdullah b. Selam (r.a.)'den:

Rasûlullah (s.a.v.): -*"Ey insanlar! Birbirinize selam verin, yemek yedirin, geceleyin insanlar uyurken namaz kılın ki selametle cennete giresiniz."* Buyurdular. (Tirmizi, Et'ıme 45)

◈ **1168)** Ebu Hüreyre (r.a.)'den:

Rasûlullah (s.a.v.): -*"Ramazandan sonra en kıymetli oruç, Allah'ın ayı olan Muharrem ayında tutulan oruçtur. Farz namazlardan sonraki en kıymetli namaz, gece kılınan namazdır."* buyurdular. (Müslim, Sıyam 202)

◈ **1169)** İbnu Ömer (r.a.)'dan:

Rasûlullah (s.a.v.): -*"Gece namazı ikişer ikişer kılınır. Sabah namazının vaktinin girmesinden endişe ettiğin zaman vitri bir rekât olarak ol."* buyurdular. (Buhari, Teheccüd 10, Müslim, Müsafirin 46)

◈ **1170)** İbnu Ömer (r.a.)'dan:

Peygamber (s.a.v.) gece namazlarını ikişer rekât kılar, gecenin sonunda ise bir rekât vitir kılardı. (Buhari, Vitir 2, Müslim, Müsafirin 157)

◈ **1171)** Enes (r.a.)'dan:

Rasûlullah (s.a.v.)'in bir ayda günlerce oruç tutmadığı olurdu da biz onu o ayda hiç oruç tutmayacak zannederdik. Bazen de sürekli oruç tutardı da o ay oruca hiç ara vermeyecek zannederdik. Onu gece namazı kılarken görmek istersen mutlaka namaz kılarken, uyur görmek istersen de uyurken görürdün. (Buhari, Teheccüd 11)

◈ **1172)** Aişe (r.a.)'dan:

Rasûlullah (s.a.v.) geceleri on bir rekât namaz kılardı ve bu namazların secdelerinde başını kaldırıncaya kadar sizden birinizin elli ayet okuyacağı kadar kalırdı. Sabah namazından önce iki rekat namaz kılar ve müezzin namaz vaktini haber vermeye gelinceye kadar sağ yanı üzerine uzanırdı. (Buhari, Vitir 1)

◈ **1173)** Aişe (r.a.)'dan:

Rasûlullah (s.a.v.) Ramazan da olsa başka aylar da olsa gece namazını on bir rekâttan fazla kılmazdı. Önce dört rekât kılardı ki bu rekâtların uzunluk ve güzelliklerini sorma! Sonra bir dört rekât daha kılardı ki onların da uzunluk ve güzelliği sorma! Sonra da üç rek'at kılarlardı. Bunun üzerine ben: -*"Ey Allah'ın Rasulü! Vitri kılmadan mı uyuyorsunuz?"* diye sorunca: -*"Ey Aişe! Benim gözlerim uyur, fakat kalbim uyumaz."* diye cevap verdiler. (Buhari, Teheccüd 16, Teravih 1, Müslim, Müsafirin 125)

◈ **1174)** Aişe (r.a.)'dan:

Rasûlullah (s.a.v.) gecenin ilk kısmında yatıp uyur, son kısmında da kalkarak namaz kılarlardı. (Buhari, Teheccüd 15, Müslim, Müsafirin 129)

◈ **1175)** İbnu Mes'ud (r.a.)'dan:

Bir gece Rasûlullah (s.a.v.) ile birlikte gece namazı kıldım. O kadar uzun süre ayakta kaldı ki gönlümden uygunsuz bir iş yapmayı geçirdim. Bana: -*"Ne yapmak istedin?"* diye sordular. Ben de: -*"Peygamber (s.a.v.)'i ayakta yalnız bırakıp oturmayı düşündüm"* dedim. (Buhari, Teheccüd 19, Müslim, Müsafirin 204)

◈ **1176)** Huzeyfe (r.a.)'den:

Bir gece Rasûlullah (s.a.v.)'in arkasında gece namazı kıldım. Bakara suresini okumaya başladı. Ben: -*"Kendi kendime yüz ayet okuyunca rükûya gider"* dedim. Fakat okumaya devam etti. Ben kendi kendime: -*"Bu sureyi bir rekâtta bitirecek"* dedim. Fakat yine devam etti. Nisa suresine geçti, onu da okuduktan sonar, Alu İmran suresine başladı. Onu da ağır ağır okudu. Tesbih ayeti gelince Allah'a tesbih ediyor, dilek ayeti gelince Allah'tan dilekte bulunuyor. Sığınma ayeti gelince de Allah'a sığınıyordu. Sonra rükû'a vardı ve -*"Sübhane rabbiyel azim"* demeye başladı. Rükû'daki durması da aşağı yukarı ayakta duruşu gibi uzun oldu. Sonra: -*"Semiallahü limen hamideh, Rabbena lekel hamd"* diyerek rükûdan doğruldu ve rükû'a yakın ayakta durdu. Sonra secdeye varıp: -*"Sübhane rabbiyel a'la"* diyerek secdesini de ayakta durması kadar uzattı. (Müslim, Müsafirin 203)

◈ **1177)** Cabir (r.a.)'dan:

Rasûlullah (s.a.v.)'e: -*"Hangi namaz daha faziletlidir?"* diye soruldu da: -*"Ayakta durması uzun olan namazdır"* dediler. (Müslim, Müsafirin 165)

◈ **1178)** Abdullah b. Amr b. As (r.a.)'den:

Rasûlullah (s.a.v.): -*"Allah'ın en çok beğendiği namaz Davud (a.s.)'ın namazı ve en beğendiği oruç da yine Davud (a.s.)'ın orucudur. Davut (a.s.) gecenin yarısına kadar uyur, üçte birinde namaz kılardı. Sonra gecenin altıda birini yine uyku ile geçirirdi. Orucu da bir gün tutar, bir gün iftar ederek tutardı."* buyurdular. (Buhari, Teheccüd, 7; Müslim, Sıyam, 189)

◈ **1179)** Cabir (r.a.)'den:

Ben Rasûlullah (s.a.v.)'i: -*"Gecede duanın kabul olacağı öyle bir an vardır ki Müslüman bir kimse o zamana rastlayıp Al-*

*lah'tan dünya ve ahirete ait hayırlı bir şey dilerse Allah onun dilediğini yerine getirir. Bu an her gecede vardır"* buyururken işittim. (Müslim, Müsafirin, 166)

◈ **1180)** Ebu Hureyre (r.a.)'den:

Rasûlullah (s.a.v.). -*"Sizden biriniz geceleyin namaza kalkarsa önce hafif iki rekât namaz kılmakla başlasın."* buyurdular. (Müslim, Müsafirin, 198)

◈ **1181)** Aişe (r.a.)'dan:

Rasûlullah (s.a.v.) geceleyin namaza kalktığında namaza fazla uzatmadan kıldığı iki rekâtla başlardı. (Müslim, Müsafirin, 197)

◈ **1182)** Aişe (r.a.)'dan:

Rasûlullah (s.a.v.) rahatsızlık ve başka bir sebeple gece namazını kılamazlarsa ertesi gün onun yerine on iki rekât namaz kılarlardı. (Müslim, Müsafirin, 140)

◈ **1183)** Ömer b. Hattab (r.a.)'den:

Rasûlullah (s.a.v.): -*"Bir kimse geceleri okumaya devam ettiği duayı veya ibadeti yapamadan uyursa, sonra onu sabah namazı ile öğle namazı arasında yaparsa gece yapmış gibi sevap kazanır."* buyurdular. (Müslim, Müsafirin, 142)

◈ **1184)** Ebu Hureyre (r.a.)'den:

Rasûlullah (s.a.v.): -*"Geceleyin kalkıp ibadet eden ve hanımını uyandıran, uyanmadığı takdirde yüzüne su serpen kimseye Allah rahmet etsin. Aynı şekilde geceleyin kalkıp namaz kılan, kocasını da uyandıran uyanmazsa yüzüne su serperek uykusunu kaçıran kadına da Allah rahmet etsin."* buyurdular. (Ebu Davud, Tatavvu, 18)

◈ **1185)** Ebu Hureyre ve Ebu Said el-Hudrî (r.a.)'dan:

Rasûlullah (s.a.v.): -*"Bir kimse geceleyin karısını uyandırır da beraberce veya her biri kendi başına iki rekât namaz kılarlarsa,*

*Allah'ı çok anan erkekler ve Allah'ı çok anan kadınlar arasına yazılırlar."* buyurdular. (Ebu Davud, Tatavvu, 18)

◈ **1186)** Aişe (r.a.)'dan:

Peygamberimiz (s.a.v.): -*"Biriniz namaz kılarken uyuklayacak olursa, uykusu gidinceye kadar oturup uyusun. Çünkü uyukladığı halde namaz kılarsa Allah'tan af dileyeyim, derken kendisine sövebilir."* buyurdular. (Buhari, Vudu, 53; Müslim, Müsafirin, 222)

◈ **1187)** Ebu Hureyre (r.a.)'den:

Rasûlullah (s.a.v.): -*"Biriniz geceleyin namaz kılmak üzere kalkar da Kur'an diline dolaşıp ne okuduğunu bilmezse yatıp uyusun."* buyurdular. (Müslim, Müsafirin, 223)

## 213- RAMAZANDA TERAVİH KILMA BÖLÜMÜ

◈ **1188)** Ebu Hureyre (r.a.)'den:

Rasûlullah (s.a.v.): -*"Kim inanarak ve sevabını Allah'tan bekleyerek Ramazanda (teravih) namazını kılarsa geçmiş günahları bağışlanır."* buyurdular. (Buhari, İman, 37; Müslim, Müsafirin, 173)

◈ **1189)** Ebu Hureyre (r.a.)'den:

Rasûlullah (s.a.v.) kesin emir vermeksizin Ramazan gecelerini ibadetle geçirmeye teşvik ederler ve: -*"Kim inanarak ve sevabını Allah'tan bekleyerek Ramazan gecelerinde (teravih) namazını kılarsa geçmiş günahları bağışlanır."* buyururlardı. (Müslim, Müsafirin, 174)

## 214- KADİR GECESİNİ DEĞERLENDİRME BÖLÜMÜ

◆ "Biz o (Kur'ân)'nı, Kadir Gecesinde indirdik. Bu Kadir Gecesinin tam gerçekliğini sana (Allah'tan başka) kim bildirebilir ki? O Kadir

Gecesi, bin aydan daha hayırlıdır. (O gece) melekler ve Ruh (Cebrâil) Rablerinin izniyle, (yapılacak) her iş için inerler. O gece, sabah oluncaya kadar, her an bir kurtuluş (vesilesidir)." (97 Kadir, 1-5)

◆ "Biz, o (Kur'an'ı) kendisiyle insanları uyarmak için gerçekten mübârek bir gecede indirdik." (44 Duhan, 3)

◈ **1190)** Ebu Hureyre (r.a.)'den:

Peygamberimiz (s.a.v.): -*"Kim inanarak ve sevabını Allah'tan bekleyerek Kadir gecesini ibadetle değerlendirirse geçmiş günahları bağışlanır."* buyurdular. (Buhari, İman, 24; Müslim, Müsafirin, 173)

◈ **1191)** Abdullah b. Ömer (r.a.)'den:

Peygamberimiz (s.a.v.)'in Sahabelerden bir kısmı Kadir gecesinin Ramazan'ın son yedi gecesinde olduğunu rüyalarında gördüler. Bunun üzerine Rasûlullah (s.a.v.): -*"Rüyalarınızın Ramazanın son yedi gecesinde birleştiğini görüyorum. O halde o geceyi arayanlar Ramazanın son yedi gecesinde arasınlar."* buyurdular. (Buhari, Leyletu'l-Kadr, 2; Müslim, Sıyam, 205)

◈ **1192)** Aişe (r.a.)'den:

Rasûlullah (s.a.v.) Ramazan'ın son on gününde (itikâf için) camiye kapanır ve: -*"Kadir gecesini Ramazanın son on günü içinde arayın."* buyururdu. (Buhari, Leyletü'l-Kadr, 3; Müslim, Sıyam, 219)

◈ **1193)** Aişe (r.a.)'den:

Rasûlullah (s.a.v.): -*"Kadir gecesini Ramazan'ın son günündeki tek gecelerde arayın."* buyurdular. (Buhari, Leyletu'l-Kadr, 3)

◈ **1194)** Aişe (r.a.)'den:

Rasûlullah (s.a.v.) Ramazanın son on günü girince geceleri ibadetle geçirir, ev halkını uyandırır, kendisini ibadete verir ve kadınlarından uzak dururdu. (Müslim, İ'tikaf 7)

◈ **1195)** Aişe (r.a.)'den:

Rasûlullah (s.a.v.) Ramazanda diğer aylardan daha fazla kulluk yapmaya çalışırdı. Ramazanın son on gününde de Ramazanın diğer günlerinden daha fazla kulluk yapmaya çalışırdı. (Müslim, İtikâf, 8)

◈ **1196)** Aişe (r.a.)'dan:

Rasûlullah (s.a.v.)'e: -*"Ey Allah'ın Rasulü! Kadir gecesinin hangi gece olduğunu bilecek olursam o gece ne diyeyim?"* diye sordum. Rasûlullah (s.a.v.): -*"Ey Allah'ım! Sen çok affedicisin, affetmeyi seversin, beni de affet"* de buyurdular. (Tirmizi, Deavat, 84)

## 215- MİSVAK KULLANMA BÖLÜMÜ

◈ **1197)** Ebu Hureyre (r.a.)'den:

Rasûlullah (s.a.v.): -*"Ümmetime veya insanlara zahmet vereceğimden korkmasaydım onlara her namazla birlikte misvak kullanmalarını emrederdim."* buyurdular. (Buhari, Cuma, 8; Müslim, Taharet, 42)

◈ **1198)** Huzeyfe (r.a.)'den:

Rasûlullah (s.a.v.) uykudan uyanınca ağzını misvakla temizlerdi. (Buhari, Vudu, 73; Müslim, Taharet, 46)

◈ **1199)** Aişe (r.a.)'dan:

Biz Rasûlullah (s.a.v.)'ın misvak ve abdest suyunu hazırlardık. Allah onu gecenin uyandırmak istediği saatinde uyandırırdı. Peygamber (s.a.v.) uyanınca misvaklanır, abdest alır ve namaz kılardı. (Müslim, Müsafirin, 139)

◈ **1200)** Enes (r.a.)'den:

Rasûlullah (s.a.v.): -*"Size misvak hakkında size pek çok tavsiyelerde bulundum."* buyurdular. (Buhari, Cum'a, 8)

◈ **1201)** Şüreyh b. Hani (r.a.)'den:

Bir gün Aişe (r.a.)'ya: -*"Peygamber (s.a.v.) evine geldiğinde ilk olarak ne yapardı?"* diye sordum, o da: -*"Dişlerini misvaklardı"* diye cevap verdi. (Müslim, Taharet, 43)

◈ **1202)** Ebu Musa (r.a.)'dan:

Peygamberimiz (s.a.v.)'in yanına girdim. Misvağın ucu ağzındaydı. (Buhari, Vudu, 73; Müslim, Taharet, 45)

◈ **1203)** Aişe (r.a.)'dan:

Rasûlullah (s.a.v.): -*"Misvak ağzı temizler ve Allah'ın rızasını kazandırır."* buyurdular. (Nesei, Taharet, 4)

◈ **1204)** Ebu Hureyre (r.a.)'den:

Rasûlullah (s.a.v.): -*"(Yaratılış gereği yapılacak işler) Fıtrat beş tanedir veya şu beş şey fıtrattandır; sünnet olmak, edep yerleri ve koltuk altı kıllarını gidermek, tırnakları kesmek, bıyıkları kısaltmak."* buyurdular. (Buhari, Libas, 51; Müslim, Taharet, 49)

◈ **1205)** Aişe (r.a.)'dan:

Rasûlullah (s.a.v.): -*"On şey fıtrattandır. Bunlar da; bıyıkları kısaltmak, sakal bırakmak, misvak kullanmak, buruna su çekerek temizlemek, tırnakları kesmek, eklem yerlerindeki kirleri temizlemek, edep yerleri ve koltuk altı kıllarını gidermek, abdest bozduktan sonra edep yerlerini su ile yıkamaktır."* buyurdular. Ravi onuncuyu unuttum fakat onun da; ağızı su ile çalkalayarak yıkamak olması muhtemeldir" dedi. (Müslim, Taharet, 56)

◈ **1206)** İbnu Ömer (r.a.)'den:

Peygamberimiz (s.a.v.): -*"Bıyıklarınızı kısaltınız, sakallarınızı uzatın."* buyurdular. (Buhari, Libas, 63; Müslim, Taharet, 52)

## 216- ZEKÂTLA İLGİLİ AYET VE HADİSLER BÖLÜMÜ

◈ "Namazı dosdoğru kılın, zekâtı verin ve rükû edenlerle birlikte siz de rükû edin." (2 Bakara, 43)

◈ "Hâlbuki onlar sadece, dini yalnız Allah'a has kılarak, Allah'a tam inanarak, namazı dosdoğru ve devamlı kılmakla ve zekât vermekle emrolunmuşlardı. İşte dosdoğru din de buydu." (98 Beyyine, 5)

◈ "Onların mallarından, kendilerini temizleyeceğin ve yücelteceğin bir sadaka al ve onlara duâ et. Çünkü senin duân, onlara huzur verir. Şüphesiz Allah, (söylediklerinizi) hakkıyla işitendir, (her şeyi) tam bilendir." (9 Tevbe, 103)

◈ **1207)** İbnu Ömer (r.a.)'den.

Rasûlullah (s.a.v.): -*"İslam dini beş esas üzerine kurulmuştur. Bunlar; Allah'tan başka ilah olmadığına ve Muhammed'in Allah'ın Rasulü olduğuna şehadet etmek, namaz kılmak, zekât vermek, hacca gitmek ve Ramazan orucunu tutmaktır."* buyurdular. (Buhari, İman, 1; Müslim, İman, 14)

◈ **1208)** Talha b. Ubeydullah (r.a.)'dan:

Necid halkından birisi saçı sakalı karışmış vaziyette Rasûlullah (s.a.v.)'in yanına geldi. Sesini duyuyor ve ne dediğini anlamıyorduk. Adam, Rasûlullah (s.a.v.)'e yaklaştı ve hemen İslam hakkında soru sormaya başladı. Rasûlullah (s.a.v.): -*"Bir gün ve bir gecede beş vakit namaz kılmaktır."* buyurdu. Adam: -*"Kılmam gereken başka namaz var mı?"* dedi. Rasûlullah (s.a.v.): -*"Hayır yok, nafile olarak fazladan namaz kılabilirsin."* buyurdu. Rasûlullah (s.a.v.): -*"Bir de Ramazan ayı orucunu tutmaktır."* buyurdu. Adam: -*"Başka tutmam gereken oruç var mı?"* deyince, Rasûlullah (s.a.v.): -*"Hayır yok. Fazladan nafile olarak oruç tutabilirsin"* buyurdular. Rasûlullah (s.a.v.) o adama zekât vermeyi de söyledi. Adam: -*"Vermem gereken başka bir şey var mı?"* dedi. Rasûlullah (s.a.v.): -*"Hayır yok. Nafile olarak verebilirsin"* buyurdu. Bu defa adam: -*"Vallahi bunları ne artırırım, ne de eksiltirim."* diye Peygamber (s.a.v.)'in yanından ayrılıp gitti. Bunun üzerine Rasûlullah (s.a.v.): -***"Eğer sözünde durursa kurtuldu"*** buyurdular. (Buhari, İman, 24; Müslim, İman, 8)

◈　**1209)** İbnu Abbas (r.a.)'den:

Peygamber (s.a.v.) Muaz'ı Yemen'e gönderdiğinde ona: -*"Onları önce Allah'tan başka ilah olmayıp benim de Allah'ın elçisi olduğuma şehadet etmeye davet et. Eğer bunu kabul ederlerse, Allah'ın onlara günde beş vakit namazı farz kıldığını bildir. Bunu da kabul ederlerse, zenginlerden alınıp fakirlere verilecek olan zekâtı da Allah'ın farz kıldığını onlara bildir."* buyurdular. (Buhari, Zekât, 1; Müslim, İman, 29)

◈　**1210)** İbnu Ömer (r.a.)'den:

Rasûlullah (s.a.v.): -*"Bana, Allah'tan başka ilah olmadığına, Muhammed'in Allah'ın elçisi olduğuna şehadet edinceye, namaz kılıp zekât verinceye kadar insanlarla savaşmam emredildi. Bunları yaparlarsa, İslam'ın hakkı olan müeyyideler dışında canlarını, mallarını benden korumuş olurlar. Diğer konulardaki hesapları ise Allah'a kalmıştır."* buyurdular. (Buhari, İman, 17; Müslim, İman, 33)

◈　**1211)** Ebu Hureyre (r.a.)'den:

Rasûlullah (s.a.v.) vefat edince, Ebubekir (r.a.) onun yerine halife oldu. Bu esnada kimi insanlar dinden dönmeye başlayınca (Ebubekir (r.a.) bunlara karşı savaş açtı.) Bunun üzerine Ömer (r.a.): -'Sen bunlarla nasıl savaşırsın? Zira Rasûlullah (s.a.v.): -*"Ben Allah'tan başka ilah yoktur deyinceye kadar insanlarla savaşmakla emrolundum. Kim bunu söylerse İslam'ın hakkı olan müeyyideler dışında canını ve malını benden korumuş olur. Diğer konulardaki hesapları ise Allah'a kalmıştır."* buyurdu.' diye karşı çıkınca, Ebubekir (r.a.): -*"Allah'a yemin ederim ki; namazla zekâtı birbirinden ayıranlarla kesinlikle savaşırım. Çünkü zekât, malın hakkıdır. Yine Allah'a yemin ederim ki; Rasûlullah (s.a.v.)'e verdikleri bir bir deve yularını dahi bana vermekten kaçınırlarsa sırf bundan dolayı kendileriyle savaşırım."* dedi. Bunu duyan Ömer (r.a.): -"*Allah'a yemin olsun ki; savaş konusunda Allahu Teâlâ'nın Ebubekir'in kalbini aydınlatmış olduğunu gördüm ve doğru olanın da bu olduğunu anladım."* dedi. (Buhari, İ'tisam, 2; Müslim, İman, 32)

**1212)** Ebu Eyyub (r.a.)'dan:

Bir adam Peygamber (s.a.v.)'e: -"*Bana cennete girmeme sebep olacak bir amel söyle"* dedi. Peygamberimiz (s.a.v.) de: -"**Allah'a ibadet eder, ona hiçbir şeyi ortak koşmazsın, namazı kılar, zekâtı verir, akrabanı görüp gözetirsin"** buyurdular. (Buhari, Müslim)

**1213)** Ebu Hureyre (r.a.)'den:

Bedevilerden biri Rasûlullah (s.a.v.)'a geldi ve: -"*Ey Allah'ın Rasulü! Bana yaptığım takdirde cennete girmeme sebep olacak bir amel söyle"* dedi. Rasûlullah (s.a.v.) de: -"**Allah'a hiçbir şeyi ortak koşmaksızın kulluk edersin. Farz olan namazı kılar, zekâtı verirsin ve Ramazan orucunu tutarsın."** Bunun üzerine bedevi: -"*Canım elinde olan Allah'a yemin ederim ki; bu söylediklerine hiçbir şey ilave etmem"* dedi. Adam dönüp gidince Peygamber (s.a.v.): -"**Cennetlik birisini görmek kimi mutlu ederse bu adama baksın"** buyurdular. (Buhari, Zekât, 1; Müslim, İman, 15)

**1214)** Cerir b. Abdillah (r.a.)'den:

Ben Rasûlullah (s.a.v.)'e namaz kılmak, zekât vermek ve her Müslümana nasihat etmek üzere biat ettim. (Buhari, İman, 42; Müslim, İman, 97)

**1215)** Ebu Hureyre (r.a.)'den:

Rasûlullah (s.a.v.): -"**Zekâtını vermeyen altın ve gümüş sahiplerinin bu malları kıyamet günü ateşte ısıtılarak levhalar haline getirilir ve bunlarla sahibinin yan tarafları, alnı ve sırtı dağlanır. Bu levhalar, her soğudukça tekrar ısıtılıp süresi elli bin** *sene olan bir günde kullar arasında hüküm verilinceye kadar sahibine azap edilir. Hesap bittikten sonra cennetin veya cehennemin yolunu tutar."* buyurdular. Ey Allah'ın Rasulü, zekât verilmeyen develerin durumu nedir diye sorduklarında, Rasûlullah (s.a.v.): *-"Zekâtı verilmek suretiyle hakkı ödenmeyen her deve sahibi -ki subaşlarına geldiklerinde sağılıp muhtaçlara sütünden ikram edilmesi de bu haklar arasındadır - kıyamet günü düz ve geniş bir sahaya yatırılır, o develer ve tüm yavruları hepsi birden o kimseyi ayakları altında çiğner ve dişleriyle ısırırlar. Öncekiler geçince arkadakiler de gelir, aynı işlemi yaparlar. Süresi elli bin sene olan bir günde insanlar hakkında hüküm verilinceye kadar bu böylece devam eder. Hesap sonunda yolunun ya cennet ya da cehenneme çıktığını görür."* buyurdular. Ey Allah'ın Rasulü! Zekâtı verilmeyen sığır ve koyunların durumu ne olacak? diye sorulunca Rasûlullah (s.a.v.): *-"Zekatı verilerek hakkı ödenmeyen sığır ve koyun sahibi kıyamet günü düz ve genişçe bir yere yatırılır. Dünyada iken boynuzu kırık ve boynuzsuz olanlar da bütün uzuvları tam olarak o kimseyi boynuzlarıyla süser ve tırnaklarıyla çiğnerler. Öndekiler ve arkadakiler sırayla bu işi yaparlar. Bu durum süresi ellibin yıl olan bir günde kullar arasında hüküm verilinceye kadar devam eder. Nihayet kişi yolunun ya cehenneme ya da cennete çıktığını görür."* buyurdular. Ey Allah'ın Rasulü, ya atların durumu nedir? sorusuna da Rasûlullah (s.a.v.): *-"Atlar üç sınıftır: Kişi için günah ve yük olan at vardır, cehennem veya hesabına örtü olacak at vardır, bir de mükafat olan at vardır. Kişi için, günah ve yük olan sahibinin sadece çalım satmak ve İslam'a düşmanlık yapmak için beslediği attır. Bu at sahibi için yük ve günah kaynağıdır. Sahibine perde olan ata gelince; kişinin Allah rızası için beslediği ve üzerindeki Allah'ın hakkını unutmayıp ödediği ve iyice bakıp gözettiği attır. İşte bu da sahibini başkasına yüzsuyu dökmekten korur. Sevap ve mükâfat kazandıran ata gelince, o da sahibinin Müslümanlara yardımcı olmak için Allah yolunda besleyip çayır ve bahçelerde otlattığı attır. Atın o çayır ve bahçeden yediği ot ve çıkardığı dışkı ve idrarı oranınca sahi-*

*bine iyilik yazılır. Hatta at ipini kopartıp da bir iki tepede koşsa, koşarken bıraktığı gübreleri ve ayak izleri adedince sahibine iyilik yazılır. Ya da sulamak maksadı olmadığı halde onu bir nehir kenarından geçirirken at su içecek olsa, içtiği yudumlar adedince Allah sahibine sevap yazar."* buyurdular. Ey Allah'ın Rasûlü! Ya merkeplerin durumu nedir? diye sorulunca, Rasûlullah (s.a.v.): -*"Kim zerre kadar bir hayır işlerse karşılığını görür, kim de zerre kadar kötülük yaparsa karşılığını görür" mealindeki ayetten başka bana eşekler hakkında bir şey bildirilmedi."* buyurdular. (Müslim, Zekât, 84; Cihad, 48)

◈ **1216)** Ebu Hureyre (r.a.)'den:

Rasûlullah (s.a.v.): -*"Aziz ve Celil olan Allah: -"Âdemoğlunun oruç dışındaki her ameli kendisi içindir, onun mükâfatını da ben vereceğim. Oruç bir kalkandır. Biriniz oruçlu olduğunda kötü söz söylemesin ve kavga da etmesin, şayet birisi kendisine söver veya kavga ederse; 'ben oruçluyum' desin. Muhammed'in canı elinde olan Allah'a yemin ederim ki; oruçlunun ağız kokusu, Allah katında misk kokusundan daha hoştur. Oruçlunun rahatlayacağı iki sevinç anı vardır. Birisi, iftar ettiği zamanki sevinci, diğeri de Rabbine kavuştuğu andaki sevincidir."* buyurdular. (Buhari, Savm, 9; Müslim, Sıyam, 163)

Buhari'nin başka bir rivayeti: -*"(Yüce Allah) oruçlu yemesini, içmesini ve nefsani arzularını sadece benim için terk ediyor. Dolayısıyla oruç Benim içindir. Diğer iyilik ve ibadetlerin karşılığı on misli sevap olduğu halde orucun mükâfatını bizzat Ben, vereceğim."* buyurdular.

Müslim'in başka bir rivayetinde ise: -*"Âdemoğlunun her ameline kat kat sevap verilir, bir iyilik on mislinden yedi yüz misline kadar katlanır. Yüce Allah: -Ancak oruç başka, onun mükâfatını ben veririm. Çünkü oruçlu kimse yemesini içmesini ve nefsani isteklerini sadece benim için terk eder. Oruçlunun rahatlayacağı iki sevinç anı vardır. Birisi, iftar ettiği zamanki sevinci, diğeri de Rabbine kavuştuğu andaki sevincidir. Oruç-*

*lunun ağız kokusu ise Allah katında misk kokusundan daha güzeldir"* buyurmuştur. (Müslim, Sıyam, 164)

◈ **1217)** Ebu Hureyre (r.a.)'den:

Rasûlullah (s.a.v.): -*"Kim Allah yolunda bol bol ve çeşit çeşit harcamada bulunursa, ona cennetin muhtelif kapılarının her birinden: -'Ey Allah'ın kulu! Bu kapıdan girmen senin için daha hayırlıdır.' diye seslenilir. Namaz kılanlar namaz kapısından, mücahidler cihad kapısından, oruçlular reyyan kapısından, çok sadaka verenler de sadaka kapısından cennete girmeye çağrılırlar"* buyurdular. Ebubekir (r.a.): -*"Anam babam sana feda olsun ey Allah'ın Rasûlü! Bu kapıların birinden çağrılan kimsenin diğer kapılardan çağrılmaya ihtiyacı yoktur, ama bu kapıların hepsinden çağrılacak kimse var mıdır?"* dedi. Rasûlullah (s.a.v.): -*"Evet vardır, senin de bunlardan olacağını ümit ediyorum"* buyurdular.(Buhari, Savm, 4; Müslim, Zekât, 85)

◈ **1218)** Sehl b. Sa'd (r.a.)'den.

Nebi (s.a.v.): -*"Cennette Reyyan denilen bir kapı vardır ki, kıyamet günü oradan ancak oruçlular girecek, onlardan başka kimse giremeyecektir. Oruçlular nerede? diye çağrılır, onlar da kalkıp girerler ve o kapıdan onlardan başkası asla giremez. Oruçlular girdikten sonra da kapı kapanır, artık oradan hiçbir kimse girmez."* buyurdular. (Buhari, Savm, 4; Müslim, Sıyam, 166)

◈ **1219)** Ebu Said el-Hudrî (r.a.)'den:

Rasûlullah (s.a.v.): -*"Herhangi bir kimse Allah rızası için bir gün oruç tutarsa Allah o kimsenin yüzünü Cehennem ateşinden yetmiş yıl uzak tutar."* buyurdular. (Buhari, Cihad, 36; Müslim, Sıyam, 167)

◈ **1220)** Ebu Hureyre (r.a.)'den:

Rasûlullah (s.a.v.): -*"Kim inanarak ve sevabını da Allah'tan bekleyerek Ramazan orucunu tutarsa geçmiş günahları bağışlanır."* buyurdular. (Buhari, İman, 28; Müslim, Sıyam, 203)

◈ **1221)** Ebu Hureyre (r.a.)'den:

Rasûlullah (s.a.v.): -"*Ramazan ayı girdiğinde cennet kapıları açılır, cehennem kapıları kapanır ve şeytanlar zincirlerle bağlanır.*" buyurdular. (Buhari, Savm, 5; Müslim, Sıyam, 1)

◈ **1222)** Ebu Hureyre (r.a.)'den:

Rasûlullah (s.a.v.): "Ramazan hilalini görünce oruç tutun, Şevval hilalini görünce oruca son verin. Ramazanın başlangıcı bulutlu güne rastlarsa Şabanı otuza tamamlayın." buyurdular.

(Buhari, Savm, 11; Müslim, Sıyam, 4)

Müslimin rivayetti: Rasûlullah (s.a.v.),-"*Eğer Ramazanın sonu bulutlu güne rastlarsa Ramazanı otuz gün tutun.*"

## 218- RAMAZANDA CÖMERT DAVRANMA, İBADETLERE FAZLA ZAMAN AYIRMA BÖLÜMÜ

◈ **1223)** İbnu Abbas (r.a.)'dan:

Rasûlullah (s.a.v.) insanların en cömerti idi, onun en cömert olduğu anlar da Ramazanda Cebrail'in kendisiyle buluştuğu zamanlardı. Cebrail (a.s.) Ramazan'ın her gecesinde onunla buluşur, karşılıklı Kur'an okurlardı. Bundan dolayı Rasûlullah (s.a.v.) Cebrail ile buluştuğunda yağmur getiren rüzgârlardan daha cömert olurdu. (Buhari, Bed'ül-Vahy, 5; Müslim, Fezail, 48)

◈ **1224)** Aişe (r.a.)'dan:

Rasûlullah (s.a.v.) Ramazanın son on günü girince geceleri ibadetle geçirir, ev halkını uyandırır, kendisini ibadete verir ve kadınlarından uzak dururdu. (Buhari, Leyletu'l-Kadr, 5; Müslim, İtikaf, 7)

## 219- ŞABAN AYI ORUCU BÖLÜMÜ

◈ **1225)** Ebu Hureyre (r.a.)'dan:

Rasûlullah (s.a.v.): -"*Sizden biriniz Ramazan'ın bir veya iki gün öncesinden oruç tutmasın. Ancak belli günlerde oruç tut-*

*mayı adet edinmiş olan kimse o gün orucunu tutsun."* buyurdular. (Buhari, Savm, 5; Müslim, Sıyam, 21)

◈ **1226)** İbnu Abbas (r.a.)'den:

Rasûlullah (s.a.v.): -*"Ramazandan önce oruç tutmayın. Ramazan hilalini görünce oruca başlayın. Şevval hilaliyle oruca son verin. Eğer bulut, hilali görmeye engel olursa otuz güne tamamlayın."* buyurdular. (Tirmizi, Savm, 5)

◈ **1227)** Ebu Hureyre (r.a.)'den:

Rasûlullah (s.a.v.): -*"Şaban'ın on beşinden sonra oruç tutmayın."* buyurdular. (Tirmizi, Savm, 37)

◈ **1228)** Ebul Yakzan Ammar b. Yasir (r.a.)'den:

Ramazan'ın ilk günü mü Şaban'ın son günü mü diye şüphe edilen (yevm-i şek) günde kim oruç tutarsa Eb'ul-Kasım'a itaatsizlik etmiş olur. (Ebu Davud, Savm, 10; Tirmizi, Savm, 3)

## 220- HİLAL GÖRÜLDÜĞÜNDE YAPILACAK DUA BÖLÜMÜ

◈ **1229)** Talha b. Ubeydullah (r.a.)'den:

Rasûlullah (s.a.v.) hilali gördüğü zaman: -*"Ey Allah'ım! Bu hilali bizim için güven, iman, selamet ve İslam vesilesi kıl. Ey Hilal! Benim Rabbim de senin Rabbin de Allah'tır. Bu ay üzerimize hayırlı ve uğurlu olsun."* diye dua ederdi. (Tirmizi, Dua, 50)

## 221- SAHURUN GECİKTİRİLMESİNİN UYGUN OLACAĞI BÖLÜMÜ

◈ **1230)** Enes (r.a.)'den:

Rasûlullah (s.a.v.): -*"Sahur yemeği yiyiniz, çünkü sahur yemeğinde bereket vardır."* buyurdular. (Buhari, Savm, 20; Müslim, Sıyam, 45)

◈ **1231)** Zeyd b. Sabit (r.a.)'dan:

Biz Rasûlullah (s.a.v.) ile birlikte sahur yemeği yedik, sonra da namaz kıldık. Ona: -*"Sahur yemeği ile namaz arasında ne kadar zaman vardı?"* diye sorulunca: -*"Elli ayet okuyacak kadar"* cevabını verdi. (Buhari, Savm, 19; Müslim, Sıyam, 47)

◈ **1232)** İbnu Ömer (r.a.)'den:

Rasûlullah (s.a.v.)'in iki müezzini vardı. Bilal ve b. Ümmi Mektum (r.a.). Rasûlullah (s.a.v.): -*"Bilal geceleyin ezan okuyor, siz İbnu Ümmü Mektum ezan okuyuncaya kadar yiyip için."* buyurdular. İbnu Ömer (r.a.): -*"Bu ikisinin arasındaki vakit biri (ezan okuyunca) inip, diğeri (ezan okumaya) çıkıncaya kadar geçen vakitten ibarettir."* dedi. (Buhari, Ezan, 11; Müslim, Sıyam, 36)

◈ **1233)** Amr ibn'il-Âs (r.a.)'den.

Rasûlullah (s.a.v.): -*"Bizim orucumuzla Yahudi ve Hristiyanların orucu arasındaki fark, sahur yemeğidir."* buyurdular. (Müslim, Sıyam, 46)

## 222- İFTAR ETMEKTE ACELE ETME BÖLÜMÜ

◈ **1234)** Sehl b. Sa'd (r.a.)'den:

Rasûlullah (s.a.v.): -*"İnsanlar iftar etmekte acele ettikçe daima hayırda olurlar."* buyurdular. (Buhari, Savm, 45; Müslim, Sıyam, 48)

◈ **1235)** Ebu Atıyye'den:

Bir gün Mesruk ile birlikte Aişe (r.a.)'nin yanına girdik. Mesruk Aişe (r.a.)'ya: -*"Muhammed (s.a.v.)'in ashabından iki kişi var ki hiçbir zaman hayırdan kusur etmiyorlar. Ancak bunlardan biri akşam namazını kılmakta ve oruç açmakta acele ediyor, diğeri ise hem akşam namazını hem de iftarı geciktiriyor"* dedi. Aişe (r.a.): -*"Akşam namazını ve iftarı yapmakta acele eden kimdir?"* diye sordu. Mesruk da: *"Abdullah b. Mes'ud'dur"* cevabını verdi. Bunun üzerine Aişe (r.a.): -"*Rasûlullah (s.a.v.) de öyle yapardı*" dedi. (Müslim, Sıyam, 49)

◈ **1236)** Ebu Hureyre (r.a.)'den:
Rasûlullah (s.a.v.): -"*Allah azze ve celle: 'Kullarımın bana en sevgili olanı iftar etmekte acele edendir.' buyurdu*" dediler. (Tirmizi, Savm, 13)

◈ **1237)** Ömer b. Hattab (r.a.)'den:
Rasûlullah (s.a.v.): -"*Gece şu taraftan (doğudan) gelmeye başlayıp, gündüz de şu tarafa (batıya) gider ve güneş de kayboldumu oruçlu orucunu açar.*" buyurdular. (Buhari, Savm, 43; Müslim, Sıyam, 51)

◈ **1238)** Ebu İbrahim Abdullah b. Ebu Evfa (r.a.)'dan:
Rasûlullah (s.a.v.) ile beraber oruçlu olduğu halde bir seferde bulunduk. Güneş batınca oradakilerden birine: -"*Ey Fülan! Haydi, binitinden inerek kavrulmuş buğday ununu su ile karıştırarak bize yemek hazırla*" buyurdular. O adam: -"*Ey Allah'ın Rasulü! Biraz daha geceyi beklesiniz olmaz mı?*" deyince Peygamberimiz (s.a.v.): -"*İn de bize yemek hazırla.*" buyurdu. Adam yine: -"*Hâlâ gündüz değil mi?*" dedi. Rasûlullah (s.a.v.) yine: -"*İn ve bize yemek hazırla*" dedi. Bunun üzerine adam binitinden indi, onlar için istenilen yemeği yaptı. Rasûlullah (s.a.v.) de bu hazırlanan çorbadan içti. Sonra eliyle doğu tarafı işaret ederek: -"*Gecenin şu doğu tarafından gelmekte olduğunu gördüğünüz zaman oruçlunun iftar vakti gelmiştir.*" buyurdular. (Buhari, Savm, 33; Müslim, Sıyam, 52)

◈ **1239)** Sahabeden Selman b. Âmir ed-Dabbî (r.a.)'den:
Peygamber (s.a.v.): -"*Biriniz iftar etmek istediği zaman orucunu hurma ile açsın. Hurma bulamazsa su ile iftar etsin, zira su temizleyicidir.*" buyurdular. (Ebu Davut, Savm, 21; Tirmizi, Zekât, 26)

🔶 **1240)** Enes (r.a.)'den:

Rasûlullah (s.a.v.) Akşam namazını kılmadan evvel birkaç taze hurma ile iftar ederdi. Taze hurma bulamazsa birkaç kuru hurmacıkla iftar ederdi. Şayet kuru hurma da bulamazsa birkaç yudum su içiverirlerdi. (Ebu Davut, Tirmizi)

## 223- ORUÇLUNUN DİLİNİ KORUMASI BÖLÜMÜ

🔶 **1241)** Ebu Hureyre (r.a.)'den:

Rasûlullah (s.a.v.): -*"Biriniz oruçlu olduğu gün çirkin söz söylemesin ve kimse ile dalaşmasın. Şayet biri kendisine söver veya sataşırsa, 'Ben oruçluyum' desin."* buyurdular. (Buhari, Savm,9; Müslim, Sıyam, 163)

🔶 **1242)** Ebu Hureyre (r.a.)'den:

Rasûlullah (s.a.v.): -*"(Oruçlu kimse) yalanı ve yalanla iş yapmayı terk etmezse onun yemesini içmesini terk etmesine Allah'ın ihtiyacı yoktur."* buyurdular. (Buhari, Savm, 8)

## 224- ORUÇLA İLGİLİ BAZI MESELELER BÖLÜMÜ

🔶 **1243)** Ebu Hureyre (r.a.)'den:

Peygamber (s.a.v.): -*"Sizden biriniz unutarak bir şey yer veya içerse orucunu tamamlasın, çünkü ona Allah, yedirmiş ve içirmiştir."* buyurdular. (Buhari, Savm 26; Müslim Sıyam, 171)

🔶 **1244)** Lakît b. Sabira (r.a.)'dan:

Ben: -*"Ey Allah'ın Rasulü! Bana abdest almayı anlat"* dedim. O da: -*"Abdesti güzelce al, parmak aralarını ovuştur, oruçlu olmadığın zaman suyu burnuna iyice çek."* buyurdular. (Ebu Davud, taharet,56; Tirmizi, Savm, 68)

◈ **1245)** Aişe (r.a.)'dan:

Rasûlullah (s.a.v.)'in ailesiyle yatıp cünüp olarak sabahladığı olurdu, sonra yıkanıp orucuna devam ederdi. (Buhari, Savm, 22; Müslim, Sıyam, 76)

◈ **1246)** Aişe ve Ümmü Seleme (r.a.)'dan:

Rasûlullah (s.a.v.) ihtilam olmaksızın cünüp olarak sabahlardı da sonra yıkanır, orucuna devam ederdi. (Buhari, Savm, 25; Müslim, Sıyam, 75)

## 225- MUHARREM, ŞABAN VE HARAM AYLARDA ORUÇ BÖLÜMÜ

◈ **1247)** Ebu Hureyre (r.a.)'den:

Rasûlullah (s.a.v.): -*"Ramazan orucu dışında en faziletli oruç Allah'ın ayı Muharremde tutulan oruçtur. Farz namazlar dışında en faziletli namaz da gece namazıdır."* buyurdular. (Müslim, Sıyam, 202)

◈ **1248)** Aişe (r.a.)'dan:

Peygamber (s.a.v.) hiçbir ayda Şaban ayında tuttuğu oruçtan daha fazla oruç tutmazdı. Şaban ayının tamamını oruçla geçirirdi. (Buhari, Savm, 52, Müslim, Sıyam, 177)

Başka bir rivayet: Pek az bir kısmı hariç Şaban ayının çoğunu oruçlu geçirirdi. (Müslim, Sıyam, 176)

◈ **1249)** Mucîbet'ül-Bahiliyye (r.a.)'nin babasından veya amcasından:

Babası (veya amcası) Rasûlullah (s.a.v.)'e gelip gittiğini, bir yıl sonra kılık kıyafeti değişmiş olduğu halde tekrar Peygamberimizin yanına gelerek: -*"Ey Allah'ın Rasulü! Beni tanımadın mı?"* deyince Peygamber: -*"Sen kimsin? Tanıyamadım"* diye sordu. Adam da: -*"Bir sene önce size gelmiş olan Bâhilîyim"* deyince

Peygamber: -*"Seni bu kadar değiştiren şey nedir? Hâlbuki sen, düzgün görünümlü idin."* dedi. Adam: -*"Senden ayrıldığım günden beri geceleri hariç asla yemek yemedim"* dedi. Bunun üzerine Rasûlullah (s.a.v.): -*"Kendine işkence etmişsin. Sabır ayı olan Ramazanı tamamıyla, diğer aylardan da birer günü oruçlu geçir"* buyurdu. Adam: -*"Benim için bu sayıyı artırınız, zira benim fazlasına gücüm yeter"* deyince, Peygamber (s.a.v.): -*"O halde her aydan iki gün oruç tut"* buyurdu. Adam: -*"Daha da artırın"* deyince, Peygamber: -*"O halde her aydan üç gün"* buyurdu. Adam: -*"Daha da artır"* deyince, Peygamber: -*"Recep, Zilkade, Zilhicce ve Muharrem aylarında üçer gün oruç tut, diğer günlerinde iftar et"* emrini üç defa tekrarladı ve üç parmağını yumup bırakmak suretiyle işaret etti. (Ebu Davud, Savm, 55)

## 226- ZİLHİCCE AYINDA TUTULAN ORUÇ BÖLÜMÜ

**1250)** İbnu Abbas (r.a.)'dan:

Rasûlullah (s.a.v.): -*" Allah katında, şu Zilhiccenin ilk on gününde yapılan amellerden daha sevimli bir amel yoktur."* buyurdu. Bunun üzerine: -*"Ey Allah'ın Rasulü! Allah yolunda yapılacak cihad da mı üstün değildir?"* dediler. Rasûlullah (s.a.v.): -*"Allah yolunda malını ve canını tehlikeye sokup cihada çıkan ve şehit olup geri dönemeyen kimsenin cihadı bundan sevgilidir"* buyurdular. (Buhari, Iydeyn, 11)

## 227- AREFE GÜNÜ VE MUHARREM AYI 9-10. GÜN ORUÇLARI BÖLÜMÜ

**1251)** Ebu Katade (r.a.)'den:

Rasûlullah (s.a.v.)'e arife günü tutulan orucun faziletinden soruldu da: -*"Geçmiş bir yılın ve gelecek yılın günahlarına keffaret olur"* buyurdular. (Müslim, Sıyam, 196)

◈ **1252)** İbnu Abbas (r.a.)'den:

Rasûlullah (s.a.v.) Aşure gününde oruç tuttu ve oruç tutmayı tavsiye etti. (Buhari, Savm, 69; Müslim, Sıyam, 177)

◈ **1253)** Ebu Katade (r.a.)'den:

Rasûlullah (s.a.v.)'den Aşure günü tutulan orucun faziletinden soruldu, o da: -*"Geçmiş bir yılın günahlarına keffaret olur"* buyurdular. (Müslim, Sıyam, 197)

◈ **1254)** İbnu Abbas (r.a.)'dan:

Rasûlullah (s.a.v.): -*"Gelecek seneye kadar yaşarsam, Muharremin dokuzuncu gününde kesinlikle oruç tutarım."* buyurdular. (Müslim, Sıyam, 134)

## 228- ŞEVVAL AYINDA ALTI GÜN ORUÇ BÖLÜMÜ

◈ **1255)** Ebu Eyyub (r.a.)'den:

Rasûlullah (s.a.v.): -*"Ramazan orucunu tutan ve buna Şevval ayında altı oruç daha ekleyen kişi bütün seneyi oruçlu geçirmiş gibi olur."* buyurdular. (Müslim, Sıyam, 204)

## 229- PAZARTESİ VE PERŞEMBE ORUCU BÖLÜMÜ

◈ **1256)** Ebu Katade (r.a.)'den:

Rasûlullah (s.a.v.)'e Pazartesi günü oruç tutmanın fazileti soruldu. O da: -*"O gün benim doğduğum gündür. Peygamber olduğum veya bana vahyin ilk geldiği gündür."* buyurdular. (Müslim, Sıyam, 197)

◈ **1257)** Ebu Hureyre (r.a.)'den:

Rasûlullah (s.a.v.): -*"Pazartesi ve Perşembe günleri ameller Allah'a arz olunur. Ben de amellerimin oruçluyken arz olunmasını severim."* buyurdular. (Tirmizi, Savm, 44)

◈ **1258)** Aişe (r.a.)'dan:

Rasûlullah (s.a.v.) Pazartesi ve Perşembe günleri oruçlu olmaya çalışırdı. (Tirmizi, Savm, 44)

## 230- HER AYDAN ÜÇ GÜN ORUÇ TUTMA BÖLÜMÜ

◈ **1259)** Ebu Hureyre (r.a.)'den:

Dostum Rasûlullah (s.a.v.) bana her aydan üç gün oruç tutmayı, kuşluk vaktinde iki rekât namaz kılmayı ve uyumadan önce vitir namazını kılmayı tavsiye etti. (Buhari, Savm, 60; Müslim, Müsafirin, 85)

◈ **1260)** Eb'ud-Derda (r.a.)'den:

Sevgili dostum Rasûlullah (s.a.v.) bana yaşadığım sürece asla terk etmeyeceğim üç şey tavsiye etti. Bunlar da; her ayda üç gün oruç tutmak, kuşluk namazını kılmak ve yatmazdan önce vitir namazı kılmaktır. (Müslim, Müsafirin, 86)

◈ **1261)** Abdullah b. Amr b. Âs (r.a.)'den:

Rasûlullah (s.a.v.): -*"Her ay üç gün oruç tutmak, bütün bir seneyi oruçla geçirmek demektir."* buyurdular. (Buhari, Savm, 59; Müslim Sıyam, 1979)

◈ **1262)** Muaze el-Adeviyye'den:

Kendisi Aişe (r.a.)'ya: -*"Rasûlullah (s.a.v.) her ayda üç gün oruç tutar mıydı?"* diye sordum. Aişe (r.a.): -*"Evet"* dedi. Bu defa: -*"Ayın hangi günlerinde?"* dedim. Aişe (r.a.): -*"Ayın hangi günü olduğuna ehemmiyet vermezdi."* dedi. (Müslim, Sıyam, 194)

◈ **1263)** Ebu Zer (r.a.)'den:

Rasûlullah (s.a.v.): -*"Her ayda üç gün oruç tutacaksan; on üç, on dört ve onbeşinci günleri tut."* buyurdular. (Tirmizi, Savm, 54)

◈ **1264)** Katade b. Milhan (r.a.)'den:

Rasûlullah (s.a.v.) her kameri ayın aydınlık günleri olan on üç, on dört ve on beşinde oruç tutmayı emrederdi. (Ebu Davud, Savm, 68)

◈ **1265)** İbnu Abbas (r.a.)'dan:

Rasûlullah (s.a.v.) yolculukta da yolculuğun dışında da kameri ayın aydınlık günleri olan on üç, on dört ve on beşini oruçsuz geçirmezdi. (Nesei)

## 231- ORUÇLUYU İFTAR ETTİRME BÖLÜMÜ

◈ **1266)** Zeyd b. Halid el-Cüheni (r.a.)'dan:

Rasûlullah (s.a.v.): -*"Kim bir oruçluyu iftar ettirirse oruçlunun sevabı kadar sevap da ona yazılır. Oruçlunun sevabından da hiçbir şey eksilmez."* buyurdular. (Tirmizi, Savm, 82)

◈ **1267)** Ümmü Umara el-Ensariyye (r.a.)'dan:

Peygamber (s.a.v.) bir gün onun evine geldi, o da yemek hazırladı. Peygamber (s.a.v.) ona, -*"Sen de ye"* dedi. Ümmü Umara: -*"Ben oruçluyum"* dedi. Bunun üzerine Rasûlullah (s.a.v.): -*"Oruçlunun yanında yemek yenildiğinde onlar yemekten kalkıncaya veya karınlarını doyuruncaya kadar melekler o oruçluya dua ederler."* buyurdular. (Tirmizi, Savm, 66)

◈ **1268)** Enes (r.a.)'dan:

Peygamber (s.a.v.) bir gün Said b. Ubade'nin yanına geldiğinde Sa'd, ekmek ve zeytinyağı çıkardı ve Rasûlullah (s.a.v.)'e ikram etti. Rasûlullah (s.a.v.) bunları yedikten sonra: -*"Sofranızda oruçlular iftar etsin, yemeklerinizi iyi kimseler yesin, melekler size dua etsin."* buyurdular. (Ebu Davud, Et'ime, 54)

# 10- İTİKÂF KİTABI

## 232- İTİKÂFIN FAZİLETİ BÖLÜMÜ

◆ **1269)** İbnu Ömer (r.a.)'den:

Rasûlullah (s.a.v.) Ramazanın son on gününde itikâf ederdi. (Buhari, İtikâf, 1; Müslim, İtikâf, 1)

◆ **1270)** Aişe (r.a.)'dan:

Peygamber (s.a.v.) vefat edinceye kadar Ramazanın son on gününde itikâfa girmiştir. Vefatından sonra da hanımları itikâfa devam ettiler. (Buhari, İtikâf, 1; Müslim, İtikaf, 5)

◆ **1271)** Ebu Hureyre (r.a.)'den:

Peygamber (s.a.v.) her Ramazanda on gün itikâfa girerdi. Vefat ettiği senenin Ramazanında ise yirmi gün itikafa girdi. (Buhari, İtikâf, 17)

## 233- HAC İLE ALAKALI BİLGİLER BÖLÜMÜ

◆ "Oraya gitmeye gücü yetenlerin, Kâbe'yi haccetmesi, Allah'ın insanlar üzerindeki bir hakkıdır. Kim bunu inkâr ederse, şüphesiz Allah, tüm âlemlerde kimseye muhtaç değildir." (3 Alu İmran, 97)

◈ **1272)** İbnu Ömer (r.a.)'den:

Rasûlullah (s.a.v.): -*"İslam beş esas üzere kurulmuştur. Bunlar da: Allah'tan başka hiçbir ilah olmadığına ve Muhammed'in Allah'ın Rasulü olduğuna şehadet etmek, namaz kılmak, zekât vermek, hacca gitmek ve Ramazan orucunu tutmaktır."* buyurdular. (Buhari, İman, 1; Müslim, İman, 19)

◈ **1273)** Ebu Hureyre (r.a.)'den:

Rasûlullah (s.a.v.) bize bir gün hitap etti ve: -*"Ey insanlar! Allah size haccı farz kıldı, öyleyse haccedin"* buyurdu. Sahabilerden biri: -*"Ey Allah'ın Rasulü! Her sene mi?"* diye sordu. Rasûlullah (s.a.v.) sustu, adam da sorusunu üç defa tekrarladı. Bunun üzerine Rasûlullah (s.a.v.): -*"Evet deseydim her sene haccetmeniz farz olunurdu da sizin buna gücünüz yetmezdi."* dedi. Sonra: -*"Söylemediğim şeyleri bırakın. Çünkü sizden önceki ümmetlerin helak olmalarının sebebi, Peygamberlerine çok soru sorup, Peygamberleri ile ihtilaf etmeleridir. Bundan dolayı size bir şey emredersem onu gücünüz yettiğince yerine getirin. Herhangi bir şeyi de yasaklarsam ondan da kaçının."* buyurdular. (Müslim, Hac, 412)

◈ **1274)** Ebu Hureyre (r.a.)'den:

Rasûlullah (s.a.v.)'e: -*"Hangi amel daha üstündür?"* diye soruldu. O da. -*"Allah ve Rasûlüne iman etmektir"* buyurdu. -*"Sonra hangisidir?"* denilince de: -*"Allah yolunda cihad etmektir"* buyurdu, -*"Sonra hangisidir?"* denilince ise: -*"Kabul olunan hactır"* buyurdular. (Buhari, İman, 18; Müslim, İman, 175)

◈ **1275)** Ebu Hureyre (r.a.)'den:

Ben Rasûlullah (s.a.v.)'in: -*"Kim büyük ve küçük günah işlemeden hac yaparsa annesinden doğduğu gündeki gibi günah-*

*sız olarak evine döner."* buyurduğunu işittim. (Buhari, Hacc, 4; Müslim, Hacc, 438)

◈ **1276)** Ebu Hureyre (r.a.)'den:

Rasûlullah (s.a.v.): -*"İki umre arasında işlenecek günahlara sonraki yapılan umre keffarettir. Kabul olunan haccın karşılığı ise ancak cennettir."* buyurdular. (Buhari, Umre, 1; Müslim, Hac, 437)

◈ **1277)** Aişe (r.a.)'dan:

Rasûlullah (s.a.v.)'e: -*"Ey Allah'ın Rasûlü! En üstün amel olarak cihad etmeyi görüyoruz. Öyle ise biz kadınlar cihad etmeyecek miyiz?"* dedim. Peygamber (s.a.v.): -*"Öyledir ama siz kadınlar için cihadın en üstünü, kabul olunan bir hacdır"* buyurdular. (Buhari, Hac, 4)

◈ **1278)** Ebu Hureyre (r.a.)'den:

Rasûlullah (s.a.v.): -*"Allah'ın cehennemden en fazla kulunu âzâd ettiği gün Arife günüdür."* buyurdular. (Müslim, Hac, 436)

◈ **1279)** Abdullah b. Abbas (r.a.)'den:

Peygamberimiz (s.a.v.): -*"Ramazanda yapılan umrenin sevabı bir hac veya benimle beraber yapılan bir hac sevabına bedeldir."* buyurmuştur. (Buhari, Umre, 4; Müslim, Hacc, 221)

◈ **1280)** İbnu Abbas (r.a.)'dan:

Bir kadın: -*"Ey Allah'ın Rasulü! Allah'ın hac yapma emri babamın hayvan üzerinde bile oturamayacak derecede çok yaşlı olduğu bir döneme rastladı. Onun yerine ben haccedebilir miyim?"* dedi. Peygamber (s.a.v.) de: -*"Evet, haccedebilirsin"* buyurdular. (Buhari, Hac, 1; Müslim, Hac, 407)

◈ **1281)** Lakît b. Amir (r.a.)'den:

Kendisi bir gün Rasûlullah (s.a.v.)'a gelip: -*"Babam çok yaşlıdır. Ne hac, ne de umre yapabilir, ne de yolculuğa çıkabilir. Bu hu-*

*susta ne emredersiniz?"* dedi. Peygamber de: -*"O halde babanın yerine sen hac ve umre yap"* buyurdular. (Ebu Davud, Menasık, 25; Tirmizi, Hac, 87)

◈ **1282)** Saib b. Yezid (r.a.)'den:

Bana, ben yedi yaşımda iken veda haccında Allah'ın Rasulü (s.a.v.)'le beraber hac yaptırdılar. (Buhari, Sayd, 25)

◈ **1283)** İbnu Abbas (r.a.)'dan:

Rasûlullah (s.a.v.) Ravha denilen yerde bir gruba rastladı ve: -*"Siz kimlersiniz?"* diye sordu. Onlar da: -*"Biz Müslümanlarız, peki sen kimsin?"* dediler. Peygamber (s.a.v.): -*"Ben Allah'ın Rasûlü'yüm"* buyurdu. Bunun üzerine içlerinden bir kadın küçük bir çocuğu Peygambere doğru kaldırarak: -*"Bunun için de hac var mı?"* diye sordu. Rasulüllah (s.a.v.): -*"Evet, ona hac sana da sevap vardır"* buyurdular. (Müslim, Hacc, 409)

◈ **1284)** Enes (r.a.)'dan:

Rasûlullah (s.a.v.) erzak ve eşyası da aynı deve üzerinde olduğu halde hacca gitti. (Buhari, Hac, 3)

◈ **1285)** İbnu Abbas (r.a.)'dan:

Ukaz, Mecinne ve Zülmecaz denilen yerler cahiliyye devrinde panayır yerleri idi. Müslümanlar hac mevsimlerinde bu yerlerde ticaret yapmayı günah sandılar. Bunun üzerine, -*"Hac mevsiminde alışveriş yaparak Rabbinizden ticaret yapacak rızık istemenizde sizin için bir günah yoktur"* (2 Bakara, 198) ayeti nazil oldu. (Buhari, Hac, 156)

# 11- CIHAD KİTABI

## 234- CİHADIN FAZİLETİ BÖLÜMÜ

◈ "...Müşriklerin sizinle topyekûn savaştıkları gibi siz de onlarla topyekûn savaşın. Şunu da iyi bilin ki Allah, kendisinden hakkıyla sakınanlarla beraberdir." (9 Tevbe, 36)

◈ "Hoşunuza giden bir iş olmasa da savaş, size farz kılındı. Hoşunuza gitmeyen bir şey, hakkınızda daha hayırlı olabildiği gibi, hoşunuza giden bir şey de hakkınızda daha kötü olabilir. Çünkü Allah (her şeyi) bilir, siz (hiçbir şey) bilmezsiniz." (2 Bakara, 216)

◈ "(Ey îman edenler!) (Sizin için) kolay da olsa, zor da olsa mallarınızla ve canlarınızla Allah yolunda cihad edin. Eğer bilirseniz bu, sizin için daha hayırlıdır." (9 Tevbe, 41)

◈ "Allah, mü'minlerden canlarını ve mallarını, Allah yolunda; gerek öldürerek, gerekse öldürülerek savaşmaları karşılığında kendilerine cenneti vermek üzere satın almıştır. Bu, O'nun Tevrat'ta, İncil'de ve Kur'ân'da güvence altına aldığı gerçek bir vaattir. Allah'tan daha çok, verdiği sözü yerine getiren kim olabilir ki? (Ey îman edenler!) O halde, O'nunla yaptığınız bu alış verişinizden dolayı sevinin. İşte, en büyük kurtuluş da budur." (9 Tevbe, 111)

◈ "Mü'minlerden, özürsüz olarak yerlerinde oturanlarla mallarıyla, canlarıyla Allah yolunda cihad edenler, asla eşit olamazlar. Allah, mallarıyla canlarıyla cihad edenleri, derece bakımından oturanlardan, üstün kılmıştır. Bununla beraber Allah, hepsine de cenneti vâdetmiştir ama mücahitleri oturanlardan çok daha büyük mükâfat vâdederek, üstün kılmıştır. Ve onlara; Kendi katından yüksek dereceler, büyük bir mağfiret ve tükenmez rahmet vermiştir. Çünkü O, çok bağışlayıcı, çok merhamet edicidir." (4 Nisa, 95-96)

◈ "(İşte o,) Allah'a ve O'nun Elçisi'ne îman ederek, mallarınızla ve canlarınızla, Allah yolunda cihad etmenizdir. Eğer bilirseniz bu, sizin için daha hayırlıdır. (Böyle yapın ki Allah da) sizin günâhlarınızı bağışlasın ve sizi, zemîninden ırmaklar akan cennetlere ve Adn cennetlerindeki güzel konaklara yerleştirsin. İşte, en büyük kurtuluş budur. Seveceğiniz başka bir (nîmet) daha vardır ki o da; Allah'ın yardımı ve yakın bir fetihtir. (Ey Muhammed!) Bunu, inananlara müjdele." (61 Saff, 10-13)

◈ **1286)** Ebu Hureyre (r.a.)'dan:

Rasûlullah (s.a.v.)'e: -"*Hangi amel daha üstündür?*" diye soruldu. O da. –"*Allah ve Rasûlüne iman etmektir*" buyurdu. -"*Sonra hangisidir?*" denilince de: -"*Allah yolunda cihad etmektir*" buyurdu,-"*Sonra hangisidir?*" denilince ise: -"*Kabul olunan hactır*" buyurdular. (Buhari, İman, 18; Müslim, İman, 175)

◈ **1287)** İbnu Mes'ud (r.a.)'den:

Peygamber (s.a.v.)'e: "*Hangi amel Allah katında daha sevimlidir?*" diye sordum. Rasulullah (s.a.v.): "*Vaktinde kılınan namazdır,*" buyurdular. -"*Sonra hangisidir?*" dedim. -"*Anaya babaya iyilik etmektir*" buyurdu. -"*Daha sonra hangisidir?*" deyince: -"*Allah yolunda cihad etmektir*" buyurdular. (Buhari, Mevakıt 5, Müslim, İman 137)

◈ **1288)** Ebu Zer (r.a.)'den:

Rasûlullah (s.a.v.)'e: -"*Ey Allah'ın Rasulü! Hangi amel daha faziletlidir?*" diye sordum. O: -"*Allah'a iman ve Onun yolunda cihaddır*" buyurdular. (Buhari, Itk, 2; Müslim, İman, 136)

◈ **1289)** Enes (r.a.)'dan:

Rasûlullah (s.a.v.): -*"Allah yolunda yapılan bir sabah ve ak-şam yürüyüşü şüphesiz dünyadan ve içerisindekilerden daha hayırlıdır."* buyurdular. (Buhari, Cihad, 5; Müslim, İmara, 112)

◈ **1290)** Ebu Said el-Hudri (r.a.)'den:

Bir sahabi Rasûlullah (s.a.v.)'e gelerek: -*"Hangi insan daha değerlidir?"* diye sordu. Peygamberimiz (s.a.v.): -*"Canıyla ve ma-lıyla Allah yolunda çalışan mü'min kimsedir"* buyurdu. O zat: -*"Sonra kimdir?"* diye sordu. Rasûlullah (s.a.v.): -*"İnsanların fitne-lerinden ayrılıp dağ aralarına çekilip Rabbine ibadet eden kim-sedir"* buyurdu. (Buhari, Cihad, 2; Müslim, İmara, 172)

◈ **1291)** Sehl b. Sa'd (r.a.)'dan:

Rasûlullah (s.a.v.): -*"Allah yolunda sınırda bir gece nöbet beklemek dünyadan ve dünyadaki bütün şeylerden daha ha-yırlıdır. Sizden birinizin kamçısının cennette işgal ettiği yer, dünyadan ve dünyadaki bütün eşyalardan daha hayırlıdır. Bir kulun Allah yolunda savaşta akşamleyin veya sabah erken va-kitteki yürüyüşü de dünyadan ve dünya üzerindeki tüm şeyler-den daha hayırlıdır."* buyurdular. (Buhari, Cihad, 6; Müslim, İmara, 113)

◈ **1292)** Selman (r.a.)'den:

Rasûlullah (s.a.v.)'ı: -*"Bir gün, bir gece sınıra nöbet tutmak; gündüzü oruçla gecesi ibadetle geçirilen bir aydan daha hayır-lıdır. Şayet bu kişi nöbet esnasında vefat ederse, yapmakta ol-duğu amelin sevabı kıyamete kadar devam eder. Şehidler gibi cennette rızıklandırılması da devam eder. Her türlü fitneden güven içinde olur."* buyururken işittim demiştir. (Müslim, İmara, 163)

◈ **1293)** Fedale b. Ubeyd (r.a.)'den:

Rasûlullah (s.a.v.): -*"Her ölenin amel defteri kapanır, yalnız Allah rızası için, sınırlarında nöbet tutanların defteri kapan-maz. Yaptığı işlerin sevabı kıyamet gününe kadar artarak de-*

*vam eder, kabir fitnesinden de güven içinde olur."* buyurdular.
(Ebu Davud, Cihad, 15; Tirmizi, Fedailu'l-Cihad, 2)

◈ **1294)** Osman (r.a.)'den:

Rasûlullah (s.a.v.)'i: -*"Allah yolunda bir gün nöbet beklemek, başka yerlerde bin gün nöbet tutmaktan daha hayırlıdır."* buyurdular. (Tirmizi, Fedailu'l-Cihad, 26)

◈ **1295)** Ebu Hureyre (r.a.)'den:

Rasûlullah (s.a.v.): -*"Bir kimse Allah'a inanır, Peygamberlerini tasdik eder ve sadece Allah yolunda cihad ederse, Allah o kimseyi şehid olursa cennetine koymak, gazi olursa mükâfata ve ganimete kavuşmak üzere evine döndürmeye kefil olmuştur. Muhammed'in canını elinde tutan Allah'a yemin ederim ki, Allah yolunda açılan bir yara kıyamet gününde açıldığı gibi ama; rengi kan rengi, kokusu misk kokusu şekliyle gelir. Yine Muhammed'in canını elinde tutan Allah'a yemin ederim ki eğer Müslümanlara zor gelmeseydi, Allah yolunda cihada çıkan birliklerden hiçbir zaman ayrılıp geri kalmazdım. Fakat maddi güç bulamıyorum ki, onların hepsini savaşa göndereyim. Onlar da zaten bu imkândan mahrumlar. Benden ayrı kalıp geride kalmak ta onlara zor geliyor. Muhammed'in canını elinde tutan Allah'a yemin ederim ki, Allah yolunda savaşıp öldürülmemi, sonra savaş edip yine öldürülmeyi, sonra tekrar savaş edip yine öldürülmeyi çok arzu ederim."* buyurdular. (Müslim, İmara, 103)

◈ **1296)** Ebu Hureyre (r.a.)'den:

Rasûlullah (s.a.v.): -*"Allah yolunda yara alan bir kimse, kıyamet gününde yarasından kanlar aktığı halde gelir. Fakat rengi kan rengi, kokusu ise misk kokusudur."* buyurdular. (Buhari, Cihad, 10; Müslim, İmara, 105)

◈ **1297)** Muaz (r.a.)'dan:

Peygamberimiz (s.a.v.): -*"Allah yolunda Müslümanlardan bir kişi, bir deve sağılacak kadar bir süre cihad ederse cennet onun hakkı olur. Allah yolunda yaralanan veya bir sıkıntıya düşen kimse kıyamet gününde yaralandığı an gibi kanlar içinde Allah'ın huzuruna gelir. Fakat kanının rengi za'feran gibi kıpkırmızı, kokusu da misk kokusu gibidir."* buyurmuşlardır (Ebu Davud, Cihad, 40; Tirmizi, Fezailu'l-Cihad, 21)

◈ **1298)** Ebu Hureyre (r.a.)'den:

Rasûlullah (s.a.v.)'in ashabından bir kişi içerisinde tatlı su kaynağı bulunan bir dağ yolundan geçmişti, burası çok hoşuna gitti ve: -*"Keşke insanlardan ayrı bir halde şurada otursaydım. Fakat Rasûlullah (s.a.v.)'dan izin almadan bunu asla yapmam"* dedi. Sonra durumu Rasûlullah (s.a.v.)'a arz etti. Bunun üzerine Rasûlullah (s.a.v.): -*"Sakın böyle bir şey yapma. Çünkü sizden birinizin Allah yolunda çalışıp gayret etmesi, evinde oturup yetmiş yıl namaz kılmasından daha faziletlidir. Allah'ın sizi bağışlamasını ve cennete koymasını istemez misiniz? O halde Allah yolunda cihad yapın. Kim deve sağılacak kadar bir zaman Allah yolunda cihad ederse cenneti hak etmiş olur."* buyurdular.

(Tirmizi, Fezailu'l-Cihad)

◈ **1299)** Ebu Hureyre (r.a.)'den:

Rasûlullah (s.a.v.)'e: -*"Allah yolunda cihada denk olabilecek şey ne olabilir?"* diye soruldu. Rasûlullah (s.a.v.): -*"Ona denk bir ibadeti yapmaya güç yetiremezsiniz"* buyurdu. Ashab aynı soruyu iki veya üç defa tekrarladılar. Rasûlullah (s.a.v.) her defasında: -*"Ona denk bir ibadeti yapmaya güç yetiremezsiniz"* cevabını tekrarlayarak: -*"Allah yolunda cihad eden kimsenin benzeri; gündüzleri oruç tutan, geceleri namaz kılıp Kur'an okuyan ve bu namaz ve oruca Allah yolundaki mücahid evine dönünceye kadar hiç ara vermeden devam eden kimse gibidir."* buyurdular. (Müslim, İmara, 118)

Buhari'nin rivayeti: Bir adam Rasûlullah (s.a.v.)'e, -*"Ey Allah'ın Rasulü, bana cihada denk bir amel gösterseniz"* dedi. Rasûlullah (s.a.v.) de: -*"Ona denk olabilecek bir amel bulamıyorum ki"* dedi ve sonra: -*"Mücahid savaşa çıktığı zamandan başlayarak, mescide kapanıp durmadan namaz kılmaya ve iftarını açmadan oruç tutmaya güç yetirebilir misiniz?"* buyurdular. Bunun üzerine soruyu soran kişi: -*"Buna kim güç yetirebilir ki"* dedi. (Buhari, Cihad, 1)

◈ **1300)** Ebu Hureyre (r.a.)'den:

Rasulullah (s.a.v.): -*"İnsanların yaşayışı en hayırlı olanı; Allah için savaşmak üzere atının dizginlerine yapışan, savaş çağırısı veya yardım isteyen bir ses duyunca ölümü göze alıp atının sırtında uçan ve ölümün kol gezdiği yerlere kendini atan kimsedir. Yine insanların en hayırlısı; şu tepelerin veya şu vadilerin birinde koyunlarını otlatan, namazını kılan, zekatını veren, ölünceye kadar da Rabbine kulluğa devam eden ve insanlara karşı da daima iyilikte bulunan kimsedir."* buyurdular. (Müslim, İmara 125)

◈ **1301)** Ebu Hureyre (r.a.)'dan:

Rasûlullah (s.a.v.): -*"Allah yolunda cihad edenler için Allah cennette yüz derece hazırlamıştır ki her derecenin arası yerle gök arası kadardır."* buyurdular. (Buhari, Cihad, 4)

◈ **1302)** Ebu Said el-Hudri (r.a.)'dan:

Rasûlullah (s.a.v.): -*"Allah'ı Rab, İslam'ı din ve Muhammed'i Peygamber olarak kabul edene cennet vacib olur."* dedi. Bu söz Ebu Said'in hoşuna gitti ve: -*"Ey Allah'ın Rasulü! Bu sözü bana tekrarlasanız"* dedi. Peygamberimiz (s.a.v.) de sözünü tekrarlayarak şöyle buyurdu: -*"Bir başka amel daha vardır ki Allah o amel yüzünden kulunu cennette yüz derece yükseltir. Herbir derecenin arası da yerle gök arası kadardır."* buyurdu. Ebu Said: -*"O amel nedir Ey Allah'ın Rasulü?"* diye sordu. Peygamberimiz (s.a.v.) de: -*"Allah yolunda cihad, Allah yolunda cihad."* buyurdular. (Müslim, İmare, 116)

◈ **1303)** Ebu Bekr b. Ebu Musa el-Eş'ari (r.a.)'dan:

Babamdan işittim, düşman karşısında duruyor ve şöyle diyordu: Ben Rasûlullah (s.a.v.)'i: -*"Şüphesiz cennet kapıları kılıçla-*

*rın gölgeleri altındadır"* derken işittim. Bunun üzerine üstü başı perişan birisi: -*"Ey Ebu Musa, bu sözü Rasûlullah (s.a.v.)'ın böyle dediğini sen işittin mi?"* diye sordu. Ebu Musa (r.a.): -*"Evet, işittim"* cevabını verdi. Bunu duyan adam, arkadaşlarına dönüp: -*"Sizleri selamlarım"* dedi ve kılıcının kınını kırıp attı, sonra elinde yalın kılınçla düşman üzerine yürüdü ve ölünceye kadar savaştı. (Müslim, İmara, 146)

◈ **1304)** Ebu Abs Abdurrahman b. Cübeyr (r.a.)'den:

Rasûlullah (s.a.v.): -*"Allah yolunda ayağı tozlanan kimseye cehennem ateşi dokunmaz."* buyurdular. (Buhari, Cihad, 16)

◈ **1305)** Ebu Hureyre (r.a.)'den:

Rasûlullah (s.a.v.): -*"Sağılan süt nasıl memeye tekrar girmezse, Allah korkusundan ağlayan bir kimse de cehenneme girmez. Bir kimsenin üzerinde Allah yolundaki cihadın tozu ile cehennem dumanı birleşmez."* buyurdular. (Tirmizi, Fedailu'l-cihad, 8)

◈ **1306)** İbnu Abbas (r.a.)'dan:

Rasûlullah (s.a.v.): -*"İki göze cehennem ateşi dokunmaz. Biri Allah korkusundan ağlayan göz, diğeri Allah yolunda Allah yolunda nöbet bekleyerek geceleyen göz."* buyurdular. (Tirmizi, Fedailu'l-cihad, 12)

◈ **1307)** Zeyd b. Halid (r.a.)'dan:

Rasûlullah (s.a.v.): -*"Kim Allah yolunda cihada gidecek bir mücahidi donatırsa, kendisi cihad etmiş gibidir. Cihada giden kimsenin ailesini gözeten kimse de bizzat cihad yapmış gibidir."* buyurdular. (Buhari, Cihad, 38; Müslim, İmara, 135).

◈ **1308)** Ebu Umame (r.a.)'dan:

Rasûlullah (s.a.v.): -*"Sadakaların en faziletlisi Allah yolunda kurulan çadırın gölgesi, Allah yolundaki bir mücahide verilen bir hizmetçi ve Allah yolunda bağışlanmış bir erkek devedir."* buyurdular. (Tirmizi, Fedailu'l-cihad, 5)

◈   **1309)** Enes (r.a.)'dan:

Eslem Kabilesinden bir genç: *-"Ey Allah'ın Rasulü! Ben cihada katılmak istiyorum, fakat savaşabilmek için gerekli malzemem yok"* dedi. Peygamber (s.a.v.): *-"Filan adama git. O, cihada katılmak üzere hazırlanmıştı fakat hastalandı"* buyurdu. Genç ona gelip: *-"Rasûlullah (s.a.v.) sana selam ediyor ve savaşa gitmek için hazırladıklarını bana vermeni söylüyor"* dedi. Bunun üzerine adam hanımına: *-"Ey Falanca! Savaş için hazırladıklarımı bu gence hiçbir şey alıkoymadan ver. Vallahi ondan alıkoyacağın hiçbir parça senin hakkında bereketli olmaz."* dedi. (Müslim, İmara, 134).

◈   **1310)** Ebu Said el-Hudri (r.a.)'den:

Rasûlullah (s.a.v.), Beni Lihyan üzerine asker gönderdi ve: *-"İki kişiden biri cihada gitsin, kazanılacak sevaba ikisi de ortaktır"* buyurdular. (Müslim, İmara, 137)

Müslim'in diğer bir rivayeti: *-"İki kişiden biri cihada çıksın"* buyurdu, sonra oturanlara: *-"Sizden birisi harbe gidenin ailesine ve malına iyi bakarsa onun mükâfatının yarısını alır."* buyurdular. (Müslim, İmara, 138)

◈   **1311)** Bera (r.a.)'den:

Zırhını giymiş bir adam Peygamber (s.a.v.)'e geldi ve. *-"Ey Allah'ın Rasulü! Önce sizinle beraber savaşa mı katılayım, yoksa Müslüman mı olayım?"* dedi. Rasûlullah (s.a.v.). *-"Önce Müslüman ol, sonra da savaş."* buyurdular. O adam, Müslüman oldu sonra savaştı ve şehid oldu. Bunun üzerine Rasûlullah (s.a.v.): *-"Az çalıştı çok kazandı"* buyurdular. (Buhari, Cihad, 13; Müslim, İmara, 144)

◈   **1312)** Enes (r.a.)'den:

Peygamber (s.a.v.): *-"Cennete giren hiçbir kimse şehitlik hariç yeryüzündeki herşeye sahip olsa bile dünyaya geri dönmeyi* *arzu etmez. Ancak cennette gördüğü ikram sebebiyle dünyaya dönüp on defa şehit olmayı ister."* buyurdular.

Başka bir rivayet: -*"Şehitliğin faziletini gördüğü için"* denilmiştir. (Buhari, Cihad, 21; Müslim, İmara, 109)

◈ **1313)** Abdullah b. Amr b. As (r.a.)'den:

Rasûlullah (s.a.v.): -*"Şehid olan kimsenin kul borcu dışındaki bütün günahlarını Allah bağışlar."* buyurdular. (Müslim, İmara, 119)

Başka bir rivayet: -*"Allah yolunda şehit olmak, kul borcuna kadar bütün günahlar için keffarettir."*

◈ **1314)** Ebu Katade (r.a.)'den:

Rasûlullah (s.a.v.), ashabı içinde ayakğa kalkarak: -*"Allah yolunda cihad ve Allah'a iman amellerin en faziletlisidir"* diye konuştu. Adamın biri kalkıp: -*"Ey Allah'ın Rasulü! Eğer Allah yoluda şehid olursam bu, benim günahlarıma keffaret olur mu?"* diye sorunca, Rasûlullah (s.a.v.). -*"Evet sabredecek ve ecrini sadece Allah'tan bekleyerek cepheden kaçmaksızın, Allah yolunda şehid düşersen günahlarına keffaret olur"* buyurdu. Sonra Rasûlullah (s.a.v.). -*"Nasıl demiştin?"* diye sordu. Adam da: -*"Eğer Allah yolunda şehid olursam bu, benim günahlarıma keffaret olur mu?"* diye sözünü tekrarladı. Rasûlullah (s.a.v.) de ona: -*"Evet, sabrederek ecrini de sadece Allah'tan bekleyerek cepheden kaçmaksızın Allah yolunda öldürülürsen insanlara olan borcun haricinde günahlarına keffaret olur. Bunu bana Cibril söyledi"* buyurdular. (Müslim, İmara, 117)

◈ **1315)** Cabir (r.a.)'den:

Bir adam: -*"Ey Allah'ın Rasulü! Allah yolunda öldürülürsem yerim neresidir?"* diye sordu. Rasûlullah (s.a.v.): -*"Cennettir"* diye cevap verdi. Bunun üzerine adam elindeki hurmaları attı ve şehid oluncaya kadar savaştı. (Müslim, İmara, 143)

◈ **1316)** Enes (r.a.)'den:

Rasûlullah (s.a.v.) ile ashabı yola çıktı, müşriklerden önce Bedir'e vardılar. Müşrikler de geldiler. Rasûlullah (s.a.v.): -*"Sizden hiçbiriniz benim emrim olmadıkça hiçbir şey yapmasın"* diye emir verdi. Müşrikler yaklaşınca Peygamber (s.a.v.): -*"Genişliği gökler ve yer arası kadar olan cennete girmek üzere harbe hazır olun"* buyurdu. Ensar'dan Umeyr b. Hümam (r.a.): -*"Ey Allah'ın Rasulü! Genişliği göklerle yer arası kadar olan cennete mi?"* diye sordu. Peygamberimiz (s.a.v.): -*"Evet"* buyurdu. Umeyr: -*"Ne iyi, ne güzel!"* dedi. Rasûlullah (s.a.v.): *"Seni; ne iyi, ne güzel! Demeye sevk eden şey nedir?"* diye sordu. Umeyr: -*"Vallahi Ey Allah'ın Rasulü! Cennet ehlinden olmayı istememden başka bir gayem yok"* dedi. Rasûlullah da: -*"Şüphesiz sen cennetliksin"* buyurdu. Bunun üzerine Umeyr, torbasından biraz hurma çıkarıp yemeğe başladı. Sonra: -*"Eğer bu hurmaları tüketinceye kadar yaşayacak olursam bu hayat bana uzun gelir"* dedi. Elindeki hurmaları attı ve şehid oluncaya kadar onlarla savaştı. (Müslim, İmara, 145)

◈ **1317)** Enes (r.a.)'dan:

Bir grup insan Rasûlullah (s.a.v.)'e gelerek; bize Kur'an'ı ve Sünneti öğretecek kimseler gönderseniz, dediler. Rasûlullah (s.a.v.) de içlerinde dayım Haram'ın da bulunduğu Ensar'dan kendilerine Kurrâ denilen yetmiş kişiyi onlara gönderdi. Bunlar; Kur'an okur ve geceleyin de onu öğretilerdi. Gündüzleri su getirip mescide koyarlar, odun toplayıp onu satarak parasıyla suffe ehline ve fakirlere yiyecek satın alırlardı. İşte Peygamber (s.a.v.) onlara bu kişileri gönderdi. Fakat gidecekleri yere varmadan kâfirler onlara saldırdı ve onları öldürüldüler. Onlar düşman tarafından kuşatılıp öldürülmeden önce: -*"Ey Allahım! Bizim Senden razı, Senin de bizden razı olarak Sana kavuştuğumuzu Peygamberimiz (s.a.v.)'e ulaştır."* dediler. Bir adam, Enes'in dayısı Haram'a arkasından yaklaşarak mızrağını saplayarak, vücudunun bir tarafından öbür tarafına geçirdi. Bunun üzerine Haram: -*"Kâbe'nin Rabbine yemin ederim ki cenneti kazandım,"* dedi. Rasûlullah (s.a.v.) bu olayı haber alınca: -*"Şüphesiz ki din kardeşleriniz, -'Ey Allah'ım! Bizim Senden razı, Senin de bizden razı olarak Sana kavuştuğumuzu Peygamberimiz (s.a.v.)'e ulaştır.' diyerek öldürüldüler."* buyurdular. (Buhari, Cihad, 9; Müslim, İmara, 147)

◈ **1318)** Enes (r.a.)'den:

Amcam Enes b. Nadr (r.a.) Bedir savaşına katılmamıştı. Bu sebeple: -*"Ey Allah'ın Rasûlü! Müşriklerle yaptığın ilk savaşta bulunamadım. Eğer Allah yapılacak bir savaşta beni müşriklerle karşılaştırırsa, onlara ne yapacağımı Allah görür"* dedi. Uhud günü gelip Müslümanlar düşman karşısında dağılınca Enes b. Nadr (r.a.) arkadaşlarını kastederek: -*"Ey Allah'ım! Şu arkadaşlarımın yaptıklarından dolayı senden af dilerim"* dedi. Müşrikleri kastederek de: -*"Bunların yaptıklarından da uzak olduğumu arz ederim"* deyip ilerledi ve Sa'd b. Muaz (r.a.)'la karşılaştı ve: -*"Ey Sa'd b. Muaz! Nadr'in Rabbine yemin ederim ki, işte Cennet! Ben onun kokusunu Uhud tarafından alıyorum"* dedi. Sa'd (r.a.): -*"Ey Allah'ın Rasûlü! Ben onun yaptığını yapamadım."* dedi. Enes (r.a.): -*"Amcamı vücudunda seksenden fazla kılıç, mızrak ve ok yarası olduğu halde şehid edilmiş olarak bulduk. Müşrikler ona müsle yaparak (yani göz, kulak ve tüm uzuvlarını kopararak) belirsiz bir hale getirmişlerdi de onu sadece kız kardeşi parmak uçlarından tanıyabildi."* dedi. Enes, biz: -*"İnananlardan öyle kimseler var ki, Allah'a verdikleri sözde sadakat gösterip; kimi (şehit olarak) adaklarını gerçekleştirdi kimi de (şehit olmayı) beklemektedir. Ve onlar, sözlerinden asla caymadılar."* (33 Ahzab, 23) ayetinin amcam ve onun gibi olan kimseler hakkında inmiş olduğu kanaatindeyiz, dedi. (Buhari, Cihad, 12; Müslim, İmare, 148)

◈ **1319)** Semure (r.a.)'den:

Rasûlullah (s.a.v.): -*"Bu gece rüyada iki adam yanıma geldi ve beni bir ağaca çıkardı. Sonra da beni şimdiye kadar benzerini görmediğim güzellikte bir eve koydular. O iki kişi bana: -'Burası şehidlerin sarayıdır.' dediler"* buyurdular. (Buhari, Cihad, 4)

◈ **1320)** Enes (r.a.)'dan:

Ümmü Harise b. Süraka diye bilinen Ümmü Rübeyy' binti Bera Peygamber (s.a.v.)'e geldi ve: -*"Ey Allah'ın Rasûlü! Bana (oğlum) Harise'den haber ver! Harise Bedir savaşında öldürülmüştür. Eğer cennette ise sabredeceğim, değilse onun için çok ağlayacağım"* dedi. Rasûlullah (s.a.v.) ona: -*"Ey Ümmü Harise! Cennetin içinde pek çok cennetler vardır. Senin oğlun bunların en yücesi olan Firdevs cennetindedir"* buyurdular. (Buhari, Cihad, 14)

◈ **1321)** Cabir b. Abdillah (r.a.)'den:

Babamın müsle yapılmış (yani tüm uzuvları kesilmiş) bir durumda olan cesedi getirilip Rasûlullah (s.a.v.)'ın önüne konuldu. Yüzünü açmaya yönelince kabilem bana engel oldu. Bunun üzerine Peygamber (s.a.v.): -*"Melekler durmadan onu kanatlarıyla gölgelendiriyorlar"* buyurdular. (Buhari, Cenaiz, 3; Müslim, Fezailu's-sahabi, 129)

◈ **1322)** Sehl b. Huneyf (r.a.)'dan:

Rasûlullah (s.a.v.): -*"Kim samimi olarak şehid olmayı isterse, yatağında bile ölse, Allah onu şehidlerin derecesine ulaştırır."* buyurdular. (Müslim, İmara, 157)

◈ **1323)** Enes (r.a.)'den:

Rasûlullah (s.a.v.): -*"Kim samimi olarak şehid olmayı isterse şehid olmasa bile kendisine bu mertebe verilir."* buyurdular. (Müslim, İmara, 156)

◈ **1324)** Ebu Hureyre (r.a.)'dan:

Rasûlullah (s.a.v.): -*"Sizden birinize karınca ısırdığı zaman ne kadar acı duyarsa, şehid de ölüm acısını ancak o kadar duyar."* buyurdular. (Tirmizi, Fezailu'l-Cihad, 26)

◈ **1325)** Abdullah b. Ebu Evfa (r.a.)'den:

Rasûlullah (s.a.v.) düşmanla karşılaştığı günlerden birinde güneş batıya meyledinceye kadar bekledi. Sonra kalkıp ashabın:

-*"Ey İnsanlar! Düşmanla karşılaşmayı arzu etmeyin. Allah'tan afiyet dileyin. Fakat düşmanla karşılaşınca da sabredin. Biliniz ki cennet kılıçların gölgesi altındadır."* dedi ve: -*"Ey Kur'an'ı indiren, bulutları gökyüzünde gezdiren ve düşman saflarını darmadağın edip bozguna uğratan Allah'ım! Düşmanları perişan et ve onlara karşı bize yardım et"* diye dua etti. (Buhari, Cihad, 112; Müslim, Cihad, 20)

◈ **1326)** Sehl b. Sa'd (r.a.)'dan:

Rasûlullah (s.a.v.): -*"İki dua geri çevrilmez veya pek nadir olarak geri çevrilebilir. Bunlar, ezan okunurken yapılan dua ile savaş esnasında orduların birbirine giriştiği anda yapılan duadır."* buyurdular. (Ebu Davud, Cihad, 39)

◈ **1327)** Enes (r.a.)'den:

Rasûlullah (s.a.v.) savaş için çıktığında: -*"Ey Allah'ım! Benim yardımcım ve dayanağım sadece Sensin. Senin yardımınla hareket ederim, senin yardımınla düşmana hücum ederim ve senin verdiğin kuvvetle savaşırım."* diye dua ederdi. (Ebu Davud, Cihad, 90; Tirmizi, Deavat, 121)

◈ **1328)** Ebu Musa (r.a.)'dan:

Peygamber (s.a.v.) bir topluluğun hücumundan korkarsa: -*"Ey Allah'ım! Seni onlara karşı siper edinir ve onların şerlerinden sana sığınırız."* diye dua ederdi (Ebu Davud, Vitr, 20)

◈ **1329)** İbnu Ömer (r.a.)'dan:

Rasûlullah (s.a.v.): -*"Kıyamet gününe kadar atların alınlarına hayır bağlanmıştır."* buyurdular. (Buhari, Cihad, 43; Müslim, İmara, 96)

◈ **1330)** Urve el-Barıkî (r.a.)'den:

Peygamber (s.a.v.) şöyle buyurmuştur: -*"Kıyamet gününe kadar atların alınlarına hayır yani sevap ve ganimet bağlanmıştır."* buyurdular. (Buhari, Cihad, 47; Müslim, İmara, 96)

◈ **1331)** Ebu Hureyre (r.a.)'dan:

Rasûlullah (s.a.v.) şöyle buyurdu: -*"Bir kimse Allah'a ina-narak ve onun va'dine gönülden bağlanarak Allah yolunda bir at beslerse, o atın yediği, içtiği gübresi ve idrarı kıyamet günü o kimsenin mizanına sevab olarak konacaktır."* buyurdular. (Buhari, Cihad, 45)

◈ **1332)** Ebu Mesud (r.a.)'dan:

Bir adam, yularlı bir deve ile Rasûlullah (s.a.v.)'ın yanına gelerek. -*"Bunu Allah yolunda vakfettim"* dedi. Rasûlullah (s.a.v.) de. -*"Bunun karşılığı olarak sana kıyamet gününde yularlanmış yedi yüz deve verilecektir"* buyurdular. (Müslim, İmara, 132)

◈ **1333)** Ukbe b. Amir el-Cüheni (r.a.)'dan:

Rasûlullah (s.a.v.)'i minberde: -*"Düşmanlarınız için elinizden geldiği kadar kuvvet hazırlayın.* (Enfal, 60) *Dikkat edin, kuvvet atmaktır. Dikkat edin, kuvvet atmaktır. Dikkat edin, kuvvet atmaktır."* derken işittim. (Müslim, İmara, 167)

◈ **1334)** Ukbe b. Amir el-Cüheni (r.a.)'dan:

Rasûlullah (s.a.v.)'i: -*"Yakında pek çok yerler fethedeceksiniz. Allah size kâfidir. Hiçbiriniz oklarıyla savaş talimi yapmaktan usanmasın."* derken işittim. (Müslim, İmara, 168)

◈ **1335)** Ukbe b. Amir el-Cüheni (r.a.)'dan:

Rasûlullah (s.a.v.): -*"Kim atıcılığı öğrenir de sonra onu terk ederse bizden değildir veya bize isyan etmiştir."* buyurdular. (Müslim, İmara, 169)

◈ **1336)** Ukbe b. Amir el-Cüheni (r.a.)'dan:

Rasûlullah (s.a.v.)'i: -*"Allah bir ok yüzünden üç kişiyi cennete kor; sevap umarak o oku yapan sanatkârı, o oku Allah yolunda kullanıp atanı, oku atana yardımcı olanı. Atıcılık ve biniciliği öğrenin. Atıcılık, biniciliği öğrenmenizden benim daha çok ho-*

*şuma gider. Kim atıcılığı öğrendikten sonra onu hiçe sayarak bırakırsa o nimeti elden kaçırmış olur veya nankörlük etmiş olur."* derken işittim dedi. (Ebu Davud, Cihad, 23)

◈ **1337)** Seleme b. Ekva' (r.a.)'dan:

Peygamber (s.a.v.) atış müsabakası yapan bir topluluğa uğradı ve: -*"Ey İsmail Oğulları! Haydi atın! Çünkü babanız İsmail de atıcı idi"* buyurdular. (Buhari)

◈ **1338)** Amr b. Abese (r.a.)'den:

Rasûlullah (s.a.v.)'i: -*"Bir kimse Allah yolunda bir ok atarsa köle azat etmiş gibi sevab alır."* derken işittim dedi. (Ebu Davud, Itk, 14; Tirmizi, Fezailu'l-Cihad, 11)

◈ **1339)** Ebu Yahya Hureym İbn Fatik (r.a.)'den:

Rasûlullah (s.a.v.): -*"Kim Allah yolunda malını harcarsa, o kimseye Allah, yediyüz misli mükâfat verir."* buyurdular. (Tirmizi, Fedail-ül Cihad 4)

◈ **1340)** Ebu Said (r.a.)'den:

Rasûlullah (s.a.v.): -*"Bir kul, Allah yolunda bir gün oruç tutarsa, bu günden dolayı Allah onun yüzünü cehennemden yetmiş yıl uzak tutar."* buyurdular. (Buhari, Cihad, 36; Müslim, Sıyam, 167)

◈ **1341)** Ebu Umame (r.a.)'den:

Rasûlullah (s.a.v.): -*"Bir kimse Allah yolunda bir gün oruç tutarsa, Allah onunla cehennem arasında yerle gök genişliğinde bir hendek açar."* buyurdular. (Tirmizi, Fezailu'l-Cihad, 3)

◈ **1342)** Ebu Hureyre (r.a.)'den:

Rasûlullah (s.a.v.): -*"Bir kimse Allah yolunda savaş yapmadan veya cihada katılmayı gönlünden geçirmeden ölürse bir tür nifak üzere ölür."* buyurdular. (Müslim, İmara, 158)

◈ **1343)** Cabir (r.a.)'den:

Peygamberimiz (s.a.v.) ile bir gazvede beraberdik. Rasûlullah (s.a.v.): -*"Şüphesiz Medine'de hastalıklarından dolayı savaşa katılamayan birtakım insanlar var ki, siz yolda yürüdükçe veya herhangi bir dereyi geçtikçe onlar da niyetlerinden dolayı sizinle gibidirler."* buyurdular.

Başka rivayet: Peygamber (s.a.v.): -*"Onları özürleri alıkoydu."* buyurdu. (Buhârî, Meğâzî 81)

Başka bir rivayet: -*"Sevap kazanmakta onlar size ortak oldular."* buyurdular. (Müslim, İmâra 159)

◈ **1344)** Ebu Musa (r.a.)'dan:

Rasûlullah (s.a.v.)'in yanına bir bedevi geldi ve: -*"Ey Allah'ın Rasulü!* Kimisi ganimet için savaşıyor, kimisi şöhret için savaşıyor, kimisi cesaretini göstermek için savaşıyor, kimisi kahramanlık taslamak için veya ırkının üstünlüğünü göstermek için savaşıyor, kimisi de kini dolayısıyla savaşıyor. Bunların hangisi Allah yolunda savaşmış olur?" diye sordu. Rasûlullah (s.a.v.): -*"Kim Allah'ın dini üstün olsun diye savaşırsa sadece o Allah yolunda savaşmış olur"* buyurdular. (Buhari, Cihad, 15; Müslim, İmara, 149)

◈ **1345)** Abdullah b. Amr b. As (r.a.)'dan:

Rasûlullah (s.a.v.): -*"Cihada çıkan bir birlik ve seriyye savaşır, ganimet alır ve ölümden kurtulursa, mükâfatlarının üçte ikisini peşin olarak almış olurlar. Bir birlik ve bölük cihada çıkar, ganimet elde edemez, şehid olur veya yaralanırsa onların mükâfatları ahirette tam olarak verilir."* buyurdular. (Müslim, İmara, 154)

◈ **1346)** Ebu Umame (r.a.)'dan:

Bir adam: "Ey Allah'ın Rasulü! Seyahate çıkmam için bana izin ver" dedi. Bunun üzerine Peygamber (s.a.v.): -*"Ümmetimin seyahati, Yüce Allah'ın yolunda cihada gitmesidir."* buyurdular. (Ebu Davud, Cihad, 6)

◈ **1347)** Abdullah b. Amr b. Âs (r.a.)'dan:

Peygamber (s.a.v.): -**"Düşmanla karşılaşmaksızın savaştan dönüş, savaşıp geri dönmek gibidir."** buyurdular. (Ebu Davud, Cihad, 7)

◈ **1348)** Saib b. Yezid (r.a.)'dan:

Peygamber (s.a.v.)'i Tebük Gazvesi dönüşünde insanlar onu karşılamaya çıktı. Ben de Rasûlullah (s.a.v.)'i Seniyyet'ül-Veda' denilen yerde çocuklarla birlikte karşıladım. (Ebu Davud, Cihad, 176)

Buhari'nin rivayeti: Rasûlullah (s.a.v.)'i karşılamak üzere çocuklarla birlikte Seniyyet'ül-Veda' denilen yere kadar gittik. (Buhari, Cihad, 196)

◈ **1349)** Ebu Umame (r.a.)'dan:

Peygamber (s.a.v.): -**"Kim cihad için savaşa çıkmaz veya savaşa çıkan bir mücahidi donatıp savaşa yollamaz ya da cihada çıkan kimsenin aile ve çocuklarına bakmak suretiyle hayırlı bir işte bulunmazsa, Allah o kimseyi kıyamet gününden önce büyük bir belaya uğratır."** buyurdular. (Ebu Davud, Cihad, 17)

◈ **1350)** Enes (r.a.)'den:

Peygamber (s.a.v.): -**"Siz müşriklere karşı mallarınızla, canlarınızla ve dillerinizle cihad edin."** buyurdular. (Ebu Davud, Cihad, 18)

◈ **1351)** Ebu Amr Numan b. Mukarrin (r.a.)'den:

Rasûlullah (s.a.v.) ile beraber bulundum. Gündüzün ilk vakitlerinde savaşa başlamazsa güneşin batmaya meyletmesine kadar geciktirip rüzgârın esmesine ve ilahi rahmetin inmesine kadar beklerdi. (Ebu Davud, Cihad, 111; Tirmizi, Siyer, 46)

◈ **1352)** Ebu Hureyre'den:

Rasûlullah (s.a.v.): -**"Düşmanla karşılaşmayı arzu etmeyin. Karşılaştığınız zaman da dirençli olun."** buyurdular. (Buhari, Cihad, 112; Müslim, Cihad, 20)

◈ **1353)** Ebu Hureyre ve Cabir (r.a.)'den:

Peygamber (s.a.v.): -*"Harb, hileden ibarettir."* buyurdu (Buhari, Cihad, 157; Müslim, Cihad, 17)

## 235- SAVAŞ DIŞINDA ÖLÜP HÜKMEN ŞEHİD SAYILANLAR BÖLÜMÜ

◈ **1354)** Ebu Hureyre (r.a.)'den:

Rasûlullah (s.a.v.): -*"Şehidler; bulaşıcı hastalıktan ölenler, karın hastalığından ölenler, suda boğularak ölenler, göçük altında kalarak can verenler ve Allah yolunda savaşırken şehid olanlar olmak üzere beş kısımdır."* buyurdular. (Buhari, Cihad, 20; Müslim, İmara, 164)

◈ **1355)** Ebu Hureyre (r.a.)'den:

Rasûlullah (s.a.v.) Ashabına: -*"Siz kimleri şehid kabul edersiniz?"* diye sordu. Sahabiler de: -*"Ey Allah'ın Rasûlü! Kim Allah yolunda öldürülür ise o şehiddir"* dediler. Bunun üzerine Rasûlullah (s.a.v.): -*"Öyle olursa ümmetimin şehidleri çok az olur"* buyurdu. Ashab: -*" Ey Allah'ın Rasulü! O halde kimler şehiddir?"* dediler. Rasûlullah (s.a.v.) de: -*"Allah yolunda öldürülen şehiddir, Allah yolunda ölen şehiddir, bulaşıcı hastalıktan ölen şehiddir, karın hastalığından ölen şehiddir. Suda boğularak ölen şehiddir"* buyurdular. (Müslim, İmara, 165)

◈ **1356)** Abdullah b. Amr b. As (r.a.)'den:

Rasûlullah (s.a.v.): -*"Malını korumak uğrunda öldürülen şehiddir."* buyurdular. (Buhari, Mezalim, 33; Müslim, İman, 326)

◈ **1357)** Cennetle müjdelenen on sahabiden biri olan Eb'ul-A'ver Said b. Zeyd b. Amr b. Nufeyl (r.a.)'den:

Rasûlullah (s.a.v.)'i: -*"Malı uğrunda öldürülen şehiddir. Kanı uğrunda öldürülen şehiddir. Dini uğrunda öldürülen şehiddir, ailesi uğrunda öldürülen şehiddir.*" buyururken işittim dedi. (Ebu Davud, Sünnet, 29; Tirmizi, Diyat, 21)

◈ **1358)** Ebu Hureyre (r.a.)'den:

Rasûlullah (s.a.v.)'e bir adam gelip: -*"Ey Allah'ın Rasulü! Birisi gelip malımı almak isterse ne yapayım?"* diye sordu. Rasûlullah (s.a.v.): -*"Ona malını verme"* buyurdu. O adam: -*"Benimle kavga edip beni öldürmeye kalkışırsa ne yapayım?"* diye sorunca: -*"Sen de onunla savaş"* cevabını verdi. -*"Ya o adam beni öldürürse ne dersiniz?"* deyince Peygamberimiz (s.a.v.). -*"Sen şehid olursun"* buyurdu. O adam: -*"Peki ben onu öldürürsem ne dersiniz?"* deyince, Efendimiz (s.a.v.): -*"O cehenneme gider"* cevabını verdi. (Müslim, İman, 225)

## 236- KÖLEYİ HÜRRİYETİNE KAVUŞTURMAK BÖLÜMÜ

◈ "Fakat o, çetin yokuşa göğüs geremedi. Bu çetin yokuşun tam gerçekliğini sana (Allah'tan başka) kim bildirebilir ki? O, köle azat etmek." (90 Beled, 11-13)

◈ **1359)** Ebu Hureyre (r.a.)'dan:

Rasûlullah (s.a.v.): -*"Kim Müslüman bir köleyi hürriyetine kavuşturursa Allah o kölenin her organına karşılık hürriyete kavuşturanın bir organını cehennem ateşinden kurtarır. Hatta üreme organına varıncaya kadar."* buyurdular. (Buhari, Keffaret, 6; Müslim, Itk, 22)

◈ **1360)** Ebu Zer (r.a.)'den:

Rasûlullah (s.a.v.)'e: -*"Hangi işleri yapmak daha faziletlidir?"* diye sordum. Rasûlullah (s.a.v.): -*"Allah'a iman ve Allah yolunda cihad etmektir."* buyurdular. Ben yine: -*"Hangi köleyi azat etmek daha faziletlidir?"* dedim. Rasûlullah (s.a.v.): -*"Sahibi yanında en kıymetli ve fiatı en yüksek olanı"* buyurdular. (Buhari, Itk, 2; Müslim, İman, 136)

## 237- KÖLELERE İYİLİK ETME BÖLÜMÜ

◈ "(Ey îman edenler!) Sadece Allah'a ibâdet edin ve O'na hiçbir şeyi ortak koşmayın. (Sonra) anaya, babaya, akrabaya, yetimlere, fakirlere, yakın komşulara, uzak komşulara, yakın arkadaşlara, yolda kalanlara, elinizin altındaki kölelere iyilik edin. Şüphesiz Allah, kendisini beğenip övünenleri sevmez." (4 Nisa, 36)

◈ **1361)** Ma'rur b. Süveyd (r.a.)'den:

Ebu Zer (r.a.)'ı üzerinde değerli bir elbise ile gördüm. Kölesinin üzerinde de aynı elbise vardı. Bunun sebebini sordum. Ebu Zer, Rasûlullah (s.a.v.) zamanında köle asıllı bir kimseye sövdüğünü ve annesinden dolayı ayıpladığını anlattı. Bunun üzerine, Rasûlullah (s.a.v.)'in ona: -*"Sen hala içerisinde cahiliyye huyu bulunan bir adamsın. Onlar, Allah'ın sizin hizmetinizi yapmak üzere idarenize verdiği kardeşlerinizdir. Kimin eli altında böyle bir kardeşi varsa, ona kendi yediğinden yedirsin, giydiğinden de giydirsin. Onlara güçlerinin yetmeyeceği şeyleri yüklemeyin, şayet ağır bir iş yüklerseniz, onlara yardım edin."* dediğini söyledi. (Buhari, İman, 22; Müslim, Eyman, 40)

◈ **1362)** Ebu Hureyre (r.a.)'dan:

Peygamber (s.a.v.): -*"Sizden birinize hizmetçisi yemeğini getirdiğinde onu sofrasına oturtmazsa, ona bir iki lokma (veya bir iki çiğnem) versin, çünkü yemeği o hazırlamıştır."* buyurdular. (Buhari, Itk, 18)

## 238- HEM ALLAH'IN HEM DE EFENDİSİNİN HAKKINI GÖZETEN KÖLENİN FAZİLETİ BÖLÜMÜ

◈ **1363)** İbnu Ömer (r.a.)'dan.

Rasûlullah (s.a.v.): -*"Bir köle efendisine karşı dürüst olur, Allah'a da güzelce ibadet ederse, onun için iki kat mükâfat vardır."* buyurdular. (Buhari, Itk, 17; Müslim, Eyman, 43)

◈ **1364)** Ebu Hureyre (r.a.)'den.

Rasûlullah (s.a.v.): -*"Efendisine hizmette dürüst olan köle için iki kat mükâfat vardır."* buyurdular. Ebu Hureyre'nin canını elinde tutan Allah'a yemin ederim ki Allah yolunda cihad etmenin, hacca gitmenin ve anneme iyilik yapmanın sevabı daha fazla olmasaydı, köle olarak ölmeyi isterdim. (Buhari, Itk, 16; Müslim, Eyman, 44)

◈ **1365)** Ebu Musa el-Eş'ari (r.a.)'den:

Rasûlullah (s.a.v.): -*"Rabbine güzelce ibadet eden, efendisine karşı vazifelerini gerektiği şekilde samimiyetle yerine getiren ve ona itaat eden köle için iki kat mükâfat vardır."* buyurdular. (Buhari, Itk, 17)

◈ **1366)** Yine Ebu Musa el-Eş'ari (r.a.)'den:

Rasûlullah (s.a.v.): -*"Üç grup insan vardır ki onların sevapları iki kattır. Onlar da; ehl-i kitaptan olup hem kendi Peygamberine, hem de Muhammed (s.a.v.)'e iman eden kimse, hem Allah'ın hakkını, hem de efendisinin hakkını yerine getiren köle, bir cariyesi olup onu iyice terbiye eden ve ona lazım olan şeyleri iyice öğreten, sonra da hürriyetine kavuşturarak onunla evlenen kimsedir."* buyurdular. (Buhari, İlim, 31; Müslim, İman, 241)

## 239- FİTNE ZAMANINDA İBADET ETMENİN ÖNEMİ BÖLÜMÜ

◈ **1367)** Ma'kıl b. Yesar (r.a.)'dan:

Rasûlullah (s.a.v.): -*"Karışıklık zamanlarında ibadet etmek, bana hicret etmek gibidir."* buyurdular. (Müslim, Fiten, 130)

## 240- ALIŞVERİŞLE İLGİLİ DEĞERLİ DAVRANIŞLAR BÖLÜMÜ

◈ *"Allah, hayır olarak yaptıklarınızın tamamını, mutlaka bilir."* (2 Bakara, 215)

◆ "...Ey kavmim! Ölçüyü ve tartıyı adaletli yapın. İnsanların mallarına haksızlık etmeyin ve yeryüzünde bozguncular olarak fesat çıkartmayın..." (11 Hud, 85)

◆ "Ölçüp-tartarken, çalanlara yazıklar olsun! Onlar, insanlardan bir şey alırken tam ölçerler, Başkalarına bir şey ölçerken veya tartarken de eksik ölçer ve tartarlar. Yoksa onlar, o büyük günde, (hesap vermek için) diriltileceklerini zannetmiyorlar mı? İşte o gün tüm insanlar, âlemlerin Rabbinin huzurunda duracaklar." (83 Mutaffifin, 1-6)

◆ **1368)** Ebu Hureyre (r.a.)'den:

Bir adam alacağını istemek üzere Peygamber (s.a.v.)'e geldi ve ona karşı ağır bir ifade kullandı. Bunun üzerine ashab ona haddini bildirmeye davrandı. Rasûlullah (s.a.v.) da: -*"Onu bırakın! Çünkü alacaklının söz söylemeye hakkı vardır. Onun devesiyle aynı yaşta olan bir deve verin."* diye emretti. Bunun üzerine ashab: -*"Ey Allah'ın Rasûlü! Onun devesinden daha iyisini bulabiliyoruz"* dediler. Peygamberimiz (s.a.v.) de: -*"O zaman onu verin, şüphesiz sizin en hayırlınız borcunu en güzel şekilde ödeyendir"* buyurdular. (Buhari, İstikraz, 4; Müslim, Müsakat, 120)

◆ **1369)** Cabir (r.a.)'den:

Rasûlullah (s.a.v.): -*"Satışta, alışta ve borcunu istemekte kolaylık gösteren kimseye Allah rahmet etsin."* buyurdular. (Buhari, Büyû', 16)

◆ **1370)** Ebu Katade (r.a.)'den:

Rasûlullah (s.a.v.)'i: -*"Bir kimse Allah'ın kendisini kıyamet gününün sıkıntılarından kurtarmasını isterse, borcunu ödeyemeyene zaman tanısın veya borcundan bir bölümünü indirsin."* buyururken işittim, dedi. (Müslim, Musakat, 32)

◆ **1371)** Ebu Hureyre (r.a.)'dan:

Rasûlullah (s.a.v.): -*"İnsanlara borç para veren bir adam vardı. O, hizmetçisine: 'Darda kalan bir kimseden alacak istemeye gidersen onu affediver. Olabilir ki Allah da bizi affeder' derdi. O kimse Allah'a kavuşunca Allah onu affetti."* buyurdular. (Buhari, Enbiya, 54; Müslim, Musakat, 31)

◈ **1372)** Ebu Mes'ud el-Bedri (r.a.)'dan:

Rasûlullah (s.a.v.): -*"Sizden evvelkilerden zengin bir adam sorguya çekildi, defterinde; insanlarla düşüp kalkarken, hizmetçisine darda kalan fakirlerin borcunu affetmesini emretmesinden başka hayır namına hiçbir şey bulunamadı. Bunun üzerine Allah, 'Biz affetmeye ondan daha layığız, onu affedin' buyurdu"* dedi. (Müslim)

◈ **1373)** Huzeyfe (r.a.)'den:

Kendisine mal verilen bir kimse Allah'ın huzuruna getirildi. Allah ona: -*"Dünyada bu mal ile ne yaptın?"* diye sordu. Huzeyfe (r.a.): -*"Hiç kimse Allah'a karşı hiçbir şeyi gizleyemez"* dolayısıyla bu adam da: -*"Ey Rabbim! Sen bana malını verdin, ben de insanlarla alışveriş yaptım. Alışverişte kolaylık göstermek benim âdetimdi. Zengine kolaylık gösterir, darda olanlara da mühlet tanırdım."* dedi. Bunun üzerine Yüce Allah: -*"Kolaylık göstermeye Ben senden daha layığım. Kulumu affediniz"* buyurdular. Ukbe b. Amir ve Ebu Mes'ud el-Ensarî (r.a.): -*"Biz bunu Rasûlullah (s.a.v.)'ın ağzından böylece işittik."* Dediler. (Müslim, Müsakat, 29)

◈ **1374)** Ebu Hureyre (r.a.)'den.

Rasûlullah (s.a.v.): -*"Kim, darda kalmış bir borçluya mühlet verir veya borcunu bağışlarsa; Allah o kişiyi kıyamet gününde gölgesinden başka gölge bulunmayan arşının gölgesinde gölgelendirir."* buyurdular. (Tirmizi, Büyu, 67)

◈ **1375)** Cabir (r.a.)'den:

Peygamberimiz (s.a.v.) Cabir'den bir deve satın aldı ve parasını verirken bir miktar da fazladan verdi. (Buhari, Büyu, 34; Müslim, Musakat, 109-115)

◈ **1376)** Ebu Safvan Süveyd b. Kays (r.a.)'dan:

Ben ve Mahremet'ul-Abdi, Hecer denilen yerden bez getirttik. Rasûlullah (s.a.v.) yanımıza geldi ve bizden bir şalvarlık bez almak üzere pazarlık etti. Yanımda paraları tahsil eden veznedarım vardı. Peygamber (s.a.v.) ona: -*"Ücretin üzerine biraz ilave ederek al"* diye emretti.

# 12- İLİM KİTABI

## 241- İLMİN ÜSTÜNLÜĞÜ BÖLÜMÜ

◈ "...Ey Rabbim, ilmimi artır. de." (20 Taha, 114)

◈ "...Hiç bilenlerle bilmeyenler bir olur mu?" ( 39 Zümer, 9)

◈ "... Allah, sizden inananları ve kendilerine ilim verilenleri derecelerle yükseltsin..." (58 Mücadele, 11)

◈ "... Allah'tan ancak âlim kulları, (hakkıyla) korkar." (35 Fatır, 28)

◈ **1377)** Muaviye (r.a.)'dan:

Rasûlullah (s.a.v.): -**"Allah, kimin hakkında hayır isterse onu dinde anlayış sahibi kılar."** buyurdular. (Buhari, İlim, 10; Müslim, İmara, 175)

◈ **1378)** İbnu Mes'ud (r.a.)'den:

Rasulullah (s.a.v.): -**"Ancak şu iki kimseye imrenilir. Biri; Allah'ın kendisine verdiği malı hak yolunda harcamayı başarabilen kimse, ikincisi; kendisine ilim verilip onunla hükmeden ve onu öğreten kimse."** buyurdular. (Buhari, İlim 15, Müslim Müsafirin 268)

◈ **1379)** Yine Ebu Musa el-Eş'ari (r.a.)'dan:

Rasulullah (s.a.v.): -**"Allah'ın benimle gönderdiği hidayet ve ilim yeryüzüne yağan bol yağmura benzer. Yağmurun yağdığı yerin** *bir bölümü verimli bir topraktır ve o toprak yağmur suyunu emer, bol çayır ve ot bitirir. Bir kısmı da suyu emmeyen katı bir yer olup suyu biriktirir de Allah, o su ile insanları faydalandırır. İnsanlar o sudan içerler, hayvanlarını sularlar ve onunla ekip biçerler. O yağmurun bir kısmı da su tutmayan ve ot bitirmeyen düz ve kaypak bir yere yağar. İşte bu üç türlü toprak; Allah'ın dinini iyi anlayan ve Allah'ın benimle gönderdiği ilimin kendisine hem öğrenerek hem de öğreterek fayda verdiği kimse ile, buna kulak asmayan ve Allah'ın benimle gönderdiği hidayeti kabul etmeyen kimsenin durumuna benzer."* buyurdular. (Buhari, ilim 70, Müslim, Fezail 15)

🔹 **1380)** Sehl b. Sa'd (r.a.)'den:

Rasûlullah (s.a.v.) Ali (r.a.)'a: -*"Allah'a yemin ederim ki; Allah'ın senin vasıtanla bir kimseye hidayet vermesi senin için kırmızı develere sahip olmaktan daha hayırlıdır"* buyurdular.

(Buhari, Fezailu'l-Ashab, 9; Müslim, Fezailu's-Sahabe, 34)

🔹 **1381)** Abdullah b. Amr b. As (r.a.)'dan:

Rasûlullah (s.a.v.): -*"Benden bir ayet bile olsa insanlara ulaştırın. İsrail Oğullarından da bahsetmenizde bir sakınca yoktur. Kim bile bile yalan uydurarak bana hadis isnad ederse cehennemdeki yerine hazırlansın."* buyurdular. (Buhari, Enbiya, 50)

🔹 **1382)** Ebu Hureyre (r.a.)'dan:

Rasûlullah (s.a.v.): -*"Kim ilim elde etmek için bir yola girerse, Allah da ona cennetin yolunu kolaylaştırır."* buyurdular. (Müslim, Zikr, 39)

🔹 **1383)** Ebu Hureyre (r.a.)'den:

Rasûlullah (s.a.v.): -*"İnsanları doğruluğa çağıran kimseye o yola uyanların sevabı gibi sevap verilir. O yola uyanların sevaplarından da hiçbir şey eksilmez."* buyurdular. (Müslim, İlim, 16)

🔹 **1384)** Ebu Hüreyre (r.a.)'dan:

Rasûlullah (s.a.v.): -*"Bir insan ölünce ameli kesilir. Ancak: Sadaka-i cariye, kendisinden istifade edilen ilim ve kendisine ardından dua eden hayırlı evlat bırakan kimsenin amel defteri kapanmaz."* buyurdular. (Müslim)

◈ **1385)** Ebu Hüreyre (r.a.)'den:

Rasulullah (s.a.v.)'i: **"Dikkat edin! Allah'ı anmak, onun rızasına uygun şeyleri öğrenmek ve öğretmek dışında Dünya da içindeki tüm şeyler değersizdir."** buyururken işittim. (Tirmizi, Zühd 14)

◈ **1386)** Enes (r.a.)'dan:

Rasûlullah (s.a.v.): -*"İlim öğrenmek için yolculuğa çıkan kimse, evine dönünceye kadar Allah yolundadır."* buyurdular. (Tirmizi, İlim, 2)

◈ **1387)** Ebu Said el-Hudri (r.a.)'dan:

Rasûlullah (s.a.v.): -*"Mü'min kimse sonu cennet oluncaya kadar, hiçbir hayırdan geri kalmaz."* buyurdular. (Tirmizi, İlim, 19)

◈ **1388)** Ebu Umame (r.a.)'dan:

Rasûlullah (s.a.v.): -*"Âlim'in ibadet eden bir kimseye üstünlüğü, benim sizin en aşağı derecede olanınıza üstünlüğüm gibidir. Şüphesiz ki Allah, melekleri, gök ve yer ehli hatta yuvasındaki karınca ve denizlerdeki balıklara varıncaya kadar her şey insanlara hayır öğretenlere dua ederler."* buyurdular. (Tirmizi, İlim, 19)

◈ **1389)** Ebu'd-Derda (r.a.)'dan:

Rasûlullah (s.a.v.)'i: -*"Her kim ilim tahsili için bir sefere çıkarsa, Allah da ona cennetin yolunu kolaylaştırır. Şüphesiz melekler de ilim yoluna giren yaptığından memnun oldukları için onun üzerine kanat gererler. Göklerde ve yerde bulunan varlıklar hatta suyun içindeki balıklar bile, ilim adamları için Allah'tan bağışlanma dilerler. Âlimin ibadet eden bir kimseye üstünlüğü, ayın diğer yıldızlara üstünlüğü gibidir. Âlimler Peygamberlerin varisleridir. Peygamberler altın ve gümüşü miras olarak bırakmazlar, onlar sadece ilmi miras bırakırlar. İşte o mirasa konan kimse de bol nasip ve kısmet almış olur."* buyururken işittim. (Ebu Davud, İlim, 1; Tirmizi, İlim, 19)

◈ **1390)** İbnu Mes'ud (r.a.)'dan:

Rasûlullah (s.a.v.)'i: *-"Benim sözümü işitip ezberledikten sonra aynen başkalarına ulaştıran kimsenin Allah yüzünü ağartsın. Kendisine bilgi ulaştırılan nice insan vardır ki, o bilgiyi bizzat işiten kimseden daha iyi anlayışlı ve kavrayışlı olabilirler."* buyururken işittim. (Tirmizi, İlim, 7)

◈ **1391)** Ebu Hureyre (r.a.)'dan:

Rasûlullah (s.a.v.): *-"Kendisine bildiği bir konu sorulduğunda onu gizleyenin, kıyamet günü ağzına ateşten bir gem vurulur."* buyurdular. (Tirmizi, İlim, 3)

◈ **1392)** Ebu Hureyre (r.a.)'dan:

Rasûlullah (s.a.v.): *-"Allah'ın rızasını kazanmak için öğrenilmesi gereken bir ilmi sadece dünyalık şeylere sahip olmak için öğrenen kimse, kıyamet günü cennetin kokusunu bile duymaz."* buyurdular. (Ebu Davud, İlim, 12)

◈ **1393)** Abdullah b. Amr b. As (r.a.)'dan:

Rasûlullah (s.a.v.)'i: *-"Allah ilmi, insanların hafızalarından söküp çıkarmak suretiyle değil de o toplumdan ilim adamlarını yok ederek alır. Böylelikle ortada âlim kalmamış olur. İnsanlar da bazı cahilleri önder edinirler. Onlar da kendilerine sorulan sorulara bilmedikleri halde fetva verirler ve böylece hem kendilerini, hem de başkalarını saptırırlar."* derken işittim. (Buhari, İlim, 34; Müslim, İlim, 13)

# 13- ALLAH'A HAMD KİTABI

## 242- ALLAH'A HAMD VE ŞÜKRETME BÖLÜMÜ

◈ "O halde siz, (yalnızca) Beni anın ki Ben de sizi anayım. Bana şükredin ve sakın nankörlük etmeyin." (2 Bakara, 152)

◈ "Yemin olsun, eğer (kulluk ederek) şükrederseniz size (nîmetlerimi) gerçekten arttırırım..." (14 İbrahim, 7)

◈ "De ki: Hamd Allah'a mahsustur..." (17 İsra, 111)

◈ "Onların da, oradaki bütün duâları: "Ey Allah'ım! Seni bütün eksikliklerden uzak tutarız", birbirlerine iltifatları: "selâm", duâlarının sonu da: "hamd âlemlerin Rabbi olan Allah'a mahsustur" demeleridir." (10 Yunus, 10)

◈ **1394) Ebu Hureyre (r.a.)'dan:**

Rasûlullah (s.a.v.)'e, Mirac gecesi birinde süt, diğerinde şarap bulunan iki bardak getirildi. Rasûlullah (s.a.v.) o iki bardağa baktıktan sonra, süt dolu olan bardağı aldı. Bunun üzerine Cebrail (a.s.): -*"Seni, insanın yaradılış gayesine uygun olan (fıtrat) a yönlendiren Allah'a hamdolsun. Şayet içki dolu bardağı alsaydın ümmetin azardı."* dedi. (Müslim, İman, 272)

◈ **1395)** Ebu Hureyre (r.a.)'dan:

Rasûlullah (s.a.v.): -*"Allah'a hamd ederek başlanmayan her işi değerli bile olsa bereketi olmaz."* buyurdular. (Ebu Davud, Edeb, 18)

◈ **1396)** Ebu Musa (r.a.)'den:

Rasûlullah (s.a.v.): -*"Bir kulun çocuğu ölünce Allah, meleklerine: -'Kulumun çocuğunun ruhunu mu aldınız?' der. Melekler: -'Evet,' derler. Allah: -'Kulumun gönlünün meyvesini mi kopardınız?' buyurur. Melekler: -'Evet,' derler. Allah: -'Peki kulum ne dedi' buyurur. Melekler: -'Sana hamd etti ve Biz, Allah için varız ve yine O'na döneceğiz. dedi,' derler. Bunun üzerine Allah: 'O halde kulum için cennette bir ev yapın ve adını da hamd evi koyun,' buyurur."* dediler. (Tirmizi, Cenaiz 36)

◈ **1397)** Enes (r.a.)'den:

Rasulullah (s.a.v.): -*"Allah kulunun bir şey yedikten sonra kendisine hamd etmesinden yine bir şey içtikten sonra kendisine hamd etmesinden razı olur."* buyurdular. (Müslim, Zikir, 89)

# 14- PEYGAMBER (s.a.v.)'e SALAT VE SELAM KİTABI

## 243- PEYGAMBER (s.a.v.)'e SALAT VE SELAM GETİRME BÖLÜMÜ

◈ "Şüphesiz, Peygambere, Allah rahmet eder ve melekleri duâ eder. Ey îman edenler! Siz de ona hürmet edin ve tam teslim olun." (33 Ahzab, 56)

◈ **1398)** Abdullah b. Amr b. As (r.a.)'dan:

O, Rasûlullah (s.a.v.)'i: -*"Kim bana bir defa salat-u selam getirirse Allah ona on defa rahmet eder."* derken işitti. (Müslim, Salat, 70)

◈ **1399)** İbnu Mesud (r.a.)'den:

Rasûlullah (s.a.v.): -*"Kıyamet günü insanların bana en yakın olanları, bana en çok salavat getirenleridir."* buyurdular (Tirmizi, Vitir, 21)

◈ **1400)** Evs b. Evs (r.a.)'den:

Rasûlullah (s.a.v.): -*"Cuma günü günlerinizin en faziletlilerindendir. Bu günde bana çok salat ve selam getirin, zira sizin salat ve selamınız bana sunulur."* buyurdular. Bunun üzerine ashab: -*"Ey Allah'ın Rasûlü! Çürümüş olduğunuz halde bizim salatımız size nasıl arz edilir?"* diye sorunca, Efendimiz (s.a.v.): -*"Allah, Peygamberlerin cesetlerini çürütmeyi toprağa haram kılmıştır"* buyurdular. (Ebu Davud, Salat, 201)

🔹 **1401)** Ebu Hureyre (r.a.)'dan:

Rasûlullah (s.a.v.): -*"Yanında adım anıldığı halde bana salavat getirmeyen kimsenin burnu sürtülsün."* buyurdular. (Tirmizi, Deavat, 101)

🔹 **1402)** Ebu Hureyre (r.a.)'dan:

Rasûlullah (s.a.v.): -*"Kabrimi bayram yerine çevirmeyin. Bana salavat getirin. Zira siz nerede olursanız olun, sizin salavatınız bana ulaşır."* buyurdular. (Ebu Davud, Menasık, 97)

🔹 **1403)** Ebu Hureyre (r.a.)'dan:

Rasûlullah (s.a.v.) buyurdu: -*"Bir kimse bana salavat getirdiği zaman, onun selamını almam için Allah, bana ruhumu geri verir."* buyurdular. (Ebu Davud, Menasık, 96)

🔹 **1404)** Ali (r.a.)'dan:

Rasûlullah (s.a.v.): -*"Esas cimri yanında ismim anıldığı halde bana salavat getirmeyendir."* buyurdular. (Tirmizi, Deavat, 101)

🔹 **1405)** Fedale b. Ubeyd (r.a.)'dan:

Rasûlullah (s.a.v.) namazında Yüce Allah'a hamd etmeden, Rasulüne salavat getirmeden dua eden bir adamı işitti de bunun üzerine: -*"Bu adam acele etti"* buyurdu. Sonra o adamı çağırdı, ona veya başka birisine hitab ederek: -*"Biriniz dua edeceği zaman önce Allahu Teâla'yı yücelterek hamd etsin, sonra Peygamber (s.a.v.)'e salavat getirsin, daha sonra da dilediği duayı yapsın."* buyurdular. (Ebu Davud, Vitir, 23)

◈ **1406)** Ebu Muhammed Ka'b b. Ucre (r.a.)'den:

Rasûlullah (s.a.v.) yanımıza gelince biz, ona: -"*Ey Allah'ın Ra-sulü! Sana nasıl selam vereceğimizi öğrendik, fakat size nasıl sala-vat getireceğiz?*" diye sorduk. O da: -"***Allahümme salli ala Mu-hammedin ve ala âli Muhammed kema salleyte ala âli İbrahi-me inneke hamidun mecid. Allahume barik ala Muammedin ve ala âli Muhammedin kema barakte alâ âli İbrahime inneke ha-midün mecid (Ey Allahım! İbrahim'in soyundan gelenlere nasıl rahmet ettinse, Muhammed'e ve O'nun soyundan gelenlere de rahmet et. Şüphesiz sen övülmeye layık ve yücesin. Ey Allah'ım! İbrahim'in soyundan gelenleri mübarek kıldığın gibi, Muham-med'i ve onun soyundan gelenleri de mübarek kıl. Şüphesiz sen övülmeye layık ve yücelerin yücesisin.) deyin."*** buyurdular. (Buha-ri, Deavat, 32; Müslim, Salat, 66)

◈ **1407)** Ebu Mesud el-Bedri (r.a.)'den:

Sa'd b. Ubade ile birlikte oturuyorken Rasûlullah (s.a.v.) ya-nımıza geldi. Beşir b. Sa'd ona: -"*Ey Allah'ın Rasulü! Allah bize se-nin üzerine salavat getirmemizi emretti. Size nasıl salavat getire-lim?*"diye sordu. Bunun üzerine Rasûlullah (s.a.v.) bir miktar sstu biz, Bişr keşke bu soruyu sormasaydı diye temenni ettik. Sonra Rasûlullah (s.a.v.): -"*Ey Allah'ım! İbrahim'in soyundan gelenlere nasıl rahmet ettinse, Muhammed'e ve O'nun soyundan gelen-lere de rahmet et. Şüphesiz sen övülmeye layık ve yücesin. Ey Allah'ım! İbrahim'in soyundan gelenleri mübarek kıldığın gibi, Muhammed'i ve onun soyundan gelenleri de mübarek kıl. Şüp-hesiz sen övülmeye layık ve yücelerin yücesisin. Deyin. Selam ise bildiğiniz gibidir.*" buyurdular. (Müslim, Salat, 65)

◈ **1408)** Ebu Humeyd es-Saidi (r.a.)'dan:

Rasûlullah (s.a.v.)'e: -"*Ey Allah'ın Rasulü! Sana nasıl salavat getireceğiz?*" diye sordular. O da: -"*Ey Allah'ım! İbrahim'in so-yundan gelenlere nasıl rahmet ettinse, Muhammed'e ve O'nun soyundan gelenlere de rahmet et. Şüphesiz sen övülmeye layık*

*ve yücesin. Ey Allah'ım! İbrahim'in soyundan gelenleri müba-
rek kıldığın gibi, Muhammed'i ve onun soyundan gelenleri de
mübarek kıl. Şüphesiz sen övülmeye layık ve yücelerin yücesi-
sin. deyin."* buyurdular. (Buhari, Enbiya, 10; Deavat, 33)

# 15- ZİKİR KİTABI

## 244- DUA VE ZİKİRLER BÖLÜMÜ

◈ "…Allah'ın, sizin yaptıklarınızı bilip de (sizi) anması, çok daha büyüktür." (29 Ankebut, 45)

◈ "O halde siz, (yalnızca) Beni anın ki Ben de sizi anayım. Bana şükredin ve sakın nankörlük etmeyin." (2 Bakara, 152)

◈ "Rabbini, içinden, yalvararak ve gizlice, yüksek olmayan bir sesle sabah akşam sürekli an ve sakın gafillerden olma!" (7 Araf, 205)

◈ "Namaz bitince hemen, Allah'ın lütfundan rızkınızı aramak için yeryüzüne dağılın. Kurtuluşunuzu umabilmek için Allah'ı çokça anın." (62 Cuma, 10)

◈ "Şüphesiz Allah, Müslüman erkekler ve Müslüman kadınlara, mü'min erkekler ve mü'min kadınlara, itaat eden erkekler ve itaat eden kadınlara, doğru erkekler ve doğru kadınlara, sabırlı erkekler ve sabırlı kadınlara, mütevazı erkekler ve mütevazı kadınlara, sadaka veren erkekler ve sadaka veren kadınlara, oruç tutan erkekler ve oruç tutan kadınlara, ırzlarını koruyan erkekler ve (ırzlarını) koruyan kadınlara, Allah'ı çokça zikreden erkekler ve (Allah'ı çokça) zikreden kadınlara, büyük bir bağış ve büyük bir mükâfat hazırlamıştır." (33 Ahzab, 35)

◆ "Ey îman edenler! Allah'ı çok zikredin ve O'nu sabah ve akşam (sürekli) tesbih edin. Sizi (küfür) karanlıklarından (îman) aydınlığına çıkarmak için Allah, size rahmet eder, melekleri de duâ eder. Çünkü O, inananlara karşı çok merhametlidir." (33 Ahzab, 41-43)

◆ **1409)** Ebu Hureyre (r.a.)'dan:

Rasûlullah (s.a.v.): -*"Dile kolay, mizana konduğunda ağır ve Rahman olan Allah'a sevimli gelen iki cümle vardır, bu da; Sübhanallah ve bihamdihi, Sübhanellahi'l-azim (Ben Allah'ı noksan sıfatlardan uzak tutar ve ona hamd ederim. Ben yüce olan Allah'ı noksan sıfatlardan uzak tutarım."* buyurdular. (Buhari, Deavat, 65; Müslim, Zikr, 31)

◆ **1410)** Ebu Hureyre (r.a.)'dan:

Rasûlullah (s.a.v.): -*"Sübhanellahi velhamdülillahi vela ilahe illallahü vallahu ekber (Allah'ı noksan sıfatlardan uzak tutar, Ona hamdederim. Allah'tan başka ilah yoktur o en büyüktür) demem, benim için üzerine güneş doğan her şeyden daha sevgilidir."* buyurdular. (Müslim, Zikir, 32)

◆ **1411)** Ebu Hureyre (r.a.)'den:

Peygamberimiz (s.a.v.): -*"Bir kimse günde yüz defa 'la ilahe illallahu vahdehu la şerike leh, lehu'l-mülkü ve lehu'l-hamdu ve hüve ala külli şeyin kadir' (Allah'tan başka ilah yoktur. Yalnızca o vardır, onun ortağı yoktur. Tüm mülk ve saltanat O'nundur, bütün övgüler O'na mahsustur. O'nun her şeye gücü yeter) ; on köleyi hürriyetine kavuşturmuş kadar sevap kazanır, ona yüz iyilik sevabı yazılır ve yüz günahı bağışlanır. Bu o gün akşama kadar o kimsenin şeytandan korunmasını sağlar ve bu duayı kendisinden daha çok tekrar edenden başka hiç kimse ondan daha değerli bir amel işlemiş olamaz."* dedi ve sözüne: -*"Bir kimse günde yüz defa "sübhanellahi ve bihamdihi" (Ben Allah'ı noksan sıfatlardan uzak tutar ve onu hamdiyle överim' derse onun günahları denizköpükleri kadar çok bile olsa hepsi bağışlanır."* diye devam etti. (Buhari, Bedül halk, 11; Müslim, Zikir, 28)

◈ **1412)** Ebu Eyyub el-Ensari (r.a.)'dan.

Rasûlullah (s.a.v.): -*"Bir kimse günde yüz defa 'la ilahe illallahu vahdehu la şerike leh, lehu'l-mülkü ve lehu'l-hamdu ve hüve ala külli şeyin kadir' (Allah'tan başka ilah yoktur. Yalnızca o vardır, onun ortağı yoktur. Tüm mülk ve saltanat O'nundur, bütün övgüler O'na mahsustur. O'nun her şeye gücü yeter) derse İsmail (a.s.) soyundan dört kimseyi hürriyetine kavuşturmuş gibi sevap kazanır."* buyurdular. (Buhari, Deavat, 64; Müslim, Zikr, 30)

◈ **1413)** Ebu Zer (r.a.)'den:

Rasûlullah (s.a.v.) bana: -*"Allah'ın en çok hoşlandığı sözü sana bildireyim mi? Allah'ın en çok hoşlandığı söz 'Sübhanallahi ve bi hamdihi' (Ben Allah'ı noksan sıfatlardan uzak tutar ve Onu hamdiyle överim) sözüdür"* buyurdular. (Müslim, Zikr, 85)

◈ **1414)** Ebu Malik el-Eş'ari (r.a.)'den:

Rasûlullah (s.a.v.): -*"Temizlik, imanın yarısıdır. 'Elhamdulillah' mizanı doldurur. 'Sübhanellahi vel hamdülillahi' ise yerle gökler arasını doldurur."* buyurdular. (Müslim, taharet, 1)

◈ **1415)** Sa'd b. Ebi Vakkas (r.a.)'dan:

Bir bedevi Rasûlullah (s.a.v.)'a gelerek: -*"Bana söyleyeceğim bir dua öğret"* dedi. O da: -*"La ilahe illallahu vahdehu la şerike leh. Allahu ekber kebiran ve'l-hamdu lillahi kesira ve subhanellahi Rabbi'l-Âlemin vela havle vela kuvvete illa billahi'l-azizil hakim (Allah'tan başka ilah yoktur. Yalnızca O vardır. Onun ortağı da yoktur. Allah en büyüktür, övgülerin hepsi O'na aittir. Tüm güç ve kuvvetlerin ancak her şeye gücü yeten ve yaptığı herşeyi yerli yerince yapan Allah tarafından verileceğini kabul ederim."* buyurdu. Bedevi: -*"Bunlar Rabbim içindir, kendim için ne söylemeliyim?"* deyince Rasûlullah (s.a.v.). -*"Allahummağfir li verhamni vehdini verzukni (Ey Allahım! Beni bağışla, bana merhamet et, beni dosdoğru yoluna ilet ve bana hayırlı rızık ver) de"* buyurdular. (Müslim, Zikir, 33)

◈ **1416)** Sevban (r.a.)'dan:

Rasûlullah (s.a.v.) farz namazı bitirince üç defa istiğfar eder ve: -*"Allahumme ente's-Selam ve minke's-Selam tebarekte ya ze'l-celali vel'l-İkram (Ey Allahım! Selamet ve saadet sendendir. Ey celal ve ikram sahibi Allahım! Sen hayır ve bereketi çok olansın."* derdi. Evzai'ye: -*"İstiğfar nasıl yapılır?"* diye sorulunca, *"Estağfirullah, Estağfirullah"* denilir diye cevap verdi. (Müslim, Mesacid, 135)

◈ **1417)** Muğire b. Şu'be (r.a.)'den:

Rasûlullah (s.a.v.) farz namazı bitirince: -*"La ilahe illallahu vahdehu la şerike leh, lehu'l-mülkü ve lehul hamdu ve hüve ala külli şey'in kadir. Allahumme la mania lima a'teyte ve la mu'tiye lima mena'te ve la yenfeu ze'l-ceddi minkel ceddu (Allah'tan başka ilah yoktur. Yalnızca o vardır, onun ortağı yoktur. Tüm mülk ve saltanat onundur. Övgüler ona mahsustur, onun her şeye gücü yeter. Ey Allah'ım! Senin verdiğine engel olacak yoktur. Vermediğini de verecek yoktur. Makam ve servet, Senin yardımın olmadıkça sahibine fayda vermez."* diye dua ederdi. (Buhari, Ezan, 155; Müslim, Mesacid, 137)

◈ **1418)** Abdullah b. Zübeyr (r.a.)'ın her namazın sonunda:

-*"La ilahe illallahu vahdehu la şerike leh, lehul mülkü ve lehul hamdu ve hüve ala külli şeyin kadir, la havle ve la kuvvete illa billah, la ilahe illallahu ve la na'budü illa iyyahu lehun niğmetu ve lehulfadlu velehu's-sena'ül-hasen. La ilahe illallahu muhlısîne lehüddîne velev kerihel kafirûn"* diye dua ederdi. Abdullah b. Zübeyr, Rasûlullah (s.a.v.)'ın her namazdan sonra bu sözleri söylediğini bize aktardı. (Müslim, Mesacid, 139)

◈ **1419)** Ebu Hureyre (r.a.)'den:

Medine'ye hicret eden Müslümanların fakirleri Rasûlullah (s.a.v.)'a gelerek: -*"Mal mülk sahibi olanlar, cennetin en yüksek derecelerini kazanıp gittiler. Onlar da bizim gibi namaz kılıyor, oruç*

*tutuyorlar. Fazla malları olduğu için hac, umre yapıp, cihad ediyor-
lar, sadaka veriyorlar."* dediler. Bunun üzerine Rasûlullah (s.a.v.):
-*"Size bir şey öğreteyim mi? Bu durumda siz, sizi geçenlere ye-
tişir, sizden sonrakileri de geçersiniz. Sizin yaptığınızı yapma-
dıkça hiç kimse sizden üstün olamaz"* buyurdu. Onlar: -*"Evet,
söyle Ey Allah'ın Rasulü!"* dediler. Rasûlullah (s.a.v.) da: -*"Her farz
namazın ardından otuz üçer defa 'Sübhanellah, Elhamdülil-
lah, Allahu ekber' dersiniz."* buyurdular. Hadisi Ebu Hureyre
(r.a.)'dan bize aktaran Ebu Salih, Sahabiler bu duaların nasıl
okunacağını sorunca Rasûlullah (s.a.v.): -"Her birinden otuz üçer
defa olmak üzere 'Sübhanallah, Elhamdülillah ve Allahu ekber'
dersiniz." buyurdular dedi. (Buhari, Ezan, 155; Müslim, Deavat, 18)

Müslim'in rivayeti: Fakir muhacirler bir müddet sonra Rasû-
lullah (s.a.v.)'a gelerek: -*"Zengin kardeşlerimiz bizim yaptığımızı
duymuşlar, onlar da aynısını yapıyorlar"* dediler. Bunun üzerine
Rasûlullah (s.a.v.): -*"Ne yapalım! Bu, Allah'ın dilediği kuluna ver-
diği bir lütfudur."* buyurdular. (Müslim, Mescaid, 142)

◈ **1420)** Ebu Hureyre (r.a.)'dan:

Rasûlullah (s.a.v.): -*"Her kim namazların arkasında otuz üç
defa 'Sübhanallah', otuz üç defa 'Elhamdülillah', otuz üç defa
'Allahu ekber' der ve yüze tamamlamak için de, 'la ilahe illal-
lahu vahdehu la şerike leh lehul mülkü ve lehül hamdü ve hüve
ala külli şeyin kadir' derse, günahları denizin köpüğü kadar
olsa bile affedilir."* buyurdular. (Müslim, Mesacid, 146)

◈ **1421)** Ka'b b. Ucre (r.a.)'dan:

Rasûlullah (s.a.v.): -*"Farz namazların ardı sıra söylenecek
sözler vardır ki onları söyleyen veya yapan kimse asla zarara
uğramaz. Bunlar otuz üç defa 'Sübhanallah', otuz üç defa 'El-
hamdülillah', otuz üç defa da 'Allahu Ekber' demektir."* buyur-
dular. (Müslim, Mesacid, 144)

◈ **1422)** Sa'd b. Ebi Vakkas (r.a.)'dan.

Rasûlullah (s.a.v.) namazlarının arkasından şu sözlerle Allah'a sığınırdı: -*"Allahumme inni eûzü bike minelcübni velbuhli ve eûzü bike min en uredde ila erzelil umri ve eûzü bike min fitneti'd-dünya ve euzu bike min fitneti'l-kabri (Ey Allah'ım! Korkaklıktan, cimrilikten sana sığınırım. İhtiyarlığın düşkünlüğünden, dünya fitnelerinden ve kabir azabından da sana sığınırım."* (Buhari, Cihad, 25)

◈ **1423)** Muaz (r.a.)'dan.

Rasûlullah (s.a.v.) Muaz'ın elinden tuttu ve: -*"Ey Muaz! Vallahi ben seni seviyorum"* dedi ve: -*"Ey Muaz! Her namazdan sonra terketmeden; 'Allahumme e'ınni alâ zikrike ve şükrike ve husni ibadetike (Ey Allah'ım! Seni zikretmek, sana şükretmek ve sana güzelce ibadet etmek için bana yardım eyle.' demeni tavsiye ediyorum"* buyurdular. (Ebu Davud, Vitir, 26)

◈ **1424)** Ebu Hureyre (r.a.)'dan:

Rasûlullah (s.a.v.): -*"Sizden biriniz namazda tahiyyatı bitirdiği zaman şu dört şeyden Allah'a sığınsın ve: 'Allahumme inni euzu bike min azabi cehennem ve min azabi'l-kabr ve min fitneti'l-mahya velmemat ve min şerri fitneti'l-mesihi'd-deccal' (Ey Allah'ım! Cehennem azabından, kabir azabından, hayat ve ölümün fitnelerinden ve mesih deccalin fitnesine uğramaktan sana sığınırım.' desin"* buyurdular. (Müslim, Mesacid, 128)

◈ **1425)** Ali (r.a.)'den:

Rasûlullah (s.a.v.) namazda son oturuş (teşehhüd) ile selam arasında yaptığı duayı: -*"Allahummağfirlî ma kaddemtu vema ahhartu ve ma esrartu vema a'lentu vema esraftü vema ente a'lemu bihî minnî entel mukaddimu ve entel muahhir la ilahe illa ente (Ey Allah'ım! Şimdiye kadar yaptığım bundan sonra yapacağım, gizlediğim ve açığa vurduğum, ölçüsüz bir şekilde işlediğim ve benden daha iyi bildiğin günahlarımı affeyle, iler-*

*leten de geri bırakan da sensin. Senden başka ibadet edilecek kimse yoktur."* diyerek bitirirdi. (Müslim, Müsafirin, 201)

◈ **1426)** Aişe (r.a.)'dan:

Rasûlullah (s.a.v.) rükû ve secdelerinde: -*"Sübhanekellahumme Rabbena ve bi hamdik Allahummağfirli (Ey Alahım! Seni, Sana yakışmayan sıfatlardan uzak tutarım. Ey Rabbimiz sana hamd ederim. Ey Allah'ım! Beni bağışla."* diye dua ederdi.
(Buhari, Ezan, 123; Müslim, Salat, 217)

◈ **1427)** Aişe (r.a.)'dan:

Rasûlullah (s.a.v.) rüku ve secdelerinde: -*"Subbûhun kuddûsun, ve Rabbu'l-melâiketi verrûh"* derdi. (Müslim)

◈ **1428)** İbnu Abbas (r.a.)'dan:

Rasûlullah (s.a.v.): -*"Rükûda Rabbinizi büyükleyerek 'Subhane Rabbiyel azim' deyin. Secdede ise dua etmeye çalışınız. Çünkü orada yapılan dualar kabul edilmeye daha layıktır."* buyurdular. (Müslim, Salat, 207)

◈ **1429)** Ebu Hureyre (r.a.)'dan.

Rasûlullah (s.a.v.): -*"Kulun Rabbine en yakın olduğu hal secde anıdır. Öyleyse orada çok dua edin."* buyurdular. (Müslim, Salat, 215)

◈ **1430)** Ebu Hureyre (r.a.)'dan:

Rasûlullah (s.a.v.) secdede: -*"Allahummağfirlî zenbî küllehû dikkahû ve cillehû ve evvelehû ve âhirehû ve alaniyetehû ve sirrehû (Ey Allah'ım! Günahlarımın hepsini, küçüğünü, büyüğünü, öncesini, sonrasını, açığını gizlisini affet."* diye dua ederdi.
(Müslim, Salat, 219)

◈ **1431)** Aişe (r.a.)'dan:

Bir gece Rasûlullah (s.a.v.)'in yanımda olmadığını farkedince onu araştırdım. Bir de baktım ki o, rüku veya secde halinde idi ve: -*"Subhaneke ve bihamdik la ilahe illa ente (Ey Allah'ım! Seni hamdinle eksiksiz bir şekilde överim. Senden başka ilah yoktur"* diye dua ediyordu. (Müslim, Salat, 221)

Diğer bir rivayet: Onu araştırırken elim ayağının tabanına rastladı. Secde vaziyetinde ayaklarını kıble tarafına doğru dikmiş ve: -*"Allahumme inni euzu bi rızake min sehatike ve bi muafatike min ukubetike ve euzu bike minke la uhsi senaen aleyke ente kema esneyte ala nefsike (Ey Allah'ım! Gazabından rızana, azabından affına sığınırım. Senden yine sana sığınırım. Seni layık olduğun şekilde övemem. Sen kendini nasıl övmüşsen öylesin."* diye dua ediyordu. (Müslim, Salat, 222)

**1432)** Sa'd b. Ebi Vakkas (r.a.)'dan:

Rasûlullah (s.a.v.)'ın yanında iken bize: -*"Sizden biriniz her gün bin sevap kazanmaktan aciz midir?"* diye sordu. Yanında oturanlardan biri: -*"Ey Allah'ın Rasulü! Bir kimse günde bin sevabı nasıl kazanabilir?"* diye sordu. Rasûlullah (s.a.v.): -*"Yüz defa sübhanallah derse o kimseye bin sevap yazılır veya bin günahı bağışlanır."* buyurdular. (Müslim, Zikr, 37)

**1433)** Ebu Zer (r.a.)'den:

Peygamber (s.a.v.): -*"Sizden her birinizin sabaha çıkan tüm eklemleri için sadaka vermesi gerekir. Dolayısıyla her tesbih bir sadakadır, her hamd bir sadakadır, her tekbir bir sadakadır. İyilik tavsiye etmek de, kötülüklerden sakındırmak da sadakadır. Kuşluk vaktinde kılınacak iki rekât namaz bunların yerini tutar."* buyurdular. (Müslim, Müsafirin 84)

**1434)** Mü'minlerin anası Cüveyriyye bint'il-Haris (r.a.)'dan:

Rasûlullah (s.a.v.) birgün sabah namazını kıldıktan sonra namaz kıldığı yerde bulunan Cüveyriye (r.a.)'nin yanından çıkıp tekrar kuşluk vakti onun yanına dönmüştü. Cüveyriye (r.a.)'yi namaz kılmakta olduğu yerde aynen oturur görünce: -*"Yanından ayrılalıdan beri hala burada mısın?"* diye sordu. O da: -*"Evet"* cevabını verdi. Bunun üzerine Rasûlullah (s.a.v.): -*"Senin yanından ayrıldıktan sonra üç defa söylediğim şu dört cümle, senin sabahtan beri söylediklerinle tartılacak olsa sevap bakımından onlara denk gelir. Onlar da; 'Sübhanallahi ve bihamdihi adede halkihi ve rıza nefsihi ve zinete arşıhi ve midade kelimatihi' (Yarattıkları sayısınca, kendisinin hoşnudluğu miktarınca, arşının ağırlığı kadar ve bitip tükenmeyen kelimeleri adedince Allah'ı noksan sıfatlardan uzak tutarım.) dır."* buyurdular. (Müslim, Zikir, 79)

Müslim'in diğer rivayeti: -*"Sübhanellahi adede halkihî, Sübhanellahi rıza nefsihî, Sübhanellahi zinete arşihî, Sübhanellahi midade kelimatihî."* şeklindedir. (Müslim, Zikr, 79)

Tirmizi'nin rivayeti: -*"(Ey Cüveyriye!) Sana söyleyeceğin kelimeleri öğreteyim mi? Onlar; 'Sübhanellahi adede halkihi, Sübhanellahi rıza nefsihi, Sübhanellahi zinete arşihi, Sübhanellahi midade kelimatihi,' dir."* buyurdular. (Tirmizi, Deavat, 104)

◈ **1435)** Ebu Musa el-Eş'ari (r.a.)'dan:

Peygamberimiz (s.a.v.): -*"Rabbini hatırından çıkartmayanla, zikretmeyenin durumu, diriyle ölünün durumu gibidir."* buyurdular. (Buhari, Deavat, 66)

Müslim'deki rivayet: -*"İçerisinde Allah'ın anıldığı bir evle, Allah'ın anılmadığı bir evin farkı diri ile ölünün farkı gibidir."* (Müslim, Müsafirin, 211)

◈ **1436)** Ebu Hureyre (r.a.)'dan:

Rasûlullah (s.a.v.): -*"Allah-u Teâlâ; 'Ben kulumun beni düşündüğü gibiyim. Beni hatırlayıp zikrettiğinde onunla beraberim. O Beni kendi başına anarsa Ben de onu aynı şekilde anarım. Şayet Beni bir topluluk içinde anarsa Ben de onu daha hayırlı bir topluluk içinde anarım.' buyuruyor"* dediler. (Buhari, Tevhid, 15)

◈ **1437)** Ebu Hureyre (r.a.)'dan:

Rasûlullah (s.a.v.): -*"Müferridler öne geçtiler"* buyurdu. Bunun üzerine sahabiler: -*"Ey Allah'ın Rasulü! Müferridler kimdir?"*

diye sordular. Rasûlullah (s.a.v.) de: -"**Allah'ı çok anan erkekler ve kadınlardır**" buyurdu. (Müslim, Zikir, 4)

◈ **1438)** Cabir (r.a.)'dan:

Rasûlullah (s.a.v.)'i: -"**Zikrin en faziletlisi, la ilahe illallahtır.**" diye buyururken işittim dedi (Tirmizi, Deavat, 9)

◈ **1439)** Abdullah b. Büsr (r.a.)'dan:

Bir adam Rasûlullah (s.a.v.)'a: -"**Ey Allah'ın Rasulü! İslami hükümler çoğaldı, bana sıkıca sarılacağım birşey söyle**" dedi. Rasûlullah (s.a.v.) de: -"**Dilin Allah'ı anmaktan asla uzak kalmasın.**" buyurdular. (Tirmizi, Deavat, 4)

◈ **1440)** Cabir (r.a.)'dan:

Rasûlullah (s.a.v.): -"**Kim, "sübhanellahi ve bihamdihi" (Ben Allah'ı eksiksiz övgüleriyle överek hamdederim) derse, cennette onun için bir hurma ağacı dikilir.**" buyurdular. (Tirmizi, Deavat, 60)

◈ **1441)** İbnu Mesud (r.a.)'den:

Rasûlullah (s.a.v.): -"**Mirac gecesinde İbrahim (a.s.)'la karşılaştım. Bana: -'Ey Muhammed! Ümmetine benden selam söyle ve onlara Cennetin toprağının çok güzel olduğunu, suyunun tatlı olduğunu, arazisinin ise geniş ve dümdüz olduğunu haber ver. Oranın fidan ve ağaçlarının ise, Sübhanellahi velhamdülillahi vela ilahe illallahu vallahu ekber. Olduğunu söyle' dedi**" buyurdular. (Tirmizi, Deavât 61)

◈ **1442)** Ebu'd-Derda (r.a.)'dan:

Rasûlullah (s.a.v.): -"**Size amellerin en hayırlısını, Allah katında sevap yönünden en çok olanını, derecelerinizi en fazla yükseltecek, sizin için altın ve gümüş infak etmekten daha kazançlı, düşmanla karşılaşıp onların boynuna vurmanızdan, onların da sizi şehid etmelerinden daha çok sevap getirecek bir işin ne olduğunu söyleyeyim mi?**" diye sordu. Ashab da: -"**Evet, söyle**" dediler. Rasûlullah (s.a.v.): -*"Allah'ı sürekli anmaktır."* buyurdular. (Tirmizi, Deavat, 6)

◈ **1443)** Sa'd b. Ebi Vakkas (r.a.)'dan:

Bir gün Rasûlullah (s.a.v.)'le beraber önündeki hurma çekirdekleri veya çakıl taşlarıyla Allah'ı tesbih eden bir kadının yanına girdiler. Peygamber (s.a.v.) kadına: -*"Bundan daha kolayını veya daha faziletlisini sana haber vereyim mi?"* diye sorduktan sonra: -*"Subhanellahi adede ma haleka fi's-semai ve subhanellahi adede ma haleka filardi ve subhanellahi adede ma beyne zalike ve subhanellahi adede ma hüve halik, de. Ayrıca 'Allahu ekber, Elhamdulillah, la ilahe illallah ve la havle vela kuvvete illa billah' da öyledir."* buyurdular. (Tirmizi, Deavat, 113)

◈ **1444)** Ebu Musa (r.a.)'dan:

Rasûlullah (s.a.v.) bana hitaben: -*"Cennet hazinelerinden bir hazineyi sana söyleyeyim mi?"* buyurdu. Ben de: -*"Evet Ey Allah'ın Rasulü!"* dedim. Rasûlullah (s.a.v.): -*"O, -'La havle vela kuvvete illa billah'tır"* buyurdular. (Buhari, Megazi, 38; Müslim, Zikir, 44)

## 245- ALLAH'I DAİMA HATIRDAN ÇIKARMAMA BÖLÜMÜ

◈ "Göklerin ve yeryüzünün yaratılışında ve gece ile gündüzün birbirini izlemesinde, akıl sahipleri için kesinlikle mûcizeler, vardır. O (akıl sahipleri) ayaktayken, otururken ve uzanmışken (her hallerinde) Allah'ı dillerinden düşürmezler, göklerin ve yerin yaratılışı üzerinde inceden inceye düşünürler. Ve: "Ey Rabbimiz! Sen, bütün bunları boşuna yaratmadın. Biz, Seni bütün eksikliklerden uzak tutarız, bizi Cehennem azabından koru." (derler.)" (3 Al-i İmran, 190-191)

◈ **1445)** Aişe (r.a.)'dan:

Rasûlullah (s.a.v.) her durumda yani abdestli abdestsiz, Allah'ı zikreder, hiç hatırından çıkarmazdı. (Müslim, Hayz, 117)

◈ **1446)** İbnu Abbas (r.a.)'dan:

Rasûlullah (s.a.v.): -*"Eğer biriniz eşine yaklaştığında 'Bismillah Allahumme Cennibne'ş-şeytane ve cennibi'ş-şeytane ma razaktena' derse ve bu beraberlikten çocukları olursa, şeytan ona asla zarar veremez"* buyurdular. (Buhari, Vudu, 8; Bed'ul-Halk, 11)

## 246- YATARKEN VE UYANIRKEN OKUNACAK DUA BÖLÜMÜ

◈ **1447)** Huzeyfe ve Ebu Zer (r.a.)'dan:

Rasûlullah (s.a.v.) gece yatağına uzandığı zaman: -*"Ey Allah'ım! Senin isminle ölür, senin isminle dirilirim"* derdi. Uykudan uyandığında da: -*"Bizi öldürdükten sonra tekrar dirilten Allah'a hamdolsun, dönüş de onadır"* derdi. (Buhari, Deavat 7)

## 247- ALLAH ANILAN TOPLANTILARIN FAZİLETİ BÖLÜMÜ

◈ "(Ey Muhammed!) Sen, sabah akşam Rablerine sadece O'nun rızasını kazanmak isteyerek duâ edenlerle birlikte sabret. Dünya hayatının güzelliklerini isteyerek sakın onlardan gözlerini ayırma. Kalbini Bizi anmaktan gafil kıldığımız, nefsinin kötü arzularına uyan ve işi hep aşırılık olan kimse(ler)e itaat etme." (18 Kehf, 28)

◈ **1448)** Ebu Hureyre (r.a.)'dan:

Rasûlullah (s.a.v.): -*"Allah'ın yollarda, çarşı ve pazarlarda dolaşarak Allah'ı zikredenleri araştıran melekleri vardır. Bunlar, Allah'ı zikreden bir topluluğu bulunca birbirlerine: -'Gelin, aradığınız burada' diye seslenirler ve bu kimseleri dünya semasına kadar kanatlarıyla kuşatırlar. Allah onların hallerini meleklerden daha iyi bildiği halde meleklerine: -'Kullarım ne söylüyor?' diye sorar. Melekler de: -'Subhanallah, Allahu ekber, Elhamdülillah diyerek Seni yüceltiyorlar,' derler. Allah: -'Bu kullarım Beni gördüler mi ki?' der. Melekler de: -'Hayır, vallahi seni görmediler.' Derler. Allah: -'Beni görselerdi ne yaparlardı?' deyince: -'Eğer onlar Seni görseler Sana daha çok ibadet eder, şanını daha çok yüceltir ve sana yakışmayan sıfatlardan seni daha fazla uzak tutarlardı.' derler. Allah: -'Kullarım benden ne istiyorlar?' deyince: -'Cennet istiyorlar.' derler. Allah: -'Cenneti görmüşler mi?' deyince. -'Hayır, vallahi cenneti görmemişler.' derler. Allah: -'Ya cenneti görseler ne yaparlar?' deyince: -'Eğer cenneti görselerdi onu büyük bir istekle isterler ve elde etmek için daha fazla gayret ederlerdi.' derler. Allah: -'Peki bu kullarım neden korunmayı istiyorlar?' deyince: -'Cehennemden korunmak istiyorlar.' derler. Allah: -'Peki, cehennemi gördüler mi?' deyince: -'Hayır, vallahi görmediler.' derler. Allah: -' Ya görselerdi ne yaparlardı?' deyince: -'Eğer cehennemi görselerdi ondan daha fazla kaçarlar ve daha çok korkarlardı.' derler. Bunun üzerine Allah meleklerine: -'Sizi şahit tutarak söylüyorum ki ben bu kullarımı bağışladım' buyurur. Meleklerden biri: -'Ya Rabbi! Onlar arasında bulunan falan kişi onlardan sayılmaz, o başka bir işi için gelip oraya oturmuştu.' deyince Allah da: -'Orada oturanlar öyle iyi kimselerdir ki, onların arasında bulunan kötü kimselerden olmaz.' dedi."* buyurdular. (Buhari, Deavat, 66, Müslim, Zikir, 25)

◈ **1449)** Ebu Hureyre ve Ebu Said el-Hudri (r.a.)'dan:

Rasûlullah (s.a.v.): -*"Bir topluluk Allah'ı anmak üzere bir araya gelseler, melekler onların etrafını kuşatır, Allah'ın rahmeti onları kaplar, onların üzerine huzur ve sükûnet iner. Rahat ve huzura kavuşurlar. Allah da onları yanında bulunan meleklere över."* buyurdular. (Müslim, Zikr, 39)

◈ **1450)** Ebu Vakıd Haris b. Avf (r.a.)'dan:

Bir gün Rasûlullah (s.a.v.) mescidde insanlarla beraber otururken karşıdan üç kişi çıkageldi. İkisi Rasûlullah (s.a.v.)'a doğru yöneldi, diğeri de bırakıp gitti. Bunlardan biri cemaatın arasında bir boşluk görüp oraya oturdu. Öteki ise cemaatın arkasına gidip oturdu. Üçüncüsü de bırakıp gitti. Rasûlullah (s.a.v.) konuşmasını bitirince: -*"Size şu üç kişinin durumunu haber vereyim mi? Onlardan biri Allah'a sığındı, Allah da onu barındırdı ve hayra ulaştırdı. Diğeri sıkıntı vermekten, insanları rahatsız etmekten utandı. Allah da onu edebinden dolayı mükâfatlandırdı. Öteki ise yüz çevirdi, Allah da ondan yüz çevirdi."* buyurdular. (Buhari, İlm, 8)

◈ **1451)** Ebu Said el-Hudri (r.a.)'den:

Muaviye (r.a.) bir gün mescitte halka halinde oturan bir topluluğun yanına geldi ve. -*"Burada niçin toplandınız?"* diye sordu. Onlar: -*"Allah'ı zikretmek için toplandık"* dediler. O: -*"Gerçekten Allah'ı zikir için mi toplandınız?"* dedi. Onlar da: -*"Evet. Sadece bu maksatla toplandık"* dediler. Bunun üzerine Muaviye: -*"Ben size inanmadığım için yemin teklif etmiş değilim. Fakat Rasûlullah (s.a.v.)'a benim kadar yakın olup da benden daha az hadis rivayet eden yoktur. Bir gün Rasûlullah (s.a.v.) ashabından halka kurmuş bir gruba gelip onlara: -"Burada niçin oturuyorsunuz?"* diye sordu. Onlar: -*"Bizi İslam dinine ulaştırması sebebiyle Allah'ı zikretmek ve Ona hamdetmek için oturuyoruz"* diye cevap verdiler.

Rasûlullah (s.a.v.): -*"Gerçekten siz burada bu iş için mi oturdunuz?"* diye sordu. Onlar da: -*"Evet. Sırf bunun için oturduk"* dediler. Bunun üzerine Rasûlullah (s.a.v.): -*"Ben size inanmadığım için yemin vermiş değilim. Fakat bana Cebrail gelerek, Allah'ın meleklere sizinle övündüğünü haber verdi de onun için öyle pekiştirerek sordum"* buyurdular. (Müslim, Zikir, 40)

## 248- SABAH AKŞAM ALLAH'I HATIRLAMA BÖLÜMÜ

◈ "Rabbini, içinden, yalvararak ve gizlice, yüksek olmayan bir sesle sabah akşam sürekli an ve sakın gafillerden olma!" (7 A'raf, 205)

◈ "Ggüneşin doğuşundan önce de batışından önce de Rabbini hamd ile (sürekli olarak) an." (20 Taha, 130)

◈ "Ve Rabbini hamd ile akşam ve sabah (sürekli olarak) an." (40 Mü'min, 55)

◈ "(Bu nur üstüne nur;) Allah'ın, yüceltilmelerini ve içlerinde adının anılmasına izin verdiği evlerdedir (ve o evlerdekiler) onların içerisinde sabah akşam O'nu tesbih eder dururlar. Kendilerini ticaretin de alışverişin de Allah'ı anmaktan, namaz kılmaktan, zekât vermekten alıkoyamadığı erkekler var ya (onlar,) yüreklerin ve gözlerin (dehşetten) ters döneceği günden korkarlar." (24 Nur, 36-37)

◈ "Doğrusu biz dağları ve toplanıp gelen kuşları akşam ve kuşluk vakti onun (Davut) ile birlikte (Allah'ı) tesbih etsinler diye ona boyun eğdirdik, hepsi birlikte (Allah'ı) bolca tesbih ederlerdi." (38 Sa'd, 18)

◈ **1452)** Ebu Hureyre (r.a.)'den:

Rasûlullah (s.a.v.): -*"Kim sabah ve akşam yüz defa 'sübhanellahi ve bihamdihi' derse onun söylediklerinin bir mislini veya daha fazlasını söyleyen kimse dışında, hiçbir kimse kıyamet gününde onun söylediğinden daha değerlisi ile gelemez."* buyurdular. (Müslim, Zikir, 26)

◈ **1453)** Ebu Hureyre (r.a.)'den:

Bir adam Rasûlullah (s.a.v.)'a gelerek: -*"Ey Allah'ın Rasûlü, dün gece beni sokan bir akrep yüzünden neler çektim"* dedi. Rasûlullah (s.a.v.) de: -*"Eğer akşamleyin 'Euzu bi kelimatillahittammeti min şerri ma halak' (Yaratılmışların şerrinden Allah'ın mükemmel kelimelerine sığınırım) deseydin, o sana zarar vermezdi."* buyurdular. (Müslim, Zikir, 55)

◈ **1454)** Ebu Hureyre (r.a.)'den:

Rasûlullah (s.a.v.) sabahleyin: -*"Allahumme bike asbahna ve bike emseyna ve bike nahya ve bike nemut ve ileyke'n-nüşur (Ey Allahım! Senin yardımınla sabaha eriştik ve lütfunla akşama ulaştık, Senin emrinle yaşar, yine Senin emrinle ölürüz. Yeniden diriliş de Sana'dır.)"* diye dua ederdi. Akşamleyin ise: -*"Allahumme bike emseyna ve bike nahya ve bike nemut ve ileyke'l-masir (Ey Allahım! Senin lütfunla akşama ulaştık, Senin emrinle yaşar, yine Senin emrinle ölürüz. Yeniden diriliş de Sana'dır.)"* diye dua ederdi. (Ebu Davud, Edeb, 101)

◈ **1455)** Ebu Hureyre (r.a.)'den:

Ebu Bekir es-Sıddık (r.a.) Peygamberimiz (s.a.v.)'e. -*"Ey Allah'ın Rasulü! Bana sabah ve akşam söyleyeceğim kelimeler emret."* dedi. Rasûlullah (s.a.v.) de: "*Allahumme fâtırassemavati ve'l-ardı alimel gaybi ve'ş-şehadeti rabbe külli şey'in ve melikehu. Eşhedü en la ilahe illa ente euzu bike min şerri nefsî ve şerriş-şeytani ve şirkihi (Ey Gökleri ve yeryüzünü yaratan, görünen ve görünmeyen şeyleri bilen Allah'ım! Her şeyin Rabbi ve idarecisi Sensin. Senden başka ilah olmadığına kesinlikle şahadet ederim. Nefsimin şerrinden, şeytanın ve onun şirkinin şerrinden Sana sığınırım.) de ve bu duayı sabah, akşam ve yatağa girdiğinde söyle"* buyurdular. (Ebu Davud, Edeb, 101)

◈ **1456)** İbnu Mesud (r.a.)'den:

Rasûlullah (s.a.v.) akşamleyin: -*"Emseyna ve emse'l-mülkü lillah, velhamdü lillah, lâ ilâhe illallahu vahdehu la şerike lehu lehul mülkü ve lehül hamdü ve hüve alâ külli şeyin kadir. Rabbi es'elüke hayra ma fi hazihilleyleti ve hayra ma ba'deha, ve eûzu bike min şerri ma fî hazihilleyleti ve şerri ma ba'deha. Rabbi euzu bike minel keseli ve suilkiberi euzu bike min azabinnar ve azabil kabr (Biz, hükümranlığı Allah'a ait olan her şeyle beraber geceye girdik. Hamd Allah'a mahsustur. Allah'tan başka ilah yoktur. Sadece O vardır ve Onun*

*ortağı yoktur. Mülk ve hamd, O'na mahsustur. O'nun gücü
her şeye yeter. Ya Rabbi, senden bu gecenin ve bundan son-
raki gecelerin hayrını dilerim. Bu gecenin ve bundan sonraki
gecelerin şerrinden de sana sığınırım. Rabbim, tembellikten,
yaşlılığın kötülüklerinden, cehennem ve kabir azabından
sana sığınırım.)"* diye dua ederdi. Sabahleyin de: *-"Asbahna
ve Asbahal mülkü lillah..."* diye başlayarak aynı duayı ederdi.
(Müslim, Zikir, 74)

◈ **1457)** Abdullah b. Hubeyb (r.a.)'dan:

Rasûlullah (s.a.v.) bana: *-"Akşam ve sabah İhlas ile Nas ve Fe-
lak surelerini üçer sefer oku. Bunlar her türlü fenalıklara karşı
sana yeter."* buyurdular. (Ebu Davud, Edeb, 101)

◈ **1458)** Osman b. Affan (r.a.)'dan:

Rasûlullah (s.a.v.): *-"Her kim her sabah ve akşam üç defa,
'Bismillahillezî la yedurru mea'smihî şey'un fil ardi vela fi's-
semâi ve hüve's-semiu'l-alîm' (İsminin anılmasıyla yerde ve
gökte hiçbir şeyin zarar veremeyeceği Allah'ın adıyla, O işiten
ve bilendir.)' derse, ona hiçbir şey zarar veremez."* buyurdular.
(Ebu Davud, Edeb, 101)

## 249- YATAĞA GİRİNCE OKUNACAK DUALAR BÖLÜMÜ

◈ "Göklerin ve yeryüzünün yaratılışında ve gece ile gündüzün
birbirini izlemesinde, akıl sahipleri için kesinlikle mûcizeler, var-
dır. O (akıl sahipleri) ayaktayken, otururken ve uzanmışken (her
hallerinde) Allah'ı dillerinden düşürmezler, göklerin ve yerin
yaratılışı üzerinde inceden inceye düşünürler. Ve: "Ey Rabbimiz!
Sen, bütün bunları boşuna yaratmadın. Biz, Seni bütün eksiklik-
lerden uzak tutarız, bizi Cehennem azabından koru." (derler.)" (3
Al-i İmran, 190-191)

◈ **1459)** Huzeyfe ve Ebu Zer (r.a.)'den:

Rasûlullah (s.a.v.) yatağına girdiğinde: -*"Ey Allahım! Senin ismini anarak uyanırım ve uyurum."* diye dua ederdi. (Buhari, Deavat, 7; Müslim, Zikir, 59)

◈ **1460)** Ali (r.a.)'dan:

Rasûlullah (s.a.v.) Ali ve Fatıma (r.a.)'ya: -*"Yatağınıza girdiğiniz zaman, otuzüç defa 'Allahu ekber', otuz üç defa 'sübhanallah', otuz üç defa 'elhamdülillah' deyin."* buyurdular. (Buhari, Farzu'l-Humus, 6; Müslim, Zikir, 80)

Diğer bir rivayet: -*"Otuz dört defa sübhanallah deyin."* (Buhari, Deavat, 11)

Başka bir rivayet: -*"Otuz dört defa Allahu ekber deyin."* (Buhari, Farzu'l-Humus, 6; Müslim, Zikir, 80)

◈ **1461)** Ebu Hureyre (r.a.)'dan:

Rasûlullah (s.a.v.): -*"Biriniz yatağına girdiği zaman elbiselerinin ucuyla yatağını silkelesin, çünkü yatağından ayrılışından sonra oraya neyin girdiğini bilemez. Sonra da: -'Ey Rabbim! Senin isminle yatağa uzanır ve yine Senin isminle yataktan kalkarım. Eğer uykudayken canımı alacaksan beni bağışla. Şayet yaşamamı istiyorsan iyi kullarını koruduğun gibi beni de fenalıklardan koru!' desin"* buyurdular. (Buhari, Deavat, 13; Müslim, Zikir, 64) şöyle

◈ **1462)** Aişe (r.a.)'dan:

Rasûlullah (s.a.v.) yatağına yatacağı zaman: -*"İhlas, Nas ve Felak surelerini okuyarak avuç içine üfler ve eliyle vücudunu sıvazlardı."* (Buhari, Deavat, 12)

Buhari ve Müslim'in diğer rivayeti: Rasûlullah (s.a.v.) her gece yatağına girdiği zaman avuçlarını birleştirerek; İhlas, Felak ve Nas surelerini okuyup üfler, başından, yüzünden ve vücudunun ön tarafından başlayarak ulaşabildiği yerlere kadar elleriyle sıvazlar ve bu işi üç sefer yapardı. (Buhari, Fedailu'l-Kur'an, 14)

◈ **1463)** Bera b. Azib (r.a.)'dan:

Rasûlullah (s.a.v.) bana: -*"Yatağına girdiğin zaman, namaz abdesti gibi abdest al, sonra sağ yanına yat ve: 'Allahumme eslemtu nefsî ileyke ve veccehtu vechî ileyke ve fevvaztü emrî ileyke ve elce'tu zahrî ileyke rağbeten ve rehbeten ileyke, la melcee ve la mencee minke illa ileyke, Amentu bi kitabikellezi enzelte ve binebiyyikellezi erselte (Ey Allah'ım! Kendimi sana teslim ettim, işlerimi sana emanet ettim, azabından korkarak ve sevabını umarak sırtımı sana dayadım, Senden sığınılacak bir yer varsa o, yine Sensin. İndirdiğin kitaba ve gönderdiğin Peygambere inandım)' de, şayet bu kelimeleri söyler de o gece ölürsen İslam dini üzere ölürsün. Uyumadan önce son sözün bu olsun."* buyurdular. (Buhari, Vudu, 75; Müslim, Zikir, 56)

◈ **1464)** Enes (r.a.)'dan:

Rasûlullah (s.a.v.) yatağına girdiğinde: -*"Elhamdülillahillezi et'amena ve sekânâ ve kefânâ ve avânâ, fe kem mimmen la kafiye lehu vela mu'viye (Yeteri kadar yiyecek ile barınabileceği bir yer bulamayan niceleri varken, bizi yedirip içiren, ihtiyaçlarımızı karşılayan, bizi koruyup barındıran Allah'a hamdolsun.."* diye dua ederdi. (Müslim, Zikir, 64)

◈ **1465)** Huzeyfe (r.a.)'dan:

Rasûlullah (s.a.v.) uyumak için yatağa girdiğinde sağ elini sağ yanağının altına koyarak: -*"Allahumme kınî azabeke yevme teb'asu ibadeke (Ey Allah'ım! Kullarını yeniden dirilttiğin gün beni azabından koru!"* diye dua ederdi. (Tirmizi, Deavat, 18; Ebu Davud, Edeb, 98)

# 16- DUALAR KİTABI

## 250- RASÛLULLAH'IN HAYATINDAN DUALAR BÖLÜMÜ

◈ "(Ey İnsanlar!) Rabbiniz: "Bana ibâdet ve kulluk edin ki size sevap vereyim..." (40 Mü'min, 60)

◈ "Rabbinize yalvararak ve gizlice duâ edin. Çünkü Allah, sınırı aşanları sevmez." (7 A'raf, 55)

◈ "Eğer kullarım sana Benden sorarlarsa; Ben (kendilerine) pek yakınım, Bana dua ettiği zaman dua edenin duasını kabul ederim. O halde onlar, dosdoğru yolu bulabilmeleri için Benim emirlerime uysunlar ve Bana gerçekten inansınlar." (2 Bakara, 186)

◈ "Duâ ettiği zaman darda kalmışın duâsını kabul edip sıkıntısını gideren, sizi yeryüzünün halîfeleri kılan (Allah'a,) hiç (ortak koşulur) mu? Hiç Allah'la beraber bir ilâh olur mu? Ne kadar da kıt düşünüyorsunuz!?" (27 Neml, 62)

◈ **1466)** Numan b. Beşir (r.a.)'dan:

Rasûlullah (s.a.v.): -**"Dua bir ibadettir."** buyurdular. (Ebu Davud, Vitir, 23; Tirmizi, Tefsiru'l-Kur'an, 3)

◈ **1467)** Aişe (r.a.)'dan:

Rasûlullah (s.a.v.) özlü ve kapsamlı duaları sever, bu özellikte olmayan duayı yapmazdı. (Ebu Davud, Vitir, 23)

◈ **1468)** Enes (r.a.)'dan:

Rasûlullah (s.a.v.)'in en çok yaptığı dua: -*"Allahumme atina fiddunya hasene ve filahireti hasene ve kına azabennar (Ey Allah'ım! Bize dünyada da ahirette de iyilik ve güzellik ver, bizi cehennem azabından koru!)"* idi. (Buhari, Tefsir, 38; Deavat, 55; Müslim, Zikir, 23)

◈ **1469)** İbnu Mesud (r.a.)'dan.

Rasûlullah (s.a.v.): -*"Allahumme inni es'eluke'l-huda ve't-taka velafâfe velğına (Ey Allah'ım! Senden hidayet, takva, iffet ve gönül zenginliği isterim.)"* diye dua ederdi. (Müslim, Zikir, 72)

◈ **1470)** Tarık b. Eşyem (r.a.)'den:

Bir kimse Müslüman olduğu vakit Rasûlullah (s.a.v.) ona önce namaz kılmayı öğretir sonra da: -*"Allahumağfirlî verhamnî vehdinî ve âfinî verzuknî (Ey Allah'ım! Beni affet, bana merhamet et, beni doğru yola ilet, bana afiyet ve hayırlı rızık ver.)"* diye dua etmesinin emrederdi. (Müslim, Zikir, 35)

Müslim'in Tarık b. Eşyem (r.a.)'den rivayeti: Tarık (r.a.) Rasûlullah (s.a.v.)'i dinlerken bir adam gelerek: -*"Ey Allah'ın Rasûlü! Rabbımdan birşey isteyeceğim zaman nasıl dua edeyim?"* diye sordu. Rasûlullah (s.a.v.): -*"Allahumağfirlî verhamnî ve âfinî verzuknî (Ey Allah'ım! Beni bağışla, bana merhamet et, bana afiyet ve hayırlı rızık ver) de. Bu sözler senin hem dünya hem de ahiretini içine alır."* buyurdular. (Müslim, Zikir, 36) de şöyle

◈ **1471)** Abdullah b. Amr b. As (r.a.)'dan:

Rasûlullah (s.a.v.): -*"Allahumme musarrifel kulûb, sarrif kulûbena alâ tâatike (Ey kalpleri yönlendiren Allah'ım! Kalplerimizi Sana itaate yönelt."* diye dua ederdi. (Müslim, Kader, 17)

◈ **1472)** Ebu Hureyre (r.a.)'den:

Rasûlullah (s.a.v.): -*"Dayanılmayacak dertten, başa gelecek her türlü fenalıktan ve düşmanı sevindirecek felaketlerden Allah'a sığının"* buyurdular. (Buhari, Deavat, 28; Müslim, Zikir, 53)

◈ **1473)** Ebu Hureyre (r.a.)'den:

Rasûlullah (s.a.v.): -*"Allahummaslih lî dinî ellezî huve ismetu emrî, ve aslıh lî dünyaye elletî fîha meâsî, ve aslıh lî ahireti elletî fîha meadî, vecalilhayâte ziyâdeten lî fî külli hayrin, vec'alil mevte râhaten lî, min külli şerrin (Ey Allah'ım! Bütün işlerimin başı olan dinim konusunda beni hataya düşmekten koru. Yaşadığım şu dünyadaki işlerimin yolunda gitmesini sağla. Dönüp varacağım ahiretimi kazanmama yardım et. Hayatımda daha fazla hayırlar yapmama imkân tanı. Ölümümü de her türlü sıkıntılardan kurtuluşa sebep kıl.)"* diye dua ederdi (Müslim, Zikir, 71)

◈ **1474)** Ali (r.a.)'den:

Rasûlullah (s.a.v.) bana: -*"Allahummehdinî ve seddidnî (Ey Allah'ım! Beni doğru yola ilet ve bütün işlerimde beni başarılı kıl) de"*, buyurdular. (Müslim, Zikir, 28)

Başka bir rivayet: -*"Allahumme innî es'elukel huda vessedat (Ey Allah'ım! Senden beni doğru yola iletmeni ve o yolda başarılı kılmanı niyaz ederim."* (Müslim, Zikir, 78)

◈ **1475)** Enes (r.a.)'den:

Rasûlullah (s.a.v.): -*"Allahumme innî eûzu bike minel aczi velkeseli vel cübni velheremi vel buhli ve eûzu bike min azâbil kabri ve eûzu bike min fitnetil mahya ve'l memât (Ey Allah'ım! Acizlikten, tembellikten, korkaklıktan, bunaklıktan ve cimrilikten sana sığınırım. Kabir azabından da Sana sığınırım"* diye dua ederdi. (Müslim, Zikir, 50)

Diğer bir rivayet: -*"... ve dala'iddeyni ve galebeti'r-Ricâl. (Borç altında ezilmekten ve zalimlerin zulmetmelerinden de sana sığınırım."* (Nesai, İstiaze, 8)

◈ **1476)** Ebu Bekir es-Sıddık (r.a.)'dan:

Ebu Bekir es-Sıddık (r.a.), Rasûlullah (s.a.v.)'e: -*"Bana bir dua öğret de, namazımda okuyayım"* dedi. Rasûlullah (s.a.v.)'de: -*"Allahumme innî zalemtu nefsî zulmen kesîran, ve lâ yağfiruz zünûbe illâ ente fağfirlî mağfiraten min indike, verhamnî inneke entel ğafûrur Rahim (Ey Allah'ım! Ben kendime çok zulmettim, günahları bağışlayacak olan yalnız sensin. Öyleyse sonsuz bağışlaman ile beni bağışla. Bana merhamet et, çünkü affı sonsuz, merhameti sonsuz olan sadece Sensin de."* buyurdular. (Buhari, Ezan, 149; Müslim, Zikir, 48)

◈ **1477)** Ebu Musa (r.a.)'den:

Rasûlullah (s.a.v.) şöyle dua ederdi: -*"Allahummağfirlî hetîetî ve cehlî, ve israfî fî emrî, ve ma ente a'lemu bihî minnî, Allahummağfirlî ciddî, ve hezli, ve hetai ve amdi, ve küllü zalike indi, Allahummağfirli ma kaddemtu ve ma ahhartu, ve ma esrartu ve ma a'lentu, vema ente a'lemu bihî minnî, entel mukaddimu ve entel muahhir ve ente ala külli şey'in kadir (Ey Allah'ım! Hepsi bende var olan ciddi ve şaka yollu yaptıklarımı, yanlışlıkla ve bilerek işlediğim günahlarımı, benden daha iyi bildiğin bütün sırlarımı bağışla. Ey Allah'ım! Şimdiye kadar yaptığım, bundan sonra yapacağım, gizlediğim ve açığa vurduğum, beni benden daha iyi bildiğin günahlarımı affeyle. İlerleten de geri bırakan da sensin. Senin her şeye gücün yeter.)"* (Buhari, Deavat, 60; Müslim, Zikir, 70)

◈ **1478)** Aişe (r.a.)'dan.

Rasûlullah (s.a.v.): -*"Allahumme innî eûzu bike min şerri ma amiltu ve min şerri ma lem a'mel. (Ey Allah'ım! Şimdiye kadar işlediğim ve henüz işlemediğim günahların şerrinden Sana sığınırım."* diye dua ederdi. (Müslim, Zikir, 65)

◈ **1479)** İbnu Ömer (r.a.)'dan:

Rasûlullah (s.a.v.)'in dualarından biri de: -*"Allahumme innî eûzu bike min zevali niğmetike, ve tehavvuli afiyetike, ve füca-*

*eti nikmetike, ve cemi'i sahatike. (Ey Allah'ım! Verdiğin nime- tin yok olmasından, verdiğin afiyetin bozulmasından, ansızın gelebilecek felaket ve musibetlerden ve gazabına sebep olacak her türlü işlerden sana sığınırım.)"* şeklinde idi. (Müslim, Zikir, 96)

**1480)** Zeyd b. Erkam (r.a.)'dan:

Rasûlullah (s.a.v.): -*"Allahumme innî eûzu bike minel aczi, ve'l keseli, ve'l buhli, ve'l heremi ve azabil kabri.Allahumme âti nefsî takvâha, ve zekkiha ente hayrı men zekkaha, ente veliyyuhu ve mevlaha. Allahumme inni euzu bike min ilmin la yenfeu, ve min kalbin lâ yahşeu, ve min nefsin lâ teşbeu, ve min da'vetin lâ yüstecâbu leha (Ey Allah'ım! Acizlikten, tembellik- ten, cimrilikten, bunaklık derecesinde ihtiyarlıktan, kabir aza- bından Sana sığınırım. Ey Allah'ım! Nefsime takva ver ve onu her türlü günahtan temizle, onları en iyi temizleyecek Sensin. Onun koruyucusu ve efendisi de Sensin. Ey Allah'ım! Faydasız ilimden, ürpermeyen kalpten, doymak bilmeyen nefisten ve kabul olunmayacak duadan Sana sığınırım.)"* diye dua ederdi. (Müslim, Zikir, 73)

**1481)** İbnu Abbas (r.a.)'dan:

Peygamberimiz (s.a.v.) şöyle dua ederdi: -*"Allahumme leke eslemtu ve bike amentu, ve aleyke tevekkeltu, ve ileyke eneb- tu, ve bike hasamtu, ve ileyke hakemtu, fağfirlî ma kaddemtu vema ahhartu, vema esrartu ve ma a'lentu, ente'l mukaddi- mu ve ente'l müahhir, lâ ilâhe illâ ente (Ey Allah'ım! Sana tes- lim oldum. Sana inandım, Sana güvendim. Sana yöneldim, Senin yardımınla savaştım, her konuda Sana başvurdum. Ön- ceden yaptığım bundan sonra yapacağım, gizlediğim ve açı- ğa vurduğum tüm günahlarımı affeyle. İlerleten de gerileten de Sensin. Senden başka ilah yoktur.)"* diye dua ederdi. (Buhari, Teheccüd, 1)

Ravilerden bazıları: -*"La havle vela kuvvete illa billah"* cüm- lesini de ilave etmişlerdir.

◈ **1482)** Aişe (r.a.)'den:

Rasûlullah (s.a.v.): -*"Allahumme innî eûzu bike min fitnetin nâri, ve azabinnâri, ve min şerril ğına ve'l fakr. (Ey Allah'ım! Cehennem fitnesinden ve azabından, zenginlik ve fakirliğin şerrinden sana sığınırım.)"* diye dua ederdi. (Ebu Davud, Vitir, 32)

◈ **1483)** Ziyad b. İlaka'nın amcası Kutbe b. Malik (r.a.)'dan:

Rasûlullah (s.a.v.): -*"Allahumme innî eûzu bike min münkerâtil ahlaki vel a'mali vel ehvai (Ey Allahım! Ahlakın, amellerin ve arzuların fenalıklarından Sana sığınırım.)"* diye dua ederdi. (Tirmizi, Deavat, 126)

◈ **1484)** Şekel b. Humeyd (r.a.)'dan:

Rasûlullah (s.a.v.)'e: -*"Ey Allah'ın Rasûlü! Bana bir dua öğret"* dedim. Bunun üzerine bana: -"Allahumme innî eûzu bike min şerri sem'î ve min şerri basarî ve min şerri lisanî ve min şerri kalbî ve min şerri meniyyi (Ey Allah'ım! Kulağımın şerrinden, gözümün şerrinden, dilimin şerrinden, kalbimin şerrinden ve şehvetimin şerrinden sana sığınırım. de"* buyurdular. (Ebu Davud, Vitir, 32; Tirmizi, Deavat, 74)

◈ **1485)** Enes (r.a.)'dan:

Rasûlullah (s.a.v.): -*"Allahumme innî euzu bike mine'l-barası ve'l-cünuni ve'l-cüzami ve seyyii'l-eskam (Ey Allah'ım! Alaca hastalığından, akli rahatsızlıktan, cüzzam hastalığından ve kötü hastalıklardan Sana sığınırım.)"* diye de dua ederdi. (Ebu Davud, Vitir, 132)

◈ **1486)** Ebu Hureyre (r.a.)'den:

Rasûlullah (s.a.v.): -*"Allahumme innî eûzu bike mine'l cû'i feinnehu bi'sed dacii, ve eûzu bike minel hıyaneti feinneha bi'seti-il bitaneti (Ey Allah'ım! İnsanı kucaklayan kötü bir arkadaş olan açlıktan, sinede gizlenen kötü bir huy olan hainlikten Sana sığınırım.)"* diye dua ederdi. (Ebu Davud, Vitir, 32)

◈ **1487)** Ali (r.a.)'dan:

Sözleşmeli bir köle Ali (r.a.)'e başvurarak: -*"Borcumu ödeyecek gücüm yok, bana yardım et"* dedi. Ali (r.a.) da: -*"Rasûlullah (s.a.v.)'in bana öğrettiği duayı ben de sana öğreteyim mi? Bunu okuduğun müddetçe üzerinde dağ gibi borç olsa bile Allah ödemeni kolaylaştırır. O da; 'Allahummekfini bihalâlike an haramike ve ağninî bifadlike ammen sivâke (Ey Allah'ım! Beni helal rızıklarla yetindirerek haramlardan koru. Beni lütfunla zengin kılarak başkalarına muhtaç etme.' duasıdır."* dedi. (Tirmizi, Deavat, 111)

◈ **1488)** İmran b. Husayn (r.a.)'dan:

Rasûlullah (s.a.v.) babası Husayn'a dua etmesi için şu iki cümleyi öğretti: -*"Allahumme elhimnî rüşdî ve eizni min şerri nefsî (Ey Allah'ım! Doğru yolda yürümeyi bana ilham et. Nefsimin şerrinden beni koru.)"* (Tirmizi, Deavat, 70)

◈ **1489)** Ebu'l-Fadl Abbas b. Abdulmuttalib (r.a.)'dan:

Rasûlullah (s.a.v.)'e -*"Ey Allah'ın Rasûlü! Bana Allah'tan isteyeceğim bir şey öğret"* dedim. Rasûlullah (s.a.v.): -*"Allah'tan afiyet dileyin"* buyurdu. Birkaç gün geçtikten sonra tekrar yanına geldim ve: -*"Ey Allah'ın Rasûlü! Bana Allah'tan isteyeceğim bir şey öğret"* dedim. Rasûlullah (s.a.v.) bana: -*"Ey Abbas! Ey Rasûlullah'ın amcası! Allah'tan dünya ve ahirette afiyet dileyin"* buyurdular. (Tirmizi, Diavat, 85)

◈ **1490)** Şehr b. Havşeb (r.a.)'den:

Ümmü Seleme (r.a.)'e -*"Ey Mü'minlerin anası! Rasûlullah (s.a.v.) yanınızda bulunduklarında en çok hangi duayı yapardı?"* diye sordum. O da: -*"Peygamber (s.a.v.) en çok 'Ya mukallibel kulûb! Sebbit kalbî alâ dînike (Ey kalpleri evirip çeviren Allah! Benim kalbimi dininden ayırma.' diye dua ederdi."* dedi. (Tirmizi, Kader, 7)

◈ **1491)** Eb'ud-Derda (r.a.)'dan:

Rasûlullah (s.a.v.): -*"Davut (a.s.): -'Allahumme inni es'eluke hubbeke ve hubbe men yuhibbuke, ve'l-amelel lezi yübelliğu-*

*ni hubbeke. Allahummec'al hubbeke ehabe ileyye min nefsî ve ehlî ve mine'l mail barid. (Ey Allah'ım! Senden seni sevmeyi, Seni sevenleri sevmeyi ve Senin sevgine ulaştıracak amelleri sevmeyi istiyorum. Ey Allahım! Senin sevgini bana canımdan, ailemden ve soğuk sudan daha sevgili kıl.' diye dua ederdi"* buyurdular. (Tirmizi, Deavat, 73)

◈ **1492)** Enes (r.a.)'dan:

Rasûlullah (s.a.v.): -*"Ya zel celali vel ikram (Ey büyüklük ve ikram sahibi Allah'ım!) sözlerini dualarınızda çok sık söyleyin."* buyurdular. (Tirmizi, Deavat, 92)

◈ **1493)** Ebu Umame (r.a.)'dan:

Rasûlullah (s.a.v.) pek çok dua yapardı, fakat biz ondan hiçbir şey ezberleyemedik. Bunun üzerine: -*"Ey Allah'ın Rasulü! Siz birçok dua yaptınız, fakat biz onları ezberleyemedik"* deyince Rasûlullah (s.a.v.): -"O duaların hepsini kapsayan bir duayı size öğreteyim mi?" Öyleyse: -*"Allahumme innî es'eluke min hayri ma seeleke minhu nebiyyuke Muhammedun (s.a.v.) ve eûzü bike min şerri mesteâzeke minhü nebiyyüke Muhammedun (s.a.v.) ve entel müsteân ve aleykel belâğ ve la havle ve la kuvvete illa billah. (Ey Allah'ım! Peygamberin Muhammed (s.a.v.)'in Senden istediği hayırları ben de isterim. Peygamberin Muhammed (s.a.v.)'in Sana sığındığı şeylerden ben de Sana sığınırım. Yardım ancak Senden beklenir, insanı dünya ve ahirette istediğine kavuşturacak olan da Sensin. Her türlü güç ve kuvvet ancak Allah'a mahsustur.) diye dua edin."* buyurdular. (Tirmizi, Deavat, 89)

◈ **1494)** İbnu Mesud (r.a.)'dan:

Rasûlullah (s.a.v.)'in dualarından biri de: -*"Allahumme inni eseluke mucibatı rahmetike ve azaime mağfiratike ve's-selamete min külli ismin, ve'l-ganimete min külli birrin, vel-fevze bilcenneti, ve'n-necate mine'n-nar (Ey Allah'ım! Senin rahmetini kazandıracak, bağışlamanı sağlayacak işler yapmayı, her günahtan uzak durmayı, her iyiliği işlemeyi, cenneti kazanıp cehennemden kurtulmayı dilerim.)"* şeklinde idi. (Hakim, el-Müstedrek, 1/525; Tirmizi, Vitir, 17; İbni Mace, İkame, 189)

## 251- YANINDA OLMAYAN BİR KİMSEYE DUA ETMEK BÖLÜMÜ

◈ "Onlardan sonra gelenler de (onlar için): "Ey Rabbimiz! Bizi ve bizden önce îman etmiş olan kardeşlerimizi bağışla..." (59 Haşr, 10)

◈ "Ey Muhammed! Hem kendi, hem Müslüman erkekler ve hem de Müslüman kadınların günâhları için (Allah'tan) bağışlanma dile." (47 Muhammed 19)

◈ "Ey Rabbimiz! (Âhirette) hesabın yapılacağı gün, beni, anamı, babamı ve tüm mü'minleri bağışla." (14 İbrahim, 41)

◈ **1495)** Eb'ud-Derda (r.a.)'dan:

Rasûlullah (s.a.v.)'i: *-"Müslüman bir kimse yanında bulunmayan bir Müslüman kardeşi için dua ederse, melekler de ona aynı şeyler sana da verilsin" diye karşılık verir."* buyururken işittiğini söyledi. (Müslim, Zikir, 86)

◈ **1496)** Eb'ud-Derda (r.a.)'dan:

Rasûlullah (s.a.v.): *-"Müslümanın yanında bulunmayan bir Müslüman kardeşi için yapacağı dua kabul olunur. O Müslüman din kardeşi için hayır dua ettikçe yanında bulunan görevli bir melek ona, 'duan kabul olsun, aynı şeyler sana da verilsin' diye dua eder."* buyurdular. (Müslim, Zikir, 77)

## 252- DUA İLE İLGİLİ BAZI MESELELER BÖLÜMÜ

◈ **1497)** Üsame b. Zeyd (r.a.)'dan:

Rasûlullah (s.a.v.): *-"Kendisine iyilik edilen bir kimse o iyiliği yapana 'cezakallahu hayran (Allah seni hayırla mükâfat-*

*landırsın)' derse onu en iyi şekilde övmüş olur."* buyurdular.
(Tirmizi, Birr, 87)

◈ **1498)** Cabir (r.a.)'dan:

Rasûlullah (s.a.v.): -*"Kendinize beddua etmeyin. Çocuklarınıza beddua etmeyin. Mallarınıza da beddua etmeyin ki duaların kabul olunacağı bir saate rastlarsınız da bedduanız kabul olunuverir."* buyurdular. (Müslim, Zühd, 74)

◈ **1499)** Ebu Hureyre (r.a.)'dan:

Rasûlullah (s.a.v.): -*"Kulun Rabbine en yakın olduğu an secde halidir. İşte orada çok dua edin."* buyurdular. (Müslim, Salat, 215)

◈ **1500)** Ebu Hureyre (r.a.)'dan:

Rasûlullah (s.a.v.): -*"Sizden birinizin acele etmedikçe duası kabul edilir, insan acele ederek 'ben Rabbime dua ettim de duamı kabul etmedi' der."* buyurdular. (Buhari, Deavat, 22; Müslim, Zikr, 90)

Müslim'in diğer bir rivayeti: -*"Bir kul günah olan ve akrabasıyla darılmasına yol açan birşey istemedikçe, bir de acele etmedikçe, duası mutlaka kabul olunur."* buyurdular. Rasûlullah (s.a.v.)'e: -*"Ey Allah'ın Rasûlü! Acele etmek ne demektir?"* diye sorulunca da: -*"Çok dua ettim, gerçekten dua ettim de duamın kabul edildiğini görmedim der, dileğinin gecikmesinden dolayı usanır ve duayı terk eder, (işte acele etmek budur.)"* buyurdular.
(Müslim, Zikir, 92)

◈ **1501)** Ebu Umame (r.a.)'den:

Rasûlullah (s.a.v.)'e: -*"Hangi dua çok kabul edilir?"* diye soruldu da, Rasûlullah (s.a.v.): -*"Gecenin son saatlerinde ve farz namazların arkasında yapılan dua"* buyurdular. (Tirmizi, Deavat, 79)

◈ **1502)** Ubade b. Samit (r.a.)'den:

Rasûlullah (s.a.v.): -*"Yeryüzünde bir Müslüman Allah'tan bir şey dilerse; günah bir şeyi istemediği, akrabasıyla ilgiyi kesme-*

*diği Allah, onun isteğini mutlaka yerine getirir veya ona vere-
ceği şey kadar kötü bir şeyi kendisinden giderir."* Orada bulu-
nanlardan biri: -*"Öyle ise biz Allah'tan çok şey isteriz"* deyince,
Rasûlullah (s.a.v.): -*"Allah'ın lütfu isteyeceğiniz şeylerden daha
çoktur"* buyurdular. (Tirmizi, Deavat, 115)

◈ **1503)** İbnu Abbas (r.a.)'dan:

Rasûlullah (s.a.v.) bir üzüntü hissettiği zaman: -*"La ilahe il-
lallahul azimulhalim, la ilahe illallahu rabbul arşil azim la, ila-
he illallahu rabbussemâvâti ve Rabbul ardı ve Rabbul arşil ke-
rim (Büyüklük ve hilim sahibi olan Allah'tan başka ilah yoktur.
Büyük arşın sahibi olan Allah'tan başka ilah yoktur. Göklerin
Rabbi yerin Rabbi ve kerim arşın Rabbinden başka ibadete la-
yık ilah yoktur.)"* diye dua ederdi. (Buhari, Deavat, 27; Müslim, Zikir, 83)

## 253- VELİLER VE KERAMETLERİ BÖLÜMÜ

◈ "Şunu iyi bilin ki, Allah'ın dostları için bir korku yoktur ve on-
lar mahzun da olmayacaklardır. Onlar, (Allah'a gerçekten) ina-
nan ve O'ndan (hakkıyla) sakınan kimselerdir. Onlara dünya ve
âhiret hayatında tam bir (kurtuluş) müjdesi vardır. Allah'ın keli-
melerinde asla değişme olmaz. İşte en büyük kurtuluş budur."
(10 Yunus, 62-64)

◈ "Hurma (ağacının) dalını kendine doğru salla da üzerine
taze hurma dökülsün." dedi. (Melek ona, Ey Meryem!): "Artık,
ye, iç (ve çocuğundan dolayı) sevin. Eğer herhangi bir insan gö-
rürsen: 'Ben Rahman (olan Allah)'a oruç adadım, bugün hiç bir
insanla asla konuşmayacağım.' de." (dedi.) (19 Meryem, 25-26)

◈ "...Zekeriyya ne zaman O'nu mabette ziyaret ettiyse, yanın-
da yiyecekler görür ve sorardı: "Ey Meryem, bunlar sana nere-
den geliyor?" Meryem: "Bunlar Allah'tandır, Allah dilediğine he-
sapsız rızık bağışlar" diye cevap verdi." (3 Alu İmran, 37)

◈ "(Eğer onlar o mağarada iken bir baksaydın;) güneşin doğ-
duğunda mağaralarının sağına yöneldiğini, batarken de onla-

rın sol tarafından geçtiğini ve onların da o (mağaranın) geniş boşluğunda olduklarını görürdün. İşte bu, Allah'ın mûcizelerindendir. Allah, kime yol gösterirse o, hak yolu bulmuştur, kimi de saptırırsa artık onlara, Allah'tan başka hak yolu gösteren dostlar bulamazsın. (Hatta) Sen onları uyurlarken (görseydin) uyanık sanırdın. Biz, onları sağ ve sol taraflarına çeviriyorduk. Köpekleri de girişte ön ayaklarını uzatmış yatıyordu. Eğer sen onları görseydin, hemen geriye dönüp kaçardın ve onlardan çok korkardın." (18 Kehf, 17-18)

◈ **1504)** Ebu Muhammed Abdurrahman b. Ebu Bekir es-Sıddık (r.a.)'dan:

Medine Mescidinde barınan suffe ashabı fakir kimselerdi. Bir seferinde Peygamber (s.a.v.): -*"İki kişilik yemeği olan bu insanlardan bir üçüncüsünü, dört kişilik yemeği olan da bir beşincisini, hatta altıncısını yemeğe götürsün"* buyurdular veya buna benzer bir söz söylediler. Ebu Bekir (r.a.) Sufe ehlinden üç kişiyi davet etti. Rasulüllah (s.a.v.) de on kişiyi alıp evine göyürdü. Ebu Bekir (r.a.) misafirlerini evinde bırakarak Rasulullah (s.a.v.)'ın yanında akşam yemeğini yedi. Sonra yatsı namazını kılıncaya kadar Resulullah (s.a.v.)'ın yanında kaldı. Yatsıyı kıldıktan sonra tekrar Rasulullah (s.a.v.)'ın evine gitti. Gece hayli ilerledikten sonra eve geldi. Hanımı Ebu Bekir (r.a.)'e: -*"Seni misafirlerin yanında bulunmaktan alı koyan neydi?"* diye sordu. Ebubekr (r.a.): -*"Onlara hâlâ akşam yemeğini yedirmedin mi?"* diye çıkıştı. O da: -*"Sen gelmedikçe önlerine konan yemeği yemeyeceklerini söylediler."* dedi. Ben hemen savuşup saklandım: O bana hiddetle: -*"Behey idraksiz herif."* diye kızdı. Sonra: -*"Lütfen siz buyrun, yeyin. Vallahi ben bu yemekten asla yemeyeceğim."* dedi. Allah'a yemin ederim ki bizim her el uzattığımız lokmanın altından yemek daha da artıyordu. Nihayet misafirler doydu, yemek de ilk getirildiğinden daha fazla olarak ortada duruyordu. Ebu Bekir (r.a.) yemeğe baktı ve hanımına hitaben: -*"Ey Beni Firasın kız kardeşi, bu ne hal?"* dedi. Hanımı da: -*"Gözümün nuruna yemin ederim ki, yemek şimdi öncekinden üç misli fazladır"* dedi. Bunun üzerine Ebu Bekir (r.a.) o yemekten yedi ve yeminini kastederek: -"*O olan şey şeytandandı.*" *dedi.* O yemekten bir lokma aldıktan sonra geri kalanı Peygamber (s.a.v.)'e gönderdi. Yemek orada sabaha kadar durdu. Bizimle bir topluluk arasında sözleşmemiz vardı, sözleşmenin süresi bittiği için o topluluk Medine'ye gelmişlerdi. İçlerinden sözcü olarak on iki kişi ayırdık. Her biriyle beraber kaç kişinin bulunduğunu Allah bilir. İşte onların hepsi de o yemekten yediler. (Buhari, Edeb, 87, Müslim)

◈ **1505)** Ebu Hureyre (r.a.)'dan:

Rasûlullah (s.a.v.): -"*Sizden önce yaşamış ümmetler içinde kendilerine Allah tarafından ilham edilen kimseler vardı. Şayet ümmetimin içinde de onlardan biri varsa şüphesiz o, Ömer b. Hattab'tır.*" buyurdular. (Buhari, Fezailu'l-ashab, 6)

◈ **1506)** Cabir b. Semure (r.a.)'dan:

Kufeliler Halife Ömer (r.a.)'e Sa'd b. Ebi Vakkas (r.a.)'ı şikâyet ettiler. Ömer (r.a.), Sa'd (r.a.)'ı valilikten azledip Ammar b. Yasir (r.a.)'i Kufe'ye vali tayin etti. Kufeliler, Sa'd (r.a.) hakkındaki şikâyetlerini o kadar ileri götürüp namaz kılmasını bile bilmiyor demişlerdi. Ömer (r.a.) adam gönderip Sa'd (r.a.)'ı Medine'ye getirtti ve: -"*Ey Ebu İshak! Bu adamlar senin namaz kıldırmayı bile bilmediğini iddia ediyorlar*" dedi. Bunun üzerine Sa'd b. Ebî Vakkas (r.a.): -"*Allah'a yemin ederim ki ben onlara, Rasûlullah (s.a.v.)'ın namazı gibi namaz kıldırdım ve ondan hiçbir şeyi noksan yapmadım. Yatsı namazını kıldırırken ilk iki rekâtta ayakta çok durur, son iki rekatı da hafif tutarım*" dedi. Ömer (r.a.): -"*Ey Ebu İshak! Zaten senden beklediğimiz de bu*" dedikten sonra tahkik için birkaç kişiyle birlikte Sa'd (r.a.)'ı Kufe'ye gönderdi. Görevli kişi veya kişiler Kufelilerden Sa'd (r.a.)'ın durumunu soruşturdu, bütün mescitlere gidip cemaatlerinden Sa'd (r.a.)'ın halini sordu. Onlar da Sa'd (r.a.) hakkında hep övgü dolu sözler söylediler. En sonunda Absoğulları mescidine gitti ve herkesin Sa'd (r.a.) hakkında bildiklerini sormaya davet etti. Onlar arasından Ebu Sa'de diye anılan Usame b. Katade kalktı ve: -"*Madem bize Allah'ın adını verdin, söyleyelim. Sa'd (r.a.) askeri birliklerle birlikte harbe gitmez, mal taksiminde eşitlik gözetmez ve adaletle hükmetmez"* dedi. Bunun üzerine Sa'd (r.a.): *-"Mademki böyle söyledin, ben de senin hakkında; 'Ey Allah'ım! Senin bu kulun bu söylediklerinde yalancı ise ve söylediklerini şöhret için söylüyorsa, onun ömrünü uzat, fakirliğini artır ve fitnelere uğrat' diye dua ediyorum"* dedi. Sonraları o adama halinden sorulduğunda: *-"Ben, kocamış, fitneye uğramış, zavallı bir ihtiyarım. Sa'd'ın bedduasına uğradım"* diye cevap verirdi.

Abdulmelik b. Umeyr der ki: *-"Daha sonraları o ihtiyarı ben de gördüm. Yaşlılıktan dolayı kaşları gözlerinin üzerine sarkmış olduğu halde yolda rast geldiği kızlara sataşır ve onları çimdiklerdi."*

(Buhari, Ezan, 95; Müslim, Salat, 158)

◈ **1507)** Urve b. Zübeyr'den:

Evs'in kızı Erva, kendi arazisinden bir parçayı gasp ettiği iddiasıyla Said b. Zeyd b. Amir b. Nufeyl (r.a.)'ı Medine valisi Mervan b. Hakem'e şikâyet etti. Bu şikâyet üzerine Said (r.a.): *-"Ben Rasûlullah (s.a.v.)'in söylediklerini dinledikten sonra onun hakkını üzerime geçirir hiç miyim!"* dedi. Mervan: *-" Rasûlullah (s.a.v.)'den ne duydun?"* diye sorunca, o da:

*-"Ben Rasûlullah (s.a.v.)'ın* **'Kim haksız olarak başka birinin toprağından zorla bir karış alırsa o yerin yedi katı o kişinin boynuna halka gibi geçirilir'** *buyurduğunu işittim"* dedi. Bunun üzerine Mervan Said (r.a.)'e hitaben: *-"Artık senden bundan başka bir delil istemiyorum"* dedi. İş bu noktaya gelince Said (r.a.): *"- Ey Allah'ım! Eğer bu kadın yalancı ise onun gözünü kör et ve kendisini de o arazisinde öldür"* diye beddua etti. Hadisi rivayet eden Urve: *-"O kadın ölmezden önce gözleri kör oldu ve bir gün o dava konusu arazide gezinirken bir çukura düşüp öldü."* dedi. (Buhari, Bedu'l-Halk, 2; Müslim, Musakat, 139)

Müslim'den Muhammed b. Zeyd b. Abdullah b.Ömer'den gelen bir rivayete: Hadisi rivayet eden Urve, o kadının kör olduğunu ve duvarlara tutunarak: *-"Said'in bana ettiği bedduası kabul oldu"* dediğini, Said (r.a.)'le çekişip dava konusu olan kuyunun yanından geçerken içine düşüp öldüğünü ve o evin ona mezar olduğunu gördüğünü söyledi.

◈ **1508)** Cabir b. Abdillah (r.a.)'den:

Uhud savaşı hazırlığında geceleyin babam beni çağırdı ve: -*"Peygamber (s.a.v.)'ın ashabından şehid olacakların ilkinin ben olacağımı zannediyorum. Rasûlullah (s.a.v.) hariç benim geride bırakacağım en değerli kimse sensin. Borçlarımı öde. Kardeşlerine iyi davranmanı tavsiye ederim."* dedi. Sabahleyin ilk şehid babam oldu. Başka bir şehid ile birlikte onu bir kabre defnettim. Sonra onu başka bir şehidle aynı kabirde bırakmayı içime sindiremedim. Altı ay sonra onu mezarından çıkarttım. Bir kulağı hariç tüm vücudu kendisini kabre koyduğum günkü gibiydi. Onu tek başına bir kabre koydum. (Buhari, Cenaiz, 78)

◈ **1509)** Enes (r.a.)'den:

Peygamberimiz (s.a.v.)'in ashabından iki kişi karanlık bir gecede Peygamber (s.a.v.)'in yanından çıktılar. Önlerinde meşale gibi iki ışık meydana geldi. Birbirlerinden ayrılıp evlerine varıncaya kadar da bu ışık onların yollarını aydınlatmaya devam etti. (Buhari, Salat, 79)

Başka bir rivayet: Bu iki sahabeden biri, Useyd b. Hudeyr diğeri, Ubad b. Bişr (r.a.) idi.

◈ **1510)** Ebu Hureyre (r.a.)'den:

Rasûlullah (s.a.v.), on kişilik bir topluluğu Asım b. Sabit komutasında casus seriyyesi olarak görevlendirdi. Seriyye, Usfan ile Mekke arasında bulunan Hudat denilen yere ulaşınca, bunların gelişi Lihyan oğuları da denilen Huzeyl kabilesine haber verildi. Lihyan oğuları, yüze yakın okçudan oluşan bir grupla onları takibe aldılar. Asım ve on arkadaşı takibe alındıklarını fark edince, yüksekçe bir yere sığındılar ama düşmanlar da onları kuşattılar ve: -*"Aşağı inin, elinizdeki silahları bırakıp teslim olun, söz veriyoruz hiçbirinizi öldürmeyeceğiz"* dediler. Bunun üzerine

Asım: -*"Ey arkadaşlar! Ben bir kâfirin sözüne güvenerek aşağı inmem"* dedi ve: -*"Ey Allahım! Durumumuzu Peygamberine bildir"* diye dua etti. Bunun üzerine düşmanlar, Asım'ı (ve beraberindeki altı kişiyi) oka tutarak şehid ettiler. Bunlardan Hubeyb, Zeyd b. Desine ve diğer adma verilen söze güvenerek teslim oldular. Müşrikler, bu üç kişiyi ellerine geçirince yay telleriyle ellerini bağlamaya kalkışınca üçüncü adam: -*"Bu bize yapılan ilk kalleşliktir, size asla teslim olmayacağım. Bu şehidler buna güzel örnektir"* diye direndi. Onu zorla sürükleyip götürmek istedilerse de şiddetle karşı koyduğu için onu da şehid ettiler. Hubeyb ve Zeyd b. Desine'yi götürüp Bedir Savaşından sonra Mekke'de sattılar. Bedir savaşında Hubeyb tarafından babası öldürülmüş olan Haris b. Amir'in oğulları Hubeyb'i satın aldılar. Kendisini öldürmeye karar verdikleri güne kadar onların elinde esir olarak kaldı. Bu esirlik günlerinde Hubeyb tıraş olmak için Haris'in kızlarından birinden emanet bir ustura istedi, o da verdi. Bir ara annesinin gafletinden yararlanan küçük çocuk, Hubeyb'in yanına sokuldu. Hubeyb'in elinde ustura olduğu halde çocuğu dizine oturttuğunu görünce, kadın son derece telaşlanıp korktu. Kadının korkusunu sezen Hubeyb ona: -*"Çocuğunu öldüreceğimden mi endişeleniyorsun? Korkma ben bunu yapmam"* dedi. Kadın: -*"Allah'a yemin olsun ki hayatımda Hubeyb'ten daha iyi bir esir görmedim. Vallahi ben onu zincire bağlı olduğu ve Mekke'de hiçbir meyvenin bulunmadığı bir zamanda salkımla üzüm yerken gördüm. Bu Allah tarafından Hubeyb'e verilen bir rızıktı."* diye anlattı. Haris'in oğulları onu öldürmek için Harem bölgesinin dışına Hıll denilen yere çıkardıklarında Hubeyb onlara: -*"Müsaade edin de iki rekât namaz kılayım"* dedi. Bıraktılar. Hubeyb iki rekât namaz kıldı ve sonra: -*"Allah'a yemin ederim ki ölümden korktuğumu zannetmeyeceğinizi bilsem bu namazı daha da uzatırdım"* dedi ve: -*"Ey Allah'ım! Bunların hepsini belirle, canlarını al, hiçbirini sağ bırakma"* diye dua ettikten sonra: -*"Müslüman olarak öldürülürken, yere yıkılışım Allah için olunca nasıl olursa olsun aldırmam. Bu ölüm Allah yolundadır. O dilerse parçalanmış uzuvların eklemlerine bereket verir."* diye şiir söyledi. Böylece Hubeyb idam edilecek her Müslüman için namaz kılarak sabretme âdetini ilk başlatan kimse oldu. Bu durumu, Peygamber (s.a.v.) ashabına haber verdi.

Asım b. Sabit'in şehid olduğunu haber alan Kureyş'in ileri gelenleri Bedir savaşında kendilerinden Ukbe b. Ebi Muayt'ı öldürmesi hasebiyle, vücudundan onu tanıtıcı bir parça kesip getirsinler diye adam göndermişlerdi. Bunun üzerine Allah, Asım'ı korumak için bir arı sürüsü gönderdi. Bu arılar gönderilen adamları cesede yaklaştırmadılar. Bu yüzden cesetten bir parça kesemediler. (Buhari, Cihad, 170)

◈ **1511)** İbnu Ömer (r.a.)'den:

Babam Ömer (r.a.): -*"Ben şöyle düşünüyorum"* dedimi, o şey gerçekten onun düşündüğü gibi gerçekleşirdi. (Buhari, Mena-kıbu'l-Ensar, 34)

# 17- YASAKLAR KİTABI

## 254- SAKINILMASI GEREKEN ŞEYLER BÖLÜMÜ

◈ "Ey îman edenler, zandan çok kaçının; zîrâ zannın bir kısmı günâhtır. Birbirinizin gizli yönlerini araştırmayın. Kiminiz de kiminizin gıybetini yapmasın. Sizden biriniz, hiç ölü kardeşinin etini yemeyi sever mi? (Bak, nasıl da) tiksindiniz. Allah'tan korkun. Hiç şüphesiz Allah, tevbeleri kabul edendir, çok esirgeyendir." (49 Hucurat, 12)

◈ "Bilmediğin şeyin ardına düşme, çünkü: kulak, göz ve kalp(lerin sahipleri), tüm (yaptıklarından) mutlaka sorumludur." (17 İsra, 36)

◈ "İnsanın yanında ağzından çıkan her şeyi (yazan) hazır bir gözetleyici, vardır." (50 Kaf, 18)

◈ **1512)** Ebu Hureyre (r.a.)'dan:

Peygamber (s.a.v.): -*"Allah'a ve ahiret gününe inanan kimse ya hayır söylesin ya da sussun."* buyurdular. (Buhari, Edeb, 31; Müslim, İman, 74)

◈ **1513)** Ebu Musa (r.a.)'dan:

Peygamber (s.a.v.)'e: -"Ey Allah'ın Rasulü! Hangi Müslüman daha faziletlidir?" diye sordum. Rasûlullah (s.a.v.): -*"Dilinden ve*

*elinden Müslümanların zarar görmediği kimsedir"* buyurdular.
(Buhari, İman, 4-5; Müslim, İman, 64)

◈ **1514)** Sehl b. Sa'd (r.a.)'den:

Rasûlullah (s.a.v.): -*"Kim bana iki çenesi arasındaki dili ile, iki bacağı arasındaki tenasül uzvunu kötülüklerden koruma sözü verirse ben de ona cennet hakkında güvence veririm."* buyurdular. (Buhari, Rikak, 3)

◈ **1515)** Ebu Hureyre (r.a.)'den:

Peygamber (s.a.v.)'in: -*"Bir kul nereye varacağını iyice düşünmeden söylediği bir söz yüzünden cehennemde doğu ile batı arasından daha uzak bir derinliğe düşer."* dediğini işittiğini söyledi. (Buhari, Rikak, 23; Müslim, Zühd)

◈ **1516)** Ebu Hureyre (r.a.)'dan:

Peygamber (s.a.v.): -*"Allah, bir kulun önem vermeyerek söylediği, Allah rızasına uygun bir sözü yüzünden derecesini yükseltir. Yine Allah, bir kulun önem vermeyerek söylediği, Allah'ın öfkelenmesini gerektirecek bir sözü yüzünden cehennemin dibine indirir."* buyurdular. (Buhari, Rikak, 23)

◈ **1517)** Ebu Abdurrahman Bilal b. Haris el-Müzeni (r.a.)'dan:

Rasûlullah (s.a.v.): -*"Bir kimse, Allah'ın rızasına ulaşabileceğini zannetmediği ama Allah'ın sevdiği bir sözü söyler de o söz sebebiyle Allah kıyamete kadar o kimseden razı olur. Yine bir kimse Allah'ın gazabını gerektireceğini zannetmediği ama Allah'ın gazabına sebep olacak bir sözü söyler de o söz sebebiyle Allah o kimseye kıyamete kadar öfkelenir."* buyurdular. (Muvatta, Kelam, 5)

◈ **1518)** Süfyan b. Abdillah (r.a.)'den:

Peygamber (s.a.v.)'e: -*"Ey Allah'ın Rasulü! Bana sımsıkı sarılacağım bir işi haber ver"* dedim. Rasûlullah (s.a.v.): -*"Rabbim*

*Allah'tır de, sonra da dosdoğru ol"* buyurdu. Ben: *-"Ey Allah'ın Rasulü! Hakkımda korkulacak şeyin en tehlikelisi nedir?"* dedim. Dilini eliyle tutarak: *-"İşte budur"* buyurdular. (Tirmizi, Zühd, 61)

◈ **1519)** İbnu Ömer (r.a.)'dan.

Rasûlullah (s.a.v.): *-"Allah'ı anmanın dışında sözü fazla uzatmayın. Çünkü Allah'ı anmanın dışında çok söz söylemek kalbi katılaştırır. Allah'tan en uzak kimseler ise katı kalpli olanlardır."* buyurdular. (Tirmizi, Zühd, 62)

◈ **1520)** Ebu Hureyre (r.a.)'den:

Rasûlullah (s.a.v.): *-"Allah kimi iki çenesi ve iki bacağı arasındaki şeylerin şerrinden korursa o kimse cennete girer."* buyurdular. (Tirmizi, Zühd, 61).

◈ **1521)** Ukbe b. Amir (r.a.)'den:

Rasûlullah (s.a.v.)'e: *-"Ey Allah'ın Rasulü! Kurtuluş yolu nedir?"* dedim. Rasûlullah (s.a.v.): *-"Aleyhine olacak sözlerden dilini tut, evinle meşgul ol, günahlarına pişmanlık duyarak gözyaşı dök."* buyurdular. (Tirmizi, Zühd, 61)

◈ **1522)** Ebu Said el-Hudri (r.a.)'dan:

Peygamber (s.a.v.): *-"Âdemoğlu sabahladığında bütün organları dile yalvararak: -'Bizim hakkımızda Allah'tan kork, çünkü biz sana bağlıyız. Eğer sen doğru yolda gidersen biz de doğru oluruz, eğer sen eğrilirsen biz de eğriliriz.' derler"* buyurdular. (Tirmizi, Zühd, 61)

◈ **1523)** Muaz b. Cebel (r.a.)'den:

Peygamber (s.a.v.)'e: *-"Ey Allah'ın Rasulü! Beni cennete sokacak ve cehennemden uzaklaştıracak bir amel söyle"* dedim. Rasûlullah (s.a.v.): *-"Çok büyük birşey sordun. Fakat yine de bu Allah'ın kolay kıldığı kimseler için pek kolaydır. Allah'a hiçbir şeyi ortak koşmaksızın kulluk edersin, namazlarını gereği üze-*

*re kılarsın. Zekâtı verirsin, Ramazan orucunu tutarsın, gücün yeterse haccedersin."* buyurdu ve sözüne: -*"Şimdi sana hayır kapılarını haber vereyim mi? Oruç kalkandır. Sadaka ve kişinin gece kılacağı namazlar suyun ateşi söndürmesi gibi günahları söndürür."* Diye devam etti. Daha sonra. -*"Onların vücutları, korkuyla ve umutla Rablerine yalvarmak için, yataklardan uzak kalır ve kendilerine rızık olarak verdiklerimizden de Allah yolunda harcarlar. Hiç bir nefis, (dünyada) yaptıklarına karşılık olarak, kendilerini (âhirette) nice göz kamaştırıcı (nîmetlerin) beklediğini bilemez."* (32 Secde suresi, 16-17) ayetini okudu. Daha sonra ise: -*"Sana bütün işlerin başını, ana direğini ve doruk noktasını bildireyim mi?"* dedi. Ben de: -*"Evet, bildir ya Rasulallah!"* dedim. Rasûlullah (s.a.v.): -*"İşin başı İslam, direği namaz doruğu ise cihaddır"* buyurdular. Ondan sonra Rasûlullah (s.a.v.): -*"Bunların hepsinin gerçekleşmesinin kendisine bağlı olduğu şeyi haber vereyim mi?"* dedi. Ben de: -*"Evet, buyur ya Rasulallah!"* dediğimde Rasûlullah (s.a.v.) dilini tutarak: -*"Şuna sahip ol."* buyurdu. Ben de: -*"Ey Allah'ın Rasûlü! Biz konuştuklarımızdan da sorgulanacak mıyız?"* dedim. Allah'ın Resulü (s.a.v.): -*"Hay Allah hayrını veresice! İnsanların cehenneme yüzüstü kapaklanmalarının sebebi, dillerinin ürettiklerinden başkası nedir ki?"* buyurdular. (Tirmizi, İman, 8)

◈ **1524)** Ebu Hureyre (r.a.)'dan:

Rasûlullah (s.a.v.): -*"Gıybet nedir bilir misiniz?"* dedi. Sahabiler: -*"Allah ve Rasulü daha iyi bilir"* deyince, Peygamber (s.a.v.): -*"Din kardeşini hoşlanmadığı bir şeyle anmandır"* buyurdu. Kendilerine: -*"Şayet kardeşimde söylediğim ayıp varsa ne dersiniz?"* diye sorulması üzerine Rasûlullah (s.a.v.): -*"Eğer söylediğin şey onda varsa gıybet ettin, yoksa o zaman ona iftira etmiş olursun"* buyurdular. (Müslim, Birr, 70)

◈ **1525)** Ebu Bekir (r.a.)'dan:

Rasûlullah (s.a.v.) veda haccında kurban bayramı günü Mina'da yaptığı hutbede: -*"Bu gününüzün, bu ayınızın ve bu şeh-*

*rinizin haram olduğu gibi birbirinize kanlarınız, mallarınız ve namuslarınız da haramdır. Tebliğ ettim mi?"* buyurdular. (Buhari, İlim, 9; Müslim, Hac, 147)

◆ **1526)** Aişe (r.a.)'dan:

Rasûlullah (s.a.v.)'e: -*"Ey Allah'ın Rasulü! Hanımlarından Safiyye'nin şöyle şöyle oluşu sana yeter"* dedim. (Ravilerden biri, Aişe (r.a.), onun boyunun kısa olduğunu söylüyordu.) Bunun üzerine Rasûlullah (s.a.v.): -*"Ey Aişe! Öyle bir söz söyledin ki, eğer o söz denize karışsa denizi bulandırırdı."* buyurdular. Aişe (r.a.), ben yine bir gün bir kimsenin durumunu taklit etmiştim. Bunun üzerine Rasûlullah (s.a.v.): -*"Bana dünyayı verseler ben yine de bir insanı taklit etmeyi asla sevmem"* buyurdular. (Ebu Davud, Edeb, 35; Tirmizi, Kıyamet, 51)

◆ **1527)** Enes (r.a.)'dan:

Rasûlullah (s.a.v.): -*"Miraca çıkarıldığımda bir toplumun yanından geçtim, bunlar bakırdan tırnaklarıyla yüzlerini ve göğüslerini tırmalıyorlardı. –'Ey Cebrail! Bunlar kimlerdir?' diye sordum. O, -'Bunlar gıybet ederek insanların etlerini yiyenler ve onların namuslarıyla oynayanlardır"* cevabını verdi."* buyurdular. (Ebu Davud, Edeb, 35)

◆ **1528)** Ebu Hureyre (r.a.)'dan:

Rasûlullah (s.a.v.): -*"Her Müslümanın diğer Müslümana karşı kanı, ırzı ve malı haramdır."* buyurdular. (Müslim, Birr, 32)

## 255- GIYBET DİNLEME YASAĞI BÖLÜMÜ

◆ "Onlar, boş söz işittikleri zaman ondan yüz çevirirler ve: "Bizim işlerimiz bize, sizin işleriniz size. Selam olsun size. Bizim cahillerle bir işimiz yoktur." derler." (28 Kasas, 55)

◆ "Ve o (mü'minler,) boş söz (ve yararsız şeyler)den yüz çevirirler." (23 Mü'minun, 3)

◈ "Bilmediğin şeyin ardına düşme, çünkü: kulak, göz ve kalp(-lerin sahipleri), tüm (yaptıklarından) mutlaka sorumludur." (17 İsra, 36)

◈ "Âyetlerimiz hakkında ileri geri konuşanları gördüğün zaman, derhal onlardan uzaklaş ki onlar, ondan başka bir söze dalsınlar. Eğer şeytan sana bunu unutturursa, hatırladıktan sonra sakın o zalimler topluluğuyla birlikte oturma." (6 En'am, 68)

◈ **1529)** Ebu'd-Derda (r.a.)'dan:

Peygamber (s.a.v.): -*"Kim din kardeşinin namusunu (onu gıybet edene karşı) savunursa, Allah da kıyamet günü o kimsenin yüzünü cehennemden korur."* buyurdular. (Tirmizi, Birr, 20)

◈ **1530)** Itban b. Malik (r.a.)'dan:

Evimizde Rasûlullah (s.a.v.) namaz kıldırdı. Namazdan sonra cemaatten biri: -*"Malik b. Duhşum nerede?"* dedi. Bir başkası: -*"O, Allah ve Rasûlünü sevmeyen bir münafıktır"* dedi. Bunun üzerine Rasûlullah (s.a.v.): *"Böyle deme, görmüyor musun? O Yüce Allah'ın rızasını dileyerek Lâ ilâhe illallah diyor. Allah'ın rızasını gözeterek Lâ ilâhe illallah diyen kimseyi Allah cehenneme haram kıldı."* buyurdular. (Buhari, Salat 45, Müslim, İman 54)

◈ **1531)** Ka'b b. Malik (r.a.)'dan:

Rasûlullah (s.a.v.) Tebük'te ashabı arasında otururken: -*"Ka'b b. Mâlik ne yaptı?"* diye sormuş. Beni Selime'den bir adam: -*"Ey Allah'ın Rasulü! Onu, çizgili iki elbisesi ve endamına bakıp gururlanması alıkoydu"* demiş. Bunun üzerine Muaz b. Cebel (r.a.) ona: *"Söylediğin söz ne kötü oldu. Ey Allah'ın Rasulü! Allah'a yemin olsun ki, biz onun hakkında hayırdan başka bir şey bilmeyiz."* demiş. Rasûlullah (s.a.v.) de sükût etmiş. (Buhari, Megazi, 79; Müslim, Tevbe, 53)

# 256- GIYBETİN MUBAH OLABİLECEĞİ HALLER BÖLÜMÜ

◈ **1532)** Aişe (r.a.)'dan:

Adamın biri Rasûlullah (s.a.v.)'ın yanına girmek üzere izin istedi. Bunun üzerine Rasûlullah (s.a.v.): -*"Kabilesinin ne kötü adamıdır, ama ona izin verin"* buyurdular. (Buhari, Edeb, 38; Müslim, Birr, 73)

◈ **1533)** Aişe (r.a.)'den:

Rasûlullah (s.a.v.): -*"Falan ve falan kimselerin dinimizden bir şey bildiklerini sanmıyorum."* buyurdular. (Buhari, Edeb, 59)

◈ **1534)** Fatıma binti Kays (r.a.)'dan:

Peygamber (s.a.v.)'e geldim ve: -*"Ebu'l-Cehm ve Muaviye b. Ebi Süfyan bana dünürcü evlenme teklifi ettiler, ne dersiniz?"* dedim. Bunun üzerine Rasûlullah (s.a.v.): -*"Muaviye malı olmayan fakir biridir, Ebu'l-Cehm ise sopasını omuzundan hiç indirmez"* buyurdular. (Müslim, Talak, 39)

◈ **1535)** Zeyd b. Erkam (r.a.)'dan:

Rasûlullah (s.a.v.)'la birlikte bir sefere çıktık. Müslümanlar büyük bir yokluk ve sıkıntı içindeydi. Askerler arasında bulunan (münafıkların reisi) Abdullah b. Übeyy yandaşlarına: -*"Allah'ın elçisi yanındakilere sakın bir şey vermeyin ki onu terk etsinler. Eğer Medine'ye dönersek güçlü olanlar güçsüz olanları oradan mutlaka çıkacaktır."* dedi. Ben de gidip bu olayı Rasûlullah (s.a.v.)'a haber verdim. Peygamber (s.a.v.) Abdullah b. Übey'e haber gönderip çağırttı. O da böyle bir söz söylemediğine dair yemin üzerine yemin etti. Bunun üzerine bazıları: -*"Zeyd, Peygambere yalan söyledi."* dediler. Böyle dediklerinden dolayı son derece bunaldığım bu sırada Allah, Peygamberine benim söylediğimi tasdik ederek Münafikûn suresini *[(Ey Muhammed!) Münâfıklar, senin yanına gelince: "Biz gerçekten inanıyoruz ki sen, kesinlikle Allah'ın elçisisin." dediler. Zâten Allah, senin kendisinin elçisi olduğunu bilip duruyor. Hattâ Allah, münâfıkların tam birer yalancı olduklarını da biliyor.]* indirdi. Sonra Rasûlullah (s.a.v.) günahları için istiğfar etmek üzere onları çağırdı, fakat onlar kafa tutup istiğfardan yüz çevirdiler. (Buhari, Tefsiru Sureti'l-Münafıkin, 1; Müslim, Sıfatu'l-Münafikin, 1)

◈ **1536)** Aişe (r.a.)'dan:

Ebu Süfyan'ın hanımı Hind Peygamber (s.a.v.)'e: -*"Ey Allah'ın Rasulü! Ebu Süfyan çok cimri bir adam. Bana ve çocuğuma yetecek bir şey vermiyor. O'nun malından gizlice aldıklarımla geçiniyorum. Ne dersiniz?"* diye sorunca, Peygamber (s.a.v.): -*"Örfe göre sana ve çocuklarına yetecek kadar al"* buyurdular. (Buhari, Müslim)

## 257- İNSANLAR ARASINDA SÖZ TAŞIMANIN YASAKLIĞI BÖLÜMÜ

◆ *"(Ey Muhammed!) Şu boş yere yemin eden, aşağılık, (herkesi) kötüleyip duran, boşboğazlık yapan, iyilik düşmanı, saldırgan, günâhkâr, saygısız, sonra bir de soysuzların hiçbirine itaat etme..."* (68 Kalem, 10-13)

◆ *"İnsanın yanında ağzından çıkan her şeyi (yazan) hazır bir gözetleyici, vardır."* (50 Kaf, 18)

◈ **1537)** Huzeyfe (r.a.)'dan:

Rasûlullah (s.a.v.): -*"İnsanların arasını açmak için laf getirip götüren kimse asla cennete giremez."* buyurdular. (Buhari, Müslim)

◈ **1538)** İbnu Abbas (r.a.)'dan:

Rasûlullah (s.a.v.) iki kabrin yanından geçerken: -*"Bu iki kabirde yatanlar kendilerince büyük olmayan günahtan dolayı azap görüyorlar. Aslında onların günahları büyüktür. Biri koğuculuk yapardı, diğeri ise idrarından iyice temizlenmezdi."* buyurdular. (Buhari, Vudu, 55; Müslim, Cenaiz, 82)

◈ **1539)** İbnu Mes'ud (r.a.)'den:

Peygamber (s.a.v.): -*"Size el-adh'ın ne demek olduğunu söyleyeyim mi? O, insanların arasını bozmak için laf taşımak demektir."* buyurdular. (Müslim, Bir 102)

## 258- İDARECİLERE SÖZ TAŞIMA YASAĞI BÖLÜMÜ

◈ "...günâh ve düşmanlık konusunda sakın yardımlaşmayın..."
(5 Maide, 2)

◈ **1540)** İbnu Mesud (r.a.)'dan:

Rasûlullah (s.a.v.): -*"Ashabımdan hiç kimse bana diğer bir kimse hakkında hoşlanmayacağım bir şeyi ulaştırmasın. Çünkü ben yanınıza her zaman gönül huzuru ile çıkmayı istiyorum."* buyurdular. (Ebu Davud, Edeb, 28; Tirmizi, Menakıb, 63)

## 259- MÜNAFIKLIĞIN KÖTÜLENMESİ BÖLÜMÜ

"Bunlar, (ihanetlerini) insanlardan gizliyorlarsa da Allah'tan asla gizleyemezler. Oysa onlar, geceleyin Allah'ın râzı olmadığı sözleri tasarlarlarken O, onların yanı başlarındadır. Çünkü Allah, onların yaptıkları her şeyi (ilmiyle) kuşatmıştır. Haydi, siz dünya hayatında onları savundunuz. Peki, (yarın) kıyamet gününde onları Allah'a karşı kim savunacak? Yahut onların koruyuculuğunu, kim üzerine alacak?" (4 Nisa, 108-109)

◈ **1541)** Ebu Hureyre (r.a.)'dan:

Rasûlullah (s.a.v.): -*"Siz insanları madenler gibi cins cins bulursunuz, onların cahiliyye döneminde değerli olanları, dini emirleri iyice anlayıp yaşarlarsa İslamiyet döneminde de hayırlıdırlar. Siz yine en hayırlı kişileri yöneticilik işinden hiç hoşlanmayanlar olarak bulursunuz. Siz en kötü kişileri de ikiyüzlü olarak bulursunuz ki, onlar bir takım insanlara bir yüzle başka-*

*larına da başka yüzle gelir ve giderler."* buyurdular. (Buhari, Menakıb, 1; Müslim, Fezailu's-Sahabe, 199)

◈ **1542)** Muhammed b. Zeyd'den:

Bazı kişiler dedesi Abdullah b. Ömer (r.a.)'a gelerek: *-"Biz idarecilerimizin yanına girince onlara karşı oradan çıktığımız zaman söylediklerimizin tam tersini söyleriz"* dediler. Bunun üzerine Abdullah b. Ömer (r.a.): *-"Bu sizin yaptıklarınızı biz Rasûlullah (s.a.v.) zamanında münafıklıktan sayardık"* cevabını verdi. (Buhari, Ahkâm, 27)

## 260- YALAN SÖYLEMENİN HARAM OLUŞU BÖLÜMÜ

◆ "Bilmediğin şeyin ardına düşme, çünkü: kulak, göz ve kalp(lerin sahipleri), tüm (yaptıklarından) mutlaka sorumludur." (17 İsra, 36)

◆ "İnsanın yanında ağzından çıkan her şeyi (yazan) hazır bir gözetleyici, vardır." (50 Kaf, 18)

◈ **1543)** Abdullah b. Mesud (r.a.)'dan:

Peygamber (s.a.v.): *-"Şüphesiz doğruluk iyiliğe, iyilik de cennete götürür. Kişi doğru söyleye söyleye Allah katında doğrulardandır diye kaydedilir. Yalancılık ise kötülüğe götürür. Kötülük de kişiyi cehenneme götürür. İnsan yalan söyleye söyleye Allah katında yalancılar defterine yazılır."* buyurdular. (Buhari, Edeb, 29; Müslim, Birr, 103)

◈ **1544)** Abdullah b. Amr b. Âs (r.a.)'dan:

Peygamber (s.a.v.): *-"Dört huy vardır ki bunlar kimde bulunursa o kişi tam bir münafık olur. Kimde de bu huylardan biri bulunursa onu terk edinceye kadar o kişide münafıklıktan bir parça bulunmuş olur. Onlar da; kendisine bir şey emanet edilince ihanet etmek, konuştuğunda yalan söylemek, söz verince sözünden dönmek ve dava ve duruşma esnasında haktan ayrılır, düşmanlıkta haddi aşıp haksızlık yapmak."* buyurdular. (Buhari, İman, 24; Müslim, İman, 106)

◈ **1545)** İbnu Abbas (r.a.)'dan:

Peygamber (s.a.v.): -*"Kim görmediği bir rüyayı gördüm diye anlatırsa ahirette asla yapamayacağı iki arpa danesini birbirine düğümleme cezasıyla azap görür.* Kim de bir topluluğun duyulmasını istemediği bir sözü işitmek için, kulak hırsızlığı yaparsa kıyamet günü kulaklarına eritilmiş kurşun dökülür. Kim de herhangi bir canlının heykelini yaparsa, o da kıyamette asla can vermesi mümkün olmayan bu yaptığına can vermesi istenerek azap olunur."* buyurdular. (Buhari, Ta'bir, 45)

◈ **1546)** İbnu Ömer (r.a.)'den:

Peygamber (s.a.v.): -*"Yalanların en büyüğü kişinin rüyasında görmediği bir şeyi gördüm diye gözlerine iftira etmesidir."* buyurdular. (Buhari, Ta'bir 45).

◈ **1547)** Semure b. Cündeb (r.a.)'den:

Rasûlullah (s.a.v.) çok defa ashabına: -*"Rüya göreniniz var mı?"* diye sorardı. Gördüm diyenin rüyasını da Allah'ın istediği gibi yorumlardı. Bir sabah bize gördüğü şu rüyayı anlattı:

Dün gece rüyamda bana iki kişi gelerek haydi yürü dediler. Ben de onlarla beraber yürüdüm. Yolda yere uzanmış bir adam ile karşılaştık. Onun başucunda elinde bir kaya parçası bulunan bir başka adam ayakta duruyor, elindeki kayayı adamın tepesine indiriyor ve başını eziyordu. Taş yuvarlanıp gidince adam taşın arkasından koşup alıyor, o geri gelinceye kadar ötekinin başı iyileşip, eski haline geliyordu. Adam ilk yaptığı hareketi sürekli tekrarlayıp duruyordu. Ben yanımdakilere: -"Sübhanallah bu nedir?" dedim. Onlar da: -"Yürü yürü" dediler, yürüdük.

Derken sırtüstü yatmış bir adamın yanına vardık. Başucunda elinde demir kancası ile bir adam duruyordu. Bu adam, yatan adamın yüzünün bir tarafına gelip kancasıyla ağzını burnunu ve gözünü ensenine kadar yırtıyor, sonra öbür tarafına geçip orasını da aynı şekilde parçalıyordu. Bir taraf parçalanırken diğer taraf eski halini alıyordu. Adam da sürekli olarak aynı işi tekrarlayıp duruyordu. Ben: -"Sübhanallah, bunlar nedir?" dedim. "Yürü, yürü" dediler, yürüdük.

Sonunda fırın gibi bir binaya vardık. Orada ne söylendiği anlaşılmayan çığlıklar, gürültüler geliyordu. İçerisinde çıplak erkekler ve kadınlar olduğunu gördük. Aşağıdan yükselen alevler vücutlarını sarınca hep birlikte çığlıklar koparıyorlardı. Yanımdakilere: -"Bunlara ne oluyor?" dedim. "Yürü, yürü" dediler, yürüdük.

Nihayet suları kan gibi kıpkırmızı bir nehre vardık. Nehrin içinde bir adam yüzüyor, kıyıda da yanına birçok taş yığmış başka bir kimse duruyordu. Nehirde yüzen adam bir süre yüzdükten sonra kıyıya gelip ağzını açıyor, kıyıda duran adam da ağzına taşlar atıyor, o da geri dönerek yüzmeye devam ediyordu. Sonra her dönüp kenara gelince, ağzını açıyor, öteki de ağzına taşları atıyor, o da atılan taşı yutarak geri gidiyordu. Yanımdakilere. -"Bunlar nedir böyle?" dedim. Bana. "yürü yürü" dediler, yürüdük. Gayet çirkin bir adamla karşılaştık. Ya da hayatında göreceğin en çirkin yüz gibiydi. Durmadan ateş yakıyor ve etrafında dolanıp duruyordu. "Bu nedir?" dedim, "yürü, yürü" dediler, yürüdük.

Bir süre yürüdükten sonra içinde her türlü bahar çiçekleri bulunan geniş yemyeşil bir bahçeye vardık. Bahçenin ortasında uzun boylu bir adam vardı, o kadar ki, göğe uzanan başını neredeyse göremeyecektim. Adamın etrafında daha önce hiç görmediğim kadar çok çocuk vardı. Yanımdakilere: -"Bu adam ve bu çocuklar nedir?" dedim. "Yürü, yürü" dediler, yürüdük.

Gide gide büyük bir ağaçlığa vardık. Ben onun kadar güzel ve geniş bir ağaçlık görmemiştim. Yanımdakiler bana: -"bu ağaca çık" dediler. Birlikte bu ağaca çıktık ve ilerledik ve böylece binalarının tuğlaları altın ve gümüşten olan bir şehre yükseldik. Şehrin kapısına varıp açılmasını istedik. Kapı açıldı, içeri girdik. Bizi vücutlarının yarısı bugüne kadar gördüklerinizin en güzeli, diğer yarısı ise en çirkini olan bir kısım adamlar karşıladı. Yanımdaki iki kişi onlara: -"Gidin şu nehre dalın" dediler. Baktım ki suları pırıl pırıl parlayan enine doğru akan bir nehir saf süt gibiydi, hepsi bu nehre girip çıktılar. Çirkinlikleri tamamen kaybolmuş hepsi de son derece güzelleşmişlerdi.

Yanımdakiler bana: -"Burası Adn cennetidir ve senin konağın da şurasıdır" dediler. Başımı kaldırıp baktım. Beyaz buluta benzeyen bir köşk gördüm. "İşte burası senindir" dediler. Ben o iki kişiye: -"Allah iyiliğinizi versin, bırakın da ben oraya gireyim" dedim. "Hayır, şimdi değil, nasıl olsa ileride oraya gireceksin" dediler. Bunun üzerine ben, "Bu gece hayret verici çok şeyler gördüm, bunlar ne idi?" diye sordum. Onlar da anlattılar. İlk önce gördüğün kafası taşla ezilen adam var ya, o Kur'an'ı öğrendiği halde terk eden ve uykuyu farz namaza tercih eden kimsedir. Şakakları burnu ve gözleri demir çengelle yarılıp adam evinden çıkıp her tarafa yalan yayan kimsedir. Fırın içindeki çıplak erkek ve kadınlar, zina eden kimselerdir. Nehirde yüzüp yüzüp de taş yutan adam ise faiz yiyen kimsedir. Yanındaki ateşi sürekli yakıp etrafında dolaşıp duran çirkin görünüşlü kişi cehennem görevlisi Malik'tir. Bahçedeki uzun boylu adam, İbrahim (a.s.)'dır. Etrafındaki çocuklar ise İslam fıtratı üzere ölen veya fıtrat üzere doğan çocuklardır. Peygamberimizden bunları dinleyen Müslümanlardan biri: -"Müşrik çocukları da bunlara dâhil midir?" diye sordu. Rasûlullah (s.a.v.), "Müşrik çocukları da bunlara dâhildir" buyurdu. Vücutlarının yarısı güzel, yarısı çirkin adamlara gelince, bunlar hem kötü hem de iyi amel işleyen kimselerdir. Allah onların kötülüklerini bağışlamıştır. (Buhari, Ta'bir, 48)

## 261- YALAN SÖYLEMENİN CAİZ OLDUĞU YERLER BÖLÜMÜ

◈ **1548)** Ümmü Gülsüm (r.a.)'dan:

Rasûlullah (s.a.v.)'in: -*"İnsanların arasını düzeltmek için birinden ötekine hayırlı sözler taşıyan veya hayır söyleyen kimse yalancı değildir."* dediğini işittim. (Buhari, Sulh, 2; Müslim, Birr, 101)

Müslim'in diğer bir rivayeti:

Ümmü Gülsüm (r.a.): -"Ben Rasûlullah (s.a.v.)'in, harpte, kişilerin arasını düzeltmekte ve insanların arasını bulmak için kocanın hanımına, hanımın da kocasına söylediği sözlerde yalan söylenmesine ruhsat verdiğini işittim." dedi. (Müslim, Birr, 101)

## 262- NAKLEDECEĞİ SÖZÜ SAĞLAM KAYNAĞA DAYANDIRMAYA TEŞVİK BÖLÜMÜ

◈ "Bilmediğin şeyin ardına düşme, çünkü: kulak, göz ve kalp(lerin sahipleri), tüm (yaptıklarından) mutlaka sorumludur." (17 İsra, 36)

◈ "İnsanın yanında ağzından çıkan her şeyi (yazan) hazır bir gözetleyici, vardır." (50 Kaf, 18)

◈ **1549)** Ebu Hureyre (r.a.)'dan:

Peygamber (s.a.v.): *-"Kişiye her duyduğunu nakletmesi yalan olarak yeter."* buyurdular. (Müslim, Mukaddime, 5)

◈ **1550)** Semure (r.a.)'dan:

Rasûlullah (s.a.v.): *-"Yalan olduğunu bildiği bir sözü bendenmiş gibi nakleden kimse, yalancılardan biridir."* buyurdular. (Müslim, Mukaddime, 1)

◈ **1551)** Esma (r.a.)'dan:

Bir kadın: *-"Ey Allah'ın Rasulü! Benim bir kumam var, kocamın bana vermediği bir şeyi verdi diyerek ona gösteriş yapmamda bana bir günah var mı?"* diye sordu. Bunun üzerine Rasûlullah (s.a.v.): *-"Kendisine verilmeyen bir şeyle bir üstünlük sağlayan kimse; iki sahte elbiseyi üst üste giyerek böbürlenen kimse gibidir."* buyurdular. (Buhari, Nikâh, 106; Müslim, Libas, 127)

## 263- YALAN ŞAHİTLİĞİN YASAK OLUŞU BÖLÜMÜ

◈ "... Yalan sözden mutlaka sakının." (22 Hacc, 30)

◈ "Bilmediğin şeyin ardına düşme, çünkü: kulak, göz ve kalp(lerin sahipleri), tüm (yaptıklarından) mutlaka sorumludur." (17 İsra, 36)

◈ "İnsanın yanında ağzından çıkan her şeyi (yazan) hazır bir gözetleyici, vardır." (50 Kaf, 18)

◈ "Çünkü Rabbin her zaman gözetleyip durmaktadır." (89 Fecr, 14)

◈ "Onlar ki yalan ve asılsız olan şeylere tanıklıkta bulunmazlar..." (25 Furkan, 72)

◈ **1552)** Ebu Bekre (r.a.)'dan:

Rasûlullah (s.a.v.): -*"En büyük günahların ne olduğunu size haber vereyim mi?"* buyurdu. Biz de: -*"Evet Ey Allah'ın Rasulü!"* dedik. Rasûlullah (s.a.v.): -"Allah'a şirk koşmak ve ana-babaya itaatsizlik etmek" dedikten sonra yaslandığı yerden doğrulup oturdu ve: -*"Haberiniz olsun, yalan söylemek / yalan yere şahitlik yapmaktır"* buyurdular. Bu sözü o kadar çok tekrar etti ki biz: -*"Keşke sussa"* diye temennide bulunduk. (Buhari, Şehadet, 10; Müslim, İman, 143)

## 264- BELİRLİ BİR İNSANA VEYA HAYVANA LANET ETMENİN YASAKLIĞI BÖLÜMÜ

◈ **1553)** Ebu Zeyd Sabit b. Dahhak el-Ensarî (r.a.)'dan:

Rasûlullah (s.a.v.): -*"Kim İslam'dan başka bir din adına bilerek yalan yere yemin ederse, o kişi dediği gibi yalancının biridir. Kim de kendini herhangi bir şeyle öldürürse kıyamet günü onunla azap olunur. Sahip olmadığı bir şeyi adak yapanın adağı geçersizdir. Mü'mine lanet etmek onu öldürmek gibidir."* buyurdular. (Buhari, Cenaiz, 84; Müslim, İman, 176)

◈ **1554)** Ebu Hureyre (r.a.)'dan:

Rasûlullah (s.a.v.): -*"İşlerinde ve sözlerinde dosdoğru olan kimsenin lanet etmesi yakışık almaz."* buyurdular. (Müslim, Birr, 84)

◈ **1555)** Ebu'd-Derda (r.a.)'dan:

Rasûlullah (s.a.v.): -*"Lanet edenler kıyamet gününde şefaatçi de, şahit de olamazlar."* buyurdular. (Müslim, Birr, 85)

◈ **1556)** Semure b. Cündeb (r.a.)'den:

Rasûlullah (s.a.v.): -*"Birbirinizle Allah'ın laneti, Allah'ın gazabı ve cehennem azabıyla lanet etmeyin."* buyurdular. (Ebu Davud, Edeb, 45)

◈ **1557)** İbnu Mesud (r.a.)'dan:

Rasûlullah (s.a.v.): -*"Müslüman, kimseyi ayıplamaz, kimseyi lanetlemez, sözünde ve işinde sınırı aşıp hayasızlık etmez ve çirkin sözler sarf etmez."* buyurdular. (Tirmizi, Birr, 48)

◈ **1558)** Ebu'd-Derda (r.a.)'den:

Rasûlullah (s.a.v.): -*"Kul herhangi bir şeye lanet edince o lanet gökyüzüne çıkar, gökyüzünün kapıları ona kapanır, sonra yere iner, yeryüzünün kapıları da ona kapanır. Sonra sağa sola başvurur, girecek yer bulamaz da lanet edilen kişiye döner. Eğer o kişi gerçekten lanete layık ise onda kalır, değilse lanet edene döner."* buyurdular. (Ebu Davud, Edeb, 45)

◈ **1559)** İmran b. Husayn (r.a.)'dan:

Bir yolculukta Rasûlullah (s.a.v.)'la beraber bulunuyorduk. Devesinin üzerindeki Medineli bir hanım devesinin yürümesine kızarak ona lanet etti. Rasûlullah (s.a.v.) bunu duyunca: -*"Üzerindekileri alın ve deveyi bırakın gitsin. Çünkü o deve lanetlenmiştir"* buyurdular.

İmran (r.a.): -*"O devenin insanların arasında gezindiğini ve kimsenin ona ilişmediğini hâlâ görüyor gibiyim."* dedi." (Müslim, Birr, 80)

◈ **1560)** Ebu Berze Nadle b. Ubeyd el-Eslemî (r.a.)'den:

Genç bir hanım üzerinde Müslümanların bir takım eşyalarının da bulunduğu bir deve üstünde bulunuyorken Peygamber (s.a.v.)'i gördü. Tırmandıkları dağ onlara zorluk veriyordu. Genç hanım: -*"Haydi yürü… Ey Allah'ım şuna lanet et."* diye deveyi sürmeye çalıştı. Bunun üzerine Peygamber (s.a.v.): -*"Lanetlenen bir deve, bize yoldaş olmasın"* buyurdular. (Müslim, Bir 82)

# 265- GÜNAHKÂRLARA LANET ETMENİN CAİZ OLUŞU BÖLÜMÜ

◆ "...Şunu iyi bilin ki; Allah'ın lâneti zâlimlerin üzerinedir." (11 Hud, 18)

◆ "...Bunun üzerine, aralarından birisi: "Allah'ın lâneti, zâlimlerin üzerine olsun!" diye bağıracak!" (7 A'raf, 44)

# 266- MÜSLÜMANA HAKSIZ YERE SÖVMENİN HARAM OLUŞU BÖLÜMÜ

◆ "Mü'min erkeklere ve mü'min kadınlara yapmadıkları (bir iş) sebebiyle eziyet edenlere gelince; onlar da gerçekten iftira etmiş ve apaçık bir günâh yüklenmişlerdir." (33 Ahzab, 58)

◈ **1561)** İbnu Mesud (r.a.)'dan:

Rasûlullah (s.a.v.): -*"Müslümana sövmek fasıklıktır, onunla savaşmak ise küfürdür."* buyurdular. (Buhari, İman, 36; Müslim, İman, 116)

◈ **1562)** Ebu Zer (r.a.)'dan:

O, Rasûlullah (s.a.v.)'i: -*"Hiç kimse başkasına fasık ve kâfir demesin. Şayet o kimsede bu hal mevcut değilse, o söz, onu söyleyene döner."* buyururken işitmiştir. (Buhari, Edep, 44)

◈ **1563)** Ebu Hureyre (r.a.)'dan:

Rasûlullah (s.a.v.): -*"Birbirine söven iki kişinin günahı, haksızlığa uğrayanın haddi aşmadığı sürece sövmeyi ilk başlatana aittir."* buyurdular. (Müslim, Birr, 68)

◈ **1564)** Ebu Hureyre (r.a.)'den:

Bir gün Rasûlullah (s.a.v.)'ın huzuruna şarap içen birini getirdiler. Peygamber (s.a.v.) oradakilere: -*"Şu adama vurun"* dedi. Ebu Hureyre: -*"Bunun üzerine bizden kimileri eliyle, kimileri ayakkabısı ile kimi de elbisesiyle bu adama vurdu. Dayak bitip de adam oradan ayrılacağı zaman bazıları: -'Allah seni kahretsin' dediler."* Bunun üzerine Rasûlullah (s.a.v.): -*"Hayır öyle söylemeyin, adamın aleyhine şeytana yardımcı olmayın"* buyurdular. (Buhari, Hudud, 4)

◈ **1565)** Ebu Hureyre (r.a.)'den:

Rasûlullah (s.a.v.)'i: -*"Kim kölesine böyle bir günah işlemediği halde zina iftirasında bulunursa; bu iftirayı yapan kimseye kıyamet günü had cezası uygulanır."* buyururken işittim, dedi. (Buhari, Hudud, 45, Müslim, Eyman 37)

## 267- ÖLÜLERE SÖVMENİN YASAK OLUŞU BÖLÜMÜ

◈ **1566)** Aişe (r.a.)'den:

Rasûlullah (s.a.v.): -*"Ölülere sövmeyin. Çünkü onlar, ahirete götürdükleri amelleri ile baş başadırlar."* Buyurdular. (Buhari, Cenaiz, 97)

## 268- MÜSLÜMANLARA EZİYET ETMEME BÖLÜMÜ

◆ *"Mü'min erkeklere ve mü'min kadınlara yapmadıkları (bir iş) sebebiyle eziyet edenlere gelince; onlar da gerçekten iftira etmiş ve apaçık bir günâh yüklenmişlerdir."* (33 Ahzab, 58)

◈ **1567)** Abdullah b. Amr b. As (r.a.)'dan:

Rasûlullah (s.a.v.): -*"Müslüman, dilinden ve elinden Müslümanların emin olduğu kişidir. Muhacir ise Allah'ın yasakladıkları şeyleri terk eden kimsedir."* buyurdular. (Buhari, İman, 4; Müslim, İman, 64)

◈ **1568)** Abdullah b. Amr b. As (r.a.)'dan:

Rasûlullah (s.a.v.): -*"Kim cehennemden uzaklaştırılıp cennete girmeyi isterse, Allah'a ve kıyamet gününe iman ettiği halde ölsün. Bir de kendine yapılmasını arzuladığı şeyi, o da insanlara yapsın."* buyurdular. (Müslim, İmara, 46)

## 269- MÜSLÜMANLARA BUĞZ ETMENİN YASAKLIĞI BÖLÜMÜ

◈ "Ancak mü'minler, kardeştirler. Öyleyse kardeşlerinizin arasını düzeltin ve Allah'tan korkun ki; merhamet olunasınız..." (49 Hucurat, 10)

◈ "...O mü'minler, mü'minlere karşı son derece alçak gönüllü, kâfirlere karşı izzetli..." (5 Maide, 54)

◈ "Muhammed, Allah'ın Elçisidir. Onunla birlikte olanlar kâfirlere karşı son derece katı, birbirlerine karşı ise son derece merhametlidirler." (48 Feth, 29)

◈ **1569)** Enes (r.a.)'dan:

Peygamber (s.a.v.): -*"Birbirinize kin tutmayın, birbirinizi kıskanmayın, birbirinize sırt çevirmeyin, birbirinizle ilginizi kesmeyin. Ey Allah'ın kulları! Kardeş olun. Bir Müslümanın Müslüman kardeşine üç günden fazla dargın durması helal değildir."* buyurdular. (Buhari, Edeb, 57; Müslim, Birr, 23)

◈ **1570)** Ebu Hureyre (r.a.)'dan:

Rasûlullah (s.a.v.): -*"Pazartesi ve Perşembe günleri cennet kapıları açılır. Aralarında kin ve düşmanlık bulunan kimseler dışında Allah'a ortak koşmayan her kul bağışlanır. Birbirine küs olan bu iki kişi için: -'Bu iki kişiyi barışıp birbiriyle sevinceye kadar bırakın' buyurulur,"* buyurdular. (Müslim, Birr, 34)

Müslim'in diğer bir rivayeti: -*"Her perşembe ve pazartesi günü insanların amelleri Allah'a arz olunur"* buyurulur. (Müslim, Birr, 36)

## 270- HASEDİN HARAM KILINDIĞI BÖLÜMÜ

◈ "Yoksa o (Yahûdîler,) Allah'ın insanlara lütfundan verdiği nîmetleri kıskanıyorlar mı?" (4 Nisa, 54)

◈ **1571)** Ebu Hureyre (r.a.)'dan:

Rasûlullah (s.a.v.): -*"Hased etmekten sakının. Zira ateşin odunu yiyip tükettiği gibi haset de iyilikleri yer bitirir."* buyurdular. (Ebu Davud, Edeb, 44)

## 271- GİZLİ ŞEYLERİ ARAŞTIRMANIN YASAK OLUŞU BÖLÜMÜ

◆ "... Ey mü'minler birbirinizin ayıplarını araştırmayın..." (49 Hucurat, 12)

◆ "Mü'min erkeklere ve mü'min kadınlara yapmadıkları (bir iş) sebebiyle eziyet edenlere gelince; onlar da gerçekten iftira etmiş ve apaçık bir günâh yüklenmişlerdir." (33 Ahzab, 58)

◈ **1572)** Ebu Hureyre (r.a.)'dan:

Rasûlullah (s.a.v.): -*"Zandan sakının. Çünkü zan, sözlerin en yalanıdır. Müslümanların ayıplarını, kusurlarını araştırmayın, birbirinize karşı böbürlenmeyin, birbirinizi kıskanmayın, birbirinize kin tutmayın. Ey Allah'ın kulları! Allah'ın size emrettiği gibi kardeş olun. Müslüman Müslümanın kardeşidir. Ona zulm etmez, onu yardımsız bırakmaz, ona hakaret etmez. (Rasûlullah (s.a.v.) göğsüne işaret ederek) takva buradadır, takva buradadır"* buyurdular. Sonra: -*"Kişiye kötülük olarak Müslüman kardeşini hor görmesi yeter. Müslümanın Müslümana kanı, ırzı ve malı haramdır. Allah sizin cesetlerinize ve kalıplarınıza değil, kalplerinize bakar."* buyurdular.

Bir başka rivayet: -*"Birbirinize haset etmeyin, kin tutmayın. Müslümanların ayıplarını araştırmayın. Müşteriyi kandırmayın. Ey Allah'ın kulları! Kardeş olun."*

Diğer bir rivayet: -*"Birbirinizle münasebetinizi kesmeyin, birbirinize sırt dönmeyin, kin tumayın, hased etmeyin. Ey Allah'ın kulları! Kardeş olun."*

Başka bir rivayet: -*" Birbirinizi terk edip alakayı kesmeyin, Birbirinizin satışı üzerine satış yapmasın."* (Müslim, Birr, 30)

◈ **1573)** Muaviye (r.a.)'den:

Ben Rasûlullah (s.a.v.)'ın: -*"Müslümanların ayıplarını araştırmaya kalkışırsan, onların ahlakını bozarsın veya bozmaya zorlamış olursun."* buyurduğunu işittim. (Ebu Davud, Edeb, 37)

◈ **1574)** İbnu Mesud (r.a.)'den:

Bir gün kendisine bir adam getirilerek: -*"Bu adam sakalından şarap damlayan falancadır"* denilince o: -*"Biz kusur araştırmaktan menedildik. Ancak bir kusur ve suç ortaya çıkarsa biz onun için gerekli muameleyi yaparız."* dedi. (Ebu Davud, Edeb, 37)

## 272- ZARURET OLMADIKÇA KÖTÜ ZANDA BULUNMAMA BÖLÜMÜ

◈ "Ey îman edenler, zandan çok kaçının; zîrâ zannın bir kısmı günâhtır." (49 Hucurat, 12)

◈ **1575)** Ebu Hureyre (r.a.)'dan:

Rasûlullah (s.a.v.): -*"Zandan sakının. Çünkü zan, sözlerin en yalanıdır."* buyurdular. (Buhari, Vesaya, 8; Müslim, Birr, 28)

## 273- MÜSLÜMANI AŞAĞILAMANIN YASAK OLUŞU BÖLÜMÜ

"Ey îman edenler! (sizden) bir topluluk (bir başka) toplulukla ve kadınlar da kadınlarla alay etmesinler. Zîrâ (alay edilenler, Allah'ın yanında) kendilerinden daha hayırlı olabilirler. Birbirinizi ayıplamayın ve (kötü) lakaplarla çağırmayın. Îmandan sonra fasıklık ne kadar kötü bir isimdir. Kim (yaptığına pişman olup) tevbe etmezse işte onlar, zâlimlerin ta kendileridir." (49 Hucurat, 11)

"İnsanları arkadan diliyle çekiştiren, kaş-göz hareketleriyle alay etmeyi âdet haline getirenlere yazıklar olsun!" (104 Hümeze, 1)

◈ **1576)** Ebu Hureyre (r.a.)'den:

Rasûlullah (s.a.v.): -*"Kişiye kötülük olarak Müslüman kardeşini hor görmesi yeter."* buyurdular. (Müslim, Birr, 32)

◈ **1577)** İbnu Mesud (r.a.)'dan:

Rasûlullah (s.a.v.): -*"Kalbinde zerre kadar kibir olan kimse cennete giremez."* buyurdular. Bunun üzerine adamın biri: -*"İnsan elbisesinin ve ayakkabısının güzel olmasını arzu eder"* deyince, Rasûlullah (s.a.v.): -*"Allah güzeldir, güzeli sever. Kibir ise hakkı kabul etmemek ve insanları hor görmektir."* buyurdular. (Müslim, İman, 147)

◈ **1578)** Cündüb b. Abdillah (r.a.)'dan:

Rasûlullah (s.a.v.): -*"Bir kişi vallahi Allah falan adamı bağışlamaz diye yemin etti. Bunun üzerine Allah da: 'Falanı bağışlamayacağım hakkında Benim adıma kim yemin ederek hüküm verebilir. Ben onu bağışladım, senin amelini de boşa çıkardım buyurdu"* buyurdular. (Müslim, Birr, 137)

## 274- MÜSLÜMANIN FELAKETİNE SEVİNMEME BÖLÜMÜ

◈ "Ancak mü'minler, kardeştirler. Öyleyse kardeşlerinizin arasını düzeltin ve Allah'tan korkun ki; merhamet olunasınız..." (49 Hucurat, 10)

◈ "İnananlar içerisinde, edepsizliğin (fuhşun) yaygınlaşmasından hoşlananlara, dünyada da âhirette de acıklı bir azab vardır. (Bunun sebebini) Allah bilir, siz ise bilemezsiniz." (24 Nur, 19)

◈ **1579)** Vasile b. Eska' (r.a.)'dan:

Rasûlullah (s.a.v.): -*"Kardeşinin uğradığı musibete sevinme. Allah onu rahmetiyle kurtarır da seni belaya uğratır."* buyurdular. (Tirmizi, Kıyame, 54)

# 275- NESEB'E DİL UZATMANIN
# HARAM OLUŞU BÖLÜMÜ

◈ "Mü'min erkeklere ve mü'min kadınlara yapmadıkları (bir iş) sebebiyle eziyet edenlere gelince; onlar da gerçekten iftira etmiş ve apaçık bir günâh yüklenmişlerdir." (33 Ahzab, 58)

◈ **1580)** Ebu Hureyre (r.a.)'dan:

Rasûlullah (s.a.v.): -*"İnsanlarda iki huy vardır ki, bunları yapmak küfürdür. Neseplere dil uzatmak, ölü üzerine yaka paça yırtarak ağlamak."* buyurdular. (Müslim, İman, 121)

# 276- HİLE VE ALDATMANIN
# HARAM OLUŞU BÖLÜMÜ

◈ "Mü'min erkeklere ve mü'min kadınlara yapmadıkları (bir iş) sebebiyle eziyet edenlere gelince; onlar da gerçekten iftira etmiş ve apaçık bir günâh yüklenmişlerdir." (33 Ahzab, 58)

◈ **1581)** Ebu Hureyre (r.a.)'dan:

Rasûlullah (s.a.v.): -*"Bize silah çeken bizden değildir. Bizi aldatan bizden değildir."* buyurdular. (Müslim, İman, 164)

Müslim'in diğer bir rivayeti: Rasûlullah (s.a.v.) pazarda bir buğday yığınının yanından geçerken elini o yığının içine daldırdı. Eline nem bulaşınca: -*"Ey mal sahibi! Bu hal nedir?"* buyurdu. Adam da: -*"Ey Allah'ın Rasulü! Yağmurdan dolayı ıslandı."* dedi. Bunun üzerine Rasûlullah (s.a.v.): -*"O ıslak kısmı müşterilerin aldanmaması için üste koysaydın da insanlar görseydiler ya. Bizi aldatan bizden değildir."* buyurdular. (Müslim, İman, 164)

◈ **1582)** Ebu Hureyre (r.a.)'den:

Rasûlullah (s.a.v.): -*"Müşteriyi kızıştırıp (malın fiyatında artırma yapmayın)."* buyurdular. (Buhari, Büyu', 58)

◈ **1583)** İbnu Ömer (r.a.)'dan:

Peygamber (s.a.v.), müşteriyi kızıştırıp malın fiyatında artırma yapmayı yasaklamıştır. (Buhari, Büyu', 60; Müslim, Büyu', 13)

◈ **1584)** İbnu Ömer (r.a.)'dan:

Bir adam Rasûlullah (s.a.v.)'a gelerek; alışveriş yaparken aldatıldığını söyledi. Bunun üzerine Rasûlullah (s.a.v.) ona: *-"Kimden alışveriş yaparsan ona aldatmaca yoktur de"* buyurdular. (Buhari, Büyu', 48; Müslim, Büyu', 8)

◈ **1585)** Ebu Hureyre (r.a.)'dan:

Rasûlullah (s.a.v.): *-"Kim bir adamın karısını veya kölesini ayartırsa bizden değildir."* buyurdular. (Ebu Davud, Edeb, 126)

## 277- SÖZDEN CAYMANIN YASAKLIĞI BÖLÜMÜ

◆ " Ey îman edenler! Verdiğiniz sözleri tutun." (5 Maide, 1)

◆ "...Ey inananlar, sözünüzde durun, çünkü verilen söz, sorumluluğu gerektirir." (17 İsra, 34)

◈ **1586)** Abdullah b. Amr b. Âs (r.a.)'dan:

Peygamber (s.a.v.): *-"Dört huy vardır ki bunlar kimde bulunursa o kişi tam bir münafık olur. Kimde de bu huylardan biri bulunursa onu terk edinceye kadar o kişide münafıklıktan bir parça bulunmuş olur. Onlar da; kendisine bir şey emanet edilince ihanet etmek, konuştuğunda yalan söylemek, söz verince sözünden dönmek ve dava ve duruşma esnasında haktan ayrılmak, düşmanlıkta haddi aşıp haksızlık yapmak."* buyurdular. (Buhari, İman, 24; Müslim, İman, 106)

◈ **1587)** İbnu Mesud, İbnu Ömer ve Enes (r.a.)'dan:

Peygamber (s.a.v.): *-"Ahdini bozan herkes için kıyamet günü bir bayrak kaldırılır ve bu falanca kimsenin vefasızlığının alametidir denilir."* buyurdular. (Buhari, Cizye, 22)

◈ **1588)** Ebu Said el-Hudri (r.a.)'dan:

Peygamber (s.a.v.): *-"Kıyamet günü ahdini bozan kimsenin vefasızlığının derecesine göre arkasında bir bayrak yükseltilecektir. Dikkat edin, halkın önderi durumundaki kimsenin vefasızlığından daha büyük bir vefasızlık yoktur."* buyurdular. (Müslim, Cihad, 15)

◈ **1589)** Ebu Hureyre (r.a.)'dan:

Rasûlullah (s.a.v.): *-"Allahu Teâla: 'Ben kıyamet günü; Benim adımı vererek söz verip sonra sözünden cayan, hür bir insanı köle diye satıp parasını yiyen ve işçiyi tam çalıştırıp ücretini vermeyen bu üç grup insanın düşmanıyım' buyurdu"* demişlerdir. (Buhari, Büyu, 106, İcara, 10)

# 278- İYİLİKLERİN BAŞA KAKMA YASAĞI BÖLÜMÜ

◆ "Ey îman edenler! Allah yolundaki harcamalarınızı, başa kakma ve onur kırma aracı olarak, geçersiz kılmayın." (2 Bakara 264)

◆ "Mallarını Allah yolunda harcayıp, sonra başa kakmayan ve eziyet etmeyenler, mükâfatlarını Rableri katında bulacaklardır..." (2 Bakara 262)

◈ **1590)** Ebu Zer (r.a.)'den:

Rasûlullah (s.a.v.): *-"Üç sınıf insan vardır ki; Allah, kıyamet gününde onlarla konuşmaz, onların yüzüne bakmaz, kendilerini temize çıkarmaz ve onlar için acıklı bir azap vardır."* buyurarak bu sözü üç defa tekrarladı. Bunun üzerine Ebu Zer (r.a.): *-"Ey Allah'ın Rasûlü! Ziyan edenler kimlerdir?"* diye sorunca Rasûlullah (s.a.v.): *-"Elbisesinin eteğini kibirle yerde sürükleyen, yaptığı iyiliği başa kakan ve ticaret malını yalan yere yeminle satmaya çalışan kimsedir."* buyurdular. (Müslim, İman 171)

Müslim'in diğer bir rivayeti: *-"Çalım satmak için elbisesini topuklarından aşağı uzatan kimsedir"* denilmiştir. (Müslim, İman 172)

## 279- HAKSIZ YERE TAŞKINLIK YAPMANIN YASAKLIĞI BÖLÜMÜ

◈ "...Ey mü'minler! O halde, kendinizi temize çıkarmayın. Çünkü O, kendisi'ne karşı hata etmekten sakınanı çok iyi bilir." (53 Necm 32)

◈ "Cezâ, ancak insanlara zulmeden ve yeryüzünde hakkın dışına çıkarak azgınlık edenleredir. Acıklı azap da onlar içindir." (42 Şura 42)

◈ **1591)** Iyaz b. Hımar (r.a.)'den:

Rasulullah (s.a.v.): -*"Allah bana: 'kimse kimseye karşı böbürlenmeyerek ve hiçbir kimse de kimseye karşı taşkınlık yapmayarak alçak gönüllü olun' diye vahyederek bildirdi."* buyurdular. (Müslim, Cennet 64)

◈ **1592)** Ebu Hüreyre (r.a.)'dan:

Rasûlullah (s.a.v.): -*"Bir kimse (kendini beğenerek) insanlar bozuldu derse, asıl kendisi bozulmuş demektir."* buyurdular. (Müslim, Birr 139)

## 280- ÜÇ GÜNDEN FAZLA MÜSLÜMANLARLA KÜSMENİN YASAK OLUŞU BÖLÜMÜ

◈ "Ancak mü'minler, kardeştirler. Öyleyse kardeşlerinizin arasını düzeltin ve Allah'tan korkun ki; merhamet olunasınız." (49 Hucurat 10)

◈ "...Ey iman edenler! Birbirinizle günâh ve düşmanlık konusunda sakın yardımlaşmayın." (5 Maide 2)

◈ **1569)** Enes (r.a.)'dan:

Peygamber (s.a.v.): -*"Birbirinizle ilginizi kesmeyin, birbirinize sırt çevirmeyin, birbirinize kin tutmayın, birbirinizi kıskanmayın. Ey Allah'ın kulları! Kardeş olun. Bir Müslümanın Müslü-*

*man kardeşine üç günden fazla dargın durması helal değildir."* buyurdular. (Buhari, Edeb, 57; Müslim, Birr, 23)

◈ **1594)** Ebu Eyyüb (r.a.)'dan:

Rasûlullah (s.a.v.): -*"Bir Müslümanın din kardeşine karşılaştıklarında, biri yüzünü şu tarafa diğeri de diğer tarafa çevirerek üç günden fazla küs durması helal olmaz. Bunların en hayırlısı selam vermeye en önce başlayandır."* buyurdular. (Buhari, Edeb 62, Müslim, Birr 23)

◈ **1595)** Ebu Hüreyre (r.a.)'dan:

Rasûlullah (s.a.v.): -*"Her Pazartesi ve Perşembe günü ameller Allah'a arz olunur. Din kardeşi ile arasında düşmanlık bulunan kişi dışında, Allah'a şirk koşmayan her kulun günahları bağışlanır. Böyleleri için Allah, -'Birbirleriyle barışıncaya kadar bu iki kişiyi bırakın" buyurur."* dediler. (Müslim, Birr 36)

◈ **1596)** Cabir (r.a.)'den:

Rasûlullah (s.a.v.)'in: -*"Şeytan Arap yarımadasındaki namaz kılanların kendisine kulluk etmelerinden ümidini kesmiştir. Fakat Müslümanlar arasında fitne yapmaya çalışacaktır."* buyurduğunu işittim demiştir. (Müslim, Münafikun 65)

◈ **1597)** Ebu Hüreyre (r.a.)'den:

Rasûlullah (s.a.v.): -*"Bir Müslümanın din kardeşine üç günden fazla küs durması helal değildir. Kim Müslüman kardeşini üç günden fazla terk eder ve o hal üzere ölürse cehenneme girer."* buyurdular. (Ebu Davud, Edeb 47)

◈ **1598)** Hadred b. Ebu Hadred el-Eslemi (Sülemi de denir) es Sahabi (r.a.)'den:

Rasûlullah (s.a.v.)'i: -*"Kim din kardeşiyle bir yıl boyunca küs durursa onun kanını dökmüş gibidir."* buyururken işittiğini söylemiştir (Ebu Davud, Edeb 46)

◈ **1599)** Ebu Hüreyre (r.a.)'dan.

Rasûlullah (s.a.v.): -*"Bir mü'minin başka bir mü'mine üç günden fazla küsmesi helal değildir. Üç gün geçince onunla bir araya gelsin ve ona selam versin. Eğer o kimse selamını alırsa her ikisi de sevapta ortak olurlar. Yok, eğer selamını almazsa almayan günaha girmiş olur. Selam veren de küs olmaktan çıkar."* buyurdular. (Ebu Davud, Edeb 47)

## 281- FISILDAŞMA YASAĞI BÖLÜMÜ

◆ "Şüphesiz gizli fısıldaşmalar, îman edenleri üzen, şeytanın işlerindendir..." (58 Mücadele 10)

◈ **1600)** İbnu Ömer (r.a.)'dan:

Rasûlullah (s.a.v.): -*"Üç kişi bir arada iken iki kişi diğerini bırakıp da kendi aralarında gizli konuşmasınlar."* buyurdular. (Buhari, İstizan 45, Müslim, Selam 36)

Ebu Davut'tan gelen rivayet: İbnu Ömer (r.a.)'e: -*"Şayet dört kişi olunca bunun hükmü nedir?"* diye sorulunca, İbnu Ömer (r.a.): -*"Bunun sana bir zararı yoktur."* diye cevap verdi.

İmam Malik'in El-Müvata adlı kitabında Abdullah b. Dinar'dan:

Ben ve İbnu Ömer (r.a.), Halid bin Ukbe'nin çarşıdaki evindeydik. Biz iki kişi iken, bir adam gelip İbnu Ömer (r.a.)'le fısıldaşmak istedi. Bunun üzerine İbnu Ömer (r.a.) başka bir adamı çağırıp dört kişi olmamızı sağladı ve benim ile çağırdığı adama: -*"İkiniz biraz bizi baş başa bırakın"* dedi ve sonra da: *"Ben Resulullah (s.a.v.)'in: -'İki kişi, diğerini bırakıp da kendi aralarında fısıldaşmasın,'* buyurduklarını işittim." dedi.

◆ **1601)** İbnu Mes'ud (r.a.)'dan:

Rasûlullah (s.a.v.): -*"Üç kişi bir arada bulunduğunuz zaman, aranıza başkaları katılmadıkça diğerini dışarıda bırakıp da iki kişi fısıldaşmasın. Çünkü bu, o kişiyi üzer."* buyurdular. (Buhari, İstizan 47, Müslim, Selam 37)

## 282- LÜZUMSUZ VE ŞİDDETLİ CEZALANDIRMANIN YASAK OLUŞU BÖLÜMÜ

◆ "(Ey îman edenler!)… Anaya, babaya, akrabaya, yetimlere, fakirlere, yakın komşulara, uzak komşulara, yakın arkadaşlara, yolda kalanlara, elinizin altındaki kölelere iyilik edin. Şüphesiz Allah, kendisini beğenip övünenleri sevmez." (4 Nisa 36)

◆ **1602)** İbnu Ömer (r.a.)'dan:

Rasûlullah (s.a.v.): -*"Bir kadın, ölünceye kadar hapsettiği bir kedi yüzünden azaba uğradı ve bu yüzden cehenneme girdi. Hayvanı hapsettiğinde onu doyurmamış, ona su içirmemiş, hatta yerdeki böcekleri yemesine bile izin vermemişti."* buyurdular. (Buhari, Enbiya 54, Müslim, Selam 151)

◆ **1603)** İbnu Ömer (r.a.)'den:

Kendisi bir gün bir kuşu oklarına hedef yapıp ok atan Kureyş delikanlılarının yanına uğradı. Bunlar, isabet etmeyen her ok için kuş sahibine bir ücret ödüyorlardı. Gençler, İbnu Ömer (r.a.)'in geldiğini görünce dağıldılar. İbnu Ömer (r.a.): -*"Bunu yapan kim? Allah ona lanet etsin. Rasûlullah (s.a.v.) canlı bir hayvanı hedef yapıp ona atış yapana kesinlikle lanet etti."* diye seslendi. (Buhari, Zebaih 25, Müslim, Sayd 58)

◆ **1604)** Enes (r.a.)'den:

Rasûlullah (s.a.v.) insanları, hayvanları hapsedip ölümlerine sebep olmaktan men etti. (Buhari, Zebaih 25, Müslim Sayd 58)

◆ **1605)** Ebu Ali Süveyd b. Mukarrin (r.a.)'den:

Ben Mukarrin oğullarının yedinci çocuğu idim. Bizim tek bir kölemiz vardı. Bir gün en küçük kardeşimiz onu tokatladı. Bunun üzerine Rasûlullah (s.a.v.) bize o köleyi azad edip hürriyetine kavuşturmamızı emretti. (Müslim, Eyman 32-33)

Müslim'in diğer bir rivayeti: Yedincisi yerine *"kardeşlerimin yedincisi idim"* ifadesi bulunmaktadır. (Müslim, Eyman 33)

◈ **1606)** Ebu Mesud el-Bedri (r.a.)'den:

Bir gün kölemi kamçı ile döverken arkamdan: -*"Ey Ebu Mesud! Şunu iyi bil..."* diye bir ses işittim. Öfkemden sesin sahibinin ne söylediğini anlamıyordum. Bana yaklaşınca bir de ne göreyim, gelen Rasûlullah (s.a.v.) değil mi? Rasûlullah (s.a.v.) bana: -*"Ey Ebu Mesud! Bil ki şu köleye yaptığından daha fazlasını Allah'ın, sana yapmaya gücü yeter"* diyordu. Bunun üzerine ben: -*"Bundan sonra asla köle dövmeyeceğim"* dedim.

Başka bir rivayet: İbnu Mesud (r.a.), -*"Onun heybetinden elimdeki kamçı yere düştü."*

Başka gelen bir rivayet: İbnu Mesud (r.a.), -*"Ey Allah'ın Rasulü! Bu köleyi Allah için azat ettim,"* dedim. Allah'ın Resulu (s.a.v.): -*"Köleyi azat etmemiş olsaydın ateş seni yakardı. Veya ateş sana dokunurdu"* buyurdular. (Müslüm)

◈ **1607)** İbnu Ömer (r.a.)'dan:

Rasûlullah (s.a.v.): -*"Kim işlemediği bir suç sebebiyle kölesini döver veya tokatlarsa bunun keffareti o köleyi azat etmesidir."* buyurdular. (Müslim, Eyman 30)

◈ **1608)** Hişam b. Hakîm b. Hizam (r.a.)'den:

Kendisi Şam'da iken başlarına yağ dökülerek güneşin altında beklemeye mahkûm edilmiş yabancı çiftçilerle karşılaştı ve: -*"Bu ne hal böyle?* diye sordu. Haraç vergisi veya cizye vergisi yüzünden cezalandırılıyorlar, denildi. Bunun üzerine Hişam (r.a.): -*"Şehadet ederim ki Rasûlullah (s.a.v.)'in: 'İnsanlara haksız yere dünyada azap edenlere Allah mutlaka azap eder' buyurduğunu işittim"* dedi ve Emir'in huzuruna çıkıp durumu ona arz etti. O da bunların serbest bırakılmasını emretti. (Müslim, Birr 117)

◈ **1609)** İbnu Abbas (r.a.)'den:

Rasûlullah (s.a.v.) yüzü ateşle dağlanmış bir merkep gördü ve bu durumdan hiç hoşlanmadı. Bunun üzerine Abdullah b. Abbas (r.a.): -*"Allah'a yemin ederim ki bundan sonra hayvanları ayırt etmek için işaretlemek gerektiğinde bunu onun yüzünden uzak bir yere vuracağım"* dedi ve merkebin kalçalarına damga vurdurttu. Böylece hayvanların kalçalarına ilk damga vurduran İbnu Abbas (r.a.) oldu. (Müslim, Libas 108)

◈ **1610)** İbnu Abbas (r.a.)'dan:

Peygamber (s.a.v.)'in yanından yüzüne damga vurulmuş bir merkep geçti. Bunun üzerine: -*"Bu hayvanın yüzünü dağlayana Allah lanet etsin yani"* buyurdu. (Müslim, Libas 107)

Müslim'in bir başka rivayeti: Rasûlullah (s.a.v.), "Yüze vurmayı ve yüzü damgalamayı yasakladı" denilmiştir. (Müslim, Libas 107)

## 283- CANLILARI YAKMANIN HARAM OLUŞU BÖLÜMÜ

◈ **1611)** Ebu Hüreyre (r.a.):

Rasûlullah (s.a.v.) bizi bir birlik içinde savaşa gönderirken Kureyşli iki kişinin adını vererek: -*"Falan ve filanı ele geçirirseniz ateşte yakın"* buyurdular. Sonra yola çıkacağımız sırada: -*"Ben falan ve filanı ele geçirirseniz yakın diye emretmiştim. Ateşle ancak Allah azap eder. Dolayısıyla onları bulduğunuz yerde öldürün."* buyurdular. (Buhari, Cihad 107)

◈ **1612)** İbnu Mes'ud (r.a.)'den:

Biz Rasûlullah (s.a.v.) ile birlikte bir seferde idik. Peygamber (s.a.v.) abdest bozmaya gitmişti. Bu arada biz iki yavrusu olan bir kuş gördük ve kuşun yavrularını aldık. Kuş, geldi ve kanat çırpmaya başladı. Tam bu sırada Rasûlullah (s.a.v.) geldi ve: -*"Bu kuşu yavrularını almak suretiyle kim tedirgin etti, yavrularını ona geri verin"* buyurdular. Bir de da yaktığımız bir karınca yuvasını gördü ve: -*"Bunları kim yaktı?"* diye sordu. -*"Biz yaktık"* deyince: -*"Şunu iyi bilin ki, ateşle azap etmek ancak ateşin sahibi olan Allah'a aittir"* buyurdular. (Ebu Davud, Cihad 112)

# 284- ZENGİNİN BORCUNU GECİKTİRMESİNİN HARAM OLDUĞU BÖLÜMÜ

◆ "Allah size, emanetleri ehline vermenizi ve insanlar arasında hükmettiğiniz zaman da adaletle hükmetmenizi emrediyor." (4 Nisa 58)

◆ "...Eğer birbirinize güvenerek bir emanet bırakırsanız, emanet bırakılan kimse, emaneti sahibine versin ve Rabbi olan Allah'a karşı hata. etmekten sakınsın.." (2 Bakara 283)

◆ **1613)** Ebu Hüreyre (r.a.)'dan:

Rasûlullah (s.a.v.): -*"Zengin kimsenin borcunu geciktirmesi zulümdür. Sizden biriniz, alacağının ödenmesi bir zengine havale edildiğinde o kimseye müracaat etsin."* buyurdular. (Buhari, Havalat 1, Müslim, Müsakât 33)

# 285- BAĞIŞTAN DÖNMENİN MEKRUH OLUŞU BÖLÜMÜ

◆ **1614)** İbnu Abbas (r.a.)'dan:

Rasûlullah (s.a.v.): -*"Hibesinden dönen, tekrar yemek üzere kusmuğuna dönen köpek gibidir."* buyurdular. (Buhari, Hibe 30, Müslim, Hibat 2)

Müslim'in rivayeti: -*"Verdiği sadakadan dönen, yediğini kustuktan sonra dönüp onu yiyen köpeğe benzer"* şeklindedir. (Müslim, Hibat 5)

Müslim'den başka bir rivayet: -*"Bağışından dönen kusmuğuna dönüp yiyen gibidir"* denilmektedir. (Müslim, Hibat 7)

◆ **1615)** Ömer b. Hattab (r.a.)'dan:

Ben Allah rızası için birine bir atı sadaka olarak verdim. O da ata iyi bakamadı ve onu zayıflattı. Bunun üzerine ben hayvanı satın almak istedim. Ucuza vereceğini de tahmin ediyordum.

Durumu Peygamber (s.a.v.)'e arz ettim. O: -*"Bir dirheme bile verse onu sakın satın alma, verdiğin sadakadan asla dönme, zira sadakasından dönen yediğini kusup onu tekrar yiyen gibidir."* buyurdular. (Buhari, Hibe 30, Müslim, Hibat 1)

## 286- YETİM MALI YEMENİN HARAM OLUŞU BÖLÜMÜ

◆ "Yetimlerin mallarını haksız bir biçimde yiyenler, karınları (dolusu) bir ateşten başka bir şey yemiş olmazlar ve (sonunda da) cehennemi boylarlar." (4 Nisa 10)

◆ "Ergenlik çağına erişinceye kadar, yetimin malına sadece en güzel şekilde yaklaşın." (6 Enam 152)

◆ "...Ve (Ey Muhammed!) Sana yetimler hakkında soruyorlar. Sen onlara: "Onların durumlarını düzeltmek (işlerine karışmamaktan) çok hayırlıdır. Eğer kendileriyle bir arada yaşıyorsanız artık onlar, sizin kardeşlerinizdir. Allah, kimin işleri bozucu ve kimin de düzeltici olduğunu iyi bilir." (2 Bakara 220)

◆ **1616)** Ebu Hüreyre (r.a.)'dan:

Rasûlullah (s.a.v.): -*"Şahısları helak eden yedi büyük günahtan sakının"* deyince: -*"Ey Allah'ın elçisi! Bunlar hangileridir?"* diye sordular. Peygamber (s.a.v.)'de: -*"Allah'a şirk koşmak, sihirle uğraşmak, Allah'ın dokunulmaz kıldığı bir canı haksız yere öldürmek, faiz yemek, yetim malı yemek, savaş meydanından kaçmak ve namuslu, hiçbir şeyden haberi olmayan iffetli kadınlara zina iftirasında bulunmak."* buyurdular. (Buhari, Vesaya 23, Müslim, İman 145)

## 287- FAİZİN HARAM OLUŞU BÖLÜMÜ

◆ "Fâiz yiyenler (âhirette) ancak şeytan çarpmış (deli)ler gibi kalkarlar. Bu, onların: "alış veriş de fâiz gibidir." demelerinden dolayıdır. Hâlbuki Allah, alış verişi helâl, fâizi ise haram kılmıştır.

Kim, kendisine Rabbinden bir öğüt gelir gelmez (fâiz yemekten) vazgeçerse geçmişte aldığı fâizler onun kendisine, hakkındaki karar da Allah'a aittir. Fakat kim de (fâize) geri dönerse işte onlar, içerisinde sürekli olarak kalmak üzere cehenneme gideceklerdir. Allah, fâizi yok eder, sadakaları ise artırır. Allah, günâhtan korkmayan böyle kâfirleri sevmez. Şüphesiz (Allah'ın istediği gibi) îman edip (inandığı) iyi işleri yaşayan, namazı dosdoğru ve devamlı kılan ve zekâtı verenlerin mükâfatı, Rableri katındadır. Onlar için bir korku olmadığı gibi onlar, mahzun da olmayacaklardır. Ey îman edenler! Allah'a karşı hata etmekten sakının ve eğer gerçekten inanıyorsanız, henüz elinize geçmemiş fâizi almaktan vazgeçin." (2 Bakara 275-278)

◈ **1617)** İbnu Mes'ud (r.a.)'dan:

Rasûlullah (s.a.v.) faiz alana da verene de lanet etti. (Müslim, Müsakat 105)

Tirmizi ve başka hadisçiler: "şahitlerine ve yazanlarına" kelimelerini ilave ettiler. (Tirmizi, Büyu' 2)

## 288- GÖSTERİŞİN HARAMLIĞI BÖLÜMÜ

◆ "Hâlbuki onlar sadece, dini yalnız Allah'a has kılarak, Allah'a tam inanarak, namazı dosdoğru ve devamlı kılmakla ve zekât vermekle emrolunmuşlardı. İşte dosdoğru din de buydu." (98 Beyyine 5)

◆ "Ey îman edenler! Allah yolundaki harcamalarınızı, Allah'a ve âhiret gününe inanmadıkları halde, mallarını sadece insanlara gösteriş olsun diye harcayanlar gibi başa kakma ve onur kırma aracı olarak, geçersiz kılmayın. İşte böylelerinin durumu, üzerinde bir miktar toprak bulunan ve şiddetli bir yağmur yağınca çırılçıplak kalıveren, yalçın bir kayanın durumuna benzer. Bunlar, yaptıkları bu işten dolayı hiçbir şey elde edemezler. Şüphesiz Allah, zalim bir toplumu, asla dosdoğru yola ulaştırmaz." (2 Bakara 264)

◆ "...O münâfıklar, (kendilerince) Allah'ı aldatmaya çalışıyorlar. Hâlbuki onları asıl aldatan, Allah'tır. Onlar, namaza kalktıkları zaman da sadece insanlara gösteriş yapmak için üşenerek kalkarlar ve Allah'ın (adını) çok az anarlar." (4 Nisa 142)

◆ **1618)** Ebu Hüreyre (r.a.)'den:

Ben Rasûlullah (s.a.v.)'i: -*"Allahu Teâla: -'Ben kendisine ortak koşulmaktan en uzak olanım. Kim işlediği bir amelde Benden başkasını Bana ortak koşarsa o kimseyi bana koştuğu şeyle baş başa bırakırım.' buyurdu"* derken işittim, dedi. (Müslim)

◆ **1619)** Ebu Hüreyre (r.a.)'den:

Rasûlullah (s.a.v.)'i: -*"Kıyamet günü hesabı ilk görülecek kişi şehit düşmüş kimse olup Allah'ın huzuruna getirilir. Allah da ona verdiği nimetleri hatırlatır, o da hatırlar ve nail olduğu nimetleri itiraf eder. Allah: '-Peki bunca nimetlere karşı ne yaptın?' buyurur. -'Senin yolunda savaştım ve şehit düştüm' deyince: -'Hayır, yalan söylüyorsun, sen cesur desinler diye savaştın ve bu söz de senin hakkında söylendi' buyurur. Sonra bu kişi verilen emir üzerine yüzüstü cehenneme atılır. Diğer bir ilim öğrenen, öğreten ve Kur'an okumuş bir kimse Allah'ın huzuruna getirilir. Allah ona da verdiği nimetleri hatırlatır. O da hatırlar ve itiraf eder. Allah: -'Peki bu nimetlere karşılık ne yaptın?' buyurur. O da: -'İlim öğrendim, öğrettim ve Senin rızan için Kur'an okudum' cevabını verir. Allah: -'Yalan söyledin. Sen âlim desinler diye ilim öğrendin, ne güzel okuyor desinler diye Kur'an okudun. Zaten bu sözler de senin için söylendi' buyurur. Sonra emredilir de yüzüstü cehenneme atılır. Daha sonra Allah'ın kendisine her çeşit mal ve imkân verdiği bir kimse Allah'ın huzuruna getirilir. Allah verdiği nimetleri ona hatırlatır, o da onları itiraf eder. Bunun üzerine Allah: -'Peki ya sen bu nimetlere karşılık neler yaptın?' buyurur. O da: -'Senin rızanı kazanmak için sevdiğin yollarda harcadım' deyince, Allah kendisine: -'Yalan söylüyorsun, hâlbuki sen, 'ne cömert adam' desinler diye infak ettin. Bu söz de senin hakkında söylendi.' buyurur ve ar-*

*kasından Allah'ın emri üzerine bu kimse de yüzüstü cehenneme atılır."* buyururken işittim dedi. (Müslim, İmara 152)

◈ **1620)** İbnu Ömer (r.a.)'dan:

Bir takım insanlar kendisine: -*"Biz idarecilerimizin yanına girince onlara dışarıda kendileri için konuştuklarımızın aksine (övücü) sözler söyleriz"* dediler. Bunun üzerine İbnu Ömer: -*"Biz Rasûlullah (s.a.v.) zamanında bunu münafıklık sayardık"* cevabını verdi. (Buhari, Ahkam 27)

◈ **1621)** Cündeb b. Abdillah b. Süfyan (r.a.)'dan:

Peygamber (s.a.v.): -*"Kim yaptığını insanlara şöhret için duyurursa, Allah da onun gizlediği işlerini duyurur ve kim de yaptığını gösteriş için yaparsa Allah da onun gizli hallerini açığa çıkarır"* buyurdular. (Buhari, Rikak 36, Müslim, Zühd 47)

◈ **1622)** Ebu Hüreyre (r.a.)'dan:

Rasûlullah (s.a.v.): -*"Kim Yüce Allah'ın rızasını kazanmaya yarayan bir ilmi sırf dünyalık elde etmek için öğrenirse, kıyamet günü cennetin kokusunu bile duymaz."* buyurdular. (Ebu Davud, İlim 12)

## 289- RİYA OLMADIĞI HALDE RİYA SANILAN ŞEYLER BÖLÜMÜ

◈ **1623)** Ebu Zer (r.a.)'dan:

Rasûlullah (s.a.v.)'e: -*"Bir kimse bir hayır işler de halk onu bu sebeple överse buna ne buyurursunuz?"* dediler. O da: -*"Bu, bu mü'minin amelinin kabulüne dünyada peşin bir müjdedir."* buyurdular. (Müslim, Birr 166)

# 290- YABANCI KADINLARA ŞEHVETLE BAKMANIN YASAK OLUŞU BÖLÜMÜ

◆ "Müslüman erkeklere söyle: Gözlerini (harama bakmaktan) sakınsınlar." (24 Nur 30)

◆ "Bilmediğin şeyin ardına düşme, çünkü: kulak, göz ve kalp(lerin sahipleri), tüm (yaptıklarından) mutlaka sorumludur." (17 İsra, 36)

◆ "(Allah,) gözlerin art niyetli bakışlarını da gönüllerin gizlediği düşünceleri de bilir." (40 Mü'min 19)

◆ "Elbette Rabbin, (kullarını her an) gözetlemektedir." (89 Fecr 14)

◆ **1624)** Ebu Hüreyre (r.a.)'dan:

Rasûlullah (s.a.v.): -*"Âdemoğlunun (iradesiyle yapacağı) zina kaderine yazılmıştır. Şüphesiz o buna mutlaka kavuşur. Gözlerin zinası bakmak, kulakların zinası dinlemek, dilin zinası konuşmak, elin zinası yabancı bir kadına dokunmaktır. Ayakların zinası zinaya yürümektir. Kalbin de zina isteği ve temennisi vardır. Tenasül uzvu tüm bu uzuvların isteklerini tasdik ederek arzularını gerçekleştirir veya uymayarak onları yalancı çıkarır."* buyurdular. (Buhari, İstizan 12, Müslim, kader 20)

◆ **1625)** Ebu Said el-Hudri (r.a.)'dan:

Rasûlullah (s.a.v.): -*"Yollarda oturmaktan sakının."* Buyurdu. Bunun üzerine ashab: -*"Ey Allah'ın Rasulü! Bundan kaçınmamız mümkün değil. Meselelerimizi sokaklarda konuşuyor ve sohbet ediyoruz"* dediler. Rasûlullah (s.a.v.): -*"Madem oturmaktan vazgeçmeyeceksiniz o halde yolun hakkını verin"* buyurdu. Ashab: -*"Yolun hakkı nedir Ey Allah'ın Rasulü!"* dediler. Rasûlullah (s.a.v.)'de: -*"Harama bakmamak, gelip geçenleri rahatsız etmemek, selam almak, iyi şeyleri emredip kötülüklerden sakındırmaktır."* buyurdular. (Buhari, Mezalim 22, Müslim, Libas 114)

◆ **1626)** Ebu Talha Zeyd b. Sehl (r.a.)'dan:

Biz evlerin önünde oturur konuşurduk. Bir gün Rasûlullah (s.a.v.) gelip yanımızda durdu ve: -*"Size ne oluyor da böyle sokak-*

*larda oturuyorsunuz?* **Buralarda oturmaktan sakının"** buyurdu. Biz: -*"Sakıncalı bir iş yapmıyoruz. Kendi aramızda konuşup görüşüyoruz."* deyince: -**"Eğer sokaklarda oturmaktan vazgeçmeyecekseniz yolun hakkını verin. o da haram şeylere bakmamak, selamları almak ve güzel sözler söylemektir"** buyurdular. (Müslim, Selam 2)

◈ **1627)** Cerir (r.a.)'dan:

Rasûlullah (s.a.v.)'e (bir kadına) ansızın bakıvermenin hükmünü sordum, O: -**"Derhal gözünü başka tarafa çevir"** buyurdular. (Müslim, Adap 45)

◈ **1628)** Ümmü Seleme (r.a.)'dan:

Ben Rasûlullah (s.a.v.)'in yanında Meymune ile birlikte iken ibnu Ümmi Mektum geldi. Bu olay, tesettür emri geldikten sonraydı. Peygamber (s.a.v.): -**"Bu kimseden saklanın"** buyurdu. Biz: -*"Ey Allah'ın Rasulü! O, bizi göremeyen ve tanıyamayan bir âmâ değil mi?"* deyince Rasûlullah (s.a.v.): -**"Siz ikiniz de mi âmâsınız, onu görmüyor musunuz?"** buyurdular. (Ebu Davut, Libas 34, Tirmizi, Edeb 29)

◈ **1629)** Ebu Said el-Hudri (r.a.)'dan:

Rasûlullah (s.a.v.): -**"Bir erkek bir erkeğin avret yerine, kadın da kadının avret yerine bakmasın. Bir erkek başka bir erkekle, bir kadın da başka bir kadınla aynı örtü altında yatıp da (tenleri birbirine değmesin)."** buyurdular. (Müslim, Hayz 74)

## 291- YABANCI BİR KADINLA BAŞ BAŞA KALMA YASAĞI BÖLÜMÜ

◈ "...(Bir de) Peygamber'in hanımlarından bir şey istediğiniz zaman, perde arkasından isteyin..." (33 Ahzap 53)

◈ **1630)** Ukbe b. Amir (r.a.)'dan:

Rasûlullah (s.a.v.): -**"Yabancı kadınların yanına yalnız iseler girmekten sakının!"** buyurdular. Bunun üzerine Ensar'dan birisi:

-*"Ey Allah'ın Rasûlü! Kocanın erkek akrabaları hakkında ne dersiniz?"* deyince: -*"Onlarla yalnız kalmak ölüm gibi tehlikelidir."* buyurdular. (Buhari, Nikâh 111,Müslim, Selam 20)

◈ **1631)** İbnu Abbas (r.a.)'dan:

Rasûlullah (s.a.v.): -*"Hiç biriniz yanında yakını bulunmayan bir kadınla baş başa kalmasın."* buyurdular. (Buhari, Nikâh 111, Müslim, Hac 424)

◈ **1632)** Büreyde (r.a.)'dan:

Rasûlullah (s.a.v.): -*"Cihada çıkan askerlerin geride bıraktıkları hanımları, cihada çıkmamış erkeklere kendi anneleri gibi haramdır. Mücahidlerden birinin ailesine bakmayı üzerine alıp hainlik eden kimse, kıyamet günü durdurulur ve o mücahid razı oluncaya kadar onun sevaplarından dilediği kadar alması temin edilir."* buyurdular. Sonra Rasûlullah (s.a.v.) bize dönerek: -*"Ne zannediyorsunuz? (Onun sevaplarından hiçbir şey kalır mı?)"* buyurdular. (Müslim, İmaret 139)

## 292- KADINLARIN ERKEKLERE, ERKEKLERİN KADINLARA BENZEME YASAĞI BÖLÜMÜ

◈ **1633)** İbnu Abbas (r.a.)'dan:

Rasûlullah (s.a.v.), kadınlaşan erkeklere ve erkekleşen kadınlara lanet etmiştir. (Buhari, Libas 62)

Buhari'nin başka bir rivayeti: -*"Rasûlullah (s.a.v.) kadınlara benzemeye çalışan erkeklere ve erkeklere benzemeye özenen kadınlara lanet etti"* denilmektedir. (Buhari, Libas 62)

◈ **1634)** Ebu Hüreyre (r.a.)'den:

Rasûlullah (s.a.v.); kadın gibi giyinen erkeklere ve erkek kıyafetine giren kadınlara lanet etti. (Ebu Davut, Libas 28)

◈ **1635)** Ebu Hüreyre (r.a.)'dan:

Rasûlullah (s.a.v.): -*"Cehennemlik olan iki grup insan vardır ki bunları henüz ben bunları görmedim. Bunlardan birincisi; sığırkuyrukları gibi kırbaçlarla insanları döverler. Diğeri ise; bazı kadınlar ki, giyinmiş oldukları halde çıplak görünür ve diğer kadınları da kendileri gibi olmaya teşvik ederler. Bunların başları kabartma malzemeleriyle deve hörgücü gibidir. Bunlar cennete giremedikleri gibi uzak mesafeden kokusunu dahi duyamazlar."* buyurdular. (Müslim, Cennet 52)

## 293- ŞEYTAN VE KÂFİRLERE BENZEME YASAĞI BÖLÜMÜ

◈ **1636)** Cabir (r.a.)'dan:

Rasûlullah (s.a.v.): -*"Sol elinizle yemeyin, çünkü şeytan sol eliyle yer ve içer."* buyurdular. (Müslim, Eşribe 104)

◈ **1637)** İbnu Ömer (r.a.)'dan:

Rasûlullah (s.a.v.): -*"Sizden biriniz asla sol eliyle yiyip içmesin, çünkü şeytan solu ile yer ve içer."* buyurdular. (Müslim, Eşribe 107)

◈ **1638)** Ebu Hüreyre (r.a.)'dan:

Rasûlullah (s.a.v.): -*"Yahudi ve Hıristiyanlar saç ve sakallarını hiç boyamazlar. Siz onlara muhalefet edin."* buyurdular. (Buhari, Enbiya 50)

## 294- ERKEK VE KADINLARIN SAÇ BOYAMASINDA SİYAH RENKTEN SAKINMALARI GEREKTİĞİ BÖLÜMÜ

◈ **1639)** Cabir (r.a.)'den:

Mekke'nin fethedildiği gün Ebu Bekir es Sıddîk (r.a.)'in babası Ebu Kuhafe (r.a.)'yi saç ve sakalı bembeyaz olmuş bir vaziyette

Peygamber (s.a.v.)'in huzuruna getirdiler. Bunun üzerine Rasûlullah (s.a.v.): -*"Bu ağarmış saçları siyaha boyadan, boyamak suretiyle değiştirin."* buyurdular. (Müslim, Libas 79)

## 295- BAŞIN BİR KISMININ TIRAŞ EDİLİP BİR KISMININ UZUNCA BIRAKILMA YASAĞI BÖLÜMÜ

◈ **1640)** İbnu Ömer (r.a.)'dan:

Rasûlullah (s.a.v.) saçın bir kısmını tıraş edip bir kısmının perçem olarak (alabros) bırakılmasını yasakladı. (Buhari, Libas 72, Müslim, Libas 112)

◈ **1641)** İbnu Ömer (r.a.)'den:

Rasûlullah (s.a.v.) bir gün saçının bir kısmı tıraş edilmiş bir kısmı bırakılmış (alabros) bir çocuk gördü ve böyle tıraş etmeyi yasaklayıp: -*"Ya her tarafını tıraş edin ya da hepsini bırakın"* buyurdular. (Ebu Davut, Tereccül 14)

◈ **1642)** Abdullah b. Cafer (r.a.)'dan:

Peygamber (s.a.v.) Cafer b. Ebu Talib'in ailesine üç gün yas tutabileceklerine dair mühlet verdi. Sonra onlara geldi ve: -*"Bu günden sonra kardeşim Cafer için ağlamayın. Bana kardeşimin çocuklarını çağırın"* buyurdular. Bizi toplayıp getirdiler. Biz sanki annelerini kaybetmiş kuş yavruları gibiydik. Sonra: -*"Bir berber çağırın"* buyurdu. Gelen berber, Peygamber (s.a.v.)'in emri üzerine başlarımızı tıraş etti. (Ebu Davut, Menasik 78)

◈ **1643)** Ali (r.a.)'den:

Rasûlullah (s.a.v.) kadınların saçlarını tıraş etmelerini, yasakladı. (Nesei, Ziynet 4)

# 296- SAÇ TAKMA VE DÖVME
## YAPTIRMANIN, YASAKLIĞI BÖLÜMÜ

◈ "O (müşrikler,) Allah'ı bırakıp da dişi putlara tapıyorlar. Hâlbuki onlar, (böyle yaparak) azgın şeytandan başka bir şeye tapmıyorlar. Onlar, kendilerine: "Elbette Senin kullarından, belirli bir kısmını alıp saptıracağım, onları boş kuruntulara sokacağım, onlara hayvanların kulaklarını yarmalarını ve Allah'ın yarattığını değiştirmelerini emredeceğim." diyen ve Allah'ın lânet ettiği (azgın şeytana taparlar.) Allah'ı bırakıp da şeytanı dost edinenler, şüphesiz apaçık bir şekilde perişan olacaklar..." (4 Nisa 117-119)

◈ **1644)** Esma (r.a.)'dan:

Bir kadın Rasûlullah (s.a.v.)'e gelerek: -*"Ey Allah'ın Rasulü! Kızımın bir hastalık sebebiyle saçları döküldü. Onu evlendiriyorum. Dökülen saçlarının yerine saç taktırayım mı?"* diye sordu. Bunun üzerine Peygamber (s.a.v.): -*"İğreti saç takan da taktırana da Allah lanet etmiştir"* buyurdular. (Buhari, Müslim)

◈ **1645)** Humeyd b. Abdurrahman (r.a.)'dan:

Muaviye (r.a.) hac yaptığı sene bir zabıtanın elindeki bir tutam saçı alıp minberinden halka: -*"Ey Medineliler! Âlimleriniz nerede? Ben Rasûlullah (s.a.v.)'in bu türlü şeyleri yasaklayarak: 'İsrail Oğulları, kadınları bu türlü şeyleri kullanmayı adet edindikleri için helak olmuşlardır.' diye söylediğini işittim."* dedi. (Buhari, Enbiya 54, Müslim, Libas 122)

◈ **1646)** İbnu Ömer (r.a.)'dan:

Rasulullah (s.a.v.), saçlarına saç ekleyen ve eklettiren, dövme yapan ve yaptıranlara lanet etti. (Buhari, Libas 83, Müslim, Libas 115)

◈ **1647)** İbnu Mes'ud (r.a.)'dan:

Allah, dövme yapan ve yaptıran, güzel görünsün diye yüzünün tüylerini yolan, kaşlarını incelten, dişlerini törpüleyip seyrekleştiren ve Allah'ın yarattığı fıtratı bozan kadınlara lanet etsin dedi. Bu hususta bir kadın İbnu Mes'ud (r.a.)'la konuştu. Bunun üzerine İbnu Mes'ud (r.a.): -"*Peygamber (s.a.v.)'in lanet ettiği kimseye niçin lanet etmeyecekmişim ki? Bu husus Kur'an'da emredilmiştir. Allah: -'(Ey îman edenler!) Peygamber, size neyi emrettiyse onu alın ve size neyi yasakladıysa ondan da sakının. Allah'tan hakkıyla korkun. Şüphesiz Allah, cezâsı çok şiddetli olandır.'* (59 Haşr suresi 7) *buyurmaktadır.*" dedi. (Buhari, Libas 82, Müslim, Libas 120)

## 297- SAÇ VE SAKALDAKİ BEYAZ KILLARI KOPARMA YASAĞI BÖLÜMÜ

◈ **1648)** Amr b. Şuayb'ın babası vasıtasıyla dedesin (r.a.)'den:

Rasûlullah (s.a.v.): -"*Beyazlaşmış kılları yolmayın. Çünkü onlar kıyamet gününde Müslümanın nurudur.*" buyurdular. (Ebu Davud, Tereccül, 17; Tirmizi, Edeb, 56; Nesai, Zinet, 13)

◈ **1649)** Aişe (r.a.)'dan:

Rasûlullah (s.a.v.): -"*Kim bizim emrimize aykırı bir iş yaparsa bu yaptığı reddedilmiştir.*" buyurdular. (Müslim, Akdiye, 17)

## 298- SAĞ ELİYLE TAHARETLENMENİN MEKRUH OLDUĞU BÖLÜMÜ

◈ **1650)** Ebu Katade (r.a.)'den:

Peygamber (s.a.v.): -"*Hiçbiriniz küçük abdest bozarken tenasül uzvunu sağ eliyle tutmasın, sağ eliyle taharetini yapmasın, bir şey içtiği kabın içerisine solumasın.*" buyurdular. (Buhari, Vudu, 15; Müslim, Taharet, 63)

## 299- TEK AYAKKABI İLE GEZMENİN MEKRUH OLDUĞU BÖLÜMÜ

◈ **1651)** Ebu Hureyre (r.a.)'dan:

Rasûlullah (s.a.v.): -*"Sizden biriniz tek ayakkabı ile gezmesin. Ya ikisini de giysin veya ikisini de çıkarsın."* buyurdular. (Müslim, Libas, 68)

◈ **1652)** Ebu Hureyre (r.a.)'dan:

Ben, Rasûlullah (s.a.v.)'in: -*"Sizden biriniz ayakkabısının bağı koptuğunda onu tamir edinceye kadar tek ayakkabı ile yürümesin"* buyurduğunu işittim dedi. (Müslim, Libas, 69)

◈ **1653)** Cabir (r.a.)'den:

Rasûlullah (s.a.v.), bir kimsenin ayakta ayakkabı giymesini yasaklamıştır. (Ebu Davut, Libas, 41)

## 300- UYKUYA YATARKEN YANGINA SEBEP OLABİLECEK ŞEYLERİ AÇIK BIRAKMA YASAĞI BÖLÜMÜ

◈ **1654)** İbnu Ömer (r.a.)'dan:

Peygamber (s.a.v.): -*"Uyumak istediğinizde evlerinizde yanar halde ateş bırakmayın."* buyurdular. (Buhari, İsti'zan, 49; Müslim, Eşribe, 100)

◈ **1655)** Ebu Musa el-Eş'arî (r.a.)'den:

Medine'de bir gece vakti bir ev içindeki insanlarla birlikte yandı. Durum Rasûlullah (s.a.v.)'e haber verilince: -*"Şu ateş sizin düşmanınızdır, uyuyacağınızda onu söndürün."* buyurdular. (Buhari, İsti'zan, 49; Müslim, Eşribe, 101)

◈ 1656) Cabir (r.a.)'dan:

Rasûlullah (s.a.v.): -*"Kaplarınızın ağzını örtün, su tulumlarının ağzını bağlayın, kapılarınızı kilitleyin, lambaları söndürün. Çünkü şeytan (besmele ile) bağlanmış bağı çözemez, kapıyı açamaz ve kapağı kaldıramaz. Sizden biriniz kapların ağzını kapayacak bir şey bulamazsa onu bir ağaç parçasıyla bari besmele çekerek kapatsın. Yatarken yangın çıkaracak şeylerin tedbirini alın. Çünkü fareler, evi içindekilerle beraber yakabilir."* buyurdular. (Müslim, Eşribe, 96)

## 301- İŞ VE SÖZDE FAYDASIZ YÜKLER YÜKLEMENİN YASAKLIĞI BÖLÜMÜ

◆ (Ey Muhammed! Onlara): "Ben, sizden bu (Kur'an'a) karşılık bir ücret istemiyorum ve ben, kendiliğimden bir şey iddiâ edenlerden de değilim." de. (38 Sa'd, 86)

◈ 1657) Ömer (r.a.)'den:

Biz (kafamızdan) zorluk çıkarmaktan yasaklandık. (Buhari, İ'tisam, 3)

◈ 1658) Mesruk'dan.

Abdullah b. Mes'ud (r.a.)'ın yanına varmıştık, bize: -*"Ey insanlar! Kim bir şey biliyorsa bildiğini söylesin, bilmeyen de 'Allah bilir' desin. Zira insanın bilmediği bir konuda 'Allah bilir' demesi de bir ilimdir. Allah Peygamberi (s.a.v.)'e: -" Ey Muhammed! Onlara): 'Ben, sizden bu (Kur'an'a) karşılık bir ücret istemiyorum ve ben, kendiliğimden bir şey iddiâ edenlerden de değilim.' de."* buyurmuştur." dedi. (38 Sa'd Suresi, 86) (Buhari, Tefsiru Sure-i Sa'd, 3)

## 302- ÖLÜLER ARKASINDAN FERYAT EDEREK AĞLAMANIN YASAKLIĞI BÖLÜMÜ

◈ 1659) Ömer b. Hattab (r.a.)'dan:

Peygamber (s.a.v.): -*"Ölüye kendisi için yapılan feryat yüzünden kabrinde azap olunur."* buyurdular. (Buhari, Cenaiz, 34; Müslim, Cenaiz, 28)

Tirmizi'nin rivayeti: -*"Ölüye ağlandığı sürece"* denilmektedir. (Tirmizi, Cenaiz, 23)

◈ **1660)** İbnu Mes'ud (r.a.)'dan:

Rasûlullah (s.a.v.): -*"Ölenin arkasından yüzlerini tokatlayarak, yakalarını yırtarak, cahiliyye âdeti üzere ağıt yakıp feryat edenler bizden değildir."* buyurdular. (Buhari, Cenaiz, 36)

◈ **1661)** Ebu Bürde (r.a.)'den:

Babam Ebu Musa el-Eş'ari (r.a.) hastalandı. Başı hanımlarından birinin kucağında iken bayıldı. Bunun üzerine hanımı bağırarak ağlamaya başladı. Fakat Ebu Musa (r.a.)'nın durumu kadının bu hareketini engellemeye müsait değildi. Sonra ayılınca: -*"Rasûlullah (s.a.v.)'in uzak bulunduğu her şeyden ben de uzağım. Rasûlullah (s.a.v.) bir musibet karşısında bağırıp çağıran, saçını başını yolan ve elbisesini yırtan kadınlardan uzak bulunurdu."* dedi.
(Buhari, Cenaiz, 37; Müslim, İman, 167)

◈ **1662)** Muğire b. Şube (r.a.)'den:

Ben Rasûlullah (s.a.v.)'i: -*"Kimin (ölünce) üzerine feryat edilerek ağlanırsa, o kişiye kıyamet günü o feryat sebebiyle azap olunur."* buyururken dinledim, dedi. (Buhari, Cenaiz, 34; Müslim, Cenaiz, 28)

◈ **1663)** Ümmü Atiyye Nüseybe (r.a.)'dan:

Rasûlullah (s.a.v.) bey'at sırasında biz kadınlardan, ölülerin arkasından yüksek sesle ağlamayacağımıza dair söz aldı. (Buhari, Cenaiz, 46; Müslim, Cenaiz, 31)

◈ **1664)** *Numan b. Beşir (r.a.)'den:*

Abdullah b. Revaha (r.a.) baygınlık geçirince kız kardeşi, -*"Vah dağ gibi kardeşim, vah şöyle, vah böyle olan kardeşim"* diyerek feryat etmeye başladı. Abdullah (r.a.) kendisine geldikten sonra kız kardeşine: -*"Sen benim hakkımda neler söylediysen, sen gerçekten böyle biri misin? diye bana soruldu"* dedi. (Buhari, Megazi, 44)

**1665)** İbnu Ömer (r.a.)'den:

Bir gün Sa'd b. Ubade (r.a.) hastalığından dolayı şikâyet etmişti. Rasûlullah (s.a.v.), Abdurrahman b. Avf, Sa'd b. Ebu Vakkas ve Abdullah b. Mes'ud (r.a.) bulunduğu halde Sa'd b. Ubade (r.a.)'ı ziyaret etti. Peygamberimiz onu baygın bir halde görünce: -*"Yoksa öldü mü?"* diye sordu. -*"Hayır, Ey Allah'ın Rasûlü ölmedi"* dediler. Rasûlullah (s.a.v.) hastanın çektiği bu ıstıraba üzülerek ağladı, cemaat de ağladılar. Bunun üzerine Rasûlullah (s.a.v.): -*"Bilmez misiniz? Gerçekten Allah, gözyaşı ve kalbin elemi sebebiyle azap etmez. Fakat –dilini işaret ederek- bunun yüzünden azap da eder merhamet de."* buyurdular. (Buhari, Cenaiz, 45; Müslim, Cenaiz, 12)

**1666)** Ebu Malik el-Eş'ari (r.a.)'dan:

Rasûlullah (s.a.v.): -*"Ölünün arkasından yüksek sesle ağlayan kadın, ölmezden önce tövbe etmezse kıyamet günü üzerinde katrandan bir gömlek ve uyuzdan bir zırh olduğu halde haşr edilir."* buyurdular. (Müslim, Cenaiz, 29)

**1667)** Tabiinden Üseyd b. Ebu Useyd'den:

Rasûlullah (s.a.v.)'e biat eden kadınlardan biri: -*"Rasûlullah (s.a.v.) İslam üzere aldığı biatta, emirlere karşı gelmeyeceğimize, felaket anında yüz göz tırmalamayacağımıza, bağırıp çağırmayacağımıza, yaka paça yırtmayacağımıza, saç baş yolmayacağımıza dair bizden söz almıştı."* dedi. (Ebu Davud, Cenaiz, 25)

**1668)** Ebu Musa (r.a.)'dan:

Rasûlullah (s.a.v.): -*"Ölen bir kimsenin arkasından ağlayıcılar; 'ey dağ gibi yiğidim, ey efendimiz veya benzer şeyler söyleyerek' onu övmeye başladıkları vakit, o kimsenin başına iki melek görevlendirilir ve 'sen böyle biri miydin?' diyerek itip kakarlar."* buyurdular. (Tirmizi, Cenaiz, 24)

**1669)** Ebu Hureyre (r.a.)'dan:

Rasûlullah (s.a.v.): -*"İnsanlarda iki huy vardır ki, bunları yapmak küfürdür. Neseplere dil uzatmak, ölü üzerine yaka paça yırtarak ağlamak."* buyurdular. (Müslim, İman, 121)

## 303- FALCILARA İNANMANIN
## HARAM OLUŞU BÖLÜMÜ

◈ **1670)** Aişe (r.a.)'dan:

Bir grup insan Rasûlullah (s.a.v.)'e, falcılar hakkında sordular. Rasûlullah (s.a.v.): -*"Onlar hiçbir şey değildir"* dediler. İnsanlar: -*"Ey Allah'ın elçisi! Onlar bazen bize bazı haberler veriyorlar ve dedikleri gibi çıkıyor"* deyince, Peygamber (s.a.v.): -*"Onların bu haberleri Haktan gelen gerçeklerdendir. O gerçeği bir cin kaparak falcı dostunun kulağına fısıldar, o da bu bir gerçeğe yüz tane yalan karıştırarak halka aktarır."* buyurdular. (Buhari, Tıp, 46; Müslim, Selam, 122)

Buhari'nin değişik bir rivayeti: Aişe (r.a.), Rasûlullah (s.a.v.)'in: -*"Melekler bulutlara inerler ve gökyüzünde karara bağlanan şeyleri aralarında konuşurlarken şeytanlar meleklerden bir haber kapıp işittiklerini falcılara fısıldarlar. Onlar da kendilerinden bu habere yüz yalan katarak halka aktarırlar."* buyurduğunu işitmiştir. (Buhari, Bed'ül-halk, 6)

◈ **1671)** Safiyye binti Ebu Ubeyd (r.a.)'nın Peygamber (s.a.v.)'in eşlerinin bazılarından:

Rasûlullah (s.a.v.)'ın: -*"Her kim çalıntı malın yerini haber veren kâhine gidip ondan bir şey sorar ve onu da tasdik ederse o kişinin kırk gün namazı kabul olunmaz."* buyurduğunu bildirmiştir. (Müslim, Selam, 175)

◈ **1672)** Kabîsa b. Muharık (r.a.)'dan:

Rasûlullah (s.a.v.)'i: -*"Kuşun ötmesini uğur ve uğursuzluk saymak, kuşun uçmasından manalar çıkarmak, ufak taşlarla fal açmak, sihrin türlerindendir."* diye buyururken dinledim demiştir. (Ebu Davud, Tıp, 23)

◈ **1673)** İbnu Abbas (r.a.)'dan:

Rasûlullah (s.a.v.): -*"Her kim yıldızlardan bir bilgi edinirse sihirden bir parça elde etmiş olur. Bilgisi arttıkça günahı da artar."* buyurdular. (Ebu Davud, Tıp, 22)

◈ **1674)** Muaviye b. Hakem (r.a.)'den:

Bir gün: -*"Ey Allah'ın Rasûlü! Ben cahiliyye devrinde yaşadım. Allah bize İslam Dinini gönderdi. Aramızda öyle kimseler var ki, onlar falcılara giderler"* dedim. Rasûlullah (s.a.v.): -***"Onlara gitmeyin"*** buyurdu. Ben: -*"Aramızda uğursuzluğa inanan adamlar var"* deyince Rasûlullah (s.a.v.): -***"Uğursuzluk kalpte uyanan bir duygudur, bu duygu onları işlerinden alıkoymasın."*** buyurdu. Bu sefer ben: -*"Aramızda kumlar üzerine çizgi çizerek bunlardan hüküm çıkaranlar da var"* dedim. Rasûlullah (s.a.v.) de: -***"Geçmiş Peygamberlerden biri de çizgi çizerdi, kim onun gibi çizgi çizebiliyorsa günah olmaz."*** buyurdular. (Müslim, Mesacid, 33)

◈ **1675)** Ebu Mes'ud el-Bedri (r.a.)'dan:

Rasûlullah (s.a.v.); köpek alışverişinden elde edilen parayı, fuhuş kazancını ve falcılık ücretini yasaklamıştır. (Buhari, Büyu', 25; Müslim, Musakat, 40)

## 304- UĞURSUZLUĞA İNANMANIN HARAM OLUŞU BÖLÜMÜ

◈ **1676)** Enes (r.a.)'dan:

Rasûlullah (s.a.v.): -***"Hastalıkların kendiliklerinden bulaşıcılığı yoktur. Uğursuzluk da yoktur. Her şeyi güzel sözlerle hayra yormak benim hoşuma gider."*** buyurdular. (Buhari, Tıb, 19; Müslim, Selam, 102)

◈ **1677)** İbnu Ömer (r.a.)'dan:

Rasûlullah (s.a.v.): -***"Hastalıkların kendiliklerinden bulaşıcılığı yoktur. Uğursuzluk da yoktur. Eğer bir şeyde uğursuzluk olacak olsaydı, cahiliyyede Arapların kabul ettikleri gibi evde, kadında ve atta olurdu."*** buyurdular. (Buhari, Cihad, 47; Müslim, Selam, 115)

◈ **1678)** Büreyde (r.a.)'den:

Peygamber (s.a.v.) hiçbir şeyde uğursuzluğu kabul etmezdi. (Ebu Davut, Tıb, 24)

◈ **1679)** Urve b. Amir (r.a.)'den:

Rasûlullah (s.a.v.)'in huzurunda uğursuzluktan bahsedildi. Rasûlullah (s.a.v.): -*"Bunun en güzeli iyiye yormaktır. Uğursuz sayma işi hiç bir Müslümanı işinden vazgeçirmesin. Sizden biri hoşa gitmeyen bir şey gördüğünde, 'Ey Allah'ım! İyilikleri yalnızca Sen verirsin, kötülükleri de ancak Sen giderirsin. Güç de kuvvet de ancak Sendendir' diye dua etsin"* buyurdular. (Ebu Davut)

## 305- CANLI RESMİ YAPMA VE BULUNDURMA YASAĞI BÖLÜMÜ

◈ **1680)** İbnu Ömer (r.a.)'den:

Rasûlullah (s.a.v.): -*"Bu resim ve heykelleri yapanlar kıyamet günü 'bu yaptıklarınıza can verin bakalım' diye azap edileceklerdir."* buyurdular. (Buhari, Büyu, 40; Müslim, Libas, 96)

◈ **1681)** Aişe (r.a.)'dan:

Rasûlüllah (s.a.v.) sefer dönüşünde, evin önündeki sofayı üzerinde resimler olan bir perde ile örtmüştüm. Rasûlüllah (s.a.v.) perdeyi görünce yüzünün rengi değişti. Bana: -*"Ey Aişe! Kıyamet günü Allah katında en çetin azaba uğrayacak kimseler, yaptıklarını Allah'ın yaptıklarına benzetmeye kalkanlardır."* buyurdular. Ben de o perdeyi kestim, bir veya iki yastık yaptım. (Buhari, Libas, 91; Müslim, Libas, 12)

◈ **1682)** İbnu Abbas (r.a.)'den:

Ben Rasûlullah (s.a.v.)'i: -*"Her resim ve heykel yapan cehennemdedir. Yaptığı her bir resim ve heykel için orada bir kişi yaratılarak, resim yapana cehennemde azap edecektir."* diye buyururken dinledim dedi. İbnu Abbas (r.a.): -*"Eğer mutlaka resim yapman gerekiyorsa ağaçların ve cansız olan şeylerin resimlerini yap."* dedi. (Buhari, Büyu, 104; Müslim, Libas, 99)

◈ **1683)** İbnu Abbas (r.a.)'den:

Ben Rasûlullah (s.a.v.)'i: -*"Kim dünyada bir canlı resmi yaparsa kıyamet günü yaptığı resme can vermesi istenir. O ise buna asla can veremez."* diye buyururken dinledim dedi. (Buhari, Müslim)

◈ **1684)** İbnu Mes'ud (r.a.)'den:

Ben Rasûlullah (s.a.v.)'i: -*"Kıyamet günü azabı en şiddetli olanlar resim ve heykel yapanlardır."* diye buyururken işittim dedi. (Buhari, Libas, 89; Müslim, Libas, 96)

◈ **1685)** Ebu Hureyre (r.a.)'den:

Ben Rasûlullah (s.a.v.)'i: -*"Allahu Teâlâ; 'Benim yarattığım gibi (resim ve heykel yaparak) yaratmaya kalkışanlardan daha zalim kim olabilir? Haydi, bir zerre yahut bir tane veya bir arpa tanesini yoktan var etsinler bakalım'...buyurdu"* diye buyururken dinledim dedi. (Buhari, Libas, 90; Müslim, Libas, 101)

◈ **1686)** Ebu Talha (r.a.)'dan:

Rasûlullah (s.a.v.): -*"İçinde canlı resmi ve köpek bulunan eve melekler girmez."* buyurdular. (Buhari, Libas, 88; Müslim, Libas, 83)

◈ **1687)** İbnu Ömer (r.a.)'den:

Cebrail (a.s.) Rasûlullah (s.a.v.)'e geleceğini söylemişti fakat gecikti. Rasûlullah (s.a.v.) çok üzüldü, dışarı çıkınca Cebrail (a.s.) ile karşılaştı ve gecikmesinden dolayı şikâyetçi oldu. Bunun üzerine Cebrail (a.s.): -*"Biz melekler, içinde köpek ve canlı resmi olan eve girmeyiz"* cevabını verdi. (Buhari, Libas, 94)

◈ **1688)** Aişe (r.a.)'dan:

Cebrail (a.s.) Rasûlullah (s.a.v.)'a belli bir saatte geleceğini vadetmişti. Vakit gelmesine rağmen Cebrail (a.s.) gelmedi. Rasûlullah (s.a.v.) elinde bulunan sopayı yere atarak: -*"Allah ve elçileri verdikleri sözden dönmezler,"* dedi, sonra etrafa göz gezdirince, sedirin altında bir köpek yavrusu gördü.

Bunun üzerine: -*"Bu köpek yavrusu buraya ne zaman gir-di"* diye sordu. Ben de: -*"Allah'a yemin ederim ki bilmiyorum"* dedim. Emir verdi ve köpek yavrusu evden çıkarıldı. Cebrail (a.s.) da hemen yanına geldi. Rasûlullah (s.a.v.): -*"Bana söz verdin, ben de oturup bekledim ama gelmedin."* deyince, Cebrail (a.s.): -*"Evinde bulunan köpek bana engel oldu. Biz melekler, içinde köpek ve canlı resmi bulunan eve girmeyiz"* cevabını verdi. (Müslim, Libas, 81)

◈ **1689)** Ebu'l-Heyyac Hayyan b. Husayn'den:

Ali b. Ebu Talib (r.a.) bana bir gün: -*"Rasûlullah (s.a.v.)'ın beni memur ettiği bir işi yapmakla seni görevlendireyim mi? Nerede canlı resmi görürsen onu tahrip et. Yükseltilmiş kabirleri de yerle bir hizaya getir."* dedi. (Müslim, Cenaiz, 93)

## 306- AV, ÇOBAN VE ZİRAAT KÖPEĞİ DIŞINDA KÖPEK EDİNMENİN YASAKLIĞI BÖLÜMÜ

◈ **1690)** İbnu Ömer (r.a.)'den:

Rasûlullah (s.a.v.)'i: -*"Her kim, av ve çoban köpeği dışında köpek edinirse her gün o kimsenin mükâfatından iki ölçek eksilir."* diye buyururken dinledim dedi. (Buhari, Hars 3)

◈ **1691)** Ebu Hureyre (r.a.)'den:

Rasûlullah (s.a.v.): -*"Her kim, evinde ziraat ve çoban köpeği dışında köpek beslerse her gün onun sevabından bir ölçek eksilir."* buyurdular. (Buhari, Hars, 3; Müslim, Müsakat, 59)

Müslim'deki rivayet: -*"Her kim, av, çoban ve ziraat köpeği dışında köpek edinirse her gün onun sevabından iki ölçek eksilir."* buyurdular. (Müsakat, 57)

# 307- HAYVANLARA ÇAN TAKMANIN MEKRUH OLUŞU BÖLÜMÜ

◈ **1692)** Ebu Hureyre (r.a.)'dan:

Rasûlullah (s.a.v.): -*"Rahmet melekleri yanlarında köpek ve çan bulunan bir topluluğa arkadaşlık etmez."* buyurdular. (Müslim, Libas, 103)

◈ **1693)** Ebu Hureyre (r.a.)'den:

Peygamber (s.a.v.): -*"Çan, şeytan çalgılarındandır."* buyurdular. (Ebu Davut, Cihad, 46)

# 308- PİSLİK YİYEN HAYVANLARA BİNMENİN YASAK OLUŞU BÖLÜMÜ

◈ **1694)** İbnu Ömer (r.a.)'den:

Rasûlullah (s.a.v.) pislik yemeye alışmış deveye binmeyi yasakladı. (Ebu Davud, Cihad, 47)

# 309- MESCİTLERE TÜKÜRMENİN YASAK OLUŞU BÖLÜMÜ

◈ **1695)** Enes (r.a.)'dan:

Rasûlullah (s.a.v.): -*"Mescide tükürmek günahtır, bunun keffareti ise temizlemektir."* buyurdular. (Buhari, Salat, 33; Müslim, Mesacid, 49)

◈ **1696)** Aişe (r.a.)'dan:

Rasûlullah (s.a.v.) mescidin kıble duvarında sümük veya tükürük veya balgam gördü de onu kazıyarak yok etti. (Buhari, Salat, 33; Müslim, Mesacid, 50)

◈ **1697)** Enes (r.a.)'dan:

Rasûlullah (s.a.v.): -"*Bu mescitler büyük ve küçük abdest bozulacak yerler değildir. Buralar, Allah'ı zikretme ve Kur'an okuma yerleridir.*" buyurdular. (Müslim, Taharet, 100)

## 310- MESCİTTE GÜRÜLTÜ YAPMANIN KERAHETİ BÖLÜMÜ

◈ **1698)** Ebu Hureyre (r.a.)'dan:

Rasûlullah (s.a.v.)'in: -"*Kim mescitte, yitiğini araştıran bir kimseyi işitirse, 'Allah sana onu buldurmasın' desin. Zira mescitler bu maksatlar için yapılmamışlardır.*" diye buyurduğunu dinledi. (Müslim, Mesacid, 79)

◈ **1699)** Ebu Hureyre (r.a.)'den:

Rasûlullah (s.a.v.): -"*Mescitte alışveriş eden kimseyi gördüğünüzde, 'Allah ticaretinde kazanç sağlamasın' deyin. Mescitte yitik soruşturanı gördüğünüzde de, 'Allah sana aradığını buldurmasın' deyin.*" buyurdular. (Tirmizi, Büyu, 75)

◈ **1700)** Büreyde (r.a.)'den:

Bir adam mescitte: -"*Benim kırmızı devemi gören var mı?*" diye yitiğini soruşturuyordu. Bunun üzerine Rasûlullah (s.a.v.): -"*Bulamaz ol. Mescitler ancak niçin yapılmışsa, onun için yapılmıştır.*" buyurdular. (Müslim, Mesacid, 80-81)

◈ **1701)** Amr b. Şuayb'ın babası aracılığı ile dedesi (r.a.)'nden:

Rasûlullah (s.a.v.) Mescitte alışveriş yapmayı, yitik soruşturmayı ve şiir okumayı yasakladı. (Ebu Davut, Salat, 214; Tirmizi, Büyu, 75)

◈ **1702)** Ashabdan Saib b. Yezid (r.a.)'den:

Bir gün mescitte bulunuyordum. Adamın biri bana bir çakıl taşı attı. Baktım ki o, Ömer b. Hattab (r.a.). Yanına varınca bana:

-*"Git şu iki kişiyi bana getir"* dedi. Gidip adamları getirdim. Onlara: -*"Nerelisiniz?"* diye sordu. -*"Taifliyiz"* dediler. Bunun üzerine: -*"Eğer siz Medineli olsaydınız her ikinizin de canınızı acıtacaktım. Çünkü ikiniz de Rasûlullah (s.a.v.)'in mescidinde sesinizi yükselterek konuşuyorsunuz."* dedi. (Buhari, Salat, 83)

## 311- KÖTÜ KOKULARLA MESCİDE GELME YASAĞI BÖLÜMÜ

◈ **1703)** İbnu Ömer (r.a.)'dan:

Peygamber (s.a.v.) sarımsağı kastederek: -*"Kim şu bitkiden çiğ olarak yemişse, mescidimize yaklaşmasın."* buyurdular. (Buhari, Ezan, 160; Müslim, Mesacid, 68)

◈ **1704)** Enes (r.a.)'dan:

Peygamber (s.a.v.): -*"Kim şu sarımsak bitkisinden yemişse bize yaklaşmasın ve bizimle birlikte namaz kılmasın."* buyurdular. (Buhari, Ezan, 160; Müslim, Mesacid, 70)

◈ **1705)** Cabir (r.a.)'den:

Peygamber (s.a.v.): -*"Soğan ve sarımsak yiyen kimse bizden ve mescidimizden uzak dursun."* buyurdular. (Buhari, Ezan, 160; Müslim, Mesacid, 72)

Müslim'in rivayeti: -*"Kim sarımsak, soğan ve pırasa yemişse mescidimize yaklaşmasın, çünkü insanoğlunun rahatsız olduğu şeylerden melekler de rahatsız olur."* buyurdular. (Müslim, Mesacid, 74)

◈ **1706)** Ömer b. Hattab (r.a.)'dan:

Bir Cuma günü verdiği hutbesinde: -*"Ey insanlar! Siz kokusu hoş olmadığını bildiğim soğan ve sarımsak yiyorsunuz. Gerçekten ben Rasûlullah (s.a.v.)'i mescitte bir kimsede bunların kokusunu duyduğu zaman emredip o kişiyi Baki' tarafına uzaklaştırdığını*

*gördüm. Kim bunları yiyecekse pişirerek kokusunu gidersin."* dedi.
(Müslim, Mesacid, 78)

## 312- HUTBE ESNASINDA DİZLERİ DİKİP OTURMANIN MEKRUH OLUŞU BÖLÜMÜ

◈ **1707)** Muaz b. Enes el-Cühenî (r.a.)'dan:

Peygamber (s.a.v.) Cuma günü imam hutbe okurken dizleri dikip oturmayı yasakladı. (Ebu Davud, Salat, 228)

## 313- KURBAN KESMEK İSTEYENİN ZİLHİCCE'NİN İLK ON GÜNÜ GİRDİĞİNDE SAÇ VE TIRNAĞINI KESMEMESİ GEREKLİLİĞİ BÖLÜMÜ

◈ **1708)** Ümmü Seleme (r.a.)'dan:

Rasûlullah (s.a.v.): -*"Kim kurban kesecekse Zilhicce ayının girmesinden kurbanını kesinceye kadar saçından ve tırnağından hiçbir şeyi kesmesin."* buyurdular. (Müslim, Edahi, 42)

## 314- ÜZERİNE YEMİN EDİLMESİ YASAK OLAN ŞEYLERE YEMİN ETMENİN YASAK OLUŞU BÖLÜMÜ

◈ **1709)** İbnu Ömer (r.a.)'dan:

Peygamber (s.a.v.): -*"Şüphesiz ki Allah Teâlâ sizin atalarınız adına yemin etmenizi yasakladı. Yemin etmek isteyen Allah adına yemin etsin veya sussun."* buyurdular. (Buhari, Eyman, 4; Müslim, Eyman, 3)

Müslim'in değişik bir rivayeti: -*"Kim yemin edecekse sadece Allah'ın adıyla yemin etsin veya sussun."* (Müslim, Eyman, 3)

◈ **1710)** Abdurrahman b. Semure (r.a.)'dan:

Rasûlullah (s.a.v.): -*"Putlar ve atalarınız adına yemin etmeyin."* buyurdular. (Müslim, Eyman, 6)

◈ **1711)** Büreyde (r.a.)'dan:

Rasûlullah (s.a.v.): -*"Emanete yemin eden kimse bizden değildir."* buyurdular. (Ebu Davud, Eyman, 6)

◈ **1712)** Büreyde (r.a.)'den:

Rasûlullah (s.a.v.): -*"Ben İslam'dan uzağım, diye yemin eden kimse eğer bu sözünde yalancı ise söylediği gibi yalancıdır. Eğer sözünde doğru ise o kişi Müslümanlığından bir şey kaybetmeden İslam'a dönemez."* buyurdular. (Ebu Davud, Eyman, 9)

◈ **1713)** İbnu Ömer (r.a.)'dan:

Bir gün *"Kâbe hakkı için"* diye yemin eden bir adam işitti. Bunun üzerine o adama: -*"Allah'tan başkası adına yemin etme, çünkü ben Rasûlullah (s.a.v.)'i: -'Allah'tan başkası adına yemin eden kimse küfre veya şirke düşer.'* buyururken işittim" dedi. (Tirmizi, Nüzur, 8)

## 315- YALAN YERE YEMİNİN BÜYÜK GÜNAH OLUŞU BÖLÜMÜ

◈ **1714)** İbnu Mesud (r.a.)'dan:

Peygamber (s.a.v.): -*"Her kim bir Müslümanın malını haksız yere elinden almak için yalan yere yemin ederse, Allah'ı kendisine gazaplanmış olarak bulur."* buyurdular. Sonra Rasûlullah (s.a.v.) Allah'ın kitabından bu hadisi tasdik eden: -*"Allah adına verdikleri sözü ve yeminleri, ucuza satanların, âhirette hayırdan bir payları yoktur. Kıyamet günü Allah, onlarla konuşmayacak, onların yüzüne bakmayacak ve günâhlarını affetmeyecektir. Ve onlar için orada, acıklı bir azap vardır."* (3 Al-i İmrân, 77) ayetini okudu. (Buhari, Eyman, 11; Müslim, İman, 220)

◈ **1715)** Ebu Umame İyas b. Sa'lebe el-Hârisi (r.a.)'den:

Rasûlullah (s.a.v.): -*"Bir kimse yalan yere yemin ederek bir Müslümanın hakkını gasp, Allah o kimseye cehennemi vacip, cenneti de haram kılar."* buyurdular. Bunun üzerine ashaptan biri: -*"Ey Allah'ın Rasulü! Eğer o hak değersiz bir şey ise de mi?"* diye sorunca, Peygamberimiz (s.a.v.): -*"Misvak ağacından bir dal parçası olsa bile böyledir."* buyurdular. (Müslim, İman, 218)

◈ **1716)** Abdullah b. Amr b. As (r.a.)'dan:

Peygamber (s.a.v.): -*"Büyük günahlar; Allah'a ortak koşmak, ana-babaya itaatsizlik, haksız yere bir kimseyi öldürmek ve yalan yere yemin etmek."* buyurdular. (Buhari, Eyman, 15)

Buhari'nin diğer bir rivayeti: Bir bedevi Rasûlullah (s.a.v.)'e gelerek: -*"Büyük günahlar nelerdir?"* diye sordu. Peygamberimiz (s.a.v.) de: -*"Allah'a şirk koşmaktır"* buyurdu. -*"Sonra hangisidir?"* deyince: -*"Yemin-i Ğâmus"* buyurdular. Hadisin ravisi Abdullah b. Amr: -*"Ben yemin-i ğâmus nedir?"* diye sordum. Rasûlullah (s.a.v.): -*"Bir Müslümanın malından bir parça alabilmek için yalan yere yapılan yemindir."* buyurdular. (Buhari, Eyman, 16)

## 316- YEMİNİ BOZAN KİMSENİN KEFFARETİNİ VERMESİ GEREKTİĞİ BÖLÜMÜ

◈ **1717)** Abdurrahman b. Semûre (r.a.)'dan:

Rasûlullah (s.a.v.) bana: -*"Herhangi bir konuda yemin ettiğinde ondan başkasını daha hayırlı görürsen, hayırlı olanı yap ve yemininin keffaretini öde."* buyurdular. (Buhari, Ahkâm, 5; Müslim, Eyman, 19)

◈ **1718)** Ebu Hureyre (r.a.)'dan:

Rasûlullah (s.a.v.): -*"Her kim bir hususta yemin edip de ondan daha hayırlısını görürse yemininin keffaretini ödesin ve hayırlı olanı yapsın."* buyurdular. (Müslim, Eyman, 11)

◈ 1719) Ebu Musa (r.a.)'dan:

Rasûlullah (s.a.v.): -*"Ben 'vallahi, inşallah' diye bir şeye yemin eder de sonra ondan daha hayırlısını görürsem yeminime bağlı kalmam. Yeminimin keffaretini verip, ondan daha hayırlı olanı yaparım."* buyurdular. (Buhari, Eyman, 1; Müslim, Eyman, 7)

◈ 1720) Ebu Hureyre (r.a.)'dan:

Rasûlullah (s.a.v.): -*"Sizden birinizin ailesi aleyhinde yemin edip bu yemininde ısrar etmesi, Allah katında; yeminini bozup da Allah'ın farz kıldığı keffareti vermesinden daha günahtır."* buyurdular. (Buhari, Eyman, 1; Müslim, Eyman, 26)

## 317- SÖZ ARASINDA YEMİN MAKSADI OLMAKSIZIN SÖYLENEN SÖZLERİN YEMİN SAYILMAYACAĞI BÖLÜMÜ

◆ "Allah, sizi yeminlerinizdeki (bilmeyerek söylediğiniz) boş sözlerinizden dolayı sorumlu tutmayıp, yeminlerinizdeki kasıtlı olarak söylediklerinizden dolayı sorumlu tutar." (5 Maide, 89)

◈ 1721) Aişe (r.a.)'dan:

-*"Allah, sizi yeminlerinizdeki (bilmeyerek söylediğiniz) boş sözlerinizden dolayı sorumlu tutmayıp, yeminlerinizdeki kasıtlı olarak söylediklerinizden dolayı sorumlu tutar."* (5 Maide, 89) ayeti, insanın doğru zannederek, *"Hayır vallahi, evet vallahi"* gibi sözler söylemesi hakkında nazil olmuştur. (Buhari, Eyman, 1)

## 318- DOĞRU BİLE OLSA ALIŞVERİŞTE YEMİN ETMENİN MEKRUH OLDUĞU BÖLÜMÜ

◈ 1722) Ebu Hureyre (r.a.)'dan:

Rasûlullah (s.a.v.)'i: -*"Alışverişte yemin, malın sürümünü artırır fakat kazancın bereketini giderir."* diye buyururken işittim.

(Buhari, Büyu, 26; Müslim, Musakat, 131)

◈ **1723)** Ebu Katade (r.a.)'den:

Rasûlullah (s.a.v.): -*"Alışverişte çok yemin etmekten sakının. Çünkü o, önce mala sürüm kazandırır fakat sonra tüm kazancı yok eder."* buyurdular. (Müslim, Musakat, 132)

## 319- ALLAH RIZASI İÇİN CENNETTEN BAŞKA BİR ŞEY İSTEMEMEK BÖLÜMÜ

◈ **1724)** Cabir (r.a.)'dan:

Rasûlullah (s.a.v.): -*"Allah'ın rızası için sadece cennet istenilir."* buyurdular. (Ebu Davud, Zekât, 37)

◈ **1725)** İbnu Ömer (r.a.)'dan:

Rasûlullah (s.a.v.): -*"Her kim, Allah için size sığınırsa onu koruyun, Allah için isteyene verin, sizi davet edenin davetine icabet edin, size iyilik yapana siz de iyilik yapın. Şayet iyilikle karşılık vermeye gücünüz yetmezse onun karşılığını verdiğinize kanaat getirinceye kadar ona dua edin."* buyurdular. (Ebu Davud, Zekât, 38; Nesei, Zekât, 72)

## 320- DEVLET BAŞKANLARINA PADİŞAHLARIN PADİŞAHI DEMENİN HARAM OLUŞU BÖLÜMÜ

◈ **1726)** Ebu Hureyre (r.a.)'den:

Peygamber (s.a.v.): -*"Aziz ve Celil olan Allah katında en kötü isim, Padişahların padişahı anlamına gelen -Meliku'l-emlak- adıdır."* buyurdular. (Buhari, Edeb, 114; Müslim, Adab, 20)

# 321- GÜNAHKÂR, KİMSELERE EFENDİ VE BEY İFADELERİYLE HİTAP ETMENİN YASAK OLUŞU BÖLÜMÜ

◈ **1727)** Büreyde (r.a.)'den:

Rasûlullah (s.a.v.): -*"Münafığa 'efendi' demeyin. Eğer onu efendi sayacak olursanız Aziz ve Celil olan Rabbinizin gazabını çekersiniz."* buyurdular. (Ebu Davud, Edeb, 83)

# 322- HASTALIKLARA SÖVMENİN MEKRUH OLUŞU BÖLÜMÜ

◈ **1728)** Cabir (r.a.)'dan:

Rasûlullah (s.a.v.) Ümmü Saib veya Ümmü Müseyyeb'in yanına geldi ve: -*"Ey Ümmü Saib veya Ümmü Müseyyeb sana ne oldu da titriyorsun"* diye sordu. Ümmü Saib: -*"Sıtmaya yakalandım, Allah onun cezasını versin"* dedi. Bunun üzerine Rasûlullah (s.a.v.): -*"Sıtmaya sövme. Çünkü hastalıklar, körüğün yaktığı ateşin, demirin pasını giderdiği gibi insanoğlunun günahlarını giderir"* buyurdular. (Müslim, Birr, 53)

# 323- RÜZGÂRA SÖVMENİN YASAK OLUŞU BÖLÜMÜ

◈ **1729)** Ebu Münzir, Übey b. Ka'b (r.a.)'dan:

Rasûlullah (s.a.v.): -*"Rüzgâra sövmeyiniz. Hoşunuza gitmeyen bir çeşidini gördüğünüz zaman -"Allahümme inna nes'eluke min hayri hazihi-r Rîhi ve hayri ma fiha ve hayri ma umiret bihi. Ve neuzu bike min şerri hazihi-r Rîh ve şerri ma umiret bihi (Ey Allah'ım! Senden bu rüzgârın hayrını, taşıdığı ve getirdiği şeylerin hayrını, bu rüzgârın şerrinden ve yapacağı zararlardan da sana sığınırız"* deyin, buyurdular. (Tirmizi, Fiten, 65)

◈ **1730)** Ebu Hureyre (r.a.)'dan.

Rasûlullah (s.a.v.): -*"Rüzgâr, Allah'ın kullarına bir nimetidir. Bazen rahmet, bazen de azap getirir. Rüzgârı gördüğünüzde ona sövmeyin. Onun hayrını isteyiniz, şerrinden de Allah'a sığının."* buyurdular. (Ebu Davud, Edep, 104)

◈ **1731)** Aişe (r.a.)'dan:

Rüzgar şiddetlendiği zaman Peygamberimiz (s.a.v.): -*"Allahumme inni es'eluke hayraha, ve hayra ma fiha ve hayra ma ursilet bihi, ve euzu bike min şerriha ve şerri ma fiha, ve şerri ma ursilet bihi (Ey Allah'ım! Senden bu rüzgârın hayrını onun içinde bulunanın ve onunla gönderilenlerin hayrını isterim. Bu rüzgârın şerrinden, içinde bulunanın ve kendisiyle gönderilenlerin şerrinden de sana sığınırım."* diye dua ederdi. (Müslim, İstiska, 15)

## 324- HOROZA SÖVMENİN MEKRUH OLUŞU BÖLÜMÜ

◈ **1732)** Zeyd b. Halid el-Cüheni (r.a.)'den:

Rasûlullah (s.a.v.): -*"Horoza sövmeyin. Çünkü o namaza uyandırır."* buyurdular. (Ebu Davud, Edep, 115)

## 325- ŞU YILDIZ SAYESİNDE YAĞMURA KAVUŞTUK DEMENİN YASAK OLDUĞU BÖLÜMÜ

◈ **1733)** Zeyd b. Halid el-Cüheni (r.a.)'den:

Rasûlullah (s.a.v.) Hudeybiye'de geceleyin yağan yağmurdan sonra bize sabah namazını kıldırdı. Namazı bitirince cemaate döndü ve: -*"Rabbiniz ne buyurdu biliyor musunuz?"* diye sordu. Sahabeler: -*"Allah ve Rasulü daha iyi bilir"* dediler. Bunun üzerine Rasûlullah (s.a.v.): -*"Allahu Teâlâ: -'Kullarımdan bir kısmı mü'min olarak, bir kısmı da kâfir olarak sabahladı.*

*Allah'ın lütfu ve rahmeti sayesinde yağmura kavuştuk diyenler, Bana iman etti, yıldızları inkâr ettiler. Falan ve filan yıldızın batıp doğması sayesinde bize yağmur yağdı diyenler ise Beni inkâr etti, yıldızlara inandılar.' buyurdu."* dediler. (Buhari, Ezan, 156; Müslim, İman, 125)

## 326- MÜSLÜMANA KÂFİR DEMENİN HARAM OLUŞU BÖLÜMÜ

◈ **1734)** İbnu Ömer (r.a.)'dan:

Rasûlullah (s.a.v.): -*"Bir adam kardeşine –'Ey Kâfir!' derse bu söz ikisinden birine döner. Eğer böyle denilen kişi söylendiği gibi ise bu söz yerini bulur. Aksi takdirde bu söz söyleyene geri döner."* buyurdular. (Buhari, Edep, 73; Müslim, İman, 111)

◈ **1735)** Ebu Zer (r.a.)'dan:

Rasûlullah (s.a.v.): -*"Kim bir adamı 'Ey Kâfir!' veya 'Ey Allah'ın düşmanı!' diye çağırırsa ve o kimsede denildiği gibi değilse bu söz söyleyenin kendisine döner."* buyurdular. (Buhari, Edep, 44; Müslim, İman, 112)

## 327- KÖTÜ SÖZ VE FENA LAKIRDININ YASAK OLUŞU BÖLÜMÜ

◈ **1736)** İbnu Mesud (r.a.)'dan:

Rasûlullah (s.a.v.): -*"Bir mü'min kimseyi kötülemez, lanetlemez, kötü söz söyleyip çirkin davranışlar yapmaz."* buyurdular. (Tirmizi, Birr, 48)

◈ **1737)** Enes (r.a.)'dan:

Rasûlullah (s.a.v.): -*"Bir işte aşırılığın bulunması onu lekeler. Bir işte de hayâ bulunursa o işi süsler."* buyurdular. (Tirmizi, Birr, 47)

## 328- KONUŞMADA EDEBİYAT YAPMANIN MEKRUH OLUŞU BÖLÜMÜ

◈ **1738)** İbnu Mesud (r.a.)'dan:

Peygamber (s.a.v.) üç defa: *"(Her türlü işlerinde) ileri gidip haddi aşanlar helak oldu."* buyurdular. (Müslim, ilim 7)

◈ **1739)** Abdullah b. Amr b. El-As (r.a.)'dan:

Rasûlullah (s.a.v.): -*"Muhakkak ki Allah, sığırların geviş getirdiği gibi sözü ağzında evirip, çevirerek lügat parçalayan kimselere buğz eder."* buyurdular. (Ebu Davud, Edep, 94; Tirmizi, Edep, 72)

◈ **1740)** Cabir b. Abdillah (r.a.)'den:

Rasûlullah (s.a.v.): -*"Sizden en çok sevdiğim ve kıyamette bana en yakın mesafede bulunacak kimse, güzel ahlak sahibi olanlarınızdır. Sizden en sevmediğim ve kıyamet günü bana en uzak mesafede bulunacak kimseler ise, güzel sohbet ediyor dedirtmek için avurdunu şişire şişire laf edenler, bilgiçlik taslamak için lügat parçalayanlar ve büyüklük taslayan kimselerdir."* buyurdular. (Tirmizi, Birr 71)

## 329- NEFSİM MURDAR OLDU DEMENİN MEKRUH OLUŞU BÖLÜMÜ

◈ **1741)** Aişe (r.a.)'dan:

Rasûlullah (s.a.v.): -*"Sizden biriniz nefsim pis oldu demesin, fakat nefsim fenalaştı desin."* buyurdular. (Buhari, Edeb, 100; Müslim, Elfaz, 17)

## 330- ÜZÜME KERM DEMENİN MEKRUH OLUŞU BÖLÜMÜ

◈ **1742)** Ebu Hureyre (r.a.)'den:

Rasûlullah (s.a.v.): -*"Üzüm çubuğuna 'kerm' diye isim vermeyin, çünkü 'kerm' Müslüman demektir."* buyurdular. (Buhari, Edeb, 101; Müslim, Elfaz, 6)

Başka bir rivayette: -*"Şüphesiz 'kerm', müminin kalbidir."* Müslüm ve Buhari'nin rivayetti: -*" Onlar 'kerm' diyorlar, Şüphesiz ki 'kerm' müminin kalbidir."*

◈ **1743)** Vail b. Hucr (r.a.)'den:

Peygamber (s.a.v.): -*"Yaş üzüme, 'kerm' adını vermeyin. Ona, 'ı'neb' veya 'habele' deyiniz."* buyurdular. (Müslim, Elfaz, 12)

## 331- BİR KADININ GÜZELLİĞİNİN BAŞKA BİRİNE ANLATILMASININ YASAK OLUŞU BÖLÜMÜ

◈ **1744)** İbnu Mesud (r.a.)'dan:

Rasûlullah (s.a.v.): -*"Bir kadın başka bir kadınla tek yorgan altında çıplak olarak yatmasın. Sonra o kadın, diğer kadını kocasına anlatır, kocası da sanki o kadına bakıyormuş gibi olur."* buyurdular. (Buhari, Nikâh, 118)

## 332- DUA EDERKEN KESİN İFADE KULLANMAK GEREKTİĞİ BÖLÜMÜ

◈ **1745)** Ebu Hureyre (r.a.)'dan:

Rasûlullah (s.a.v.): -*"Sizden biriniz dua ederken, 'Ey Allah'ım! İstersen beni bağışla, Ey Allah'ım! İstersen bana merhamet et' demesin. Dileğini kesin bir ifade ile istesin, çünkü Allah'ı zorlayan hiçbir kuvvet yoktur."* buyurdular. (Buhari, Deavat, 21; Müslim, Zikir, 9)

◈ **1746)** Enes (r.a.)'den:

Rasûlullah (s.a.v.): -*"Sizden biriniz dua ettiğinde dileğini kesin bir ifade ile istesin. Ey Allah'ım dilersen bana ver demesin, çünkü Allah'ı zorlayan hiçbir kuvvet yoktur."* buyurdular. (Buhari, Deavat, 21; Müslim, Zikir, 7)

## 333- ALLAH VE FALANCA DİLERSE DEMENİN MEKRUH OLDUĞU BÖLÜMÜ

**1747)** Huzeyfe b. Yeman (r.a.)'dan:

Peygamber (s.a.v.): -*"Sakın Allah ve falanca dilerse demeyin. Fakat önce Allah dilerse sonra da falan kimse dilerse deyin."* buyurdular. (Ebu Davud, Edeb, 84)

## 334- YATSIDAN SONRA ALLAH'IN RIZASI OLMAYAN KONUŞMALARIN MEKRUH OLDUĞU BÖLÜMÜ

**1748)** Ebu Berze (r.a.)'den:

Rasûlullah (s.a.v.), yatsı namazından önce uyumayı ve yatsı namazından sonra da konuşmayı sevmezdi." (Buhari, Menakıb, 23; Müslim, Mücadele, 236)

**1749)** İbnu Ömer (r.a.)'den:

Rasûlullah (s.a.v.) hayatının sonlarına doğru yatsı namazını kıldırıp selam verdikten sonra: -*"Bu geceyi görüyorsunuz ya! İşte bu geceden itibaren yüz sene sonra bugün yeryüzünde yaşayan insanlardan hiç kimse hayatta kalmayacaktır."* buyurdular. (Buhari, İlim, 41; Müslim, Fezailu's-Sahabe, 217)

**1750)** Enes (r.a.)'dan:

Sahabeler Peygamberimiz (s.a.v.)'in yatsı namazını kıldırmak üzere mescide gelmesini beklediler. Neticede gece yarısına yakın bir anda gelerek yatsı namazını kıldırdı. Namazdan sonra bize bir konuşma yaparak: -*"Dikkat edin! Şu an herkes namazını kılıp uyumuştur. Sizler ise namazı beklediğiniz sürece namaz sevabı kazandınız."* buyurdular. (Buhari, Mevakıt, 25)

# 335- KADININ KOCASININ ÇAĞRISINA UYMA ZORUNLULUĞU BÖLÜMÜ

◈ **1751)** Ebu Hureyre (r.a.)'dan:

Rasulullah (s.a.v.): *"Bir erkek karısını yatağına çağırır da karısı gelmez ve erkek de ona dargın olarak gecelerse melekler o kadına sabaha kadar lanet eder."* buyurdular. (Buhari, Bed'ül Halk 7, Müslim, Nikâh 122)

Diğer bir rivayet: *"Kadın kocasının yatağına dönünceye kadar"* denilmiştir. (Buhari, Nikâh, 85)

# 336- KADININ KOCASININ İZNİ OLMAKSIZIN NAFİLE ORUÇ TUTMASININ HARAM OLUŞU BÖLÜMÜ

◈ **1752)** Ebu Hureyre (r.a.)'dan:

Rasûlullah (s.a.v.): -*"Kocası yanında iken onun iznini almadan bir kadının nafile oruç tutması helal olmaz, yine bir kadın kocasının izni olmadıkça evine hiç kimsenin girmesine izin veremez."* buyurdular. (Buhari, Nikâh, 86; Müslim, Zekât, 84)

# 337- İMAMA UYANIN İMAMDAN ÖNCE HAREKET ETMESİNİN HARAM OLUŞU BÖLÜMÜ

◈ **1753)** Ebu Hureyre (r.a.)'dan:

Peygamber (s.a.v.): -*"Sizden biriniz imamdan önce başını kaldırdığında Allahu Teâlâ'nın başını merkep başına veya şeklini merkep şekline çevirmesinden korkmuyor mu?"* buyurdular. (Buhari, Ezan, 53; Müslim, Salat, 114)

# 338- NAMAZDA ELİ BÖĞÜRE KOYMANIN MEKRUH OLUŞU BÖLÜMÜ

◈ **1754)** Ebu Hureyre (r.a.)'dan:

Rasûlullah (s.a.v.) namazda elin böğüre konulmasını yasakladı. (Buhari, Amel fi's-Salat, 17; Müslim, Mesacid, 46)

# 339- NAMAZ KILMANIN MEKRUH OLDUĞU DURUMLAR BÖLÜMÜ

◈ **1755)** Aişe (r.a.)'dan:

Rasûlullah (s.a.v.)'in: -*"Yemek hazır iken veya abdest bozma sıkıntısı varken namaz kılınmaz."* buyurduğunu işittim dedi. (Müslim, Mesacid, 67)

# 340- NAMAZDA GÖZLERİ GÖĞE DİKMENİN YASAK OLUŞU BÖLÜMÜ

◈ **1756)** Enes b. Malik (r.a.)'dan:

Rasûlullah (s.a.v.): -*"Bazı kimselere ne oluyor ki namaz kılarken gözlerini göğe dikiyorlar?"* Bu konuda sözünü daha da şiddetlendirerek, -*"Ya bundan vazgeçerler ya da gözlerinin nuru alınır!"* buyurdular. (Buhari, Ezan, 92)

# 341- NAMAZDA BAŞI SAĞA SOLA ÇEVİRMENİN MEKRUH OLUŞU BÖLÜMÜ

◈ **1757)** Aişe (r.a.)'dan:

Rasûlullah (s.a.v.)'e namazda başı sağa sola çevirmenin durumunu sordum. Peygamber (s.a.v.): -*"Bu, kulun namazından, şeytanın kapıp aşırmasıdır"* buyurdular. (Buhari, Ezan, 93)

◈ 1758) Enes (r.a.)'dan:

Rasûlullah (s.a.v.): -*"Namazda sağa sola bakınmaktan sakının. Çünkü namazda sağa sola bakınmak helake sebeptir. Eğer bunun önüne geçilemiyorsa bari nafile namazlarda olsun, farz namazlarda olmasın."* buyurdular. (Tirmizi, Cuma, 59)

## 342- KABİRLERE DOĞRU NAMAZ KILMANIN YASAK OLUŞU BÖLÜMÜ

◈ 1759) Ebu Mersed Kennaz b. Husayn (r.a.)'dan:

Rasûlullah (s.a.v.)'in: -*"Kabirlere doğru namaz kılmayın ve kabirler üzerine oturmayın."* buyurduklarını işittim dedi. (Müslim, Cenaiz, 97)

## 343- NAMAZ KILAN KİMSENİN ÖNÜNDEN GEÇMENİN HARAM OLUŞU BÖLÜMÜ

◈ 1760) Ebu Cüheym Abdullah b. Haris b. Sımme el-Ensarî (r.a.)'dan:

Rasûlullah (s.a.v.): -*"Namaz kılanın önünden geçen kimse, bunun ne kadar aleyhinde olduğunu bilseydi, kırk zaman yerinde durması onun için daha hayırlı olurdu."* buyurdular. Hadisi rivayet eden zat: -*"Kırk gün mü? Kırk ay mı? Kırk yıl mı? dedi bilemiyorum."* dedi. (Buhari, Salat, 101; Müslim, Salat, 261)

## 344- MÜEZZİN KAMETE BAŞLADIĞINDA NAFİLE KILMANIN MEKRUH OLUŞU BÖLÜMÜ

◈ 1761) Ebu Hureyre (r.a.)'dan:

Peygamber (s.a.v.): -*"Namaz için kamet getirilince, farz namazdan başka bir namaz kılmak yoktur."* buyurdular. (Müslim, Müsafirin, 63)

## 345- SADECE CUMA GÜNÜNÜ ORUCA VE CUMA GECESİNİ NAMAZA AYIRMANIN MEKRUH OLUŞU BÖLÜMÜ

◈ **1762)** Ebu Hureyre (r.a.)'dan:

Peygamber (s.a.v.): -*"Geceler içinde sadece Cuma gecesini namaz kılmaya ayırmayın. Günler arasında da sadece Cuma gününü oruca tahsis etmeyin. Ancak birinizin tutmakta olduğu oruç cumaya rastlarsa bunda bir sakınca yoktur."* buyurdular. (Müslim, Sıyam, 148)

◈ **1763)** Ebu Hureyre (r.a.)'den:

Rasûlullah (s.a.v.)'i: -*"Sizden biriniz Cumadan bir gün önce veya bir gün sonra da oruç tutmadıkça yalnız Cuma günü oruç tutmasın."* diye buyururken işittim dedi. (Buhari, Savm, 63; Müslim, Sıyam, 147)

◈ **1764)** Muhammed b. Abbâd şöyle demiştir: Cabir (r.a.)'den:

Peygamber (s.a.v.) Cuma günü oruç tutmayı yasakladı mı? diye sordum. Cabir (r.a.): *"Evet, yasakladı"* dedi. (Buhari, Savm, 63; Müslim, Sıyam, 146)

◈ **1765)** Mü'minlerin anası Cüveyriye binti'l-Haris (r.a.)'dan:

Kendisi oruçlu iken bir Cuma günü Peygamber (s.a.v.) onun yanına girdi ve: -*"Dün oruç tuttun mu?"* diye sordu. Cüveyriye(r.a.): -*"Hayır tutmadım"* dedi. Peygamber (s.a.v.): -*"Yarın oruç tutacak mısın?"* diye sorunca da: -*"Hayır, tutmayacağım"* deyince, Rasûlullah (s.a.v.): -*"O halde orucunu boz"* buyurdular. (Buhari, Savm, 63)

## 346- İFTAR ETMEDEN ORUCU BİRBİRİNE EKLEMENİN HARAM OLUŞU BÖLÜMÜ

◈ **1766)** Ebu Hureyre ve Aişe (r.ahüma)'dan:

Peygamber (s.a.v.), iftar etmeksizin iki gün üst üste oruç tutmayı yasakladı. (Buhari, Savm, 48; Müslim, Sıyam, 59)

◈ **1767)** İbnu Ömer (r.a.)'den:

Rasûlullah (s.a.v.) iftar etmeden iki gün üst üste oruç tutmayı yasakladı. Ashab-ı Kiram: -*"Ey Allah'ın Rasulü! Fakat iki orucu birbirine ekliyorsun"* dediler. Peygamber (s.a.v.): -*"Şüphesiz ben sizin gibi değilim. Ben (Allah tarafından) yedirilip içirilirim."* buyurdular. (Buhari, Savm, 48; Müslim, Sıyam, 56)

## 347- KABİR ÜZERİNE OTURMANIN HARAM OLUŞU BÖLÜMÜ

◈ **1768)** Ebu Hureyre (r.a.)'dan:

Rasûlullah (s.a.v.): -*"Sizden birinizin bir ateş üzerine oturup elbisesini yakması ile ateşin tenine ulaşması, bir kabrin üzerine oturmasından daha hayırlıdır."* buyurdular. (Müslim, Cenaiz, 96)

## 348- KABİRLER ÜZERİNE BİNA YAPMANIN HARAM OLUŞU BÖLÜMÜ

◈ **1769)** Cabir (r.a.)'den:

Rasûlullah (s.a.v.): -*"Kabirlerin kireç, vs. maddelerle kaplanmasını, kabirler üzerine oturulmasını ve kabirler üzerine bina yapılmasını yasakladı."* dedi. (Müslim, Cenaiz, 94)

## 349- KÖLENİN EFENDİSİNDEN KAÇMASININ GÜNAH OLUŞU BÖLÜMÜ

◈ **1770)** Cerir (r.a.)'dan.

Rasûlullah (s.a.v.): -*"Herhangi bir köle sahibinin yanından kaçarsa, güvenlik hakkını yitirmiş olur."* buyurdular. (Müslim, İman, 123)

◈ **1771)** Cerir (r.a.)'dan:

Peygamber (s.a.v.): -*"Herhangi bir köle sahibinin yanından kaçarsa, onun kıldığı hiçbir namaz kabul olunmaz."* buyurdular. Başka bir rivayet: -*"Nankörlük etmiş olur."* buyurdular. (Müslim, İman, 124)

## 350- ŞER'İ CEZALARDA İLTİMASTA BULUNMANIN HARAM OLUŞU BÖLÜMÜ

◈ "Zina eden kadın ve zina eden erkeğin her birine yüzer değnek vurun. Eğer Allah'a ve âhiret gününe îman ediyorsanız onlara Allah'ın dinini uygulama konusunda sizi, bir acıma duygusu tutmasın ve uygulanan cezâya mü'minlerden bir grup da şahit olsun." (24 Nur, 2)

◈ **1772)** Aişe (r.a.)'dan:

Mahzum kabilesinden hırsızlık yapan bir kadının durumu Kureyşlileri pek üzmüştü. Bunun üzerine: -*"Bu konuyu Rasûlüllah (s.a.v.)'le kim görüşebilir?"* diye kendi aralarında konuştular ve: -*"Buna ancak Rasûlüllah (s.a.v.)'in dostu Üsame'den başka kimse cesaret edemez"* dediler. Üsame, bu konuyu Rasûlüllah (s.a.v.) ile konuştu. Bunun üzerine Rasûlüllah (s.a.v.) Üsame'ye: -*"Yüce Allah'ın cezalardan birinin uygulanmaması için aracılık mı yapıyorsun?"* dedi, sonra kalktı ve: -*"Sizden önceki topluluklar içlerinden soylu biri hırsızlık yapınca ona dokunmayıp, zayıf biri hırsızlık yapınca ona ceza vermeleri sebebiyle helak oldular. Allah'a yemin ederim ki; Muhammedin kızı Fatıma hırsızlık etseydi onun da elini keserdim."* buyurdular. (Buhari enbiya 54, Müslim Hudud 8).

Başka bir rivayet: Peygamberimiz (s.a.v.)'in öfkeden yüzünün rengi değişti ve Usame b. Zeyd'e: *Allah'ın cezalardan birinin uygulanmaması için aracılık mı yapıyorsun?* buyurdular. Bunun üzerine Usame b. Zeyd: *"Ey Allah'ın Rasulü! Benim için Allah'tan bağışlanmamı dile"* dedi. Allah Rasulü (s.a.v.), hırsızlık yapan kadının elinin kesilmesini emrettiler ve kadının eli kesildi.

# 351- YOL GÖLGELİK VE SU BAŞLARINA ABDEST BOZMANIN YASAK OLUŞU BÖLÜMÜ

◈ "Mü'min erkeklere ve mü'min kadınlara yapmadıkları (bir iş) sebebiyle eziyet edenlere gelince; onlar da gerçekten iftira etmiş ve apaçık bir günâh yüklenmişlerdir." (33 Ahzab, 58)

◈ **1773)** Ebu Hureyre (r.a.)'dan:

Rasûlullah (s.a.v.): -**"Lanete sebep olacak iki şeyden sakının."** buyurdu. Sahabe: -**"Lanetlemeye sebep olan şeyler nedir?"** diye sorunca, Peygamber (s.a.v.): -**"İnsanların yolları üzerine ve gölgelendikleri yerlere abdest bozmaktır"** buyurdular. (Müslim, Taharet, 68)

# 352- DURGUN SUYA ABDEST BOZMANIN YASAK OLUŞU BÖLÜMÜ

◈ **1774)** Cabir (r.a.)'dan:

Rasûlullah (s.a.v.) durgun sulara abdest bozmayı yasakladı. (Müslim, Taharet, 94)

# 353- BABANIN MAL BAĞIŞLAMADA ÇOCUKLARI ARASINDA AYIRIM YAPMASININ MEKRUH OLDUĞU BÖLÜMÜ

◈ **1775)** Numan b. Beşir (r.a.)'dan:

Babası onu Rasûlullah (s.a.v.)'in yanına götürdü ve: -**"Ben sahibi olduğum bir köleyi bu oğluma verdim"** dedi. Rasûlullah (s.a.v.): -**"Buna verdiğin gibi diğer çocuklarına da verdin mi?"** diye sordu. Babam: -**"Hayır vermedim"** dedi. Bunun üzerine Peygamber (s.a.v.): -**"O halde bağışından dön"** buyurdular.

Müslim'in diğer bir rivayeti: Rasûlullah (s.a.v.), -**"Bu bağışın aynısını diğer çocuklarına da yaptın mı?"** buyurdu. Beşir:

-"*Hayır yapmadım*" dedi. Peygamber (s.a.v.): -"*Allah'tan korkun. Çocuklarınız arasında adaletli davranın*" buyurdu. Bunun üzerine babam bağışından döndü ve köleyi geri gönderdi. (Müslim, Hibat, 13)

Diğer bir rivayet: Rasûlullah (s.a.v.), -"*Ey Beşir, bundan başka oğlun var mı?*" diye sordu. Beşir: -"*Evet var*" dedi. Peygamberimiz: -"*Buna verdiğin gibi onlara da verdin mi?*" buyurdu. Beşir, -"*Hayır vermedim*" dedi. Bunun üzerine Rasûlullah (s.a.v.): -"*O halde beni şahit tutma, çünkü ben bir zulme şahit olamam*" buyurdular. (Müslim, Hibat, 14)

Müslim'in başka bir rivayetinde Peygamber (s.a.v.): -"*Beni bir zulme şahit kılma*" buyurdu.

Yine Müslim'in değişik bir rivayeti: Peygamberimiz, -"*Bu bağışına benden başkasını şahit göster!*" buyurdu ve: -"*Çocuklarının sana iyilik yapmakta, eşit olmalarından memnun olur musun?*" diye sordu. Beşir: -"*Elbette olmam*" cevabını verdi. Peygamber (s.a.v.): -"*O halde niçin böyle haksızlık yapıyorsun?*" buyurdular. (Müslim, Hibat, 17)

## 354- YAS TUTMANIN YASAK OLUŞU BÖLÜMÜ

**1776)** Zeyneb binti Ebu Seleme (r.a.)'dan:

Peygamber (s.a.v.)'in eşi Ümmü Habibe (r.a.)'in babası Ebu Süfyan b. Harb vefat ettiğinde Ümmü Habibe'nin yanına girdim. Safranlı veya başka hoş bir koku istedi. Bu kokudan önce cariyesine sonra da kendi yanaklarına sürerek: -"*Allah'a yemin olsun ki benim koku sürünmeye ihtiyacım yoktur. Fakat ben Allah Rasulü (s.a.v.)'in minberde: -'Allah'a ve ahiret gününe iman eden bir kadının ölünün arkasından üç günden fazla yas tutması helal olmaz. Ancak kocası için dört ay on gün yas tutabilir.' buyurduğunu işittim.*" dedi.

Hadisin ravisi Zeyneb: -"*Daha sonra kardeşi vefat eden Zeyneb binti Cahş'ın yanına da gitmiştim. O da koku isteyip süründü ve şöyle dedi: -"Allah'a yemin olsun ki benim koku sürünmeye ih-*

*tiyacım yok. Ancak ben Rasûlullah (s.a.v.)'in minber üzerinde şöyle buyurduğunu işittim: -'Allah'a ve ahiret gününe inanan bir kadının bir ölü için üç günden fazla yas tutması helal değildir, ancak kocası için dört ay on gün süslenmeksizin bekleyebilir.'* **buyurduğunu işittim."** dedi. (Buhari, Cenaiz, 31; Müslim, Talak, 58)

## 355- ŞEHİRLİNİN KÖYLÜYE SİMSARLIK ETMESİNİN YASAKLIĞI BÖLÜMÜ

**1777)** Enes (r.a.)'den:

Rasûlullah (s.a.v.) şehirlinin köylünün malını bir ücret karşılığı satmasını ana-baba bir kardeş de olsa yasakladı. (Buhari, Büyu, 58; Müslim, Büyu, 21)

**1778)** İbnü Ömer (r.a.)'dan:

Rasûlullah (s.a.v.): -*"Satılmak üzere şehre getirilen malları Pazar yerine indirilinceye kadar yolda karşılayıp almayın."* buyurdular. (Buhari, Büyu, 71; Müslim, Büyu, 14)

**1779)** İbnü Abbas (r.a.)'dan:

Rasûlullah (s.a.v.): -*"Pazara mal satmak üzere gelenleri yolda karşılamayın. Şehirli, köylünün malını satmasın."* buyurdular.

Tavus, İbnü Abbas (r.a.)'a: -*"Şehirli köylünün malını satmasın"* sözünün anlamını sordu. İbnu Abbas: -*"Ona simsarlık edemez"* diye cevap verdi. (Buhari, Büyu, 68; Müslim, Büyu, 19)

**1780)** Ebu Hureyre (r.a.)'dan:

Rasûlullah (s.a.v.), şehirlinin ücretle simsarlık ederek köylünün malını satmasını yasakladı ve: -*"Müşteri kızıştırmayın, hiç kimse kardeşinin satışını bozarak onun üzerine satış yapmasın, din kardeşinin dünür olduğu bir kadına talip olmasın ve hiçbir Müslüman kadın da din kardeşi için 'hanımını boşa da beni al' demesin"* buyurdular. (Buhari, Büyu, 64)

Müslim'in bir rivayeti: Rasûlullah (s.a.v.), pazara mal getirenlerin yolda karşılanmasını, şehirlinin köylünün malını satmasını, bir kadının evlenmek istediği bir erkeğe önceki hanımını boşamasını şart koşmasını, pazarlığı bitmiş bir mala talip olmayı, müşteri kızıştırmayı ve satılık hayvanın sütünü sağmayıp alacakları kandırmayı yasakladı. (Müslim, Nikâh, 51)

◈ **1781)** İbnu Ömer (r.a.)'dan:

Rasûlullah (s.a.v.): -*"Birbirinizin satışı üzerine satış yapmayın, din kardeşinizin talip olduğu kadına kendinize izin verilmemişse talip olmayın."* buyurdular. (Buhari, Nikâh, 45; Müslim, Büyu, 8)

◈ **1782)** Ukbe b. Amir (r.a.)'dan:

Rasûlullah (s.a.v.): -*"Mü'min mü'minin kardeşidir. Hiçbir mü'mine kardeşinin satışı üzerine satış yapması, kardeşinin talip olduğu kadına o vazgeçinceye kadar talip olması helal olmaz."* buyurdular. (Müslim, Nikâh, 56)

## 356- İSLAM'IN EMRİ DIŞINDA MAL HARCAMANIN YASAK OLUŞU BÖLÜMÜ

◈ **1783)** Ebu Hureyre (r.a.)'dan:

Rasûlullah (s.a.v.): -*"Allah yaptığınız üç şeyden razı olur, üç şeyden de hoşlanmaz. Sizin sadece kendisine ibadet edip, ona hiçbir şeyi ortak koşmamanızdan ve Allah'ın ipine sımsıkı sarılıp ayrılığa düşmemenizden hoşlanır. Dedikodu yapmanızdan, çok sual sormanızdan ve lüzumsuz yerlere mallarınızı harcamanızdan da hoşlanmaz."* buyurdular. (Müslim, Akdiye, 10)

◈ **1784)** Muğire'nin kâtibi Verrad'dan:

Muğire'nin Muaviye'ye gönderdiği mektubunda bana: -*"Peygamber (s.a.v.) her farz namazın ardından: 'La ilahe illallahu vahdehu la şerike leh, lehül mülkü velehul hamdü ve hüve ala külli şey'in kadir. Allahumme la mânia lima a'tay-*

*te ve la mu'tiye lime mena'te, vela yenfe-u ze'l ceddi minkel ceddu (Tek olan Allah'tan başka hiçbir ilah yoktur. Onun ortağı da yoktur. Mülk onundur. Her türlü eksiksiz övgüler ona mahsustur. O'nun her şeye gücü yeter. Ey Allah'ım! Senin verdiğine engel olacak hiçbir güç yoktur. Senin vermediğini verecek de yoktur. Servet sahibi olanın serveti senin yardımın olmadıkça kendisine bir fayda sağlamaz.' şeklinde dua ederdi"* diye yazdırdı.

Muğire Muaviye'ye şunu da yazdı: -*"Rasûlullah (s.a.v.) dedikodudan, malı lüzumsuz yerlere harcamaktan, çok soru sormaktan, ana-babaya itaatsizlik etmekten, kız çocuklarını diri diri toprağa gömmekten, verilmesi gerekeni vermemekten, hakkı olmayan bir şeyi de istemekten menetti."* (Buhari, İ'tisam, 3; Müslim, Akdiye, 12)

## 357- SİLAHLA ŞAKALAŞMANIN YASAK OLUŞU BÖLÜMÜ

◈ **1785)** Ebu Hureyre (r.a.)'dan:

Rasûlullah (s.a.v.): -*"Sizden hiçbiriniz Müslüman kardeşine silahını doğrultmasın. Çünkü o, şeytanın silahı elinden çekip karşısındakini öldürmesiyle kendisini Cehennem çukuruna düşüreceğini bilemez ki."* buyurdular. (Buhari, Fiten, 7; Müslim, Birr, 126)

Müslim'in diğer bir rivayeti:

Ebu Hureyre (r.a.)'dan: Eb'ul-Kasım (s.a.v.) şöyle: -*"Her kim din kardeşine -isterse ana baba bir kardeşi de olsa- demirden bir silah doğrultursa elinden onu atıncaya kadar melekler ona lanet ederler."* buyurdular. (Müslim, Birr, 125)

◈ **1786)** Cabir (r.a.)'dan:

Rasûlullah (s.a.v.) kınından sıyrılmış kılıcın elden ele dolaştırılmasını yasakladı. (Ebu Davud, Cihad, 66; Tirmizi, Fiten, 5)

# 358- EZAN OKUNDUKTAN SONRA MESCİTTEN ÇIKMANIN MEKRUH OLUŞU BÖLÜMÜ

◈ **1787)** Ebu Şa'sa (r.a.)'dan:

Ebu Hureyre ile birlikte mescitte oturuyorduk. O esnada müezzin ezan okumaya başlayınca adamın biri mescitten çıkıp gitti. Ebu Hureyre o adamı mescitten çıkıncaya kadar gözüyle takip etti ve: -*"Bu adam, Ebu'l-Kasım Muhammed (s.a.v.)'e isyan etti"* dedi. (Müslim, Mesacid, 258)

# 359- GÜZEL KOKUYU REDDETMENİN MEKRUH OLDUĞU BÖLÜMÜ

◈ **1788)** Ebu Hureyre (r.a.)'dan.

Rasûlullah (s.a.v.): -*"Kendisine güzel bir koku ikram edilen kimse onu reddetmesin. Çünkü onun yükü hafif, taşınması kolaydır."* buyurdular. (Müslim, Elfaz, 20)

◈ **1789)** Enes b. Malik (r.a.)'den:

Peygamber (s.a.v.) güzel kokuyu asla geri çevirmezdi. (Buhari, Hibe, 9)

# 360- BÖBÜRLENMEYECEK KİŞİYİ YÜZÜNE KARŞI ÖVMENİN CAİZ OLDUĞU BÖLÜMÜ

◈ **1790)** Ebu Musa el-Eş'ari (r.a.)'dan:

Peygamber (s.a.v.) bir adamın bir kişiyi övdüğünü ve övgüde aşırı gittiğini işitti ve: -*"Adamı mahvettiniz veya bel kemiğini kırdınız"* buyurdular. (Buhari, Şehadet, 17; Müslim, Zühd, 67)

◈ **1791)** Ebu Bekre (r.a.)'dan:

Peygamber (s.a.v.)'in yanında bir adamdan bahsedildi, adamın biri onu aşırı bir şekilde övdü. Bunun üzerine Peygamber (s.a.v.): -*"Yazık sana arkadaşının boynunu kopardın"* buyurdu. Bu sözü defalarca tekrarlayıp sonra da: -*"Eğer sizden biriniz başkasını mutlaka öveCekse, 'falanca benim kanaatime göre şöyle şöyledir' desin. Kanaati bu doğrultuda ise böyledir. Esasen onun iç yüzünü Allah bilir, hesaba çekecek olan da O'dur. Allah için Allah'ı şahit tutarak hiç kimse kesin olarak temize çıkarılamaz"* buyurdular. (Buhari, Şehadet, 16; Müslim, Zühd, 65)

◈ **1792)** Hemmam b. Haris, Mikdad (r.a.)'dan:

Adamın biri Osman (r.a.)'ı övmeye başlayınca Mikdad dizüstü çökerek metheden kişinin yüzüne çakıl taşları atmaya başladı. Bunun üzerine, Osman(r.a.): -*"Ona ne yapıyorsun?"* deyince Mikdad: -*"Rasûlullah (s.a.v.) aşırı öven kimseleri gördüğünüzde onların yüzüne toprak serpin"* buyurdu diye cevap verdi. (Müslim, Zühd, 69)

## 361- BULAŞICI HASTALIK OLAN YERDEN KAÇMANIN VE BÖYLE BİR YERE GİRMENİN MEKRUH OLUŞU BÖLÜMÜ

◈ "Her nerede olursanız olun hatta yüksek kaleler içerisinde bile bulunursanız bulunun, ölüm sizi bulur..." (4 Nisa, 78)

◈ "Kendi ellerinizle kendinizi tehlikeye atmamak ve hep iyilik yapmak için (mallarınızı,) Allah yolunda harcayın. Şüphesiz Allah, iyilik yapanları sever." (2 Bakara, 195)

◈ **1793)** İbnu Abbas (r.a.)'dan:

Ömer b. Hattab (r.a.), Şam'a doğru yola çıktı. "Serğ" denilen yere varınca o bölge valisi olan Ebu Ubeyde b. Cerrah (r.a.) ile bazı komutanlar Ömer (r.a.)'i karşıladılar ve Şam'da veba hastalığının baş gösterdiğini haber verdiler. İbnu Abbas, Ömer (r.a.) bana, ilk muhacirleri çağırmamı emretti, ben de çağırdım. Onlarla istişare etti. Şam'da veba salgınının bulunduğunu, kendilerine haber verdi onlar da değişik görüşler ileri sürdüler. Bir kısmı: -"*Sen bir iş için yola çıktın, yoluna devam etmeni uygun görürüz*" dediler. Bazıları da: -"*Yanında insanlardan bir kısmı ve Rasûlullah (s.a.v.)'in ashabı var, onları veba üzerine götürmeni uygun görmüyoruz.*" dediler. Ömer (r.a.): -"*Dağılın yanımdan*" dedi. Sonra bana: -"*Ensar'ı çağır*" dedi. Ben de onları çağırdım. Onlar da muhacirler gibi iki ayrı görüş sergilediler. Ömer (r.a.) onlara da: -"Siz de yanımdan ayrılın" dedi. Sonra: -"*Bana Mekke'nin fethinden önce Medine'ye hicret etmiş olan Kureyş muhacirlerinin yaşlılarını çağır*" dedi. Ben de onları çağırdım, onlardan iki kişi bile ayrı görüş ortaya koymadı ve: -"*Halkı bu veba salgınının içine götürmeyip geri çevirmemizi uygun görmekteyiz*" dediler. Bunun üzerine Ömer (r.a.): -"*Sabahleyin geri döneceğiz, siz de hazırlanın*" dedi. Şam valisi Ebu Ubeyde (r.a.): -"*Allah'ın kaderinden mi kaçıyorsun*" dedi. Ömer (r.a.) de: -"*Keşke bunu senden başkası söyleseydi Ey Ebu Ubeyde!*" dedi ve onun bu sözünü hoş karşılamayıp: -"*Evet, Allah'ın kaderinden yine Allah'ın kaderine kaçıyoruz. Düşün ki senin develerin olsa da bir tarafı otlak diğer tarafı çıplak bir vadiye inselerdi o hayvanları verimli ve otlak yerlerde otlatsan da kurak ve çorak yerlerde otlatsan da Allah'ın kaderiyle otlatmış olmaz mıydın?*" dedi. Bu sırada bazı ihtiyaçları için orada olmayan Abdurrahman b. Avf çıkageldi ve: -"*Bu hususta ben de bilgi var. Rasûlullah (s.a.v.)'i:* -'**Bir yerde veba olduğunu duyarsanız oraya girmeyin. Bulunduğunuz yerde veba çıkarsa oradan kaçarak o yerden çıkmayın.**' *diye buyururken işittim*" dedi. Bunun üzerine Ömer (r.a.) Allaha hamd ederek oradan ayrıldı. (Buhari, Tıp, 30; Müslim, Selam, 98)

◈ **1794)** Üsame (r.a.)'den:

Peygamber (s.a.v.): -"**Bir yerde bulaşıcı hastalık olduğunu duyduğunuz zaman oraya girmeyin. Bulunduğunuz yerde bulaşıcı bir hastalık çıkarsa oradan da çıkmayın.**" buyurdular. (Buhari, Tıp. 30; Müslim, Selam, 98)

# 362- SİHİR VE BÜYÜNÜN BÜYÜK GÜNAH OLDUĞU BÖLÜMÜ

◆ "Ve o (Yahûdîler,) şeytanların Süleyman'ın hükümranlığı aleyhine, uydurduğu sözlere uydular. Oysa Süleyman kâfir olmadı, ancak bu şeytanlar; büyüyü ve Bâbil'de Hârut ile Mârut adındaki iki meleğe indirileni insanlara (farklı) öğreterek kâfir oldular. Hâlbuki o iki (melek): "Biz, sadece bir imtihan vesilesiyiz, (büyü yaparak) sakın kâfir olma." demedikçe hiç kimseye (bildiklerini) öğretmiyorlardı. O (Yahûdîler), Allah'ın izni olmadıkça kimseye zarar veremeyecekleri halde; onlardan kocayla karısının arasını açacak şeyleri öğreniyorlardı. (Yani) onlar, kendilerine zarar verecek ve hiç faydası olmayacak bu şeyleri, satın alanın âhirette hayırdan bir payı olmayacağını bildikleri halde, öğreniyorlardı. Karşılığında kendilerini sattıkları şeyin ne kadar kötü olduğunu keşke bir bilselerdi." (2 Bakara, 102)

◆ **1795)** Ebu Hüreyre (r.a.)'dan:

Rasûlullah (s.a.v.): -*"Şahısları helak eden yedi büyük günahtan sakının"* deyince: -*"Ey Allah'ın elçisi! Bunlar hangileridir?"* diye sordular. Peygamber (s.a.v.)'de: -*"Allah'a şirk koşmak, sihirle uğraşmak, Allah'ın dokunulmaz kıldığı bir canı haksız yere öldürmek, faiz yemek, yetim malı yemek, savaş meydanından kaçmak ve namuslu, hiçbir şeyden haberi olmayan iffetli kadınlara zina iftirasında bulunmak."* buyurdular. (Buhari, Vesaya 23, Müslim, İman 145)

# 363- DÜŞMAN ELİNE GEÇİP HAKARET EDİLME KORKUSUNDAN DOLAYI KUR'AN-I KERİM İLE KÂFİR MEMLEKETİNE YOLCULUĞUN YASAK OLUŞU BÖLÜMÜ

◆ **1796)** İbnu Ömer (r.a.)'den:

Rasûlullah (s.a.v.) Kur'an-ı Kerim ile düşman toprağına yolculuk yapmayı yasakladı. (Müslim, İman, 92)

# 364- ALTIN VE GÜMÜŞ KAP KULLANMANIN YASAK OLUŞU BÖLÜMÜ

◈ **1797)** Ümmü Seleme (r.a.)'den:

Rasûlullah (s.a.v.): -*"Gümüş kaptan içen kimse karnına cehennem ateşi doldurmuş olur."* buyurdular. (Buhari, Eşribe, 28; Müslim, Libas, 1)

Müslim'in rivayeti: -*"Gümüş ve altın kaplardan yiyen ve içen kimse..."* şeklindedir. (Müslim, Libas, 1)

◈ **1798)** Huzeyfe (r.a.)'den:

Peygamber (s.a.v.) bize ipek ve atlastan yapılmış elbise giymeyi, altın ve gümüş kaplardan yiyip içmeyi yasakladı ve: -*"Bunlar, dünyada kâfirlerin ahirette ise sizlerindir"* buyurdular. (Buhari, Eşribe, 28; Müslim, Libas, 9)

Buhari ve Müslim diğer rivayetlerinde Huzeyfe (r.a.)'den:

Ben Rasûlullah (s.a.v.)'i : -*"Saf ipek ve atlas elbise giymeyin. Altın ve gümüş kaptan bir şey içmeyin. Altın ve gümüş tabaklardan da yemek yemeyin"* buyururken işittim dedi. (Buhari, Et'ime, 29; Müslim, Libas,5)

◈ **1799)** Enes b. Sirin:

Ben Enes b. Malik (r.a.) ile birlikte Mecusilerden bir grubun yanında idim. Gümüşten bir kap içinde pâlûze getirildi. Enes bunu yemedi, getiren kişiye bunu başka bir kaba aktarmasını söyledi. O da ağaçtan yapılmış bir kaba aktarıp getirdi. Enes de ondan yedi. (Beyhaki, Sünenü'l-Kübra, 1/28)

# 365- KADINLARA HAS OLAN SARI RENGE BOYANMIŞ ELBİSEYİ ERKEĞİN GİYMESİNİN HARAM OLUŞU BÖLÜMÜ

◈ **1800)** Enes (r.a.)'den:

Peygamber (s.a.v.) erkeğin sarı renkli koku ve boya (za'feran) kullanmasını yasakladı. (Buhari, Libas, 33; Müslim, Libas, 77)

◆ 1801) Abdullah b. Amr b. As (r.a.)'den:

Peygamber (s.a.v.) benim üzerimde sarıya boyanmış iki elbise gördü ve: -*"Bunları giymeni annen mi emretti?"* buyurdu. Ben de: -*"Onları yıkayayım mı?"* dedim. Peygamber (s.a.v.): -*"Bunları yak,"* diye emretti. (Müslim, Libas, 28)

Müslim'in başka bir rivayeti: -*"Şüphesiz bunlar kâfirlerin elbiselerindendir, sen onları giyme"* buyurdular. (Müslim, Libas, 27)

## 366- GÜN BOYU KONUŞMADAN SUSUP DURMANIN YASAK OLUŞU BÖLÜMÜ

◆ 1802) Ali (r.a.)'den:

Rasûlullah (s.a.v.)'in: -*"Buluğ çağına gelen bir çocuk yetim sayılmaz. İslam'da gün boyu susmak yoktur."* diye buyurduğunu işitip ezberledim. (Ebu Davud, Vesaya, 9)

◆ 1803) Kays b. Ebu Hazim (r.a.)'den:

Ebu Bekir es-Sıddık (r.a.) Ahmes kabilesinden Zeyneb isimli bir kadının yanına geldi. Kadının konuşmadığını görünce: -*"Bu kadına ne oldu da konuşmuyor?"* diye sordu. Oradakiler: -*"Susmak suretiyle ibadet yapmaya niyet etti"* dediler. Ebubekir (r.a.) de ona: -*"Konuş, bu yaptığın helal değildir ve cahiliye dönemi davranışıdır"* dedi. Bunun üzerine kadın da konuştu. (Buhari, Menakıbu'l-Enise, 26)

## 367- KİŞİNİN KENDİ BABASINDAN BAŞKASINA BABALIK İDDİASINDA BULUNMASININ HARAM OLUŞU BÖLÜMÜ

◆ 1804) Sa'd b. Ebi Vakkas (r.a.)'dan:

Rasûlullah (s.a.v.): -*"Bir kimse babası olmadığını bildiği halde, kendi babasından başkasının babası olduğunu iddia eder-*

*se cennet o kimseye haram olur."* buyurdular. (Buhari, Feraiz, 29; Müslim, İman, 114)

◈ **1805)** Ebu Hureyre (r.a.)'dan:

Rasûlullah (s.a.v.): -*"Öz babalarınızdan yüz çevirmeyin. Kim kendi öz babasından yüz çevirirse bu küfürdür."* buyurdular. (Buhari, Feraiz, 29; Müslim, İman, 112)

◈ **1806)** Yezid b. Şerik b. Tarık'dan:

Ali (r.a.)'ı minberde şöyle konuşurken işittim: -*"Vallahi bizim yanımızda, Allah'ın kitabından ve şu hadisler yazılı sahifeden başka okuduğumuz bir yazı yoktur"* dedi ve o sahifeyi açtı, bir de baktık ki, diyet fidyesi için ödenecek develerin yaşları ile yaralamalarla ilgili bazı hükümler var. Allah Rasûlü (s.a.v.) bu sahifede: -*"Medine'nin 'Ayr dağı' ile 'Sevr dağı' arası haremdir. Her kim orada bir bid'at çıkarır veya bid'at çıkaran birini korursa Allah'ın, meleklerin ve tüm insanların laneti onun üzerine olsun. Kıyamet günü Allah o kimsenin ibadetlerini asla kabul etmeyecektir. Müslümanlardan birinin verdiği bir güvence, bütün Müslümanlarca geçerlidir. Her kim bir Müslümanın verdiği himayeyi dikkate almaz ve bozarsa Allah'ın, meleklerin ve tüm insanların laneti onun üzerine olsun. Kıyamet günü Allah o kimsenin ibadetlerini kabul etmeyecektir. Kim de babasından başkasını baba olarak iddia ederse veya kendi efendisi olmayan birini efendi olarak kabul etmeye kalkarsa, Allah'ın, meleklerin ve tüm insanların laneti onun üzerine olsun. Allah kıyamet günü o kimsenin ibadetlerini kabul etmeyecektir."* yazıyordu. (Buhari, Fedailu'l-Medine, 1; Müslim, Hacc, 467)

◈ **1807)** Ebu Zer (r.a.)'den:

Rasûlullah (s.a.v.): -*"Kim, babası olmadığını bildiği halde, başka birine bilerek babamdır diye iddia ederse o küfre girer. Kim de kendisinin olmayan bir şeye sahip çıkmaya kalkışırsa bizden değildir ve o kimse cehennemdeki yerine şimdiden ha-*

*zırlansın. Kim de bir kimseyi kâfir ve Allah düşmanı diye çağırırsa o kimse de bu sözlere layık değilse bu sözler sözü söyleyenin özerine döner."* buyurdular. (Müslim, İman, 112)

## 368- ALLAH VE RASÛLÜNÜN YASAKLADIKLARINDAN KAÇINMAK BÖLÜMÜ

◈ *"...Allah'ın emrine aykırı davrananlar, başlarına bir fitnenin yahut acı bir azabın gelmesinden sakınsınlar."* (24 Nur, 63)

◈ *"Allah, sizi sadece kendisinden korunmanız hususunda uyarır."* (3 Ali İmran,28)

◈ *"Şüphesiz Rabbinin intikamı çok şiddetlidir."* (85 Bürûc, 12)

◈ *"O zâlim memleketleri, Rabbin yakalarsa, işte böyle yakalar. Gerçekten O'nun yakalaması, pek acıklı ve çok şiddetlidir."* (11 Hud, 102)

◈ **1808)** Ebû Hureyre (r.a.)'den:

Peygamber (s.a.v.): *"Allah kulları hakkında hayır ve saâdet diler. Bu, Allah'ın haram kıldığı şeyleri insanların işlemelerine karşı olmasındandır."* buyurdular. (Buhârî, Nikâh 107; Müslim, tevbe 36)

## 369- YASAKLARI İŞLEYEN KİMSENİN NE YAPMASI GEREKTİĞİ BÖLÜMÜ

◈ *"Eğer şeytandan gelen kötü bir düşünce seni dürtecek olursa, hemen Allah'a sığın. Çünkü o, hakkıyla işitendir, eksiksiz bilendir."* (41 Fussilet, 36)

◈ *"Çünkü Allah'tan hakkıyla sakınanlar, kendilerine şeytandan bir kuruntu geldiği zaman, Allah'ı hatırlarlar ve hemen bunun farkına varırlar."* (7 Araf, 201)

◈ *"Ve onlar, bir aşırılık yaptıkları yahut birbirlerine zulmettikleri zaman Allah'ı hatırlayarak, hemen günâhlarının affedilmesini dilerler. Zâten günâhları Allah'tan başka kim affedebilir* ki? Ve onlar, işledikleri günahlarda bilerek ısrar etmezler. İşte onların mükâfatı, Rableri tarafından affedilmek ve zemîninden ırmaklar akan ve içerisinde sürekli olarak kalacakları Cennetlerdir. İnandığını yaşayanların mükâfatı ne de güzeldir." (3 Al-i İmran, 135-136)

◈ "Ey mü'min erkek ve kadınlar! (Gerçek) kurtuluşunuzu umabilmek için hep birlikte (bu emirleri yaşayarak) Allah'a, tövbe edin." (24 Nûr 31)

◈ **1809)** Ebu Hureyre (r.a.)'den:

Rasûlullah (s.a.v.): -*"Bir kimse lat ve uzza hakkı için diye yemin ederse keffaret olarak hemen ardından, 'la ilahe illallah' desin, kim de arkadaşına 'gel seninle kumar oynayalım' derse, buna keffaret olarak da hemen sadaka versin."* buyurdular. (Buhari, Edeb, 74; Müslim, Eyman, 5)

## 370- BELLİ BİR KONUYU KAPSAMAYAN CAZİP HADİSLER BÖLÜMÜ

◈ **1810)** Nevvas b. Sem'an (r.a.)'dan:

Bir sabah Rasûlullah (s.a.v.) Deccal'dan bahsederek onu alçalttı, ne büyük bir bela olduğunu belirtti. Öyle ki, biz onun civardaki hurmalıklara gelip dayandığını zannettik. Bizler oraya gidince Rasûlullah (s.a.v.) bizdeki telaşı anladı ve: -*"Size ne oluyor"* dedi. Biz de: -*"Ey Allah'ın Rasûlü! Sabahleyin Deccaldan bahsettiniz, onu alçaltıp ne büyük bir bela olduğundan bahsettiniz, biz de onun şu hurmalıklara gelip dayandığını sandık"* dedik. Bunun üzerine Rasûlullah (s.a.v.): -*"Sizin için en çok korktuğum Deccaldan başka şeylerdir. Şayet Deccal ben aranızdayken çıkarsa, ona karşı sizi korur, onun delillerini çürütürüm. Eğer ben aranızdan ayrıldıktan sonra çıkarsa herkes kendini ona karşı savunmalı ve şerrinden korunmalıdır. Zaten Allah mü'minleri onun şerrinden koruyacaktır. Deccal kıvırcık saçlı, tek gözü kör bir gençtir. Ben onu sanki Cahiliyyede yaşamış Katan oğlu Abd'ul-Uzzaya benzetiyorum. Sizden kim onu görürse Kehf suresinin başından birkaç ayet okusun. O Deccal Şam ile Irak arasından bir yerden çıkacak ve çok aşırı kötülüğünü sağa sola her yana yayacaktır. Ey Allah'ın kulları ona ve şerrine karşı kendinizi koruyup dirençli olun."* buyurdular. Biz: -*"Ey Allah'ın Rasûlü! Deccal yeryüzünde ne kadar kalacak,"* dedik. Rasûlullah (s.a.v.): -*"Kırk gün kalacak, bir günü bir yıl, bir günü bir ay, bir günü de bir hafta kadardır. Diğer günleri de sizin bu günkü günleriniz gibi olacaktır."* buyurdular. Biz: -*"Ey Allah'ın Rasûlü! O günde kılacağımız bir günlük namaz kâfi gelecek mi?"* dedik. Rasûlullah (s.a.v.): -*"Hayır, siz ona göre namaz vakitlerini takdir ve hesap edin."* buyurdular. Biz: -*"Ey Allah'ın Rasûlü! Onun yeryüzündeki sürati ne kadardır?"* diye sorduk. Rasûlullah (s.a.v.): -*"Rüzgârın sürüklediği bulutlar gibi insanların yanından geçer. Rabbları olduğunu söyleyerek kendisine iman etmelerini ister. Onlar da iman ederler. Göğe yağmur yağdırmasını emreder. Yağmur yağar, yere emreder, bitikler biter, hayvanlar da otlaklardan daha besili ve sütlü olarak dönerler. Daha sonra başka insanların yanına gelir, onları da kendisinin rab olduğunu inanmaya davet eder, fakat onlar bu daveti kabul etmeyip reddederler. Tevhid inancı üzere kalırlar. Deccal de yanlarından döner gider. Bu sefer o toplumdan yağmurlar kesilir, otlar kurur, hayvanlar da helak olurlar. Deccal harabe bir yere uğrar ve defineleri ortaya çıkar diye emredince bal arılarının beylerini takip ettikleri gibi defineler de Deccalın arkasından gider. Sonra Deccal güçlü kuvvetli bir genci Rab olduğuna imana davet eder. Kabul etmediğinden dolayı öfkelenerek kılıcıyla onu ikiye biçer. Parçaları ok menzili kadar uzak bir yana düşer. Sonra yine aynı genci çağırır, genç eski haline dönmüş güleç bir yüzle tekrar O'na doğru gelir. Deccal böyle işler yaparken Allah, Meryem oğlu İsa (a.s.)'ı gönderir. Mesih boyanmış iki elbise içinde ellerini iki meleğin kanatları üzerine koyarak Dımeşk'in doğusundaki Akminare'nin yanına iner. İsa parlayan yüzüyle başını yere eğince saçlarından terler damlar, başını kaldırınca da inci gibi nurani* damlalar dökülür. Onun nefesini koklayan kâfir derhal ölür. Onun nefesi baktığı yere anında ulaşır. İsa (a.s.) Deccalın peşine düşer. Onu Kudüs yakınındaki Bab-ı Lüd'de yakalayıp öldürür. Daha sonra İsa (a.s.) Allah Teâlâ'nın kendilerini deccalın şerrinden koruduğu birtakım insanların yanına gelir, onların yüzlerini okşayarak Deccalın fitnesinin sona erdiğini söyler ve kendilerine cennetteki yüksek derecelerini haber verir. Bu sırada Allah Teâlâ İsa (a.s.)'e vahyederek: -'Ben sana itaat eden bir cemaat meydana getirdim, hiçbir zaman onları öldürmeye kimsenin gücü yetmez. Onları götür Sina dağında muhafaza et.' der. Allah Ye'cüc ve Me'cüc'u gönderir, bunlar yüksek tepelerden süratle akıp inerler, bunların öncüleri Taberiyye gölüne varıp gölün bütün suyunu içerler, sonraki gelenler oraya vardıklarında: -'Bir zamanlar burada çok su varmış' derler. İsa (a.s.) ile yanındaki mü'minleri Sina dağında kuşatırlar. Onlardan her biri için bir öküz başı sizin bugünkü paranızla yüz altından daha kıymetli olur. İsa (a.s.) ve yanındaki mü'minler bu beladan kendilerini kurtarması için Allah'a yalvarırlar. Allah da Ye'cüc ve Me'cüc'ün enselerine küçük kurtçuklar musallat eder. Hepsi bir anda ölüp giderler. Bundan sonra İsa(a.s.) ve mü'minler Sina dağından inerler. Ye'cüc ve Me'cüc'ün kokmuş cesetlerinin olmadığı bir karış yer bulamazlar. İsa (a.s.) ve yanındaki mü'minler de bu beladan Allah'ın kendilerini kurtarması için yalvarırlar. Allah deveboyunları gibi iri kuşlar gönderir, bunlar o kokmuş cesetleri alarak Allah'ın dilediği yere götürüp atarlar. Sonra Allah öyle bir yağmur gönderir ki, uğramadığı bir ev ve çadır kalmaz, bu yağmur da yeryüzünü pırıl pırıl temizler. Daha sonra yeryüzüne meyvelerini bitir bereketini getir diye emredilir. O gün bir grup insan tek bir nar ile doyar ve kabuğu ile gölgelenir. Otlağa gönderilen hayvanların sütü de bereketlenir. Öyle ki bir devenin sütü kalabalık bir grubu, bir ineğin sütü bir kabileyi, bir koyunun sütü de bir cemaati doyurur. Onlar böyle yaşayıp giderken Allah tatlı bir rüzgâr gönderir, bu rüzgâr mü'minleri koltuk altlarından sarmalayıp ruhlarını alıp götürür. O zaman yeryüzünde insanların en şerlileri kalır. Onlar da *eşekler gibi birbirleriyle herkesin gözü önünde cinsel ilişkide bulunurlar ve kıyamet de onlar üzerine kopuverir."* buyurdular.

(Müslim, Fiten, 110)

◈ **1811)** Rib'î b. Hıraş'dan:

Ebu Mes'ud el-Ensarî (r.a.) ile birlikte Huzeyfe b. Yeman (r.a.)'ın yanına gittim. Ebu Mes'ud ona, Rasûlullah (s.a.v.)'den deccal hakkında duyduklarını söyle dedi. Huzeyfe (r.a.) de Rasûlullah (s.a.v.)'in: -*"Deccal yanında bir su ve bir de ateş olduğu halde çıkacak. İnsanların su olarak gördükleri şey yakıcı ateş, ateş olarak gördükleri şey tatlı ve soğuk sudur. İçinizden ona kim yetişirse ateş olarak gördüğü tarafta bulunsun. Çünkü o tatlı, hoş bir sudur."* buyurduğunu duydum dedi.

Ebu Mes'ud el-Ensarî, Huzeyfe'nin böyle söylediğini ben de duydum, dedi. (Buhari, Enbiya, 50; Müslim, Fiten, 105)

◈ **1812)** Abdullah b. Amr b. Âs (r.a.)'dan:

Rasûlullah (s.a.v.): -*"Deccal, ümmetimin zamanında ortaya çıkar. Kırk bu kadar zaman kalır. (Ravi kırk gün mü kırk ay mı kırk yıl mı dedi bilemiyorum der.) Bunun üzerine Allah Meryem oğlu İsa (a.s.)'ı yeryüzüne gönderir. O da deccalı bularak ortadan kaldırır. Sonra insanlar aralarında hiçbir düşmanlık bulunmadan yedi yıl daha yaşar. Sonra Allah Şam tarafından soğuk bir rüzgâr gönderir ve bu rüzgâr kalbinde zerre kadar hayır veya iman bulunan tüm Müslümanların ruhunu alır gider. Şayet biriniz bir dağın derinliklerine girmiş olsa bile bu rüzgâr oraya kadar girip onun canını da alır. Geriye her türlü kötülüklere kuş gibi hızlıca dalan, iyilikbilmez, fenalıktan sakınmaz, canavar gibi şerli insanlar kalır. Şeytan onlara insan kılığına girerek görünür ve: -"Bana hâlâ inanmayacak mısınız?" der. Onlar da: -"Ne yapmamızı emredersin?" derler. Şeytan da onlara putlara tapmalarını emreder, onlar bu haldeyken rızıkları bol ve güzel olur. Sonra Sûr'a üfürülür. Onun sesini duyan herkes şaşkınlık içinde yıkılıp kalır. Sûrun sesini ilk duyup can veren adam devesinin havuzunu çamurla tamir*

*eden bir kimsedir, etrafındakiler de ölürler. Sonra Allah gölge gibi veya çiğ gibi bir yağmur gönderir de insanların çürümeye yüz tutmuş cesetleri bununla yeniden hayat bulur. Sonra ardından sura bir kere daha üflenir, herkes yerinden fırlayıp kendilerine yapılacakları gözlemeye başlarlar. Sonra: -"Haydi Rabbinize gelin" denir. Meleklere de: -"Onları alıkoyun, çünkü onlar sorguya çekileceklerdir" denilir. Daha sonra meleklere: -"Cehennemlikleri ayırın" buyurulur. Onlar da: -"Kaçta kaçını ayıralım?" diye sorarlar. Bin kişiden dokuz yüz doksan dokuzu denilir. İşte o gün çocukların aniden saçlarının ağaracağı, her türlü gerçeğin apaçık ortaya çıkacağı bir gündür."* buyurdular.
(Müslim, Fiten, 116)

◈ **1813)** Enes (r.a.)'den:

Rasûlullah (s.a.v.): -*"Mekke ile Medine dışında Deccalın ayak basmadığı bir yer bulunmaz. Bu iki bölgenin bütün yollarında saf tutmuş melekler buraları korur. Deccal kumlu çorak bir araziye iner. Medine üç defa sarsılır. Allahu Teâlâ oradan her kâfir ve münafığı çıkarmış olur."* buyurdular. (Müslim, Fiten, 123)

◈ **1814)** Enes (r.a.)'den:

Rasûlullah (s.a.v.): -*"İsfahan Yahudilerinden Taylasan elbisesi giyinmiş yetmiş bin kişi deccalın arkasından gider."* buyurdular. (Müslim, Fiten, 124)

◈ **1815)** Ümmü Şerik (r.a.)'den:

Rasûlullah (s.a.v.)'in: -*"Muhakkak ki mü'minler deccaldan kaçıp dağlara sığınacaklardır."* buyurduğunu dinlemiştir. (Müslim, Fiten, 135)

◈ **1816)** İmran b. Husayn (r.a.)'den:

Rasûlullah (s.a.v.)'i: -*"Âdemin yaratılışından kıyametin kopacağı ana kadar Deccaldan daha önemli bir olay yoktur."* diye buyururken işittim dedi. (Müslim, Fiten, 126)

◈ **1817)** Ebu Said el-Hudri (r.a.)'den:

Rasûlullah (s.a.v.): -*"Deccal ortaya çıkınca mü'minlerden biri Deccal tarafına doğru yönelip gider. Deccalın muhafızları onun önüne çıkarak: -'Nereye gitmek istiyorsun?' diye sorarlar. O da: -'Şu ortaya çıkan adamın yanına' der. Onlar da: -'Sen bizim Rabbimize inanmıyor musun?' diye sorarlar. O da: -'Bizim Rabbimizin gizli bir tarafı yoktur, tüm vasıfları ortadadır. Deccalın manzarası bile onun yalancı olduğunu göstermeye kâfidir' cevabını verir. Deccalın bazı adamları: -'Öldürün şunu' derler. Bir kısmı ise: -'Rabbiniz haberi almadan bir kimseyi öldürmeyi yasaklamadı mı?' derler ve o mü'mini Deccalın yanına götürürler. O mü'min Deccalı görünce diğer mü'minlere: -'Ey insanlar Rasûlullah (s.a.v.)'in bildirdiği Deccal işte budur', der. Bunun üzerine Deccal onun dövülmesini emreder, başından ve yüzünden yaralanıp, sırtından ve karnından çokça dayak yiyen bu kimseye Deccal: -'hâlâ bana inanmıyor musun?' diye sorar. -'Yalancı Mesih sensin, sana inanmıyorum' diye cevap verince Deccalın emri üzerine o kimseyi testereyle baştan aşağı ikiye biçerler. Deccal ikiye bölünen cesedin arasından geçtikten sonra o kimseye: -'Ayağa kalk' der, o da doğrulup kalkar. Deccal tekrar: -'Bana iman ediyor musun?' diye sorar. O da: -'Bu öldürme ve diriltme işiyle senin hakkındaki kanaatim iyice pekişti' der ve halka dönerek: -"Ey insanlar o benden sonra artık kimseyi öldürüp diriltemez' der. Deccal onu kesebilmek için yakalar. Fakat Allah, o mü'minin boynundan köprücük kemiğine kadar kısmı bakır gibi kılıç işlemeyecek bir hale dönüştürür de Deccal ona birşey yapamaz. Bunun üzerine Deccal onun ellerinden ve ayaklarından tutarak fırlatır. İnsanlar onun cehenneme atıldığını zannederler. Hâlbuki o cennete bırakılıvermiştir."* Rasûlullah (s.a.v.) sözünü şöyle tamamladı: -*"İşte bu mü'min kimse Âlemlerin Rabbi olan Allah katında insanların en büyük şehididir. Yalancı bir zalime karşı hakkı söylemekten geri durmamıştır"* buyurdular. (Müslim, Fiten, 113)

◈ **1818)** Muğire b. Şu'be (r.a.)'den:

Hiç kimse Rasûlullah (s.a.v.)'e deccal hakkında benden fazla soru sormadı. Rasûlullah (s.a.v.) bana: -*"O sana zarar vermeyecek"* buyurdu. Ben: -*"Bazı kimseler Deccalın yanında dağ kadar ekmek ve nehir kadar su var diyorlar,"* dedim. Rasûlullah (s.a.v.) de: -*"Deccal Allah katında bunlardan çok daha değersizdir."* buyurdular. (Buhari, Fiten, 26; Müslim, Adab, 32)

◈ **1819)** Enes (r.a.)'den.

Rasûlullah (s.a.v.): -*"Her Peygamber ümmetini yalancı, tek gözü körün (deccalın) tehlikesine karşı uyarmışlardır. Dikkat edin onun bir gözü kördür. Yüce Rabbiniz tek gözlü değildir. Deccalın iki gözü arasında [ke-fe-re] yazılıdır."* buyurdular. (Buhari, Fiten, 26; Müslim, Fiten, 101)

◈ **1820)** Ebu Hureyre (r.a.)'den:

Rasûlullah (s.a.v.): -*"Hiçbir Peygamberin ümmetine deccal hakkında söylemediği bir şeyi size haber vereyim mi? Onun bir gözü kördür. O, yanında cennet ve cehennemin benzerini getirir. Onun cennet dediği şey, cehennemin ta kendisidir."* buyurdular. (Buhari, Enbiya, 3; Müslim, Fiten, 109)

◈ **1821)** İbnu Ömer (r.a.)'den:

Rasûlullah (s.a.v.) bütün ashabının yanında Deccaldan bahsederek: -*"Allah tek gözlü değildir. Şunu unutmayın ki deccalın sağ gözü kördür. Sanki onun gözü salkımından dışarı fırlamış, üzüm tanesi gibidir."* buyurdular. (Buhari, Fiten, 26; Müslim, İman, 274)

◈ **1822)** Ebu Hureyre (r.a.)'den:

Rasûlullah (s.a.v.): -*"Müslümanlarla Yahudiler savaş yapmadıkça kıyamet kopmaz. Öyle ki Yahudi taşın ve ağacın arkasına saklanacak, taş ve ağaç o Yahudi'yi kovalayana: -'Ey Müslüman! Arkamda bir Yahudi var, gel onu öldür' diyecek. Yalnız Yahudilerin ağaçlarından olan Gargad ağacı bir şey söylemeyecek."* buyurdular. (Buhari, Cihad, 94; Müslim, Fiten, 82)

◈ 1823) Ebu Hureyre (r.a.)'den:

Rasûlullah (s.a.v.): -*"Canımı elinde tutan Allah'a yemin ederim ki, bir adam kabir yanından geçerken kendini o kabrin üzerine atıp: -'Ah keşke şu kabirde yatanın yerinde ben olsaydım' demedikçe kıyamet kopmayacaktır. O kimse din yönüyle değil de başına gelen belalar yüzünden böyle davranacaktır."* buyurdular. (Buhari, Fiten, 22; Müslim, Fiten, 54)

◈ 1824) Ebu Hureyre (r.a.)'den:

Rasûlullah (s.a.v.): -*"Fırat, altın madeninden bir dağı çıkmadıkça, bu hazine üzerinde savaş çıkıp her yüz kişiden doksan dokuzu ölmedikçe ve kurtulan her bir kimsenin kazanan ben olaydım demedikleri müddetçe kıyamet kopmaz."* buyurdular.

(Buhari, Fiten, 24; Müslim, Fiten, 29)

Diğer bir rivayet: -*" Fırat nehrinin aktığı yatakta bir Altın hazinesinin ortaya çıkmasına az kaldı. O günü gören kimse, o hazineden kesinlikle bir şey almasın."* buyurdular. (Buhari, Fiten, 24; Müslim, Fiten, 29)

◈ 1825) Ebu Hureyre (r.a.)'den:

Rasûlullah (s.a.v.)'i: -*"Bir zaman gelecek insanlar Medine'yi bütün güzellikleriyle terk edip gidecekler. Orada sadece vahşi hayvanlar ve kuşlar kalacaktır. Oraya son gelen Müzeyne kabilesinden koyunlarına seslenip duran iki çoban olacak. Onlar da orayı ıpıssız ve vahşi hayvanlarla dolu bulacaklardır. Sonunda bunlar da 'Seniyyetu'l-veda' denilen yere gelince yüzüstü düşüp öleceklerdir."* diye buyururken işittim dedi. (Buhari, Fezailu'l-Medine, 5; Müslim, Hacc, 498)

◈ 1826) Ebu Said el-Hudri (r.a.)'den:

Peygamber (s.a.v.): -*"Halifelerinizden biri malı saymaya bile gerek duymadan avuç avuç dağıtacaktır."* buyurdular.
(Müslim, Fiten, 68)

◈ **1827)** Ebu Musa el-Eş'ari (r.a.)'den:

Rasûlullah (s.a.v.): -"*İnsanlar öyle bir zaman görecekler ki; bir kimse eline altını alıp sadaka olarak vereceği bir kimse arayacak, fakat bulamayacaktır. Erkeklerin azlığı kadınların çokluğu sebebiyle kırk kadının bir erkeğin peşine düşüp himayesine sığındığı görülecektir.*" buyurdular. (Müslim, Zekât, 59)

◈ **1828)** Ebu Hureyre (r.a.)'den:

Rasûlullah (s.a.v.): -"*Vaktiyle bir adam, bir başkasından bir arazi satın aldı. Araziyi alan adam orada altınla dolu bir küp buldu. Araziyi satan adama: -'Altınını al, zira ben senden altın değil arazi satın aldım' dedi. Arazi sahibi de: -'Ben sana o araziyi içindekilerle birlikte sattım' dedi. Anlaşamayınca bir hakeme başvurdular. Hakem olan kimse: -' Çocuklarınız var mı?' diye sordu. Birisi: -'Benim bir oğlum var' dedi. Diğeri de: -' Benim de bir kızım var', dedi. Hakem olan kimse: -'Oğlanla kızı evlendirin, o altınların bir kısmını onlara harcayın, bir kısmını da sizler tasadduk edin' diye hükmetti.*" buyurdular. (Buhari, Enbiya, 54; Müslim, Akdiye, 21)

◈ **1829)** Ebu Hureyre (r.a.)'den:

Rasûlullah (s.a.v.)'i: -"*Vaktiyle yanlarında çocukları olan iki kadından birinin çocuğunu kurt kapıp götürdü. Kadınlardan biri arkadaşına: -'Kurt senin çocuğunu götürdü' dedi. O da: -'Hayır, senin çocuğunu götürdü' dedi. Kadınlar davalarını halletmek üzere Davut (a.s.)'e başvurdular. O da yaşlı kadını haklı görerek çocuğu ona verdi. Kadınlar ardından meseleyi Davut (a.s.)'in oğlu Süleyman (a.s.)'e arz ettiler. Süleyman (a.s.): -'Bana bir bıçak getirin de çocuğu ikiye bölerek aralarında paylaştırayım', deyince genç kadın: -'Allah sana rahmet etsin. Aman çocuğu kesme, çocuk onundur' dedi. Bunun üzerine Süleyman (a.s.) çocuğun genç kadına ait olduğuna hükmetti.*" diye buyururken işitti.

(Buhari, Enbiya, 40; Müslim, Akdiye, 20)

◈ **1830)** Mirdas el-Eslemî (r.a.)'den:

Rasûlullah (s.a.v.): -*"Allah'ın salih kulları birer birer gider de geriye arpa ve hurmanın döküntüleri gibi değersiz kimseler kalır. Allah da onlara hiçbir değer vermez."* buyurdular. (Buhari, Rikak, 9)

◈ **1831)** Rifaa b. Rafi' ez-Zürakî (r.a.)'den:

Cebrail (a.s.), Rasûlullah (s.a.v.)'e gelerek: -*"Aranızda Bedir savaşına katılanları nasıl görürsünüz?"* diye sordu. Peygamber (s.a.v.) de: -*"Onları Müslümanların en faziletlisi kabul ederiz"* buyurdu veya buna benzer bir şey söyledi. Cebrail (a.s.) da: -*"Biz de meleklerden Bedir savaşına katılanları meleklerin en hayırlısı sayarız"* dedi. (Buhari, Megazi, 11)

◈ **1832)** İbnu Ömer (r.a.)'den:

Rasûlullah (s.a.v.): -*"Allah bir topluma azap gönderdiği zaman o azap orada bulunan herkese isabet eder. Sonra amellerine göre yeniden diriltilirler."* buyurdular. (Buhari, Fiten, 19; Müslim, Cennet, 84)

◈ **1833)** Cabir (r.a.)'den:

Peygamber (s.a.v.)'in hutbe esnasında dayandığı bir kütük vardı. Daha sonra minber yapılıp Rasûlullah (s.a.v.) hutbesini orada okumaya başlayınca, bu kütükten gebe develerin iniltisi gibi sesler çıktığını duyduk. Bunun üzerine Rasûlullah (s.a.v.), minberden indi, elini kütüğün üzerine koyunca sesi kesildi.

Başka bir rivayet: Cuma günü Peygamber (s.a.v.), hutbe için minbere çıkıp oturduğu sırada minberin yanındaki hurma ağacından yapılmış kütük, neredeyse parçalanacaktı.

Başka bir rivayet: Bir çocuğun haykırışı gibi haykırdı. Bunun üzerine Peygamber (s.a.v.), minberden indi kütüğü kucakladı. Kütük bir çocuğun ağlayışı gibi inlemeye başlayıp bir süre sonra sustu. Peygamber (s.a.v.): -*"Kütük kendisinin üzerinde hitap edilmemesine ağladı"* buyurdular. (Buhari, Menakıb, 25)

◈ **1834)** Ebu Sa'lebe el-Huşenî Cürsûm b. Nadr (r.a.)'dan:

Rasûlullah (s.a.v.): -*"Allah bazı şeyleri farz kıldı, onları ihmal etmeyin. Bazı günahlara yaklaşılmaması için sınırlar koydu. O sınırları aşmayın. Bazı şeyleri haram kıldı, o haramları çiğnemeyin. Bazı şeyleri de unuttuğu için değil, sizlere olan merhametinden dolayı dile getirmedi. Onları da kurcalamayın."* buyurdular. (Darekutni, Sünen, IV, 184)

◈ **1835)** Abdullah b. Ebu Evfa (r.a.)'dan:

Rasûlullah (s.a.v.) ile beraber yedi defa savaşa katıldık. O seferlerde çekirge yediğimiz olurdu.

Diğer bir rivayet: -*"Peygamber (s.a.v.)'le beraber çekirge yedik"* denilmektedir. (Buhari, Zebaih ve's-Sayd, 13; Müslim, Sayd, 52)

◈ **1836)** Ebu Hureyre (r.a.)'dan:

Rasûlullah (s.a.v.): -*"Mü'min, bir yılan deliğinden iki defa ısırılmaz."* buyurdular. (Buhari, Edeb, 83; Müslim, Zühd, 63)

◈ **1837)** Ebu Hureyre (r.a.)'den:

Rasûlullah (s.a.v.): -*"Üç kişi vardır ki, kıyamet gününde Allah, onlarla konuşmaz, yüzlerine bakmaz, kendilerini temize çıkarmaz ve onlar için acıklı bir azap vardır. Bunlar da; susuz bir yerde fazla suyu olup da yolculara vermeyen, ticaret malını ikindiden sonra pazara çıkarıp falan fiyata aldığına dair yalan yere yemin ederek müşteriyi kendisine inandıran ve devlet başkanına sırf dünya menfaati için biat eden, dünyalık verildiğinde sözünde duran, verilmediğinde sözünden cayan kimselerdir."* buyurdular. (Buhari, Musakat, 10; Müslim, İman, 171)

◈ **1838)** Ebu Hureyre (r.a.)'den:

Rasûlullah (s.a.v.): -*"Sur'a iki üfleme arasında kırk... vardır"* buyurdular. Ashab: -*"Ey Ebu Hureyre, kırk gün mü?"* diye sordular. -*"Tam bilemiyorum."* dedi. Sahabeler: -*"Ey Ebu Hureyre, kırk sene mi?"* diye sordular. -*"Tam bilemiyorum."* dedi. Sahabeler: -*"Ey Ebu*

*Hureyre, kırk ay mı?"* diye sordular. *–"Tam bilemiyorum."* dedi. Sonra hadise şöyle devam etti: *-"Kuyruk sokumu kemiği dışında insanın bütün bedeni çürüyüp yok olur. Tekrar yaratılış bu kemikten meydana gelir. Sonra Allah gökyüzünden bir yağmur indirir de bütün insanlar tohumların patlayıp çıktıkları gibi yeryüzüne çıkarlar."* buyurdular. (Buhari, Tefsiru Sure-i Zümer, 1; Müslim, Fiten, 28)

◈ **1839)** Ebu Hureyre (r.a.)'den:

Rasûlullah (s.a.v.) bir yerde sahabileriyle konuşurken bir bedevi çıkıp geldi ve: *-"Kıyamet ne zaman kopacak"* diye sordu. Rasûlullah (s.a.v.) sözüne devam etti. Sahabelerden biri. *–"Soruyu duydu ama sorudan hoşlanmadı"* dediler. Bir kısmı da: *-"Belki soruyu duymadı"* dediler. Rasûlullah (s.a.v.) sözünü bitirince: *-"Kıyamet hakkında soru soran nerede?"* buyurdular. Bedevi: *-"Ey Allah'ın Rasulü! Buradayım"* dedi. Rasûlullah (s.a.v.): *-"Emanete riayet edilmediği zaman kıyameti bekle"* buyurdu. Bedevi: *-"Emanete nasıl riayet edilmeyecek?"* diye sordu. Rasûlullah (s.a.v.) de: *-"Emanet, ehil olmayan kimseye verildiği zaman kıyameti bekle"* buyurdular. (Buhari, İlim, 2)

◈ **1840)** Ebu Hureyre (r.a.)'den:

Rasûlullah (s.a.v.): *-"İmamlar size namaz kıldırırlar. Eğer eksiksiz kıldırırlarsa hem size, hem de onlara sevap vardır. Şayet hata ederlerse size sevap, onlara da ceza vardır."* buyurdular. (Buhari, Ezan, 55)

◈ **1841)** Ebu Hureyre (r.a.)'den:

*"Siz, insanlar(ın iyiliği) için ortaya çıkarılan, onlara iyiliği emredip, kötülükten sakındıran ve Allah'a gerçekten inanan en hayırlı ümmetsiniz."* (3 Al-i İmran, 110) ayetini okudu ve: *-"İnsanların insanlar için en hayırlı olanları, onları İslam toplumuna boyunlarına geçirilmiş zincirlerle, getirip de sonunda onların Müslüman olmalarını sağlayanlardır."* şeklinde açıkladı. (Buhari, Tefsiru Sure-i Ali İmran, 7)

◈ **1842)** Ebu Hureyre (r.a.)'den:

Rasûlullah (s.a.v.): -*"Yüce Allah, (esir alınıp) zincire vurulduk-tan sonra (İslam'ı kabul ederek) cennete giren kimselerden hoş-nut olur."* buyurdular. (Buhari, Cihad, 144)

◈ **1843)** Ebu Hureyre (r.a.)'den:

Rasûlullah (s.a.v.): -*"Allah'ın bir beldede en beğendiği yer o memleketin mescitleridir. En sevmediği yer ise çarşı ve pazar-lardır."* buyurdular. (Müslim, Mesacid, 288)

◈ **1844)** Selman-ı Farisi (r.a.)'dan:

Gücünüz yeterse çarşıya ilk girenlerden ve oradan en son çıkanlardan olmayın. Çünkü çarşı şeytanın savaş alanı olup, bayrağını da oraya diker. (Müslim, Fezailu's-sahabe, 100)

Berkani'nin sahihinde Selman-i Farisi'den:

Rasûlullah (s.a.v.): -*"Çarşıya ilk girenlerden ve oradan en son çıkanlardan olmayın. Çünkü şeytan oraya yumurtlar ve orada yavrular"* buyurdular.

◈ **1845)** Asım el-Ahvel'den o da Abdullah b. Sercis (r.a.)'den:

Rasûlullah (s.a.v.)'e: -*"Ey Allah'ın Rasulü! Allah seni bağışlasın"* dedim. O da: -*"Seni de bağışlasın"* buyurdu. Asım, Abdullah b. Sercis'e: -*"Rasûlullah (s.a.v.) senin için mağfiret mi diledi?"* diye sordum. O da: -*"Evet, senin için de mağfiret diledi"* dedi ve: -*"Ey Muhammed! Allah'tan başka ilâh olmadığını iyi bil! Hem ken-di, hem Müslüman erkekler ve hem de Müslüman kadınların günâhları için (Allah'tan) bağışlanma dile. Allah, sizin gezip dolaştığınız yeri de duracağınız yeri de bilir."* (47 Muhammed, 19) ayet-i kerimesini okudu. (Müslim, Fezail, 112)

◈ **1846)** Ebu Mesud el-Ensari (r.a.)'dan:

Rasûlullah (s.a.v.): -*"İnsanların Peygamber sözü olarak duy-duğu ilk söz; 'Utanmıyorsan dilediğini yap' sözüdür"* buyurdu-lar. (Buhari, Enbiya, 54)

◈ **1847)** İbnu Mesud (r.a.)'den:

Rasûlullah (s.a.v.): -**"Kıyamet günü insanlar arasında görülecek ilk dava, kan davalarıdır."** buyurdular. (Buhari, Diyat, 1; Müslim, Kassame, 28)

◈ **1848)** Aişe (r.a.)'dan:

Rasûlullah (s.a.v.): -**"Melekler nurdan, cinler dumansız ateşten, Adem ise (Kur'an'da) size bildirilen (topraktan) yaratılmıştır."** buyurdular. (Müslim, Zühd, 60)

◈ **1849)** Aişe (r.a.)'dan:

Allah'ın Peygamberi (s.a.v.)'in ahlâkı, Kur'an idi. (Müslim, Müsafirin, 139)

◈ **1850)** Aişe (r.a.)'dan:

Rasûlullah (s.a.v.): -**"Kim Allah'a kavuşmayı isterse Allah da onunla kavuşmayı ister. Kim Allah'a kavuşmaktan hoşlanmazsa Allah da ona kavuşmaktan hoşlanmaz"** buyurdular. Bunun üzerine ben: -*"Ey Allah'ın Rasulü! Ölümü sevmediği için mi? Zaten hepimiz de ölümden hoşlanmayız"* dedim. O: -**"Hayır, öyle değil. Mü'min Allah'ın rahmeti rızası ve cenneti ile müjdelenince Allah'a kavuşmak ister. Allah da ona kavuşmayı ister. Kâfir ise Allah'ın azabı ve öfkesi haber verilince Allah'a kavuşmak istemez. Allah da ona kavuşmaktan hoşlanmaz."** buyurdular. (Müslim, Zikir, 14)

◈ **1851)** Mü'minlerin annesi Safiyye binti Huyey (r.a.)'dan:

Rasûlullah (s.a.v.) itikâfa girmişti. Bir gece onu ziyaret edip sohbet ettikten sonra eve dönmek üzere kalktım. O da beni uğurlamak için kalktı. Bu sırada Ensar'dan iki kişi mescidin önünden geçmekteydi. Peygamber (s.a.v.)'i görünce daha hızlı yürümeye başladılar. Peygamber (s.a.v.) de onlara: -*"Biraz yavaş olun, yanımdaki kadın eşim Safiyye binti Huyey'dir"* dedi. Onlar da: -*"Sübhanallah, Ey Allah'ın Rasulü! Sizin hakkınızda ancak hayır ve iyilik düşünürüz,"* deyince onlara: -*"Şeytan insanoğlunun vücudunda kan gibi dolaşır. Onun sizin kalbinize bir kötülük veya bir şey atmasından korktum"* buyurdular. (Buhari, İtikâf, 11; Müslim, Selam, 23)

**1852)** Ebu'l-Fadl Abbas b. Abdulmuttalib (r.a.)'dan:

Huneyn savaşında Rasûlullah (s.a.v.)'le beraber bulundum. Rasûlullah (s.a.v.) beyaz katırına binmiş iken, ben ve Ebu Süfyan b. Haris b. Abdulmuttalib Rasûlullah'ın yanından hiç ayrılmadık. Müslümanlarla müşrikler karşı karşıya gelince Müslümanlar gerilemeye başladılar. Bu sırada Rasûlullah (s.a.v.) katırını sürekli kâfirlerin üzerine sürüyordu. Ben katırının geminden tutup savaş alanına girmesin diye çabalıyordum. Ebu Süfyan da üzengisine yapışmıştı. Bu sırada Rasûlullah (s.a.v.): -*"Ey Abbas! Semure bey'atinde bulunanları bana çağır"* buyurdu. Gür sesli olan Abbas: -*"Nerede Semure ashabı!"* diye bağırdım. Vallahi onlar sesimi duyunca sığırın yavrularına olan şefkatleri gibi lebbeyk lebbeyk (emrinizdeyiz) diyerek geri geldiler, kâfirlerle vuruştular. Ensar'ı savaşa çağırırken: -*"Ey Ensar topluluğu! Ey Ensar topluluğu!"* diye sesleniyorlardı. Daha sonra da sadece Haris b. Hazrec oğullarından yardım istendi. Bu sırada Rasûlullah katırı üzerinde dikilip savaşanlara baktı ve: -*"İşte tandırın (savaşın) tam kızıştığı andır"* dedi ve bir miktar çakıl taşını kâfirlerin yüzüne fırlattı ve ardından da: -*"Muhammedin Rabbine yemin olsun ki bozguna uğradılar"* dedi. Ben bakmaya başladım, gördüğüm kadarıyla savaş aynı hal üzere şiddetle devam ediyordu. Peygamber (s.a.v.)'in kâfirlere taşları fırlatmasından sonra Allah'a yemin ederim ki, güçlerinin zayıfladığını, işlerinin tersine döndüğünü gördüm. (Müslim, Cihad, 76)

**1853)** Ebu Hureyre (r.a.)'den:

Rasûlullah (s.a.v.): -*"Ey İnsanlar! Allah temizdir, sadece temiz olanları kabul eder. Allah, Peygamberlerine neyi emrettiyse mü'minlere de onu emretmiştir. Allah: 'Ey Peygamberler! Güzel ve temiz olan şeylerden yiyin ve (inandığınız) iyi işleri yaşayın.*

*Gerçekten Ben, yaptıklarınızı çok iyi bilirim.'* (23 Mü'minûn 51) *buyurmuştur. Ve yine Allah: 'Ey îman edenler! Eğer sadece Allah'a kulluk ediyorsanız; Bizim size rızık olarak verdiklerimizi temiz olarak yiyin ve Allah'ın nîmetine şükredin.'* (2 Bakara 172) *buyurmuştur."* dediler. Sonra Rasûlullah (s.a.v.): -*"Bir kimse Allah yolunda uzun seferler yapar, saçı başı dağınık, toza toprağa bulanmış vaziyette ellerini gökyüzüne açarak, 'Ya Rabbi! Ya Rabbi!' diye dua eder. Hâlbuki onun yediği haram, içtiği haram, giydiği haramdır. Böyle birinin duası nasıl kabul edilir?"* buyurdular. (Müslim, Zekât, 65)

◈ **1854)** Ebu Hureyre (r.a.)'den:

Rasulullah (s.a.v.): -*"Üç grup insan var ki kıyamet günü Allah, onlarla konuşmaz, onları temize çıkarmaz ve yüzlerine bile bakmaz. Onlar için büyük bir azab vardır. Bu kimseler; zina eden ihtiyar, yalancı hükümdar, kibirli fakirdir."* buyurdular. (Müslim, İman 172)

◈ **1855)** Ebu Hureyre (r.a.)'den:

Rasûlullah (s.a.v.): -*"Seyhan, Ceyhan, Fırat ve Nil hepsi cennet ırmaklarındandır."* buyurdular. (Müslim, Cennet, 36)

◈ **1856)** Ebu Hureyre (r.a.)'den:

Bir gün Rasûlullah (s.a.v.) elimi tutarak: -*"Allah Cumartesi günü toprağı, Pazar günü dağları, Pazartesi günü ağaçları, Salı günü hoşlanılmayan şeyleri, Çarşamba günü nuru yaratmıştır. Perşembe günü yeryüzüne hayvanları dağıtıp yaydı. Âdem'i (a.s.) ise Cuma günü, gündüzün son saatleri olan, ikindi ile gece vakti arasında ikindiden sonra yaratılanların sonuncusu olarak yarattı"* buyurdular. (Müslim, Münafikun, 27)

◈ **1857)** Ebu Süleyman Halid b. Velid (r.a.)'den:

Mute savaşı günü elimde dokuz kılıç kırıldı, elimde Yemen üretimi bir kılıçtan başka bir şey kalmadı. (Buhari, Megazi, 44)

◈ **1858)** Amr b. As (r.a.)'dan:

Rasûlullah (s.a.v.)'in: -*"Hâkim, hüküm verirken ictihadda bulunur ve isabetli bir hüküm verirse iki sevap kazanır. Yine hüküm verirken ictihadda bulunur da isabet edemezse buna da bir sevap vardır."* buyurduğunu işittim dedi. (Buhari, İ'tisam, 21; Müslim, Akdiye, 15)

◈ **1859)** Aişe (r.a.)'den:

Rasûlullah (s.a.v.): -*"Sıtma Cehennem sıcağının bir parçasıdır. Onu su ile serinletin."* buyurdular. (Buhari, Bed'ül-Halk, 10; Müslim, Selam, 78)

◈ **1860)** Aişe (r.a.)'dan:

Rasûlullah (s.a.v.): -*"Bir kimse oruç borcuyla ölürse, onun yakını onun yerine orucunu tutar."* buyurdular. (Buhari, Savm, 42; Müslim, Sıyam, 153)

◈ **1861)** Avf b. Malik b. Tufeyl (r.a.)'den:

Aişe (r.a.)'ye, sattığı veya bağışladığı bir şey hususunda yeğeni Abdullah b. Zübeyr'in: -*"Vallahi Aişe (r.a.) ya bu işten vazgeçer veya ben onun böyle davranmasına engel olurum"* dediği haber verildi. Aişe (r.a.): -*"O, böyle mi söyledi?"* diye sordu. Oradakiler de: -*"Evet, böylece söyledi"* dediler. Bunun üzerine Aişe (r.a.): -*"Allah hakkı için ölünceye kadar Abdullah b. Zübeyr ile konuşmamaya nezrediyorum,"* dedi. Aişe (r.a.)'nın dargınlığı uzayınca İbnu Zübeyr araya aracılar koyarak kendini bağışlamasını istedi. Fakat Aişe (r.a.): -*"Vallahi ben onun hakkında, kimsenin aracılığını kabul etmem, nezrimi de bozmam."* dedi. Bu küslüğün hayli uzadığını gören Abdullah b. Zübeyr, Misver b. Mahreme ile Abdurrahman b.i Esved b. Abdiyegus'a konuyu açarak: -*"Allah aşkına beni Aişe (r.a.) teyzemin yanına götürüp beni barıştırın. Onun benimle konuşmamaya nezretmesi helal olmaz,"* dedi. Misver ve Abdurrahman bu teklifi kabul edip Aişe (r.a.)'nın evine geldiler ve selam vererek: -*"Girebilir miyiz?"* diye izin istediler. Aişe (r.a.) da: -"*Girin*" dedi. -"*Hepimiz mi?*" diye sordular. Yanlarında İbnu Zübeyr'in olduğunu bilmediği için o da: -"*Evet, hepiniz girin*" dedi. İbnu Zübeyr (r.a.) de onlarla birlikte içeri girdi, perdenin arkasına geçerek teyzesinin boynuna sarıldı ve kendisini bağışlamasını isteyerek ağladı. Misver ile Abdurrahman da: -"*Allah aşkına onu bağışla*" diye yalvardılar ve: -"*Rasûlullah (s.a.v.)'in akraba ile münasebeti kesmenin yasakladığını bilirsin, bir Müslümanın üç günden fazla din kardeşiyle dargın durması helal değildir*" diyerek barışmasını istediler. Suç bağışlamanın önemi akraba ile ilgiyi kesmenin kötülüğü konusunda o kadar çok şey söylediler ki, Aişe (r.a.) onlara nezrini hatırlattı ve ağlamaya başladı ve: -"*Ben, İbnu Zübeyr ile konuşmamak üzere adak adadım, adağı bozmak günahtır*" dedi. Mahreme ile Abdurrahman onun gönlünü yapmak üzere o kadar çok şey söylediler ki, sonunda Aişe (r.a.) İbnu Zübeyr ile konuştu, adağını bozduğu için de kırk köleyi hürriyetine kavuşturdu. Sonraki günlerde nezrini hatırlayarak ağlar ve gözyaşları başörtüsünü ıslatırdı. (Buhari, Edeb, 62)

◈ **1862)** Ukbe b. Amir (r.a.)'dan:

Rasûlullah (s.a.v.) aradan sekiz yıl geçtikten sonra Uhud şehitlerini ziyarete gitti. Ölü ve yaşayanlara veda eder gibi onlara dua etti ve minbere çıkarak: -"*Ben ahirete sizden önce gideceğim ve sizin hakkınızda şahitlik yapacağım. Buluşma yerimiz Kevser havuzunun yanıdır. Şu anda ben bu yerimde Kevser havuzunu görmekteyim. Ben sizin şirke düşmenizden korkmuyorum ama dünya hırsıyla birbirinizle yarış edip çekişmenizden korkuyorum.*" buyurdular. Ukbe: Peygamber (s.a.v.)'i minber üzerinde en son gören ben oldum, dedi. (Buhari, Megazi, 17; Müslim, Fezail, 31)

Müslim'in diğer bir rivayeti: -"*Ben sizin dünya hırsıyla birbirinize düşüp kapışmanızdan ve birbirinizi öldürmenizden ve sizden öncekiler gibi helak olup gitmenizden korkuyorum.*" şeklindedir. Ukbe: Bu, benim Rasûlullah (s.a.v.)'i minberde son görüşüm oldu, dedi. (Müslim, Fezail, 31)

Buhari'nin rivayeti: -"*Aranızda Kevser havuzuna ilk ulaşan ben olacağım ve sizin için şahitlik edeceğim. Vallahi şu anda havuzuma bakıyorum. Bana Dünya hazinelerinin anahtarları veya dünyanın anahtarları verildi. Vallahi sizin benden sonra şirke düşmenizden hiç korkum yok. Ben sizin dünyayı elde etmek için birbirinizle kapışıp kavga etmenizden korkuyorum.*" şeklindedir. (Buhari, Cenaiz, 71)

◈ **1863)** Ebu Zeyd Amr b. Ahtab el-Ensari (r.a.)'dan:

Rasûlullah (s.a.v.) bize sabah namazını kıldırınca minbere çıkarak öğle namazına kadar konuştu. Aşağı inip namaz kıldırdı, tekrar minbere çıktı ve ikindi namazına kadar konuştu. Minberden inip ikindiyi kıldırıp güneş batıncaya kadar konuştu, bize olmuş ve olacak her şeyden haber verdi ve: -"*Bizim en çok âlim olanımız Kur'an-ı Kerim'i en iyi bilenimizdir.*" buyurdu. (Müslim, Fiten, 25)

◈ **1864)** Aişe (r.a.)'dan:

Rasûlullah (s.a.v.): -"*Kim Allah'a itaat türünden adak adarsa onu yerine getirsin. Kim de Allah'a isyan türünden adak adarsa onu yerine getirmesin.*" buyurdular. (Buhari, Eyman, 28)

◈ **1865)** Ümmü Şerik (r.a.)'dan:

Rasûlullah (s.a.v.) zehirli ve çok zararlı olan iri kelerleri öldürmeyi emretti ve: -"*O, İbrahim (a.s.)'ı yakmak için yakılan ateşi körüklerdi.*" buyurdular. (Buhari, Enbiya, 17; Müslim, Selam, 142)

◈ **1866)** Ebu Hureyre (r.a.)'den:

Rasûlullah (s.a.v.): -"*Zehirli iri keleri kim ilk vuruşta öldürürse onun için şu kadar sevap yazılır. İkinci vuruşta öldüren için birincisinden daha az olarak şu kadar sevap vardır. Eğer bir kimse üçüncü vuruşta öldürürse ona da şu kadar sevap vardır.*" buyurdular. (Müslim, Selam, 146)

Müslim'in rivayeti: Rasûlullah (s.a.v.), -"*Kim zehirli iri keleri ilk vuruşta öldürürse ona yüz sevap yazılır, ikinci vuruşta öl-*

*dürene bundan biraz az, üçüncü vuruşta öldürene de daha az sevap verilir."* buyurdular. (Müslim, Selam, 147)

◈ **1867)** Ebu Hureyre (r.a.)'den:

Rasûlullah (s.a.v.): -*"Geçmiş zamanlarda bir adam: -'Mutlaka bir sadaka vereceğim' dedi. Geceleyin evinden çıkıp sadakasını bilmeyerek bir hırsızın eline koydu. Sabah olunca insanlar: -'Hırsıza sadaka verilmiş" diye söylendiler. Sadakayı veren: -"Ey Allah'ım! Sana hamdolsun. Ben bir sadaka daha vereceğim.' dedi. Yine gece evinden çıktı, bilmeyerek sadakasını bir fahişenin eline tutuşturdu. Sabahleyin herkes: -'Bu gece de bir fahişeye sadaka verilmiş!' diye söylendiler. Sadakayı veren kimse: -'Ey Allah'ım! Bir fahişeye sadaka verdiğim için sana hamdolsun' dedi. Mutlaka bir sadaka daha vereceğim diyerek geceleyin evinden yine çıktı ve o gün de sadakasını bir zenginin avucuna bıraktı. Ertesi gün. –'Bir zengine sadaka verildi.' diyerek söylendiler. Sadaka veren kimse de: -'Ey Allah'ım! Hırsıza, fahişeye ve zengine sadaka verdiğim için sana hamdolsun' dedi. Uykusunda o kimseye: -'Hırsıza verdiğin sadaka belki onu yaptığı hırsızlıktan vazgeçirmiştir. Fahişe de yaptıklarından vazgeçip iffetli bir kadın olacaktır. Zengin ise belki bundan ibret alıp Allah'ın kendisine verdiği mallardan muhtaçlara verecektir.' denildi."* buyurdular. (Buhari, Zekât, 14; Müslim, Zekât, 78)

◈ **1868)** Ebu Hureyre (r.a.)'den:

Bir gün Rasûlullah (s.a.v.)'la birlikte bir davette idik. Kendisine etin kol tarafından bir parça ikram edildi. Rasûlullah (s.a.v.) etin bu kısmını severdi, ondan bir lokma koparıp: -*"Kıyamet günü insanların efendisi benim, bunun sebebini biliyor musunuz?"* dedi ve: -*"Allah gelmiş geçmiş tüm insanları bakan kimsenin herkesi görebileceği, çağıranın hepsinin sesini duyurabileceği bir yerdir. Güneş onlara yaklaşacak, insanların sıkıntıları dayanılmayacak hale gelecek ve mahşer halkı birbirlerine: -'Başınıza gelen şu sıkıntıları görmüyor musunuz? Durumunuzu Rabbinize arz ederek size şefaat edecek birine niçin bakmı-*

*yorsunuz?' diyecekler. İnsanlar, birbirlerine: -'Babanız Adem (a.s.)'e gidin' diyecekler. Âdem (a.s.)'e gelip: -'Ey Adem! (a.s.) Sen insanların babasısın. Allah seni eli ile yarattı. Sana kendi ruhundan üfürdü. Meleklere sana emretti, onlar da sana secde ettiler. Seni cennete yerleştirdi. Rabbine gidip bizim için şefaat ediver. İçinde bulunduğumuz hali görmüyor musun?' diyecekler. O da: -'Bugün Rabbim şimdiye değin hiç olmadığı, bundan sonra da böyle gazap etmeyeceği kadar gazaplı. Bir de ben o yasakladığı meyveden yemiş ve Allah'a asi olmuştum. Size şefaat edecek yüzüm yok. Ben kendimi düşünüyorum, ben kendimi düşünüyorum, ben kendimi düşünüyorum. Siz başkasına, Nuh'a gidin' diyecek, onlar da Nuh'a gidecekler. -'Ey Nuh, yeryüzündeki insanlara gönderilen Rasullerin ilkisin. Allah sana çok şükreden kul adını verdi. İçinde bulunduğumuz hali görmüyor musun? Başımıza gelen şu sıkıntıları görmüyor musun? Bize Rabbinin huzurunda şefaat etmeyecek misin?' diyecekler. O da: -'Bu gün Rabbiniz görülmedik şekilde gazaplıdır. Ne daha önce böyle gazaplandı, ne de sonra gazaplanır. Ben vaktiyle kavmimin helaki için dua etmiştim. Ben kendimi düşünüyorum, ben kendimi düşünüyorum, ben kendimi düşünüyorum. Siz başkasına, İbrahim'e gidin' diyecek, onlar da İbrahim'e gidecekler. Ona: -'Ey İbrahim! Sen Allah'ın Peygamberisin, yeryüzü halkı içinde Allah'ın dostusun. Rabbine hakkımızda şefaat eyle, içinde bulunduğumuz hali görmüyor musun?' diyecekler. O da: -'Bugün Rabbim benzeri görülmedik şekilde gazaplıdır. Ne daha önce böylesine gazaplandı ne de bundan sonra böyle gazaplanır. Ben vaktiyle üç yerde yalan söyledim. Ben kendimi düşünüyorum, ben kendimi düşünüyorum, ben kendimi düşünüyorum. Siz başkasına, Musa'ya gidin' diyecek, onlar da Musa'ya gidecekler. Ona: -'Ey Musa, sen Allah'ın Rasûlüsün. Allah sanı risalet ve konuşmasıyla diğer insanlara üstün kılmıştır. Rabbinin huzurunda bize şefaat et, içinde bulunduğumuz hali görmüyor musun?' diyecekler. O da: -'Bugün Rabbim benzeri görülmedik bir şekilde gazaplıdır. Ne daha önce böylesine gazaplandı, ne de bundan sonra böylesine gazaplanır. Ben öldü-*

*rülmesine emir almadığım bir adamı öldürdüm. Ben kendimi düşünüyorum, ben kendimi düşünüyorum, ben kendimi düşünüyorum. Siz başkasına, İsa'ya gidin' diyecek, onlar da İsa'ya gidecekler. Ona: -'Ey İsa, sen Allah'ın Rasûlü, O'nun Meryem'e yönelttiği kelimesi ve onun yarattığı bir ruhsun. Sen daha beşikte iken insanlarla konuştun. Rabbinin huzurunda bize şefaat et, içinde bulunduğumuz perişan hali görmüyor musun?' diyecekler. İsa da: -"Bugün Rabbim benzeri görülmedik şekilde gazaplıdır, ne daha önce böylesine gazaplandı, ne de bundan sonra böyle gazaplanır, diyecek' ama işlediği bir günah zikretmeyecek. Ben kendimi düşünüyorum, ben kendimi düşünüyorum, ben kendimi düşünüyorum. Siz başkasına, Muhammed (s.a.v.)'e gidin' diyecek."* buyurdular.

Başka bir rivayet: -*"Onlar da bana gelecek ve: -'Ey Muhammed! Sen Allah'ın Rasulü ve son Peygamberisin. Allah senin gelmiş geçmiş tüm günahlarını bağışlamıştır. Rabbinin huzurunda bize şefaat et, içinde bulunduğumuz sıkıntılı durumu görmüyor musun?' diyecekler. Ben de hemen Arşın altına varıp Rabbim için secdeye kapanacağım. Sonra Allah kimseye öğretmediği en güzel hamdi ve övgüyü bana ilham edecek ve bana hitaben: -'Ey Muhammed! Secdeden başını kaldır. İste istediğin sana verilecek, şefaat et şefaatin kabul edilecek' buyuracak. Ben de başımı secdeden kaldıracağım ve: -'Ya Rab ümmetimi bana bağışla, Ya Rab ümmetimi bana bağışla' diye yalvaracağım. O zaman bana: -'Ey Muhammed! Ümmetinden hesaba çekilmeyecek olanları cennet kapılarının en sağındaki Bab-ül Eymen'den içeri al, onlar esasen her kapıdan girebilirler' buyurulacak. Sonra Rasûlullah (s.a.v.): -'Hayatımı elinde tutan Allah'a yemin ederim ki cennet kapılarının iki kanadı arasındaki mesafe, Mekke ile Bahreyn'deki Hacer veya Mekke ile Suriye'deki Busra arasındaki mesafe kadar geniştir."* buyurdular. (Buhari, Enbiya, 3; Müslim, İman, 327)

◈ **1869)** İbnu Abbas (r.a.)'dan:

İbrahim (a.s.) İsmail'in annesi İsmail'in annesi ile emzirmekte olduğu İsmail'i alıp Mekke'ye getirdi. Onları Kâbe'nin üst tarafında zemzemin yukarısındaki büyük bir ağacın altına bıraktı. O zamanlar Mekke'de kimse bulunmadığı gibi içecek su da yoktu. İşte İbrahim o ikisin oraya bıraktı ve yanlarına da içi hurma ve su dolu iki kabı koydu. Sonra İbrahim (a.s) oradan ayrıldı. İsmail'in annesi de onun peşinden giderek: -'Ey İbrahim! Bizi kimsenin, yiyip içecek bir şeyin bulunmadığı bu vadide tek başına bırakıp da nereye gidiyorsun?' diye birkaç sefer sormasına rağmen İbrahim (a.s.) dönüp bakmadı. Sonunda İsmail'in annesi: -'Bunu böyle yapmanı sana Allah mı emretti? deyince, İbrahim: -'Evet, Allah emretti' diye cevap verdi. İsmail'in annesi: -'Öyleyse Allah bizi korur' dedi ve oğlunun yanına döndü. İbrahim (a.s.) yürüdü gitti, kimsenin kendisini göremediği Seniyye mevkiine varınca yüzünü Kabe tarafına çevirdi ve ellerini kaldırarak: -'Ey Rabbimiz, gerçekten ben, çocuklarımdan bir kısmını Senin kutsal evinin yanında ekin bitmeyen bir vadiye yerleştirdim. Ey Rabbimiz! Onları namazı dosdoğru ve devamlı kıla(nla)r(dan) eyle, insanlardan onlara meyleden kalpler kıl ve onları çeşitli meyvelerle rızıklandır. Umulur ki (Senin bu nîmetlerine) şükrederler.' (14 İbrahim suresi, 37) diye dua etti. İsmail'in annesi, İsmail'i emziriyor ve kırbadaki sudan içiyordu. Nihayet kırbadaki su tükendi, hem kendi hem de oğlu susadı. İsmail'in annesi, çocuğun susuzluktan toprak üzerinde yuvarlandığını görünce yavrusunun bu acıklı haline bakmaktan üzülerek onun yanından kalkıp oraya en yakın tepe olan Safa'ya gitti ve tepenin üstüne çıktı. Sonra acaba bir kimse görebilir miyim diye vadiye bakındı, fakat kimseyi göremedi. Safa tepesinden inip vadiye gelince koşmasına engel olmasın diye elbisesinin eteğini topladı, sonra da çok zor durumda kalan bir insanın gayretiyle koşmaya başladı vadiyi geçip Merve'ye geldi. Tepenin üzerine çıkıp acaba birini görebilir miyim diye bakındı fakat kimseyi göremedi. İki tepe arasında böylece yedi defa gidip geldi. İbnu Abbas, Rasûlullah (s.a.v.): -**"İşte bundan dolayı halk Safa ile Merve arasında sa'y ederler"** buyurdu. İsmail'in annesi, Merve tepesine çıkınca bir ses duydu. Kendi kendine: -'sus dinle' dedi. Sonra iyice kulak verdi. Aynı sesi bir daha duydu ve: -'*Tamam, sesini duyurdun, eğer* *bize yardım edebilecek durumda isen bize yardım et'*, dedi. Bir de baktı ki şimdiki zemzemin olduğu yerde bir melek topuğuyla veya kanadıyla toprağı kazıp zemzemi ortaya çıkardı. İsmail'in annesi de akıp gitmesin diye suyun etrafını çevirmeye ve bir taraftan da kırbasını doldurmaya çabalıyordu. İsmail'in annesi, suyu avuçladıkça yerden su kaynıyordu. İbnu Abbas (r.a.): *-"Peygamber (s.a.v.) Allah İsmail'in annesine rahmet etsin, zemzemi kendi haline bıraksaydı veya suyu avuçlamasaydı zemzem suyu akan bir ırmak olurdu"* buyurdu. İsmail'in annesi, sudan içti, yavrusunu emzirdi. Melek ona:

-'Sakın mahvoluruz diye korkmayın. İşte şurası Beytullah'ın yeridir. Onu şu çocukla babası yapacaktır. Allah o işi yapacak kimsenin yok olmasına izin vermez. Beytullah'ın yeri; yer seviyesinden biraz yüksekçe idi. Zamanla seller sağını solunu yalayıp aşındırmıştı. Onlar bu şekilde yaşayıp giderken Cürhüm kabilesinden bir grup insan veya onlardan bir aile Keda yolundan gelerek Mekke'nin alt tarafına indiler. O sırada bir kuşun gelip gittiğini gördüler. Bu kuş mutlaka bir suyun etrafında dönüp duruyordur dediler, bu vadide su olmaması lazımdı ve bunu anlamak için bir veya iki kişiyi oraya gönderdiler. Gidenler orada suyun bulunduğunu görüp durumu haber verdiler. Suyun yanına geldiklerinde İsmail'in annesini gördüler: *-'Bizim buraya yerleşmemize izin verir misin?'* diye sordular, o da: *-'Evet, mülkiyeti hakkında bir hak iddia etmemek şartıyla bu sudan istifade edebilirsiniz'* dedi. Onlar da: *-'Peki, kabul'* dediler. İnsanlarla bir arada olmaya ihtiyaç duyduğu bir sırada onların çıkagelmesi İsmail'in annesini sevindirdi. Cürhümîler oraya yerleştikleri gibi diğer akrabalarına da haber saldılar, onlar da gelip buraya yerleştiler. Böylece orada ev bark çoğalmış oldu. İsmail büyüyüp gelişti. Cürhümîler'den Arapça öğrendi. İyi halleriyle Cürhümîler arasında beğenilip takdirlerini kazanmıştı. Ergenlik çağına gelince onu kendilerinden bir kızla evlendirdiler. Günün birinde İsmail'in annesi, vefat etti. Uzun bir zaman sonra İbrahim burada bıraktığı karısı ve oğlunu ziyaret için Mekke'ye geldi. Fakat İsmail'i evde bulamadı. Karısına: *-'İsmail nerede?'* diye sordu. Kadın: *-'Rızkımızı temin etmeye, diğer bir rivayete göre avlanmaya gitti,'* dedi. İbrahim (a.s.)

geçim durumlarını ve nasıl olduklarını sordu. O kadın da: -'*Çok kötü durumdayız, büyük bir sıkıntı ve darlık içindeyiz'* diye hallerinden şikayet etti. İbrahim de: -'*Kocan gelince ona selamımı söyle, kendisine hatırlat da kapısının eşiğini değiştirsin'* dedi. İsmail eve gelince orada bir şeyler olduğunu sezdi ve karısına: -'*Ben yokken eve biri geldi mi?'* diye sordu. O da: -'*Evet, yaşlı bir adam geldi'* diyerek onu tarif etmeye çalıştı. -'*Seni sordu, ben de ava gittiğini haber verdim, nasıl geçindiğimizi sordu, bende geçim sıkıntısı çektiğimizi anlattım ve bana kocan gelince ona selamımı söyle, kendisine hatırlat da kapısının eşiğini değiştirsin, dedi.'* İsmail: -'*O gelen benim babamdır, bana senden boşanmamı emretmiş. Haydi, ailenin yanına dönebilirsin'* dedi. O kadını boşayıp Cürhümîler'den başka bir kadınla evlendi. Allah'ın dilediği kadar bir zaman geçtikten sonra İbrahim tekrar oğlunun evine ziyarete geldi. Fakat İsmail'i yine bulamadı. İçeri girip İsmail'i sordu. Karısı, rızkımızı temin etmeye gitti, dedi. İbrahim: -'*Geçiminiz, haliniz nasıldır?'* diye sordu. Kadın: -'*Çok iyi durumdayız, rahat ve bolluk içindeyiz'* diyerek Allah'a hamd etti. Konuşma şöyle devam etti: '- *Ne yiyorsunuz? - Et yiyoruz. - Ne içiyorsunuz? - Su.'* O zaman İbrahim (a.s) : -'*Ey Allah'ım, etlerine ve sularına bereket ver'* diye dua etti. Rasûlullah (s.a.v.) sözün burasında: -"**O zamanlar Mekke'de ekin yoktu, eğer olsaydı tahılın da bereketlenmesi için dua ederdi.**" Buyurdu. İbrahim'in duası bereketiyle et ile su, başka yerde yaşayanlarla kıyaslanmayacak şekilde Mekkelilerin sağlığına elverişli olmuştur. (Buhari, Enbiya, 9)

◈ **1870)** Said b. Zeyd (r.a.)'den:

Rasûlullah (s.a.v.)'i: -"**Mantar (domalan) İsrail Oğullarına ikram edilen kudret helvası türünden bir rızıktır. Suyu da göz hastalığına şifadır.**" buyururken işittim dedi. (Buhari, Tıb, 20; Müslim, Eşribe, 157)

# 371- İSTİĞFAR VE TEVBE BÖLÜMÜ

◈ "...Allah'tan günahının bağışlanmasını iste." (47 Muhammed, 19)

◈ "Allah'tan af dile. Şüphesiz Allah, çok bağışlayıcıdır, pek de merhamet edicidir." (4 Nisa, 106)

◈ "Sen (Sadece) Rabbini hamd ile (sürekli olarak) an ve O'ndan bağışlanma dile. Çünkü O, tevbeleri çok kabul edendir." (110 Nasr, 3)

◈ "(Ey Muhammed! Onlara): (Ey insanlar!) Size, Allah'a karşı hata etmekten sakınanlar için bunlardan daha hayırlısını haber vereyim mi? İşte onlar; içerisinde sürekli kalacakları, zemîninden ırmaklar akan cennetler, tertemiz eşler ve Allah'ın rızasıdır. Şüphesiz Allah, kullarını hakkıyla görür." de. Onlar: "Ey Rabbimiz! Biz, kesinlikle inandık, bizim günâhlarımızı bağışla ve bizi cehennem azabından koru!" diyen, sabırlı, doğruluktan şaşmayan, (Allah'a) itaat eden, mallarını Allah yolunda harcayan ve seher vakitlerinde Allah'a yalvaran kimselerdir." (3 Al-i İmran, 15-17)

◈ "Kim, bir kötülük işler yahut nefsine zulmeder, sonra da Allah'tan affını dilerse, Allah'ı çok bağışlayıcı, pek de merhamet edici olarak bulur." (4 Nisa, 110)

◈ "Hâlbuki Sen onların içlerinde iken Allah, onlara azap etmeyeceği gibi onlar, Allah'tan af diledikleri sürece de onlara azap etmeyecektir." (8 Enfal, 33)

◈ "Ve onlar, bir aşırılık yaptıkları yahut birbirlerine zulmettikleri zaman Allah'ı hatırlayarak, hemen günâhlarının affedilmesini dilerler. Zâten günâhları Allah'tan başka kim affedebilir ki? Ve onlar, işledikleri günâhlarda bilerek ısrar etmezler." (3 Al-i İmran, 135)

◈ **1871)** Eğar el-Müzeni (r.a.)'den:

Rasûlullah (s.a.v.): -*"Bazan benim kalbim de dalar. Ama ben günde yüz defa Allah'tan bağışlanma dilerim."* buyurdular. (Müslim, Zikir, 41)

◈ **1872)** Ebu Hureyre (r.a.)'den:

Rasûlullah (s.a.v.)'i: -*"Vallahi ben günde yetmiş defadan fazla Allah'tan beni bağışlamasını diler ve tevbe ederim."* buyururken işittim dedi (Buhari, Deavat, 3)

◈ **1873)** Ebu Hureyre (r.a.)'dan:

Rasûlullah (s.a.v.): -*"Canımı elinde tutan Allah'a yemin ederim ki, sizler hiç günah işlemeseydiniz ve bu sebeple de tevbe ve istiğfar etmemiş olsaydınız, Allah sizleri ortadan kaldırır, yeri-nize günah işledikten sonra Allah'tan af dileyecek bir toplum getirir ve onları affederdi."* buyurdular. (Müslim, Tevbe, 11)

◈ **1874)** İbnu Ömer (r.a.)'den:

Biz Rasûlullah (s.a.v.)'in bir toplantıda yüz defa: *-"Rabbiğfir li ve tüb aleyye inneke ente't-tevvâbu'r-Rahîm (Ey Allah'ım! Beni bağışla, tevbemi kabul eyle. Çünkü sen tevbeleri çok kabul eden ve çok merhamet edensin)"* dediğini sayardık. (Ebu Davud, Vitr, 26; Tirmizi, Deavat, 39)

◈ **1875)** İbnu Abbas (r.a.)'den:

Rasûlullah (s.a.v.): *-"Bir kimse bağışlanma talebine devam ederse Allah o kimseye her darlıktan bir çıkış, her üzüntüden bir kurtuluş yolu gösterir ve ona beklemediği yerden rızık verir."* buyurdular. (Ebu Davud, Vitir, 26)

◈ **1876)** İbnu Mesud (r.a.)'den:

Rasûlullah (s.a.v.): *-"Her kim, Estağfirullahellezi la ilahe illa hüve'l hayyel kayyume ve etûbu ileyh (Kendisinden başka ilah bulunmayan, her an diri olan, her şeyin varlığı kendisine bağlı olan Allah'tan beni bağışlamasını diler ve günahlarıma tebve ederim) derse savaştan kaçma günahı bile olsa günah-ları bağışlanır."* buyurdular. (Ebu Davud, Vitir, 26; Tirmizi, Deavat, 118; Hâ-kim, Müstedrek, 1/511)

◈ **1877)** Şeddad b. Evs (r.a.)'den:

Rasûlullah (s.a.v.): *-"İstiğfarın en üstünü kulun; 'Allahumme ente Rabbi la ilahe illa ente halakteni ve ene abduke ve ene ala ahdike ve va'dike m'esteta'tü, euzu bike min şerri ma sana'tu, ebûü leke bi ni`metike aleyye ve ebûü bi zenbî, fağfir lî feinnehu la yağfiruzzunube illa ente' (Ey Allah'ım! Sen benim Rabbimsin, senden başka ilah yok. Beni yarattın. Ben de senin kulunum. Ben gücüm yettiğince sana verdiğin sözüm üzereyim. Yaptıkla-*

*rımın şerrinden sana sığınırım. İşte verdiğin nimetlerinle senin huzurundayım. Günahımla huzurundayım. Beni bağışla, senden başka günahları bağışlayacak yoktur.)"* dedi ve sözüne: *-"Her kim bu duayı faziletine inanarak gündüz okur da o gün akşam olmadan ölürse cennetlik olur. Yine her kim sevap ve faziletine inanarak gece okur da sabah olmadan ölürse cennetlik olur."* buyurdular. (Buhari, Deavat, 2)

◈ **1878)** Sevbân (r.a.)'den:

Rasûlullah (s.a.v.) namazdan çıkınca üç defa istiğfar eder ve: *-"Allahumme ente's-Selam ve minke's-Selam tebarekte ya zelcelali velikram (Ey Allah'ım! Sen selamsın, selamet ve esenlik sendendir. Ey azamet ve ikram sahibi Allah'ım, sen hayır ve bereketi çok olansın)"* derdi. Hadisi rivayet edenlerden birisi Evzai'ye: *-"İstiğfar nasıl yapılır?"* diye sordu. O da: *-"Estağfirullah Estağfirullah dersin"* diye cevap verdi. (Müslim, Mesacid, 135)

◈ **1879)** Aişe (r.a.)'dan:

Rasûlullah (s.a.v.) vefatından önce sık sık: *-"Sübhanallahi ve bihamdihi estağfirullahe ve etubu ileyh (Allah'ı her türlü noksanlıktan tenzih eder ve ona hamd ederim. Allah'tan beni bağışlamasını diler ve günahlarıma tevbe ederim"* derdi. (Buhari, Ezan, 123; Müslim, Salat, 218)

◈ **1880)** Enes (r.a.)'den:

Rasûlullah (s.a.v.)'i, *-"Allah-u Teâlâ: -'Ey Âdemoğlu! Sen Bana dua ettiğin ve Benden affedilmeni umduğun sürece işlediğin günahlar ne kadar çok olursa olsun seni bağışlarım. Ey Âdemoğlu! Günahların gökyüzünü kaplayacak kadar çok olsa, sonra da Benden affını istesen, günahların çokluğuna aldırış etmeden seni affederim. Ey Âdemoğlu! Sen yeryüzünü dolduracak kadar günahla karşıma gelsen, fakat bana hiçbir şeyi ortak koşmamış olsan şüphesiz ben de seni yeryüzü dolusu ba-*

*ğışla karşılarım.' dedi"* diye buyururken dinledim dedi. (Tirmizi, Deavat, 198)

◈ **1881)** İbnu Ömer (r.a.)'den:

Rasûlullah (s.a.v.): *"Ey kadınlar topluluğu! Sadaka verin ve çok istiğfar edin. Çünkü ben Cehennemin çoğunu sizinle dolmuş gördüm,"* buyurdu. Orada bulunan kadınlardan biri: -*"Niçin cehennemin çoğunu biz dolduruyoruz?"* diye sordu. Rasûlullah (s.a.v.) de: -*"Çünkü sizler çok lanet eder, kocanızın yaptığı iyilikleri unutur Aklı ve dini eksik olup da aklı başında adamların aklını sizin gibi çelen birisini görmedim"* buyurdu. O kadın: -*"Aklımızın ve dinimizin eksikliği nedir?"* Diye sordu. Rasûlullah (s.a.v.) de: -*"İki kadının şahitliği bir erkeğin şahitliğine bedeldir. Kadının günlerce namaz kılmayıp oruç tutmadığı da olur."* buyurdular. (Buhari, Hayz, 6; Müslim, İman, 132)

# 18- CENNET VE NİMETLERİ KİTABI

## 372- ALLAH'IN MÜ'MİNLERE CENNETTE HAZIRLADIĞI NİMETLER BÖLÜMÜ

◈ "Allah'tan hakkıyla sakınanlar, kesinlikle cennetlerde ve pınar başlarındadırlar. (Onlara): "Oraya kendinizden emin bir şekilde, esenlikle girin." denilir. Onlar, kardeşler olarak tahtlar üzerinde yüz yüze muhabbet ederlerken, (Biz de onların) gönüllerindeki kinleri söker atarız. Onlara, orada hiç bir yorgunluk dokunmayacak ve onlar, oradan kesinlikle çıkarılmayacaklardır." (15 Hıcr, 45-48)

◈ "Ey Benim âyetlerime îman eden ve gerçekten Müslüman olan kullarım! Bugün sizin için bir korku yoktur ve siz, mahzun da olmayacaksınız. Siz ve eşleriniz, sevinç içerisinde cennete girin. (Cennette,) onların etrafında içleri canların çektiği ve gözlerin hoşlandığı (yiyecek ve içeceklerle) dolu altın tepsiler ve kâseler dolaştırılır. (Orada onlara): "Siz burada, ebedî kalacaksınız. (Dünyada) yaptıklarınıza karşılık hak ettiğiniz ve içerisinde yiyeceğiniz birçok meyveler bulunan cennet, işte burasıdır." (denilecek.)." (43 Zuhruf, 68-73)

◈ "Allah'a karşı hata etmekten sakınanlara gelince onlar, güvenli bir yerdedirler. (Onlar) cennetlerde ve pınar başlarındadırlar. İnce ve kalın ipekten işlenmiş, yeşil elbiseler giyerek, karşılıklı otururlar. Ayrıca Biz, onları güzel gözlü, beyaz tenli ve kusursuz eşlerle evlendireceğiz. Onlar, orada güven içerisinde (canlarının çektiği) her türlü meyveyi de isteyecekler. Onlar, orada Rabbinden bir lütuf olarak ilk ölümün dışında başka bir ölüm tatmayacakları gibi (Allah,) onları cehennem azabından da koruyacaktır. İşte en büyük kurtuluş, budur." (44 Duhan, 51-57)

◆ "Şüphesiz (Allah'ın) itaatkâr kulları, (âhirette) nîmetler içerisindedirler. Onlar, tahtlar üzerinde etraflarına bakarlar. Sen, onları yüzlerindeki nîmet pırıltısından tanırsın. Onlara, kapağı ilk defa açılan, lezzetli bir içecek sunulur. Onun sonu da misk kokar. Artık imrenecekler, işte buna imrensinler. (O içeceğin) karışımı, (Allah'a) en çok yaklaştırılanların içecekleri bir kaynak olan Tesnim'dendir." (83 Mutaffifin, 22-28)

◈ **1882)** Cabir (r.a.)'den:

Rasûlullah (s.a.v.): -*"Cennetlikler cennette yiyip, içerler, ama büyük ve küçük abdest bozmazlar ve sümkürmezler. Yedikleri geğirme ve misk gibi kokan ter yoluyla çıkar. Nefes alıp verdikleri gibi rahat bir şekilde; kendiliklerinden Cenab-ı Hakk'ı noksan sıfatlardan tenzih ve tekbir ederler."* buyurdular. (Müslim, Cennet, 18)

◈ **1883)** Ebu Hureyre (r.a.)'den:

Rasûlullah (s.a.v.): -*"Allahu Teâla; ben salih kullarım için hiçbir gözün görmediği, hiçbir kulağın duymadığı, hiçbir insanın hayal edemediği nimetler hazırladım' buyurdu"* dediler.

Bundan sonra Ebu Hureyre isterseniz: -"Hiç bir nefis, (dünyada) yaptıklarına karşılık olarak, kendilerini (âhirette) nice göz kamaştırıcı (nîmetlerin) beklediğini bilemez. (32 Secde Suresi, 17) ayetini okuyunuz, dedi. (Buhari, Bed'ül-Halk, 8; Müslim, Cennet, 2)

◈ **1884)** Ebu Hureyre (r.a.)'den:

Rasûlullah (s.a.v.): -*"Cennete ilk girecek kimselerin yüzleri dolunay gibi parlak olacak onların peşi sıra girecek olanlar, gökyüzündeki en parlak yıldız gibi aydınlık olacak, orada kü- çük ve büyük abdest bozmak yoktur. Onlarda tükürük ve sü- mük te bulunmayacaktır. Onların tarakları altındandır. Terleri misk gibidir. Buhurdanlıklarındaki koku cennetin güzel kokulu ağacındandır. Eşleri hurilerdir. Cennetliklerin hepsi de babaları Âdem'in şeklinde yaratılmış olup boyları altmış arşındır."* buyurdular. (Buhari, Bed'ül-Halk, 8; Müslim, Cennet, 15)

Buhari ve Müslim'in başka bir rivayetleri: *-" Onların Cennet'teki kapları altındandır. Onların teri misktir. Cennetliklerin her birinin iki kadını vardır ki, vücudunun güzelliğinden iki baldır kemiğinin iliği etinin üstünden görünür. Cennetliklerin arasında ne çekişme vardır, ne de düşmanlık. Kalpleri bir kalp gibi birdir. Onlar sabah, akşam Allah'ı tesbîh ederler."* buyurdular. (Buhari ve Müslim)

◈ **1885)** Muğire b. Şu'be (r.a.)'dan:

Rasûlullah (s.a.v.): *-"Musa (a.s.) Rabbine cennetliklerin en aşağı makamı nasıldır diye sordu. Allah da: -'Bütün cennetlikler cennete yerleştirildikten sonra, bir adam gelecek ve kendisine gir cennete denilince, -Ya Rabbi nasıl gireyim, herkes yerini tuttu, alacağını aldı, der. Bu kimseye: -Dünya padişahlarından bir padişahın mülkü kadar bir mülk verilirse razı olur musun? denilince, O da: -Razıyım ya Rabbi, der. Bunun üzerine Allah ona: -İşte böyle bir mülk senindir, bir o kadar daha denilerek beş katı verilir. Beşincisinde o adam: -Razı oldum Ya Rabbi, der. Allah da ona: -İşte bu kadar şey hep senindir ve on katı da senindir, bir de neyi arzu ediyorsan, gözün neden hoşlanıyorsa hepsi de senindir, buyurunca o adam: -Razı oldum Ya Rabbi, diyecek.' buyurdular"* dedi. *"Daha sonra Musa (a.s.): -'Ya Rabbi, cennetliklerin en üstün derecesi nedir?' diye sordu. Allah da: -'Onlar has kullardır. Onların fidanlarını ikram olsun diye elimle ben dikip mühürledim. Onlara hazırladığım nimetleri ne bir göz görmüş, ne de bir kulak duymuş, ne de bir kimsenin hatır ve hayalinden geçmiştir.' buyurdu"* dediler. (Müslim, İman, 312)

◈ **1886)** İbnu Mesud (r.a.)'dan:

Rasûlullah (s.a.v.): -*"Ben cehennemden en son çıkacak ve cennete en son girecek kimseyi biliyorum. O kimse Cehennemden sürünerek çıkar. Allah ona: -'Git cennete gir,' buyurur. Adam cennete doğru gider, fakat ona Cennet doluymuş gibi gelir. Geri dönüp Allah'a: -'Ya Rabbi, cenneti dopdolu buldum' der. Allah da ona: -'Git cennete gir' buyurur. Tekrar oraya gider. Yine cennetin dolu olduğunu zanneder. Bir daha geri dönüp Allah'a: -'Ya Rabbi, orası dopdolu" der. Allah da ona: -'Git cennete gir, orada sana dünya kadar ve dünyanın on misli büyüklüğünde yer verilmiştir' buyurur. O Adam: -'Ya Rabbi, sen kâinatın hükümdarı olduğun halde benim halime mi gülüyorsun,' der."* buyurdular. Hadisin ravisi İbnu Mes'ud: Bunun üzerine Rasûlullah (s.a.v.)'e baktım, azı dişleri görülünceye kadar gülüyordu ve: -*"İşte cennetliklerin en aşağı seviyesindeki adamın durumu..."* buyuruyordu. (Buhari, Rikak, 51; Müslim, İman, 308)

◈ **1887)** Ebu Musa el-Eş'ari (r.a.)'den:

Rasûlullah (s.a.v.): -*"Şüphesiz ki cennette mü'min için altmış mil yükseklikte içi boş, inciden yapılmış bir çadır vardır. Orada mü'minin ziyaret ettiği aileleri vardır. Çadırın genişliğinden dolayı bu ailelerden bir kısmı diğer bir kısmını göremez."* buyurdular. (Buhari, Bed'ül-Halk, 8; Müslim, Cennet, 123)

◈ **1888)** Ebu Said el-Hudri (r.a.)'dan:

Rasulullah (s.a.v.): -*"Cennette öyle bir ağaç vardır ki, hızlı ve becerikli ata binen bir kimse ağacın gölgesinde yüz yıl koşar da onu yine aşamaz."* buyurdular. (Buhari, Rikak, 51; Müslim, Cennet, 8)

Buhari ve Müslim'in rivayeti: Ebu Hureyre (r.a.)'den:

Rasulullah (s.a.v.): -*"Koşu atına binen bir kimse ağacın gölgesinde yüz yıl koşar da onu yine aşamaz."* buyurdular.

◈ **1889)** Ebu Said el-Hudri (r.a.)'dan:

Rasûlullah (s.a.v.): -"*Cennetlikler aralarındaki derece farkın-dan dolayı kendilerinden daha yüksekteki köşklerde bulunan-ları, doğu veya batı ufkunda gezinen parlak yıldızları gördükleri gibi seyrederler.*" buyurdular. Bunun üzerine Ashab-ı Kiram: -"*Ey Allah'ın Rasulü! O yerler kimsenin ulaşamayacağı Peygamber köşk-leri midir?*" diye sordular. Rasûlullah (s.a.v.): -"*Evet, öyledir ama ca-nımı elinde tutan Allah'a yemin ederim ki o yerler, Allah'a iman edip Peygamberlere gereği biçimde inanan kimselerin de yurtla-rıdır.*" buyurdular. (Buhari, Bed'ül-Halk, 8; Müslim, Cennet, 11)

◈ **1890)** Ebu Hureyre (r.a.)'dan:

Rasûlullah (s.a.v.): -"*Cennette okun yayı kadar bir yer bile dünyada üzerine güneş doğan ve batan şeylerin hepsinden daha hayırlıdır.*" buyurdular. (Buhari, Cihad, 5)

◈ **1891)** Enes (r.a.)'dan:

Rasûlullah (s.a.v.): -"*Cennette bir çarşı vardır ki cennet sa-kinleri haftada bir oraya gelip toplanırlar. Orada yüzlerine ve elbiselerine cennet kokuları üfleyen bir kuzey rüzgârı eser ve böylece onların güzellikleri daha da artar. Önceki hallerinden daha güzel ve yakışıklı olarak eşlerinin yanına döndüklerinde aileleri onlara: -'Vallahi güzelliğinize güzellik katılmış' derler. Onlar da: -'Vallahi yanınızdan ayrılalı beri siz de daha bir güzel olmuşsunuz' derler.*" buyurdular. (Müslim, Cennet, 13)

◈ **1892)** Sehl b. Sa'd (r.a.)'dan:

Rasûlullah (s.a.v.): -"*Cennetlikler yükseklerdeki köşkleri, si-zin gökyüzündeki yıldıza baktığınız gibi seyredeceklerdir.*" bu-yurdular. (Buhari, Rikak, 51)

◈ **1893)** Sehl b. Sa'd (r.a.)'den:

Bir gün Rasûlullah (s.a.v.) cennetten bahsettiği bir sohbe-tinde bulunmuştum. Sözünün sonunda: -"*Orada hiçbir gözün* görmediği, hiçbir kulağın duymadığı hiçbir kimsenin hatırından bile geçirmediği nimetler vardır" buyurdular ve sonra: -"Onların vücutları, korkuyla ve umutla Rablerine yalvarmak için, yataklardan uzak kalır ve kendilerine rızık olarak verdiklerimizden de Allah yolunda harcarlar. Hiç bir nefis, (dünyada) yaptıklarına karşılık olarak, kendilerini (âhirette) nice göz kamaştırıcı (nîmetlerin) beklediğini bilemez." ( 32 Secde Suresi,16-17) ayetini okudular. (Müslim)

◈ **1894)** Ebu Said ve Ebu Hureyre (r.a.)'den:

Rasûlullah (s.a.v.): -**"Cennetlikler cennete girince bir kimse onlara: -'Siz cennette ebediyyen yaşayacak, hiç ölmeyeceksiniz. Hep sağlıklı olacak ve hiç hastalanmayacaksınız. Hep genç kalacak, hiç ihtiyarlamayacaksınız. Hep nimet ve mutluluk içinde olacak, hiç keder ve sıkıntı çekmeyeceksiniz.' diye seslenir"** buyurdular. (Müslim, Cennet, 22)

◈ **1895)** Ebu Hureyre (r.a.)'den:

Rasûlullah (s.a.v.): -**"Sizden cennetin en aşağı derecesinde bulunan birine Allah; -'Ne dilersen dile' diyecek. O da bütün dileklerini söyleyecek. Kendisine; -'Kalbinden geçenlerin hepsini diledin mi?' diyecek, o da; -'evet diledim' diyecek. Bunun üzerine o kimseye: -'Bütün dilediklerin, bir misli fazlasıyla sana verilecektir' denilecek."** buyurdular. (Müslim, İman, 303)

◈ **1896)** Ebu Said el-Hudri (r.a.)'dan:

Rasûlullah (s.a.v.): -**"Allah cennetliklere: -'Ey Cennet sakinleri,' diye seslenir. Onlar da: -'Buyur Rabbimiz, emrindeyiz, bütün hayır ve iyilikler senin elindedir' derler. Allah da: -'Halinizden memnun musunuz?' diye sorar. Onlar da: -'Nasıl memnun olmayalım! Rabbimiz, Sen bize hiç kimseye vermediğin bu nimetleri verdin,' derler. Allah da: -'Size bunlardan daha değerlisini vereyim mi?' buyurur. Cennetlikler: -'Bunlardan daha değerlisi ne olabilir? Rabbimiz,' derler. Bunun üzerine Allah: -'Sizlere razı** *olduğumu bildiriyorum. Bundan sonra size hiç gazap etmeyeceğim', buyurur."* dediler. (Buhari, Rikak, 5; Müslim, Mesacid, 211)

◈ **1897)** Cerir b. Abdillah (r.a.)'den:

Bir gece Rasûlullah (s.a.v.)'in yanında bulunuyorduk. On dördüncü gecesindeki aya baktıktan sonra: -*"Şu ayı hiçbir sıkıntı çekmeden gördüğünüz gibi ahirette Rabbinizi de aynen göreceksiniz."* buyurdular. (Buhari, Mevakitu's-Salat 16; Müslim, Mesacid 211)

◈ **1898)** Suheyb (r.a.)'den:

Rasûlullah (s.a.v.): -*"Cennetlikler cennete girince Allah onlara: -'Size daha fazla bir şey vermemi ister misiniz?' diye soracak. Onlar: -'Ya Rabbi! Yüzlerimizi ak etmedin mi, bizi cennete koyup cehennemden kurtarmadın mı? Daha ne isteriz,' derler. Bunun üzerine Allah cennet ehlinin gözlerindeki perdeyi kaldırıverir de onlara verilen en güzel ve en değerli şey Rablerine bakmak olacaktır."* buyurdular. (Müslim, İman, 297)

İmam Nevevi (Allah ona rahmet etsin) elimizdeki "Riyazu's-Salihin" kitabını Allah'a hamdini ifade eden iki ayet ve bir dua ile bitirmektedir.

"(Allah'ın istediği gibi) îman edip, (inandığı) iyi işleri yaşayanlara gelince; Rab'leri onlara, îmanları sebebiyle nîmetlerle dolu cennetlerde altlarından ırmaklar akan (yerlere ulaşmanın) yollarını gösterir. Onların da, oradaki bütün duâları: "Ey Allah'ım! Seni bütün eksikliklerden uzak tutarız", birbirlerine iltifatları: "selâm", duâlarının sonu da: "hamd âlemlerin Rabbi olan Allah'a mahsustur" demeleridir." (10 Yunus 9-10)

Ey Allah'ım! Tıpkı İbrahim'e ve İbrahim'in yakınlarına rahmet ettiğin gibi Efendimiz Muhammed'e ve Efendimiz Muhammed'in yakınlarına da rahmet et. Çünkü Sen, övülmeye en lâyık olansın ve çok şereflisin. Ey Allah'ım! Tıpkı İbrahim'e ve İbrahim'in yakınlarına bereket verdiğin gibi Muhammed'e ve Muhammed'in yakınlarına da bereket ver. Çünkü Sen, övülmeye en lâyık olansın ve çok şereflisin.

Bu eseri H. 670 yılı Ramazanı 14. pazartesi günü Dımışk'ta bitirdim.

Hafız, Fakîh Ebu Zekeriyya Muhyiddin Yahya en-Nevevi

Printed by
Libri Plureos GmbH · Friedensallee 273
22763 Hamburg · Germany